나의 인생수첩

윤주병 지음

도서출판 보성

머리글

　내 나이 팔십이 넘어 글을 쓴다고 펜을 잡았다. 몇 번의 수술과 나이가 먹어 기억력도 가물가물했다.
　손도 마비 증상으로 자고 일어나면 주먹도 쥐기 힘들 정도로 힘이 없었다. 글자가 엉망이었다.
　병원에 찾아가 신경 도수치료를 받고 나자 조금씩 나아지기 시작했다.
　나는 겨우 옛날 국민학교를 힘겹게 졸업했다. 그때는 초등학교를 국민학교라 부를 때였고 서기를 단기로 쓸 때였다.
　단기 4283년인가 입학한 것 같았다. 정확히 따져보면 알겠으나 단기를 쓸 때였다. 국민학교 3학년 때 전쟁이 터져 아버지가 노무자로 끌려가는 바람에 학교를 중퇴하고 말았다.
　인민군들이 쳐들어와 한 학기는 공산당 교육도 받은 적이 있었다. 그때 이승만 대통령의 사진은 교실에 없어지고 소련의 스탈린 사진과 김일성의 사진이 나란히 교실에 걸려 있었다.
　공산당 교육을 받으면서 학교 뒷산에 방공호를 팠던 게 기억나고 한 학기를 쉬고 한 학년 늦게 졸업은 하게 되었다.
　나는 국민학교를 어떻게 졸업했는지 생각하고 싶지도 않았다. 집이 가난하여 끼니도 제때 먹지도 못했는데 학교에 사친회비 낼 돈이 없었다. 지금은 의무교육이 되었지만, 그때는 월사금 사친회비를 내야 학교를 다닐 수 있었다.
　학교에 가서 사친회비를 못 냈다고 다른 애들은 공부하는데 나는 복도에서 벌을 받아야 했었다. 그것도 하루 이틀이 아니고 1년 내내 벌을 받아 가며 학교에 다녔다. 공부가 될 리가 없었다. 공책 살 돈이 없어 숙제를 해 가지고 갈 수가 없었다. 3학년 때까지 미술 그리는 크레용을 산 적이 없었다.

부모님에게 사친회비 달라고 조르면 학교 그만 다니라고 야단만 쳤다. 그랬으니 제대로 공부를 할 수가 없었다.

학교를 그만둘까도 몇백 번 생각하고 생각했었다.

그런데 전쟁이 터지는 바람에 다닐 수가 없었다. 아버지가 노무자로 끌려갔으니 집에서 나무를 해야 땔 수 있었다. 그때 내 나이 아홉 살이었다. 한창 뛰놀고 공부할 나이에 나는 나무 지게를 지고 다녀야 했다.

다행히 아버지가 6개월 만에 노무자로 끌려갔다가 도망 오는 바람에 학교에 복학할 수 있었다. 복학은 했으나 가난은 벗어나지 못했다.

어떻게 졸업을 했는지 기억이 없었다. 벌 받은 일과 선생님한테 회초리 맞은 것만 기억되었다. 학교에 대한 추억도 없었다.

그래도 졸업장은 받았지만 졸업식 날 같은 반 친구와 싸워 그놈이 나의 졸업장을 갈기갈기 찢어 버렸다. 나한테 실컷 얻어 맞고 분풀이로 친구에게 맡겨 놓았던 졸업장을 빼앗아 찢어 버리고 도망친 것이다.

그래서 나는 졸업장이 없었다.

그렇게 내가 공부를 제대로 못했는데 글을 쓴다고 생각하니 부끄러운 생각도 들었다. 원고지가 무엇인지 모르고 살았다. 그리고 원고지 쓸 줄도 몰랐다.

맞춤법이나 띄어쓰기 낱말도 제대로 아는 게 없었다. 국민학교를 졸업하고 책 한 권 읽어보지도 않았다. 농사일과 나무꾼으로 시골에서 일만 하고 살았다. 열일곱 살이 될 때까지 농사를 지으며 살았다.

면서기로 면에 다니던 외삼촌이 나를 본교 급사로 취직을 시켜 주게 되었다. 그때 당시 이십만 환 이란 거금을 학교에 기부하고 취직을 할 수가 있었다.

그때 학교에는 전기가 들어오지 않았다. 학교 교장에게 전기 시설을 해 주는 조건으로 나를 학교에 취직을 시킨 것이다.

전기뿐이 아니라 라디오, 마이크 시설까지 해 주게 되었다. 그때 당시 쌀 한 가마에 삼천오백 환 할 때니까 얼마나 큰 돈인지 알 수 있었다. 그 돈은 내가 학교에 있으면서 월급을 타서 외삼촌 돈을 조금씩 갚았지만 큰돈이었다.

학교에 취직한 지 3년 만에 5·16 군사혁명이 일어났다. 혁명 정부에서 학교에 급사를 상이 용사로 대체하게 되었다. 이십만 환 이란 거금을 쓰고 취직을 했는데 물거품이 되고 말았다.

외삼촌 돈도 다 갚고 이제 살림이 펴지나 싶었는데 뜻하지 않게 직장을 잃게 되었다. 그렇게 되지 않았으면 시골에서 떵떵거리고 살았을 것인데 혁명 정부가 원망스러웠다. 그래서 나는 박정희를 좋아하지 않았다.

그때 학교에서 내 월급이 구화 삼만 환이었다. 하급 선생들과 똑같았다. 숙직비까지 있어 삼천 환을 더 받았다.

그 돈이면 시골에서 쌀 한 가마에 오천 환 한다 해도 여섯 가마를 살 수가 있었다. 1년이면 60가마가 넘었다.

그만하면 시골에서 부자로 살 수 있었다. 그런 좋은 일자리를 잃고 서울에 오게 되었다. 서울에서 3년 동안 모진 고생을 다하고 살았다.

사촌 형과 전방 지구에 가서 고물 장사를 하게 되었다. 그때는 고물을 사는 게 아니라 산에서 캐내는 작업을 했다.

6·25전쟁 때 후퇴하면서 땅속에 묻은 고물이 많았다. 사촌 형이

포탄을 캐내어 분해하다가 폭발사고를 냈다.

그 포탄이 연습포탄 이어서 다행히 죽지는 않았다. 그런데 그 위력이 얼마나 컸던지 손가락이 바삭바삭 부서져 있었다.

결국 보름 동안 살다가 사촌 형은 죽고 말았다. 생각하기도 싫었다. 그 후 김포공항 공군부대 식당에 취직이 되었다.

그 곳은 공군 제11전투 비행단 이었다. 일반인이 그곳에 식당을 차리고 군인들에게 음식을 팔았다. 식당 건물은 옛날 미군들이 사용했던 건물로 시설도 잘되어 있고 규모가 큰 식당이었다.

식당은 장교 구락부 하사관 식당으로 되어 있었고 종업원이 15명이 넘었다. 나는 이곳에서 주방장 보조 시다로 일하게 되었다. 그런데 이곳에서 일하는 여종업원인 연옥이란 여자와 우연한 기회에 가까운 사이가 되어 친하게 지내게 되었다.

그때 당시 연옥은 스무 살이었고 나는 스물세 살 청년이었다. 자주 단둘이 만나다 보니 정이 들고 내가 그녀를 사랑하게 되었다. 연옥은 나를 동료로 대했으나 나는 애정이 싹터 그를 짝사랑하게 되었다.

나는 그 시절 마음을 못 잡고 술이나 먹고 동료들과 어울려 방황하고 있었다. 식당 일자리를 천하게만 생각했던 시절인데 만족할 수는 없었다. 월급 오백 원을 받았다. 화폐개혁이 되어 돈이 10 프로 줄어서 환을 원으로 부를 때였다.

하루 저녁 술값도 안되는 봉급을 받아서 무얼 하나 아무 희망이 없어 죽지 못해 살고 있었다. 요리를 배운 주방장이 이천 원 이상을 받았다.

주방장이 되려면 10년은 배워야 된다고 했다.

10년을 배워도 일류 요리사가 될지 말지 어렵다고 했다.

일을 해도 희망이 없자 식당에서 먹어도 되는 술을 동료들과 밖에까지 나가서 먹게 되었다. 사촌 형이 죽고 나는 의욕을 잃어 타락의 길로 접어들었다. 그때 연옥이가 힘이 되었다.

연옥은 나를 만나면 항상 충고뿐이었다. 애정에 대한 말은 한 번도 꺼내지 않고 나의 약점만 들춰내어 충고만 하고 있었다. 언제나 만나자면 만나는 주는데 달콤한 말은 하지 않았다.

만나야 1시간 정도 부대 근처에서 걷다가 헤어지는 것이다. 10시에 식당을 마치면 데이트할 시간도 없었다. 여자 종업원들은 객지에 나온 여자들이라 부대 후문 근처에 방을 얻어줘 그곳에서 자고 출근했다.

나는 주방 옆에 창고 겸 휴게 공간이 있어 그곳에서 잠을 잤다.

"주병씨, 제발 정신 좀 차리세요. 마음씨만 착해 가지고 꿈을 잃고 허송세월을 보내는 주병씨 보면 한심해요. 도대체 꿈이 뭐예요?"

오늘도 연옥은 충고였다. 이제 하도 들어 듣기가 싫었다.

"봉급 오백 원 받아서 무슨 꿈을 꾸고 살아. 이제 아무 희망이 없어 그저 되는대로 살면 되지?"

"식당에서 먹여주고 재워주고 술도 먹을 수 있고 담배까지 사주는데 왜 밖에 나가 술값으로 돈을 써요. 티끌모아 태산이란 말도 못 들어 봤어요 1년 모으면 오천 원은 모을 수 있잖아요. 천 원은 쓴다고 치고 오천 원 모으고 2년이면 만원 그렇게 모으다 보면 아까워서 쓰지 못해요. 그러다 기술이 배워지면 월급도 올라갈 것 아니에요? 그런 생각 갖고 희망을 가지고 살아요."

연옥은 충고하다가 이제는 예를 들며 장시간 설득하고 있었다. 그러고는 함께 교회도 다니자고 했다. 연옥은 후문 옆에 교회도 나가 새벽에 기도하고 출근한다고 했다.

연옥의 마음씨는 천사 같았다. 그럴수록 더욱 연옥에게 마음이 끌려 애간장만 타고 있었다. 연옥의 일거수일투족이 선망이 대상이었다. 연옥의 모든 것이 나에게는 그리움으로 가득 채워지고 있었다. 저 여자라면 평생을 같이해도 후회하지 않고 행복할 것 같았다.

그래서 나는 연옥이가 사는 동네에 방을 얻었다. 과해동 시골 마을이라 방 한 칸 얻는데 얼마 되지 않았다.

부대 밖에서 살면 연옥을 조금이라도 시간을 가지고 만날 수 있다고 생각되어 방을 얻은 것이다.

"방을 얻었으니 교회에 함께 나가요. 주님께 새 희망을 같게 해달라고 기도해요.…"

연옥은 교회에 나가 함께 기도하자고 했다.

"나는 아직 하느님 앞에 설 자신이 없어요. 내가 어느 사람 꼬임에 빠져 반년 동안 사이비 종교를 믿게 되었어. 그 종교는 교주가 있었는데 교주를 조부라고 부르고 찬송가도 자기가 지은 찬송가만 불렀고 교인들은 예배가 끝나면 행상을 시켰어. 조부님 앞에 서려면 믿음이 강해야 조부님을 만날 수 있다고 믿음이 약한 사람은 조부님을 볼 수 없다는 거야 내가 반년을 다녔는데 한 번도 조부라는 교주는 만나지 못했어, 믿음이 약해서 그런가 화장실에 가서도 조부님, 조부님 한 번만 만나게 해달라고 기도해도 소용없었어. 나중에 알고 보니 교인들은 재산을 다 바치고 행상으로 돈을 벌어 교주에게 바치고 있었어. 그래서 나는 정이 떨어져 그만 다닌 거야 그런데 나를 끌어 드렸던 집사가 배신했다고 폭행까지 해서… 나중에 하느님이 간절히 원해질 때 다닐게?"

나는 연옥에게 하느님이 간절히 원해질 때 다니겠다고 했다.

그 후로는 연옥은 교회에 다니자고 하지 않았다. 딴 동료들은 내가 방을 얻었다고 놀러 오고 했는데 연옥은 내가 사는 집에 한 번도 들리지 않았다. 교회에 다니지 않는다고 토라졌다 싶었는데 어느 날 찾아왔다.

책을 한 보따리 사 가지고 와서 심심한데 읽어보라고 했다.

"주병씨 책을 읽으면서 마음을 잡으라고 사 왔어 돈이 없어 헌책을 사 왔는데 심심하면 읽어봐 새 책은 한 권만 샀어, 요즘 강원도 산골 소년이 쓴 수기인데 한참 화제가 되고 있는 책이야 읽어보고 용기를 가져요. 술 좀 그만 마시고.…"

연옥은 교회 다니라고 하다가 이제는 책을 읽으라고 했다.

이제까지 책 한 권 읽어보지 않았는데 머리에 들어올 리가 없었다. 몇 번 들추어 보다가 구석에 처박아 놓았다. 그 후 연옥은 잘 만나주지 않았다. 언제나 만나자고 하면 만나는 주었는데 냉담하게 대했다.

어느 날 직장에서 점심 배식이 끝나고 정원에 앉아 있는데 연옥이 내 곁에 와 말했다.

"책 다 읽어 보았어요?" 물었다.

"머리가 복잡한데 책이 머릿속에 들어가 생각나면 읽어볼게…"

그렇게 대답하고 말았다. 그리고 저녁식사 끝나고 만나자고 했다.

"주병씨 책을 다 읽은 다음에 만나자고 해요. 당분간은 만나기 싫어요?"

연옥이 토라저 만나지 않겠다고 하는데 어쩔 수 없었다. 책을 읽어보기로 했다.

사랑의 힘이란 이런 것일까? 나는 열심히 책을 읽고 있었다. 우선 새 책부터 읽어보았다.『저 하늘에 슬픔이』란 강원도 산골 소년이 쓴 수기였다.

가난하게 살면서 겪었던 일들을 감명 깊게 읽었다. 나의 어린 시절을 떠올리게 하는 사연들을 하늘에 호소하는 글이었다.

가슴 저린 내용들을 초등학생이 어떻게 묘사하고 표현했는지 그야말로 감동적이었다. 책이란 많은 것을 느끼게 했다.

그래서 연옥이 책을 읽으라고 한 것 같았다. 연옥이 사 온 다른 책들도 읽어보았다. 소련 작가인 톨스토이가 쓴 『인생독본』란 책도 있었다. 그 책은 좋은 말은 많이 썼는데 별로 재미가 없었다. 읽다가 말고 김구의 백범일지를 읽었다. 임시정부 주석이었던 인물이었다. 독립운동을 하면서 쓴 일지였다. 우리나라가 해방되고 나의 조국에 관청 문지기를 해도 여한이 없다고 쓴 대목도 있었다. 오래오래 기억되었다. 또 다른 책들은 문학 작품이었다.

심훈의 상록수, 이효석의 메밀꽃 필 무렵, 독 짓는 늙은이, 정비석의 손자병법도 있었다. 일곱 권의 책이었다. 나는 그 책들을 밤을 새워가며 읽어보았다. 책을 읽기 시작하자 재미가 있었다. 자연히 책을 읽기 위해 식당에서 술도 안 먹게 되었다. 연옥을 생각하면서 하루도 거르지 않고 사 온 책을 다 읽었다. 책을 다 읽고 연옥을 만나겠다는 일념으로 열흘에 걸쳐 그 책을 다 읽은 것이다.

연옥에게 책을 다 읽었다고 만나자 했다. 연옥은 이제 됐다면서 만나주었다. 책을 읽은 소감은 말할 수 없었다. 읽을 때만 느끼고 머릿속에 남아있지 않았다. 책을 읽으며 느낀 점이 하나도 기억되지 않았다.

"소감은 말 못 하겠어. 그새 다 까먹고 머릿속에 남아있지 않아 두세 번은 읽어 봐야 될 것 같아?…"

"됐어요. 책에 취미를 붙이면 된 거예요. 내 말 들어줘서 고마워요?"

연옥은 내가 책을 다 읽었다고 하자 고맙다고 했다. 내가 할 말을 연옥이가 먼저 해 주었다. 연옥과 나는 예전처럼 가까워졌다. 그러나 사랑 얘기는 나눌 수 없었다.

그 후 나는 그렇게 술로 세월을 보냈으나 술도 덜 먹게 되었고 연옥의 말대로 돈도 모을 수 있었다. 월급도 올라가 천오백 원까지 받게 되었다. 책도 사다 꾸준히 읽었고 글도 쓰고 싶다는 생각이 들었다.

이모부가 소설가여서 글 쓰는 모습을 자주 볼 수 있었다. 이모부는 이사할 때는 꼭 나를 불렀다. 책이 많아 네가 아니면 이사하기 힘들다고 했다.

책이 얼마나 많은지 도서관을 차리고도 남을 것 같았다. 그 많은 책을 다 읽었는지 모르지만 소설가가 되려면 많은 책을 읽어야 된다는 것이 틀림없었다.

머릿속에 지식이 있어야 글도 쓰고 재미있게 표현하여 독자들을 감동시키는 것이다. 그런데 나는 겨우 국민학교도 변변하게 다니지 못했다. 아는 지식이 없는데 글을 쓴다는 생각이 허무한 꿈인 것 같았다.

그러나 강원도 산골 소년도 글을 써 세상을 떠들썩하게 했지 않은가? 계속 노력하면 할 수 있을 것 같았다. 우선은 많이 살지는 않았으나 내가 살아온 가난과 객지에 나와 고생하며 겪었던 일들이 소재가 될 것 같았다.

그리고 시골에서 학교 있을 때 술집 딸 옥자와의 사랑 얘기도 소재가 될 것 같았다. 식당에서 쫓겨났던 청자와의 하룻밤도 추억거리이고 작품의 소재가 될 수 있었다.

시골 학교 있을 때 서울대학교 국문과에 재학 중이던 이영윤 학생도 계몽 나와 소설을 쓰고 싶다고 소재를 찾는다 했었다. 그도 소설가가 꿈이라며 옥자의 어머니를 모델로 소설을 쓰겠다고 했었다. 나도 글을 쓰고 싶다는 생각이 들어 수시로 글을 써보고 있었다. 그런데 내 글을 읽어보면 문학적인 표현이 보이지 않았다.

머리에 든 게 없어 사물을 관찰하는 능력과 표현력이 부족하여 제대로 묘사할 수가 없었다.

그리고 글을 쓸만한 여유 시간이 없었다. 항상 생활에 쫓기고 살다 보니 책을 읽을 시간도 글을 쓸 수 있는 시간도 나지 않았다.

청년 시절부터 꿈을 가지고 살았는데 세월만 보내고 말았다.

한때는 미치광이처럼 여기저기 책을 끼고 다니며 글도 쓴다고 이곳저곳 다닌 적도 있었다. 나중에 결혼하고 온 가족이 시골에서 서울로 이사 와 살게 되었다. 먹고살기 바빠서 꿈은 멀리멀리 사라지고 말았다.

지금은 팔십이 넘어서 일을 할 수가 없어 뒷방 늙은이가 되었다. 두 번째 부인이 식당에서 벌어오는 돈으로 생활을 꾸려가고 있는 것이다.

지금은 자유로운 몸이 되었다. 내게 남은 것은 시간밖에 없다. 그래서 글을 쓰게 되었다. 살아오면서 사건이 있을 때마다 머리에 입력한 메모가 있었다. 그게 나의 인생 수첩이었다.

그래서 제목을 인생 수첩이라 지었고 옛날을 회상하며 한자 한자 수필 형식으로 써가고 있는 것이다. 2년 동안 쓴 원고지가 오천 장이 넘었다. 이제 마감할 시간이 다 된 것 같았다. 글을 쓰다 보니 정신도 맑아지고 쓴 글을 읽어보면서 반성도 하고 옛날을 그리워할 때도 있었다.

잊었던 과거들이 되돌아와 젊음을 느낄 수도 있었다. 아직 나는 살만한 나이라고 생각된다. 요즘 인생은 팔십부터라는 말도 하고 있다.

아직 경로당 갈 나이는 아닌 것 같다. 꿈을 이룰 때까지 작품을 완성하고 싶은 게 나의 꿈이다.

목 차

- 두 번의 차 사고 ……………………………………… 15
- 조상이 남겨준 재산 …………………………………… 30
- 내 고향 시골 …………………………………………… 47
- 직업 전선 ……………………………………………… 76
- 폭발사고 ……………………………………………… 101
- 김포 제11전투비행단 ………………………………… 127
- 짝사랑 ………………………………………………… 158
- 책과 인연 ……………………………………………… 188
- 방황 …………………………………………………… 208
- 약혼 …………………………………………………… 223
- 결혼 …………………………………………………… 238
- 도망자 ………………………………………………… 253
- 니나노 술집 …………………………………………… 268
- 만두 장사 ……………………………………………… 283
- 가정의 평화 …………………………………………… 299
- 내 집을 사다 …………………………………………… 314
- 아내와 갈등 …………………………………………… 330
- 춘천 풍덕제분 ………………………………………… 345

- 춤바람 ·· 361
- 식당 개업 ·· 377
- 애인이 생기다 ·· 393
- 아내의 가출 ·· 408
- 아내와 별거 ·· 423
- 불효자는 웁니다 ·· 454
- 은정과 이별 ·· 482
- 반려자 ·· 497
- 부모와 자식 ·· 516
- 경마 ·· 530
- 조강지처 영정사진 ·· 544
- 글을 마감하며 ·· 557

두 번의 차 사고

고향 떠나와 객지 생활 육십 년이 넘었다.
내 인생은 태어난 고향에서 20년, 서울에서 30년, 인천에서 10년을 살았다.
그리고 인천에서 도망자 신세가 되어 무작정 야반도주하여 대전에서 내리게 되었다. 대전에서 일자리 잡은 곳이 충청북도 청원군 현도면이란 곳이었다. 대전과 신탄진의 경계 지역이었다. 대청댐 물이 흐르는 다리를 건너면 현도면이었다.
다행히 대전 직업 안내소의 소개로 취직한 곳이 현도면 죽전리란 시골의 식당이었다. '죽전 갈비'라는 갈비 전문점이었다.
나는 고깃집에서 숯불을 피우는 직책을 맡았고, 아내는 주방에서 설거지를 하게 되었다. 갈 곳 없는 우리들은 천직이라 생각하고 이곳에서 일을 하게 되었다. 여러 가지 일을 하면서 지금까지 20년을 살았다. 이곳이 제3의 고향이 될 줄을 꿈에도 몰랐다.
지금은 대전에 살고 있지만, 다른 곳으로 가고 싶지 않았다. 정이 들면 고향이나 마찬가지라 하더니 그런 것 같았다. 태어난 고향보다 객지에 산 세월이 더 많았다. 타관에서 육십 평생을 살았으니 고향은 까마득한 옛날이 되고 있었다. 이곳에서 20년을 살면서 고생도 많이 했다. 진로 공장도 다녔고, 주유소 일도 5년을 했다. 아내는 식당 일을 여기저기 다니며 악착같이 돈을 모았다. 그래서 4~5년 만에 구천만 원을 모아 오천만 원 들여, 내 식당을 차리게 되었다.
그동안 살아온 세월은 눈물 나는 세월이었다. 주민등록도 말소되어 전화도 가질 수 없었다. 혹여나 빚쟁이들이 찾아올까 가족과도 단절하고 살았고 형제에게도 알리지 못했다. 그렇게 4~5년을 살았다.

식당을 차리고 파산신청을 해 신용도 회복되고, 건강보험도 혜택을 받을 수 있었다. 차도 사서 타고 다닐 수 있었다. 형제도 만나게 되었고 자주 왕래도 할 수 있었다. 다만 자식들만 못 만나고 살았다. 본처가 우리가 도망 와 여기에 사는 동안 이혼을 했기 때문에 자식들도 만날 수 없었다. 지금의 아내도 마찬가지로 자식들을 보지 못하고 살고 있었다.

우리 둘만이 이곳에서 20년을 살고 있는 것이다.

그런데 2019년 코로나가 터졌다. 그동안 식당도 잘 되고 불편 없이 살았는데. 운명은 야속하게도 우리에게 또다시 절망과 시련을 안겨주고 말았다.

코로나가 터지기 전 우리는 베트남과 캄보디아를 여행하고 왔었다. 서울에 여동생들이 객지에 나가 고생만 하고 산다고 우리에게 해외여행 한 번 다녀오라고 비행기표를 예약해 다녀올 수 있었다. 고마운 동생들이었다. 그때 아니였으면 해외도 한 번 못 가보고 말았을 것이다. 코로나가 터지고 사고가 나 다리가 아파 버스 한 정거장도 걸을 수 없게 되었다. 그러니 외국 한 번 다녀온 것도 천운이 아닐 수 없었다.

늦가을이었다. 간밤에 비가 왔는지 아파트 마당에 낙엽이 많이 떨어져 있었고, 길바닥이 축축이 젖어 있었다.

언제나처럼 아내와 나는 그 시간 8시가 되면 출근하려고 아파트 2층을 나섰다. 오래된 주공 아파트인데 승강기가 없었다. 5층 건물인데 승강기가 없어 계단을 오르내려야 했다. 우리는 2층이어서 큰 불편은 없었다. 식당에 출근하자면 30분은 걸렸다. 신탄진을 지나 충청북도 현도면에 식당이 있었고 내가 사는 곳은 대전 법동이었다. 우리 집에 고기를 납품하는 정육점 사장이 아파트가 비어있다고 살라고 하여 싸게 월세를 주고 살고 있었다. 잠만 자고 나오는 곳이라 집에서는 음식을 해 먹지 않아 아파트가 편리했다.

차에 올라 시동을 걸고 출발했다. 아내는 항상 내 옆자리에 타고 다녔다. 비가 와서 도로는 축축이 젖어 있고 낙엽까지 떨어져 조심스럽게 주차장 통로를 빠져나왔.

앞에는 3, 4동 아파트가 있고 큰길로 나가는 길이 하나 있었다. 길 앞에는 옹벽이 있고, 나무를 심어놓은 화단처럼 되어 있었다. 나는 우회전해서 나가면 되었다. 길에 자가용 몇 대가 옹벽 앞에 세워져 있었다. 우회전 방향지시등을 켰다.

갑자기 부웅 부웅 소리가 나더니 눈 깜짝할 시간에 차가 날아가고 있었다.

"차가 왜 이래!" 하는 순간 세워둔 자가용 두 대를 들이받고 옹벽 위에 심어놓은 나무 위에 멈추었다. 눈 깜짝할 시간이었다. 이제 죽었구나. 옹벽에 부딪혀 죽는 줄 알았다. 그런데 옹벽 위 꽃나무 위에 차가 비스듬히 누워져 있었다.

길가에 서 있던 어느 사람이 문을 열어줘 차에서 나올 수 있었다. 다행히 하나도 다치지 않았다.

"괜찮아?" 묻자 아내도 아무데도 다치지 않았다고 했다.

"천만다행이네요, 누구 하나 죽는 줄 알았어요, 차가 날아가는데 제가 오싹했어요?…"

우리를 차에서 꺼내 준 사람이 말했다. 그 사람이 급발진인 것 같다고 했다. 나도 급발진이란 말은 들어봤어도, 내가 당해보기는 처음이었다. 아무튼 살아남은 게 천운이었다. 옹벽에 부딪쳤다면 살아남을 수가 없었다고. 다들 그렇게 말했다.

길에 세워둔 자가용 두 대를 충돌하는 바람에 화단에 올라설 수 있었다고 다들 말했다. 갑자기 사람들이 모여들고 레카차도 찾아왔다. 길가에 세워둔 차 주인도 난리를 치고 있었다. 차 두 대가 심하게 부서져 있었다. 물론 내 차도 박살이나 폐차시켜야 한다고 말했다.

"큰일 났네. 출근해야 되는데 어떻게 하느냐고."

차 주인이 따지고 들었다. 레카차 기사가 말했다.

"사람이 죽지 않은 게 다행이오. 차는 보험 처리하면 되니까 걱정마세요! 잠시 불편은 하겠지만 어쩔 수 없지 않습니까."

레카차 기사들이 그렇게 말해 각자 보험사에 연락해 부서진 차 두 대는 공장으로 실려갔고, 내 차는 폐차장으로 가게 되었다. 보험사들이 와서 금방 처리가 되었다. 우리는 택시를 타고 출근할 수밖에 없었다. 택시비가 식당까지 이만 원이 되었다. 신탄진까지 만 원인데, 다리를 건너면 충청북도라서 신탄진에서 가까운데도 택시비가 시외라 만 원을 받았다. 그래서 택시비만 이만 원이 들어갔다.

보험회사 직원이 내 차를 폐차시키고 백만 원이 나왔다고 했다. 엑시지 현대차인데 연식이 오래되어 백만 원밖에 나오지 않았다고 했다. 그나마 백만 원이라도 받은 게 다행이었다.

식당에 도착해서 어쨌거나 장사는 해야 되겠기에 음식 준비를 시작했다. 아내가 주방에서 일을 시작했고 나도 밖에서 청소를 시작했다. 홀에 아주머니가 출근하고 있었다. 홀에 아주머니는 항상 10시 반에 출근해서 3시 반까지 일을 했다. 하루에 5시간 일하고 한 달에 팔십만 원 주고 있었다. 주 5일 근무였다. 하루 사만 원 시간당 팔천 원꼴이었다.

이곳은 시골이라 최저 임금보다 더 주어야 일을 했다. 시내는 시간당 칠천 원도 안 주고 있었다. 교통비 때문에 요즈음은 일하는 아주머니들도 모두 자기 차를 가지고 다녔다. 우리 집에 일하는 아주머니도 자기 차를 타고 왔다.

"사장님 차가 없네요?"

일하는 아주머니가 항상 내 차가 식당 앞에 세워져 있는데 안 보이자 물었다.

"내 차 아침에 나오다 사고가 났어요. 죽을 뻔했다가 살았어요.…"

"어쩌다 그런 일이 있었어요?"

나는 아주머니에게 사실대로 말해주었다. 아주머니는 놀라며 조심하라고 했다.

"사장님은 조심해야 해요. 제가 사장님 운수를 조금 보았는데 살이 끼어 있었어요. 당분간 차를 타지 않는 게 좋을 것 같아요?…"

홀에 아주머니가 그런 말을 하고 있었다. 그 말에 공연히 마음이 썩 좋지 않았다. 본래 미신 같은 것은 믿고 싶지 않은 나였다. 홀 아주머니는 언젠가 자기가 처녀 때부터 신기가 있었다고 했다. 신내림 굿을 하라고 했으나 무당이 되는 것이 싫어서 굿을 하지 않았다고 했다. 그래서 가끔 몸이 아프고 견디기 힘들 때가 많다고 했다. 지금도 그런 증상이 자주 나타난다고 했다. 홀 아주머니는 딸을 둘이나 낳아 하나는 고등학생이고 하나는 중학생이었다.

식당에도 데리고 온 적이 있었다. 남편은 빵 기술자인데 신탄진 한국타이어 공장에서 빵을 만들고 있다고 했다. 공장 직원들에게 간식으로 주고 있다고 했다. 그래서인지 어떤 때는 식당으로 빵을 한 보따리 가지고 올 때도 있었다. 아무튼 무당 끼가 있는 여자였다. 아주머니는 인물도 좋고 키도 커서 남자들이 따르는 편이었다. 누가 봐도 한 번쯤 건드리고 싶어 하는 남자들이 많았다. 우리 식당은 진로 공장과 카스 맥주 공장이 인근에 있어 화물기사들이 많이 찾아왔다. 아주머니를 꼬셔 보려고 꽤나 침을 흘리는 남자들이 몇 명 있었다. 훤칠한 키에 매혹당하고 있었다. 아주머니의 예언이 적중했는지 모르지만, 나는 보름 만에 또 큰 사고를 내고 말았다.

나에게 살이 끼어 있다고 당분간 차를 타지 말라 했는데 나는 또다시 중고차를 사고 말았다. 장사를 하려면 시장도 봐야 되고 또 출퇴근하는 것도 여간 고역이 아닐 수 없었다. 차가 없을 때는 몰랐는데 있다가 없으니까 불편한 것은 말할 수 없었다.

대전 법동에서 현도면까지는 27킬로가 넘었다. 버스도 두 번이나 타야 하는 번거로운 일이었다. 차를 기다리는 시간도 최소한 30분은 걸리고 있었다. 신탄진까지 오는 버스는 20분마다 있는데 시간이 일정하지 않았다. 며칠 다녀보았으나 도저히 차가 없이는 장사를 할 수가 없었다. 그래서 프라이드 중고차를 샀던 것이다. 한 10여 일 탔는데 타고 다닐만했다. 시장도 보고 출퇴근도 하고 있었다. 그런데 갑자기 홀 아주머니가 그만둔다는 것이다. 아무래도 예감이 좋지 않다며 자신이 그만둬야 될 것 같다고 말했다.

나에게 차를 타지 말라고 했는데 차를 사서 타고 다녀 불길한 예감을 떨칠 수가 없다고 했다. 아무래도 자기가 없어야 될 것 같다고 했다.

"아주머니 그런 미신을 믿고 있어요. 달나라 가는 세상인데 아직도 과학적 근거가 없는 미신을 믿고 살아요?"

내가 아무 걱정 말고 일하라고 했다. 그런데도 아주머니는 간다고 했다. 아내가 간다는 사람 잡으면 안 된다고 마음이 들떠있는데 일이 손에 잡히겠냐고 했다. 은행 가서 교차로에 입금시키고 사람을 구하라고 했다. 그래서 사람이 올 때까지만 있기로 했다. 사고 난 지 보름 만이었다. 내가 은행에 가려고 식당 문을 나섰다.

식당에서 농협까지는 500미터 정도 되었다. 이면 도로 타고 가면 삼거리 큰 길이 나왔다. 청주에서 대전 가는 길이었다.

이면 도로는 진로 공장에서 땅을 사서 만든 도로였다. 모두 논이었는데 진로 공장이 생기고 카스 맥주 공장까지 생겨 도로를 내고 개천에 다리까지 놓았다. 그 도로가 새벽부터 9시까지는 커다란 화물차가 수없이 다니는 길이었다. 소주 맥주를 실어 나르는 차였다.

9시가 넘으면 한적한 도로였다. 나는 10시쯤에 은행에 가려고 천천히 이면 도로를 달리고 있었다. 차가 한 대도 없는 도로였다. 삼거리 거의 다 왔는데. 갑자기 머리가 찌뿌둥해지면서 정신이 혼미해지고 있었다. 삼거리에서 이면 도로로 대형 트럭이 우회전해서 들어오는데 내 차를 덮칠 것 같았다. 순간 나는 어떻게 됐는지 기억이 없었다. 내 차는 붕 떠서 길가에 전봇대를 들이박고 다시 우측에 주유소 마당에 서 있는 간판 기둥까지 들이받았다. 차가 쿵쾅쾅! 연속적으로 들이박는데 나는 꼼짝없이 죽는구나 눈을 감았다. 잠시 의식을 잃고 말았다. 주유소 사람들이 사고를 목격하고 달려와 소리쳤다.

"아저씨! 괜찮아요. 아저씨!"

주유소에서 같이 일했던 재용이 목소리가 귀에 들렸다. 순간 나는 재용이 목소리를 듣고 의식을 찾게 되었다.

눈을 뜨자 차에서 열기가 나고 후끈후끈했다. 그 순간 살았다는 안도의 숨을 내쉬었다. 어디를 다쳤는지 아픈 줄도 몰랐다. 운전대 밑에 안경이 떨어져 있었다. 안경을 집는데 쾅쾅 누가 차 문을 부수고 있었다. 재용이었다. 차 문이 열리지 않아 문을 부순 것이다.

"아저씨! 무사하네요?"

재용이가 끌어안고 차에서 꺼내고 있었다. 재용이는 이 주유소에서 5년이나 같이 일했던 동료였다. 주유소 사장의 조카이기도 했다. 나와는 자식뻘이라 아저씨라고 따르고 나에게 많은 도움을 준 청년이었다.

식당도 재용이 이름으로 허가를 내 장사를 할 수 있었다. 신용불량자였기에 내 이름으로는 아무것도 하지 못했다. 신용 회복이 되어 차도 살 수가 있었고 면허증도 말소가 되어 다시 시험을 치르고 면허를 딸 수 있었다.

사람들이 몰려들었다. 소방차도 오고 경찰차, 레카차도 서너 대와 있었다. 재용이가 식당에 연락해 아내도 달려왔다.

식당과 주유소 삼거리가 300미터밖에 안 되는 거리라 가까웠다. 다행히 큰 도로는 나가지 않아 죽지 않은 것이었다.

"얼마나 다쳤어요? 빨리 병원부터 가요."

아내가 말하자 여러 사람들이 병원으로 빨리 데리고 가라고 했다. 소방대원이 들것에 실어 차에 태우고 있었다.

차 안에서 소방대원이 어디가 제일 많이 아프냐고 물었다.

"온 전신이 다 아픈데 손가락이 제일 많이 아프다."고 말했다. 금방은 어디가 아픈지 몰랐으나 가슴, 허리, 머리 아프지 않은 곳이 없었다. 그중에 손가락 두 개가 견딜 수 없을 만큼 아프기 시작했다. 병원은 신탄진 한일병원으로 가기로 했다. 소방대원들은 청주로 가자 했으나 아내와 재용이가 같이 타서 신탄진으로 가자고 했다. 그래야 식당에서 가까웠기 때문이었다.

사고는 엄청 큰 사고였는데. 그래도 내가 아직 죽으라는 팔자는 아닌 것 같았다. 차가 박살이 나고 타이어 4개가 모두 터져있었다. 얼마나 큰 사고인지 현장을 보면 알 수 있었다. 내가 두꺼운 조끼를 입었는데, 에어백이 터지면서 조끼가 다 타 있었다. 에어백이 살렸다고 할 수 있었다. 병원에서 종합 진찰을 받고 엑스레이도 찍었다. 손가락이 부러져 수술을 받아야 된다고 했다. 가슴도 많이 아픈데 우선 손가락 수술부터 하게 되었다.

다음날 손가락 수술을 했다. 손가락 두 개에다 철심을 세우고 고정시키는 수술이었다. 수술은 잘 되었다고 했다. 15일간은 입원해 있으라고 했다. 3일이 지나자 온몸이 검은색으로 변해 있었다. 가슴, 등, 다리, 팔뚝 모두가 피멍으로 덮여있어 검둥이 같았다. 일주일이 지나서야 사라지기 시작했다. 가슴도 분명 금이 가 있었는데 병원에서 두고 보자고 했었다. 몇 달은 가슴이 아파 죽을 지경이었다. 자연스레 낫게 되었다. 그래서 한일병원에서 20일간 입원하고 퇴원하게 되었다. 모두 보험처리가 되었으나 전봇대만큼은 보험금이 모자라 사비로 보상하게 되었다. 코로나 때문에 장사도 안 되는데 손해가 막심했다. 퇴원하는 날 홀에 아주머니가 문병 차 한일병원에 찾아왔다. 그만둔다고 했었는데 사람도 구하지 못해 내가 병원에 입원하게 되자 할 수 없이 아내와 같이 일을 하게 되었다.

"사장님 그동안 병원에 문병도 못 와서 죄송했어요. 오늘 식당 그만두고 왔습니다. 사장님이 퇴원하신다 하여 오늘부로 그만두었습니다.…"

홀 아주머니는 죄송하다고 했다.

"그동안 고생하셨어요. 아주머니 말을 들었어야 했는데. 결국 차를 사서 사고를 당한 것 같아요. 그동안 수고하셨어요.…"

나는 아주머니에게 고마웠다고 했다. 죽지 않은 게 다행이었다. 미신을 믿지 않은 게 내 잘못인 것 같았다. 아주머니는 또 한고비가 남았다고 말했다.

"사장님에게는 아직도 액운이 남아 있어요. 몸 조심해야 될 것 같아요?…"

홀 아주머니는 자기가 무슨 예언가나 되는 것처럼 말했다. 기분이 썩 좋을 리가 없었다.

"아주머니 왜 그런 불길한 말을 나에게 하는 거예요. 기분이 나쁘네요?"

"사장님과 제가 만나지 말았어야 했어요. 서로 상극인 걸 어찌하겠어요?…"

아주머니는 그렇게 말하고는 가버렸다. 정말 알다가도 모를 일이었다. 불길한 마음을 지울 수가 없었다. 그래서 사람들이 신을 믿게 되는 게 아닌가 생각되었다. 나는 예전에 사이비 종교를 믿다가 실망하여 종교에 대한 믿음이 없어졌다.

세계적으로 종교 때문에 많이 싸우는 것 같았다. 세상에는 무슨 신이 그렇게 많은지 종교가 무섭게 느껴졌다. 일종의 무당도 무서운 존재가 아닐 수 없었다.

신을 받지도 않고 무당이 될 뻔한 아주머니가 무섭게 느껴졌다.

어떤 때 보면 섬뜩한 생각이 들 때도 있었다. 평온한 얼굴이 갑자기 무섭게 변해 있는 모습을 종종 보았던 것 같았다. 평범한 우리들과는 달리 무당 특유의 표정이 나타날 때가 있었다.

아주머니는 우리 식당에서 떠났지만 나는 불길한 마음을 항상 지니고 있었다.

홀에 사람을 구하려 정보지에 몇 군데 내도 일할 사람이 없었다.

코로나 때문에 손님이 많이 줄었으나. 그래도 기본 손님은 있어 아내와 둘이 하기는 벅찬 일이었다. 나는 병원에서 퇴원한 몸이라 더욱 힘이 들었다. 점심시간 바쁜 시간만 봐주고 집에 가 쉬어야 되었다.

그러니 아내를 더욱 힘들게 하고 있었다. 거기다 차도 없어 걸어 다니게 되자 고생은 말할 수 없었다. 시장은 정육점 사장이 사놓으면 실어다 주어 그나마 도움이 되고 있었다.

우리가 차가 있을 때도 우리는 여태껏 정육점에서 고기를 배달시켜서 썼다. 직접 사면 싸게 살 수도 있었지만 차가 없을 때 도와주어 지금 10년 동안 고기를 팔아주고 있었다. 시장물건만 실어다 주는 것도 큰 도움이 되었다. 정육점과 우리는 형제처럼 지내고 있었다. 무슨 일이든 급하면 정육점이 도와주고 있었다.

아내는 언제나 새벽 일찍 일어나 식당에 나가기 위해 7시면 집을 나서고 있었다. 내가 아직 손에 붕대를 풀지 못해 모든 걸 도와줄 수가 없었다. 한 손으로 점심시간만 서빙을 하고 있었다.

손님들이 빨리 사람을 구하라고 하지만 시골이라 사람이 오지 않았다.

"여보 천천히 나와요, 내가 일찍 가서 청소하고 음식 준비할 테니 11시쯤이나 당신은 나와요?"

"나 때문에 당신 고생이 말이 아니네. 이러다가 당신까지 쓰러질까 걱정이 돼?"

"염려 말아요. 나는 당신보다 15년이나 젊지 않아요. 당신 몸이나 챙겨요?"

말하고 집을 나섰다. 나는 아직도 이불 속에 있었다. 한쪽 팔을 못 쓰고 있는 것도 여간 불편한 게 아니었다. 빨리 깁스를 풀어야 되는데. 아직도 날짜가 5일이나 남았다. 5일만 지나면 양손을 쓸 수 있어 한결 나을 것이었다. 병원에 가서 왼손 깁스를 풀었다. 다행히 왼손가락이 붙어서 훨씬 좋았다. 손을 어깨에 메고 다니느라 한 달이 넘게 고생을 했다. 이제는 양팔을 쓸 수 있어 아내가 했던 홀 청소도 내가 할 수 있었다.

손님들도 기뻐하고 있었다.

"사장님 한 손으로 일을 하고 있어 보기가 안쓰러웠는데. 이제 다 나은 것 같아 너무 좋습니다.…"

손님들이 그동안 고생했다고 위로해 주었다. 우리 손님들은 모두 11년 동안 단골이었다.

진로 회사나 카스맥주 회사나 한결같이 우리 식당을 이용해 주었다. 인근 크고 작은 공장들도 모두 단골이었다.

아내가 짜글이란 음식을 개발해 우리 식당이 짜글이 식당으로 소문이 나 있었다. 어느 손님이 맛집으로 인터넷에 올려주어 멀리서 찾아오는 손님도 있었다.

그래서 코로나 이전에는 종업원도 넷이나 있었다. 코로나 때문에 손님이 많이 줄었으나 그래도 우리 집은 적자는 아니었다. 재난지원금도 받아 조금은 돈을 벌 수도 있었다. 딴 데는 코로나 때문에 문 닫는 식당이 많았으나 우리 집은 그렇지 않았다.

문제는 사고 두 번을 치는 바람에 손해가 났을 뿐이었다.

아내와 둘이서 몸은 고달퍼도 식당을 운영하는 데는 문제가 없었다. 그럭저럭 둘이서 한 달 넘게 열심히 일을 했다. 그게 무리가 되었는지 내가 허리를 못 쓰게 되었다. 자고 일어났는데 앉을 수도 없고 서 있을 수도 없었다. 누워있거나 구부리고 있어야 통증을 참을 수 있었다. 그만둔 홀 아주머니 말과 같이 액운이 남아있다는 말이 맞는 것 같았다. 또다시 불행이 찾아온 것이다.

아내의 부축으로 집에서 가까운 중앙병원에 가게 되었다. 아내는 병원에 데려다주고 식당에 나가게 되었다. 하루 장사 그만둬도 되지만 점심시간에 20명 예약이 있어 안 갈 수가 없었다.

병원에서 여러 가지 촬영을 하고 정형외과 담당 의사를 만났다. 당장 수술을 해야 된다고 했다. 간신히 병원을 나와 택시를 타고 식당으로 갔다. 아내와 수술 문제를 상의해야 되었다. 점심시간이 끝나고 우리도 점심을 먹는데 젊은 사람 둘이서 들어왔다. 카스 맥주 직원이었다.

얘기 끝에 허리 수술을 해야 된다고 하자, 젊은 사람이 자기가 수술한 병원을 소개해 주겠다고 말했다. 자기도 석 달 전에 수술을 했는데 감쪽같이 나았다고 했다. 뼈 전문 병원인데 월평동 바른생각병원이라 했다. 자기를 수술한 박사 명함도 주면서 찾아가 보라고 했다.

그래서 중앙병원에 가지 않고, 바른생각병원으로 가게 되었다. 사람이 얼마나 많은지 한 시간은 걸려 담당 의사를 만날 수 있었다. 의사가 우선 MRI 촬영을 해보자 했다. 여러 가지 촬영이 시작됐다. X-RAY, CT, MRI 촬영까지 끝냈다.

담당 의사가 보고는 설명했다. 허리뼈가 겹쳐있다고 했다. 시술로 바로잡을 수가 있고 시술은 일주일 후에나 하게 된다고 했다. 수술이 많이 잡혀있어 4월 5일 날이나 할 수 있다고 했다. 하루가 급하지만, 의사 말을 따를 수밖에 없었다. 시술 날이 일주일 남았다.

식당에 출근은 해도 나는 일할 수 없었다. 카운터에 앉아 계산만 하고 있었다. 앉아 있기도 힘들어 자주 일어나 구부리고 있어야 통증이 덜했다.

점심시간이 끝나고 내실에서 누워있는데 동사무소 직원이 찾아왔다. 박미자 씨가 누구냐고 했다.

"왜 그러시는데요?"

내가 묻자 몇 가지 물어볼 게 있다고 했다. 아내가 주방에서 나와 직원을 만났다.

"무슨 일인데요?"

아내가 묻자 동사무소 직원은 말했다.

"박미자 씨 서울 따님이 기초수급 신청을 해서 몇 가지 어머니께 여쭈어보러 왔다."고 했다.

가령 어머니가 재산이 많으면 따님이 기초수급을 못 받게 된다고 했다. 그래서 내가 얼마 전에 우리도 신용불량자여서 파산신청을 해서 받았다고 했다. 그러자 동사무소 직원은 알았다고 기초수급을 받도록 올리겠다고 했다.

"딸 연락처 좀 알려주세요. 20년이나 죽었는지 살았는지 알 수가 없어 찾고 있었어요. 연락처 좀 가르쳐 주세요?"

그러자 동사무소 직원은 그건 곤란하다고 했다. 개인 정보라 알려줄 수가 없다고 했다.

"아니 그런 법이 어디 있어요. 부모가 자식을 찾겠다는데 공무원이 협조해야지 누가 해요?"

내가 따지고 들자 전화번호만 일러주었다. 그래서 딸과 20년 만에 통화하게 되었다. 딸은 헤어지기 전에 사위가 술집도 했고 사채놀이도 했었다.

그런데 기초 수급신청을 했다니 믿어지지 않았다. 여태껏 주소를 몰라 연락을 하지 못했는데 전화를 해도 없는 번호라고 아내가 아들은 아니더라도 딸은 보고 싶어 했었다. 20년 만에 딸의 소식을 알게 되었다.

아내는 딸과 30분은 전화 통화를 하고 있었다. 20년 만에 대하는 전화인데 할 말이 많은 것은 사실이었다.

나도 자식들과 20년 넘게 단절하고 살고 있었다. 가정이 파탄이 나면 자식까지도 생이별이 되었다.

전화를 끝내고 아내는 울고 있었다.

"그동안 어떻게 된 거야? 울지 말고 말 좀 해봐?"

내가 다그치자 말하기 시작했다.

"글쎄 어떤 놈이 사위 돈을 5억이나 떼먹고 도망쳤대요. 사위가 누구요 주먹 잡이 폭력배 두목인데 간도 크지 뛰는 놈 위에 나는 놈이 있다고, 건달 돈을 떼먹고 도망쳤다니 간이 큰 놈 아니에요.

회사 돈인데 다 물어 줬대요. 집도 팔고 술집도 팔고 아무것도 없데요.

그런데 사위가 벌목을 하다가 전기톱이 튀는 바람에 반병신이 되었데요. 지금도 교회에 다니면서 치료받고 있데요. 지금은 딸이 벌어서 생활을 꾸려 나가고 있고 길거리서 옷 장사하는가 봐요. 생활이 어려우니까 기초수급 신청을 한 것 같아요. 손녀딸은 지금 고등학교 3학년이라고 했다.…"

"다시 전화해서 며칠 내로 들리라고 해, 몇 백이라도 도와줘야지. 부모가 그런 소리 듣고 가만히 있으면 되겠어. 오라고 해"

그래서 딸과 사위 손녀까지 식당에 오게 되었다. 사위는 교회에 다니며 교회 차를 운전해 주고 용돈이나 받는다고 했다.

가만히 앉아서 운전은 할 수 있다고 했다.

사위가 교회 차를 타고 식당에 오게 되었다. 갓난아기였던 손녀딸도 벌써 고등학교 졸업반이라고 했다. 그래도 벌어서 손녀딸에게 골프를 가리킨다고 했다.

이틀 밤을 식당에서 묵고 가게 되었다. 오백만 원과 식당 음식을 많이 싸서 보냈다. 단칸에 살았는데 애가 너무 커서 두 칸짜리 집을 얻어야 된다고 했다. 그래서 오백만 원 보태주게 되었다.

내가 수술도 해야 되는데 딸이 그 지경이 되었으니 도와주지 않을 수 없었다.

어쨌거나 우리가 도와줄 형편이 되었으니 보람을 느낄 수 있었다. 딸은 옷 장사 그만두고 식당에서 일한다고 연락이 왔다.

4월 4일 날은 고향에 가야 되었다. 그동안 산소가 흩어져 있었는데 한곳으로 모아 이장을 하게 되었다. 이장을 하고 처음으로 한식날 제사를 지내기로 했다.

매년 한식날 모든 친척이 모여 제사를 지내게 되었다. 첫 제사인데 내가 빠질 수가 없었다. 청주에 사는 사촌 동생이 모시고 가겠다 하여 아내와 같이 가게 되었다. 서울에 동생들도 모두 간다고 했다. 수술하기 전에 일이 그렇게 되었다.

조상이 남겨준 재산

청주에서 사촌들이 우리 식당에 찾아왔다.

아버지 형제 여섯 분 중 막내 작은아버지 자식이었다. 청주에 산다는 소식은 들었으나 이곳에 와 살면서 만나게 되었다.

고향 사촌 친목회 때 만나 내가 현도면에 산다 하자 찾아왔었다. 모두 아들 삼 형제, 딸 삼 형제였다. 아들 셋만 청주에 살았다.

지난해 아들 막내가 세상을 떠났다. 돈도 잘 벌고 형제 중 제일 잘 산다 했는데, 애석하게도 먼저 가게 되었다. 형제 둘과 제수씨 세 분이 나를 고향으로 모시고 가기 위해 온 것이었다.

내가 두 번이나 차 사고를 낸 걸 알고 있었다. 어차피 가는 길인데 모시고 가겠다니 고마웠다.

"일찍 왔네, 너희들이 와서 고맙구나. 몸이 안 좋아 내일 허리 수술을 해야 되는데 제사에 빠질 수도 없고 걱정했는데 고맙다."

"형님도 뻔히 차가 없는 줄 아는데 당연히 모시고 가야지요?"

첫째 성병이가 말했다. 서로들 인사하고 같이 가게 되었다. 제수씨들도 아내에게 형님으로 깍듯이 대하고 있었다.

"형님 참 대단하서 그 몸으로 어떻게 많은 손님을 받는지 대단하시다고 항상 얘기해요. 그런데 몸이 더 약해진 것 같아요."

제수씨들이 걱정하고 있었다.

"아직은 할만해 체중은 많이 빠졌지만 견딜만해 지금 사십 킬로도 안 나가."

"이제 그만 쉴 때가 됐어요. 돈 벌었으면 쉬었다 하세요."

"그러잖아도 식당을 내놨는데 나가야지. 코로나 때문에?"

내가 말했다. 사실 식당은 내놨으나 아직 찾는 사람이 없었다. 얘기하면서 고속도로에 들어섰다. 이 도로는 당진과 경상도 통영을 잇는 고속도로였다.

우리 고향까지 한 시간 반이면 갈 수가 있었다. 가면서 종중 재산 문제를 얘기하게 되었다. 종중 재산이 전에는 학성리에 산도 몇 천 평 있었는데 당숙의 아들과 백부의 아들이 30년 전에 모두 팔아 썼다고 했다.

나도 종중산이 있었다고 알고는 있었으나 우리가 일찍이 서울에 와 살았기 때문에 자세한 내막은 알 수가 없었다.

지금은 종중논이 칠백 평 있었는데 팔아서 사촌이 보관하고 있다고 했다.

둘째 사촌이 사촌 친목회 총무라 보관하고 있다고 오늘 돈 문제를 논의해 보자고 했다.

전부터 논 칠백 평을 팔자고 얘기가 있었다. 그 논이 세 사람의 이름으로 되어 있어 그걸 파는데 변호사비가 천만 원이 들어갔다고 했다. 그래서 곗돈과 논 팔은 돈을 사촌이 구천만 원 보관하고 있으니 오늘 어떻게 쓸 것인지 결정하자고 했다.

그 돈 때문에 사촌 친목회 회장인 정병이 형과 내가 어제 통화한 적이 있었다. 그 돈을 천만 원씩 여섯 집이 나누어 갖자는 형의 주장이었다. 나도 그에 동감을 표했으나 사촌 친목계에서 결정해야 될 일이었다. 총무도 많은 돈 가지고 있어 부담스럽다며 나누어 가졌으면 좋겠다고 했다.

육천만 원을 나누어 갔는다 해도 삼천만 원이 남아 있어 아무 문제가 없었다.

아내와 제수씨들도 한 집에 천만 원씩 나누면 요긴하게 쓸 수 있다고 좋아하고 있었다. 조상 산소 이장하느라고 한 집에 오백만 원씩 들어갔는데 조상들이 땅을 남겨놓아 다행이라고 했다. 어느 듯 차는 예산 IC에 도착했다. 예산 톨게이트를 빠져나가 홍성을 거쳐 광천에 도착하면 서해안 고속도로를 거쳐 가는 것보다 시간이 빨랐다.

한 시간 반 만에 광천에 도착했다. 우리 고향은 꼭 광천을 거쳐야 천북면에 갈 수가 있었다. 대천은 광천을 지나서 가기 때문에 우리 고향 사람들은 옛날부터 광천이 생활 터전이었다. 광천에서 산소까지는 8킬로가 되었다. 우선 산소로 가서 모두 만나게 되었다. 우리가 일찍 출발해 제일 먼저 산소에 도착했다. 제사 음식을 청주 사촌이 준비하게 되어 있어 일찍 출발했던 것이다. 11시까지는 모두 모이기로 약속이 되어 있었다. 우리가 도착한 시간은 10시 조금 넘었다. 한 시간이나 일찍 온 것이다.

제사 음식을 제수씨들이 꺼내 제사상에 한 가지, 두 가지 차려놓고 준비했다.

조금 있자 사촌들 조카들이 한두 집씩 짝을 지어 산소로 오고 있었다. 서로들 반갑게 맞이하고 악수를 건넸다.

"일찍들 오셨네. 반가워요 형님, 차 사고 났다고 들었는데 괜찮아요?"

광천에서 김 공장 하는 사촌이 반갑게 맞으며 말했다.

"많이 좋아졌어, 그런데 또 내일 허리 수술을 해야 돼, 병원 예약해 놓았어.…"

"형님도 참 여러 가지 하시네, 전에도 목 수술했다고 했잖아요. 차 사고에다 수술까지 온갖 고생을 다하고 사시네.…"

학병이 사촌이 말했다. 학병이 사촌도 허리가 안 좋아 몇 번의 수술을 했었다.

청년 시절에 감나무에 올라가 감을 따다 떨어져 허리를 다쳤다.

수술이 잘못되었는지 평생 허리 때문에 고생하며 살고 있었다.
 하나 둘씩 사촌 조카 제수씨들 인천 형님까지 모두 모이게 되었다. 회장인 인천 형님이 제일 연장자이고, 내가 참석한 사촌들 중에 두 번째 나이가 많았다.
 서울에 동생들도 다섯 형제가 모두 도착했다. 모두 오십 명 넘게 조카들까지 모이게 되었다. 서로가 인사를 나누고 즐거워하고 있었다. 친척들이 만나면서 서로 얼싸안고 기뻐하고 있었다. 어릴 적 고향에서 코흘리개 시절부터 같이 자란 사촌들이었다.
 이제 나이가 먹어 모두 환갑이 지난 사촌들이었다. 옛날을 회상하며 만나면 항상 즐거워하고 있었다.
 제사상이 모두 준비되고 모두 모여 제사를 지냈다. 장조카가 술을 따르고 일제히 절을 했다. 산소가 넓어 50명이 일렬로 서서 절을 할 수 있었다. 남녀 모두 함께 절을 했다. 조상은 고조부터 증조할아버지, 아버지, 형제들, 큰어머니, 작은어머니 모두 합장해 있었다. 사촌 형제들도 죽은 사람이 여럿 있고, 조카까지 죽은 사람이 있었다. 합장한 묘까지 50기가 넘는 것 같았다. 산소는 조카들까지 묻힐 수 있도록 준비가 되어 있었다. 내가 죽으면 들어갈 자리가 정해져 있었다.
 우리 사촌들이 이렇게 산소를 만들어 놓았다. 우리대 사촌들이 큰일을 해놓아 보람을 느낄 수 있었다. 객지에서 흩어져 살지만 고향에 오면 한 군데 모여있는 조상들에게 참배를 할 수 있었다.
 제사가 끝나고 제사 음식과 음복주를 한 잔씩 하게 되었다. 모두가 즐거운 표정들이었다. 그 자리에서 회장인 인천 형님이 한 말씀하고 있었다.
 "어제 총무가 전화해서 종중 재산 논 팔은 돈을 어떻게 할 것인지 논의하자고 해 말씀드리는 것인데, 사촌들 생각은 어떻게 처리

했으면 좋을지 말씀들 해 보시기 바랍니다. 제 생각은 어제 주병이 사촌과 여섯 집이 천만 원씩 나누어 가졌으면 좋겠다고 했는데, 여러분 의견이 있으면 말해 보세요?…"

그러자 광천 김 공장 하는 사촌이 나서서 말했다. 모두가 사촌 말을 귀담아들으려 했다. 고향을 지키고 있는 사촌은 셋째 큰아버지 아들인 김 공장 하는 사촌과 둘째 큰아버지 아들인 옥병이 사촌이 고향을 지키고 있었다. 그리고 당숙의 손자인 용구가 고향에 남아 있었다. 둘째 큰아버지 아들인 옥병은 종중논에 농사를 지어 먹었다.

이제까지 고대 조상의 시제를 지내는 조건으로 종중논에 농사를 짓게 되었다. 그 논을 옥병이 사촌이 사게 되었다. 논을 사게 되자 친목회도 나오지 않다가 다시 나오게 되었고, 큰아버지 내외분도 이장하고 사촌들과 함께하게 되었다. 사촌 간이라도 돈 문제는 정확히 해야 말썽이 없는데 산소 자리는 당숙의 손자 용구가 기증했다. 조상들 산소 자리를 기부한 것이다. 참으로 고마웠다.

"저는 생각이 달라요. 여섯 집이 나누어 갖는 것보다 종중 재산을 남겨놓아야 나중에 조카들이 산소를 돌보게 된다고 생각해요. 우리 사촌들이 다 고령인데, 몇 년을 사촌 친목회에 참석할 수 있겠어요. 조카들에게 종중 재산을 물려줘야, 고향 산소를 지킬 수 있다고 생각합니다. 산소 이전하는데 들어간 돈만 나누어 갖는 게 제 생각에는 좋을 것 같습니다.…"

김 공장 학병이 사촌이 말하자 장조카가 옳다고 말하고 있었다.

그래서 조상 묘 이장하는데 들어간 돈만 이천사백만 원 한 집에 사백만 원씩 여섯 집이 나누어 갖게 되었다. 학병이 사촌 말이 일리가 있었다. 조카들이 종중 돈이라도 몇천만 원 있어야 산소를 돌볼 수 있을 것 같았다.

우리가 모두 나이가 있는데 친목계를 몇 년이나 참석할지 몰랐다. 지금도 인천 형님과 나는 제대로 걷지도 못해 내년에는 참석하지 못할 것 같았다. 우리는 사촌들과 제수씨, 조카들 모두 오천에 가서 자연산 회로 점심을 먹고 헤어지게 되었다.

식대가 거의 백만 원이 다 되었다. 이렇게 모여 식사하는데도 돈이 많이 들어가는데. 종중 재산이 여유가 있어야 된다고 생각되었다. 나는 사백만 원 받아서 동생들과 나누어 가져야 했다. 우리 삼형제가 오백만 원짜리 적금을 들어 조상 묘 이전에 쓰게 되었다. 그러니 당연히 나누어 가져야 된다고 하자. 동생들이 내일 수술한다며 형님 수술하는 데 보태 쓰라고 했다.

그래서 동생들이 수술비를 보태준 것이다. 나는 그래서 수술을 하게 되었다.

병원에 일주일은 입원해 있어야 된다고 했다. 아내 혼자 식당에서 장사하게 되었다. 식당을 내놓았으나 코로나 여파인지 보러 오는 사람이 한 사람도 없었다.

모두 다 식당을 내놓고 문 닫는 사람이 많은데, 시기적으로 식당 매매가 되지 않았다. 아내 혼자 장사하면서 나의 병간호까지 하고 있었다.

아내는 식당 문을 저녁 9시에 닫고는 버스를 세 번이나 갈아타고 내가 입원한 병원에 찾아왔다.

"이 사람아 힘든데 뭐 하러 매일같이 와, 당신 얼굴 보면 속상해 죽겠어, 하루가 다르게 창백한 얼굴에 금방 쓰러질 것 같아, 간호원들이 다 간호하는데 힘든데 오지 마.…"

그렇게 오지 말라고 해도 하루도 거르지 않고 오고 있었다.

"당신 얼굴 보고 가야 잠이 오지, 안 오면 잠을 못 잘 것 같은데 어떡해요. 수술한 데는 아프진 않아요?"

손을 잡으며 아내는 걱정스럽게 말했다.

"생살을 뚫었는데 아프지, 그러나 참을만해, 내 걱정 말고 내일부터는 오지 마."

그래도 퇴원할 때까지 하루도 빠지지 않고 찾아왔다. 퇴원하는 날은 점심시간만 끝내고 아내가 퇴원 수속을 했다. 병원비가 오백만 원이 넘었다.

의사가 사진을 보여주며 수술은 잘 되었다고, 힘든 일은 하지 말라고 했다. 정상적으로 돌아오자면 1년이나 걸린다 하고는 그동안 조심하라고 했다. 그리고 무릎관절이 다 닳아 무릎 수술도 한 달 지나서 하자고 했다. 무릎 통증 주사만 놔주고는 꼭 수술하라고 했다.

아내의 부축으로 병원을 나왔는데 걸을 수가 없이 무릎이 아팠다. 허리 수술 때문에 다리가 더 아픈 것 같았다. 간신히 길을 건너 식당이 있어 점심을 먹으러 들어갔다. 허리에 커다란 복대를 차서 그런지 앉는 것도 불편하고 수술을 했지만 아픈 데가 많았다.

점심을 먹는 둥 조금 뜨고는 택시를 타고 집으로 돌아왔다. 아내도 오후 장사는 쉬고 같이 휴식을 취했다.

둘이서 다음 날 아침까지 골아떨어져 세상모르고 아침까지 자게 되었다. 아침에 아내가 말했다. 당신은 식당에 당분간 나오지 말고 집에서 쉬라 했다.

"어떻게 혼자 집에 있어. 답답해, 있다가 점심시간에 맞추어 나갈게?"하고는 아내를 배웅하고 들어왔다. 두 달간이나 무거운 허리 복대를 차고 있어야 된다고 했다. 복대가 무겁고 거추장스러웠다. 수술만 하면 편해질 줄 알았는데 수술하고 나서 다리가 더 아픈 것 같았다.

버스 정류장까지 걸어가는데 다섯 번이나 쉬고, 버스 정류장에 도착할 수 있었다. 집에서 버스 정류장이 꽤 멀었다. 2킬로는 걸어야 했다. 10시에 집에서 출발해서 식당까지 가는데 한 시간 반이 걸렸다. 신탄진에서 내려 다시 청주 가는 시외버스를 타야 했고 현도면에 도착하면 버스에서 내려 500미터는 걸어야 우리 식당이었다.

내가 일했던 주유소를 거쳐 가야 되었다. 주유소 마당에 들어서자 재용이가 반갑게 맞이했다.

"아저씨 수술 잘 끝냈어요? 아저씨도 참 고생 꽤나 하시네요. 사고 난 지 얼마 되었다고 손에 깁스를 풀자마자 허리에 또 복대 차고 다니고 이제 식당 그만 하세요. 연세가 있는데 쉬세요?"

재용이가 걱정스럽게 말했다. 주유소 사장도 이제 그만 쉬라고 말했다.

"식당 내놨는데 보러 오는 사람이 없네요. 싸게라도 팔고 싶은데 뜻대로 되지 않아요…"

"코로나 때문에 그래요. 이 판국에 누가 식당 하려고 하겠어요. 걱정이네요?"

주유소 사장도 걱정해 주고 있었다. 5년이나 일했던 곳이라 내 일처럼 걱정하고 있었다.

식당에 도착하자 12시가 다 되어가고 있었다. 벌써 손님 몇 사람이 식사를 하고 있었다. 주방에서 아내가 집에 있으라니까 왜 왔느냐고 말했다.

손님들이 복대를 차고 온 것을 보고 깜짝 놀라고 있었다. 모두들 걱정해 주고 있었다.

"사장님도 참 풍파가 심하네요. 사고난 지 얼마 됐다고 또 수술을 했으니, 세상사는 게 참 어려워요?"

오나가나 걱정해 주는 사람이 많았다. 점심시간은 카운터만 봐주고 있었다.

점심시간에 손님이 70명은 온 것 같았다. 홀에 먹은 상을 치울 시간이 없었다. 테이블마다 먹은 그릇이 상에 그대로 놓여 있었다. 모두가 아내가 걷어다 주방에서 설거지 해야 되었다. 상이라도 걷어다 주려고 그릇을 치우려 하자 허리가 끊어지게 아팠다. 무릎 꿇고 기어 다니며 상을 치우는데 아내가 못 하게 하고 있었다.

"제발 가만히 앉아 계세요. 도와준다고 도지면 수술한 보람이 없어져요. 가만히 있는 게 나를 도와주는 거예요.…"

아내가 밥이나 차려줄 테니 먹고 집에 가 쉬라고 했다. 며칠은 그렇게 하면서 식당에 왔다 갔다 하고 있었다.

한 일주일은 그렇게 한 것 같았다. 나보다도 아내가 더욱 지쳐있었다. 아내까지 쓰러지면 죽도 밥도 아니었다.

자고 일어나면 거뜬해져 아내는 식당에 나가고 있었다. 그런데 오늘은 아내가 아침에 일어나지 못했다. 나는 잠이 깨어있는데 아내는 세상모르고 잠에서 깨지 못하고 있었다. 시계를 보자 8시가 넘고 있었다. 6시면 일어나 씻고 7시에 출근하는 데 일어나지 못하고 있었다.

"여보 힘들어! 세상모르고 자고 있네?"

내가 흔들어 깨우자, 눈을 떴다가 도로 자고 있었다. 지칠대로 지쳐있는 아내였다. 황소 장사라도 그렇게 일을 하면 견디지 못할 것이었다. 나는 얼마나 자는지 내버려두었다. 하루 장사 못 한다고 세상이 뒤집어지는 것은 아니었다. 아니 식당을 그만하고 싶었다. 기왕 이렇게 된 것 몸이나 편하게 사는 게 좋을 것 같았다.

아내는 11시가 되어서야 일어났다. 시계를 보고는 깜짝 놀라고 있었다.

"깨우지 그랬어요. 오늘은 장사 못 할 것 같네요. 언제 준비해서 장사하겠어요?"

"당신 너무 지쳐있어 이러다가 당신까지 병나 우리 이제 식당 그만두자 산 입에 거미줄 치겠어, 정리하고 쉬자고?"

내가 말하자 아내는 고개를 끄덕였다.

"그래요, 그만해요. 당신도 나도 너무 혹사했어요. 딴 얘기하지 말아요?"

그날부로 식당에 나가지 않았다. 사놓은 재료도 많이 남아있는데 냉동실에 집어넣고 며칠간 식당에 나가지 않았다. '식당 휴업'이라 출입문에 써놓았다.

한 달 동안 쉬면서 식당이 팔리기만 기다렸으나 보러 오는 사람이 없었다.

식당 시작할 때 10년 전에 오천만 원이 들어갔는데. 삼천만 원에 내놔 정보지에 내보냈다. 그래도 나가지 않아 이천만 원에 줄여서 내놓았다. 그래도 나가지 않았다.

코로나가 완전히 음식점을 망치게 하고 있었다. 하루에도 수 백 군데 씩 폐업하는 식당이 늘고 있다고 방송에 나오고 있었다. 타격이 심한 곳이 음식점이었다.

그렇다고 장사를 하지 못하면서 집세만 줄 수는 없었다. 건물주에게 보증금만 찾고 나올 생각이었다. 보증금은 천만 원이었다. 시설비가 사천만 원이 들었던 것이다. 보증금 찾고 나오면 고스란히 사천만 원이 날아가는 것이었다. 다만 천만 원이라도 건지려고 이천만 원에 내놓아도 누가 하려고 들지 않았다. 우리 식당은 기본 손님이 정해져 있는데도 시골이라 누가 오지 않았다.

"우리 기왕 밑지는 김에 보증금만 찾고 그만둡시다?"

아내에게 그렇게 말했다.

"아깝기는 한데 어쩔 수 없잖아요. 광고비만 일 년 가까이 나갔어요?…"

아내도 내친김에 그만두자고 했다. 집주인을 만나 모든 시설물, 그릇 모두 놔두고 갈 테니 보증금만 달라고 했으나 건물주는 모두 가져가고 원상 복구하라고 했다.

모든 시설물을 두고 간다고 해도 건물주는 원상복구를 하라는 것이다. 그러자면 철거 비용이 만만치 않았다. 알아보자 이백만 원의 견적이 나온다고 했다. 시설물을 팔려 해도 요즈음 물건이 하도 많이 나와 어디다 둘 데도 없다고 했다. 그냥 가져가라 해도 비용만 난다고 가져가는 사람이 없었다.

살 때는 몇백만 원 주고 샀는데 에어컨이나 정수기 이런 것은 삼백만 원이나 주고 샀었다. 누가 십만 원만 달라해도 가져가지 않았다. 여기저기 찾아다니며 팔아보려고 했으나 헛수고였다.

마지막 전자제품 중고 매매상에 가서 에어컨을 사라고 하자 언제 샀느냐 했다. 2년 조금 넘었다고 하자 자기들이 보고 사 가겠다고 했다. 와서 보고는 깨끗하다며 오십오만 원을 주었다. 그게 시설비 중에 건진 돈이었다. 나머지는 아는 사람에게 쓸 수 있는 것 가져가라 하고 말았다.

정육점에서 정수기는 가져갔고 이웃 사람이 선풍기, 청소기 모두 가져갔다. 그런대로 전자제품은 쓸만하니까 가져가고 있었다. 나머지는 처치할 수가 없었다.

정부에서 폐업하는 사람에게 철거 비용을 대주는 제도가 있었다. 30평 이하 식당은 이백만 원까지 대준다고 했다. 신청하는데 까다로운 절차가 있었으나 신청해서 철거를 할 수가 있었다. 우리나라도 많이 좋아진 복지 제도가 있었다.

코로나 때문에 망하는 사람들에게 조금이라도 도와주는 제도였다. 재난지원금도 2년 동안 받은 돈이 이천만 원이나 되었다. 몇 차례 받은 것이 그 정도였다. 대출도 1% 이자로 쓸 수 있었다.

소상공인에게 정부에서 주는 혜택이었다. 그만큼 우리나라가 부강한 나라가 되었다는 증거였다.
　그래서 나는 식당을 처분하고 보증금만 받고 나올 수 있었다. 식당 차린 지 11년 만에 종을 치게 되었다.
　식당 망하고 나니 또 살림집을 비워야 한다고 정육점이 말했다. 본래 정육점 집인데 이곳에서 5년 넘게 살았다. 평수가 작아 살림하기에는 좁은 집이었다. 장사도 그만두고 이사를 하려는 참인데 잘 됐다고 생각되었다. 정육점이 일억에 집을 팔았다고 했다. 한 달 여유를 준다고 집을 얻으라고 했다.
　나는 불편한 몸을 이끌고 다니며 집을 얻으러 다녔다. 신탄진에 아는 사람도 많이 살고 하니까 신탄진 쪽에다 아내가 알아보라고 했다.
　그래서 나는 신탄진이 가까운 덕암동 주택가에 집을 얻으러 다녔다. 이곳이 연립도 많은 곳이고, 주택도 있었다. 아파트는 살기가 싫었다. 담배 피우기도 곤란하고 꼭 아파트는 갇혀 사는 집 같아서 살기가 싫었다. 사람 냄새가 나는 주택이 좋을 것 같았다.
　이웃 간이라도 대화도 나누고 살아야지 아파트는 그런 이웃 간에 정이 없었다. 몇 년을 아파트에 살았지만 이웃과 인사 한 번 없이 살게 되었다. 삭막한 아파트가 좋다고 하는지 사람마다 생각이 다르니까 자기 입맛대로 살면 되었다.
　가다가 버스에서 내렸다. 날마다 시장 보러 다녔던 식자재 마트 앞에서 내렸다. 이곳이 덕암동이었다. 내리자마자 부동산이 있었다.
　살림집을 얻으려고 왔다고 하자 부동산 직원이 몇 식구나 되느냐 물었다.
　"우리 마누라하고 두 식구요. 한 20평 정도면 충분해요?"
　"그럼 지금 수리하는 집이 하나 있는데 주택이요. 2층인데 새로 깨끗이 수리하고 있어요. 단층은 이미 신혼부부가 계약하고 2층만 있어요.…"

나는 가보자고 했다. 부동산 직원과 수리하는 집을 찾아갔다 집주인이 있었다.

집주인은 헌 집을 사서 새로 짓고 있었다. 모두 뜯어내고 새집이나 마찬가지라고 했다. 집세는 천만 원, 보증금에 월 사십만 원이라 했다. 평수는 20평 된다고 했다. 방 두 개에다 거실이 넓다고 했다.

올라가 보자 어수선했지만 우리 살기에는 충분한 집이었다. 2층인데도 마당이 넓어 좋았다. 아래층이 30평이 넘는데 2층은 그 대신 마당이 넓다고 했다.

그래서 다음날 아내와 같이 와서 계약금을 치뤘다. 월세를 십만 원 줄이고 그 대신 보증금을 이천만 원 준다고 했다 그러자 집주인이 그렇게 하자고 했다.

아내도 마음에 든다고 하며 쉽게 집을 얻을 수 있었다. 기왕이면 다홍치마라고 세를 살아도 새집 같은 집에서 살게 되어 좋았다. 한 달 후에 이사 오기로 했다.

집은 그렇게 해결이 되었다. 그동안 아내도 고생을 많이 해 쉬어야 했다. 나까지 몸이 불편한데 몇 달 쉬게 되었다.

한 달이 금세 지나갔다. 우리가 이사를 한다 하자 서울에 동생들에게서 기쁜 소식을 전해왔다. 큰 여동생과 둘째 여동생이 내 통장으로 사백만 원을 보내왔다.

"오빠 식당도 망했다면서 이사할 돈은 있어요? 병숙이와 내가 이백만 원씩 사백만 원 통장에 보냈으니 전자제품 냉장고나 새로 장만하세요?…"

너무나 고마웠다. 나는 동생들에게 해준 것도 없는데 매번 신세를 지고 있었다.

 큰 여동생은 해마다 명절 때는 꼭 생선을 택배로 부쳐주고 있었다. 정이 많은 동생이었다. 코로나가 터지기 전 외국 여행도 보내주었는데 신세만 지고 살고 있었다. 이사는 동생들이 보태주어 냉장고도 새로 사고 에어컨도 놓고, 청소기까지 살 수 있었다. 모두가 동생들 덕이었다.
 이사는 이삿짐센터에 부탁해 편하게 이사할 수 있었다. 지금은 짐 싸는 것도 서너 명이 와서 해주니까 이사하는 것도 직접 안 하니까 편해서 좋았다.
 이사 한 번 가려 하면 옛날에는 며칠 전부터 준비했는데 편한 세상이었다. 돈이면 손톱 하나 까딱하지 않아도 되는 세상이었다.
 내가 몸이 불편해 아무것도 도와줄 수 없는데 이사를 무사히 마칠 수 있었다. 새집에다 새 물건을 들여놓자 신혼살림이라도 차린 것 같았다.
 "너무 좋아요. 내 집은 아니지만 새집에다 새 물건을 들여놓으니 너무나 좋아요?"
 아내가 기뻐하고 있었다.
 7월 1일날 이사를 왔다. 그새 식당 그만둔 지 두 달이 되었다. 아내는 일자리 걱정을 하고 있었다.
 "한 해만 쉬었다 몸이 회복되면 일을 하든지 해. 일 년 먹을 것은 있잖아, 당신이 병나면 큰일이야, 나야 이제 폐인이 다 되었는데, 당신이 벌어먹여 살려야 되잖아, 내 말대로 그렇게 해.…"
 아내에게 1년만 놀자고 했다. 이사해 놓고 남은 돈이 몇천만 원은 있었다. 1년은 쉰다 해도 괜찮을 것 같았다.
 서울에서 큰 여동생에게 전화가 왔다.
 "오빠 8월 15일이 고향 사촌 친목회 날이니까 제가 모시고 갈게요. 집 구경도 하고 오빠 집에 들를 테니 그런 줄 아세요. 딸들만 셋이서 갈 거예요. 그날 올케와 5명이 가면 되잖아요. 친목회 끝나고 어디 경치 좋은 데서 자고 오자고요?…"

동생은 모든 경비는 제가 쓰겠다고 여행 가자고 했다. 아내에게 말하자 너무 좋아했다.

"역시 큰 고모가 최고라니까?"

어디 가자고 하면 좋아하는 아내였다. 놀면서도 내가 제대로 걷지 못하자 아무 데도 갈 수가 없었다. 차도 없지만 면허증도 반납해서 이제는 차도 살 수 없었다.

두 번이나 차 사고가 나는 바람에 면허증을 반납했다. 그러자 십만 원짜리 교통카드를 경찰에서 주었다.

나는 노령연금 모은 게 이천만 원가량 되었다. 식당 장사할 때 돈이 들어오면 아내와 반반씩 나눴다. 기껏해야 현찰이 오만 원 정도밖에 들어오지 않았다.

모두 카드여서 어떤 때는 만 원도 안 들어올 때도 있었다. 그렇게 아내 모르게 모은 돈이 노령연금 합해 삼천만 원이 되었다.

나는 어느 날 팔찌 4개, 금목걸이 하나를 샀다. 팔찌 3개는 8월 15일날 서울에서 오는 여동생들 주고 아내에게는 금목걸이와 팔찌를 선물해 주려고 샀다.

여태껏 고생만 시켰지 선물 하나 못 해주었다. 전에 경마장에서 천원 걸어 삼천오백짜리 배당을 맞추게 되었다. 너무나 좋아 삼백 오십만 원을 찾아서 금반지, 목걸이를 아내에게 사준 적이 있었다. 그러나 얼마 못 가 빚에 쪼들려 팔아 쓰고 말았다. 그 후 두 번째 선물이었다.

동생들도 너무나 좋아했다. 오빠가 생전 처음 사준 선물이었다.

우리는 고향에 가서 사촌 친목회 끝나고 서천 홍원항에 들러 회도 먹고 자고 왔다. 오면서 무창포 대천 남당리 수덕사까지 돌고 왔다. 너무나 흐뭇했다. 조그만 선물에 그렇게 기뻐할 줄은 몰랐다.

그 후 나는 아내의 하나뿐인 딸에게도 선물을 해줄 수 있었다. 아내의 딸은 서울에서 옷 장사를 그만두고 식당 두 군데를 뗀다고 했다. 벌이가 옷 장사보다 훨씬 낫다고 말했다. 한 달 수입이 삼백만 원을 넘게 번다고 했다.

운전면허도 땄다고 하여 내가 중고차 1대 육백만 원 주고 사주었다.

내게 옷도 사다 주고, 신발도 사다 주고, 가끔 먹을 것도 사다 주어 나도 선물을 한 것이다. 아직 신용불량자라 카드도 못 만든다 하여 카드도 만들어 주었다.

친딸은 전화도 받지 않고 사는데, 내가 낳은 딸이 아닌데도 나한테 너무 잘 해주고 있었다. 나도 보답을 해 주고 싶었다.

아내는 6개월 넘게 놀다가 취직이 되어, 지금 테크노벨리 관평동 회사 구내 식당에 다니고 있다.

토요일, 일요일은 쉬게 되어 힘은 들어도 직장에 충실하고 있었다. 나는 놀면서 아내와 서울 동생네 집들을 두루 둘러보았다. 동생들은 내 집에 자주 왔지만 나는 동생 집들을 둘러보지 못했다.

이제 일도 못하고 다리는 불편해도 찾아갈 수가 있었다. 큰 여동생 집에 묵으며, 다음 날은 김포에 사는 남동생 집에 들려서 저녁을 먹었다. 동생도 지금은 40평이 넘는 아파트를 사서 살고 있었다.

다섯 형제 모두 아파트 큰 집에 살고 있었다. 둘째는 장안동에 살고, 딸 셋은 고양시에서 살고 있었다. 나만 아직도 셋방살이 못 면하고 살고 있다. 오랜만에 형제들 집을 가보고 돌아오게 되었다.

아내가 노는 동안 큰 여동생이 제주도에서 한 달 동안 살다 온 다 하여 제주도 가서도 1주일이나 살다 왔다. 6개월 놀면서 그렇게 세월을 보내게 되었다.

나는 아내가 출근하면 종일 집에만 처박혀 있어야 했다. 어딜 나가고 싶어도 10분만 걸으면 다리가 아파 견딜 수가 없었다. 아내가 놀고 있을 때 백내장 수술까지 했다. 수술을 다섯 번이나 했으니 몸이 만신창이가 되었다. 완전 폐인이나 마찬가지였다. 마음 같아서는 무슨 일이라도 하고 싶은데 몸이 따라주지 않았다. 할 수 있는 게 하나도 없었다. 인생을 뒤돌아보면 내가 세상을 잘못 살았다고 반성이 될 때가 많았다. 어디서부터 잘못 살은 것 인지 뒤돌아보게 되었다.

내 운명은 4·19, 5·16 때문인 것 같았다.

시골에서 돈 벌고 잘 살 수 있었는데 4·19, 5·16이 터져 희망을 잃게 되었다.

그래서 글쓰기를 시작했다.

평생을 사는 게 무엇인지 가난과 배우지 못한 설움에 한탄만 하고 살았었다.

내 인생을 살아온 게 평탄하지 못했다. 본처와 별거하고 자식들과도 생이별하고 살았다.

육십이 다 되어 지금의 아내를 만나 행복하게 살고 있으나 살아온 세월이 서글퍼지기만 했다.

그래서 살면서 미루어왔던 원고를 지금에서야 쓸 수 있는 시간이 주어지고 있었다.

내 고향 시골

　내 고향은 충청남도 보령군 천북면 낙동리 2구〈바라지〉라는 이름도 촌스러운 작은 마을이다. 1942년생으로 일제시대, 세계 2차대전이 한창일 때 태어난 것이다.
　우리 마을은 바라지, 주둥굴, 날금정, 세 동네 한 부락으로 행정구역상 낙동리 2구였고 세 마을이 한동네였다. 농사를 지을 때도 함께 일을 했고 동네에 애경사가 있을 때도 함께 했다. 한 가족처럼 지냈던 동네였다. 모두가 가난했고 한두 집 빼고는 모두 끼니를 걱정하고 사는 사람들이었다. 그중에 제일 잘 산다는 집이 나의 작은 할아버지 아들 당숙네 집이었다. 부자이면서 글을(한문) 아는 사람도 당숙뿐이었다. 그 외 다른 사람들은 낫 놓고 기역 자도 모르는 무식한 사람들이었다. 내가 태어났을 때 우리 동네에서 학교에 다닌 사람은 당숙의 큰아들인 6촌 형밖에 없었다. 6촌 누님들도 있었지만 작은 할아버지가 딸들은 교육을 시키지 않았다. 여자가 글을 배워 뭐하냐고 학교는 보내지 않았던 것이다. 면 내에는 천북국민학교 한 곳밖에 없었다. 천북면은 바다로 둘러싸인 곳이었다. 천수만을 끼고는 남쪽은 바다 건너 오천과 대천이고 북쪽은 남당리 결성이 바다 건너에 있었다. 서쪽은 바다 건너 안면도이고 그쪽은 작은 섬들이 원산도 삽시도 몇 개의 섬이 있었다. 유일하게 동쪽만이 육지와 연결된 곳으로 홍성군 광천이었다. 천북면이 광천과 연결되지 않았다면 삼면이 바다로 둘러싸인 우리 고향이 섬이나 마찬가지였다. 광천에는 그때 당시 독배라는 항구가 있었다. 섬사람들이 광천에서 수산물을 팔고 생활필수품을 사가게 되었다. 그때만 해도 대천은 광천보다 한참 뒤떨어진 곳이었다. 지금은 천북면과 오천면 사이 바다를 막아 배가 광천까지 가지 못하고 섬사람들이 모두 대천을 이용하고 있어 대천은 지금 보령시가 되었다. 바다를 막고부터 광천은 발전이 되지 않아 새우젓 때문에 명맥을 이어가는 초라한 곳이 되었다. 그래도 천북면 사람은 광천이 생활 터전이 되어 광천 장을 많이 이용하고 있었다. 내 고향이 그렇게 생활권을 광천에 두고 살았다는 얘기를 하는 것이다. 어느 곳이고 바다를 끼고 살아 아침저녁으로 밀물과 썰물이 교차 되면서 언제나 바다를 바라보며 나는 어린 시절을 보냈다. 동네 사람들은 농업이 본업이고 바다에서 먹을 것을 구하려고 하지 않았다. 바다에는 무한한 먹거리가 있는데도 농사만 지어서 먹으려고 미련하게 산 것 같았다. 바다에는 김이나 파래, 고동, 게 등 여러 해산물이 지천이었다. 바다에는 반찬거리가 얼마든지 있었는데 농사일만 했는지 모를 일이었다. 그러니까 모두 배고프고 가난하게 살았다고 생각되었다. 나는 세 살이 되어 우리가 가난하게 산다고 느끼게 되었다. 세 살이 되고 나는 아버지 등에 업혀 동네 농악놀이를 구경한 것 같다. 그때 해방이 되었다고 동네 사람들이 만세를 부르고 농악놀이를 했던 것 같았다. 춤도 추고 온 동네 사람들이 다 모인 것 같았다. 몇 달 전에도 막내 삼촌이 일본 병대에 나간다고 동네 사람들이 일장기를 흔들고 만세를 부른 것 같았다. 내가 나중에 기억하자 그런 일이 있었다고 어른들이 신통하다고 했었다. 나는 세 살이었지만 생일이 2월 초라 우리 나이로 4살이나 진배없었기 때문에 그런 기억을 할 수 있었다. 해방된 다음 날은 동네에서 소를 잡았다. 당숙네 산골짜기 큰 나무에다 큰 소를 묶어 메었다. 그런 일은 작은아버지가 하고 있었다. 나는 그날도 아버지 등에 업혀 구경을 하게 되었다. 아버지는 나를 항상 업고 다녔다. 내 위로 형, 누나가 셋이나 돌도 안 되어 죽게 되자 나도 잘못될까 부모님들이 업고 다니며 키웠다고 했다. 어머니가 등에 업었다가 조용하면 발목을 만져보곤 했다는 것이다. 혹시 죽었는가 걱정이 되어 자주 만져보고 확인했다는 것이다. 내가 어려서 병치레도 많이 해 항상 조마조마 근심 속에 키웠다고 했다. 작은아버지가 도끼로 소의 머리를 힘있게 내리쳤다. 나무에 묶여 있던 소는 끽소리도 못 내고 픽 주저앉았다. 그렇게 큰 소가 도끼 한 방에 쓰러지고 말았다. 소가죽을 벗기고 해체 작업도 작은아버지가 하고 있었다. 가마니와 볏짚을 깔고 소가죽을 벗긴 다음 소의 배를 갈랐다. 동네 사람과 이웃 동네 사람들까지 몰려와 구경하고 있었다. 이렇게 많이 모인 사람들은 고기를 사 가기 위해 모인 사람들이었고 작은아버지가 조금씩 고기를 떼어 팔고 있었다. 소 팔은 임자는 치부책에다가 사가는 수량을 적는 것 같았다. 여러 동네 사람들이 돈을 내고 사가고 있어 소 한 마리가 거의 팔리고 있었다. 이제는 내장과 가죽만이 남은 것 같았다. 나는 아버지가 언제나 고기를 살까 했으나 아버지는 돈이 없는지 사 가는 사람들만 부러운 듯 바라보고 사지 않았다. 내장도 거의 다 팔리고 사람들도 얼마 남지 않았다. 아버지는 그때까지 지켜 보고만 있었다. 몇 사람이 없자 작은아버지가 소 팔은 주인과 함께 소 생간을 먹자고 하는 것 같았다. 도마에다 소간을 썰어 내어놓자 여러 사람들이 모여들어 한 점씩 소금에 찍어 먹고 있었다. 아버지도 작은아버지가 주는 소간을 받아먹고 있었다. 아버지의 초라한 모습이었다. 고기는 사지도 못하고 구경만 하고 있다가 소간을 한 점 얻어 먹고 흐뭇해하고 있었다.

"형님 돈이 없어 고기도 못 사고 이거나 갖다가 고아 잡수시지요?"

작은아버지는 소를 해체하고 얻은 소가죽 부스러기를 아버지에게 주었다. 작은아버지가 소 잡는 일을 하고 얻은 소가죽이었다. 아버지는 그것을 받아 가지고 집에 왔다. 돈이 없어 고기는 사지 못하고 작은아버지가 떼어주는 소가죽을 들고 오는 모습이 얼마나 초라하게 보였는지 모른다. 나는 그때 우리가 가난하게 산다는 사실을 느낄 수 있었다. 남들은 고기를 사가고 있는데 아버지는 못 사고 있었다. 아버지는 소가죽을 사금파리로 털을 벗겨내고 있었다. 나는 쪼그리고 앉아 그 모습을 지켜보고 있었다. 아마 몇 시간을 벗겨낸 것 같았다. 나는 구경하다가 졸음이 와 잠이 든 것 같았다. 아침에 일어나 밤새 소가죽을 고아 먹게 되었다. 아버지가 한 점 먹어 보라고 내 입에 넣어 주었다. 물컹하니 무슨 맛인지 몰랐다. 아버지와 어머니는 맛있게 먹고 있었다. 고기는 못 먹고 소가죽을 고아 먹은 게 두고두고 잊혀지지 않았다.

 나는 그때부터 우리 집이 가난하다는 것을 알 수 있었다. 그 후 어머니는 내 밑에 남동생을 낳았고 봄이 되면 양식이 떨어져 외갓집에 가서 양식을 얻어 오는 걸 알았다. 네 살 때였다. 외갓집은 우리 동네에서 10리 떨어진 곳에 댁 고개라는 곳이었다. 행정구역 상으로는 신죽리 1구였다. 외갓집은 그 동네에서 부자로 살았다. 외삼촌은 그 당시 청양군에서 일본 순사로 있었다. 해방 전에도 외갓집에 간 적이 있었는데 작은외삼촌이 일본에 유학을 갔다가 왔다 하여 간 것 같았다. 작은외삼촌은 일본에서 음악 공부를 했다고 들었다. 그때 일본에서 유성기, 레코드판을 가져왔는데 나는 신기하게 보고 유성기에서 나오는 노랫소리를 들을 수 있었다. 검은 판에 뭉뚝한 닭대가리 같은 것이 돌아가면서 노랫소리가 나오는데 너무나 신기하게 본 것 같았다.

 작은외삼촌은 다시 일본으로 가 죽었다고 들었다. 그래서 순사로 다니는 큰외삼촌이 아들 하나 독신으로 살게 되었다. 어머니 바로 밑에 동생이었다. 외삼촌은 나중에 우리가 가난하게 사는 걸 알고 많이 도와주신 분이었다. 6·25전쟁이 났을 때는 우리 집 끝 방 범고래 밑에 석 달이나 숨어 살기도 했다. 인민군들이 일제 때 경찰을 했다고 잡으러 다녔던 것이다. 어머니는 양식이 떨어지면 내 동생을 업고 나는 그때 걸을 수 있으니 데리고 다니며 외갓집에 가서 양식을 얻어 왔다. 10리나 되는 곳을 걸어서 애들 데리고 다녔던 것이다. 외할머니가 우리가 가면 예쁘다고 쓰다듬어 주시고 어머니에게 양식을 자루에 담아 주었다. 쌀과 보리쌀이었다. 그때 어머니는 자루를 머리에 이고 동생은 업고 나는 걸어서 집으로 돌아오곤 했다. 그렇게 힘들게 살았다. 그게 흔히들 말하는 보릿고개 시절이었다. 식량이 떨어져 보리가 익지도 않았는데 보리 이삭을 잘라 삶아서 말렸다가 절구에 찧어서 보리쌀로 밥을 해 먹을 수 있었다. 절구질을 수백 번 해야 보리 껍질이 벗겨졌다. 어머니가 배 창자가 끊어질 것 같다고 주저앉는 모습을 나는 자주 보고 살았다. 어머니를 붙들고 울기도 많이 울었다. 한 많은 보릿고개였다. 얼마 전에 진성씨가 부른 보릿고개 가사가 떠올랐다. 주린 배 잡고 물 한 바가지 배 채우시던 어머니의 통곡이었다. 모든 어머니들이 가난에 시달리며 그렇게 살았다. 우리뿐이 아니라 부잣집 한두 집 빼고는 모두 그렇게 살았다. 우리 어머니는 부잣집에서 배고픈 줄 모르고 살다가 가난한 아버지에게 시집온 것이다. 그때 아버지가 가난하게 살지 않는다고 외갓집에서는 믿고 있었던 모양이었다.

아버지는 그때 부자로 살았던 작은 할아버지 양자였다. 작은할아버지가 얼마나 부자였는지 면내에 손꼽히는 부자였다. 앞쪽이 모두 작은할아버지 논밭이었고 뒷동산 여기저기 산들도 모두 작은할아버지 산이었다. 그때만 해도 산이 얼마나 좋은지 아름드리 소나무가 빽빽하게 들어차 있는 산이었다. 나무만 팔아도 부자로 살 수 있는

산이었다. 밤나무도 많아 가을이면 밤도 몇 가마를 딸 수 있었다. 각종 과일나무도 많았다. 감나무, 배, 복숭아 철 따라 과일나무가 있었고 그렇게 부자로 살고 있는 작은 할아버지는 슬하에 독신 오촌 당숙 외동아들 한 사람이었다. 우리 할아버지는 아들 육 형제를 두었는데 작은할아버지는 아들 하나만 두었다. 자식이 하나밖에 없자 형인 우리 할아버지에게 아버지를 양자로 달라하여 아버지가 열 살 때 작은할아버지 집에 양자로 들어가 살게 되었다고 했다. 아버지는 할아버지의 넷째 아들이었다. 작은할아버지가 아버지가 마음에 드셨는지 아버지를 양자로 삼으셨다. 독신 아들이 잘못될까 미리 대비했던 것이다. 그러나 말이 양자지 머슴이나 다름없었다고 했다. 아버지는 열 살부터 작은할아버지 집에 살면서 그 많은 농사일을 다 해냈다고 했다. 한 사람의 머슴과 함께 농사일만 죽도록 하며 살았다고 했다. 자그마치 스물두 살 때까지 작은할아버지 집에서 양자 아닌 머슴으로 일만 죽도록 했다고 하였다. 그래서 아버지는 농사일에는 동네 사람들이 아버지를 따라갈 수가 없다고 하였다. 지게질도 벼 두 섬씩이나 지고 다녔고 소를 가지고 논밭 가는 일도 아버지를 따를 사람이 없었다고 했다. 농사일에는 아무도 아버지를 당해내지 못했다고 했다. 아버지가 결혼할 나이가 되어 어머니와 결혼을 하게 되었고 그래서 외갓집에서 아버지가 부잣집 아들인 줄 알고 어머니와 혼인을 시켰던 것이다. 어머니는 작은할아버지 집에서 2년을 살다가 분가를 하게 되었다. 그때 초가 삼 칸짜리 집 한 채와 논 두 마지기(400평) 밭 다섯 마지기(5백 평)을 작은할아버지에게 받아 가지고 분가를 하게 되었다고 했다. 두 식구 살기에도 부족한 땅이었다. 그때 아버지는 그 많은 농사를 안 짓고 살아 너무나 좋았다고 했다. 일에 지쳐 희망이 없게 살았는데 분가를 해서 살게 되었으니 너무 편하고 즐거웠다고 했다. 어머니와 살면서 애 셋을 낳았는데 모두 1년도 못 살고 죽었다고 했다. 그 후 태어난 자식이 나였다. 내가 여섯 살이 되었을 때 또 남동생이 태어났다. 우리 집 식구는 다섯 식구가 되었다. 농토는 늘지 않고 자식만 늘고 있었다. 그러니 식량이 부족할 수밖에 없었다. 아버지가 품팔이도 다니고 광산 일도 했으나 형편은 나아지지 않았다.

아버지는 할아버지 집과 이웃에서 살았다. 할머니는 어머니가 일을 못 한다고 매일 와서 꾸중하고 농사일과 바느질 일을 가르치고 있었다. 그때는 여자들이 길쌈을 해서 식구들 옷을 해 입히고 살 때였다. 목화와 삼을 심어 모두 옷을 해 입었다. 그런 일을 할머니가 어머니에게 가르쳐주고 있었다. 할머니에게 어머니가 일을 못 한다고 꾸중을 듣는 걸 나는 많이 보고 살았다. 부잣집에서 자란 어머니는 많은 일을 못 배운 것 같았다. 호되게 할머니한테 교육을 받으며 산 것 같았다. 그때도 이웃에 할머니가 있어 많은 일을 배울 수 있었다. 목화솜을 내서 실을 뽑아 식구들에게 옷을 해 입히고 살았다. 여름에는 삼베옷을 짜서 입혔다. 모두 어머니가 했던 일이었다.

우리 집은 파평윤씨였다. 할아버지 형제분과 우리 아버지 형제 여섯 분이 모두 한도에 살았다. 당숙까지 일곱 집이었다. 할아버지는 셋째 큰아버지가 모시고 살았다. 백부 큰아버지가 있었지만 이웃 동네 구등굴에 살고 있었다. 여섯 아들 중에 셋째가 마음에 드셨는지 셋째 아들과 살았다. 할아버지는 조선 시대 태어난 분이었다. 작은할아버지도 마찬가지였다. 나 어렸을 때는 머리에 상투를 틀고 있었던 모습을 자주 볼 수 있었다. 증조할아버지가 조선 시대 참봉을 지냈다고 들었는데 참봉이 무슨 벼슬인지 알지는 못했다. 증조할아버지가 부자로 산 것은 틀림없었다. 증조할아버지가 아들 형제를 두었는데 작은할아버지가 증조할아버지가 돌아가신 후 인감을 훔쳐 모든 재산을 가로챘다는 것이다. 할아버지가 맏아들 상속권자인데 작은할아버지가 차지한 것이다. 작은할아버지는 우리 할아버지에게 농토를 어느 정도 떼어주고는 나머지 모두를 차지했다고 했다. 그래서 우리 할아버지는 많은 재산을 작은할아버지에게 빼앗기고 말았다. 그 대신 작은할아버지는 조상들 제사는 자기가 책임진다고 하여 제사는 작은할아버지가 지내고 있었다. 언제나 명절 때나 제사 때는 온 가족이 작은할아버지 집에 모여 차례와 제사를 모시고 있었다. 할아버지는 여섯 아들이나 두었는데 모두 결혼시키고 재산을 나누어 주게 되었다. 재산을 차지 못한 아들은 집만 지어주고 살게 한 아들도 있었다. 우리 아버지는 작은할아버지 집에 양자로 있었기 때문에 할아버지 재산은 하나도 받지 못했다. 할아버지는 산 넘어 바다에 염전을 만들어 큰아버지와 함께 소금을 만들어 팔았다. 아버지도 가끔은 소금을 지고 다니며 홍성 대천 이런 곳에 팔고 오기도 했다. 소금 장사하면서 가끔은 아버지가 오징어를 사다 준 적도 있었다. 그때만 해도 일본 잔재가 남아 있어 오징어를 쓰루메라고 불렀다. 사촌 누님들이 나를 귀여워해 주며 바다도 데리고 가고 조개도 잡고 산에 나물도 뜯으러 다니기도 했다. 그런 게 어릴 때 추억이었다.

 나는 바다를 너무 좋아했다. 누님들이 조개 잡는 방식을 알려주면 곧잘 잡았다. 뻘땅에 들어가 손으로 갈퀴처럼 긁으면 꼬막을 잡을 수가 있었다. 우리 고향에는 꼬막을 살조개라고 불렀다. 살이 통통이 여문 살조개가 많이 잡혔다. 까만 검정 조개도 나왔다. 맛살도 잡을 수 있었다. 너무나 재미가 있었다. 조금 멀리 가면 바지락도 금방 한 바구니를 잡을 수 있었다. 바다에 먹을 것이 지천이었다.

 나는 학교에 다니기 전에 혼자서도 바다에 나가 게, 고동, 망둥어, 바닷가재 등 그런 것들을 많이 잡았다. 갯벌에 박힌 돌을 들추면 박하지게가 나왔다. 꼬막살 조개도 잡고 망둥어도 잡았다. 갯벌에는 수많은 구멍이 뚫려 있었다. 그 뚫린 구멍에다 팔뚝을 집어넣으면 반대편 구멍에서 물이 솟구쳤다. 그 솟구치는 구멍에다 한쪽 손을 넣으면 그 안에 있던 커다란 망둥어가 잡혔다. 쏙도 그렇게 잡았다. 금새 한 바구니를 잡을 수 있었다. 어머니가 살 조개는 삶아 주고 게나 망둥어는 무를 넣고 찌개를 해주었다. 훌륭한 찌개였다. 시골에서 먹거리가 없던 시절 바다에 나가면 얼마든지 먹거리가 있었다. 고기도 사 먹지 못했던 시절 영양 보충도 할 수 있었다. 그런데 시골 사람들은 게으르고 농사만 지어서 먹을 것을 찾으려 하지 않아서 배고프게 산 것 같았다. 논이나 도랑 웅덩이 같은 곳에도 붕어, 미꾸라지, 우렁, 장어, 쐐기도 잡히고 참게도 잡혔다. 부지런하기만 하면 얼마든지 논에서도 개울에서도 먹을 것을 찾을 수가 있었다. 그때는 농약이 없을 때라 미꾸라지, 붕어, 민물고기도 지천으로 널려 있었다. 나는 그런 걸 잡는 것을 좋아해 자주 잡아왔다. 미꾸라지를 잡아 옆집에 할아버지에게 갖다 드리면 너무나 좋아하셨다.

어린 시절을 사촌들과 동네 아이들과 바다로 들로 다니며 그런 걸 잡으며 놀았던 기억이 새로웠다. 재미로는 딱지치기, 썰매 타기, 제기차기, 윷놀이, 전쟁 때에는 총까지 따먹기도 하고 구슬 따먹기도 하며 어린 시절을 보냈다. 그때는 가난하게 살았어도 모두가 한 가족처럼 사람들이 인정이 많았고 서로 있는 대로 나누어 먹고 살았다. 한동네 사람들이 한 가족처럼 다정하게 지냈다.

나는 일곱 살이 되어 학교에 다니게 되었다. 그때는 면내에 학교가 한 군데 천북국민학교 밖에 없었는데 내가 1학년에 입학하고 우리 낙동리에 분교가 생겨 가까운 곳에 학교를 다닐 수 있었다.

본교는 십 리는 걸어서 다녀야 하는데 분교는 우리 마을에서 아주 가까웠다. 입학식만 본교에서 하고 공부는 분교에서 하게 되었다. 분교는 학교 교실이 두 칸밖에 없었다. 선생님도 교감 한 분과 정교사 두 분밖에 없었다. 분교에는 궁포리, 낙동리, 신덕리, 신죽리 4개 리만 다닐 수 있었다. 우리가 사는 동네가 낙동리였다. 낙동국민학교였다. 본교에 3학년까지 다니던 학생들이 낙동 학교로 오게 되었다. 1학년부터 4학년까지만 분교에서 공부했다. 교실이 두 칸밖에 없어 2부제 수업을 하게 되었다. 나중에 교실 6개가 새로 지어져 우리가 졸업할 때는 학생 수가 많았다. 처음에 내가 학교에 입학했을 때는 학생 수가 4학년이 13명이었고 3학년이 11명 여학생은 한 사람도 없었다. 1학년 17명 중에 여자가 4명이 있었다. 1학년부터 4학년까지 모두 50명밖에 되지 않았다. 1학년에 나이가 많은 애는 나보다 7살이나 더 먹은 14살짜리도 있었다. 나는 정나이 7살에 입학했다. 정 나이에 입학한 애는 영선이와 나 두 사람밖에 없었다. 모두 나보다 두 살, 세 살, 다섯 살, 일곱 살 더 먹은 애들이었다. 모두가 형뻘이 되는 애들이 동창이었다. 그때는 학교를 안 보내다가 형편이 나아지자 학교에 보낸 것이다. 나는 그런 학교에서 공부를 했다. 학교에 추억이 별로 없다고 머리글에 썼기 때문에 학교 이야기는 접어 두기로 한다. 졸업 후 행적만 쓸까 한다.

　나는 졸업 후 집이 가난하여 중학교는 꿈도 꾸지 못하고 농사일을 하게 되었다. 농사도 농토가 얼마 되지 않아 아버지 혼자서도 충분히 할 수가 있었다. 나는 나무하는 게 일이었다. 동네 친구들과 몇 살이나 더 먹은 형들과 나무 지게를 지고 항상 산에서 살았다. 산에 가면 나무는 뒷전이고 친구들과 노는게 일이었다. 점심은 항상 굶고 살고 집에 가야 먹을 것이 없으니까 산에서 친구들과 놀고 저녁때가 돼서야 나무를 조금해 가지고 갔다. 그때는 모두들 점심은 모두 굶고 사는 사람이 많았다. 산에서 놀다가 칡뿌리도 캐 먹고 잔대나 도라지도 캐다가 먹고 바닷가에 가 조개도 잡아 구워 먹고 허기를 때웠다. 콩이나 옥수수가 익을 무렵이면 몰래 훔쳐다가 구워 먹기도 했다. 먹을 것을 찾으려면 시골이고 바닷가라 얼마든지 있었다. 그래서 그렇게 점심을 때우고 살았다.

나는 해가 뉘엿뉘엿 질 때면 나무 지게를 언덕 위에 놓고 석양을 바라보며 명상에 잠기고 있었다. 석양빛이 바다에 물이 들어와 반사되어 석양과 바닷물이 맞닿아 찰랑댔다. 바다는 어머니의 품과 같이 고요하면서도 마음이 푸근해졌다.

"언제나 우리는 부자가 되어 배고픔을 잊고 살까? 어떻게 하면 돈을 벌 수 있을까?"

배고픔을 면하고 사는 게 꿈이었다. 그런 생각뿐이 없었다. 당장 먹고사는 문제가 제일 안타깝고 서러웠다. 죽도록 농사를 지어봐야 봄이 오기 전에 양식이 떨어지고 어머니의 한숨 소리만 높아졌다. 어머니는 봄이 되면 꼭 외갓집을 찾아가는데 이제는 망설여지는 모양이었다. 해마다 그것도 한두 번이지 발걸음이 무거워진다고 했다. 그것도 외할머니가 살아계셔서 가능했지만 외할머니마저 돌아가시면 가기도 힘들다고 했다. 전쟁이 터지고 외할머니는 몸져누워 계셨다. 이래저래 어머니의 근심은 떠날 날이 없었다. 자식은 커가고 식량은 해마다 턱없이 부족했다. 나도 품팔이를 다녔지만 해결이 되지 않았다. 근래 곳곳에 바다를 막는 간척 사업이 이곳저곳에 있어 나는 그곳에 일하러 다니고 있었다. 아버지도 함께 다녔다. 또한 식구는 또 늘어 여동생이 태어났다. 우리 집 식구는 이제 아들 셋, 딸이 둘이었다. 농토는 늘지 않는데 식구만 늘고 있었다. 해결책이 없었다. 어느 해 장마가 심해 뚝이 터졌다. 토사가 논에 쓸려 와 돌덩이와 모래가 산더미처럼 논에 쌓였다. 당숙네 논도 천 평이나 포함되어 있었다. 당숙이 우리에게 그 모래흙을 파내고 내년에는 농사를 지어 먹으라고 했다. 그것도 그냥 주는 게 아니고 삼칠제 토지였다. 가령 논이 한 마지기에서 쌀이 세 가마 나오면 우리가 두 가마 가지고 한 가마는 당숙네 주는 제도였다. 그것도 얼마나 다행인지 몰랐다. 아버지와 나는 가을 겨울내 논에 모래흙을 파내고 다음 해 농사를 지을 수가 있었다. 논 천 평이 생겼으니 가을에는 식량이 늘 것 같았다. 사람이 죽으라는 법은 없었다. 또 외삼촌이 학교 근처에 밭 다섯 마지기를 사주게 되었다. 아버지가 노름을 해 밭을 팔아먹어 밭이 없었다. 그런 걸 알고 외삼촌이 사준 것이다. 고마운 외삼촌이었다. 외할머니가 돌아가셔서 어머니가 식량 때문에 전전긍긍했는데 외삼촌이 해결해 주었다.

그때 나는 학교 밑에 주막집 딸과 연애 중이었다. 그때 내 나이 스무 살이었고 술집 딸은 열아홉 살이었다. 이름이 전옥자였다. 옥자네 식구는 본래 천안에 살다가 우리 고향으로 이사와 술장사 주막을 하게 되었다. 옥자와 다른 남자아이까지 옥자네 식구는 세 식구였다. 옥자 아버지가 일찍 돌아가셔서 옥자 어머니가 재가해서 낳은 남자아이였다. 초등학생으로 옥자 의붓동생이었다. 옥자네 집이 이사 오던 날은 겨울이었다. 눈발이 날리고 날씨가 무척 추웠다. 나는 학교가 방학이라 매일 사무실에서 학교를 지키고 있었다. 일직 선생이 있었는데 선생들은 학교에 조금 있다가 퇴근해 버렸다. 텅 빈 학교에 나 홀로 남아 있었다. 심심하고 외롭기도 했다. 학교에 라디오가 있어 방송을 틀다가 심심하면 풍금도 배워 유행가 노래책을 놓고 풍금도 치고 노래도 불렀다. 풍금을 치고 있는데 누가 사무실 문을 자꾸만 노크하고 있었다.

"아저씨 문 좀 열어줘요."

처음 보는 앳된 여자였다. 빨간 스웨터에 바지는 맘보바지를 입었다. 시골 여자애 같지는 않았다. 머리 모양도 세련되어 보였다. 한 손에 연탄 구공탄을 들고 있었다. 내가 문을 열어주자 방긋 웃으며 사무실로 들어왔다.

"이것 좀 받아줘요. 연탄불 좀 당기러 왔어요." 하고는 연탄을 내 앞에 내밀었다. 나는 엉겁결에 받아 난로 받침대에 놓았다.

"그런데 누구세요? 이 고장 사람 같지가 않은데 어디서 오셨어요?"

"이 밑에 주막집에 새로 이사 왔어요. 잘 부탁드려요."

여자는 춥다면서 난롯가에 앉으며 말했다. 상냥하고 얼굴에 웃음이 떠나지 않았다. 아무튼 나는 흐뭇했다. 심심하던 차에 여자가 나타나 반가웠다.

"그 집 나무를 땠었는데 연탄을 때시게요? 이곳은 시골이라 연탄 때는 집이 없는데"

내가 말하자 자기 어머니가 학교는 연탄을 땔 거라고 이사 올 때 신고 왔다고 말했다. 학교는 금년부터 연탄을 때고 있었다. 전에는 참나무 장작만 땠었다. 나는 난로 뚜껑을 열고 여자가 가져온 연탄을 난로 위에 올려놓았다. 한참 있어야 불이 붙을 수 있었다.

"고마워요. 우리 집에 한 번 오세요. 술 한 잔 대접할게요."

옥자는 그렇게 말하고 우리 서로 인사나 하고 지내자고 했다.

"저는 전옥자에요."

"윤주병입니다. 잘 부탁드려요. 자주 갈 겁니다."

선생님들이 숙직할 때 막걸리를 사 오라고 하여 주막집을 자주 찾아갔다. 옥자도 만나고 사귀고 싶다는 생각이 들었다.

"오다가 들으니 풍금 소리가 구성지게 들리던데 댁에서 친거에요?"

옥자는 풍금 소리가 좋았다며 다시 한번 쳐달라고 했다.

"그냥 시늉만 냈어요. 잘못 쳐요."

"빼시기는 잘 치시던데 한 번 들려줘요. 비 내리는 호남선을 치셨지요?"

"네, 심심할 때마다 연습했어요."

옥자의 성화에 못 이겨 풍금을 쳤다. 비 내리는 호남선을 치는데 옆에서 노래를 불렀다. 노래 솜씨가 수준급이었다.

"노래 솜씨가 보통이 아니네요. 가수 같아요."

"네, 노래를 좋아하는 편이에요. 자주 와야겠어요."

그리고 한 곡 더 쳐달라고 했다. 이번에는 카투사 노래를 쳤다. 옥자는 내 어깨에 기대고 노래를 불렀다. 처음 만났는데 옥자는 스스럼없이 내 어깨에 기대어 노래를 불렀다. 나는 풍금을 치고 옥자는 노래를 불렀다. 카투사 노래가 끝나고 신라의 달밤도 풍금을 치차 옥자는 노래를 부르고 즐겁게 보냈다.

"언제 그렇게 풍금을 배웠어요?"

옥자가 물었다.

"교장 선생님 아들한테 배웠어요. 중학교 3학년인데 선생님들보다 더 잘 쳐요. 처음에는 악보도 볼 줄 몰랐는데 그 애가 날마다 알려줬어요. 그 애는 저녁마다 학교에 올라와 공부도 하고 나하고 친해요. 탁구도 얼마나 잘 치는지 선생님들도 그 애를 이기는 선생님이 없어요."

나는 옥자에게 교장 아들 얘기를 해 주었다. 그 애는 얼마나 머리가 좋은지 천재였다. 학교에서는 1등만 계속한다고 했다. 나는 그 애 때문에 학교에 있으면서 풍금도 배우고 탁구도 쳤다.

"자주 놀러와도 되지요?"

옥자가 물었다.

"언제든 오세요. 지금 방학 중이라 저 혼자 있을 때가 많으니까 놀러 오세요."

"학교에는 라디오도 있고 전기가 들어와 너무나 좋아요. 촌에 왔더니 전깃불이 없어 답답해 죽겠어요."

옥자는 그렇게 말하면서 학교에 자주 오겠다고 했다. 어느새 연탄불이 당겨져 있었다. 연탄불을 당겨 가지고 가게 되었다. 그 후 나는 옥자와 아주 친밀하게 지내게 되었다. 방학 동안 거의 매일 옥자는 학교에 놀러 왔다. 노래도 부르고 탁구도 치면서 즐겁게 지냈다. 나는 숙직 선생이 막걸리를 받아 오라면 옥자네 주막으로 가 옥자를 만나고 술을 받아왔다. 어머니도 나를 반갑게 맞이해 주었다.

"총각이 너무 착해 보이네. 우리 딸이 학교에 자주 찾아가 귀찮지 않아?"

"아니요. 심심한데 너무 좋아요."

나는 그렇게 대답하고 옥자 어머니와도 친해졌다. 여자와 사귄다는 것이 나에게는 너무 좋았다. 아직까지 막연히 여자를 그리워했어도 누구와도 사귄 적이 없었다. 우리 사촌 누님들이 많아 나를 귀여워했어도 딴 여자와는 친하게 지낸 적이 없었다. 옥자와의 하루하루가 즐거움이었다. 어떤 때는 캄캄한 밤에 20리나 되는 광천까지 걸어가서 극장 구경도 하고 온 적이 있었다. 난생처음 옥자 때문에 극장 구경도 했었다. 영화가 〈아까시나무 꽃잎 떨어질 때〉인 것 같다. 배우도 모르고 영화를 처음 봐서 나는 아는 게 없었다. 옥자가 배우 이름도 가르쳐 주었다. 황해, 박노식 주연인 것 같았다. 옥자는 도시 천안에서 중학교를 나와 모든 걸 잘 알고 있었다. 옥자에 비하면 나는 아주 촌뜨기 시골 청년이었다. 그런데도 옥자는 나를 잘 따르고 찾아오고 있었다.

겨울 방학 내내 옥자는 학교에서 나와 시간을 보내고 바닷가로 나가 바람도 쐬고 즐겁게 지냈다. 친구처럼 연인처럼 지내게 되었다. 사랑 얘기는 한 번도 해본 적이 없었다. 개학이 되어 학생들이 학교에 다니고부터는 만날 기회가 적어졌다. 혹 저녁 시간이나 만나야 하는데 옥자네 주막은 장사할 시간이었다. 옥자네가 이사 오고 옥자네 주막은 손님이 많았다. 옥자 어머니도 혼자 사는 과부이고 옥자도 처녀라 찾는 사람이 많았다. 나이가 든 사람들은 옥자 어머니 때문에 많이 찾아오는 것 같았다. 옥자 어머니는 키가 훤칠하게 크고 용모도 단정한 시골에서 보기 드문 미인 측에 속했다. 도시에서 살았던 사람이라 옷차림도 세련되고 누가 봐도 한 번쯤 유혹해 보고 싶은 여자였다. 술장사니까 접근하기 쉬운 여자였다. 젊은 청년들은 옥자 때문에 부모 몰래 쌀 말이나 퍼내어 꼬셔 보겠다고 옥자네 주막을 들락거렸다. 밤이 되면 옥자네 주막 근처에는 휘파람 소리가 시끄럽게 나기도 했다. 촌놈들이 그야말로 여자 하나 꼬셔 본다고 진을 치고 있었다. 옥자가 나를 만나면 시골 사람들이 더 유별나게 군다고 말했다. 내가 색시도 아닌데 술 한잔 같이하자고 손잡아 끌고 시골에 공연히 왔나 싶다고 말했다. 그래서 자신은 방에서 문을 잠그고 나가지 않는다고 했다. 술 심부름은 남동생이 하고 있다고 했다.

　옥자와 사귄 지도 반년이 지나고 다시 여름 방학이 돌아왔다. 4·19혁명과 5·16이 일어나고 학교에는 변화가 많았다. 선생님들은 신사복을 못 입고 재건복을 맞추어 입게 했다. 나도 재건복을 맞추어 입었다. 상이용사를 대신해 일하고 있으나 재미가 없었다. 월급 타서 반은 상이용사를 주게 되니 재미가 있을 리 없었다. 일은 내가 죽도록 하고 상이용사는 가만히 앉아서 내 월급 반을 가져갔다. 생각할수록 박정희 혁명정부가 싫었다. 왜 하필 나의 직장을 빼앗고 이십만 환이나 들여 취직한 학교인데 박정희가 미울 수밖에 없었다. 군사 혁명만 일어나지 않았어도 내게는 평생직장이었다. 이제는 어쩔 수 없이 반쪽짜리 월급도 못 받고 내년 봄이면 그만두어야 했다. 상이용사의 동생이 제대하면 학교에 있기로 되어 있었다. 나는 선생님들과 들은 곗돈만 타면 학교를 그만둘 생각을 하고 있었다. 음력 설 때쯤이면 곗돈을 탈 수 있게 되어 있었다. 그 돈 가지고 서울 갈 준비를 하고 있었다. 아는 사람 주소도 모으고 친구 주소도 모으고 있었다. 이제 반년이 남았다. 옥자도 서울에 간다면 같이 갈 생각이었다. 여름 방학 동안 우리는 노래 연습을 많이 하고 있었다.

8월 추석에는 면 내에 콩쿨대회가 열리게 되어 있었다. 옥자라면 등 수 안에 들 수 있을 것 같았다. 모두들 옥자가 노래를 잘 부른다 하고 있었다. 방학이 되자 학교에 친구들도 많이 찾아오고 있었다. 특히 동천과 대길은 나의 절친한 친구였다. 이들은 고등학교 3학년이었다. 옥자와 같이 어울려 놀기도 하고 한여름 재미있게 지내고 있었다. 콩쿨대회 나가려고 연습한다니까 충분히 1등 할 수 있다고 옥자를 추켜세워 주었다. 학교에 마이크가 있으니까 노래 부르고 녹음해서 다시 듣고 매일같이 연습하고 있었다.

"주병씨 콩쿨대회는 어디서 여는 거야? 면에서 하는 거야?"

"아니야, 우리 학교에서 추석 다음 날 해! 이 학교 1회 졸업생인 면내 4H구락부 회장 주최로 1등은 금반지가 닷 돈 이래 꼭 1등 해!"

나는 옥자에게 1등 하라고 했다. 4H회장은 신덕리 사람으로 나의 국민학교 3년 선배였다. 면내에 4H활동을 하면서 회장이 되었다. 그때 한창 농촌에 4H활동이 활발할 때였다. 서로 화합하고 친목을 도모하자는 취지에서 콩쿨대회를 열게 되었다. 우리 학교에 찾아와 협조를 구하고 그날 마이크를 사용하게 되었다. 교장에게 협조를 구하고 학교에서 도와주기로 했던 것이다. 밴드와 악사는 자기들이 불러온다고 했다.

　드디어 콩쿨대회가 열리게 되었다. 시골에 구경거리가 없던 시절 명절이라 사람들이 많이 모이게 되었다. 남녀노소 할 것 없이 오후에 사람들이 운동장에 가득 모였다. 하루 전날 무대 장치와 모든 준비가 끝났다. 여러명의 농악패들이 한층 흥을 돋구고 마이크로 여러 사람들을 모이게 선전도 하고 있었다. 그야말로 면 내 사람들이 다 모인 것 같았다. 특히 젊은 청년, 처녀들이 많이 모인 것 같았다. 노인과 애들도 많이 모여 있었다. 한 달 전부터 노래 부를 신청자를 뽑았고 예심도 며칠 전에 학교에서 이루어졌다. 노래 신청자가 너무 많아 다 부를 수는 없었다. 그래서 예심을 거치게 되었다. 옥자도 예심에 합격하여 뽑히게 되었다. 여자는 두 사람뿐이었다. 그날 예심에 합격한 사람은 20명 정도 되었다. 드디어 악사들이 빵빠레를 울리고 콩쿨대회 개막을 알렸다.

　사회자가 마이크에 대고 큰 소리로 말했다. 4H회장이었다.

　"면민 여러분! 반갑습니다. 이렇게 많이 찾아 주셔서 대단히 고맙습니다. 지금부터 한 사람씩 나와 노래 실력을 겨루게 되었습니다. 아낌없는 박수 부탁드립니다! 첫 번째 출연자 나와 주십시오!"

　젊은 청년이 모자를 쓰고 나왔다. 모두들 박수를 쳐 주었다.

　"노래는 무슨 노래를 부르겠습니까?"

　신라의 달밤이라고 했다.

　악사들이 전주곡을 울리고 노래가 시작되었다. 목소리는 쩌렁쩌렁했으나 박자는 맞지 않는 것 같았다. 별로인지 박수가 터져 나오지 않았다. 별로 잘 부르는 사람이 없었다. 어떤 할아버지도 나왔는데 그런대로 잘 부르고 있었다. 많은 박수를 받고 있었다. 여자 한 사람이 나왔다. 그러자 박수가 터지고 여기저기서 휘파람 소리가 끊이지 않았다. 그 여자는 처녀 뱃사공을 불렀다. 그런대로 잘 불렀다. 많은 박수를 받았다. 옥자는 15번째였다. 한참을 기다린 끝에 옥자가 나왔다. 특유의 밝은 웃음을 지으며 손을 흔들며 나왔다. 그러자 우레와 같은 박수가 터졌다. 모두가 소리를 지르고 휘파람을 불어대고 있었다. 옷차림도 시골 사람과는 딴판으로 새로 맞추어 입고 나왔다. 모두들 환호하고 있었다. 많은 박수를 받고 있었다. 옥자는 나와 연습한 대로 카추사 노래를 불렀다. 노래가 끝나자 박수가 한참 동안 떠나지 않았다. 여기저기서 수군대는 소리가 들렸다. 어디서 사는 누구냐고 숙덕거렸다. 앵콜도 쏟아져 나왔다.

"시골 사람 같지는 않은데 가수를 초청한 거야?"

어떤 사람은 가수가 아니냐고 묻기도 했다. 아무튼 아직까지는 옥자의 노래가 우승감이었다. 그 후 몇 사람 더 부르고 마지막 한 사람이 나왔다. 그는 깔끔한 신사복에 넥타이까지 메고 인물도 좋은 멋쟁이 신사였다. 시골 사람 같지가 않았다. 사회자가 어디서 오신 누구냐고 물었다. 그는 대답했다. 고향은 이곳 학성리인데 서울서 살고 있다고 말했다. 고향에 콩쿨대회가 열린다 하여 왔다고 말했다.

"노래는 무슨 노래 준비했습니까?"

"인도의 향불!"

노래가 시작되었다. 한 소절이 시작되자 모든 사람이 숨죽여 듣고 있었다. 이 사람은 가수 뺨치는 노래 솜씨였다. 손짓 폼도 가수와 진배없었다. 우리 고향에 이런 사람이 있었나 싶었다. 노래가 끝나자 박수가 끊어지지 않았다. 여기저기서 앵콜이 터져 나왔다. 마지막에 진짜 가수를 만난 것 같았다. 심사 결과 그 사람이 1등이고 옥자가 2등이었다. 1등은 금반지 닷 돈이었다. 옥자는 손목시계를 받았다. 3등까지 상품이 있었다. 3등은 양은솥 단지였다. 그날 콩쿨대회가 끝나고 다 치운 다음에 학교 교실에서 4H회원들이 회식을 하게 되었다. 주막집에서 안주와 술을 가지고 오게 되었다. 그래서 옥자 어머니도 알게 되었고 옥자도 그 집 딸이라는 걸 알게 되었다. 그래서 많은 사람들이 옥자네 술집을 찾게 되었다. 장사가 잘되자 옥자 어머니는 내 덕이라고 말했다. 윤군 총각 때문에 손님이 많이 늘었다며 싱글벙글 옥자 어머니는 좋아했다. 옥자와 나는 더욱 가까워졌다. 이제는 옥자가 애정 표현도 할 때도 있었다.

"주병씨 나 좋아?"

옥자는 그윽한 눈길을 주며 물었다.

"좋으니까 만나지?…"

나는 그렇게 대답하고 말았다.

"그럼 내게 뽀뽀해 줄 수 있어?"

나는 그 말에 얼굴이 홍당무가 되었다.

어떻게 여자가 저런 말을 쉽게 할 수가 있는가 부끄러웠다. 나는 여자 앞에서 수줍어할 때가 많았다. 내가 많이 순진한 편이라 생각했다. 아직 여자와 접촉을 하기에는 용기도 부족한 것 같았다. 어떤 때는 사람들이 있는데도 옥자는 팔짱을 끼고 있었다. 나는 누가 보면 어쩌려고 그러냐고 손을 떼 놓았다. 그때만 해도 청춘남녀가 손잡고 다니는 걸 부끄러워할 때였다. 시골에서 연애한다면 큰 흉이 되었다. 그렇잖아도 소문이 나돌고 있었다. 내가 술집 딸을 좋아한다고 소문이 돌고 있었다. 학교 선생님들도 '윤군 주막집 딸과 연애한다며?' 나보다 몇 살 더 먹은 여선생이 놀린 적도 있었다. 선생뿐 아니라 어린 학생들도 옥자가 학교에 나타나면 '저기 소사 애인 온다!'하고 수군거렸다. 그때는 급사를 소사라고 불렀다. 이제는 창피한 생각도 들었다. 애들이 볼 때는 옥자를 피하기도 했다. 그래서 학교에서 만날 때는 방학이 아니면 만나는 걸 피하고 있었다. 다시 겨울 방학이 돌아왔다. 이제는 보는 사람이 없어 마음대로 만날 수 있었다. 항상 방학이면 학교를 혼자 지키고 있었다. 그 날도 난로 옆에서 따뜻하게 라디오 방송을 듣고 있었다. 혼자 있을 때는 음악을 들을 때가 제일 좋았다. 옥자가 운동장을 걸어오고 있었다. 한 손에는 신문지에 무엇인가 싸 들고 오는 것 같았다. 내가 사무실 문을 열고 나갔다. 주병씨! 부르며 옥자가 뛰어왔다.
"고구마 구워 먹으려고 가져왔어."
"고구마를 어디서 구했어?"
"어디서 구하기는 광천 장에서 사 왔지요."
옥자는 광천에서 사 왔다고 했다. 우리 집에 고구마가 많이 있는데 가지고 올 걸 그랬나 싶었다.
"들어와 난롯불에 올려놓으면 금방 익을 거야."
사무실에 들어와서 고구마를 난로 위에 올려놓았다. 4개나 가지고 왔다.
"어떻게 고구마 구워 먹을 생각을 했어. 나는 생각지도 못했는데"
사실 그랬다. 우리는 시골에서 쪄 먹을 줄만 알았지, 구워 먹는 것은 처음이었다.
"이제 먹고 싶으면 내게 말해, 사 오지 말고 우리 집에 고구마 많이 있으니까"
"그러면 되겠다. 시골에 농사 많이 지으니까"
한참 후에 고구마가 익어 가고 있었다. 집게로 고구마를 돌려가며 익히자 빨리 익었다. 둘이는 얘기를 나누며 맛있게 먹었다. 고구마 4개를 다 먹었다. 입술이 둘 다 까맣게 묻어 있었다. 서로 보고 웃었다.
"입술이 까매졌네, 주병씨 눈감아봐, 입 닦아 줄게."
하고는 내가 눈을 감자 입술에다 키스를 퍼부었다. 나는 엉겁결에 당해 제지하지 못했다. 옥자는 그래 놓고 무안한지 '나 갈게 안녕!' 하고는 사무실 문을 열고 나가 버렸다. 내가 불렀으나 뒤도 돌아보지 않고 손만 흔들고 사라지고 있었다. 그 후 나는 옥자를 만나지 못했다. 부끄러워 만날 수가 없었다. 만나면 무어라 말할까 떠오르지 않았다. 장난도 아니고 입술에다가 입맞춤을 하다니 마음이 심란했다. 옥자도 그 후 학교에 오지 않았다. 옥자를 찾아갈까 생각했으나 어떻게 대할지 용기가 나지 않았다. 옥자가 나를 사랑하는 것일까? 마음이 복잡해지고 있었다. 옥자와 결혼한다고 하면 부모님이 허락하실까 생각이 많아졌다. 언젠가 어머니가 소문을 들었는지 말했다.

"너 주막집 딸하고 연애한다고 동네 사람들이 수군대던데 사실이냐?"

"아니요. 그 집에 선생님들 심부름으로 자주 가니까 이상한 소문을 내고 있는 것 같아요."

그렇게 대답하고 말았다. 남의 말 하기 좋아하는 사람들이 소문을 퍼트려 모르는 사람이 없었다. 그때만 해도 우리 집 안은 양반, 상놈이니 하면서 집안 관계를 중요시하고 있었다. 하필 술집 딸이냐고 집안 어른들이 이러쿵저러쿵 말이 많은 모양이었다. 어머니까지 알게 되어 나는 많은 생각을 하게 되었다. 내가 옥자보다 나은 게 하나도 없었다. 옥자는 여자인데도 중학교까지 졸업했다. 나는 겨우 국민학교도 어렵게 졸업했다. 지금 세상에 집안 따질 게 뭐가 있단 말인가? 양반, 상놈 하는 세상은 조선 시대나 있었던 얘기였다. 아직도 봉건적인 사상이 남아 있어 집안 어른들은 케케묵은 양반, 상놈하고 있었다. 옥자 동생이 쪽지를 가지고 학교에 찾아왔다. 누나가 주었다고 내게 주었다.

"형 누나가 형에게 갖다주라고 해서 가져왔어."

쪽지를 내밀었다.

"누나 지금 집에 있니?"

"방에서 꼼짝도 안 해, 누나하고 싸웠어?"

옥자 동생은 싸웠냐고 물었다.

"싸우긴, 알았다. 내려가 봐라."

하고 동생을 보내고 쪽지를 읽어보았다. 이런 내용이었다.

"주병씨 오늘 밤 우리 집에 와요. 할 얘기가 있어요."

자기 집에 오라는 내용이었다. 무슨 할 얘기가 있다는 것일까? 궁금하기 짝이 없었다. 자기 어머니와 결혼 얘기하자는 것일까? 종일토록 일손이 잡히지 않았다. 키스까지 해놓고 달아나 며칠 동안 만나지 않았던 옥자가 아무래도 무슨 생각을 하고 있는 것 같았다. 나는 8시 경에 숙직 선생에게 얘기하고 외출 허가를 받아 술집을 찾아갔다. 장시간 있게 될지 몰라 선생에게 허락을 얻었다. 나는 학교에 매여 있는 몸이라 일일이 허락을 얻어야 되었다. 자유시간이란 집에 가서 식사하고 오는 시간밖에 자유시간이 없었다. 그 외는 24시간 학교에 있어야 했다. 3년 동안 그렇게 학교에 갇혀 살았다. 옥자네 주막은 손님이 많아 시끌벅적했다. 홀에서 큰소리가 나고 있었다. 어느 사람이 소리쳤다.

"색시 불러와! 이 집에 옥잔가 이쁜 색시 있다며! 와서 술 좀 따르라고 해!"

옥자 어머니가 주방에서 일하다가 방문을 열고 한마디하고 있었다.

"손님! 여기는 색시집 아니에요. 색시가 없는 집이에요. 왜 자꾸 소란을 피우고 그래요? 그 애는 우리 딸 아이예요." 말하자 그 사람이 딸은 술 한 잔 따르면 안 되냐고 하면서 주인 마담이라도 한 잔 따라 주라고 했다.

"술 따라주는 기생집이나 가서 말해요. 우리 집은 그런 집 아니니까!" 옥자 어머니가 쏘아붙이고 문을 닫았다. 나를 보고는 '윤군 왔어?' 물었다.

"손님이 많네요, 그동안 안녕하셨어요?"

"술장사 그만해야지, 시골 바닥이 손님들이 더 거칠어, 옥자는 제 방에 있을 거야 들어가 봐" 하고 옥자 어머니는 주방으로 들어갔다. 옥자 남동생이 술 심부름을 하고 있었다. 구석에 있는 옥자 방 앞에서 옥자를 불렀다. 불도 켜지 않고 있었다.

"옥자! 나왔어." 문이 삐죽이 열리고 조용히 말했다.

"빨리 들어와요. 사람들이 나를 찾고 있어 불을 끄고 있었어요."

옥자는 손짓하며 들어오라고 했다. 내가 방으로 들어갔다. 방안이 컴컴해도 이불이 깔려 있는 걸 확인할 수 있었다.

"불 안 켜도 되지? 사람들이 나를 보면 술 한잔 따라 달라고 귀찮게 해서 불을 끄고 죽은 듯이 있었어요."

옥자는 두 손으로 내 손을 잡으며 말했다. 캄캄한 방에 단둘이 이러고 있으니 마음이 요동치고 있었다.

"괜찮아 들어오다가 봤어, 술 취한 사람이 옥자를 불러 달라고 고래고래 소리 질러 대더군"

"아무래도 내가 이곳을 떠나야 할 것 같아요, 주병씨 누워서 얘기해요"

옥자는 방 안에 눕자고 했다. 그러고 보니 요가 두 개가 깔려 있고 베개도 나란히 두 개가 놓여 있었다. 내가 올 줄 알고 미리 준비해 깔아 놓은 것 같았다. 옥자가 자리에 누우라고 끌어당겼다. 내가 머뭇거리자 자기가 먼저 누우며 같이 눕게 했다. 참으로 묘한 기분이었다. 첫날밤을 치르자는 것일까? 내 마음이 흔들리고 있었다. 그것도 캄캄한 밤에 처녀 총각이 같이 누워있으니 묘한 감정에 충동질하고 있었다.

"여기를 떠난다니 그게 무슨 말이야? 엄마와 동생만 남겨두고 떠나겠다는 거야?"

내가 말하지 옥자는 내 손을 잡아 가슴에 얹어 놓으며 말했다. 내 마음은 더욱 요동치고 있었다. 옥자의 볼록한 가슴에다 손을 얹어 놓으니 전율이 흐르는 느낌이었다. 남녀 간의 사랑이란 이런 것일까? 콩닥콩닥 뛰는 가슴을 억제할 수 없었.

"주병씨도 보았잖아요. 내가 술집 색시도 아닌데 나만 보면 술 한잔 따라 달라고 야단들이에요. 말도 말아요. 청년들이 찾아와서 휘파람 불어대고 한번 만나 달라고 야단이 아니에요. 술장사하고 있으니까 사람들이 보이는 게 없는 것 같아요. 천안 도시에는 그러지 않았는데 이곳은 시골이 얼마나 드센지 하루하루가 지겨워요. 그래서 떠나려고 해요."

옥자는 이곳 사람들이 드세고 막무가내로 사람 취급을 해 주지 않는다고 했다. 시골이 조용할 줄 알았는데 술집을 하고 있으니까 막 보는 사람들이 많다고 했다. 사람대접 못 받고 살 바에는 어디로 떠나고 싶다고 말했다. 주병씨와 친절하게 지냈는데 아쉽다고 했다.

"떠나면 어디로 갈 건데 갈 곳은 정했어?"

나는 옥자의 마음을 떠보았다.

"아직은, 시집이나 갈까?"

옥자는 혼잣말처럼 말했다. 다시 내 손을 꼭 쥐며 말했다. 금방 옥자를 끌어안고 싶은 충동이 있었다. 그러나 가슴만 뛸 뿐 용기가 없었다. 가슴이 답답해지고 있었다. 내가 사랑한다고 고백할까? 입 안에서 맴돌 뿐 터져 나오지 않았다. 마음이 복잡해지고 답답해서 견딜 수가 없었다. 옥자도 아무 말이 없었다. 이런 때 어떤 행동을 해야 될 지 가슴만 뛰고 있었다. 가만히 옥자 가슴에 얹혀 있던 손을 내리고 일어났다.

"답답해 미칠 지경이야 나갈게" 하고는 방문을 열고 나왔다. 옥자는 아무 말이 없었다. 따라 나오지도 않았다. 무슨 말이라도 했으면 좋겠는데 문도 열지 않았다. 그대로 학교로 오고 말았다.

그 후 며칠이 지나 옥자 동생이 다시 쪽지를 보내왔다.

"제가 잘못 생각했나 봐요. 주병씨가 사랑하는 줄 알았는데 착각이었어요. 우리 이제 그만 만나요. 그동안 즐거웠어요."

옥자의 이별 통고였다. 그 뒤로 나는 아무 변명도 못하고 만나지 않았다. 내가 처음으로 사랑했던 첫사랑이었다. 옥자네 집을 선생님 심부름으로 몇 번 갔으나 옥자 어머니가 싸웠느냐고 물었다. 지금 친척 집에 가 있다고 말했다. 방학도 중반에 들어 보름만 있으면 개학이었다. 방학 동안 옥자가 있어 심심하지 않았는데 너무너무 보고 싶었다. 왜 나는 옥자를 끌어안아 주지 못하고 바보처럼 뛰쳐나왔을까? 아무리 생각해도 남자가 바보인 것 같았다. 기회를 놓치고 후회한들 소용없었다. 옥자의 마음은 이제 나를 떠났다고 생각하니 다시 잡을 용기가 나지 않았다.

방학 중에 서울대학교 대학생들이 농촌 계몽 나왔다고 학교에 들렀다. 나 혼자 사무실을 지키고 있는데 찾아왔다.

"저는 서울대학교 다니는 학생입니다. 농촌 봉사 활동을 나왔는데 지금은 겨울이라 별 할 일이 없다고 면에 찾아갔는데 그렇게 말하더군요. 이곳에는 도와줄 일이 있는지 알아봐 주셨으면 고맙겠습니다. 저는 국문과에 재학 중인 이영윤입니다. 어디 가서 일 좀 도와주고 밥이라도 얻어먹으려고 했는데 이 고장은 식사를 사 먹을 수도 없고 난처합니다.…"

학생은 점심도 굶고 이 마을 저 마을 다녔으나 일할 데가 없다 하여 여기까지 왔다고 했다. 네 사람은 사무실 밖에서 기다리고 이영윤 학생만 들어와 말했다. 내가 날이 춥다고 모두 안으로 들어오라고 했다. 그래서 모두 사무실로 고맙다 하면서 들어왔다. 난롯가에 모두 앉았다. 다섯 학생이었다. 그때만 해도 이곳은 버스가 하루에 3번밖에 다니지 않았다. 광천까지 나가려면 내일 아침 10시나 차가 있었다. 그래서 시골 사람들은 20리나 되는 광천을 걸어 다녔다.

"광천이나 나가야 식사를 사 먹을 수 있는데 걸어가자면 1시간 넘게 걸립니다. 이 밑에 주막집이 있는데 혹시 식사를 해 줄 수 있나 물어보세요."

내가 말했다. 하도 학생이 배가 고프다 하여 얘기했다. 이영윤은 그러자 만 학생에게 주막집에 갔다 오라고 말했다. 한 학생이 갔다 오더니 식사는 못 해준다고 해 그냥 왔다고 했다. 참으로 딱한 학생들이었다. 하필 겨울에 봉사활동 나와 쫄쫄 굶고 있었다. 학생들과 이런저런 얘기 하며 사무실에 있었다. 내가 숙직 선생님 오면 집으로 데리고 가 어머니에게 밥을 해주라고 할 참이었다. 서울의 학생들도 알고 지내면 내가 서울 가서 도움이 될 것 같았다.

"우리 집이 가까운데 조금만 참고 계시면 숙직 선생이 오면 우리 집에 가서 식사를 해드리겠습니다." 하고 기다리자고 했다. 학생들은 고맙다고 하면서 잊지 않겠다고 말했다. 해가 떨어지고 어두워지고 있었다. 6시나 되어서야 숙직 선생이 올 것 같았다. 나는 전깃불을 켜고 라디오를 틀었다. 지루하게 기다리지 않게 서비스해주고 싶었다. 학생들이 전깃불이 들어와 좋다고 말했다. 면사무소 근처 학교는 전기가 들어오지 않았다고 말했다.

"그곳이 이 학교 본교였는데 아직 전기가 들어오지 않았어요. 우리 학교만 전기가 들어와 선생님들이 너무 좋아하고 있어요. 선생님들은 모두 도시에서 살다가 온 선생님들인데 전기가 시골에 없어 제일 답답해하고 있어요. 하숙집은 어느 집도 전기가 없거든요."

나는 선생님들의 고충을 설명해 주었다. 제일 불편해하는 것이 하숙집에 전기가 없다고 불만이었다. 얘기하는 동안 숙직 선생이 오게 되었다. 나는 숙직 선생이 와야 언제나 집에 가서 밥을 먹었다. 학교는 잠시도 비울 수가 없었다. 학교와 우리 집은 거리가 200미터 정도밖에 안 되었다. 내가 손님들을 데리고 들어가자 어머니가 깜짝 놀라고 있었다.

"서울에서 농촌을 도와주러 온 학생들인데 도와줄 일거리가 없다고 학교에 찾아왔어요. 종일토록 식사도 못 하고 하루 종일 돌아다녔대요. 그래서 데리고 왔어요." 하자 어머니는 내가 오면 밥을 같이 먹으려고 했는데 학생들부터 주고 식구들은 다시 해 먹겠다고 말했다. 그래서 부모님께 학생들을 인사시키고 저녁을 먹게 되었다.

그 당시 우리 식구는 여덟 식구였다. 막내까지 육 남매였다. 우리가 먹을 밥을 학생들에게 주고 나와 같이 먹고 학교로 오게 되었다. 하룻밤 학교에서 자게 되었다. 숙직실 방이 두 칸이고 연탄불 때문에 따뜻했다. 다음 날 아침까지 우리 집에서 먹고 서울로 올라가게 되었다. 그런데 오후에 이영윤 학생이 혼자만 남아 서울에 가지 않고 다시 학교로 나를 찾아왔다.

서울에 같이 올라가려고 했는데 친구들이 우리 집에서 훌륭한 대접을 받았다고 가서 사례금도 드리고 인사하고 올라오라 했다고 돈을 걷어 오천 환을 주었다고 했다. 그래서 다시 왔다고 하면서 돼지고기도 광천에서 3근 사 왔다고 했다. 저녁에 집에 같이 가게 되었다. 그러나 우리 부모님들은 그 돈을 받을 리 없었다. 공부하는 학생들이 무슨 돈이 있냐고 받지를 않았다. 고기만 찌개 끓여 먹게 되었다.

"윤군 부모님 평생 이 은혜 잊지 않을 겁니다."

이영윤 학생은 혼자 남아 나와 보름이나 학교에서 지내고 올라가게 되었다. 옥자 어머니를 모델로 소설을 쓰겠다고 말했었다. 옥자와도 사이좋게 지냈다. 옥자는 나와는 거리를 두고 만나지 않았다. 이영윤 학생과 산책도 하고 나 보란 듯이 학생과 친하게 지냈다. 옥자는 나와 가까운 친구 동천과도 어울렸다. 나를 약이라도 올리려고 나와 가까운 사람들과 어울리는 것 같았다. 음력 설 때가 되어 선생들과 같이 들었던 곗돈을 탈 수 있었다. 시골이 싫어져 서울로 올라가게 되었다.
　서울에서 고생하다가 3년 만에 사촌 형을 만났다. 큰 사고를 내고 말았다. 그때 우리는 최전방지구 어이지리란 곳 부대에 들어가 고물 캐내는 작업을 하고 있었다. 부대 군인들과 고물을 캐내어 나누어 쓰게 되었다. 비공식으로 거래를 했던 것이다.
　어느 날 사촌 형이 포탄 150여 개를 캐다가 앞산에 몰래 숨겼다. 그걸 새벽에 부대 포탄 분해 기술자와 분해하다가 터지고 말았다. 사촌 형은 군인이 아니어서 육군병원으로 후송하지 못했다.

직업 전선

　야구장 건설공사는 콘크리트공사가 끝났다. 목수가 다시 시멘트 콘크리트 작업을 하기 위해 왁구를 짜주어야 다시 시멘트 일을 할 수 있다고 감독이 말했다. 한 달 이상 일을 쉬어야 될 것 같다고 말했다. 그러면서 한 달 일한 임금을 나누어 주었다. 일꾼들은 돈을 받고 모두 돌아갔다. 남은 사람은 감독과 시멘트 기술자 세 사람, 나, 다섯 사람이 남았다.
　"모두들 수고 하셨어요. 오늘은 내가 한잔 살 테니 같이들 갑시다. 윤군도 술 할 줄 알지? 오늘 총각 딱지 한번 떼봐?"
　시멘트 감독은 내게 그렇게 말하자 일행들이 모두 웃었다. 나는 무슨 말인지 몰랐다. 나중에 알게 되었는데 여자와 처음으로 관계를 갖는 말이었다.
　그만큼 나는 순진하고 시골 촌뜨기였다. 감독이 충청도 예산사람인데 내가 시멘트 바지게에다 지고 4층 높이의 계단을 오를때 힘이 없어 쓰러지자, 감독이 고향을 물어 충청도 보령이라 하자 같은 고향사람이라며 연장 관리하는 일을 시켰다. 그래서 나는 편하게 공사장 일을 할 수 있었다. 야구장 짓는 공사는 2개월하고 끝났다. 술집에 가게 되었다.
　감독과 시멘트 기술자 세 사람, 나까지 다섯 사람이 중앙시장 근처 니나노 술집이란 곳에 가게 되었다. 네 사람은 나보다 연상인 사십대들이었다. 나와는 나이 차이가 많이 나는 부모뻘이 되었다. 중앙시장 쌀가게가 밀집해 있는 성동극장 앞 골목이 모두 술집이었다. 한집에 보통 색시들이 열 명도 넘게 유리창 안에 도열해 있는 모습이 한복차림으로 인형같아 보였다.

　여자들은 화장을 짙게 하고 사람들이 지나가면 손짓하고 들어오라고 유혹하는 것을 지나다 본 적이 있었다. 청계천 창녀들과는 대조적으로 이들은 모두 한복차림이었다.

　술집에 들어서자 마담인 듯한 좀 나이가 지긋한 여자가 감독을 보고 반갑게 맞으며 팔짱을 끼면서 말했다.

　"서방님! 요즘 우리 집에 왜 안 왔어? 얼마나 보고 싶었는지 눈 빠지게 기다렸어?…"

　여자는 아양을 떨며 감독의 볼에다 입맞춤을 하고 있었다.

　"야, 이년아! 그만 아양 떨고 싱싱하고 예쁜 애로 다섯 년 골라와?"

　감독은 여자 다루는 솜씨가 한두 번은 아닌 듯 마담을 가지고 놀았다. 우리가 방에 들어가 자리를 잡고 앉아 있자, 조금 후에 마담이 다섯 명의 아가씨를 데리고 들어왔다. 여자들이 인사했다.

　"다들 들어왔으면 너희들이 남편감을 골라라. 제일 나이가 적은 년은 저기 숫총각 옆에 앉아라." 감독은 나이가 어린 여자에게 내 옆에 앉으라고 명령조로 말했다. 앳되어 보이는 여자가 내 옆에 앉았다. 모두 짝을 지어 앉게 되었다.

　마담이 술과 안주를 가지고 왔다. 술은 맥주였다. 시골에 살면서 막걸리만 먹었는데 서울에 와서 맥주는 처음이었다. 술잔이 몇 바퀴를 돌면서 흥이 나고 있었다. 옆에 여자를 끼고 있으니 술맛이 나는 모양이었다. 색시들은 자기 파트너에게 안주도 먹여주고 최대한 서비스를 하고 있었다. 서로 떠들고 주무르고 야단이었다. 다들 기분이 좋아 보였다.

　"어이! 숫총각 그렇게 꿰다 놓은 보릿자루처럼 앉아 있지 말고 옆에 여자 좀 즐겁게 해줘. 여자는 잘 주물러줘야 제맛을 낸다니까?…"

감독이 나에게 옆에 여자 좀 애무해주라고 면박을 주었다.

내가 목석처럼 술만 마시고 있자, 모두들 한마디씩 하고 있었다.

"이곳은 색시 한 사람당 몸값이 오백 원이야! 거금을 주고 마련한 자리인데 하고 싶은 대로 하면 돼. 말을 안 들으면 딴 여자 불러도 돼. 총각이 너무 순진해서 그러는 모양인데 너희들이 잘 해줘야지. 막내 네가 신경 좀 쓰란 말이야?"

일행들은 그렇게 말하고 내 옆에 앉은 파트너에게 신경을 쓰라고 말했다.

그러자 내 옆에 앉은 막내가 내 아랫도리를 만지려 했다. 내가 손을 뿌리쳤다. 아직 나는 그런 것이 익숙하지 못했다.

시골에서 친구들과 대포 집에 들어가 상다리를 두들기며 우리끼리 놀았지, 색시들과 술 먹어 보기는 난생처음이었다.

다시 분위기가 노래 부르게 되었다. 술도 거나하게 취해있어 노래를 부르기 시작했다. 춤도 추고 한바탕 신나게 놀았다. 나도 신라의 달밤 한 곡을 불렀다.

감독은 이제 술도 많이 마시고, 노래도 부르고 놀았으니 옆에 있는 여자들 전부 옷을 벗기라고 했다. 그러자 감독 옆에 앉은 여자가 벗기기 전에 제가 벗는다고 일어나 윗옷부터 모두 벗고 있었다. 다른 여자들도 따라 일어나 모두 옷을 벗고 있었다. 다섯 명의 여자들이 실오라기 하나 걸치지 않은 채 알몸이 되었다.

남자들이 박수를 쳐 주었다. 감독은 옆에 나체로 서 있는 여자 그곳에다 백 환짜리 한 장을 침을 발라 붙여 주고 있었다. 모두 감독을 따라 하고 있었다.

나는 지갑을 열어 옆에 파트너 손에 쥐어 주었다. 서울에 올라와 생전 처음 술집에서 이런 광경도 볼 수 있었다. 이들 노동자들은 이런 행동을 많이 해 본 사람들이었다. 객지 생활하면서 그렇게 기분도 내고 아까운 줄 모르고 돈도 쓰고 있었다.

그날 밤 술판이 파하고 제각기 파트너 여자를 데리고 여관에 가게 되었다. 내가 여관에는 안 가겠다고 말하자 감독이 싫으면 오늘 먹은 술값을 나보고 다 계산하라고 했다.

"윤군을 위해서 이런 자리 마련한 거야? 기분 한번 내라고, 총각 딱지 떼어봐!"

감독은 그렇게 말하면서 내 파트너에게 잘 모시라고 했다. 총각이니 멋지게 놀아보라고 했다. 나는 감독의 말을 거절할 수가 없었다. 감독뿐 아니라 모든 일행이 객지에 나와 외롭게 지내고 있었다. 집에서 마누라가 기다리고 있는데 한 번 갔다 오면 비용이 너무 많이 난다고 했다. 그래서 돈을 부쳐주고 있다고 말했다. 객지생활이란 외롭고 힘들고 고달프지만 어쩌다 이렇게 술집에서 회포를 푼다고 했다. 이런 남자의 고충을 마누라가 알아주었으면 좋겠다고 말했다. 모두가 한결같은 마음이었다.

감독은 지금부터는 각자 자기 방으로 들어가 즐겁게 즐기다가 다음 공사장에서 만나자고 했다. 나는 여관에 들어가 그냥 누워버렸다. 술도 너무 많이 먹어 몸을 가눌 수가 없었다. 한참을 누워있는데 같이 온 파트너가 흔들어 깨웠다.

"이봐요 총각, 일어나 봐요. 여기까지 왔으면 볼일을 보고 자야지요. 나 그냥 가면 마담한테 벌 받아요?"

색시가 일어나라고 일으켰다. 내가 게슴츠레 쳐다보자 위에 잠바를 벗기고 있었다. 내가 뿌리치자 색시는 토라지며

"내가 마음에 안 들어요. 싫으면 가고요. 내가 가면 딴 여자가 와야 해요. 그게 색시집 법이에요.…"

나는 그 말에 그녀를 잡았다. 약속한 이상 할 수 없다는 말에 그냥 있으라고 했다. "색시집 법도 무섭구만" 혼잣말로 중얼거렸다.

"오늘은 내가 자기 거에요. 돈 주고 샀는데 마음대로 해도 돼요. 하룻밤 실컷 가지고 놀아요.…"

"됐어, 무슨 말인지 알아!"

"옷 벗고 씻으세요?"

그녀는 옷을 벗기고 있었다. 나는 그냥 내버려 두었다. 남자가 뭣이 창피한가. 그녀들은 여러 사람 있는 데서도 옷을 벗었다. 나는 알몸이 되었다. 그녀가 빙그레 웃으며 말했다.

"총각 진짜 숫총각이야?"

"그래 숫총각이다. 색시집도 처음이고…"

사실이었다. 아직까지 나는 여자와 한 번도 자 본 적이 없었다. 옛날 시골에서 옥자가 자기 집 술집으로 불러내 나와 같이 누워있다 나온 적은 있었다. 같이 누워있는데 숨이 막혀 죽을 지경이었다. 여자와 같이 누워있자니 가슴이 뛰고 견딜 수가 없었다.

나는 자리를 박차고 나오고 말았다. 그만큼 나는 여자 앞에서 용기가 없었다. 오늘은 돈 주고 산 여자인데 남자의 면모를 보여주고 싶었다. 술집에서 그녀의 나체를 보았지만 다시 보니 참으로 여인의 육체는 아름답고 신비스럽게 느껴졌다. 불룩한 가슴이며, 곡선을 따라 아래를 내려다볼수록 남자의 마음을 혼란스럽게 하고 있었다. 그녀는 샤워를 하고 나와 내 앞에 서 있었다. 아무것도 가리지도 않은 채 감상하라는 태도인 것 같았다.

"술이 좀 깼어요? 아까는 금방 골아 떨어지더니 샤워하고 나와서 술이 깼어요?"

그녀는 내가 덮고 있는 이불 속으로 들어오며 말했다. 나는 벗은 채로 누워있었다. 그녀가 다가오자 멈칫해졌다. 그녀는 자기 몸을 내게로 밀착시키고 있었다. 부드러운 살결이 내게 다가오자 몸이 오그라드는 충동을 느꼈다.

어느새 여자의 손길이 내 몸 여기저기로 옮겨지고 있었다. 손길이 닿을 때마다 느껴지는 촉감은 흥분 그 자체였다. 은밀한 곳까지 다가오자 나는 심하게 몸이 떨리고 있었다. 어떻게 할지를 모르고 있었다. 그녀가 속삭이며 말했다.

"가만히 계세요. 제가 다 알아서 할께요."

그 뒤로 나는 그 여인에게 몸을 맡기고 그렇게 하룻밤을 보내게 되었다.

밤새도록 잠이 오지 않았다. 여자가 하는 대로 따라가고 밤을 새웠다. 흔히들 말하는 숫총각 딱지가 그 여인으로 인해 떨어져 나갔다고 해야 맞을 것 같았다. 그 여인은 전라도 영광이 고향이고, 서울에 올라와 식당에 있다가 나오게 되었고, 남의 집 식모살이도 하다가 술집까지 오게 되었다고 말했다. 이제는 술집에 빚이 있어 빠져나오기도 힘들어졌다고 말했다.

술집 색시와 하룻밤을 보내고 많은 것을 깨닫게 되었다. 서울이란 곳이 얼마나 무서운 곳이란 것을 알게 되었다.

시골에서 너도나도 서울이 좋다고 서울에 가 식모를 살겠다고 보따리를 싸가지고 서울로 서울로 올라갔지만 대부분 식모살이 아니면 공장 직공, 그렇지 않으면 술집에서 몸 팔며 살고 있었다.

서울 어디 가나 창녀가 득실대고, 지방까지도 술집과 창녀촌이 여기저기 늘어나고 있었다. 남자 역시 서울에 머물 곳이 없었다. 노동일도 아는 사람이 없으면 일자리 구하기가 하늘에 별따기였다. 그래도 나는 좋은 고향 사람 감독을 만나서 몇 달 동안 일을 할 수 있었고, 그 사람들과 술집에 가서 여자와도 하룻밤 잘 수가 있었다. 여인숙집에서 피 팔아 생존을 위해 사는 사람도 알게 되었다. 그래도 여자는 몸뚱이라도 팔아 살고 있지만, 남자는 일자리 없으면 죽을 수밖에 없는 곳이 서울이었다.

나는 또다시 실업자가 되었다. 감독이 두 달 후에나 보자고 했으나 두 달 동안 어떻게 산단 말인가?
　고향의 부모님과 동생들이 보고 싶었다. 편지를 한다는 것이 주소가 일정치 않아 아직 넉 달이 되도록 편지를 해 주지 못하고 있었다. 불효자식이라고 부모님의 걱정이 보지 않아도 뻔하게 느껴졌다. 또다시 갈월동 직업 안내소를 찾았다.
　직업 안내소에서 어떤 청년을 만났다. 그는 지금 시골 가면 모내기 철이라 일손이 부족하여 난리라고 했다. 자기가 부천 소사에 아는 집이 있다고 가고 싶은 사람은 같이 가자고 했다.
　나는 그를 따라가기로 했다. 일행이 5명이나 되었다. 복잡한 서울을 벗어나 시외버스를 타고 모처럼 시외로 나가자 기분이 상쾌하고 따뜻한 봄날에 봄꽃이 마중이라도 하듯 반겨주었다.
　모내기 하루 일당이 이백 환이라고 했다. 서울에서 노동일 일당이 백 환인데 배는 되었다. 그것도 먹여주고 일을 하니 고스란히 버는 셈이었다. 15일간은 일을 할 수 있다고 하여 따라가는 중이었다. 서울에 와서 이제는 하다못해 농사일까지 하러 가게 되었다. 작업복 두 벌 싸 가지고 시골로 향했다. 버스는 해 질 무렵 목적지에 도착했다. 어디나 시골은 마찬가지지만 농사철이 되면 바빴다.
　우리는 마을에 도착하여 모내기하는 집을 찾아가 주인을 만났다. 농토가 많아 자기 집에서 보름은 일할 수 있다고 했다.
　우리는 다음날부터 일하기로 주인과 약속했다. 이곳은 새벽 5시부터 오후 5시까지 12시간을 일한다고 했다. 나는 시골에 살면서 몇 번 모내기는 해 봤지만 잘하지는 못했다. 남들에게 뒤처질까 은근히 걱정이 되고 있었다. 잘못하면 쫓겨날 수도 있다고 걱정이 되었다.
　주인집에서 저녁을 먹고 내일이면 일하게 되었다. 이곳도 시골이라 인심이 좋았다. 주인집 식구들이 친절히 대해 주고 저녁밥을 여러 반찬까지 푸짐하게 차려 내놓았다. 오래간만에 시골에서 저녁 식사다운 식사를 하게 되었다. 일행 모두 서울에서 굶다시피 살았는데 모처럼 맛있는 식사를 했다고 말했다. 나도 항상 돈을 아끼느라 싸구려 식사만 했다. 그래서 서울에 와서 바짝 말라 있었다. 주인집에서 자고 새벽 일찍 일어났다. 동도 트기 전에 이곳은 일찍 일을 시작하고 있었다. 논에 가 새벽부터 모를 뽑아 묶어가지고 지게에 지고, 심을 논으로 날라야 되었다. 모든 것이 그때는 손으로 하는 수작업이었다. 지금이야 이양기 기계로 심고 있지만, 그때는 모든 것이 힘으로 해야 되었다. 기다란 줄에다 빨간 천을 달아 줄 모를 심게 되었다. 한 사람이 일곱 포기씩 심도록 표시를 했다.

  자기 앞에 모 줄을 넘기기 전에 심어야 되었다. 동작이 느린 사람은 남들은 일곱 포기 다 심고 허리를 펴는데 나는 동작이 느려 허리를 펴고 있을 때가 없었다. 주인이 안 되겠다고 짜증을 내고 있었다. 그러자 옆에 있는 동료들이 내 앞에 모를 빨리 심어 주었다. 그래서 쫓겨나지 않고 일을 같이 할 수 있었다. 농사일을 제대로 배우지 않아 나는 무척 애를 먹으며 일을 하게 되었다.

  무사히 15일을 힘은 들어도 잘 넘기고 일당을 받게 되었다. 모내기해서 삼천 환을 벌게 되었다. 건축일 한 달 수입이었다. 그것도 밥을 사 먹지 않고 벌었으니 고스란히 남는 돈이었다.

  일행과 함께 서울로 다시 가려고 마을을 벗어나 버스정류장으로 향하고 있었다. 그때 뒤에서 누가 불렀다.

  "여보시오 총각!"

  아까부터 우리 뒤를 따라왔던 육십 가까이 되어 보이는 머리가 희끗희끗한 노인이었다.

  "왜 그러세요?"

내가 묻자 그는 얘기 좀 하자고 했다. 그러자 내 앞에 가던 경상도 청년도 쳐다보고 있었다.

"무슨 일인데?"

경상도 청년이 내게 물었다.

"두 사람 일 좀 할 수 있을까?"

노인이 일할 수 있느냐고 물었다.

앞에 가던 친구들은 저만치 떨어져 가고 있었다.

"먼저들 가요! 나중에 서울에서 만나요."

나는 같이 일했던 동료들에게 먼저 가라고 했다. 노인과 셋이서 얘기를 나누었다. 노인은 고아 직업훈련소에서 농축과 지도원으로 일한다고 했다. 그런데 몸이 아파 다닐 수 없다며, 우리들에게 대신 일할 수 있겠냐고 물었다. 한 사람은 집에서 일하고, 한 사람은 고아 직업훈련소에서 일하면 된다고 했다. 농사일인데 어렵지 않다고 했다.

"월급은 얼마나 주는데요?"

"우리 집에서 먹고 자고, 천오백 환씩 주면 되겠나?"

노인은 한 사람당 먹여주고 천오백 환 준다고 했다. 공사장에서 일당이 백 환인데 먹여주고 잠재워준다는데 할 만한 일이었다. 나는 경상도 친구에게 하자고 했다. 서울에 가 봐야 일자리도 없는데 잘 됐다고 생각되었다.

우리는 노인을 따라 고아 직업훈련소에 찾아가게 되었다. 그곳은 인천시에 속해 있었다. 소사와는 가까운 거리인데 인천시 구산동이란 산골이었다.

전국 고아원에서 우수한 애들을 뽑아 교육을 시키는 곳이라 말했다. 이곳은 농축, 건축, 목공, 미용, 이용, 기계 등 여러 과목이 있다고 했다. 학교가 5층 건물로 꽤 시설이 잘된 곳이었다.

내가 일하는 분야는 농축과 지도원인데 농축과 교수의 지도를 받아야 된다고 했다. 교수가 농작물, 식물 재배하는 기술을 이론적으로 가르키고, 농축과 지도원은 원생들을 데리고 각종 채소를 가꾸면 된다고 했다. 내게 배당된 원생은 30명이 넘었다. 그들을 데리고 밭과 논에서 농사일을 하면 되었다. 물도 주고, 걸음도 주고 교수가 지시한 대로 원생들을 시키고 감독하면 되었다.

나는 다음날부터 고아 직업훈련소로 출근하게 되었다. 밭에는 여러 가지 채소를 가꾸고 있었다. 토마토, 오이, 당근, 무, 배추, 상추, 꽃 등 여러 가지를 가꾸고 있었다. 논에는 벌써 모내기를 해 놓고 있었다. 고아 훈련소 땅이 수천 평이 된다고 하였다. 모든 일이 원생들을 데리고 내가 하는 일이었다.

경상도 친구는 노인 집에서 농사일을 돕고 있었다. 농사를 짓는 동네 토박이 집이었다. 우리는 그 집에서 먹고 자고 일을 하고 있었다. 시골에서 머슴살이나 다름없었다.

나는 고아 직업훈련소 일을 마치면 친구와 같이 노인 집 일을 도와주었다. 고아원에서 일은 별로 힘이 들지 않는데 원생들 다루기가 보통 힘든 일이 아니었다. 제멋대로 부모없이 고아원에서 컸던 애들이라 말을 잘 듣지 않았다. 무얼시키면 하는 척하다가 어디로 없어지고 있었다. 한둘도 아니고 30명이나 되는 애들을 다루기란 쉬운 일이 아니었다. 그것도 나와 나이가 비슷한 아이들이라 같이 맞먹을려고 덤벼들었다.

"적당히 쉬여가며 해야지, 매일 하는 일을 왜 힘들게 부려 먹는 거예요?"하며 대들고 있었다. 교수가 있을 때는 아무 말이 없다가 교수가 자리를 비우면 어느새 도망가고 없었다. 어떤 때는 기합도 주고 혼내주지만 그때뿐이었다.

교수가 말썽을 피우면 이름을 적어 올리라고 했지만, 불쌍한 애들이 쫓겨날까 다독이며 좋은 말로 타이르고 있었다. 그들도 그런 나를 알고는 있지만 일이 힘들면 금방 달라지고 있었다.

한 달을 넘기자 이제는 친구처럼 선생님처럼 따르고 말썽도 피우지 않았다. "너희들이 일을 열심히 배워야 사회에 나가 배가 고프지 않게 살 수 있는 거야! 나는 객지에 나와서 일을 할 줄 몰라 취직도 못하고 고생하며, 밥도 굶어가며 살았어. 사회 나가면 사는 게 호락호락하지 않아. 무엇이고 열심히 배우면 사람들이 인정해 주고 돈도 벌 수 있는 거야!…"

나는 애들에게 그렇게 자주 말해주었다. 이들은 20세가 넘으면 사회로 내보내고 있었다. 15세부터 20세까지 교육을 시키고 사회로 내보내고 있었다. 일자리 구하기가 힘든데 사회에 나가 어떻게 적응하고 살아갈지 걱정도 되었다. 이곳 생활도 두 달이 되었다.

그동안 고향의 부모님께 소식을 전하지 못한 세월이 반년이 지났다. 이곳저곳 헤매고 다녀 주소가 일정치 않아 소식을 전해주지 못했다. 이제는 안정이 되어 고향으로 편지를 쓰게 되었다. 고향 떠나온 지 반년이 지나서였다. 그런데 편지 답장이 온 게 아니라 아버지가 직접 찾아오셨다. 찾기도 힘들텐데 시골에서 아버지가 어떻게 찾아오셨는지 대단하셨다. 아버지는 서울에서 인천으로, 인천에서 소사를 거쳐 이곳까지 물어물어 찾아왔다고 말했다.

"아버지 죄송해요. 그동안 직장을 못 잡고 헤매고 다니느라 소식도 전해주지 못했어요. 용서하세요. 아버지!"

나는 아버지에게 용서를 빌었다. 주인에게 아버지라고 소개하자 주인집에서 아버지를 반갑게 맞이하고 환대해 주었다. 주인들은 오셨으니 며칠 묵었다 구경도 하고 가시라고 했다.

나는 아버지를 내 방으로 모셨다. 큰절을 올리고 거듭 죄송하다고 말했다.

"자식이 죽었는지 살았는지 소식이 없어 궁금하던 차에 편지가 와서 찾아왔다. 네 엄마가 찾아가서 신통치 않으면 고향으로 데려 오라하여 왔다고…"

아버지는 눈물을 흘리시며 말했다.

나는 아버지에게 고향의 어머니에게 아버지 만났다고 전보를 치겠다고 했다. 그리고 아버지는 인천도 구경하시고 오래 계시다 가시라고 했다. 아버지는 이곳에서 나와 두 달을 같이 지내게 되었다. 아버지는 심심하다고 뒷산에 갔다가 그곳 골짜기에서 돌을 캐내는 작업장이 있어 일하게 되었다. 돈을 벌어 가시겠다고 말하여 잡지를 못했다. 아버지는 기운도 세 석공 일을 잘 할 수 있다고 했다.

주인집에서도 아들과 같이 돈 벌게 되었다고 아버지를 극진히 대접해 주었다.

혁명정부에서는 화폐개혁을 단행했다. 만 환이 천 원으로, 천 환이 백 원으로 돈이 10% 줄어서 사용하게 되었다.

아버지와 나는 있는 구화 돈을 신화 돈으로 모두 바꾸었다. 새로 나온 돈은 환이 아니라 원으로 부르게 되었다. 오천 환이 오백 원으로 월급도 그렇게 계산해 받게 되었다. 돈이 바뀌자 생활하는데 불편도 따랐다. 특히 물건을 살 때나 파는 사람이 헷갈릴 때가 많았다.

두 달 후에 아버지는 고향으로 떠나셨다. 나는 용돈만 남겨놓고 그동안 번 돈을 아버지 편에 집으로 보내게 되었다. 시골에는 돈이 나올 데가 없었다. 조금이라도 살림에 보탬이 될까 해서 아버지에게 드린 것이다. 고향 떠나와 처음이자 마지막으로 벌어서 준 돈이었다.

그 후로는 고향 떠나와 10년을 객지에 살면서 집에 돈을 준 적이 한 번도 없었다. 그만큼 내가 고생하며 살았다는 증거였다.

　아버지가 두 달간 계시다가 가신 후 나는 이곳에서 늦가을까지 일하게 되었다. 겨울에는 할 일이 별로 없어 4개월간 쉬어야 된다고 하여 고아원 직장도 잃게 되었다. 주인집에서는 자기집 일을 도와주며 있으라고 했으나 나는 더 있고 싶지 않았다. 농사일은 고향에 가서도 할 수 있는데 더 이상 오래하고 싶지 않았다.

　그동안 원생들과 정도 많이 들었는데 헤어지게 되었다. 농사일도 이곳에서 선진농법도 배울 수 있었다. 앞으로는 우리나라도 선진농업을 배워 겨울에도 싱싱한 채소를 먹을 수 있는 날이 올 것이라고 교수가 말했다. 선진국에서는 비닐하우스가 있어 겨울에도 채소를 키워 먹는다고 했다. 농사도 힘만 가지고 할 게 아니라 기계화되어 편하게 살게 될 것이라고 했다. 그러자면 우리 농촌이 우선 도로가 생겨야 된다고 했다. 기계가 농촌에 들어오자면 도로가 우선이라 했다. 그 지긋지긋한 지게는 이제 살아질 날이 올 것이라고 교수는 말했다. 꿈같은 얘기지만 선진국들은 벌써 하고 있다고 말했다. 나라가 빨리 발전해서 그런날이 와야 된다고 했다. 이곳에서 교수한테 많은 것을 배울 수 있었다.

　"선생님 그만둔다면서요? 어디로 가시려구요. 선생님과 재미있었는데 헤어지게 되어 섭섭해요?…"

　한 원생이 다가와 섭섭하다고 했다.

　"그래, 나도 너희들과 헤어지는 게 싫지만, 겨울에는 일이 없는데 어떻하니? 나중에 생각나면 봄에 올게?…"하고 말했다. 참 귀여운 애들도 많았다. 말썽꾸러기도 많았고 몇 달 동안 애들과 정이 들었다. 일을 하다가 토마토가 열리면 익지도 않은 것을 따 먹고 오이, 참외 등 남는 게 없었다. 익기도 전에 언제 따 먹었는지 보이지 않았다. 심지어 남의 복숭아밭에 가서 서리를 해오는 바람에 곤욕을 치룬 적도 있었다. 소사는 복숭아 과수원이 많았다. 복숭아가 없어지면 모두가 고아원 애들이 따 먹었다고 주인이 찾아와 난리를 쳤다. 그곳에는 군부대도 있었다. 육군 33사단이 산 밑에 주둔하고 있었다.

원생들은 군인들도 있는데 무엇이든 도둑만 맞으면 고아원을 찾아온다고 했다. 복숭아밭 주인이 찾아와 난리를 치자 그렇게 말했다.

원예과 교수와 우리 원생과 나까지 1시간 동안 벌을 받게 되었다. 1시간 동안 무릎 꿇고 운동장에 앉아 벌을 받았다. 나에게는 애들이 도망 못 가게 감시하라고 했다. 벌을 받고 나서 원생들은 저마다 욕을 해대고 있었다. 그 집 복숭아밭은 한 번도 가 보지 않았다는 것이다. 그냥 둘 수가 없다고 분개하고 있었다.

그 후 어느 날이었다. 한밤중에 내가 사는 집으로 원생들이 찾아와 문을 두드렸다. 모두 4명이었다.

"선생님 저희들 왔어요. 복숭아 따 가지고 도망쳐 왔어요?" 말하고는 자루에 가득 담긴 복숭아를 방에 다 내려놓고 있었다.

"야! 이놈들 이게 무슨 짓이야!"

나는 소리치다가 안집 주인이 들을까 빨리 방으로 들어오라고 했다.

"너희들 벌을 받았다고, 앙갚음 한 거지, 못된 놈들.···"

내가 꾸짖자 사실대로 말했다.

"저희들은 그 집 복숭아밭 가지도 않았는데 선생님은 억울하지도 않아요?" 오히려 당연한 일을 했다고 말하고 있었다.

"그래 복숭아밭에 사람이 없었어, 원두막을 지키고 있었을텐데···"

"원두막에 주인이 있었어요. 어떤 놈이야! 소리치고 나오는데 복숭아를 따다가 복숭아를 여러 명이 집어던지자 주인이 도망쳤어요."

원생들은 캄캄해서 보이지 않아 우리들인지 알지 못할거라고 말하고 있었다. 참으로 어처구니가 없었다. 죄를 짓고 와서 태연히 고소하다고 말하고 있으니 웃음만 나왔다.

"그런데 복숭아를 나한테 가지고 온 거야?"

"그거야 선생님이 우리때문에 벌을 받았으니 실컷 잡수라고요?"

나는 어이가 없어 웃음만 나왔다. 애들이 순진한 것인지 기가 찼다.

"너희들이나 실컷 먹어?"

너희들하고 헤어질 날도 얼마 남지 않았다. 다시는 그런 짓 하면 못쓴다고 타이르고 있었다.

"내년 봄에 꼭 오세요. 기다릴게요.…"하면서 복숭아를 가지고 방을 나갔다.

그들과 헤어질 날이 돌아왔다. 가까이 지냈던 원생 몇 명이 소사역까지 배웅나와 봄에 꼭 다시 오라고 했다. 나는 그들에게 빵을 사 주고 헤어지게 되었다.

나는 기차를 타고 서울로 향했다. 또다시 실업자가 된 몸이었다. 고생 덩어리가방 메고 다니는 것도 이제는 진저리나고 있었다. 내가 찾아갈 곳은 청계천 사촌누님집 밖에 없었다. 우선 그 곳에다 가방을 맡기고 일자리를 구할 생각이었다. 누님이 반갑게 맞이했다.

"그동안 어디 있었니?"

누님은 걱정했다며 어디 가면 소식을 알리라고 꾸중하고 있었다.

"애기가 많이 컷네요? 까꿍까꿍!"하자 손을 내밀며 좋아라 웃고 있었다. 조카 손을 잡아주고 안아보았다. 못본지 오래간만이었다.

"매형은 여전히 동대문에 일 나가시고?"

"요즈음은 짐이 없어 돈을 못 벌고 있어, 매형도 딴 일을 하든지 딴 직장을 찾아본다고 하고 있어?"

누님은 걱정이라 말했다. 서울에서 벌어 먹고살기가 힘이 든다고 했다.

나는 누님집에 가방을 맡기고 나왔다. 누님은 돈 주고 자지 말고 집에 와서 자라고 했다. 그러나 이제는 더 이상 신세를 지고 살고 싶지 않았다. 도와주지도 못하는데 놀 때마다 찾아가게 되어 미안했다. 우선 잠자리부터 찾았다. 모내기하러 갔던 친구가 했던 말이 기억났다. 창신동 돌산 밑에 가면 정부에서 운영하는 근로자 합숙소가 있다고 들었다. 그곳에 찾아가게 되었다.

근로자 합숙소에 찾아가자 직원이 신분증을 보자고 했다. 나는 도민증을 꺼내 보여주었다.

"충청도 보령에서 왔구먼, 취직하러 온 거야?"

"예 일자리 구하러 왔어요, 일자리도 소개해 주나요?"

"이곳은 일자리 소개해 주는 곳이 아니야, 직업 안내소에 가야지, 이곳은 잠만 잘 수 있는 곳이야, 일주일 동안 있다가 일자리 구해 나가야 해?"

직원은 이름을 적고 십오 원을 내라고 했다. 십오 원은 두 끼니 아침, 저녁 식대와 잠자는데 오 원이라고 했다. 밥을 먹지 않으면 오 원씩 일주일간 삼십오 원 내라고 했다. 그러니 한 끼 식사가 오 원, 잠자는데 오 원이었다. 다른 데서는 싸구려 백반이 십 원 받는데 반값이었다. 잠자는데도 오 원만 받으니 거저였다. 그런데 일주일밖에 못 있는 다니 걱정이었다. 누가 직원에게 조금 집어주면 오래 있을 수도 있다고 말한 적이 있었다.

나는 직원에게 사정했다. 금방 취직이 되면 모르지만 잘 곳이 없다고 한 달만 있게 해달라고 말하고, 이백 원을 봉투에 넣어 주었다. 그리고 한 달치 방값 백오십 원을 주었다. 식대는 그때그때 식권을 사서 먹으면 된다고 하여 식권은 사지 않았다.

직원은 비밀이라며 딴 사람에게는 말하지 말라 하고 한 달 동안 있으라고 했다.

직원이 열쇠를 주면서 2층 5호실 3번 침대라 일러 주었다. 열쇠는 항상 간직하고 소지품을 잊어버릴 수도 있다고 조심하라고 했다.

2층으로 올라가서 5호실을 찾아 들어갔다. 대낮이라 아무도 없었다. 이곳은 낮에는 있을 수가 없다고 했다. 아침 식사 시간이 끝나면 모두 밖으로 나가야 된다고 했다. 오후 5시에 들어오라고 했다. 방에는 침대가 8개가 있었다. 통로를 사이에 두고 양쪽으로 방이 4개씩 8개였다. 한쪽이 1층 방이 2개고, 2층에 2개가 있었다. 3호실 방은 2층 침대였다. 올라가 보니 혼자 잘 수 있는 공간이었다. 사물함이 하나 있는데 열어보자 담요 두 장이 있었다. 베개도 있었다. 한 장은 깔고, 한 장은 덮으라는 것이었다. 3호실 방이 내가 한 달간 살 집이었다. 나는 방을 확인하고 밖으로 나왔다. 직원이 저녁 식사를 하려면 수저를 사와야 된다고 말했다. 식당에 수저가 하나도 없다고 했다. 본래 수저가 있었는데 여기 있는 사람들이 훔쳐다 팔아서 하나도 없다고 했다. 수저 1개를 팔면 오 원 주니 모두 집어다 팔아먹었다. 오 원이면 이곳에서 밥 한 끼 사 먹을 수 있으니 돈이 없는 사람들이 팔아먹은 것이었다. 수저뿐이 아니라 화장실 수도꼭지도 떼어다가 팔아먹는다고 했다. 별사람이 다 모이는 곳이 이곳이었다. 수저를 사 오기 위해 이곳에서 가까운 영미다리 건너 황학동 고물 시장을 찾아갔다. 이곳에는 고물 골동품을 많이 팔고 사는 곳이었다. 고물 가게에 들러 십 원 주고 수저 하나를 샀다. 고물상 주인이 수저 하나 사다가 어디에 쓰려고 사느냐고 물었다.

"저녁 먹으려는데 식당에 수저가 없대요?" 내가 말하자 주인은

"무슨 그런 식당이 다 있냐고…" 웃었다.

내가 근로자 합숙소라는 곳이 있는데 사람들이 식당의 수저를 훔쳐다 팔아먹어 없다고 했다. 그러자 주인은 언젠가 어떤 사람이 수저 30개를 가져와 1개에 오 원씩 주고 산 적이 있다고 했다. 이곳 황학동 시장을 도깨비시장이라고 부르고도 있었다. 이곳은 도둑 물건이 많다는 이유인 것 같았다. 수저도 도둑질해 팔아먹는 세상이 되었다.

근로자 합숙소에는 식사 시간도 정해져 있었다. 오후 5시부터 7시까지만 저녁 시간이었다. 아침도 마찬가지 5시부터 7시까지였다. 식권이 있어도 시간이 넘으면 먹을 수가 없었다. 식사는 식판에다 밥과 국, 반찬은 김치와 나물 한 가지 간단했다. 가격이 싼 만큼 먹을 것도 없었다. 오 원짜리 식사가 오죽하겠는가.

저녁때가 되자 사람들이 나갔다가 들어오기 시작했다. 이곳에 있는 사람들이 250여 명가량 된다고 직원이 말했다. 나는 저녁을 먹고 내 방에 들어가자 8명 중 6명이 들어와 있었다.

"3번 침대에 새로 온 사람입니다. 같이 지내게 되었습니다. 잘 부탁드립니다."

인사를 해야될 것 같아 이렇게 인사했다. 그들은 잡담을 나누고 있다가 인사하자 고생하러 왔다면서 같이 생활하자고 반겨 주었다. 나는 이들과 며칠 있으면서 대화도 나누고 친해졌다.

노동일을 하는 사람도 있고, 장사를 하는 사람도 있었다. 내 옆에 4번 침대에 자는 사람은 리어커를 가지고 채소 장사를 한다고 했다. 다른 사람은 나처럼 일자리 구하러 다니는 실업자였다. 어떤 사람은 영화 촬영장에 찾아가 엑스트라 일을 한다는 사람도 있었다. 촬영이 있을 때만 어쩌다 나간다고 했다. 하루에 점심 한 끼 주고 팔십 원을 받는다고 했다. 한 달에 서너 번 있을까, 밥값도 되지 않는다고 했다. 그중에 채소 장사한다는 사람에게 장사가 잘 되느냐고 물었다.

"채소 장사하면 돈이 잘 벌려요?"

"그거야 하기 나름이죠. 수완이 좋아 잘 버는 사람도 있고, 못 버는 사람도 있지요. 자기가 하기에 따라 버는 사람도 못 버는 사람도 있지요. 왜 야채 장사 해보려구요?"

그는 뚝섬에 가면 채소밭이 많다면서 자기는 직접 밭에 가서 새벽 일찍 사다가 판다고 했다. 도매상에서 받아다 파는 것보다 이익이 많이 난다고 했다. 시장에 가서 채소 가격을 살펴보고 시장보다 싸게 팔면 된다고 채소 장사 말에 솔깃해서 채소 장사를 해 보겠다고 마음먹었다. 그도 같이 해 보자 하여 리어카를 사게 되었다. 그 사람이 아는 곳에서 싸게 사 주었다. 나는 그 사람과 채소 장사를 시작했다. 돈을 벌려면 장사를 배워야 될 것 같았다. 그러나 말처럼 장사가 쉬운 것이 아니었다.

새벽에 일찍 일어나 리어카를 끌고 뚝섬까지 가는데도 한 시간이 넘게 걸렸다. 왕십리를 지나 다리를 건너면 뚝섬이었다. 창신동 돌산 밑에서 그곳까지 가는 데도 힘이 빠졌다. 그때만 해도 뚝섬은 모두 채소밭이었다. 채소를 한 리어카 실으면 엄청 무거웠다. 땀을 뻘뻘 흘리며 끌고 다녀야 했다. 평지는 그런대로 끌고 다닐만한데, 언덕배기는 참으로 힘이 들었다. 무겁게 끌고 가는 모습을 보고 어떤 사람은 뒤를 밀어주기도 했다. 그 사람이 얼마나 고마운지 몰랐다. 주택가에 들어가 소리를 크게 질러야 사람이 나왔다.

"배추가 왔어요! 무가 왔어요! 각종 채소가 왔어요!"

처음에는 말문이 터지지 않았지만 자주 하자 이제 술술 잘 나왔다. 어떤 날은 잘 팔리고, 어떤 날은 오후까지 마수걸이도 못할 때가 있었다. 개시도 못하고 있을 때는 힘이 빠졌다. 목소리가 기어

들어가는 것 같았다. 잘 팔릴 때는 신이 나는데, 못 팔고 있을 때는 풀이 죽어 있었다. 주택가 담벼락에 주저앉아 담배만 피워대고 있었다. 길 가던 어느 사모님이 보고는 채소가 싱싱하다며 따라오라고 했다. 신당동 주택 앞에 세웠다. 꽤 큰 양옥집이었다.

이모네가 사는 동네였다. 이모는 내가 채소 장사하는지 모르고 있었다. 사모님은 전부 배추가 몇 포기냐고 물었다. 50포기 조금 넘는다 말하자 전부 안으로 들이라고 했다. 대문을 열자 리어카까지 들어갈 수가 있었다. 나는 주인의 지시대로 한쪽에 배추를 쌓아 놓았다. 무와 대파도 모두 내리라고 했다. 한집에서 몽땅 팔게 되었다. 사모님은 달라는 대로 물건값을 깎지도 않고 시원시원하게 돈을 세어 계산해 주었다.

장사를 이런 맛으로 하는구나. 기분이 날아갈 것같이 좋았다. 이런 날은 처음 있는 일이었다. 한 푼이라도 더 깎으려고 이것저것 트집을 잡고 살까 말까 애타게 하는 여자들이 얼마나 많은지 몰랐다. 아마 오늘처럼 시원시원하게 계산해 주고 수고하셨다고 말해 주는 사람은 드물 것 같았다. 그런 날은 기분이 좋아 술 한잔도 할 수 있었다. 채소 장사는 그날 떼 온 물건은 그날 다 팔아야지 하루 지나면 적자가 나고 있었다. 상품이 시들고 누가 잘 사 가지 않았다. 소매로 팔다 남으면 헐값이라도 식당 여러 곳을 찾아가 싸게 주면 되었다. 그날 떼온 물건은 그날 소비해야 적자가 나지 않았다. 채소 장사가 김장철이 지나자 시들해지고 소매가 잘 되지 않았다. 어떤 때는 적자가 나고 있었다. 음식점에서나 조금씩 팔리고, 가정집은 모두 김장철이 지나 사는 사람이 없었다.

같이 했던 친구도 채소 장사는 겨울 동안은 접어야 된다고 어느 상회에 들어가 물건을 배달해 주는 일을 하고 있었다. 나도 그런 일이라도 했으면 좋겠으나 그런 일자리가 나오지 않았다. 장사를 그만두고 리어카 보관비만 하루에 십 원씩 나가고 있었다. 한겨울 동안 놀게 되면 가진 돈도 바닥이 날 것 같았다.

합숙소에서는 두 달 있는 동안 많은 사람들이 들어오고 나가고, 나는 이곳에서 터줏대감이 되었다. 새로 들어온 사람들에게 많은 정보를 듣게 되었다. 이번에 들어온 사람은 리어카를 가지고 과자, 사탕, 껌, 빵, 각종 카라멜 등 여러 가지를 싣고 사람이 많이 모이는 곳을 찾아다니며 장사를 하다 그만두었다고 했다. 물건은 방산시장에 가서 도매로 사면 된다고 했다. 나는 그 사람 말을 듣고 과자 장사를 해 볼 생각이었다. 리어카는 있으니 좌판만 목공소에서 짜면 되었다. 좌판에다 골고루 물건을 싣고 다닐 수 있도록 사각형의 칸막이를 만들어 여러 가지 물건을 싣고 다닐 수 있도록 만들었다. 을지로 방산시장을 찾아 과자 도매상에서 여러 가지 물건을 골고루 사 가지고 왔다. 중앙시장 근처 성동극장 앞에서 장사를 시작해 볼 생각이었다.

리어카 보관소에서 물건을 좌판에 담아 거리로 나섰다. 지나는 사람이 껌 한통 달라고 했다. 금방 나오자마자 마수걸이를 할 수 있었다. 오늘 장사가 잘 될 것이라고 생각되었다. 성동극장 앞 공터에다 리어카를 세웠다. 이곳은 극장도 있지만, 쌀가게가 많고, 앞 골목은 언젠가 술을 먹었던 색시집 골목이었다. 건축 감독과 여럿이 간 적이 있었다. 이곳에 있는 색시들이 100명도 넘는다고 했다.

색시들이 나와 있다가 껌을 한통씩 사 가고 있었다. 극장이 끝나고 나오는 사람도 사가고, 들어가는 사람도 과자와 껌을 사 가고 있었다. 처음부터 잘 될 수는 없었다. 물건값도 제대로 다 기억 못 해 수첩을 꺼내 보고 팔았다. 어떤 사람들은 물건값을 몰라 수첩을 꺼내 보며 말하자 그렇게 물건값도 모르면서 무슨 장사 한다고 나왔냐고 했다.

"오늘 처음 나왔어요. 가짓수가 여러 가지라 외울 수가 없네요?" 죄송하다고 했다.

하루종일 극장이 끝날 때까지 팔았는데 밥값은 벌었으나 남는 돈은 없었다. 얼마나 팔아야 일당이 생길지 알 수가 없었다. 우선 밥벌이라도 할 수 있다고 생각하고 날마다 나와 팔고 있었다.

극장 앞에서 장사한 지도 한 달이 지났다. 이제는 물건값도 알 수 있었고, 요령도 생겼다. 주위에 쌀가게에서도 가끔 사가고 단골이 늘어나기 시작했다.

그런데 어느 날은 신사복을 차려입은 서너 명의 손님이 리어카 앞에 서더니 껌 한 통씩을 호주머니에 집어넣었다. 계산을 하겠지 하고 기다리고 있는데 한 사람이 "잘 먹을께?"하고는 돌아서서 가려 하고 있었다.

"껌값을 계산하고 가야지요?" 내가 말하자 신사는 어이없다는 조로 "뭐 계산? 너 우리를 몰라! 이놈이 장사하게 내버려 뒀더니 몰라보네. 장사하고 싶으면 입 다물어!"하고는 극장으로 들어갔다. 극장 앞에는 깡패들이 있다고 들었는데 깡패인 것 같았다. 그들은 가끔씩 껌 한 통씩을 가져갔다. 그래봐야 몇푼 안되는 돈인데 잘 처먹어라 하고는 탓하지 않았다.

한겨울이었다. 이제는 날씨가 추워 밖에서 장사하는데 발도 시리고 몸이 오싹오싹 추었다. 어디 들어갈 데도 없고 추위에 떨고 있었다. 이럴 때 리어카 밑에 연탄불이라도 있으면 좋겠다고 생각하고 있었다. 두툼한 잠바를 입고 털모자를 썼으나 찬바람은 피할 수가 없었다. 오들오들 떨고 있는데 누가 앞에서 내 이름을 부르고 있었다.

"주병아! 주병아!" 쳐다보니 어디서 본 듯한데 모자를 쓰고, 마스크까지 쓰고 있어 알 수가 없었다. 외투에다 귀까지 내려오는 모자를 쓰고 있었다.
"나 몰라? 형이야!"

형은 마스크를 벗으며 말했다. 사촌 형이었다. 4년 전에 시골에서 살 때 집을 나갔었다. 나보다 일곱 살이나 많은 사촌 형이었다. 백부의 둘째 아들로 형은 노름을 좋아해서 큰아버지가 나가라고 야단치는 바람에 집을 나가게 되었다. 한때 경상도 김천인가 있다고 소식을 들었는데 서울에 있을 줄 꿈에도 몰랐다.

"형 나는 누군가 했어요. 서울에 있었어요? 김천 있다는 소식을 들은 적이 있었는데.…"

"그래 서울에 온 지 얼마 안 됐다. 여기서 장사하고 있는 거야. 학교에서 일한다고 했잖아?"

"예, 혁명이 나고 군인 상이용사가 학교에 있게 되어 그만뒀어요. 서울에 온 지는 1년이 다 되어가요."

나는 형에게 고향 얘기와 서울에 온 얘기를 들려주었다. 지금은 근로자 합숙소에서 지낸다고 했다. 사촌 형은 청계천 누님과도 만나고, 매형과 넷이서 식사도 같이 하게 되었다. 사촌 형이 누님보다 두세 살 더 먹어 오빠였다.

그 후 사촌 형은 낙산 꼭대기에 판자집을 얻었다. 방 두 칸짜리 육천 원을 주고 얻은 것이다. 나에게 합숙소 생활이 불편하면 같이 있자고 하여 같이 있게 되었다. 사촌 형과 동거가 시작되었다.

방을 얻어 사는 것도 보통 문제가 아니었다. 이부자리도 사야 되고, 연탄도 사야 되고, 밥을 해 먹자면 솥단지 그릇도 사야 되었다. 살 것이 한 두 가지가 아니었다.

말이 살림이지 두 총각이 살림을 한다는 것이 보통 힘든 일이 아니었다. 합숙소에 있을 때는 몸만 왔다 갔다 하면 되었으나, 방을 얻어 있으니 나만 고달파지고 있었다. 수돗물도 산꼭대기라 200

미터나 내려가 물을 길어와야 되었다. 그래서 물지게도 사게 되었다. 물도 공짜로 길어오는 게 아니었다. 물표를 이 원인가 한 통에 그랬다. 공동 수도에서 물표를 사야 길어올 수 있었다. 공동 수도에는 많은 사람이 줄을 서 있었다. 한참을 기다려야 물을 길어 올 수가 있었다. 물을 길어오는 것도 내 몫이었다.

고향 부모님께 편지를 보냈다. 사촌 형을 만나 방을 얻어 산다고 이곳 주소로 편지를 하면 된다고 알려 주었다. 그리고 얼마 후 고향에서 사촌 여동생 3명과 동네 처녀 1명, 네 사람이 우리가 사는 집에 취직하겠다고 찾아왔다.

방이 두 칸이라 묵어도 되지만 한집에서 같이 있자니 불편한 점도 있었다. 형이나 나나 돈도 못 벌고 있는데 그들을 먹여주고 있으니 빨리 취직이 되지 않으면 큰일이었다. 일주일을 안내소를 찾아갔으나 여자도 이제는 넘쳐나고 있어 취직이 쉽지 않았.

술집이나 이런 데는 갈 수도 없고, 식모 아니면 식당이나 가야 하는데 자리가 나오지 않았다. 이들은 서울 지리도 잘 몰라 그나마 장사도 못하고 이들 취직 때문에 쫓아다녀야 했다. 이들이 있어 밥은 내가 해 먹지 않아도 되었다. 이들은 집에 있으면서 밥과 빨래는 책임지고 있었다. 공동 수도에서 물도 길어왔다. 열흘이 지나서야 동네 처녀 하나가 식모로 취직이 되어 나갔다.

이제 사촌 여동생 셋만 남았다. 한 동생은 이제 열여섯인데 식모는 절대 가지 않는다고 버티고 있었다.

"얘 숙아, 너는 고향에 내려가거라. 내가 차비 줄 테니 내려가 아무래도 공장 사무실 같은데는 일자리가 없을 것 같아 헛고생 말고 내려가.…"

나는 사촌 동생에게 고향에 내려가라고 했다. 그러자 동생은 오빠가 둘이나 있는데 왜 취직을 못 시켜주냐고 했다.

"오빠들도 돈도 못 벌고 근근이 살고 있어. 서울이 생각보다 살기가 얼마나 힘든지 아니? 서울이란 곳은 돈이 없으면 하루도 못 사는 곳이 서울이야, 순병이 형도 내려가라고 나에게 말했어.…"

"그럼 5일만 더 있다가 취직이 안 되면 갈게.…" 할 수 없었다. 5일 동안 같이 있었다. 두 동생은 식모로 모두 취직이 되었다. 숙이만 식모로 가지 않는다 하여 고향으로 보내게 되었다. 서울에 온 지 보름만에 가게 되었다. 시골에서는 서울에서 방을 얻었다고 하자, 돈이나 많이 벌은 줄 알고 자식들을 차비나 줘서 오빠들 찾아가 보라고 서울에 보낸 것 같았다.

아무튼 사촌 여동생들이 모두 떠나 마음이 홀가분해졌다. 그런데 또 첫째 남동생이 서울에 올라와 취직하겠다고 왔다. 시골에 남동생은 나 대신 학교에 있게 했다.

상이용사가 학교에 있기로 되어 있었으나 부상이 심해 일을 못할 것 같다고 월급을 반씩 나누어 같게 하면 어떠냐고 교장이 설득해 그렇게 하기로 하고 동생을 학교에 있게 했던 것이다. 그런데 상이용사의 동생이 군에서 제대하여 동생도 일을 못하게 되었다고 했다. 본래 내가 있을 때도 상이용사와 봉급을 삼만환 받아서 반반씩 나누어 가졌었다. 자기 동생이 제대할 때까지 그렇게 하기로 약속이 되어 있었다.

여동생들이 떠나자 동생이 와 취직시켜줘야 했다. 동생을 데리고 갈월동 직업 안내소에 가게 되었다. 그곳에서 동생은 쉽게 쉐타 공장에 취직을 할 수가 있었다. 홍제동 가내공장이었다. 주인과 기술자 한 사람, 동생이 직원이었다. 기술을 배울 때까지 먹여주고, 재워주고, 용돈만 조금 준다고 했다. 1년이 지나면 월급이 있다고 했다.

폭발사고

낙산 꼭대기에 사촌형과 방을 얻어 산 지도 2개월이 흘렀다. 두 총각이 살림을 한다는 것이 쉬운일이 아니었다. 밥해 먹고, 빨래하고 공동 수도에서 물 길어다 쓰는 것도 쉬운일이 아니었다. 거기다가 연탄을 때서 밥하는 것도 큰일이었다.

나는 어느날 사촌형에게 집에서 삼시세끼 해 먹으니 귀찮기도 하고 밖에 나가 싸구려 백반이나 사 먹자고 했다.

"형 우리 집에서 밥해 먹지 말고 사 먹으면 어때?"

"왜, 밥해 먹기 싫어, 동생들이 가버리자 귀찮아?"

"응, 귀찮기도 하지만 창피해, 돈이 있어 쌀을 말로 팔아놓고 먹는 것도 아니고 허구헌날 쌀가게에서 봉지쌀 사는 것도 창피해.…"

사실 그랬다. 번번이 쌀가게에서 삽십원어치만 주세요. 오십원어치만 주세요. 이렇게 허구헌날 쌀가게를 들락거렸다. 얼마나 돈을 못 벌으면 총각 두 사람이 궁색하게 살까 비웃는 것 같았다.

형은 서울 사람이 다 그렇게 산다고 하지만 나는 창피해서 얼굴 내밀기가 부끄러웠다.

"그래, 네 말대로 각자 사 먹자 그게 낫겠다." 그렇게 하자고 했다. 둘이는 각자 자기 돈으로 사 먹기로 했다. 수도세와 연탄값, 전기세만 둘이서 해결하면 될 것 같았다. 형이 방을 얻었으니 모두 내가 내겠다고, 사촌간이지만 공과 사는 가리는 게 좋을 것 같았다. 그래서 나는 사촌형에게 공과금은 내겠다고 말했다.

"너, 객지 생활하고 무섭게 변했구나?"

"부자간에도 따질 것은 정확히 한다고 하잖아.…"

형은 좋도록 하라고 했다. 형과 나는 매일 밖에 나가서 음식을 사 먹고 다녔다. 나는 겨울이 되자 장사가 되지 않아 리어카도 팔아버렸다. 둘 다 실업자가 된 것이다. 직업소개소를 여러 군데 찾아다녔으나 일자리가 나지 않았다.

얼마 벌은 돈도 다 까먹을 판이었다. 겨울을 어떻게 버틸지 걱정이 앞서고 있었다. 나는 집에 누워 곰곰이 생각해 보았다. 사촌형이 돈을 모아둔 게 있을까? 정 돈이 떨어지면 빌릴 생각이었다. 아무래도 겨울나기가 힘들 것 같았다. 형이 밖에 나갔다가 들어왔다.

"너, 집에 있었니?" 형이 물었다.

"아니, 나갔다 왔어. 오늘도 허탕이야?"

내가 대답하자 형은 내일 새벽에 일 나가자고 했다. 새벽에 일찍 나가야 한다고 했다. 무슨 일이냐고 하자 가 보면 안다고 아무튼 일자리가 생겨 좋았다.

사촌형과 나는 새벽에 일찍 일어났다. 새벽 5시였다. 내가 세수는 하고 나가야지 하자, 늦었다고 그냥 가자고 했다. 잠바를 걸치고, 모자도 쓰고 형을 따라나섰다. 가보니 중앙시장 쌀가게였다. 뛰다시피 와서 20분 걸렸다. 무슨 일인가 했더니 구르마 뒤를 밀어주는 뒷미리라는 일이었다.

그때만 해도 차가 별로 없을 때라 쌀가마니를 구르마에 실어 배달했던 것이다. 앞에서 혼자 끌기가 힘드니 뒤를 밀어주는 사람을 고용하고 있었다. 한번 갔다 오면 먼 곳은 사십원, 가까운 곳은 삼십원, 이십원 이렇게 준다고 했다. 서울 시내 안 가는 곳이 없이 중앙시장 쌀 도매집에서 동네 쌀가게로 팔리고 있었다.

오전까지 다섯 번을 다녔다. 첫날은 그런대로 밥값은 벌은 셈이었다. 그러나 다음날은 겨우 두탕 밖에 뛰지 못해 밥값도 벌지 못했다. 그것도 4시쯤이나 부지런히 쌀가게에 도착해야 일이 있지 늦으면 딴 사람에게 빼앗기고 만다. 그래서 우리는 남들이 일찍 오기 전에 간다고 새벽 3시에 일어나 나갔으나 그날은 일거리가 없었다. 있을 때는 늦어서 못 벌고, 일찍 가면 일이 없었다. 참으로 세상은 공평하지 못했다.

새벽 3시에 일어나 쌀가게 문 열기를 기다리고 있자, 매서운 겨울 추위는 옷깃을 파고들어 오들오들 떨 수밖에 없었다. 주위를 살펴보자 각목과 박스 조각들이 보였다. 형과 나는 그것들을 주워 모아 불을 피워 추위를 이겼다. 4시가 되자 쌀가게 주인이 나왔다. 그 시간이면 쌀가게들이 모두 문을 열었다.

"오늘은 주문이 들어올 게 없는데 일찍 나왔네. 어쩌나?"

쌀가게 주인은 미안해하면서 가게 안으로 들어오라고 했다. 가게에는 금방 난로를 피워 후끈했다. 너무 일찍 와도 일이 없어 걱정이었다. 이 일을 계속해야 될까 나는 생각이 많았다. 그렇다고 뾰쪽한 방법이 없으니 애만 타고 있었다.

"딴 가게에도 가봐, 하기야 그곳에도 다 사람들이 대기하고 있을 텐데 큰일이야. 밥 벌어먹기가 하나같이 힘이 들어.…"

쌀가게 주인도 걱정스럽게 말했다. 쌀이 잘 팔려야 누이 좋고 매부 좋을텐데, 쌀가게 주인들이 장사가 잘되어야 서로서로 멀고 살 일이었다.

그날은 10시가 넘어서 화양리 한곳 일자리가 생겼다. 삼십원짜리였다. 형과 나는 시루떡 한조각으로 허기를 달랬다. 배가 고파 골목에서 파는 시루떡을 사 먹었다. 그리고 2시까지 기다렸으나 더 이상 일이 없었다. 쌀가게는 도매시장이라 2시면 문을 닫았다. 이렇게 돈을 못 버는 날이 많았다.

돈을 벌지 못하면 먹는 것도 아껴써야 추위에 연탄불이라도 땔 수 있었다. 점심은 아예 굶을 때가 많았다.

"형, 모아 놓은 돈 없어?"
나는 혹시나 형에게 모아둔 돈 있느냐고 물었다.
"방 얻고, 조금 남았는네 놀면서 다 쓰고 없다. 그건 왜 물어?"
"혹시나 해서 있으면 빌려 쓰려 했지."
"방을 내놓아야 되겠다. 이러다간 겨울나기가 힘들 것 같아. 방 빼서 어떻게 해 보자." 형은 방을 내놓겠다고 했다.

그러나 겨울철이라 그런지 방이 나가지 않았다. 집주인은 기한이 남았으니 보증금 줄 돈이 없다고 우리가 알아서 빼서 나가라고 했다. 이럴수도 저럴수도 없고 어떻게 할 수가 없으니 당장 먹고사는 것이 걱정이었다. 쌀가게에서 외상쌀 한 말 갖다먹었는데 날마다 쌀값 달라고 조르고 있었다. 금방 도망갈 사람도 아닌데 쌀값을 떼일까 봐 날마다 찾아오고 있었다. 사람들이 돈이 없어 보이면 더욱 안달이었다. 밤에는 배가 고파 밤에 소리 지르며 다니는 호빵장사 한테 빵도 외상 먹었다. 그것도 매일같이 받으러 오고 있었다. 월급 타면 준다고 둘러대도 믿지를 않았다. 그들도 하도속아 척 보면 아는 모양이었다. 어느날은 혼자 있는데 찹쌀떡 장사가 외상값 받으러 와 졸라대며 가지 않았다. 형이 먹은 것이니, 형이 들어오면 받아 놓을테니 내일 오라해도 하루종일 기다리고 있었다.

형이 들어오자마자 돈 달라고 매달리고 있었다. 형이 방 빼면 주겠다고 조금만 참으라고 하자 그는 모든 살림살이를 가져간다고 했다. 살림살이라고는 덮고 자던 이불과 옷가지, 솥단지와 냄비 그릇 몇 개가 전부였다.

"당신 말 어떻게 믿어요. 방 빼서 몰래 나가면 그만이잖아요.…"
"이 사람이 속고만 살았어. 우리가 도망갈 사람으로 보여?"
형이 사정했으나 소용없었다. 그들은 살림살이를 모두 가져갔다. 자기집 주소를 적어주며, 돈 준비되면 찾아가라고 했다. 당장 덮고 잘 이불도 없었다. 이 엄동설한에 이불마저 가져갔으니 집에서 살 수가 없었다. 할 수 없이 근로자 합숙소에서 일주일을 보냈다.
　사람이 죽으라는 법은 없었다. 하늘이 무너져도 솟아날 구멍이 있다더니 고대하던 방이 나갔다. 형은 방을 빼서 내게 천 원을 주면서 말했다.
　"이 돈 가지고 일자리 잡을 때까지 써, 나는 갈 데가 있어, 날이 풀리면 다시 올게, 청계천 누님집에 언제나 연락처는 남겨놓고…"
　사촌형은 어디론가 떠났다. 방을 뺀 육천 원 중 오천 원을 가지고 떠났다. 그래도 내게 천 원을 주고 가 요긴하게 쓸 수가 있었다. 나는 근로자 합숙소에 계속 머물러 있었다. 근로자 합숙소에는 하루에 십오 원만 있으면 살 수 있었다.
　어쩌나 한 번씩 쌀가게에 가서 뒷밀이 해주고 형이 준 돈은 아껴 쓰려고 노력했다. 형이 준 돈은 청계천 누님집에 맡겨 놓았다. 비상시 쓰려고 맡긴 것이다. 합숙소에 있으면서 어떤 때는 영화 촬영하는데 엑스트라로 팔려 나가기도 했다. 갑자기 사람이 필요하면 이곳에서 사람을 구해갔다. 촬영하는데 팔십 원을 주었다. 점심은 대부분 빵으로 대신했다. 그러니 점심 주고 팔십 원을 받는 것이었다. 그것도 매일 있으면 되는데 어쩌다 한 번이었다. 사극 영화 촬영할 때 옛날 포졸들이 입었던 옷을 입고 깃발을 들고 다니기도 하고, 창을 들고 뛰기도 했다. 겨울 동안 몇 번의 작품에 엑스트라로 돈을 번 적이 있었다. 서울에 와서 별별 일을 다 해 보고 살았다.
　고향에서는 서울 가서 돈 벌어 부모님도 호강시키고, 동생들도 중학교 아니 대학교까지 보내주겠다고 원대한 꿈을 안고 왔으나 고작 막다른 골목에서 입에 풀칠이나 하자고 별별 일을 다 해보았다.
　2년동안 내 몸하나 간수하기도 힘든 세월이었다. 점점 돈은 줄어

들고 할 만한 일자리도 없으니 자나깨나 탄식만 나왔다. 그런데 또 시골에서 농사일을 돕던 둘째 동생이 서울에 와 청계천 누님집에 있었다. 주소를 그쪽으로 해놓아 찾아온 것이다. 하필 이렇게 어려울 때 찾아와서 더욱 내 마음을 괴롭게 하고 있었다. 동생은 취직하기 위해 왔다고 했다.

"뭣 하러 왔어, 서울에 일자리 구하기가 하늘에 별따기야! 기왕 왔으니 하루 이틀 놀다 가거라.…"

나는 동생을 설득시켜 고향에 내려보내려 했으나 동생은 막무가내로 안 간다고 버티고 있었다. 홍제동에서 일하는 첫째 동생에게 찾아가 공장에 일할 곳이 있느냐고 물어보았으나, 공장 주인이 자리가 없다고 하였다. 첫째 동생도 둘째에게 고향에 가라고 했으나 첫째 말도 듣지 않았다.

"서울에 형이 둘이나 있는데, 나 하나 일자리 못 구해줘, 나 여기 있을거야.…" 달래서 고향에 보내는 수밖에 없었다.

"지금 나도 놀고 있어, 장사하다 그만두고 일자리 찾는 중이야, 네가 있고 싶다고 있을 곳이 아니야, 당장 먹고 자고 해야 되는데 돈이 있어야지, 누님집도 방 한 칸인데 어떻게 있어?"

내가 화가 나서 야단치자 동생은 고향에 내려가겠다고 했다. 며칠 있으면서 있는 돈도 다 써버려 내게는 하루도 더 버티기 힘들었다. 동생 차비 마련도 어려웠다. 신당동 이모집에 동생을 데리고 찾아갔다. 기댈 곳은 그래도 친척밖에 없었다. 이모가 깜짝 놀라며 어디 있었냐고 물었다. 내가 둘러댔다. 이것저것 해보며 살았다고 말했다.

"동병이도 왔구나, 몰라보게 컸구나?"

이모는 동생을 보고 몰라 보겠다며 옛날 갓난아기 때 보고 처음 본다고 했다. 이모집에서 저녁을 먹었다. 서울에서는 밥 한 끼 얻어먹는 것도 버는 것이었다. 저녁을 먹고 간다고 말하자 어디로 가느냐고 물었다. 합숙소에서 잔다고 대답했다.

"여기서 자고 가도 되는데 이모부가 워낙 까다로운 분이라서 미안하구나.…"

이모는 말하면서 이백 원을 차비하라고 주었다. 나는 동생과 함께 이모집을 나왔다. 이백 원이면 차비는 충분했다. 그러나 맨손으로 동생을 보낼 수는 없었다. 돈을 구하러 나섰다. 동생을 누님집에 있으라 말하고, 용산 정희 친구한테 부탁하려고 나섰다. 그런데 버스를 타고 가다가 성모병원을 보게 되었다. 언젠가 근로자 합숙소에서 들은 적이 있었다. 성모병원에 가면 피를 팔 수 있다고, 피를 뽑아 팔면 오백 환을 준다고 말했던 기억이 났다. 그때 그 사람들은 피를 팔아먹고 사는 사람들이었다. 자기 몸에 있는 피를 뽑아서 먹고살기 위해 쓰고 있었다. 그것도 건강한 사람에게만 피를 산다고 했다. 구화 돈 오천 환 얘기했으니 지금으로 환산하면 오백 원이었다.

나는 버스에서 내려 성모병원 후문을 찾아갔다. 후문 쪽에 그런 곳이 있다고 들었다. 후문에 들어서자 긴 줄을 선 사람들을 볼 수 있었다. 그들이 피를 팔러 온 사람들이었다. 나도 그들 뒤에 섰다. 의사가 11시에 나온다고 했다. 두 줄로 나누어 섰는데 족히 100명이 넘을 것 같았다. 나는 앞에서부터 세어보자 22번째였다. 여기서 있는 사람들이 하나같이 힘이 하나도 없어 보이고 그야말로 기진맥진 힘들게 살아가는 사람들 같았다. 혹 한두 명이 건강한 모습을 하고 있었다. 환자같이 얼굴색이 누렇게 떠 있었다. 의사가 나와서 설명을 했다. 오늘은 50명의 합격자만 수혈을 할 수 있다고 말했다. 겉옷을 벗고 팔뚝을 걷어 올리라고 했다. 의사 두 사람이 한 줄씩 맡아 팔뚝을 검사하고, 합격자는 팔뚝에 동그라미를 그렸다. 동그라미 그린 사람은 합격이었다. 그러나 불합격자는 하도 피를 많이 뽑아서 팔뚝에 시퍼런 멍자국이 선명하게 드러나 있었다. 이런 사람들은 불합격이었다.

　내 차례였다. 의사가 얼굴을 쳐다보고는 바로 팔뚝에 동그라미를 그렸다. 합격이었다. 합격을 받았어도 마음이 서글펐다. 돈이 없어 피를 파는데 합격, 불합격 따지고 있으니 얼마나 눈물나는 일인가? 불합격자는 잘 곳도 없고, 사 먹을 돈도 없는 사람들이다. 피를 팔아 먹고살려고 했는데 그마저도 불합격이라 돌아서야 했다. 의사에게 사정해도 소용없었다. 그런 사람은 더 이상 피를 뽑으면 위험하다고 했다. 나는 얼굴만 보고 합격표시를 했다. 합격한 사람들은 다섯명씩 병실로 들여보냈다. 침대에 누워 피를 뽑기 시작했다. 피를 뽑을 때는 쪼록쪼록 소리가 났다. 그래서 사람들이 피를 뽑으러 갈 때는 "쪼록하러 가자." 말했다. 피를 뽑은 다음 병원에서 오백원과 우유 한 병과 빵을 하나씩 주었다. 나는 그것을 받아 가지고 나왔다. 너무나 자신이 슬펐다. 금방 눈물이 쏟아질 것 같았다. 이렇게 살아서 무엇하냐고 자책하고 있었다. 이렇게까지 해서 동생을 고향으로 보내야 하는 마음이 쓰리고 아팠다.

　누님집에서 동생을 데리고 나와 서울역에 가서 기차표를 끊어서 동생을 보냈다. 돈 삼백원을 쥐어주며 말했다.

　"광천에 도착해서 동생들 과자라도 사 가지고 가거라.…" 집에는 부모님, 동생 셋이 남아있었다. 모두 여동생들이었다. 둘째는 떠나며 눈물을 흘리며 말했다.

　"형이 이렇게 고생하고 사는 줄 몰랐어?" 손을 흔들며 개찰구를 빠져나가는 동생에게 하염없이 눈물을 흘리고 있었다. 그 동생은 일 년 후에 홍제동의 공장에 일하는 첫째가 데려다 공장에 취직시켰다. 그래서 남자 셋이 서울에서 같이 살게 되었다. 나는 또다시 직업을 갖게 되었다. 이번에는 고물장사였다. 또다시 사촌형의 도움으로 고물장사를 하게 된 것이다. 고물상에 찾아갔다. 사촌형이 있었다. 사촌형은 반갑게 맞이하며 말했다.

"나, 장사한 지 한 달도 안 됐어. 내가 고물장사 해보고 밥버리가 되면 너를 찾으려고 했지. 그리고 네가 이런 장사 할지도 모르고, 해 보니 잘 만하면 괜찮을 것 같아서 너를 오라고 한 거야. 해 보겠니?" 형은 저녁을 사 주며 말했다.

"할 수 있어요. 돈만 벌 수 있으면 무슨 일인들 못해요.…" 나는 다음날부터 한다고 했다. 돈도 다 떨어진 마당에 형이 구세주 같았다. 나는 다음날부터 고물상 주인에게 인사하고 설명을 들었다. 고물상 주인은 잘 곳이 없으면 고물상에서 재워줄 수 있다고 했다. 여러 사람이 공동으로 생활하기 때문에 어려운 점이 있지만 돈을 아낄 수 있다고 말했다. 잠만 재워줘도 방값은 버는 셈이었다. 고물상 주인은 할 수 있겠냐 물었다. 나는 열심히 해 보겠다고 말했다. 고물상 주인은 리어카와 엿가위 엿은 고물상에서 주는 것이니 잘 간수하고 만약 부서지거나 없어질 경우 보상해야 된다고 말했다. 엿값은 저녁에 고물을 가지고 오면 금액을 쳐서 받고, 나머지 남는 돈이 있으면 그게 하루 번 돈이라고 열심히 해 보라고 했다. 사촌형이 보증을 섰기 때문에 장사하게 해 준다고 말했다.

첫째 날은 엿을 주인이 만들어 주지만 다음 날부터는 직접 자기가 팔 엿을 만들어야 된다고 했다.

나는 형이 일러 준대로 고물값을 수첩에 적어 가지고 다녔다. 구리, 양은, 철, 신주, 아연, 빈병, 고물 등 가짓수도 하도 많아 외우기도 힘들 정도였다. 우선 고물을 돈 주고 사지 말고 엿과 강냉이로 바꾸라고 했다. 그래야 이문이 많이 남는다고 돈 주고 사려면 밑천이 있어야 되니 우선은 그렇게 하라고 형이 일러 주었다. 첫째, 엿가위를 잘 치고 다녀야 애들이 고물을 가지고 나온다고 했다.

나는 엿판을 리어카에 실고 형과 함께 옥수수 튀기는 집에 가서 옥수수튀김을 한 자루 사서 팔러 나갔다. 첫날이라 엿과 옥수수튀김을 조금만 가지고 장사에 나섰다. 처음이라 우선은 그렇게 하는 것이 좋을것 같았다. 형이 금호동과 옥수동 가까운 곳부터 다니라고 했다. 고물상은 시구문 근처에 있었다. 시구문에서 가까운 거리만 다녔다. 형이 엿가위를 쳐보라고 했다. 처음에 쳐보자 소리가 잘 나지 않았다. 그것도 요령이 있어야 엿가위가 소리가 잘 나고 있었다. 몇 번을 해 보자 손에 익혀져 제대로 되었다. 모든 게 생소한 일이라 기술이 필요했다.

"엿 사시요! 고물 사요!"

그렇게 소리 질러야 사람들이 나온다고 했다. 형이 시키는 대로 소리를 지르며 다녔다. 처음에는 창피해서 목소리가 터져 나오지 않았으나 자꾸만 해 보자 숫기가 살아나 목소리가 잘 나왔다.

형은 저쪽으로, 나는 이쪽 골목으로 다니며 소리 지르자 애들이 나오기 시작했다. 애들이 주르르 몰려 들었다.

"엿 주세요?"

"나도 주세요?"

여기저기 애들은 고물을 가지고 와서 손을 내밀었다. 어떤 애는 찌그러진 냄비와 사이다병을 가지고 왔고, 또 어떤 애는 쇳덩이 못 쓰는 연장도 들고나왔다. 그냥 알아서 엿을 떼어주고 고물을 받았다. 어떤 애는 헌 옷가지, 값을 매기지 못할 물건을 가지고 나와 옥수수튀김만 한 웅큼 쥐어주었다. 그러면 그 애는 엿을 달라고 떼를 쓰고 있었다.

"쇳덩이나 구리같은 값이 나가는 물건을 가져와야 엿을 준다."하자 집에 쪼르르 달려가서 엄마와 같이 나왔다. 이번에는 수도꼭지 부서진 것과 전선 줄을 가지고 나왔다.
 "엿장수 때문에 날마다 귀찮아 죽겠어요. 고물도 없는데 날마다 떼를 쓰니 어떻해요. 이거라도 받고 엿 좀 주세요."
 엄마가 엿 좀 주라고 사정했다. 그래서 나는 엿을 많이 떼어주었다. 그런식으로 장사를 하고 나니 어느새 엿과 강냉이가 다 팔렸다. 고물이 리어카에 가득 실렸다.
 고물상 주인이 첫날 치고 장사를 잘했다고 말했다. 엿값, 강냉이 값을 계산하고 남은 돈이 꽤 되었다. 값이 나가지 않을 것 같은 고물이 의외로 돈이 되었다. 그래서 고물이 큰돈이 될 수 있다는 것을 알았다. 한 달이 지나자 어느 정도 고물값과 장사하는 요령, 엿 만드는 방법, 모든 것을 체험하고 익힐 수 있었다. 고물값도 제대로 알게 되어 이문도 많이 남길 수 있었다. 나중에는 애들을 모이게 하기 위해 북과 꽹과리를 사서치고 다니며 변두리를 돌면서 고물을 걷어드렸다.
 산동네 빈민촌을 다녀야 애들이 많이 모여들고 고물을 많이 얻을 수 있었다.
 중심가에서는 꽹과리를 치고 다니면 사람들이 시끄럽다고 못 치게 했다. 그러나 산동네는 달랐다. 어른들이 일 나가고 없기때문에 그런 제지는 없었다. 밤에는 중심가로 다니며 엿가위를 치며 고물을 사러 다녔다. 공장에서 나오는 폐기물을 몰래 파는 사람이 있었다. 많이 모아 두었다가 고철로 팔게 되었다. 저울로 달 수 없으니 대강 쳐서 주면 되었다. 그런 것이 큰돈이 되었다. 잘못 사면 바가지도 쓸 수 있었다. 어느 날은 재봉틀 대가리를 샀다가 팔려고 하자 못 쓰는 모조품이라고 했다. 그래서 크게 밑진 적도 있었다. 고철도 안되는 물품을 진품이라고 샀으니 속고 사서 손해 보는 일도 있었다. 그래서 뛰는 놈 위에 나는 놈이 있다고 하는 말이 생긴 것 같았다. 어느 날은 어느 집에 불려갔는데 지하실에 고물을 치워달라고 했다. 술병도 리어카로 두 번이나 실어 날랐다. 다른 고물들도 많이 있었다.

"돈은 얼마나 드릴까요?" 했더니 청소해 주었는데 무슨 돈이냐며 오히려 수고비를 주었다. 그래서 큰 돈을 번 적이 있었다.

또 다른 일도 있었다. 그때는 고물장사 처음 할 때였다. 자주 나한테 고물을 가지고 나와 엿을 바꾸어 먹던 처녀인데 하루는 쌀 한 자루를 무겁게 들고나와 사가라고 했다. 내가 살 돈이 없다 하자 이백원만 주라고 했다. 그래서 이백원 주고 쌀 한자루를 얻은적이 있었다.

그때 한동안 서울시내 쌀가게에 쌀이 없을 정도로 쌀 파동이 일어난 적이 있었다. 쌀을 구하지 못해 한동안 국수 종류만 보름 동안이나 먹은 적이 있었다. 그런데 쌀이 생겼으니 얼마나 좋은지 청계천 누님집에 갖다주고 쌀밥을 실컷 먹은 적이 있었다. 그 처녀로 인해 칼국수만 먹고 살다가 흰쌀밥을 맛있게 먹을 수가 있었다. 그 처녀 생각도 해 보았다.

사촌형은 나보다 먼저 장사를 했으나 나보다 돈을 모으지 못했다. 사촌형은 전방지구로 가서 고물장사를 하겠다고 말했다. 아는 사람이 그곳에서 돈을 많이 벌었다고 말했다.

"전방지구는 위험한 곳이 아니야?"

"뭐가 위험해, 전쟁이 끝났는데…" 사촌형은 어느날 그곳에 갔다 오겠다고 말하고 전방지구로 떠났다. 한 달이 지나도 오지 않았다. 나는 궁금하여 한번 찾아가 보겠다고 동료에게 말했다. 동료는 자기도 가겠다고 같이 가자고 했다. 그는 그곳에 한번 가 본 적이 있다고 말했다. 동료와 나는 서울에서 시외버스 동두천행 버스를 타고 갔다. 동두천은 서울에서 그리 멀지 않다고 동료가 말했다.

"그런데 전방이야?" 나는 처음 가는 곳이라 동료에게 물었다. 동료는 나보다 두 살 위였다. 나하고 친하게 지내고 있었다.

"동두천은 전방이지, 이북에서 멀기는 하지만…" 동료는 서울에 오기 전에 동두천에서 장사를 처음 해 보았다고 했다.

오래간만에 서울을 벗어나 시외를 달리자 기분이 상쾌했다. 시원하게 펼쳐진 들판과 산들이 완전 초록색으로 물들어 신록이 우거지고 있었다. 답답한 서울보다는 마음이 한결 가벼웠다.

동두천 시내를 거닐자 미군들이 많이 보였다. 2시간이 걸려 동두천에 도착했다. 얼굴이 까만 미군들도 거리를 활보하고 있었다. 어떤 사람은 너무나 사람같지가 않았다. 세상에는 저런 사람들도 살고 있구나. 처음으로 동두천에 와서 미군과 함께 거리를 걷게 되었다. 고물상은 개천 쪽에 있다고 동료가 말했다. 동두천 극장 골목을 지나자 양색시들이 새까만 미군들을 잡아끌고 있었다. 짐승 같은 새까만 놈들이 뭐가 좋다고 잡아끌고 가는지 여자들이 불쌍해 보였다. 돈이라면 짐승처럼 생긴 흑인들도 좋다고 저러는지 볼수록 우리나라 여자들이 불쌍했다. 청계천 색시촌에서도 느꼈지만 지금은 색다른 미군과 끌어안고 있는 것이 눈살을 찌푸리게 했다.

동료는 여러 골목을 지나 개천가에 있는 고물상을 찾았다. 오랜만에 와 봐서 길 찾기가 헷갈린다고 했다. 고물상에 들어가 보았으나 주인만 있지 형은 없었다. 장사를 나갔으면 고물상에 있을 리 없었다. 주인은 주씨라는 사람이었다. 동료가 주씨라고 불렀다.

"주씨 아저씨, 서울에서 윤순병씨 동생이 찾아왔는데 장사 나갔어요?"

동료는 나를 윤씨 동생이라 주씨에게 말했다. 주씨는 지금 여기에서 장사하는 것이 아니고, 어의지리라는 곳에 있다고 말했다. 거기까지 가려면 1시간 반은 걸린다고 말했다. 그곳은 휴전선 근처라고 말했다. 우리는 다시 동두천에서 버스를 타고 어의지리라는 곳을 찾아갔다.

주씨가 그곳의 고물상을 찾아가 물어보라고 했다. 좁은 바닥이라 쉽게 찾을 수 있었다. 고물상에 찾아가 물어보자 조금 있으면 들어올 것이라고 했다. 30분쯤 기다리자 사촌형이 나타났다. 같이 일하는 동료와 함께 고물상에 들어왔다.

"형!" 내가 부르자 형은 깜짝 놀라고 있었다. 내가 여기까지 올 것이란 것을 예상하지 못했을 것이었다.

"어떻게 찾아왔니?"

"이 사람과 같이 왔어요. 이 사람이 동두천에 있는 줄 알고 동두천 주씨네 고물상에 갔더니 여기 있다고 일러주어 왔어요.…" 형은 동료에게 잘 왔다면서 같이 일해보자고 했다.

"나도 있으면 안돼요?" 내가 물었다.

"여기는 위험한 곳이야, 전방이라 여기는 고물을 사는 게 아니라 군부대에 들어가서 옛날에 전쟁 때 후퇴하면서 묻어놓은 고물을 땅을 파고 캐내는 거야, 포탄도 나오고 위험해, 너는 안돼!"

사촌형은 너는 위험한 일이니 서울서 그냥 하던 고물장사 하라고 했다. 나는 사촌형이 얻어 놓은 셋방에서 하룻밤 같이 자고 서울에 오게 되었다. 잠깐 이곳에서 들었는데 고물장사는 잘된다고 했다.

여기에 있으려면 작업복도 필요하고, 소지품도 가져와야 하기 때문에 서울로 오게 되었다. 서울에 와서 고민하다가 전방에 가기로 결심했다.

누님집에 가서 가방을 챙기고 전방에 사촌형이 있는데 간다고 하자 매형이 내가 하던 고물장사를 인계하면 안 되느냐고 물었다.

"왜 안돼요. 고물장사 해 보게요?" 묻자 매형은 동대문에서 하던 일이 잘 안된다고 했다. 돈을 벌지 못한다고 해서 나는 내가 하던 대로 해 보라고 했다. 하루 장사를 가르쳐 주었다. 매형도 서울에서 살아 서울 지리도 잘 알고 있어 할 수 있다고 했다. 나는 내가 하던 장사를 매형에게 인계해 주고 전방지구로 가게 되었다.

형이 얻어 놓은 셋방에다 가방을 놔두고 고물상을 찾아갔다. 일이 모두 끝나서 다들 모여 있었다. 형은 나하고 서울에서 같이 왔던 동료와 한 조가 되어 작업하면 된다고 하였다. 일하는 사람은 나까지 6명이었다. 두 사람이 한 조가 되어 고물을 캔다고 하였다.

이곳은 군부대가 많았다. 고물상 주인은 군부대에 돈을 쓰고 고물을 캐는 오다를 따오고 있었다. 고물을 캐서 판 대금은 부대에 삼분의 일은 줘야 된다고 했다. 부대에서 군복과 금속탐지기, 고물 캐내는 장비를 제공하고 있었다. 사촌형은 고물을 캐다가 포탄이 나오면 캐지 말고 도로 땅에 묻으라고 했다. 잘못 건드리면 터질 수 있다고 조심해야 된다고 했다. 이곳은 농부들도 밭을 갈다 죽고, 사고가 많이 나고 있다고 했다. 얼마 전에도 죽은 사람이 있었다고 했다.

사촌형은 부대에 들어가 일하기 전에 교육을 시킨다고 했다. 군인들이 시키는대로 하면 된다고 했다. 동료와 둘이 부대에서 교육을 받고 다음날부터 일을 시작했다. 지정해 준 산으로 나갔다. 금속탐지기로 이곳저곳을 찔러보았다. 평평한 곳에 뭐가 있는 것 같았다. 삽으로 몇 삽 뜨자 탄피통 같은 고철이 나왔다. 이곳저곳 파보자 탄피통이 쏟아져 나왔다.

나는 군대에 가 보지 않아 탄피통이 무엇인지 몰랐다. 동료가 군대를 제대하여 알고 있었다. 이곳은 옛날에 부대가 주둔해 있었던 곳이라고 했다.

탄피통으로 방고래를 만들어 사용했던 곳으로 그곳에서 우리는 트럭 한 대 분량의 고물을 캐낼 수 있었다. 하루종일 작업해 얻은 성과였다. 매일같이 이렇게 잘 된다면 큰돈을 벌 수 있을 것 같았다. 가슴이 벅차올랐다.

다음날은 다른 곳으로 이동해 고물이 있을 만한 곳을 찾아다녔다. 이번에는 커다란 포탄이 나왔다. 내 장단지만한 포탄이었다. 껍데기가 아연으로 되어있다고 동료가 말했다. 도로 묻어 버렸다. 포탄을 보자 무서운 전율이 흘러 묻어버렸다. 포탄을 잘 아는 사람은 캐내어 분해도 한다고 했다. 또 한 곳을 캐보자 이번에는 삐삐선 전선줄이 쏟아져 나왔다. 다 캐어 보니 리어카로 두 리어카는 될 것 같았다. 이런 전선줄도 비싸게 팔린다고 했다.

우리는 열흘 동안 트럭 두 대 분량의 고물을 캐낼 수 있었다. 잠깐 동안에 서울에서 두세 달 장사한 것 보다 더 많은 고물을 캐낼 수 있었다. 노다지였다.

토요일과 일요일은 작업을 하지 않고 집에서 쉬었다. 하숙집에서 아침밥을 먹고 쉬었다. 그런데 옆방에 여자들 목소리가 들렸다. 며칠 있는 동안 보지 못했는데 이상해서 주인집 아주머니에게 물어보았다. 그러자 주인 여자는 몸 파는 여자들이라고 했다.

이 집에는 일자로 방이 3개 있는데 첫째 방은 주인이 살고, 둘째 방은 여자들 방이라고 했다. 우리는 맨 끝에 방에 살고 있었다.

여자들 셋이서 생활한다고 주인 여자가 말했다. 그날은 무심히 지나가고, 다음날 일요일에 형에게 물어보았다.

형은 어디를 다니는지 잠잘 때나 들어와서 못 볼 때가 많았다. 군인들과 자주 만나고 있는 것 같았다.

"형, 옆방에 여자들이 몸 파는 여자라고 주인이 말하던데 형은 알아?"

"그건 왜 물어, 그런 여자라는 것을 알고 있으면 돼…"하고는 더 이상 말하지 않았다. 나도 더 이상 묻지 않았다. 나중에 알게 된 일이지만 그 여자들은 밤이면 돗자리를 가지고 산골짜기로 들어가 군인들과 성매매를 한다고 들었다. 그런 여자들이 전방지구에는 수두룩하게 많다고 들었다.

어이지리가면 그런 여자들이 더 많이 있다고 했다. 내가 사는 집은 외딴집이었다. 신작로 가에 한 채만 있는데 전에는 주막집이었고, 술장사를 했던 곳이라고 고물상 사람들이 말해 알 수 있었다.

주인아주머니가 지금은 셋방을 놓고 우리와 색시 셋을 밥을 해주고 근근이 산다고 했다. 주인아주머니는 부엌 옆에 조그마한 방이 있는데 거기에다 상을 차려놓고 아무 때나 시간 나는 대로 식사하라고 했다. 서로가 밥 먹는 시간이 일정치 않아 우리는 주인 말대로 알아서 먹고 있었다. 그래서 한집에 살아도 서로 마주칠 일이 별로 없었다. 오늘은 처음 여자가 있다는 것을 알게 되었다.

오전에 식사를 하고 마루에 걸터앉아 앞산을 바라보고 있었다. 형은 아침 먹고 일요일이라 일도 없는데 나가고 없었다.

앞산 골짜기에는 형이 어제 포탄 150개를 캐다가 묻어 놓았다고 했다. 군인 아는 사람과 나중에 분해해서 판다고 했다. 신주라 가격이 꽤 나갈거라고 했다. 내가 위험한 일이니 하지 말라했지만 형은 전문가가 하기때문에 아무일 없다고 했다. 나는 형이 근래 매일 군인들과 어울리는 것이 심상치 않았다. 언젠가 OP에 근무하는 하사가 형이라고 잘 따른다고 말한 적이 있었다.

며칠 전에는 형이 밤중에 들어와서 돈이 있으면 있는 대로 달라고 했다.

"밤중에 뭐하게 형, 요즘 노름하는게 아니야?" 옛날 시골 있을 때도 노름을 했었다.

"물건 사려고 그래, 사격장에서 탄피 몇 자루 판다고 했어...."

나는 전 재산 천이백 원을 주었다. 아무래도 꺼림직했지만 형이 물건을 산다는데 안 줄 수 없었다. 나는 이런저런 형의 태도에 무언가가 있다고 염려하고 있었다. 많은 생각에 잠겨있는데 옆방에서 여자가 문을 열고 나왔다.

"옆방에 있는 총각이야?" 물었다.

여자는 런닝셔츠와 잠옷 같은 반바지 차림이었다.

"예." 대답하자

"오늘은 일 나가지 않았어, 부대에 들어가 일한다며?" 여자는 주인한테 들었는지 그렇게 말했다.

"오늘 일요일이라 쉬고 있어요."

나는 더 얘기하고 싶지 않아 방에 들어가려고 일어났다. 몸 파는 여자와 더 이상 얘기하고 싶지 않았다. 그리고 나보다 두어 살 더 먹어 보이는데 반말이었다. 초면에 반말이나 지껄이는 여자와 상대하고 싶지 않았다.

"심심하면 우리 방에 들어가 고스톱이나 칠까?" 여자가 웃으며 말했다. 왜 내게 접근하는지 알 수가 없었다.

"난 고스톱 못 쳐요?"

나는 방으로 들어가려고 문 앞으로 다가섰다. 그러자 여자가 말했다.

"총각이 너무 순진하네, 한집에 살면서 심심해서 그러는데.…"

나는 아무말 하지 않고 방으로 들어갔다. 여자가 몸 파는 여자여서 상대하고 싶지 않았다. 우리나라에는 왜 그리 그런 여자들이 많은지 이곳 전방지구까지 득실대니 기가 막혔다. 처음 서울에 와서 느낀 것이지만 서울에는 청계천 판자촌 일대가 창녀가 득실대고 있었다.

얼마나 많은 여자들이 창녀촌 술집에 종사하는지 헤아릴 수 없었다. 심지어 전방지구까지 퍼져 있으니 그 수가 얼마나 많을까 상상하기 어려웠다. 아마도 전쟁이 이렇게 만들어 놓았다고 생각되었다. 미군들이 들어와서 더욱 우리나라 여자들을 못쓰게 만들었다고 생각되었다.

청계천, 청량리, 영등포 가는 곳마다 서울은 물론 지방 소도시까지 전부 다 물들어 있다고 생각되었다.

옆방에서 시끄러운 소리가 들렸다. 내가 방에 들어오자 자기들끼리 깔깔대며 시끄러웠다. 내가 그 방에 들어갔다면 어찌 되었을까? 아마도 셋이서 나를 가지고 놀았을 것이다. 화투를 치자고 앉아 새하얀 허벅다리를 내놓고 나를 유혹했을 것이었다. 여자와 화투를 치면 남자가 잃게 마련이라고 들은 적이 있었다. 육체의 유혹 때문일 것이었다.

혼자 방구석에 있자니 따분하고 쓸쓸했다. 전방 이곳까지 와서 외톨이 신세가 되어있자니 아는 사람도 없고 심심하기 그지없었다. 어의지리 시내나 한 바퀴 돌아보고 올까 생각하고 방에서 나왔다. 버스를 기다리고 있자 한참 후에 버스가 왔다. 이곳에 와서 처음 가보는 어의지리 시내였다. 여기에도 미군들이 많이 눈에 띄었다. 거리에는 군인들도 많았다. 극장이 없나 찾아보았으나 눈에 띄지 않았다. 여기저기 술집 간판들만 눈에 보였다. 아무래도 이곳은 군인들이 많이 있는 곳이라 술집이 많이 있다고 생각되었다.

술이나 한잔 먹자고 허술한 대포집인 줄 알고 들어갔는데 색시들이 있는 집이었다. 내가 나가려고 하자 색시가 잡아끌었다.

"들어왔으면 한잔하고 가야지, 그냥 가면 어떻해, 지금 막 문을 열었는데 재수 없다고 소금 뒤집어쓰고 갈 거야?"

나는 할 수 없이 주저앉았다. 아직 시간이 술 먹을 시간은 이른 것 같았다. 3시가 조금 지나고 있었다.

"막걸리 한 주전자 하고 안주 간단히 주세요. 들어왔으니 개시는 해 주어야지요." 술과 안주를 시켰다.

나는 색시와 마주 앉아서 막걸리를 마시고 있었다. 처음 중앙시장 근처 술집에서 건축 감독과 색시집에서 술을 먹어보고는 객지에 나와서 두 번째로 색시집에서 술을 먹게 되었다. 그때는 서울에서 노동일 할 때였다.

"처음 보는 사람 같은데 어디서 왔어요?" 색시가 물었다.

"저 윗동네서 왔어요. 서울에서 살다가 여기온지 얼마안돼요. 군부대에서 일하다가 오늘 쉬기때문에 처음 와 봤어요." 나는 솔직하게 말했다.

색시는 억지로 잡아서 미안하다 말하고 자주 오라고 했다. 나는 색시와 함께 막걸리 두 주전자를 마셨다. 한 주전자 더 시키자 색시는 술에 취한 것 같다고 대포 한잔하러 왔는데 돈을 많이 썼다며 그만하자고 했다.

색시는 양심적이었다. 내가 대포나 한잔하려고 들어왔는데 색시가 있다고 나가려 했던 것이 좀 마음에 걸렸던 모양이었다. 색시를 앉혀놓고 술 먹을 사람이 아니란 것을 알고 있었다. 사실 나는 여자 앞에서 부끄러움을 많이 타는 아직 촌뜨기였다. 술집을 나와 거리를 거닐다가 버스가 있어 하숙집에 들어왔다. 그때까지 형은 어디서 무엇을 하는지 들어오지 않았다. 나는 술도 한잔한 기분에 골아 떨어져 자게 되었다. 술김에 세상모르고 잠을 자고 목이 말라 새벽에 일어났다.

아직 동이 트기 직전이었다. 사촌형은 밤새 어디에 있었는지 새벽까지도 들어오지 않았다. 나는 부엌에 들어가 물을 마시고 마루에 걸터앉았다. 어디서 무엇을 하길래 집에서 잠을 자지 않고 외박을 밥 먹듯 하나 사촌형이 궁금해지기 시작했다. 하루 이틀도 아니고 근래에 와서 더욱 외박이 심해졌다. 혹시 여자가 생긴 것일까? 결혼할 나이가 지났는데 아직 결혼 얘기는 한 번도 꺼내지 않는 형이었다. 점점 날이 밝아지더니 동쪽 하늘이 붉어지며 둥근해가 얼굴을 내밀었다. 아침 공기가 상쾌한 이른 아침이었다. 앞산에서 솟아오른 해가 눈이 부셨다. 마루에서 바로 보이는 산이었다.

"쿵쾅! 쿵쾅! 쿠르르쾅! 쾅쾅! 쿵쾅!"

천지를 뒤흔들고 있는 굉음이 들리고, 앞산 골짜기에서 붉은 섬광이 불을 내뿜으며 솟구치고 있었다. 온 골짜기가 불빛으로 환하게 밝히고 있었다. 예감이 좋지 않았다. 형이 며칠 전에 포탄을 캐어 묻어 놓았다는 그곳이었다. 아니나 다를까? 불 속에서 두 사람이 뛰어나오다 픽픽 쓰러지고 있었다.

나는 뛰기 시작했다. 분명 사촌형일거라 짐작이 갔다. 한 200미터 뛰어가자 사촌형이 쓰러져 있었다. 조금 뒤에는 군인이었다. 군화를 신은 것이 군인이라 믿었다. 두 사람이 처참하게 타 있었다.

"형! 형!" 소리내어 불렀다. 대답이 없었다. 얼마나 위력이 컸는지 손가락이 바삭바삭 나뭇가지처럼 타 있었다. 그러나 숨은 끊어지지 않았다. 그 뒤 군인도 마찬가지였다.

"사람 살려! 사람 살려!"

나는 목이 터져라 소리를 질렀다. 하숙집 사람들이 뛰어나오고 조금 후에 군부대에서 헌병 짚차와 군 엠블런스가 도착하고 있었다. 나에게 헌병들이 물었다. 어디에 사는 누구냐고 물었.

나는 사실대로 말하고 쓰러진 사람이 하나는 사촌형이라 말했다. 한 사람은 모른다고 했다. 형과 군인은 엠블런스에 실려 군부대 의무실로 가게 되었다. 나는 부대까지 헌병들이 가자 하여 짚차를 타고 부대에 들어갔다. 부대에 가서 헌병들이 심문하는 대로 사실대로 대답했다. 그러나 사촌형이 앞산에 포탄을 묻어 놓았다는 얘기는 하지 않았다. 나는 헌병대에서 몇 시간을 기다렸다. 아침 시간이라 딴사람은 오지 않았다. 헌병이 조금 있으면 방송국과 신문사에서 나온다고 나보고 목격한대로 진술하라고 했다. 10시가 되자 방송국과 신문사에서 나왔다.

나는 묻는 대로 목격한 대로 숨기지 않고 대답했다. 심문을 끝내고 헌병에게 가도 되는냐고 묻고 사촌형은 어떻게 되느냐 물었다. 헌병은 사촌형과 군인은 육군병원으로 후송된다고 했다.

이곳에서는 치료할 수가 없어 큰 병원으로 가게 된다고 했다. 그리고는 다시 부르게 되면 오라고 했다.

나는 부대를 나와 곧장 서울로 향했다. 아무래도 청계천 사촌 누님에게 이 사실을 알려야 될 것 같았다. 누님집에 도착해 사실을 말하자 누님은 깜짝 놀라며, 가봐야 하는데 어떻게 하느냐고 말했다. 육군병원으로 후송한다니 내가 기다려보자고 했다. 일단 어디로 후송되는지 알아야 하기 때문이었다. 나는 누님에게 맡겨놓은 돈을 찾아가지고 다시 어이지리 하숙집에 도착했다.

벌써 해가 떨어진 후였다. 그런데 이게 웬일인가? 육군병원에 후송된다던 형이 하숙집 마당에 거적을 씌워 덮여 있었다. 내가 하숙집 주인에게 묻자 부대에서 헌병들이 싣고 왔다고 하였다. 사촌형은 군인이 아니어서 육군병원에 갈 수가 없다고 말했다는 것이다. 그렇다고 다 죽어가는 사람을 마당에 팽개치고 가는 법이 어디 있는가? 기가 막힐 일이었다. 하숙집 주인은 보호자가 오면 빨리 병원으로 옮기라고 했다. 자기가 어떻게 해보려 했지만 엄두가 나지 않았다고 했다. 나는 우선 고물상으로 뛰어갔다. 고물상 주인에게 말하자 빨리 병원으로 옮기자고 했다. 고물상 주인은 고향 사람이었다. 한동네는 아니지만 우리 고향에서 멀지 않은 동네에 고향을 두고 있었다. 고물상에서 트럭을 가지고 와 형을 싣고 그곳에서 가까운 봉함리 병원에 도착했다. 병원에서는 응급치료밖에 할 수 없다고 했다. 그리고 입원실이 없어 입원은 안된다고 했다. 난감했다. 이 밤중에 어디로 간단 말인가? 다 죽어가는 사람을 어디로 옮길 수도 없었다.

우선 치료를 받고 여관에 묵기로 했다. 병원 바로 앞에 여관이 있었다. 여관 주인에게 사정하자 딱하게 여기고 들어주었다. 사람이 죽으라는 법은 없었다.

병원에서 옷을 다 벗기고 치료했다. 의사 얘기는 너무나 큰 화상이라 장담할 수 없다고 말했다. 아직 숨은 붙어있으나 최선을 다해 치료하겠다고 했다.

만약 그 포탄이 진짜 포탄이었다면 가루도 안 남았을 것이라고 사람들이 말했다. 다행히 연습 포탄이어서 화약만 터졌다고 했다. 형은 온몸이 붕대로 감겨 있었다. 코와 입만이 나와 있었다. 나와 여관에 묵으며 날마다 치료를 받았다. 그러자 3일만에 의식을 찾게 되었다.

"형, 나 알아 보겠어?"

형은 고개를 끄덕였다. 한동안 의식이 돌아오지 않은 형은 의식이 돌아오자 소리를 지르며 몸을 허공으로 솟구치고 있었다. 한참을 그러는데 나는 무서워서 어쩔 줄 모르고 몸만 부르르 떨고 있었다. 의사에게 쫓아가 얘기하자 안정제 주사를 놓아주었다. 의사는 의식이 돌아와 통증을 느끼기 때문에 그럴 수밖에 없다고 했다. 하루에 한 번도 아니고 수십 번씩 그러는데 지켜보는 내가 더 미칠 것 같았다. 더욱이 밤에는 잠을 잘 수가 없었다. 어쩌다 사촌형을 만나 이 지경까지 왔으니 형이 원망스러웠다.

사촌형은 가끔 더듬더듬 말을 했다. 죽어도 고향 부모님에게 알리지 말라고 했다. 나 혼자 어떻게 하라고 그런 말을 하는지 야속하기만 했다. 내가 무슨 죄가 있어 형을 보살피고 살아야 하는지 한숨밖에 나오지 않았다.

　잠도 못 자고, 먹는 것조차 음식이 넘어가지 않았다. 이제는 내가 죽을 지경이었다. 여관에서는 이제 그만 다른 곳으로 옮기든지, 큰병원으로 데리고 가라고 매일같이 성화였다. 날마다 소리 지르는 바람에 투숙한 손님이 불만이 많다고 했다.

　병원에서도 밀린 치료비 안받을테니 더 이상 치료를 못하겠다고 했다. 도저히 살릴 수 있는 환자가 아니라고 고향으로 데리고 가는 것이 나을 것 같다고 했다.

　"형, 어쩔 수 없어, 여관에서도 나가라 하고 병원에서도 더 이상 치료를 못 한대, 고향으로 가자 형!"

　내가 울면서 형에게 말하자 형은 눈물만 흘리고 있었다. 고향으로 전보를 쳤다. 고향에서 사촌 큰형님이 찾아왔다. 청계천 누님과 같이 와서 고향으로 데리고 가기로 했다. 시골에 무슨 돈이 있겠나, 큰병원에 입원하려면 돈이 있어야지. 큰아버지가 겉보리 한 가마를 팔아 여비하라고 주었다며 큰형님은 한숨을 내쉬었다.

　"주병이 네가 고생이 많았구나, 고향에 가자…" 큰형님은 나를 위로했다. 나는 큰형님과 환자를 데리고 고향으로 가게 되었다. 워낙 환자가 무서운 중환자라 서울까지 가는데도 차에서 길에서 모든 사람들이 도와주었다. 온몸이 붕대로 싸여있고 볼 수가 없으니 도와주었다. 고향까지 무사히 갈 수 있었.

　고향에 도착한 환자는 병원에도 못 가고, 집에서 가정요법으로 치료하게 되었다. 화상에는 감자가 좋다고 감자를 찧어 바르고, 소주도 바르고 했으나 살릴 수는 없는 치료였다. 죽기 전에 노력이나 해 보자는 생각이었다. 큰병원에 갈 돈도 없지만, 시골 어른들은 살 수 없는 사람이라 판단하고 있었다. 사촌형은 고향에서 15일을 살다가 스물아홉살 나이에 세상을 떠나게 되었다.

임종때 나를 찾았지만 나는 임종을 보지 못했다. 큰형님 품에 안겨 나를 찾다가 오지 않자 이런 말을 했다는 것이다.

"젊은 놈이 죽기는 억울하다. 꼭 부자가 되고 싶었는데.…"

사촌형은 가난을 한탄하며 세상을 하직했다. 마음씨가 착하고 인정이 많았던 형이었다. 형은 아버지가 노무자에 끌려갔을 때 우리 집에 나무를 해주고 힘든 일을 많이 도와줬던 형이었다.

노름을 하다가 큰아버지에게 미움받아 쫓겨나게 되었다. 그 뒤 객지 생활을 전전하다 전방지구까지 가서 고물장사를 하다가 포탄이 터지는 바람에 세상을 하직하게 되었다. 나에게는 친형과도 같은 형이었다. 우연히 서울에서 만나 고물장사도 하게 되었고, 형 때문에 큰 고통을 받기도 했다. 끔찍한 사고에 타향에서 나 혼자 감당했던 병원생활은 눈물 그 자체였다. 날마다 여관방에서 울부짖던 형의 몸부림이 아직도 내 뇌리에 남아있었다. 고통이 얼마나 심하면 저렇게 괴성을 지르며 소리칠까. 내가 아픔이 찾아오는 착각도 느꼈다. 밥이 목구멍에 넘어가지 않고 잠을 못 자 내가 죽을 지경이었다. 고통은 환자 못지않게 나에게도 고스란히 남아있었다.

사람의 목숨이 참으로 끈질기다는 것을 사촌형 사고로 느낄 수 있었다. 온몸이 다 타버렸는데도 한 달까지 버티고 사는 것을 보면 기적같은 일이었다. 손가락은 다 부서지고 없었다. 아무것도 먹지 못하고, 물만 먹고 한 달을 사는 게 사람의 목숨이었다.

"형님, 이제 좋은 곳에서 편안히 쉬십시오."

나는 형의 죽음에 날마다 악몽을 꾸었다. 모든 친척들이 고생했다고 위로했지만 현실에서 느끼는 고통은 가시지 않았다. 고향에서 생활은 더욱 괴로웠다.

객지생활 2년 반 동안 살아온 세월이 눈물겨웠다. 이제는 돈을 벌 수 있다는 희망이 부풀어 올라 있었는데 뜻하지 않게 사촌형의 사고로 물거품이 되고 말았다.

앞으로 나는 어떻게 살아야 하나 고향에서 농사짓고 살고 싶은 생각은 없었다. 고향에 내려온 지도 20일이 넘었다. 고향 친구도 만나고, 친척들도 만났지만 아무런 위로가 되지 않았다. 발걸음이 자꾸만 옥자가 일한다는 주막으로 옮기고 있었다. 옥자는 학교 밑의 주막에서 어머니와 동생 세 식구가 살았는데 내가 객지에 있는 동안 옥자 어머니는 돌아가시고 옥자는 술집에서 기생 노릇을 한다고 들었다. 그것도 우리 고향 신죽리라는 곳에서 말이다.

왜? 옥자는 이곳을 떠나지 못하고 있는 것일까? 아무 연고도 없는 타향인데 알 수가 없었다.

나는 신죽리 주막집 서일레집에 갔다.

이곳은 외가집 동네였다. 서일레 아랫집에 외할아버지가 살고 있었다. 나는 혹여나 외할아버지를 만날까 도둑 고양이처럼 몸을 움츠리고 서일레집을 찾았다. 헤어진 여자지만 고향까지 와서 만나지 않을 수 없었다. 한때는 다정한 애인이었고, 첫사랑이었다. 옥자를 만나 사랑을 알게 되었고, 객지에 있으면서도 생각이 많이 났던 여자였다. 지금은 어떻게 변해 있을까 보고 싶었다.

김포 제11전투비행단

서일레 주막에서 옥자를 만났다. 옛 모습은 사라지고 파마머리에다 기생 차림인지 한복차림으로 나를 반겨주었다.
"주병씨 왔다는 소식은 들었어요? 누가 사고가 나서 왔다고 들었는데 참 오랜만에 보네요. 고향 떠난 지 3년은 되었지요?"
옥자는 반갑게 맞으며 손을 잡고 말했다. 나는 옥자의 변한 모습에 감개무량했다. 발랄했던 모습은 사라지고 가냘픈 미소에 슬픔이 묻어 있는 것 같아 가슴이 아팠다.
"어머니가 돌아가셨다며?"
"그래요, 2년 전에 돌아가셨어요. 나는 기생이 되고 주병씨 보기 창피하다. 우리 술이나 한잔해요?"
옥자는 나를 방으로 데리고 들어갔다. 술상을 봐 가지고 와서 마주하게 되었다. 서로가 옛날을 생각하고 잠시 마주 보았다. 즐거웠던 추억을 회상하고 있었다. 한때는 서로 사랑했는데 지금은 어색한 만남이었다.
"주병씨 학교 있을 때 참 즐거웠는데, 지금은 까마득한 옛날 같다."
"맞아 나도 옥자를 사랑했는데 솔직하지 못했어?"
"우리 그 얘기는 그만하고 술이나 마시자.…"
옥자는 술을 따라주고 권했다. 둘이서 술잔을 부딪치며 금새 막걸리 한 주전자를 마셨다.
"서울 가서 이영윤 학생 만나 보았어? 편지한다더니 한 번도 안 해주더라, 모두가 떠나면 그만이야.…" 옥자는 쓸쓸히 웃었다.
"만나봤지, 서울에 오면 무엇이고 도와준다더니 하룻밤 묵고 나자 태도가 바뀌더라. 차비 주면서 서울은 일자리가 없다고 고향에 내려가라고 했어.…"

영윤네 집에서 하룻밤 자고 왔다고 말했다. 이런저런 얘기 하다가 헤어지게 되었다. 그 후로는 옥자를 만나지 못했다. 그 후 나는 서울에 올라와 함흥냉면 집에 취직이 되었었고 얼마 후 갈월동 직업소개소를 통해서 공군부대에 취직이 되어 가게 되었다.

주인은 개성 사람으로 피난 나와서 돈을 벌어 공항 정문 밖 방화동에서 커다란 잡화상회(대홍상회)를 운영하고 있었다. 같이 자전거를 타고 온 사장은 안으로 들어가자고 했다. 가게가 얼마나 큰지 지금의 식자재 마트처럼 온갖 상품들이 가득 차 있었다.

"부대에 일할 사람 데리고 왔어요?" 육십 정도 되는 할머니가 말했다.

"안녕하세요, 처음 뵙겠습니다."

"총각이 착하게 생겼구먼 몇 살이야?"

"스물셋입니다, 잘 부탁드립니다."

"그래 잘해봐요, 빨리 기술을 배워 주방장도 해야지. 지금 있는 주방장은 나이가 먹어 배짱만 부린대, 기술은 좋은 사람이니까 부지런히 배워요!"했다.

할머니는 목소리가 카랑카랑 하면서 나를 친근하게 대하며 그렇게 말했다. 나중에 안 일이지만 할머니는 호랑이 할머니로 별명이 붙어있었다. 사장보다도 할머니가 여러 업소를 관리하고 있었다. 사장은 아무 결정권이 없는 남편이자 바지사장이었다.

부대에 들어갔다. 공군 제11전투비행단 구내식당이었다. 이곳에 근무하는 사람은 부대에서 패스를 내주어 부대 통근버스를 이용할 수 있었다. 나도 부대에 들어가 지배인한테 패스를 받았다.

부대에 들어가 식당을 둘러보았는데 엄청 규모가 큰 식당이었다.

옛날 미군들이 파티 장소로 쓰던 건물이라고 했다. 시설도 잘 되어 있었고 화려했다. 식당은 장교 구락부 하사관식당 주방을 끼고 각각 분리되어 있었다. 사병 구락부는 이곳에서 100m 떨어진 곳에 있었다. 모두가 호랑이 할머니가 운영하는 곳이라고 했다. 식당뿐 아니라 다방, 당구장도 운영하고 있었다 민간인이 공군부대에서 세를 내어 얻은 것이다. 그야말로 부대 밖 대흥상회는 준 재벌이었다. 종업원 수만도 25명이나 되었다.

건물 내에 조종사 식당도 있는데 이곳은 공군들이 직접 운영하고 있었다. 조종사들은 그때만 해도 특별대우여서 사회에서 훌륭한 요리사(문관)를 데려다 고급 식사를 해 준다고 했다. 양식, 일식, 중식, 한식 골고루 해주고 있다고 했다. 그것도 돈 주고 사 먹는 게 아니고 국가에서 해주는 것이라고 했다. 일반 장교와 하사관은 자기 돈을 내어 사 먹고 있었다. 그만큼 조종사들은 대우가 좋았다. 나는 장교 구락부 식당 주방장의 보조(시다)였다. 그때는 보통 보조를 시다라 불렀다. 홀에 접대원도 하꼬비라 부르고 일본 잔재가 남아있어 그렇게 쓰고 있었다. 주방장은 40대 중반으로 여러 가지 기술을 가지고 있었다. 식당 종사원으로 30년을 일했다고 했다, 한식은 물론이고 양식, 중식, 일식까지도 할 수 있다고 했다.

나는 그 사람 밑에서 기술을 배우며 일하게 되었다. 주방장은 자상하게 나에게 잘해주었다. 나도 그를 존경하고 그의 말이라면 복종하고 따랐다. 주방에 찬모 밥모 아주머니도 잘해주었다. 주방에는 설거지까지 6명이 일하고 있었다. 설거지는 남자아이 한 사람과 아주머니 한 사람이 같이 하고 있었다. 홀에는 하사관 식당 3명, 장교구락부 3명, 여자가 6명이었다. 모두 아가씨들이었다.

카운터는 지배인이 보고 있었다. 지배인은 주인과 같은 고향 사람으로 30대 중반이었다, 그리고 또 한 사람 사입 담당이 있었다.

그는 식당에 쓰는 물품을 조달하는 사람이었다. 나이가 나와 비슷한데 나에게 형이라 부르라고 했다. 나는 그에게 형이라 부르지 않았다. 그 애는 싸가지가 없었다. 주방장과 가깝다는 이유로 종업원들을 간섭하고 갈구고 있었다. 직책이 물품 조달인데 식당일에 이래라 저래라 할 수가 없었다. 지배인도 주방장과 사입 담당에게는 꼼짝도 못하고 있었다. 이들은 터줏대감이라 주인도 함부로 하지 않았다. 호랑이 할머니가 어쩌다 들어오면 아침을 해 대어 그냥 묵인해주고 있었다. 호랑이 할머니는 부대에 자주 들어오지 않았다. 일이 생길 때 만 지배인의 보고 하에 들어오고 있었다.

  나는 그들에게 책잡힐 일은 하지 않았다. 주방장이 시키는 대로 열심히 따르고 기술을 배우고 있었다. 이곳은 점심과 저녁 시간만 바빴다. 낮에는 식사 위주인데 세 가지밖에 해주지 않았다. 언제나 양식, 중식, 일식, 한식을 해주고 1주일 메뉴를 짜 손님에게 알렸다. 이곳 비행단에서는 모두 3,000명이 넘는 병사가 있었다. 부대 금양대대에서 식사를 해 주는데 장교들이나 하사관들이 사식을 사 먹고 있었다. 사병들도 사병 식당에서 사 먹는 사람이 많았다. 그만큼 공군들은 여유가 있는 집안에서 태어난 사람들이라 달랐다. 모두 서울 인천 출신이 많았다. 내가 언젠가 육군에 친구가 있어 면회를 가서 부대에서 하룻밤 잔적이 있었는데 육군은 밥 한 가지, 국이 전부였다. 부대에서 두 끼를 먹었는데 국과 밥뿐이 없었다. 공군은 식판에다 세 가지의 반찬과 국, 밥을 주고 있었다. 같은 군인인데 공군과 육군은 차별이 있었다. 그런데도 공군 사병은 부대 밥이 먹기 싫다고 사식을 사 먹고 있었다. 그뿐이 아니었다. 저녁에는 장교 구락부 하사관식당에서 술을 파는데 얼마나 많이 팔리는지 막걸리가 드럼통 한 통씩 팔리고 있었다. 술안주는 오징어튀김으로 오징어가 몇 짝씩 나가고 있었다. 낮에 식사보다도 저녁 술이 더 팔렸다. 공군부대 안에서 술도 실컷 먹을 수 있었고, 다방이나 당구장에 가서 즐길 수도 있었다. 공군은 사회생활이나 다름없었다. 돈만 있으면 부대에서 얼마든지 즐길 수 있었다.

나는 이곳에서 열심히 일을 했고, 식당 기술도 익힐 수 있었다. 6개월이 지났다. 주방장도 나를 신임해 주고 있었다.

"네가 열심히 해줘서 내가 많이 편해졌다. 1년만 더 배우면 나는 너에게 맡기고 좀 쉬어가며 할란다. 열심히 배워라?…"

주방장은 내가 일을 빨리 배워 편해졌다고 했다. 그런데 부대에서 처박혀 일만 하고 있으려니 너무 답답하고 짜증스러웠다. 젊은 놈이 밖에 한 번 못 나가고 꼭 부대에 처박혀 있어야 했다. 여자 종업원들은 객지에서 온 사람들은 부대 후문 근처에다 주인이 방을 얻어줘 출퇴근하고 있었다. 주방에 설거지 담당까지도 이곳 출신이라 집으로 모두 출퇴근하고 있었다. 식당에서 자는 사람은 지배인과 나, 당구장 카운터 인섭이뿐이었다. 지배인은 카운터 안에서 자고 나와 인섭은 휴게 공간 창고같은 곳에서 잠을 자고 있었다. 그나마 당구장 카운터가 같이 자 다행이었다.

그는 전라도 해남이 고향으로 나보다 두 살 더 먹은 스물다섯 살이었다. 일찍이 열다섯 살에 서울에 올라와 구두닦이 중국집 식당에서 배달도 했고 어쩌다 스무 살에 미군 부대에 들어와 하숙 보이로 일하게 되었다고 했다. 김포공항 근처 오세리라는 미군 부대에서 일하다가 미군이 철수하는 바람에 그만두게 되었다고 했다. 그래서 다시 찾은 직업이 당구장 카운터 보는 일이었다. 우리 주인이 운영하는 당구장이었다. 식사도 우리와 같이 하고 당구장에서 일하다가 밤늦게 와서 나와 같이 자게 되었다. 인섭은 키도 크고 인물도 출중했다. 마음씨 또한 너무 착한 사람이라 나와 단짝이 되었다. 나보다 두 살 위이나 친구같이 지내고 있었다. 인섭은 영어도 잘했다. 우리 식당에 청소부 아저씨가 있는데 그도 미군 부대 출신이라 서로 영어로 대화를 주고받았다. 인섭은 술도 나와 같이 좋아했다. 술은 주방에 얼마든지 있어 마음껏 먹을 수 있었다. 지배인은 술을 못 하는데 인섭은 잘 먹었다. 서로 죽이 맞아 저녁에 한 잔씩 나누고 놀다가 자게 되었다. 그게 유일한 낙이었다. 밖에도 못 나가는데 술이나 한 잔씩 하는 게 취미가 되었다. 월급도 당구장은 칠백 원, 나는 오백 원을 받았다. 그 돈 받아가지고는 무슨 희망이 없었다. 술이나 마시고 즐겁게 사는 게 낙이었다. 화폐 개혁이 되어 옛날 오천 환이 오백 원이 되었다.

사촌 형이 죽고 난 후 나는 돈에 대한 욕심이 없어졌다. 그래도 일할 수 있다는 게 즐거움이자 위안이었다. 일자리 못 잡고 헤매고 다니며 배고픔에 시달리고 있을 때 생각하면 감지덕지 살아야 했다. 동생들이 왜 형은 어디 가서 진득하게 못 있고 헤매고 다니냐고 충고했었다. 그런 생각하면 오래 있어야 했다. 마음잡고 일하는데 꼭 갈구는 놈이 있었다. 사업 담당 임 씨였다. 항상 나를 곱잖게 보고 있던 임 씨는 사사건건 내게 트집을 잡았다. 주방에는 아무 관련이 없는데도 불러내 다른 일을 시키곤 했다. 나는 그의 말을 듣지 않았다.

"내가 왜 사업 담당 말을 들어야 해, 자네가 내게 시킬 권한이 있어?" 말하자 그는 내게 협박하고 있었다.

"주방장 명령이나 내 명령이나 같아, 여기 종업원들은 우리가 관리하게 돼 있어. 우리에게 사장이 위임했다는 얘기야!"

"나는 그런 말 들은 적 없어, 주방장 외에는 나에게 간섭하지 마!"
나는 단호하게 말했다. 그의 말을 들을 이유가 없었다.

"그래, 있다가 점심 배식 끝나고 보자?"하고는 불러냈다. 호락호락 제 말을 들을 내가 아니었다. 배달이나 하는 주제에 오래 있었다고 주인 행세를 하고 있었다.

 점심 배식이 끝나고 나는 휴식 공간에서 쉬고 있는데 설거지 담당이 임 씨가 나오라고 한다고 했다. 그래서 내가 쉬고 있다고 할 말이 있으면 들어오라고 말했다. 임 씨가 들어오면서 험악한 표정을 지으며 말했다.

 "내 말을 무시해? 혼 좀 나볼래?" 큰소리치고 있었다.

 "지금 쉬는 시간이야, 왜 때리게?" 나도 쏘아보았다.

 "너 꼭 대들래? 혼 좀 나고 싶어? 안 되겠네. 손 좀 봐야지."하면서 주먹을 치켜들었다. 내뻗는 순간 내가 팔목을 잡았다. 손목을 잡아 힘껏 쥐어보니 별 힘이 없어 보였다.

 "어딜 잡아?"

 "왜 때리게? 내가 맞을 것 같아?"

 내가 눈을 부릅뜨자 흠칫했다. 기가 죽어 보였다. 금방 때릴 것 같은 표정이 수그러들었다.

 "내가 참는다. 나중에 보자?"

 임 씨는 나가며 나중에 보자고 했다.

 "그래, 언제고!" 당당하게 말했다. 그에게 꿀릴 게 하나도 없었다. 제가 운동 좀 했다고 힘 꽤나 쓰는 모양인데 손을 잡아보니 별 힘도 없는 것 같았다.

 이제는 웬만한 음식은 주방장이 없어도 해낼 수 있었다. 대강 내가 할 수 있는 음식을 만들게 되자 주방장이 꾀를 부리기 시작했다. 일부러 그러는지 아침 준비가 바빠 죽겠는데 사병 구락부에 가서 놀다가 점심 배식 시간이 되면 들어오곤 했다. 사병 구락부에는 같은 고향 친구가 주방장을 하고 있었다. 나 혼자 바빠 쩔쩔매는데도 농땡이 부리고 있었다. 호랑이 할머니가 내가 처음 인사했을 때 주방장이 나이를 먹어 배짱을 부린다고 하더니 그 말이 틀리지 않왔다. 할 일이 태산같이 밀려있는데 주방 책임자는 나에게 맡기고 제멋대로 하고 있었다.

나는 점심 준비 시간에 너무나 바빠 홀에 있는 아가씨까지 도움을 청하게 되었다. 그날은 돈까스 200장은 튀겨야 하는데 도저히 혼자서는 할 수가 없었다. 주방에 아주머니들과 홀에서 일하는 아가씨까지 불러서 도와달라고 했다. 그때는 돈까스 만드는데 일일이 돼지고기를 칼등으로 다져 양념을 해서 빵가루를 입혀야 했다. 손이 많이 가는 음식이었다. 빵도 토스트빵을 일일이 손으로 부벼 가루를 만들었다. 그런 과정에서 일손이 많이 가고 있었다. 홀에 미스 홍은 내가 바쁜 걸 알고 부르지 않아도 주방에 들어와 도와주고 있었다. 그런 바쁜 와중에 주방장과 사입 담당이 어디서 놀다가 배식 시간이 다 되어 들어오고 있었다.

"야! 너희들 왜 주방에 들어와 일하고 있어? 홀이나 똑바로 일할 것이지?…"

사입 담당이 들어와 야단치고 있었다. 내가 바빠서 불렀다고 했다. 점심시간은 다 되고 어쩔 수 없었다고 말했다. 그러자 사입 담당은 미스 홍의 따귀를 후려갈겼다. 그런 행동을 보고도 주방장은 한마디도 나무라지 않았다. 자신이 농땡이를 쳤기 때문에 벌어진 일이었다.

주방이 갑자기 험악해졌다. 주방 아주머니들이 임 씨에게 그렇다고 사람을 때리냐고 항의하고 있었다. 카운터에 있던 지배인도 한마디 말도 못하고 있었다.

"더러워 일을 못하겠네. 여기가 주방장과 사입 담당이 운영하는 식당이야? 저희 마음대로 하게? 지배인 월급 계산해줘요. 더는 일 못하겠어요!"

애꿎은 지배인에게 카운터에 대고 소리 질렀다. 내가 소리치자 지배인이 주방에 와 말했다.

"지금 점심시간인데 장사 망칠 거야? 점심이나 끝나고 얘기해요."
그렇게 마무리되어 점심시간을 마쳤다.

점심이 끝나고 주방장과 사입 담당은 지배인에게 두 사람 다 내보내자고 건의한 모양이었다. 지배인이 홀 여종업원인 청자에게 한 달치 월급을 계산해 주었다. 나도 나가라면서 왜 계산해 주지 않느냐고 따지자 윤 씨는 사람 다시 오면 계산해 준다고 했다. 사람이 다시 올 때까지 기다리라고 했다. 내가 일을 할 수 없다고 했다. 이런 기분으로는 일할 수 없다고 일을 하지 않았다. 지배인이 조용히 불러 말했다. 대홍상회 할머니가 나에게 기다리고 있으라고 했다고 말했다. 주방장과 사입 담당을 해고 시킨다고 벼르고 있다고 말했다. 그래도 나는 일이 잡히지 않아 일을 하지 않았다.

나 때문에 미스 홍이 직장을 그만두게 되어 가슴이 아팠다. 미스 홍은 여기에 온 지 한 달밖에 되지 않았다. 한 달치 월급을 계산해 받고 저녁에 쓸쓸히 동료들과 직장을 나가고 있었.

나도 그들 뒤를 따라 후문으로 나갔다. 미스 홍에게 미안하다고 나 때문에 직장을 잃게 되었다고 말해주고 싶었다.

후문을 나가면 식당에서 방을 얻어준 숙소가 있었다. 그곳에는 찬모와 밥모 아가씨 3명이 함께 잠을 자는 방이었다.

"미스 홍!"

후문을 나와 내가 뒤따라가다가 미스 홍을 불렀다. 여자들이 모두 뒤돌아보았다. 미스 홍에게 할 말이 있다고 말하자 일행은 미스 홍에게 만나고 오라고 하고는 숙소로 가고 있었다.

"미스 홍! 얘기 좀 해, 낮에 미안했어, 언젠가는 임 씨 놈 가만두지 않을 거야!"

"괜찮아요. 그렇잖아도 한 달 채우고 그만두려고 했는데 잘되었어요. 여기서 하룻밤 자고 떠날 거예요. 주병씨 그동안 고마웠어요. 들어가세요."

미스 홍은 그만 부대에 들어가라고 했다.

"나도 내일 떠나려고 해! 더 있고 싶지 않아, 어디 가서 얘기 좀 하다 가면 안 돼?"

나는 미스 홍과 얘기하고 싶어 말했다. 그동안 나에게 바쁠 때마다 도와준 성의가 고마웠다. 어디 구멍가게가 있으면 음료라도 마시며 얘기하고 싶었다.

"이곳 어디 구멍가게 없어?"

"저도 몰라요. 잠만 자니까 다녀보지 않아서 아는 데가 없어요. 그냥 걸으며 얘기해요."

저도 오늘 밤은 잠이 오지 않을 것 같다고 말했다. 미스 홍도 나와 있는 게 싫지는 않은 모양이었다.

"우리 강둑이나 걸을까? 마을을 지나면 논이 있는 곳에 물이 흐르고 있어 한 번 가보았는데 공기가 아주 좋아, 김포평야에 물을 공급하는 강둑이야. 많은 물이 흐르고 있어서 데이트하기 좋은 장소야."

"누구하고 데이트 해봤어요?"

"당구장 인섭이 좋다고 하여 식당에서 자고 있으니 답답해서 같이 걸어보았어."

"인섭이 아저씨도 참 마음씨가 좋더라. 인물도 잘 생기고 주병씨도 마음씨가 너무 좋아 따랐어요. 두 분 다 식당에서 썩기는 아까운 사람들인데 어떻게 식당 일을 하게 되었어요?"

"서울에 와 일자리 구하지 못해 식당에 취직했어. 먹고 잘 수 있는 곳은 식당뿐이 없었어. 그만둔다 생각해도 다시 오게 되더라고, 그래도 이곳에서 제일 오래 있었어. 임 씨 놈하고 싸우기 싫어 그만두려고 해, 지배인이 사람이 다시 올 때까지만 봐달래, 나는 못해 준다 하고 나왔어."

얘기하다 보니 강둑까지 오게 되었다. 개천에는 많은 물이 흐르고 있었다. 개천이 아니라 강처럼 맑은 물이 흐르고 있었다. 이 물이 넓은 김포평야의 젖줄이었다. 농사에 필수적인 물이었다.

날씨가 갑자기 캄캄해지기 시작했다.

"날씨가 비가 오려는지 캄캄해지네요. 별이 하나도 보이지 않네요."

미스 홍이 말했다.

"글쎄요. 오늘따라 비가 올 것 같아요?"

"우리 공항 정문으로 나갈까요? 그곳에 가면 다방도 있고 술집도 많은데 오늘따라 술 한잔하고 싶네요?"

나는 부대에 들어가 다시 정문으로 나가자고 했다. 후문 근처는 아무것도 없었다. 그냥 농사만 짓는 시골이었다.

"너무 늦었어요. 통금시간이 다 되는데요. 내일 서울 간다면서 서울 가서 먹어요."

미스 홍은 내일 마시자고 했다. 둘이 걷는 동안에 연인이 된 것처럼 가까워지고 있었다. 우리는 강둑을 한참 걷다가 다리를 건너 마을로 돌아오게 되었다. 그러자 빗방울이 조금 떨어지더니 점점 더 많이 쏟아지고 있었다.

"어쩌지요? 많이 올 것 같은데?…" 미스 홍이 걱정하며 손을 잡았다.

"뛰자고! 마을까지 뛰어야지 어쩔 수 없어."

둘이 손을 잡고 뛰기 시작했다. 그런데 비가 세차게 쏟아졌다. 마을까지는 1km는 뛰어야 될 것 같았다. 이리저리 비를 피할 곳을 찾았다. 앞에 조그마한 동산이 보이고 오두막 한 채가 보였다. 사람이 사는 집 같지가 않았다. 짚단을 쌓아둔 곳이었다. 그 옆으로 커다란 나무 한 그루가 많은 가지를 두어 잎이 무성하여 조금은 비를 피할 수 있을 것 같았다. 나무 밑에는 많은 비가 떨어지지 않았다. 내가 볏짚을 몇 단 뽑아왔다. 두 단은 바닥에 깔고 두 단은 짚을 엮었다. 옛날에 아버지가 초가지붕 이엉을 할 때처럼 엮어 머리에 쓰고 있었다. 아무리 나뭇잎이 무성해도 비는 피할 수가 없었다. 그렇게라도 하고 있으니 쏟아지는 비를 막을 수가 있었다. 그러나 뛰어오면서 많은 비를 맞아 둘은 모두 옷이 흠뻑 젖어 있었다. 한여름이라 망정이지 추워서 벌벌 떨고 있을 것이었다. 둘은 서로 쳐다보며 웃었다. 미스 홍의 가냘픈 미소가 측은해 보였다. 나 때문에 비까지 흠적 맞고 웃는 모습이 가냘퍼 보였다.

"추억이라고 생각해. 오늘같은 일이 없었다면 좋은 추억거리인데 쫓겨나와 비 맞은 모습이 너무 처량해 보여?"

나는 미스 홍을 쳐다보며 말했다.

"왜 그리 빤히 쳐다봐요. 부끄럽게.…"

"오늘따라 미스 홍이 너무 가엽게 보여, 나 도와준다고 뺨까지 얻어맞고 쫓겨났으니 말이야! 그 새끼 사람도 아니야!"

"그 얘기 그만해요. 우리 얘기나 해요!"

청자의 우리라는 말이 정겨웠다. 어쩌다 남녀 간에 우리가 되었나 청자가 사랑스러웠다. 단둘이 이 밤중에 서로 몸을 기대고 있으니 애인이나 된 것처럼 느껴졌다. 미스 홍은 내가 밀착시켜도 거부하지 않았다.

"미스 홍은 고향이 강원도 홍천이라고 했었지. 어떻게 여기까지 오게 되었어?"

"주병씨는 어떻게 오게 되었어요?"

청자가 반문했다.

"그야 여기저기 다니다가 갈월동 직업 안내소에서 사장을 만나 여기까지 왔지."

미스 홍도 갈월동 직업 안내소를 통해 왔다고 말했다.

"부모님은 홍천에 계셔?"

"아니요. 부모님은 내가 어릴 때 일찍 돌아가셨어요. 아버지는 전쟁 때 돌아가시고 어머니도 내가 초등학교 5학년 때 돌아가셨어요. 작은아버지 집에서 16살 때까지 살다가 서울에 왔어요. 나는 고아에요."

어쩐지 청자의 얼굴에는 갸날픈 모습과 가련한 슬픔이 베여 있는 것처럼 보였다. 고생하며 살아온 흔적이 남아있는 것 같았다. 나도 대강 우리 가정 얘기를 들려 주었다. 시골에 부모님은 농사를 지으며 살고 있고 형제가 육 남매 중 내가 맏이라고 했다. 남동생들은 서울에 올라와 스웨터 공장에서 일한다고 말해주었다. 서로가 고생하며 살아온 세월은 비슷했다. 둘이는 마음이 통하여 많은 얘기를 주고받았다. 청자는 내가 처음 볼 때부터 마음이 끌렸다고 말했다. 착하고 선한 모습이 가까이하고 싶었다고 했다. 청자는 내가 바쁘게 일하면 도와줄 게 없느냐고 자주 주방에 들어와 도와주었다. 나도 청자가 싫지가 않았다. 은연중 마음에 끌린 게 사실이었다. 서로 외로운 처지인데 사귀고 싶다는 생각이 들었다. 우리가 다정히 지내는 모습을 보고 임 씨가 질투가 났던 모양이었다. 청자를 때린 것은 나에게 앙갚음을 한 것 같았다. 지난번 나를 때리려고 하다가 내가 당하지 않을 것 같아 청자에게 분풀이 한 것 같았다. 나는 청자에게 임 씨와 싸울뻔한 얘기를 해주고 우리를 시기한 것 같다고 말해다. 그러자 청자는 내 가슴에 안기고 있었다. 축축이 젖은 청자가 가슴에 안기자 열이 후끈 달아오르는 느낌이었다.

옛날 학교에 있을 때 주막집 딸과 컴컴한 밤에 둘이 누워 있었는데 가슴이 뛰고 마음이 혼란스럽고 답답하여 뛰쳐 나온 적이 있었다. 그게 처음으로 여자를 접했을 때였다. 그 때 왜 나는 바보처럼 옥자를 끌어 안아주지 못했을까? 후회했다. 지금의 청자는 그냥 가만히 있을 수가 없었다. 힘있게 끌어 안아 주었다. 마음이 통했을까? 청자는 기다렸다는 듯이 내 입술에 자기 입술을 살며시 포개고 있었다. 격정이 치밀어 올랐다. 적극적인 입맞춤이 자연스레 이루어졌다. 흔히들 말하는 키스란 것을 나는 생전 처음 해보고 있었다. 얼떨결에 순진하기만 했던 내가 용기를 냈던 것이다. 나는 완전한 시골 촌뜨기 숫총각이었다 객지에 나와 고생하며 세상 이치를 많이 깨닫고 있으나 여자관계는 아직도 부끄러움을 많이 타는 순진한 편이었다. 옛날 옥자와 시골에 있을 때 사무실에서 난로에 생고구마를 구워 먹었는데 서로 입술에 까맣게 묻어 있었다. 주병씨 눈 감아 봐 하고는 닦아줄게 하더니 내가 눈을 감자 입술에 뽀뽀를 하고는 달아났다. 너무 부끄러워 옥자를 며칠 만나지 못했다. 참으로 순진한 촌뜨기였다. 청자와의 키스는 너무나 황홀했다. 나도 여자를 정복했다는 쾌감도 들었다. 그렇게 쏟아지던 비도 멈추고 나무 밑은 많은 짚단을 깔아 놓아 축축한 물기도 짚단에 스며 들어 안전했다. 청자를 내친김에 눕히고 싶었다. 달아오른 탐욕을 억제할 수가 없었다. 청자를 짚단 위에 눕히려 하자 청자가 완강히 제지했다.

"주병씨 여기까지만 해요. 내일 서울 가서 잘 거 아니에요?"

청자는 서울에 가서 몸을 맡긴다는 얘기인 것 같았다. 바짝 오를 대로 오른 격정을 참아내고 말았다.

"청자 미안해, 참을 수가 없었어."

"이해해요, 남자니까.…"

다시 입맞춤만 하고 말았다. 조금 있자 마을에 닭들이 꼬끼오 새벽을 알리고 있었다. 동산 나무 밑에서 하룻밤을 보낸 것이다. 비가 오지 않았다면 청자와 밤을 보내지 않았을 터인데 비가 우리를 같이 있게 만들어 주었다.
"사람들 보기 전에 빨리 내려가요."
청자가 마을로 내려가자고 했다. 시계를 보자 새벽 다섯 시였다. 사람들 눈에 띄기 전에 내려가야 될 것 같았다. 쌓아 놓은 짚단을 많이도 빼네 욕을 먹을게 뻔한 일이었다. 둘이는 동산을 내려와 마을로 들어갔다. 개 짖는 소리가 요란해지고 있었다. 청자가 여자들 자는 방으로 들어가 가방을 가지고 나왔다. 같이 일했던 아주머니가 어디서 자고 왔냐고 물었다고 했다. 부대 밖에서 잤다고 말하고 그냥 나왔다고 했다. 나를 만난 줄 아는데 부대 직장에 나가면 이러쿵저러쿵 말이 많을 것 같았다. 청자와 나는 부대에 들어가 대강 씻고 나왔다. 지배인과 인섭은 세상 모르고 자고 있었다. 지배인을 깨워 내가 서울에 갔다 온다고 말하고 청자와 검문소에 가 차를 불러달라고 했다. 지금 시간이 너무 일러 통근버스는 없었다. 헌병들은 나를 모르는 사람이 별로 없었다. 주방 옆 헌병 대대가 있어 가끔 라면 끓여 먹는다고 김치를 얻으러 와 잘 알고 있었다. 그리고 식당에서는 한 달에 한 번씩 헌병대장 수송대장 금양대장 전대장 용돈과 고기를 5키로씩 상납하고 있었다. 그래서 수송부 차도 급하면 불러 쓸 수가 있었다. 헌병은 검문소에서 수송부 3호차 김 병장을 불렀다. 김 병장이 짚차를 몰고 쏜살같이 달려왔다.
"새벽 일찍 어딜 가려고?"
"너무 일찍 미안하네. 급한 일이 있어서 나중에 라면 한 박스 선물해 줄게."하고는 짚차를 타고 정문을 나왔다.
서울 가는 새벽 첫 차가 여섯 시에 있었다. 김 병장은 잘 다녀오라고 말하고 부대로 돌아갔다. 식당에 있으니까 부대 수송부나 헌병들이 잘 봐주고 있었다. 그 대신 우리도 그들에게 많은 도움을 주었다.

새벽 첫차를 타고 서울로 향했다. 청자는 버스 안에서도 허리를 감싸 안고 서울까지 오는 동안 놓지를 않았다. 어젯밤 동산 나무 밑에서 있었던 여운이 아직도 남아있는 것 같았다.

"서울에 아는 사람 있어?" 내가 물었다.

"없어요." 없다고 말했다. 오늘은 가방을 어디에다 맡기고 서울 구경이나 하자고 했다.

"그래요. 구경 다닐 새가 없었어요. 남의 집에 있다 보니 갈 시간이 없었어요. 남산도 한 번도 올라가 보지 못했어요."

"오늘은 내가 서울 구경시켜줄게. 나도 처음에 서울 와서 친구들과 시내 몇 군데 다니고는 구경할 새가 없었어. 오늘 하루 즐겨 보자구."

버스는 1시간이 지나서야 서울역에 도착했다. 나는 가방을 여관에다 맡길 참이었다. 어젯밤 청자가 서울에 가서 잘 게 아니냐고 의미 있는 언질을 주었기 때문에 여관에 맡기자고 해도 될 것 같았다.

"여관을 정해놓고 나가자고, 가방도 맡기고."

청자는 그렇게 하자고 했다. 순순히 응해주고 있었다. 서울역 맞은편 골목에 들어서자 여관 골목이었다. 아침 일찍인데 여자들이 나와 호객행위를 하고 있었다. 지나가는 사람을 쉬었다 가라고 잡아끌고 있었다. 어딜 가나 창녀가 없는 곳이 없었다. 우리는 3층 건물인 여관으로 들어갔다. 주인에게 저녁에 와서 자겠다고 말하자 여관비를 받고 열쇠를 주었다.

"3층 305호실로 들어가세요." 말했다.

청자와 나는 305실을 찾아 들어갔다. 우선 옷장에 가방을 넣고 청자에게 말했다.

"우선 밥을 먹을까? 씻고 나갈까?" 물었다.

"씻고 나가요. 어젯밤 밖에서 밤을 새웠잖아요. 씻고 천천히 나가요. 아직 이른 아침인데…"

"응 알았어, 그렇게 하지."

"주병씨 먼저 씻어요."

"응 알았어, 나 먼저 씻을게."

내가 옷을 벗자 청자는 돌아서서 보지 않았다. 나는 창피는 했으나 모두 벗었다. 여자와 여관방에 오기는 처음이었다. 설레는 마음으로 욕실에 들어갔다. 욕실에 들어가 양치를 하고 머리도 감고 샤워기로 물을 뿌리고 비누칠해 몸을 깨끗하게 씻었다. 몸을 씻으며 청자의 육체를 상상해 보았다. 스무살의 날씬한 몸매가 선하게 눈앞에 아른거렸다. 어젯밤 나무 아래서 격정에 못 이겨 키스하면서 가슴도 만져보고 했으나 오늘은 여기가 여관이 아닌가? 상상만 해도 몸이 오싹해지고 있었다. 앞으로 전개될 첫 경험이 흥분이 되고 있었다. 세상에 여자와 여관에 오기는 난생처음이었다. 내 나이 23살 한창 젊음이 용솟음치는 혈기 왕성한 때였다. 어젯밤 처음으로 서로 마음이 통하여 여기까지 오게 되었다. 한 달 동안 일하면서 눈길을 주고받았던 다정한 사이였다. 다만 청자가 쫓겨나온 처지라 가슴이 아팠다. 나는 그런 일들을 생각하며 몸을 씻고 있었다. 알몸이 된 상태로 청자 앞에 다가서야 되었다. 용기가 필요했다. 부끄러워할 옛날 촌뜨기가 아니었다. 이제 나도 객지에 살면서 볼 것 못볼 것 다 보며 많은 경험을 쌓게 되었다. 여자 앞에서 부끄러워 얼굴을 들지 못했던 시절은 지난 것 같았다. 내가 욕실 문을 나가자 청자가 침대에서 이불을 덮어쓰고 있었다. 수건으로 앞을 가렸는데도 보지 않으려고 그러는 것 같았다.

"씻고 와, 더운물과 찬물이 시원하게 나와."

그래도 청자는 이불을 덮어쓰고 일어나지 않았다.
"부끄러워? 어젯밤도 우리는 한 몸이 되었잖아, 어서 씻고 와."
말하자 청자는 덮고 있던 이불을 내 앞에 밀었다. 덮고 있으라는 신호인 것 같았다. 내가 이불을 덮어쓰고 눕자 청자는 그제서야 옷을 벗고 욕실에 들어가고 있었다. 한참 동안 몸을 씻고 청자가 욕실에서 나왔다. 수건으로 앞만 가리고 있었다.
"옷을 입어요. 구경 나간다 했잖아요."
"조금 있다 나가, 아직 나가기는 이른 시간이야."
나는 벌떡 일어나 청자를 번쩍 들어 안아 청자를 이불이 있는 침대에 눕혔다. 청자가 부끄러운지 얼른 이불을 덮었다. 나도 이불 속으로 파고들었다. 청자가 웃으며 밀쳐 내고 있었다. 막상 좋으면서 튕기는 것 같았다. 그다음은 말이 필요 없었다. 행동으로 말하고 있었다. 이른 아침에 오래도록 간직했던 것들을 아낌없이 주고 받았다. 폭풍이 지나가고 둘이 껴안고 말이 없었다.
"후회하고 있어?"
내가 속삭여 물었다. 청자는 말이 없다가 일어나 나가자고 했다.
"일어나요. 배고파요."
우리는 일어나 옷을 입고 밖으로 나왔다. 맞은편에 중앙회관이라는 한식집 간판이 보였다. 문이 열려 있는 걸 보니 아침 식사를 하는 모양이었다. 우리는 그곳에서 불고기 백반으로 아침 식사를 했다. 아침 밥을 먹고 남산에 올라갔다가 내려와 창경원도 구경하고 종묘도 구경하고 궁궐을 둘러보고 영화도 한 편 보고 여관으로 돌아왔다. 여관에서 하룻밤을 자고 갈월동 직업 안내소로 갔다. 청자는 다시 일자리를 구해야 살 수 있었다. 나야 김포로 돌아가면 되었으나 청자는 취직을 해야 되었다. 그러나 그날은 일자리가 나오지 않았다. 어쩔 수 없이 헤어지게 되었다.

"청자, 내일이라도 취직되면 연락해. 나는 김포로 돌아가 계산할 것도 있으니까 김포로 가야 돼."하고 차비만 남겨놓고 남은 돈은 청자에게 주었다.

"나도 돈 있어요. 주병씨 돈 많이 썼잖아요, 취직하면 갚을게요."
청자는 그렇게 말하면서 돈을 받았다.
"꼭 전화해."
"취직하면 바로 연락할게요."

우리는 그렇게 헤어지게 되었다. 그러니까 이틀 밤을 청자와 보냈다. 내가 두 번째 총각 시절에 만난 여자였다. 첫사랑은 시골에서 술집 딸 옥자였으나 육체관계는 없었다. 청자가 유일한 첫 경험 여자였다. 청자와 헤어진 후 나는 다시 부대로 들어왔다. 그만둔다고 말했으나 지배인은 주인이 저녁에 부대에 들어온다고 끝나고 모두 기다리라고 했다는 것이다. 호랑이 할머니는 별명답게 목소리가 호탕하고 모든 일을 거침없이 시원시원하게 처리하는 능력이 있었다. 주인 할머니는 여간해서는 부대에 들어오지 않았지만 지배인이 사건이 있을 때만 보고하여 들어와 해결했다. 일과가 끝나고 부대 안에 업체 직원이 다 모이게 되었다. 장교구락부, 사병구락부, 하사관 식당, 당구장, 다방, 모든 업체 직원이 다 보였다. 회의가 시작되었다. 지배인이 한 달 동안 매출과 영업 이익이 얼마 얼마 되었다고 보고 했다. 그리고 이달에 종업원이 3명이 나가고 새로 들어왔다고 보고 했다. 일을 할 만하면 내쫓는 일이 번번이 일어나고 있다고 보고 하였다. 주인 할머니는 주방장에게 어떻게 종업원을 관리하기에 매달 사람이 나가고 들어오느냐 따지고 사입 담당에게도 질책이 쏟아졌다. 왜 사입 담당이 주방장이 있는데 제멋대로 사람을 때리고 내보내냐고 질책했다. 사입 담당 임 씨가 나서서 변명했다.

"날마다 자기 일은 제쳐두고 주방에 들어와 윤 씨 일을 도와주어

혼 좀 내고 내보내게 되었습니다." 분명히 홀 보는 종업원인데 주방에 들어온다고 말했다. 주인 할머니는 주방장은 뭐하고 사입 담당이 제멋대로 하게 했느냐 왜 사람을 함부로 때리게 하느냐 당장 사표 쓰라고 했다. 주방장은 대답을 못하고 있었다. 호랑이 할머니는 화가 날 대로 나 있었다. 불호령이 떨어지고 있었다.

"주방장과 사입 담당이 너무 오래 있었어. 총지배인 말도 잘 안 듣고 날마다 바쁜 시간에 시다 혼자 일을 시키고 놀다가 점심 배식 시간에 들어온다는 거 나는 다 알고 있어. 사람이 들어오면 잘 가르쳐서 쓸 생각은 하지 않고 제멋대로 해고 시키고 때리기까지 하다니 용납할 수가 없어. 둘 다 당장 그만둬."하고는 지배인에게 계산해 보내라고 했다. 할머니는 그래 놓고 나에 대한 얘기를 시작했다. 주방장이 할 일을 제쳐두고 놀러 다닌다고 들었다며 그동안 고생이 많았다고 칭찬했다. 일도 빨리 배우고 착실히 일한다고 들었다며 다음 달부터 월급을 1,500원 올려 준다고 했다. 그만 둔다고 얘기 들었다며 일한 만큼 대우를 해 줄테니 열심히 도와달라고 말했다. 주인 할머니가 그렇게 말하는데 간다고 말할 수가 없었다. 그래서 나는 그대로 남아 일을 할 수밖에 없었다. 주방장과 사입 담당도 옛날처럼 종업원들을 갈구지 않고 자기 일에 열심히 충실하게 하고 있었다. 호랑이 할머니에게 호되게 질책을 받고는 죽은 듯이 일하고 있었다. 나에게도 미안했다며 사과하고 사람이 달라진 것 같았다. 워낙 이곳에서 오래 있었던 사람들이라 내쫓지는 않았다. 그래서 종업원들도 분위기가 좋아졌고 직장이 화목한 분위기가 되었다. 한 달이 넘도록 청자에게는 소식이 없었다. 직장에서 청자 일로 잠시 수근대고 소문이 있었으나 차츰 잊혀지고 있었다. 그날 밤 둘이 밖에서 만나 뭘 했느냐고 여자 종업원들이 쑥덕대기도 했었다. 밤새도록 청자가 나를 만나고 잠자리에 들어가지 않아 그런 소문이 났던 것이다.

일자리 잡으면 꼭 연락하겠다고 다짐했으나 청자는 아무 연락이 없었다. 못 믿을 것은 여자의 마음이라더니 청자가 그런 사람이었다. 하룻밤 풋사랑인가? 여자의 마음은 갈대와 같다더니 애만 타게 하고 있었다. 그럭저럭 석 달이 지나고 있었다. 이제는 단념할 수밖에 없었다. 사나이 순정을 다 바쳐 사랑했는데 물거품이 되고 말았다. 시골에 가서 농사짓겠다면 따라가 살겠다고까지 했던 청자였다. 무슨 사고라도 나지 않았을까 청자 생각이 떠나지 않았다. 나는 점심시간이 끝나면 혼자서 장교 구락부 홀 옆에 정원에서 사색에 잠기곤 했다. 옛날 미군들이 잘 꾸며놓은 정원인데 온갖 나무와 꽃들이 심어져 있는 운치 좋은 정원이었다. 식당 홀도 미군들이 파티 장소로 사용했던 곳이라 시설이 아주 잘된 곳이었다. 잠시 휴식하기 좋은 장소였다. 벌써 가을이라 바람에 낙엽이 하나 둘씩 떨어지고 있었다. 넋 놓고 앉아 청자를 생각하고 있었다.

"왜 혼자 나와 계세요? 정원 좋네요."

새로 들어온 하사관식당 여종업원이었다. 내가 쳐다보자 생긋 웃었다. 아주 명랑하고 붙임성이 좋은 여자였다. 얼굴이 둥글고 항상 표정이 밝아 보였다. 큰 눈이 매력적이었다.

"여기 처음 들어와 봐? 하기야 들어온 지 며칠 되지 않았지?"

"네 처음 들어 왔어요. 나는 하사관식당에서 일하잖아요. 여기에 정원이 좋다고 해서 들어와 봤어요."

"그래, 여기 들어오자면 주방을 거쳐야 들어올 수 있지. 한 바퀴 돌아봐, 운치가 좋은 곳이야, 쉴 때는 아주 좋은 곳이야."

나는 여자에게 친절하게 대해 주었다. 일할 때는 소리도 지르고 야단도 치고 하지만 다정하게 대해 주었다. 주방 남자들은 대게 거칠어서 여종업원에게 따뜻하게 대해 주는 사람이 별로 없었다. 주방장은 꾸물대거나 말대꾸하면 불러서 심한 욕지거리도 해댔다. 같은 종업원끼리 험악한 곳이 주방이었다. 내가 일하는 주방은 남자가 5명이었다. 설거지 두 사람 청소 아저씨까지 5명이 일하고 있었다. 좋은 말로 해도 되는 것을 꼭 욕을 해대고 있었다. 그래서 여종업원들은 주방 사람을 좋게 보지 않았다. 그러나 요즘은 임 씨가 간섭을 별로 하지 않아 여자들이 좋아하고 있었다.

"구경 잘했어요. 아저씨 고마워요."

"고맙긴, 쉴 때는 언제든지 와서 쉬면 돼. 아가씨는 성씨가 김이라고 했지?"

"네 김연옥이에요."

"미스 김, 일이 힘들지 않아? 오늘이 며칠째지?"

"5일 일했어요. 처음 하는 일이라 힘이 들어요. 참 아저씨는 성씨가 뭐에요?"

"아저씨라고 부르지 말고 윤 씨 오빠라고 해, 내가 나이가 더 먹었으니까 오빠지."

"알았어요. 윤 씨 오빠"

"미스 김은 지금 몇 살이야?"

"스무 살이에요."

"나는 스물셋 세 살 차이니까 오빠지."

나는 미스 김과 인사를 나누었다. 미스 김은 활달하고 성품이 온화하면서 착해 보이고 매력이 있어 보였다. 일하면서 친해졌다. 나를 잘 따르고 오빠 오빠 부르면서 가까이하고 있었다. 한 달에 한 번 쉬는 날이었다. 오늘은 서울 직업 안내소에 한 번 찾아가서 청자가 취직을 했는지 알아볼 참이었다. 안내소에는 취직하면 기재가 되어 있기 때문에 알 수 있을 것 같았다. 청자와 헤어진 후 여자에 대한 그리움이 쌓이고 있었다. 남자를 알게 한 여자가 청자였기에 쉽게 잊혀지지 않았다. 외롭다는 생각이 마음속에 자리 잡고 있었다. 전에는 여자 얘기를 별로 하지 않았는데 근래에 와서는 잠자기 전에 당구장 인섭과 여자 얘기를 자주 하게 되었다. 당구장 인섭은 주방 밥모 아주머니를 좋아한다고 나에게 다리를 놓아 달라고 조르고 있었다. 밥모 아주머니는 서른이 다 된 여자였다. 한 번 결혼에 실패한 과부였다. 혼자 여자 종업원들과 후문 근처 방을 얻어준 곳에서 기거하고 있었다. 나와는 아주 친해 자기 과거 얘기도 털어놓고 허심탄회하게 얘기를 주고받는 사이였다. 마음씨가 착하고 어느 누구에게도 화를 내지 않는 심성이 고운 여자였다. 당구장 인섭은 꼭 밥모가 차려주는 밥을 먹고 당구장에서 일을 하고 있었다. 식사 때마다 만나 정이 들은 모양이었다. 인섭은 밥모가 마음에 끌리는데 용기가 없어 말을 못한다고 했다. 그래서 고백을 못하고 나에게 부탁한다고 했다.

"야 네가 직접 얘기해봐. 좋아한다고."

내가 말하자 그랬다가 거절당하면 어떻게 대할 수 있느냐고 고민하고 있었다. 인섭은 총각이었다. 나이도 밥모 보다 세 살이나 적었다. 한 번도 결혼을 안한 숫총각인데 과부를 좋아하고 있었다.

"나는 처녀 이런 것은 따지고 싶지 않아. 밥모처럼 마음씨 착하고 나를 위해주면 되지. 더 이상 바라지 않아. 나는 그 여자가 내 베필로 천생연분인 것 같아?"

인섭은 그렇게 말하고 내게 다리를 놓아 달라고 부탁하고 있었다. 나는 인섭에게 한 번 마음을 떠보겠다고 말하고 점심이 끝나고 다방에서 만나게 되었다. 밥모는 무슨 얘기인데 주방에서 먹으면 되는 커피를 다방까지 오느냐고 했다. 내가 일생에 제일 중요한 얘기라 말하고 다방까지 가게 되었다. 다방에서 둘이 마주 앉았다. 중신아비가 된 것이다.

"무슨 중요한 얘기인데 다방까지 와요? 해보세요."

밥모가 말했다. "당구장 인섭이 어때요?"

내가 당구장 인섭이 어떠냐고 운을 띄웠다. 밥모 아주머니는 인섭을 말하자 당황스러운 표정을 지었다. 직감적으로 내가 무슨 말을 하려는지 아는 것 같았다.

"좋은 사람이죠. 키도 크고 인물 좋고 마음씨까지 좋은 사람인데… 왜요?"

밥모는 정색을 하며 반문했다.

"인섭이 아주머니를 마음속으로 사모하고 있대요. 아주머니 같은 분하고 평생을 같이 하면 소원이 없을 것 같대요. 제가 그래서 아주머니 마음은 어떠한지 물어보는 거에요."

내가 이렇게 말하자 밥모 아주머니는 농담처럼 생각하고 의외라고 믿지 않았다.

"말도 안되는 소리에요. 그 사람이 왜 나 같은 사람을 좋아해요. 뭐가 모자라서, 인물 좋고 체격 좋고 마음씨까지 좋은 분이 나 같은 사람을 왜 좋아해요. 못들은 걸로 할게요."

하고는 자리에서 일어나려고 했다. 내가 다시 앉으라고 했다.

"인섭이 뭐라고 한 줄 아세요? 자기가 직접 하면 믿지 않을 것 같아 내게 부탁했어요. 소원이니 한 번이라도 만나 달라는 거에요. 한번 만나 보세요. 제가 보증할게요. 그 사람 변함없는 사람이에요."

나는 간곡하게 부탁했다. 그러자 밥모 아주머니는 생각해 보고 대답을 주겠다고 했다. 그 후 두 사람은 만나게 되었다. 몇 번 만나고 살림까지 차리게 되었다. 인섭이 살림을 차리자 나 혼자 휴게실 방에서 혼자 자게 되었다. 일과가 끝나면 인섭이 말동무가 되었는데 휴게실 공간에서 혼자 자고 있으니 외롭기 짝이 없었다. 공연히 밥모 아주머니를 소개해 주어 나만 외롭다고 인섭과 밥모 아주머니에게 투정하고 있었다. 애인을 하나 소개해 주던지 도저히 혼자 있기 외롭다고 밥모에게 농담 삼아 말했다. 그러자 밥모는 식당에서 일하는 아가씨들은 같이 잠을 자고 있어 아는데 쓸만한 여자들이 하나도 없다고 했다. 벌써 남자들이 몇 사람 거쳐 간 애들이라고 말했다. 돈 없는 남자는 빨리 정리하는 게 좋다고 저희들끼리 쑥덕대고 있다고 말했다. 요즘 여자들은 믿을만한 여자가 없다고 했다. 돈 없으면 차버린다고 했다고 말했다. 새로 온 미스 김은 아직 며칠 되지 않아 자세한 내막은 모르지만 사람은 진실된 것 같다고 말했다. 사람이 보는 눈은 같았다. 나도 미스 김은 사람 됨됨이가 착한 사람으로 보았다. 인간다운 면모가 있었다. 밥모는 미스 김 같은 여자와 사귀어 보라고 말했다. 쉬는 날이었다. 이곳에서는 정식으로 한 달에 쉬는 날이 한 번밖에 없었다. 특별히 볼 일이 있으면 거짓말까지 하면서 집에 누가 아프다고 혹 예식이 있다고 핑계 대고 쉬는 사람도 있었다. 나는 그런 거짓말까지 하면서 쉬고 싶지는 않았다. 오늘은 서울에 가서 동생들도 만나보고 사촌 누님도 만날 생각이었다. 공항 정문을 나와 서울 가는 버스에 올라탔다. 그곳에서 뜻밖에 하사관식당 미스 김을 만나게 되었다.

"미스 김 어디가?"

버스 안에서 만나 반가웠다. 동행이 있어 잘되었다고 느끼고 있었다.

"집에 가요, 윤 씨 오빠는 어디 가요?"

"서울 동생들을 만나고 오려고, 같이 앉아도 되지?"

"그럼요, 앉으세요."

미스 김은 창가로 다가앉으며 말했다.

"미스 김은 집이 서울이야?"

"아니요, 파주 광탄이에요."

"경기도 광탄 나도 가 본 적이 있는데…"

나는 사촌 형과 고물 장사할 때 가본 적이 있었다. 그곳에는 미군 부대도 있었다. 미스 김은 경상도 말씨를 쓰고 있어 고향이 경상도인 줄 알았는데 의외였다.

"나는 미스 김이 경상도 사람인 줄 알았는데 어떻게 광탄에 살아?"

"네 경상도가 고향인데 아버지 직장이 미군 부대라 2년 전에 이사 왔어요."

나는 미스 김과 얘기를 나누며 서울역까지 같이 오게 되었다. 서울역에서 헤어지게 되어 아쉬운 생각이 들었다. 시간이 된다면 점심이라도 같이하고 싶었다. 미스 김은 다시 광탄 가는 버스를 갈아타야 된다고 했다. 버스는 저녁때까지 있다고 말하면서 나에게 명동을 아느냐고 물었다.

"그럼 알지, 서울에서 한 2년 살았는데…"

"저녁 시간 차표 끊어놓고 우리 명동에 가봐요. 사람들이 서울에서 명동이 제일 사람이 많은 곳이라고 하던데 구경하고 싶어요."

그래서 우리는 명동에 가게 되었다. 우연일까 미스 김과 데이트를 하게 되었다. 우리는 남대문을 거쳐 명동까지 걸어가게 되었고 둘이서 나란히 걸으며 건물들을 연옥에게 설명해 주었다. 연옥은 내 손을 잡으며 말했다. 미스 김이 손을 잡자 갑자기 연인이나 된 것처럼 마음이 흐뭇했다.

"오빠는 어떻게 서울 곳곳을 잘 알아요? 시골에서 살았다면서."

"처음에 서울에 와서 많이 돌아다녔어, 일자리 구하기 위해 이곳저곳 많이 다녔지, 거의 일본 시대에 지은 건물들이야."

"서울역 시청 한국은행 산업은행 모두 일본식 건물이야, 중앙청도 그렇고 우리나라가 해방은 되었지만 다시 6·25전쟁이 터졌잖아, 그리고 4·19, 5·16 두 번이나 정권이 바뀌어 발전할 준비가 되지 못

한거야, 나는 옛날 시골 학교에서 급사로 일하다가 5·16혁명이 일어나 군사 정권에서 상이용사를 학교에 취직을 시켰어, 그래서 학교 일을 그만두고 서울에 온 거야. 서울에 오니까 일할 때가 없었어, 배고파 밥만 먹여주면 열심히 일하겠다고 해도 써주는 곳이 없었어, 노동일도 해보고 리어카 끌고 장사도 해보고 고생 많이 했지, 전방 지구까지 가서 고물 장사를 하다가 같이 일하던 사촌 형이 폭발사고로 죽었어, 식당도 몇 군데 다니다가 김포 부대까지 오게 된 거야."

나는 연옥에게 서울에서 지난 얘기를 대강 들려주었다. 우리는 미도파 조선호텔 시청 근처까지 갔다가 명동으로 돌아왔다.

"오빠도 고생 많이 했네. 학교에 있었으면 좋았을텐데."

"지금까지 학교에 있었으면 돈을 많이 벌었겠지, 선생들과 똑같은 월급을 주화 삼만 환 받고 일을 했거든, 지금으로 따지면 삼천 원이야, 그런데 처음에는 부대에서 오백 원을 받았어, 지금은 조금 올라갔지만."

명동까지 걸어왔다. 다리도 아프고 어디 가서 점심이나 먹자고 했다.

"명동은 진짜 사람이 많네요."

"젊은 사람들이 많이 다니고 항상 사람들로 북적대는 곳이야."

식당을 찾고 있는데 한일관이 눈에 띄었다. 옛날 고향 친구 영선이가 서울에서 유명한 식당이라고 말한 적이 있었다.

우리는 한일관으로 들어갔다. 처음 와보는 식당이었다. 서울에서 조금 살았지만 한 번도 와보지 못했다. 식당에 들어서자 넓은 홀이 사람들로 가득 차 있었다. 빈자리를 찾아 앉았다.

"이런 곳은 비쌀텐데 이런 데를 와요, 간단하게 먹으면 될 것을."

"얼마나 비싸겠어, 걱정마 점심 먹을 돈은 있으니까."

아가씨가 주문을 받았다. 불고기 2인분, 냉면 두 그릇을 시켰다. 연옥은 냉면만 시키지 왜 불고기는 시키냐고 부담스럽다고 했다. 자기도 월급 타면 한 턱 내겠다고 말했다. 조금 후에 불고기가 나오고 냉면도 곧이어 나왔다.

"누가 그러는데 냉면은 겨울에 먹어야 제맛이 난대, 그래서 냉면을 시킨거야. 공기밥도 시킬까?"

"됐어요. 냉면만 먹어요. 저는 냉면 처음 먹어봐요."

연옥은 냉면은 처음 먹어 본다고 했다.

"고마워요 윤 씨 오빠!"

"그냥 윤 씨 빼고 오빠라고 해."

"그럴까요? 오빠!"

"기분 좋은데 오빠 소리 들으니까"

"여동생이 없어요?"

"왜, 셋이나 있어, 육 남매야 내가 맏이 밑으로 남동생 둘 그 밑으로 모두 여동생이야."

"형제가 참 많네요, 저는 남동생 하나뿐이에요."

가족 얘기도 하게 되었다. 냉면까지 다 먹고 식당을 나오게 되었다. 연옥은 오빠 때문에 여기 저기 구경도 잘하고 점심도 맛있게 먹었다며 고마워 어쩔 줄 몰라 했다. 내가 서울역까지 바래다 주겠다고 말했다. 연옥은 혼자 가도 되는데 고맙다고 했다. 우리는 걸어가기로 했다. 날씨는 추웠지만 둘이 걸으니까 추운 줄도 몰랐다. 건널목에 신호가 들어왔다. 파란불이었다. 연옥이 급히 건너려고 하다가 인도턱에 발을 헛디뎌 넘어지고 말았다. 내가 급히 일으켜 세웠다.

"괜찮아?"

내가 어깨를 껴안아 일으켜 세우자 연옥은 걸으려고 하고 있었다. 그런데 발목을 삐었는지 한쪽 발을 절뚝거리며 길을 건넜다. 아마 발목을 접질러 삔 것 같았다. 걸으려고 하다가 다리가 아파 죽겠다고 했다. 큰일이 아닐 수가 없었다.

"많이 아파? 어떻게 하지? 병원에 가볼까?"

"조금 있다 걸어 볼게요."

연옥은 인도에 주저앉으며 말했다. 연옥은 나의 어깨에 기대어 숨을 고르고 있었다.

"조금 이따가 걸어봐. 아무래도 근육이 놀란 모양이야."

그런데 다시 걸어 보려고 했지만 아파서 걸을 수 없다고 했다. 근처에 병원이 있나 찾아보았으나 병원이 보이지 않았다. 서울역 근방에나 가야 있을 것 같았다. 역전으로 가기 위해 택시를 잡았다. 연옥을 부축하여 택시를 타고 서울역으로 향했다.

"기사 아저씨, 발목이 삐어 걷지를 못하는데 병원이 있는 곳까지 데려다주세요."

기사는 알았다고 서울역 근처 한의원 앞에 세워 주었다. 한의원에 들어가자 의사가 발목을 삐었다며 침과 찜질을 해주었다. 한 시간이 넘게 치료를 받고 나왔다. 연옥을 부축해 시외버스터미널로 가서 연옥을 차에 태워주고 헤어지게 되었다. 조금만 늦었으면 끊어 놓은 차를 놓칠 뻔했다.

"내일 못 오겠네. 쉬었다가 낫거든 와, 내가 지배인에게 얘기 할 테니까"

"미안해요 오빠, 나 땜에 고생만 하고 돈도 많이 쓰고…"

연옥은 미안하다는 말만 되풀이하고 있었다. 그렇게 명랑했던 모습은 사라지고 울상을 하고 있었다.

"괜찮아, 돈이야 벌면 되는거고 가서 빨리 낫기나 해서 돌아와"

손을 잡고 힘을 실어 주었다.

광탄행 시외버스는 떠나고 있었다. 손을 흔들며 배웅해 주었다. 빨리 쾌차해서 밝은 모습을 보고 싶었다. 나는 동생도 만나보고 청계천 사촌 누님도 만나 얘기하다가 저녁을 먹고 김포로 오게 되었다. 사촌 매형은 아직도 내가 물려준 고물 장사를 하고 있었다. 내가 전방 지구에 가느라고 서울서 했던 고물 장사를 매형에게 물려줬던 것이다. 항상 나에게 고마워하고 있었다. 나도 서울에 처음 왔을 때 누님 집에서 신세를 많이 지고 살았다. 없이 살아도 누님이나 매형이 마음은 항상 따뜻하게 대해 주어 아직도 잊지 못하고 있다. 조카도 이제 세 살이 되어 귀여움을 독차지하고 있었다. 부대 안에 안식처인 휴게 공간에서 잠을 자려고 눈을 감았으나 낮에 있었던 일과 연옥의 생각과 청계천 누님 사는 모습이 눈앞에 아른거리고 있었다. 지배인에게 발목이 삐어 내일 못 올거라 말은 했지만 다시 올 수 있을지 걱정이 되었다. 외로움에 빠져 있는 나에게 연옥은 한줄기 빛이 되어 주고 있었다. 연옥이라면 마음을 주고 사랑하고 싶은 여자였다. 옥자 청자 모두 상처만 주었던 여자지만 연옥은 그렇지 않을 것 같았다. 마음이 천사 같고 생각하는 마음도 큰 울림을 주고 있었다. 밤새도록 연옥의 밝은 모습이 잠을 이루지 못하게 환상에 나타나고 있었다. 외로움 탓일까? 내 마음이 예전과 같지 않았다. 여자를 모르고 살았는데 애정이란걸 알고부터 여자에 대한 그리움이 떠나지 않았다. 총각 시절에 누구나 겪고 사는 일이겠지만 나는 사랑에 목말라 있는 것 같았다. 나는 잠이 오지 않아 일어나 당구장 인섭이 있는 곳으로 찾아갔다. 인섭은 밤늦게까지 당구장에서 일하고 있었다.

"서울 갔다 언제 왔어?"
"9시경에 왔는데 잠이 와야지 그래서 나온 거야."
"잘됐다. 나도 그만 문 닫고 가려는 참이야. 옛날처럼 휴게실에서 술 한잔하자."

인섭은 식당으로 가자고 했다. 인섭은 밥모 아주머니와 살림을 차리고부터는 딴사람이 되었다. 그렇게 술도 좋아했는데 술도 먹지 않고 일이 끝나면 부대에서 밥만 먹고 집에 가기 바빴다. 술 한잔하자 해도 마누라 기다린다고 빨리 가고 있었다. 인섭이 부러웠다. 사랑의 힘이 그렇게 대단한 것인가 생각이 되었다. 식당에 들어와 주방에서 안주와 막걸리 한 주전자 퍼가지고 휴게 공간 잠자리로 가지고 와 인섭과 마주 앉았다. 대접에다 한 잔씩 따랐다.

"인섭이 많이 변했다. 술도 안 먹고 술보다 여자가 더 좋으냐?"
"그래, 너도 빨리 여자 하나 구해 장가들어, 여자 있으면 자연히 술을 덜 먹게 돼. 혼자가 아니고 둘이잖아, 돈도 덜 쓰게 되고"
"그새 여자한테 꽉 잡혔구나, 그렇다고 식당에 오면 이렇게 공짜로 먹는데 한 번도 오지 않니?"
"너 생각해서 그런거야, 내가 찾아오면 너는 술을 너무 많이 먹어, 혼자서는 덜 먹잖아, 이제 술 좀 줄여, 정신 좀 차리고, 청잔가 그 애는 깨끗이 잊어버려"

인섭은 청자를 잊으라고 했다.

"지금은 다 잊었어, 참 오늘 연옥이와 같이 서울에 갔었어, 버스에서 만나서"
"그 애 참 속이 깊은 애야, 집사람도 연옥은 참으로 쓸만한 처녀라고 했어."

인섭은 자기 아내도 연옥이 칭찬을 많이 한다고 잘 사귀어 보라고 했다. 인섭과 술 한잔하면서 연옥과 있었던 일들을 얘기해 주었다. 빨리 나아서 와야 되는데 인섭도 걱정하고 있었다. 연옥은 하루가 지나고 이틀이 지나도 오지 않았다. 그때는 전화도 없어 연락도 할 수 없었다. 식당보다도 내가 더 궁금해 미칠 지경이었다.

짝사랑

1

　연옥이 오늘은 오겠지 기다렸으나 오늘도 오지 않았다. 나는 걱정이 되어 조바심이 나고 있었다. 일도 손에 잡히지 않았다. 나를 만나지 않았다면 그런 일도 없었을 터인데 나 때문인 것 같았다. 발목이 다시 도진 게 아닌가? 영영 못 오는 게 아닌가 걱정이 아닐 수 없었다.

　지배인은 오늘까지 오지 않으면 사람을 구한다고 했다. 이틀을 기다리고 3일째 되는 날 나는 새벽같이 일찍 일어나 주방에서 직원들이 출근하기 전에 일을 하고 있었다. 언제나 나는 습관이 되어 일찍 일을 시작했다. 어차피 내가 할 일 먼저하고 있었다. 주방장이 그래서 나를 신임하고 있었다.

　9시면 모두 출근 시간이었다. 나만 식당에서 잠을 자기 때문에 일을 더 많이 하게 되었다. 그래서 월급도 올려 준 것 같았다. 호랑이 할머니는 개성 사람이었다. 사람들은 개성 깍쟁이라고 수근대기도 했다. 종업원들은 다른 데보다 월급을 적게 준다고 불만이 많았다. 그런데 나만 오 원에서 천 원을 올려줘 파격적이었다. 그래서 나도 열심히 하는 것이다. 야채도 썰고 칼질할 것을 모두 썰어 놓았다. 시계는 8시가 지나고 있었다. 8시면 부대 통근버스가 들어오는 시간이다. 20분마다 통근버스가 다니고 있었다. 식당 밖으로 나와 연옥이 오는가 살펴보았으나 보이지 않았다.

　담배만 한 대 피우고 다시 일을 시작하려는데 갑자기 연옥이 나타났다.

"윤 씨 오빠! 많이 기다렸지요?"
"그래, 다리는 괜찮아? 많이 걱정했는데 조금 전에 밖에 나갔다 들어왔어, 혹시 올까 하고… 다행이다."
"저도 집에 있으면서 오빠 생각 많이 했어요. 나 때문에 고생도 많이 하고 돈도 많이 썼잖아요. 엄마가 하루 더 쉬고 가라는 걸 걱정돼서 왔어요."
"잘 왔어, 지배인이 오늘까지 안 오면 사람 구하겠다고 했는데, 참 그날은 걷지도 못했는데 일할 수 있겠어?"
"아직 아픈데 해봐야지요. 이거 양담배 아버지가 오빠 갖다 주라고 줬어요. 고맙다고 전해주래요."
 미스 김은 양담배 두 갑을 내놓으며 아버지가 줬다고 말했다. 병원까지 데려가 치료해주고 고맙다고 전해라 했다는 것이다. 나는 그 말에 흐뭇했다. 미스 김 아버지까지 인사를 받아 더욱 친근감을 느낄 수 있었다.
"숙소에 가서 옷 갈아입고 동료들과 출근할게요. 지배인 일어나면 왔다고 전해요. 오빠 먼저 만나려고 숙소로 가려다가 왔어요."
"그래 알았어! 와줘서 너무 고맙다!"
 미스 김은 옷을 갈아입기 위해 숙소로 가고 있었다. 조금 후에 동료들과 같이 출근하여 일하게 되었다. 미스 김은 쉬는 날 만난 일을 동료들에게 비밀로 하자고 했다. 공연이 이러쿵저러쿵 화제거리 만들고 싶지 않다고 했다.
 여자들은 남의 말 하기 좋아해서 서울에서 단둘이 만났다고 하면 쓸데없는 소문만 퍼트린다고 했다.
 연옥과 서울에서 만난 후 우리는 급속도로 친해졌다. 쉬는 날은 밖에서 영화도 보고 차도 마시고 식사도 같이 하고 친밀한 관계를 유지하고 있었다. 가족 얘기도 하게 되었다. 연옥은 본래 대구 달

성동이 고향인데 아버지가 미군 부대 다니면서 친구 빚보증을 잘못 서주는 바람에 집도 팔아먹고 가정이 파탄이 났다고 말했다. 연옥은 고등학교 2학년까지 다니다 중퇴했다고 말했다.

아버지 직장을 따라 이동하는 바람에 파주 광탄까지 오게 되었다고 했다. 남동생이 하나 있는데 지금 중학교에 다닌다고 했다. 어머니는 살림이 거덜 나고 병을 얻어 몸이 약해 일을 못 한다고 했다. 연옥이 그래서 돈을 벌어보려고 서울에 와서 직업 안내소를 찾았는데 김포까지 오게 되었다고 했다. 처음으로 직장을 구한 곳이 식당이라고 했다. 별다른 기술도 없고 제일 일자리 구하기 쉬운 곳이 식당이었다고 말했다. 자신은 교회에 다니며 마음을 다스리고 있다고 했다. 새벽같이 후문 근처 교회에 나가 예배하고 출근하고 있다고 했다. 나에게도 교회에 다니면 좋겠다고 말했다. 내가 여기 오기 전 사이비 종교에 빠진 적이 있어 교회는 실망했다고 지금은 교회에 나갈 마음이 없다고 했다.

하느님이 간절히 원해지면 그때 생각해 보겠다고 했다. 연옥은 금방 설득해 다닐 사람이 아니라는 걸 느꼈는지 그 후로는 교회에 나가자고 하지 않았다.

내가 사이비 종교에 빠졌던 얘기를 듣고 그런 사이비 종교가 있다는 걸 알고 있었다. 그런 곳은 일부분이지 모두 다 그런 곳은 아니라며 설득을 해 보려 했지만 내가 단호하게 거절하자 더 이상 교회 얘기는 꺼내지 않았다.

봄이 왔다. 내가 부대에 와서 두 번째 봄을 맞이하고 있었다. 부대 식당 밖에만 나가면 들판이 모두 논이었다.

이곳 공군 비행단은 김포공항 제일 끝자락에 있었다. 비행장도 논을 메꾸어 만든 것 같았다.

모내기가 한창이었다. 그때는 모를 심는 이양기가 없어 일일이 사람 손으로 모를 심고 있었다. 넓은 들판이 하나씩 모를 심어 파랗게 메꾸어지고 있었다, 서울에 처음 왔을 때 일자리가 없어 지금의 부천시 소사에서 모내기를 한 적이 있었다.

멍하니 들판을 바라보며 살아온 세월을 회상하고 있었다. 한가하게 밖에 나와 모심는 광경을 바라보니 고향 생각도 나고 부모님, 동생들도 보고 싶었다. 나 때문에 항상 걱정만 하시며 사시는 부모님을 생각하면 눈시울이 붉어지기도 했다. 객지 생활 몇 년째 방황하고 사는 나를 항상 걱정하셨다. 이제껏 돈 한 푼 모으지 못하고 헤매고만 살아왔다. 나아갈 꿈이 없었다.

"오빠 무얼 그렇게 골똘히 생각하고 있어요?"

미스 김이 식당 앞 마당에서 자전거를 타고 있다가 내 곁에 와서 말했다.

"모심는 사람들 구경하고 있었어, 나도 농촌 출신이라 저렇게 일하고 있는 사람들 보면 고향 생각이 나, 부모님 생각도 나고 모내기는 다 했는지 걱정도 되고…"

"엊그제까지만 해도 모내기 안 한 논이 많았는데 벌써 논들이 파랗게 됐어요. 이 넓은 들판이 다 메꾸어졌어요. 사람의 힘이 참 대단하죠?"

미스 김도 들판을 바라보며 말했다.

"저기 강처럼 보이는 곳이 데부둑이라는 곳이야, 길이가 엄청 길어 강물같이 흐르고 있어, 그 물로 이 넓은 평야의 논에 물을 공급하는 젖줄이야!" 말하자 연옥은 가보고 싶다고 했다.

"오빠 우리 오늘 일 끝나고 저곳에 가봐요, 데부둑인가 강인가 가보고 싶네요."

"저녁에 같이 가자, 데이트도 하고 걷다가 오자, 가끔 바람도 쐬야지 식당에만 있으니까 사는 게 재미가 없어."

연옥과 밖에 나가기로 약속했다.

저녁 시간은 정신없이 바빴다. 여기저기서 막걸리 더 가져오라고 소리치고 정신이 없었다. 양쪽 장교 구락부 하사관식당이 손님으로 가득 차 있었다.

오징어튀김 술안주도 튀기기가 무섭게 팔려나갔다. 제육볶음 마른안주도 쉴새 없이 나가고 있었다. 저녁 시간은 모두 술손님이었다. 이곳처럼 군인들이 술을 많이 먹는 곳은 없을 것 같았다. 여기는 부대가 아니라 사회 어느 술집보다도 술손님이 많았다. 저녁 9시까지는 홀에서 주방에서 정신없이 바빴다.

장교들은 장교 구락부에서, 하사관은 하사관식당에서, 사병들은 사병 구락부에서 밤마다 많은 매상을 올려 주고 있었다. 10시가 되어 조용해졌다. 10시면 문을 닫는 시간이었다.

군인도 종업원도 모두 집으로 갈 시간이었다. 부대 식당에 남아 있는 사람은 지배인과 나뿐이었다. 내가 대강 씻고 옷을 갈아입고 나오자 지배인이 물었다.

"어디 나가게?"

"바람 좀 쐬고 들어오려고요. 혼자 있으니까 심심해 죽겠어요. 인섭이가 있을 때는 술이라도 같이 한잔했는데 지배인님은 술도 못 마시잖아요."

"하기야 젊은 사람이 외롭기는 하지, 늦지 않게 들어와, 밤새우지 말고."

식당 밖으로 나왔다. 연옥이 눈짓하고 나갔기 때문에 식당 밖에서 기다릴 것 같았다. 재빨리 후문 쪽으로 뛰어나갔다.

검문소 못 가서 연옥이가 서서 기다리고 있었다.

"동료들은 먼저 갔어?"

"정문 밖에 나갔다 온다고 먼저 가라고 했어요. 우리가 만나는 걸 알면 또 말이 번질 것 아니에요. 구설수에 오르내리는 것 좋지 않아요."

검문소에 도착했다. 보초병이 거수경례를 하고 있었다. 쫄병이라 항상 밤에 찾아와 김치 좀 달라고 했던 병사였다.

"수고하네, 나갔다 올게."

"다녀오십시오." 또 경례를 하고 있었다. 헌병들은 주방과 내무반이 바로 이웃이라 모르는 사람이 없었다. 밤에는 기합을 받느라고 빳다를 치는 소리도 들렸다. 헌병들이 군기가 더 엄한 것 같았다. 나는 군대는 안 갔지만 부대에서 살아 군 생활을 잘 알 수 있었다.

후문을 나서자 연옥이 팔짱을 끼었다. 싫지가 않았다. 연인 사이라면 얼마나 좋을까 생각되었다. 연옥은 이성을 떠나 나를 오빠같이 생각하고 있는 것 같았다.

"누가 보면 애인인 줄 알겠네." 내가 연옥의 손을 잡으며 말했다.

"주병씨 보면 내 큰오빠 같이 느껴져요, 나는 오빠는 없지만 오빠 같아요, 저에게 오빠가 되어주세요."

나는 묵묵히 걷다가 말했다. 연옥이 내가 엉뚱한 생각을 품는 것 같아 미리 차단하는 것 같았다. 오빠가 되어달라는 말이 그렇게 들렸다.

"오빠처럼 애인처럼 지내면 되지." 했다.

어느덧 데부둑에 도착했다. 둑 안에는 검붉은 물이 달빛에 반사되어 반짝반짝 흐르고 있었다. 농번기철이라 많은 물이 흘러가고 있었다. 저 멀리 한쪽에는 전깃불이 훤하게 번쩍이고 있었는데 그곳이 김포 시내인 것 같았다.

"물이 강처럼 많이 흘러가네요."

"농사철이라 그래, 겨울에는 물이 많지 않아."

"겨울에도 와 봤어요?"

"혼자 걸어봤지, 어스름 달밤에 고독을 삼키려고 쓸쓸히 걸어봤어."

"낭만적이네요. 고독은 아닐테고 연애해 봤어요?"

연옥은 연애해봤냐고 물었다.

"식당에 여자들 많은데 사귀어 보지 그래요?"

연옥은 내 마음을 떠보는 것 같았다.

"따르는 여자가 있어야지, 나는 여자 복이 없는가 봐!"

"거짓말! 작년에 연애하다가 여자가 쫓겨났다고 그러던데.…"

"누가 그래?"

"다들 그러대요, 미스 홍이 오빠하고 연애하다 쫓겨났다고."

연옥은 미스 홍 얘기를 하고 있었다. 여자들이 같이 잠자면서 그런 얘기도 한 것 같았다.

"연옥이 오기 전이야, 주방장이 날마다 농땡이 치는 바람에 내가 혼자 바빠서 쩔쩔매는데 미스 홍이 주방에 들어와 일을 많이 도와줬어, 그런데 사입 담당 임 씨가 주방에서 일한다고 따귀를 때리고 지배인에게 얘기해서 내쫓았어, 나 때문에 그런 일이 생겨 내가 미안해서 미스 홍을 위로해 주었지, 밖에서 만나고 들어온 게 전부야, 그날 밤 미스 홍이 숙소에서 자지 않았다고 나와 무슨 일이 있었다고 소문이 났던 거야, 그것뿐이야.…"

나는 그렇게 둘러냈다. 연옥에게 숨기고 싶었다.

사실 청자와 이틀 밤을 보냈으나 연옥에게 더 이상 말할 수가 없었다.

연옥은 내 얘기를 다 듣고는 고개를 끄덕였다. 둘이는 한참을 걷다가 수문이 있는 시멘트 난간에 걸터앉아 얘기를 나누었다. 하늘에 수많은 별들이 반짝이고 있었다. 달도 어느새 동쪽 하늘에서 따라와 머리 위에 있었다.

"오빠 이제 그만 들어가요, 1시간은 넘게 걸은 것 같아요."

"그래 들어가지, 오늘 연옥과 산책을 나와 즐거웠어, 둘이 있을 땐 내 이름을 불러줘, 오빠라고 부르지 말고."

"그럴게요, 주병씨, 그만 갑시다."

연옥은 이름을 부르며 흡족해하고 있었다.

연옥은 일어서자 다시 팔짱을 끼었다. 달빛에 연옥의 얼굴이 환하게 드러나고 있었다. 볼수록 매력이 넘치고 내 마음을 흔들어 놓고 있었다.

"이제 다음 쉬는 날 만날까? 직장에서 매일 보지만 연옥이와 같이 있고 싶어."

"큰일 났네, 나도 그런데, 집에 안 가게 되면 만나요."

연옥은 흔쾌히 승낙했다. 서로가 만나면 즐겁고 애정이 싹트고 있었다. 검문소를 나와 연옥은 숙소로 나는 부대로 헤어져 들어왔다. 지배인은 그때까지 자지 않고 장부를 정리하고 있었다.

휴게실 방에 들어와 잠자리에 누웠으나 잠이 오지 않았다. 연옥의 체온이 남아있는 것처럼 느껴졌다.

한동안 잠잠했던 주방장과 사입 담당 임 씨가 본색을 드러내기 시작했다. 공연이 종업원들에게 트집을 잡고 욕지거리를 해 대고 있었다.

"언제부터 장교 구락부가 개판이 되었어! 계집년들은 연애질이나 하고 과부는 살림 차려 나가질 않나 똥갈보 같은 년들! 식당이 연애 장소야?"

주방장과 임 씨가 어디서 술을 잔뜩 퍼마시고 들어와 누구 들으라고 하는지 큰 소리로 소리치고 있었다.

이들은 제 위에 사람이 없는 것처럼 안하무인 격이었다. 누구 하나 제지하지 못하고 있으니까 그들이 개판을 치고 있었다. 사람 같지가 않아 종업원들은 상대를 안 하니까 더욱 기고만장이었다.

어디 가나 직장에 그런 사람들이 하나씩 끼어있었다. 그런 사람 때문에 피해를 보는 것은 힘이 약한 사람들이었다.

나는 그런 걸 볼 때마다 분통이 터졌다. 그들을 제지할 만한 위치도 아니고 참아내고 있었다.

주방장은 이제는 나에게 맡겨 놓고 제멋대로였다. 무엇무엇 하라고 지시해놓고 자기는 손 하나 까딱하지 않고 자리를 비우고 있었다. 자기 분야가 할 일이 정해져 있는데 고달픈 것은 나뿐이었다.

새벽부터 일어나 준비해도 점심시간까지 눈 코 뜰새 없이 바빴다. 말이 3~400명이지 그 사람들이 먹을 음식을 준비하려면 하루하루가 고역이었다. 물론 나 혼자 하는 것은 아니지만 최고 책임자인 주방장의 빈자리는 감당하기 힘들었다.

오늘 메뉴는 백반과 볶음밥, 중국 음식 짜장면이었다. 큰 다라에 프라이팬으로 밥을 볶아 한 다라 해 놓고 우동 국수도 삶아서 사리쳐 놓았다. 짜장만 볶으면 되었다. 백반은 주방 아주머니들이 하고 있었다. 설거지들도 밑에서 거들어 주었다. 모든 준비가 끝났는데 백반에 나갈 국만 끓이지 못했다. 주방장은 12시가 다 되었는데도 들어오지 않았다. 언제나 배식 전에는 들어와 음식이 다 됐는지 점검했는데 오늘따라 들어오지 않았다. 백반에 나갈 국을 끓여야 하는데 주방장이 지시를 안 하고 나가 무슨 국을 끓여야 되는지 난감했다.

지배인에게 주방장이 어디 있나 찾아보라고 했다. 무슨 국을 끓일지 지시를 하지 않아 못하고 있다고 했다. 그러자 지배인은 시간 다 됐는데 알아서 끓이라고 했다. 그래서 나는 빠른 미역국을 끓이기로 하고 큰 들통에 한솥을 부랴부랴 끓여놓았다. 소고기도 조금 썰어 넣어 맛있게 끓였다. 족히 300명분은 되었다.

11시 50분부터 배식이 시작되었다. 홀에서 주문 전표가 들어오는 대로 퍼주면 되었다. 볶음밥, 짜장, 백반, 설거지까지 합심하여 척척 음식이 나가고 있었다. 12시가 조금 넘자 그제서야 주방장이 주방으로 들어오고 있었다. 무슨 일이 있었는지 표정이 밝아 보이지 않았다.

주방을 둘러보고는 나에게 말했다.

"누가 미역국을 끓이라 했어?"

시간은 다 되고 무슨 국을 끓이라고 지시하지 않아 급해서 미역국을 끓였다고 대답했다. 그러자 주방장은 설거지 두 사람을 불러 끓여놓은 커다란 국솥 들통을 들라고 했다. 둘이 들어도 간신히 들 수 있는 큰 통이었다. 둘이 번쩍 들자

"하수도에 쏟아버려!"

그 많은 국을 쏟아 버리라고 했다.

그 순간 나는 이성을 잃었다. 사람이 어떻게 그럴 수 있을까 눈에 아무것도 보이지 않았다. 홀에서는 왜 밥만 주고 국은 안 주느냐고 야단이었다. 부모벌되는 사람이었지만 주방장이고 나이고 보이지 않았다.

"당신이 사람이야? 그 많은 음식을 쏟아 버리게!"

내가 주방장 멱살을 잡고 하수구로 끌고 갔다.

"당신도 하수구에 처박아 버릴거야!"하고는 하수구에 처박았다. 지배인이 뜯어말리지 않았다면 그냥 밟아 버릴 기세였다. 지배인과 주방 식구들이 나를 붙들고 말리는 사이 주방장은 일어나 주방 밖으로 도망가 버렸다. 홀에서 장교들과 하사관들이 주방으로 몰려왔다. 사건 전말을 알고는 당장 그 자식 해고시키라 하고들 말했다. 그날은 손님들이 국 없이 밥을 먹게 되었다. 미안하여 계란후라이 하나씩 해주게 되었다. 주방 식구들이 후라이 300개 넘게 하느라고

진땀을 빼게 되었다.

　가까스로 점심 배식이 끝났다. 나는 그때까지 분이 풀리지 않았다. 아무리 주방장이 책임자지만 그렇게까지 할 줄은 꿈에도 몰랐다. 40이 넘은 아버지뻘이지만 용서가 되지 않았다.

　"당신 같은 사람이 무슨 책임자야! 주방장이 독불장군이야?"

　마음속으로 욕을 하며 분을 삭히고 있었다. 주방 막걸리 통으로 가 큰 대접으로 한 대접 퍼서 꿀꺽꿀꺽 마셔버렸다. 괴로울 때는 술보다 더 좋은 약이 없었다. 분명 주방장이 사업 담당 임 씨를 데려와 한바탕 소동을 일으킬 게 뻔했다. 나도 그들과 다시 부딪칠 수밖에 없었다. 죽기 아니면 싸우다 맞아 죽는 한이 있더라도 맞설 생각이었다. 나도 젊은 혈기가 왕성한 편이었다.

　아니나 다를까 점심시간이 끝나고 사업 담당 임 씨가 들어와 있는 대로 우거지 인상을 쓰면서 나를 보고 밖으로 나오라고 했다. 주방에서는 싸우기 그렇고 밖에서 한 판 붙자는 것이었다.

　"기다리고 있었어, 나가자!"

　임 씨를 뒤따라 나갔다. 주방 식구들도 홀 아가씨들도 따라 나오고 있었다. 모두가 나의 응원군이었다. 이들 두 사람을 좋아하는 종업원은 한 사람도 없었다. 내가 이기기를 바라고 있었다. 식당 마당 끝까지 따라 나왔다.

　마당 끝에는 5~6m 아래 논이었다. 경사가 가파른 곳이었다.

　임 씨가 돌아섰다. 거리가 2m 간격이었다.

　"야! 이 새끼! 간댕이가 부었어! 주방장을 하수구에 처박아?"

　주먹을 날리려다 갑자기 발길이 먼저 들어왔다. 얼마 전에도 주먹을 날렸으나 내가 잡아버리자 기가 죽어 있었다. 나는 발길을 피하지 않았다. 그리고 발목을 잡았다. 한쪽 발로 뒷걸음치고 있었다. 그대로 밀고 가다가 가파른 마당 끝까지 몰았다. 발을 놓으면서 거리를 좁히고 그대로 헤딩을 해버렸다. 헤딩 한 방에 얼굴을 맞고 벼랑 끝 밑으로 굴러떨어져 논에 처박히고 있었다. 그러자 구경 나왔던 주방 식구들과 아가씨들이 손뼉을 치며 좋아했다.

"윤 씨 오빠가 이겼어!"

연옥도 좋아서 어쩔 줄 몰라 했다.

환호성이 터졌다. 임 씨한테 꼼짝 못 하고 당할 줄만 알았는데 이기자 승리감에 기뻐하고 있었다. 든든한 응원군이 있어 내가 힘을 발휘한 것 같았다.

임 씨가 논에서 흙투성이가 되어 언덕을 기어 오고 있었다. 무성한 풀을 잡으면서 기어오르고 있었다. 아직 승부는 끝나지 않았다. 거의 마당까지 올랐을 때 내가 말했다.

"한 번 더 처박아 줄까? 발길 한 방이면 다시 나가떨어져!" 그러자 임 씨가 고개를 절레절레 흔들며 말했다.

"내가 잘못했다. 항복한다." 말했다.

내가 손을 내밀어 잡아주었다. 마당까지 올라왔다.

"미안하다. 우리는 한솥밥 먹는 식구들이야! 서로 적을 두고 살면 되겠니?"

내가 미안하다 말하자 임 씨는 내 손을 잡으며 그동안 잘못했다고 사과했다.

"주방장 아저씨 지금 어디 있니? 만나서 잘못했다고 용서를 빌어야겠다."말하자 임 씨는 사병 구락부에 있다고 했다. 같이 사병 구락부에 가자고 했다. 그러자 지켜보던 종업원들이 박수를 쳐주었다.

서로 화해하고 다정한 모습이 좋았던 모양이었다. 나는 사병 구락부에 찾아가 주방장에게 잠시 이성을 잃어 그랬다고 용서를 빌었다. 주방장도 자기 잘못이라며 사과하고 용서해 주었다. 그래서 주방장과 임 씨, 나 모두 친하게 지내게 되었다. 그런데 주방장은 나와 같이 일하는 게 불편하고 종업원들에게도 체면이 서지 않는지 사병 식당에 가서 일하겠다고 했다. 저녁에 호랑이 할머니가 식당에 찾아와 사병 구락부에서 일하도록 조치했다. 그리고 나에게는 주방 책임자로 주방장을 맡으라고 부탁했다.

내가 아직 실력이 모자라 맡을 수 없다고 하자 보조 한 사람 서울 가서 데려온다고 했다. 실력이 있는 사람을 데리고 오겠다고 했다. 그래서 다음 날 식당 경험이 많은 사람을 데리고 왔다. 그 사람은 나와도 아는 사람이었다. 그와 친구같이 지내며 나는 주방 책임자로 최선을 다했다. 식당 분위기가 확 달라졌다. 모든 사람들이 주방장과 임 씨가 옛날처럼 갈구는 일이 없어지자 기쁜 마음으로 열심히 일하고 있었다. 사입 담당 임 씨는 절대 주방에는 들어오지도 않고 여자 종업원에게는 말도 붙이지 않았다.

전에는 쌍욕 해대며 갑질을 했었는데 이제는 사람이 되어가고 있었다. 나와도 각별해져 자기 집으로 초청하여 그의 어머니도 만나게 되었다. 모자가 단둘이 살고 있었다. 홀어머니 밑에서 자라 싸가지가 없었던 것 같았다.

나는 주방장과 사입 담당과 그런 일 있은 후 직장에서 인기가 대단했다. 주방은 물론 지배인도 너무 좋아했다. 지배인은 식당 총 책임자였으나 주방장과 임 씨에게 꼼짝도 못하고 눌려 살았다. 왜소한 체격에 샌님 같아서 기가 죽어 살았다. 그런데 이제는 활기가 넘쳤다. 모두 나 때문에 달라졌다고 칭찬을 아끼지 않았다. 특히 나는 아가씨들에게 인기가 높았다. 어떤 아가씨는 밖에서 한번 만나자고 노골적으로 접근하기도 했다. 그러나 나는 연옥이 외에는 여자로 보이지 않았다. 연옥만이 나의 선망의 대상이 되었다. 다른 여자들은 거들떠보지도 않았다. 친절을 베풀고 접근하려 하면 내가 거북스러워 피해 다녔다. 오로지 연옥만이 보기만 해도 좋아지는 여자가 되었다. 연옥만 보면 내 심장이 멎은 것처럼 답답하고 온 신경이 연옥에게 집중되었다. 그렇다고 내 감정을 다 드러내게 표현할 수는 없었다. 여러 사람이 공동체가 되어 일하는 곳이었다. 그저 바라보고 혼자 좋아하고 있었다. 그게 바로 짝사랑인 것 같았다. 연옥이 기분이 좋아 보이면 나도 기분이 좋아지고 연옥이 우울해 보이면 나도 우울해졌다.

머리끝에서 발끝까지 모두가 좋아 보이고 사랑스러웠다. 일과 끝나면 만나야지 빨리 끝날 시간이 조급해지고 있었다. 연옥은 언제나 만나자면 거절하는 법이 없었다. 만나야 부대 한 바퀴 돌다가 들어오는데 매일 기다려지고 있었다.

오늘은 만나서 마음을 털어놓을까 헤도 만나면 입이 자물쇠가 채워진 것처럼 입밖에 터져 나오지 않았다.

오늘따라 마음이 설레지고 있었다. 오늘은 부대 밖으로 나가기로 약속이 되어 있었다. 연옥에게 일과가 끝나면 인섭이 일하는 당구장에 가 있으라고 했다.

수송부 김 병장이 수송대장 퇴근시키고 10시에 만나기로 했다. 통근버스를 타고 가도 되지만 연옥을 짚차에 태워 나가고 싶었다.

식당에서는 며칠 전에도 수송대장 주라고 돼지고기와 음식을 몇 가지 만들어 술과 함께 김 병장 편에 전해주었다.

부대 요직에 있는 대장들에게 한 달에 한 번씩 하고 있었다. 운전병도 챙겨주었다. 그때만 해도 먹을 것이 귀한 시절이라 모두가 고마워하고 있었다. 그래서 식당에서 부르면 짚차가 쏜살같이 달려왔다. 이제는 내가 책임자가 되어 그들에게 선심을 쓸 수가 있었다.

지난번에는 서울에서 동생들이 찾아와 짚차를 타고 정문까지 마중 나갔다. 부대에 들어와 비행장 한 바퀴 구경도 시켜준 일이 있었다. 그만큼 수송부와 헌병검문소는 식당과 밀접한 관계였다.

수송부 김 병장이 정각 10시에 총알같이 식당에 달려왔다.
"밖에 나가시게?"
"볼일이 있어 나가려고 매번 신세만 져 미안한데?" 라면 열 몇 개 싸서 주었다.

그때는 삼양라면이 밥보다 더 인기가 있었다. 부대에서 식사를 세 가지만 주었는데 라면이 인기가 높아 라면을 추가하게 되었다. 라면은 지정 메뉴가 되었다.

김 병장이 너무나 좋아하고 있었다. 당구장 들려서 가자고 하자 차를 당구장으로 몰았다. 연옥을 태워 부대 밖으로 나왔다.

정문에 나와 김 병장은 들어올 때도 부르라고 하고는 부대로 들어갔다. 연옥도 김 병장을 잘 알고 있었다. 서로 인사했다.

"어디로 갈까? 밥은 먹었으니 제과점에 들어갈까?"
연옥에게 물었다. 연옥은 조금 걷다가 들어가자고 했다.
"오빠는 왜 그리 돈만 쓰려고 해요. 식당에서 먹었는데 또 먹자고 그래요? 힘들게 벌어서 저축은 안 하고 쓰기만 할 거예요?"

연옥은 항상 충고였다. 지난번에도 저 때문에 돈을 많이 썼는데 자꾸 그러면 만나지 않겠다고 했다.

2

연옥과 서울 가는 큰 도로를 타고 걸었다. 그때만 해도 60년대 초반으로 김포공항 정문 앞은 시골 촌구석이었다. 도로 옆에 상점들이 있긴 했지만 2층 건물도 보기 드물었다. 공항 정문 앞에 큰 도로가 서울 가는 도로였다. 8차선 도로였다.

이승만 대통령의 지시로 우리나라에서 제일 넓은 도로를 만들라고 하여 우리나라 관문인 공항 도로를 넓힌 것 같았다. 도로 양옆은 거의 영등포까지 논밭이었다. 연옥은 내가 말하자 듣고 수긍하고 있었다.

"김포공항이 언제 생긴 거예요?"

"그건 나도 잘 몰라 해방이 되고 생겼는지 일정 시대에 만들어졌는지 일정 시대에도 비행기가 다녔으니 그때쯤 되겠지?"

정문에서 100m는 더 걸은 것 같았다. 연옥은 팔짱 끼고 걸으면서 우측으로 가보자고 했다. 나도 그쪽은 한 번도 가보지 않은 좁은 도로였다. 포장도 하지 않은 도로였다. 정문 앞에서 좌측으로 가는 길은 김포 시내로 가는 길이라 넓은 길이었다. 좌측 길은 모두 술집들이 많아 인섭과 몇 번 가본 적이 있었다. 정문 앞 방화동은 그때 당시 술집도 많이 있었다. 아마 인근에 부대가 많아 술집이 많아진 것 같았다. 공항에 공군부대도 있고 김포에는 해병대 사령부도 있다고 했다.

우리가 접어든 길로 가면 공수부대도 있다고 들었다. 한때는 미군들이 있었는데 지금은 공수부대가 주둔하고 있다고 들었다. 아무튼 부대가 많은 곳이었다. 자유당 때는 해병대와 공수부대 군인들이 패싸움을 자주 했다고 했다. 양쪽이 앰불런스까지 대놓고 싸움을 했다고 풍문에 들었다. 공군은 점잖은 편인데 해병대와 공수부대는 서로 부딪치면 싸움을 벌였다고 했다. 그래서 혼자서는 다니지 못하고 몇 명씩 짝을 지어 다녔다고 했다. 들은 얘기라 사실인지는 알 수가 없었다.

또한 조종사들은 영등포에 가서 술을 먹다가 건달들에게 맞고 오면 비상을 걸어 트럭으로 조종사들이 몰려가 건달들을 작살을 냈다고 들은 적도 있었다. 하늘을 나는 조종사가 매 맞고 왔다고 떼로 몰려가 복수를 했다고 들었다.

그런 얘기 하면서 연옥과 골목 깊숙이 들어갔다. 그런데 화장을 짙게 한 여자들이 골목에서 진을 치고 있었다. 흑인 미군들도 지나

다니고 있었다.

"여기가 색시 촌인가 봐요, 어디 가나 미군이 있는 곳은 색시 촌이 있어요. 광탄도 그래요?"

연옥은 그러면서 그만 들어가자고 했다. 벼르고 나왔는데 그냥 가기는 서운했다. 어디 생맥주집이 있으면 한 잔씩만 하고 가자고 했다. 그래서 둘이 다시 공항 정문 근처로 오게 되었다.

"주병씨는 술이 그렇게 좋아요?"

생맥주집에 들어와 500cc 두 잔을 시켰다. 마주 앉은 연옥이 물었다. 내가 술을 많이 먹는 게 싫은 모양이었다.

"밖에 나오면 술 먹게 되더라고, 연옥이 싫어하면 덜 먹을게."

"아니요, 남자가 술 한 잔 먹는 게 뭐가 나빠요. 술을 먹다 보면 남자들은 색시 집에 가서 꼭 술을 먹는다고 그러데요. 얼마나 번다고 술집에 가서 돈을 써요. 그렇게 허비하는 사람 보면 걱정이 돼요."

내게 경종을 울리고 있었다. 누구한테 색시 집에 다닌다고 들은 모양이었다. 한두 번 색시가 있는 술집에서 술을 먹은 적이 있었다. 사병 구락부 아가씨 한 여자의 어머니가 정문 밖에서 색시 놓고 술장사를 하고 있었다. 그 집에 간 적이 있었다. 동료 몇 명과 인섭이와 같이 가서 술을 먹었다. 연옥이 어떻게 알았는지 그 얘기를 하는 것 같았다. 공연히 내가 연옥에게 술 한잔하자 한 것 같았다. 연옥은 내가 표정이 어두워지자 말했다.

"주병씨 보고 하는 소리가 아니에요. 대부분 남자들이 그렇다는 얘기를 하는 거예요. 우리 아빠도 술을 좋아해요. 엄마와 술 때문에 많이 다투고 있어요. 주병씨도 돈 모은 게 없는 것 같아서 하는 말이에요. 힘들게 벌어서 헛되게 쓰는 것 같아요. 제가 주병씨를 왜 좋아하는 줄 아세요? 주병씨는 남들이 갖지 못한 인간미를 가졌어요. 그렇다고 주병씨가 예수님이나 부처님은 아니잖아요. 요즘 세상은 돈 없으면 사람 취급도 하지 않아요. 주병씨 꿈이 뭐에요? 꿈을 가지고 미래를 생각하고 살아야지 그날그날 기분 따라 술이나 먹고 살면 어떻게 되겠어요. 젊음은 항상 있는 게 아니잖아요?"

연옥은 충고를 장황하게 늘어놓고 있었다. 어떻게 나이도 어린 여자가 옳은 말만 하는지 얼굴을 들 수가 없었다. 모두가 옳은 말인데도 듣기가 거북했다.

"연옥이 말이 백번 옳아, 나는 사실 꿈이 없어, 객지 생활 거의 5년이 다 됐지만 허송세월만 보내고 꿈을 잃어버렸어, 한때는 돈을 벌려고 악착같이 살았지만 되는 일이 없었어, 여기 와서 봉급 처음에 오백 원을 받고 일을 했어, 그 돈 가지고 무슨 희망을 가지고 살겠어, 한자리 술 한 잔 값도 안 되는 돈 가지고."

나는 지금까지 되는대로 살았다. 있으면 있는 대로 없으면 없는 대로 하루하루 그렇게 살았다. 남들은 내가 마음씨가 너무 좋아 사람들에게 이용만 당하고 산다고 했다. 천성이 악한 사람이 아닌데 악하게 산다고 다를 게 없었다. 악하게 살면 욕이나 얻어먹고 살지만 선하게 살면 누가 욕하는 사람은 없지 않은가?

부모님의 피를 받아 우리 형제들은 누구도 남에게 욕을 먹고 살지 않았다. 옛날 시골에 살 때 우리 집은 동네 사랑방이었다. 부모님이 온순하고 남에게 싫은 소리 한 번 않고 살자 우리 집이 동네 사랑방이 되었다. 우리 형제들도 커가면서 싸움 한 번 하지 않고 살았다. 동네 사람들이 자기 자식들에게 우리를 본받고 살라고 야단도 쳤다. 다른 형제들은 치고받고 싸움도 잘했지만 우리는 그렇지 않았다. 그날도 연옥에게 충고만 듣고 내가 원했던 말은 듣지 못했다, 내가 하고 싶었던 말도 하지 못했다. 연옥은 언제나 만나면 충고뿐이었다. 달콤한 이성에 대해 말해 본 적이 없었다. 나 혼자만이 좋아서 짝사랑하는 것 같았다. 싫으면 왜 만나주는지 알 수가 없었다. 남남끼리 만나서 오빠가 될 수는 없었다. 오빠처럼 생각한다는 말이 진정 애정은 조금도 없는지 애만 타고 있었다.

"주병씨 지금은 봉급이 올라갔잖아요. 오백 원 받다가 천오백 원으로 이제 주방 책임자까지 되었으니 더 올려 줄 것 아니에요. 저번에도 제가 예를 들어 말했잖아요. 티끌 모아 태산이라고 천오백 원 월급 중에 천 원만 모아도 1년이면 일만이천 원 목돈이 되면 모으는 재미로 돈을 쓰지 못한다고, 장래를 생각해서 적금 하나 들어요. 아직까지 통장도 없다면서 왜 그렇게 살아요?"

연옥은 호주머니에 돈을 넣고 다니면 헛돈을 쓸 수밖에 없다고 적금을 들라고 했다.

"알았어, 연옥이 말 참고할게, 이제껏 돈 벌겠다고 몸부림쳤으나 되는 일이 없어 되는대로 살았지만 연옥이 말 듣고 깨달은 게 많아졌어, 옛날 배고팠던 시절만 생각하고 식당에서 배불리 먹고 살아 걱정이 없었다. 내가 어렸을 때 하도 배고프게 살아 굶지 않고 배불리 먹고 사는 게 꿈이었어, 한 가지 소원은 풀었잖아?" 웃으면서 말했다. 연옥에게 더 이상 할 말이 없었다. 모두가 나를 위해 하는 말 같았다.

둘이 생맥주 한 잔씩 나누고 부대로 들어올 수밖에 없었다.

시간은 11시 반이었다. 부대에 들어가기 위해 정문 앞에서 차를 기다리고 있었다. 검문소에서 수송부 김 병장을 부르려 하자 연옥은 왜 자꾸 남에게 신세를 지려 하느냐며 부대 버스 타고 들어가자고 했다. 매사에 신중한 여자였.

만날 때마다 한 마디씩 충고하는 연옥의 마음을 새기고 있었다. 오늘도 아무 실속 없이 연옥의 충고에 압도당하고 말았다. 연옥은 이제는 자주 만나지 말고 한 달에 한 번씩만 만나자고 했다. 직장에서 매일 보는데 나가면 돈만 쓰게 된다고 부대 식당에서 마음대로 술도 먹을 수 있는데 왜 밖에까지 나가 헛돈을 쓰느냐고 충고하고 있었다. 나는 그럴수록 어떻게 어떤 말로 연옥에게 사랑을 고백할지 뾰족한 말이 떠오르지 않았다. 나는 연옥에게 내세울만한 장점이 하나도 없었다. 그렇다고 헤어지기는 더욱 싫었다,

바쁘게 살다 보니 세월이 참 빨리도 지나갔다. 자고 일어나 정신없이 점심 준비하다 보면 잠시 쉴 틈도 없었다. 점심 배식이 끝나면 1시간 남짓 휴식을 취하고 또 저녁 준비하다 보면 하루해가 떨어지고 한바탕 저녁 시간에 손님 접대하다 보면 9시가 눈 깜짝할 새에 지나가고 10시가 되면 자유시간이었다.

속된 말로 무엇 보고 무엇 볼 새 없이 하루 일과가 끝나는 것이다. 식당 일이란 너무 시간이 촉박하고 노동이 긴 시간이었다. 꼬박 12시간 넘게 일하는 곳이 식당이었다.

그런데도 주인은 일한 만큼 대우를 해 주지 않았다. 말만 주방 책임자지 봉급은 그대로 보조 월급 천오백 원을 받고 있었다. 오히려 새로 들어온 나의 보조 시다가 이천 원 더 받고 있었다, 그는 식당 경력이 나보다 많고 기술이 좋다 하여 오백 원을 더 주고 있었, 나는 전에 주방장을 내쫓은 죄로 불만을 갖지 않았다, 생각해 주겠지 처분만 바라고 있었다.

부대 안에서 일하는 종업원들도 불만이 많았다. 부대 밖 일반 식당보다 보수가 적다고 불만이었다. 책임자인 나에게 항의를 하라고 요구하고 있었다.

"왜 내게 그런 부탁 하는 거야? 봉급 얘기는 지배인한테 해야지 내가 무슨 힘이 있다고.…"

내가 그렇게 말하자 주방 아주머니들이 말했다.

"지배인은 아무리 말해도 소용없어요, 주인 편이니까, 주방 책임자인 윤 씨가 말하면 호랑이 할머니도 들어 줄 거예요."하면서 애

기나 해보라고 했다.
 그런데 마침 대흥상회 주인인 호랑이 할머니가 내게 부대 밖 대흥상회로 나오라고 연락이 왔다. 나는 점심시간을 끝내고 나가게 되었다.
 "안녕하세요? 사장님, 여기나 와야 뵙겠네요. 부대는 한 번도 안 들르시고…"
 내가 인사하자 할머니 내외가 반갑게 맞이했다. 내가 주방 책임자가 되고는 부대 식당에 한 번도 오지 않았다.
 "윤 씨 들어와요, 말썽 없이 잘한다고 지배인한테 듣고 있어요, 방으로 들어가요."
 방에 들어가 얘기하자 했다. 따라 들어갔다.
 "여보 음료수 좀 들여와요."
 남편에게 말했다. 남편이 음료수와 컵을 내다 주었다.
 모든 결정권은 호랑이 할머니에게 있었다. 남편은 아무것도 관여하지 않았다.
 "자 한 잔 들어요."
 할머니는 음료수를 따라주었다. 내가 한 모금 마시자 말했다.
 "이거 받아요, 얼마 안 되지만 옷이나 한 벌 해 입어요."
 할머니는 몸뻬바지 호주머니에서 봉투를 꺼내 놓았다. 이 할머니가 무슨 꿍꿍이로 이러는가 선수를 치는 게 아닌가 생각했다.
 "아니요, 이게 무슨 돈인데요?" 물었다.
 "그동안 열심히 일해주어 보답으로 주는 거예요."
 할머니는 돈을 넣으라고 했다. 나는 그 말에 제가 한 말씀 올리겠다고 했다.
 "해봐요, 무슨 말인지."
 "요즘 종업원들이 불만이 많아요, 일반 식당보다 부대는 월급이 너무 적다고, 봉급 올려 주지 않으면 그만두겠다고 하고 있어요, 저에게 말씀 좀 드려달라고 했어요, 마침 사장님이 부르셔서 말씀 드리는 겁니다."

나는 종업원들의 부탁을 대변해 말했다. 사장은 대답을 하지 않고 생각에 잠겨 있다가 입을 열었다.

"잘 알고 있어요. 내년에는 올려 줄까 생각하고 있었어요. 내년에 올려 준다고 해요."

할머니는 내년으로 미루고 있었다. 두 달 후면 내년이었다, 지금 10월 달인데 미루는 저의가 의심스러웠다,

"내년이 두 달밖에 남지 않았는데 기분 좋게 새달부터 올려 주시지요."

나는 내친김에 내 얘기도 털어놓았다.

"저는 전 주방장이 나가고 주방 책임자가 되어 봉급을 올려줄 줄 알았는데 몇 달 동안 아무 말씀도 없어서 하는 말씀인데 제 월급은 얼마나 생각하시는지 알고 싶습니다."하고 말했다.

호랑이 할머니는 한참 동안 생각에 잠기다가 호탕하게 말했다.

"그래, 내달부터 올려 주지, 내 욕심만 부린 것 같아 미안하네. 자네는 이천 원, 다른 사람들은 오백 원씩 올려 주겠네."

내게는 좀 파격적이었다. 천 원이나 올려 줄 줄 알았는데 이천 원을 올려 준다니 너무 기뻤다.

"사장님 너무 고맙습니다. 열심히 최선을 다해 일하겠습니다."

감사의 말씀을 전했다.

"윤 씨가 주방 책임자로 있고부터 수입이 많이 늘었어요. 그만큼 알뜰하게 해준 덕이에요. 음식 장사는 손끝에서 남는 장사인데 전에 주방장은 재료를 아끼며 쓸 줄을 몰라요. 잘 부탁해요. 그리고 다음 주 종업원 전체가 가을 소풍 간다고 전해요. 단합 대회 겸 야

유희 간다고 전해줘요."

나는 너무나 감격했다. 월급도 올려주고 가을 소풍까지 간다고 하니 기쁘기 그지 없었다.

"고맙습니다, 더 열심히 일하겠습니다."

고마움을 전하고 나왔다.

역시 호랑이 할머니는 통이 크고 거침이 없었다. 아직까지 식당 몇 년 하면서 그런 적이 없었다고 했다. 내가 너무 착하고 열심히 해준 덕이라고 했다. 말썽도 없어지고 모두가 내 덕이라고 했다.

주인과의 만남은 의외의 성과였다. 봉급만 올려 주면 되는데 덤까지 가을 소풍이라니 생각지 못한 쾌거였다. 종업원들은 너무나 좋아했다.

"거봐요, 주방장님이 얘기해야 통한다니까요, 호랑이 할머니가 그렇게 순순히 들어줄 줄 몰랐네요."

밥모와 찬모 아주머니가 좋아하며 말했다. 종업원 모두가 기뻐서 어쩔 줄 몰라 했다. 나는 연옥에게도 체면이 서는 것 같았다. 이제 연옥이 말대로 적금도 부을 수 있고 희망도 가질 수 있을 것 같았다. 그날 밤은 연옥과 데부둑에 나가서 기뻐하며 데이트도 즐길 수 있었다.

다음 날 부대 식당으로 호랑이 할머니가 전화하여 관광차도 예약했고 강화도 전등사로 가기로 결정했다고 전해주었다.

지배인과 상의해서 먹을 것도 충분히 준비하고 돗자리도 챙기고 만반의 준비를 하라고 했다. 음료수와 술과 간식거리는 상회에서 모두 준비한다고 했다.

식당에서는 돼지고기 편육과 닭 10마리 삶고 잡채와 튀김 몇 가지 준비하고, 식사는 도시락으로 토요일까지 준비를 모두 마쳤다. 25명의 업체 직원과 사장 내외가 함께 가게 되었다.

나는 놀러 간다니까 잠이 오지 않았다. 내가 책임자인데 종업원과 주인이 있는 자리에서 인사말을 해야 되는데 말주변도 없고 배운 것도 없는데 난감했다.

나는 쪽지에다 인사말을 적어서 외우고 있었다. 아무튼 한 마디 안할 수 없는 입장이라 밤새 고민이었다.

다음 날 야유회 가는 날이다. 종업원 모두가 깔끔하게 옷을 챙겨 입고 식당 앞마당에서 관광차를 기다리고 있었다. 모두가 즐거운 마음으로 들떠 있는 것 같았다. 연옥도 기분이 좋은지 동료들과 즐겁게 얘기하고 있었다. 이런 즐거움은 그때 당시 쉽지 않은 일이었다. 어려운 시절인데 식당의 주인이 종업원에게 야유회를 시켜주는 것은 쉽지 않은 일이었다.

드디어 관광차가 도착했다. 주방 식구들이 만들어놓은 음식들을 관광차에 실었다. 관광차를 타고 온 사장 내외가 차에서 내렸다. 모여있던 종업원들이 일제히 환호하며 박수를 치며 맞이했다. 종업원들에게 이렇게 베풀고 살면 환호하고 기뻐하는데 가진 자들은 그러지 못했다.

내가 몇 군데 식당에서 일한 적이 있었다. 유난히 음식점 사장들은 인정이 없는 것 같았다. 먹는 것 가지고도 따지는 주인이 많았다. 식당에서 일하면 잘 먹을 줄 알았는데 항상 김치 한 가지, 찌개 한 가지뿐이었다. 주인은 종업원들이 기뻐하며 박수를 치자 만면에 웃음이 가득했다.

"사장님 준비 다 했습니다. 싣고 가기만 하면 됩니다. 종업원들이 너무 좋아하고 있습니다. 고맙습니다."

내가 띄워주자 주인은 웃으면서 "다 좋은가 보군, 출발하세!"하며 출발하자고 했다,

관광차는 목적지로 가기 위해 모두 올라타고 있었다. 장교 구락

부, 사병 구락부, 다방, 당구장 인섭까지 모두 27명이었다.

관광버스는 공항 정문을 나와 김포로 향했다, 김포에서 강화가 그리 멀지 않았다. 창밖을 내다보자 그새 단풍이 들어 울긋불긋 물들어 있었다.

차 안에는 웃음꽃이 피고 모두 즐거운 마음이었다. 사입 담당 임씨가 마이크를 잡고 노래 부르며 가자고 제의했다. 모두가 동의하고 있었다. 차례대로 한 사람씩 앞줄부터 부르고 있었다, 나는 인섭과 뒤에 타고 있었다, 내 차례가 오기 전에 관광버스는 강화에 도달하게 되었다, 그때는 다리를 잇지 않아 커다란 배가 버스를 싣고 바다를 건너게 되었다. 다시 버스는 전등사로 향했다.

전등사에 도착하여 마땅한 장소를 찾아 자리를 잡았다. 싣고 온 먹을 것을 여럿이 들고 잔디밭이 있는 곳에다 터를 잡았다. 돗자리를 여러 개 펴고 앉을 자리를 잡았다. 일부는 절 구경을 하고 자유 행동이었다. 점심시간이 되면 모이기로 했다. 주인 내외가 자리를 지킨다고 했다. 인섭과 밥모, 나와 연옥은 전등사 절에 함께 갔다. 나는 처음 오는 곳이라 이곳저곳 둘러보았다. 오래된 고찰이라 했다. 인섭이 내외는 불상 앞에 가 돈을 넣고 절을 하고 있었다.

"주병씨도 부처님께 시주하고 소원을 빌어요."

연옥이 말했다. 내가 연옥도 같이 빌자고 했다.

"저는 하느님을 믿고 있는데요, 주병씨나 빌어요."하고는 돌아섰다.

나도 연옥을 따라갔다. 연옥이 하느님을 믿는데 공연히 말한 것 같았다.

"하느님, 예수를 믿는 사람은 다른 신은 믿지 않는다는데 내가 공연한 말을 했나 봐."하자 연옥은 알고 있었냐며 웃었다.

인섭과 연옥이 함께 절 이곳저곳 경내를 구경하고 돗자리가 펴져 있는 곳으로 가게 되었다. 모두가 점심시간이 되어 모이게 되었다. 중앙에 주인 사장 내외가 자리 잡고 그 옆에 내가 앉았다. 한쪽 옆에는 전 주방장, 사병 구락부 주방장이 임 씨와 같이 앉았다. 내 옆으로 당구장 인섭과 밥모가 같이 나란히 앉았다. 요즘 당구장 인섭은 부인이 임신을 하여 항상 싱글벙글이었다. 내가 다리를 놓아준 신혼부부였다. 그리고 남자끼리 여자끼리 끼리끼리 음식을 가운데 두고 뻥 둘러앉았다. 주인과 지배인이 모두 차려 놓았다.

도시락도 27인분 자기 앞에 놓여 있었다. 먹기 전에 내가 인사말을 했다.

"제가 오늘 인사 말씀을 올리겠습니다. 사장님 내외를 비롯하여 동료 여러분! 저는 오늘 정말 즐겁습니다. 사장님이 이런 자리를 마련해 주시어 정말 고맙습니다. 여러분! 사장님 내외분께 큰 박수 부탁드립니다. 고맙다고 박수를 쳐 주십시오."하자 일제히 박수를 쳤다.

"나는 어젯밤 너무 기뻐서 잠을 이루지 못했습니다. 여러분도 마찬가지라고 생각됩니다. 너무 기쁘면 잠이 오지 않는 법입니다. 제가 3년 가까이 사장님 업소에서 일하면서 처음 있는 일입니다. 요즘 모두들 힘들고 살기가 어렵다고 하는데 사장님께서 큰 결단을 해주셨습니다. 우리 모두 열심히 일해주는 것이 사장님께 보답하는 길입니다. 열심히 일을 하여 보답합시다. 고맙습니다!"하고 인사말을 했다. 그리고 사장님 내외분께 허리 굽혀 정중히 인사했다. 모두가 박수를 쳐 주었다.

사장님도 종업원들에게 한 말씀 해주셨다.

"자주 이런 자리 마련하지 못해 여러분께 죄송합니다. 여러분들이 열심히 해준 덕으로 업소가 많은 발전을 했습니다. 봄, 가을로 야유회를 즐길 수 있도록 노력하겠습니다. 맛있게 드시고 즐거운 하루가 되기를 부탁드립니다."

다시 박수가 터졌다, 인섭이 건배를 외쳤다. 다 같이 건배를 하고 있었다.

"건배! 건배!" 모두들 즐거워하고 있었다. 내게로 술잔이 집중되었다. 나는 기쁜 마음에 주는 대로 받아먹었다. 그렇게 술잔이 1시간가량 오가다 보니 나는 몸을 가눌 수가 없었다. 슬그머니 일어나 자리를 피했다. 더 이상 마시면 실수도 할 수 있다 생각되어 산속을 헤매며 술이 깨도록 걸어 다녔다. 큰 바위 하나가 앞을 가로막았다. 바위 뒤로 숨어버렸다. 바위 뒤에는 가랑잎이 수북이 쌓여 있었다. 푹신해서 잠을 자면 안성맞춤이었다. 그곳에 누워버렸다. 얼마를 누워있었는지 잠이 들었다.

얼마나 시간이 흘렀을까 누가 흔들어 깨웠다. 목소리가 연옥이었다. 어렴풋이 연옥의 얼굴이 내게 가까워지고 있었다.

"주병씨 일어나봐요."

눈을 뜨자 연옥이 뚫어져라 바라보고 있었다. 순간 나는 달려들어 연옥을 껴안고 입맞춤을 해버렸다. 연옥은 피할 틈도 없이 당하고 있었다. 있는 힘을 다해 나를 밀쳤다. 나는 더욱 힘을 다해 놓지 않았다. 내가 무슨 짓을 하고 있다는 생각도 잊은 채 연옥을 놓고 싶지 않았다.

"이게 무슨 짓이에요! 떨어지지 못해요!"

일그러진 연옥의 표정이 험악했다. 맥없이 손을 놓았.

그 순간 연옥의 손이 두 차례나 뺨을 후려치고 있었다.

"주병씨가 이런 사람이었어요? 실망했어요."하고는 달아나고 있었다. 나는 멍하니 하늘만 쳐다보고 있었다. 연옥을 어떻게 대할지 앞이 캄캄해 보이지 않았다.

나를 부르는 소리가 여기저기서 들리고 있었다. 인섭과 동료들이 찾고 있었다. 나는 숨어 버릴까 하다가 자리에서 일어났다.

"여기서 자고 있었어? 적당히 마시지!" 인섭이 부축하고 있었다. 다른 동료들도 모여들었다.

"내 그럴 줄 알았다. 무슨 술을 그렇게 주는 대로 마시니? 어디서 사고 난 줄 알았잖아." 임 씨도 말하면서 내려가자 했다.

일행이 있는 곳으로 가자 짐을 모두 차에 싣고 갈 준비를 하고 있었다. 창피해서 견딜 수가 없었다. 연옥은 어디 있는지 보이지도 않았다. 모두가 관광차로 가자고 했다. 사장 내외는 차에 먼저 타고 있었다. 연옥도 맨 뒤에 고개를 푹 숙이고 타고 있었다. 연옥을 어떻게 대할지 난감하기만 했다.

연옥은 그런 일이 있은 후 직장에서 눈도 마주치지 않았다. 대화를 하려 해도 나를 피하고 있었다. 일이 끝난 후 동료들과 후문으로 나가고 있었다. 내가 따라 나가 얘기 좀 하자고 잡아끌었다. 다른 동료들이 쑥덕거리며 돌아섰다.

"연옥이 할 말이 있어, 잠깐 얘기 좀 해."하고 잡았다.

"사랑싸움이야? 미스 김 오늘 왜 그래? 만나서 화 풀어."

속도 모르고 동료들은 한마디하고는 가버렸다. 연옥은 나를 빤히 쳐다보다가 말했다.

"난 할 말이 없어요, 그만 가세요."

"미안해, 그날 일은 내가 잘못했어, 너무 내가 취했나 봐, 잘못했어.…" 용서를 구했다.

"됐어요, 지난 일인데 잊어버릴테니 그만 가세요."하고는 동료들을 뒤따라 뛰어갔다.

그 후 며칠 동안 서로 외면하고 일을 했다. 한 직장에서 말 한마디 건네지 못하고 일하고 있었다. 남의 이목도 두렵고 애만 타고 있었다. 며칠 지나면 잊혀지겠지 연옥이 그렇게 속 좁은 여자가 아니란 걸 알고 있었다. 나는 며칠 고민하며 말없이 일만 하고 있었다.

그렇게 일주일이 지났다. 나는 인섭에게 부탁하여 후문 밖 과해동 마을에 방을 얻었다. 이제는 부대 식당에서 자기 싫었다. 시골 마을이라 방도 비싸지 않았다. 보증금도 없이 월 500원만 주면 되었다. 인섭이 사는 집 근처에 방 한 칸을 얻었다. 마당에 우물도 있어 빨래도 할 수 있었다. 나 혼자 있는데 방 한 칸이면 충분했다. 사입 담당 임 씨가 이불과 요, 베개까지 사다 주고 인섭이 내외가 여러 가지 쓸 수 있는 물건을 사다 주었다.

혼자 사는데도 여러 가지 기본적인 물건이 있어야 했다. 물 주전자도 있어야 했고 세숫비누, 수건, 자질구레한 소모품이 있어야 했다. 일하는 아가씨들도 이사 갔다고 휴지와 퐁퐁 하나씩을 사 들고 왔다. 연옥만이 한 번도 들르지 않았다. 이사와 3일째 되는 날 연옥이 찾아왔다.

"이사 왔다는데 그냥 모르는 척 할 수가 없어 책 몇 권 사가지고 왔어요. 심심한데 책이나 읽으라고요, 술 좀 적당히 마시고요. 돈이 없어 새 책은 한 권밖에 사지 못했어요. 강원도 산골 소년이 쓴 수기인데 요즘 인기가 대단한 책이에요."

연옥은 책을 한 보따리 사가지고 와 읽어보라고 마루에 놓았다.

"방에도 안 들어올 거야? 하기야 죽도록 미워 죽겠는데 들어오겠어, 하여간 와줘서 고마워."하고 책을 받았다.

연옥은 그러고는 가버렸다. 책이 눈에 들어올 리가 없었다. 이제까지 책 한 권도 읽어보지 않은 나는 책과는 거리가 멀었다. 들추어 보다가 구석에 처박아 놓았다.

다음 날 직장에서 연옥을 만났다. 인사도 안했던 연옥이 인사하고 말도 걸었다.

"책 읽어보았어요?"

"책이 머릿속에 들어가? 책 한 권 보지 않던 사람이, 생각나면 읽어볼게, 연옥이 사다 준 책인데 읽어봐야지, 오늘 만날까?"

"당분간은 만나고 싶지 않아요. 책을 다 읽은 다음에 만나자고 해요."하고는 만나주지 않았다. 그래서 책을 열심히 읽었다. 연옥이 사온 책은 모두 7권이었다. 상록수, 백범일지, 손자병법, 메밀꽃 필 무렵, 독 짓는 늙은이, 톨스토이 인생독본, 강원도 산골 소년이 썼다는 수기 '저 하늘에 슬픔이'였다. 인생독본만 빼고 열흘에 걸쳐 다 읽어보았다. 톨스토이가 쓴 책은 좋은 말은 많이 있는데 딱딱하고 너무 방대해서 몇 줄만 읽어보았다. 강원도 산골 소년이 썼다는 수기를 읽었는데 내가 시골에서 자란 슬픔처럼 배고픔과 가난에 시달렸던 일들을 감명 깊게 읽었다. 초등학생이 어떻게 그런 문장을 썼는지 감탄을 할 수밖에 없었다. 하늘에 호소하는 글이 눈시울을 뜨겁게 하고 있었다. 그 책이 신문, 방송에도 나오고 있었다.

책과 인연

 책을 읽으면서 나는 술을 덜 먹게 되었다. 이제까지 책이란 나에게 저 멀리에 있는 존재였다. 초등학교 다닐 때도 공책 살 돈이 없어 숙제를 내주면 숙제를 해 가지 못해 선생님한테 매를 맞고 복도에서 벌을 서고 있었다. 가난 때문에 월사금도 내지 못해 졸업할 때까지 매 맞고 벌을 받았던 기억만 남았다. 졸업 후 농사일과 나무하러 다니며 공부는 꿈도 꾸지 못했다. 학교에 취직이 되어 책을 접할 기회가 있었으나 책이 눈에 들어오지 않았다. 선생님들이 통신 강의록을 사다가 읽고 고등고시 시험을 보고 중학교, 고등학교 공부를 하라고 했었다.
 그런 말이 내게는 공염불처럼 들려 책을 멀리하고 말았다. 그런데 지금 나이 스물다섯에 책이나 읽으라고 연옥이 책을 사다 주었다. 구석에 쳐박아 놓고 읽지 않았는데 연옥이 책을 다 읽은 다음에 만나자고 얘기하라고 했다. 사랑의 힘이 무엇인지 연옥의 그 말에 책을 읽기 시작했다. 밤을 새워 가며 읽었다. 그래서 연옥에게 다 읽었다고 만나자고 했다. 그러자 연옥은 오늘 밤 집으로 온다하여 방 청소도 깨끗이 해놓았다.
 "주병씨! 저 왔어요."
 문 앞에서 연옥이 불렀다. 너무 반가웠다. 키스 사건으로 감정이 소원해졌는데 찾아와 너무나 반가웠다.
 "내가 읽어봤던 책인데 몇권 더 가져왔어요."
 "고마워, 이러다 우리 집 책방 되겠네. 내가 커피 한잔 끓일게, 들어와."

연옥은 방에 들어왔다.
"살림살이가 제법 갖추어져 있네요? 언제 이불도 사 오고 준비했어요?"
"친구들이 사 왔어, 임 씨가 돈을 많이 썼어, 인섭이도 부부가 사 오고 내가 산 것은 하나도 없어, 혼자 살아도 필요한 게 많다는 걸 알게 되었어, 앉자."
연옥은 자리에 앉았다. 나는 커피를 끓여 내놓았다. 사입 담당 임 씨가 집에서 썼던 커피 끓이는 용기를 갖다주어 잘 쓰고 있었다. 둘이 방에서 마주 앉아 있으니 묘한 기분이 감돌고 있었다.
연옥이 커피를 한 모금 마시고 방긋이 웃으며 말했다. 어색한 분위기를 잠재우기 위해 말하는 것 같았다.
"주병씨 장가가서 살림 차리면 좋겠네요. 단칸방에서 오순도순 살면 재미있겠어요. 빨리 돈을 모아 장가드세요?" 말했다. 자신을 좋아하고 있다는 걸 알면서 내 마음을 떠보는 것 같았다.
"연옥이 나는 연옥이 같은 여자가 내게 온다면 몰라도 딴 사람은 아직 생각해 본 적이 없어, 지금 나는 연옥이가 전부야, 혼자 사랑하고 있어? 진심이야, 지금 아니라도 언제든 좋아, 믿어줘,…"
나는 연옥에게 솔직하게 고백했다.
"주병씨 나는 주병씨를 인간적으로 좋아한 것은 사실이에요. 그러나 결혼은 생각해 본 적이 없어요. 아직 결혼할 나이도 아니고 그냥 친구처럼 지내요. 결혼이니 그런 얘기는 내게 시기상조에요. 나 이만 일어날게요. 나중에 만나요."
연옥은 더 있기가 거북한지 자리에서 일어났다. 내가 잡을 용기가 없었다. 이대로 헤어지기에는 너무나 아쉬웠다.
"와줘서 고마워, 잘 가."
나는 배웅하고 문밖에서 멍하니 서 있었다. 연옥은 들어가라고 손짓하며 사라지고 있었다. 분명히 사랑한다고 고백했는데 딱지를 맞은 것이었다.

아니야! 이대로 헤어질 수는 없다고 생각되었다. 최선을 다해 만나다 보면 연옥이는 마음을 열 것이라 믿었다. 조금도 애정이 없다면 이제까지 왜 만나주었는지 의문이 아닐 수 없었다. 친구같이 지내다가 애인이 되고 사랑할 수도 있을 것 같았다. 아주 헤어지자는 말은 없지 않은가? 또다시 책을 사 온걸 보면 아직도 나와 가까이 지내고 싶다는 마음이 있는 것 같았다. 연옥에게 무슨 획기적인 선물을 해주면 어떨까 생각이 들었다.

연옥이 읽었다는 책은 소설책 몇 권과 위인전, 역사소설도 읽었다. 나는 밤마다 소설책 읽는 재미에 푹 빠져있었다. 그 뒤로도 연옥은 책을 몇 권 더 사다 주었다. 내가 몇 권 사기도 했다. 서점도 모르고 살았는데 책도 사고 문방구에 가서 펜과 원고지도 사게 되었다. 글을 읽다 보니 강원도 산골 소년처럼 글도 쓰고 싶다는 생각이 들었다. 그는 가난하여 학용품도 못 사고 비료푸대를 뜯어 글을 썼다는 대목도 있었다. 살아온 세월을 글로 표현하고 자기감정을 얼마나 실감 나게 표현하고 묘사했는지 어느 작가도 그렇게 세심한 부분까지 표현하기 어려운 글솜씨였다.

'저 하늘에 슬픔이'라는 책을 두 번이나 읽었다. 내가 살아온 세월도 그 애보다 더 많은 고생과 배고프게 살았다. 서울에서 노동일 할 때는 젊은 청년이 못 먹고 살아 일하다가 픽픽 쓰러져가며 일을 했다.

얼마 살지는 않았지만 내가 살아온 세월도 소설처럼 소재가 충분할 것 같았다. 이모부가 소설가여서 글 쓰는 모습을 본 적이 있었다. 나는 글 쓰는 사람들이 학교나 신문사 이런 데서 쓰는 줄 알았는데 이모부는 혼자 방안에서 문을 잠그고 쓰고 있었다. 내가 서울에 처음 왔을 때 인사하고 처음 본 이모부였다, 그때 이종사촌 애들이 둘이 있었는데 어린애들이었다. 형이 왔다고 좋아하며 집안에서 떠들고 장난치자 이모부는 나 때문에 글 쓰는 데 방해가 되었는지 이모에게 차비 줘서 고향에 내려보내라고 해서 이모가 차비 주면서 운 적이 있었다.

"이모부는 글 쓰는 사람이라 누가 오는 걸 싫어한단다. 온 지 이틀밖에 안 됐는데 서울 구경도 못 시켜주고 미안하다."하면서 이모가 울면서 차비를 주며 고향에 내려가라고 했었다. 그 후 나는 서울에서 고생하고 배고프면서도 한 번도 찾아가지 않았다. 글 쓰는 사람들의 심정을 알 것 같았다. 글 쓸 때는 신경이 예민해져 그럴 수 있다고 생각되었다.

모처럼 일요일 날 공항 밖에 나가 연옥에게 선물하려고 여자 손목시계를 사가지고 왔다, 연옥이가 시계가 없는 것 같아 시계가 적당할 것 같았다, 반지를 해주면 부담스러워 받지 않을 것 같았다, 책을 사준 답례라고 하면 받을 것 같았다. 통닭도 한 마리 사고 포장해 왔다. 콜라까지 한 병 사가지고 부대에 들어와 연옥을 집으로 초대했다.

그런데 연옥은 11시가 되도록 오지 않았다. 10시에 퇴근해서 씻고 오려면 30분이면 충분한데 오지 않았다. 잠을 같이 자는 일행들이 있어 빠져나오기가 어려워 못 오는 게 아닌가 생각도 되었다. 그러나 우리가 만나는 사실을 다 아는 동료들이었다. 이제는 둘이 사귀는 사이라고 공공연히 말하고 있었다.

단둘이 방에서 늦은 시간에 만나는 게 부담이 되는 것일까? 별생각이 다 들고 초조하게 기다리고 있었다. 별생각을 다 하고 있는데 연옥이 문밖에서 인기척을 하고 있었다.

"주병씨 저 왔어요."

"들어와! 나는 안 오는 줄 알았지."
"약속했는데 제가 어긴 적이 있어요?"
연옥은 방에 들어오며 말했다.
"약속은 칼이지, 자 앉자, 와줘서 고마워."
나는 연옥에게 앉으라고 권했다. 연옥은 방안을 둘러보고는 앉으며 말했다.
"책상도 언제 사 왔어요? 살림살이가 많이 늘은 것 같아요."
"책상이 아니야, 밥 먹는 소반인데 책도 보고 누가 오면 대접용 상이야."
"잘하셨네, 책을 보려면 책상은 있어야지. 상도 책상도 되고 머리 잘 쓰셨어요."
나는 상위에 쌓아 놓은 책들을 내리고 통닭 봉지와 음료수를 상위에 올려놓았다. 종이컵과 젓가락도 준비해 놓았다. 통닭 봉지를 풀러 통닭과 소금 무 절인 것을 펴 놓았다.
"통닭 한 마리 사 왔어, 같이 먹으려고."
"잘 밤에 웬 통닭이요, 같이 먹어요."
연옥이 다리 하나를 집어 주었다. 나도 다리 하나를 집어 연옥에게 먹으라고 했다.
"지금 출출한 시간인데 괜찮지?"
나는 분위기를 잡으며 말했다. 연옥도 기분이 좋은 것 같았다. 이렇게 서먹했던 관계를 풀었으면 하는 마음이었다. 내가 사랑을 고백한 후 연옥은 만나는 주지만 전과 같이 다정한 모습은 없었다. 친근감이 사라지고 마지못해 만나주는 것 같았다.
"난 저번에 연옥에 대한 나의 솔직한 감정을 털어놓아 연옥이 만나주지 않을 줄 알았어, 아마 그랬다면 나는 지금쯤 이곳에 없었을 거야, 내가 살아갈 의욕이 상실되어 어디론가 사라졌을 거야."

내가 심각한 표정으로 말하자 연옥이 내 말을 가로채고 있었다.
"그만해요, 주병씨 진심 알았으니까."
연옥은 말을 가로막고 자기가 나와 맺어지기 어려운 일이라고 말했다. 자신은 아직 누굴 사랑할 만한 환경이 아니라고 했다. 가정이 파탄이나 학교도 중퇴하고 자신이 돈을 벌지 않으면 하나밖에 없는 동생도 중학교도 못 보낼 처지라고 했다. 아버지도 임시직이라 언제 직장을 잃을지 암담하다고 말했다. 그런 내가 어떻게 누굴 사랑하고 있겠냐고 했다. 한 달에 어머니 약값도 못 버는 내가 가슴 아프다고 했다. 주병씨와 대화가 통해 친하게 지냈지만 연애할 단계는 아니라고 했다. 나도 여잔데 그리움이 없다고 말할 수 없겠지만 지금처럼 편하게 대화하고 친구처럼 즐겁게 지냈으면 좋겠다고 했다.
"연옥이 마음 알겠어, 재촉하지 않을게, 지금처럼 변함없이 대해줘, 연옥이 집에 한번 가보고 싶다. 부모님도 만나 뵙고 싶고" 말하자 연옥이 말했다.
"기회가 되면 한 번 가요, 구경 삼아, 어머니가 전에 병원에 데리고 가 치료해주고 고맙다고 어떤 총각인지 보고 싶다고 했어요. 사는 게 초라해서 실망할 거예요."
"우리도 마찬가지야, 지금 잘 사는 집이 얼마나 돼, 다 전쟁 겪고 정권 바뀌고 힘들게만 살아왔지."
서로에게 마음 터놓고 말하니 마음이 한결 가벼웠다.
"주병씨 책 다 읽었어요?"
연옥은 책을 뒤적이고 있었다. 자기가 읽었던 책을 다시 들추어 보고 있었다.
"원고지도 사 왔네, 글 쓰게요? 책 읽은 소감도 한 번 써보세요."
연옥은 책 읽은 소감을 쓰라면서 자신도 한때는 글을 쓰고 싶었다고 했다.

"나도 강원도 산골 소년처럼 살아온 세월을 글로 써보려고 사 왔어, 책을 읽으니까 글도 쓰고 싶다는 생각이 들었어."

그러자 연옥은 자기도 문학에 취미가 있었는데 사는 게 바빠 지금은 1년에 책 몇 권 읽을 정도라고 했다.

나는 연옥과 문학에 대해서도 얘기를 나누었다. 이모부가 소설가여서 글 쓰는 모습을 자주 보았다고 했다. 지금은 중국소설 서유기 '손오공'이란 책을 번역하고 있다고 말해 주었다.

"이모부 성함이 어떻게 되시는지?"

연옥은 웬만한 작가는 거의 안다면서 이모부 성함을 물었다.

"우현민씨인데 잘 모를 거야, 잘 알려진 작가는 아닌 것 같아, 한때는 서울신문사에 연재소설도 썼다는데.…"

나는 이모부를 대강 알려주었다. 나도 잘 몰랐다. 몇 번 만나본 것뿐이었다. 이사할 때 꼭 나를 불러 이삿짐을 날라준 적이 있을 뿐이었다. 책이 많아서 나를 불렀다.

연옥이 오래 있었다며 그만 가야겠다고 자리에서 일어났다.

내가 이거 선물이라고 포장한 시계를 내밀자 연옥은 극구 사양하고 받지 않았다.

"받아, 연옥이 시계 차고 다니는 모습을 보지 않아서 책 사준 보답으로 하나 샀어, 연옥이때문에 술도 덜 먹게 되었고 밖에 나가 술도 안 먹었어, 은행에 가서 적금도 들었고 이제 3개월 부었고 모두 연옥 덕이야, 희망을 가지게 되었어."

그렇게 말하자 시계를 받았다.

"고마워요, 받아도 되는지 부담스럽네."

"무슨 소리야 연옥이가 나의 방탕한 마음을 잡아주었어, 연옥은 은인이야!"

연옥은 고맙다고 숙소로 가며 말했다. 연옥의 뒷모습이 볼수록 정답게 느껴졌다. 즐거운 밤이었다. 편히 잘 수가 있었다.

또 한 해가 지나갔다. 만물이 소생한다는 봄이었다. 연옥과 만남은 계속 이어졌다. 꽃피고 신록이 파랗게 산을 물들였다. 연옥과 나는 쉬는 날 광탄을 가게 되었다. 구경도 할 겸 연옥이 집에 가보고 싶어 같이 가자 하자 연옥이 승낙했다. 연옥이네 줄 선물도 사고 따로 봉투 하나 간직하고 갔다. 연옥이 어머니가 몸이 많이 쇠약해 있다 하여 한약이라도 지어주고 싶어서 봉투를 준비했다. 많은 돈은 아니지만 천 원이면 될 것 같았다.

광탄에 도착하여 연옥이네 집으로 큰 개천이 있는 둑 위에 초가집 몇 채가 옹기종기 모여있었다. 허름한 시골집이었다.

집 마당에 들어서 연옥이 동생을 부르자 연옥이 어머니와 동생이 나왔다.

"저번에 얘기했던 총각이야? 연옥에게 잘해준다고 들었어요. 어서 와요."

연옥이 어머니는 내 모습을 살펴보며 반갑게 맞이해주었다.

"처음 뵙겠습니다. 연옥씨한테 몸이 많이 불편하다 들었습니다. 지금은 어떠신지요?"

"그냥 지낼만해요, 얘가 별 얘기 다 했나 보네, 얘기 많이 들었어요, 총각이 너무 착하게 생겼어요. 인물도 훤하고.…"

방에 들어갔다. 어른인데 큰절을 하지 않을 수 없었다. 큰절을 올렸다. 연옥이 아버지는 어디 갔는지 보이지 않았다. 이런저런 가족 얘기도 묻고 있었다. 나는 사실대로 대답해 주었다. 양친 부모님과 형제가 육 남매라고 했다.

가지고 온 선물도 내놓고 연옥이 동생에게 주었다.

"뭘 이런 걸 다 사 와요, 그냥 와도 되는데."

"주병씨가 돼지고기도 사 왔어요, 찌개 끓여 점심 먹어요."

연옥이 말하자 어머니는 딸에게 같이 준비하자고 했다. 나는 연옥이 동생과 밖에 나와 한 바퀴 돌았다. 전에 한 번 와봤던 곳이라 눈에 익어 보였다. 이곳도 미군이 주둔하고 있는 동네였다,

연옥이네 집에서 점심을 해 먹고 얘기하다가 기회를 틈타 연옥의 어머니에게 봉투를 주었다.

"이거 얼마 안 되지만 한약이나 한 재 지어서 드세요. 연옥이한테 너무 신세를 많이 지고 살아 한번 찾아뵙고 싶었어요."하자 받지를 않았다. 그래서 그냥 방에 놔두고 가겠다고 나왔다. 연옥이 버스 종점까지 나와 배웅해 주었다.

연옥이 어머니도 문밖까지 나와 배웅했다. 연옥의 가족과 헤어져 서울에 들러 동생들을 만나고 다음 날 일찍 부대 식당으로 돌아왔다. 연옥도 첫차로 오게 되었다. 차츰 연옥에게 신뢰가 쌓여지고 있었다. 연옥도 대하는 태도가 달라지고 있었다. 사랑이 이루어질 것 같은 예감이 들었다. 그런데 또 한 번 연옥과 아주 가까운 사이가 되도록 마련해준 사람이 있었다. 수송부 3호차 운전기사 김 병장이었다. 김 병장도 나와 연옥의 사이를 잘 알고 있었다.

식당 일을 끝내고 후문 밖 숙소로 가기 위해 식당 문을 나섰다. 다른 동료들은 먼저 후문 검문소를 나가고 없었다. 직장에서도 이제는 우리가 사이가 좋아져 같이 다니는 것을 알고 있었다. 그러니까 둘이 있으면 자리를 피해주고 있었다.

짚차 한 대가 우리 앞에 멈추고 있었다.

"윤 씨 밖에 안 나가? 날씨도 좋은데 드라이브하고 들어오지, 나 영등포 가는 길인데 같이 갔다 오지, 술은 내가 한 잔 살게."하며 영등포에 가자고 했다.

김 병장이었다. 그는 상관 심부름으로 나가는 모양이었다. 나와

연옥이 사이를 잘 아는 친구였다. 언젠가 내가 연옥과 사귀고 있는데 말을 잘 듣지 않는다고 하자 자기가 엮어준다고 말한 적이 있었다. 연애는 기회를 잘 만들지 않으면 여자가 쉽게 넘어가지 않는다고 말했다. 김 병장은 내가 영등포에 가서 한잔하고 시간을 끌어줄 테니까 그다음은 내가 알아서 하라고 귓속말로 해주고 있었다. 통금이 임박하게 시간을 지체하면 갈 곳이 어디 있냐고 말했다. 영등포에서 차가 끊어지고 여관에 갈 수밖에 없다고 했다. 김 병장은 그렇게 기회를 잡으라고 말했다.

"연옥이 김 병장이 영등포까지 드라이브해 준다는데 갈 거야? 가면 같이 가고."

"그래요, 30분이면 영등포까지 갈 수 있잖아요, 바람도 쐴 겸 나가요." 말했다.

그래서 우리는 영등포까지 짚차를 타고 드라이브하게 되었다. 김 병장 말대로 여관에 억지로 갈 생각은 없었다. 그저 차 타고 바람을 쐬고 들어오고 싶었다. 차는 거침없이 8차선 도로를 달려 영등포를 향해 달려가고 있었다.

그런데 화곡동 근처에 다다르자 연옥이 차를 세우라고 했다.

"김 병장님 여기서 내려주세요. 우리는 여기서 내려서 걸을게요. 볼일 보시고 오다가 우리를 태우고 들어가면 되잖아요."

연옥은 내게 내리자고 했다. 할 수 없이 연옥의 말을 들을 수밖에 없었다. 영등포에 가서 늦게 되면 잘 수밖에 없다고 생각한 모양이었다. 우리가 귓속말할 때 알아차린 것 같았다. 연옥은 머리가 영리했다. 나보다 한 수 높은 여자였다.

우리는 차에서 내려 할 수 없이 공항 정문까지 걸어오게 되었다. 김 병장은 우리를 내려주고 영등포로 가게 되었다. 화곡동에서 김포공항 정문까지는 족히 10킬로 되는 거리였다. 연옥이 정문까지 걸어가자는 것이었다.
"다리가 아플 텐데 괜찮겠어?"
"주병씨는 영등포까지 갈 생각이었어요? 남자들은 다들 응큼 하다니까, 통금이 다가오는데 여관밖에 갈 데가 어디 있어요? 나는 직감했어요. 김 병장이 아까 소곤거리며 말할 때 알았거든요. 주병씨도 똑같아요?"
연옥은 그렇게 내게 정곡을 찌르고 있었다. 나는 할 말이 없었다. 김 병장은 식당에 오면 항상 연옥에게 데이트 한 번 하자고 치근댔다고 했다.
나는 연옥을 따라 말없이 걸었다. 거의 4킬로는 걸은 것 같았다. 말도 없이 침묵한 채 따라 걷고 있었다.
지금은 강서구 화곡동이 번화가가 되었지만, 그때는 큰 길가에 주유소 한 곳만이 덩그러니 있었지 그 주변 모두 논밭이었다. 한참 걷다 보니 다리도 아프고 힘이 들었는지 연옥이 어디 앉아서 쉬었다 가자고 했다.
우리는 불빛 하나 없는 도로가 풀밭에 주저앉았다. 나는 연옥에게 무슨 말을 해볼까 했으나 공연히 양심의 가책이 느껴져 침묵만 지키고 있었다.
오늘 일이 부끄러웠다. 김 병장의 꾀임에 잠시나마 연옥을 여관에 데리고 갈 생각을 했다는 게 수치스러웠다.
연옥도 할 말을 잊은 듯 잠시 하늘만 쳐다보고 별들만 바라보고 있었다. 오랜 침묵이 흐르고 있었다. 풀벌레 소리만 시끄럽게 귓전에 울리고 있었다.
"연옥이 춥지 않아? 바람이 차갑게 느껴지는데 일어나 가지?"
내가 오랜 침묵을 깨고 가자고 했다.
"좀 더 있다 가요. 어차피 오늘 밤은 나와 함께 보내기로 주병씨 마음먹은 게 아니에요? 지금 아무도 보이지도 않고 단둘이 있잖아요. 저를 갖고 싶으면 마음대로 하세요. 나 약한 여자에요. 얼마든지 나를 힘으로 제압할 수 있어요. 그렇게 원한다면 저를 마음대로 하세요. 그렇게 사랑을 얻을 수 있다고 생각해요?"

"미안해 잠시 내가 헛된 꿈을 꾼 것 같아 그러나 사랑하는 마음은 진심이야."

"주병씨 진심을 알고 싶어요. 저번에 강화 갔을 때도 도가 지나쳤어요. 여자의 육체만을 원한다면 그건 동물과 다를 바 없어요. 저를 진정 사랑하는지 묻고 싶어요."

연옥은 그렇게 말하면서 나를 얼굴도 들지 못하게 하고 있었다. 오늘 일에 양심이 찔렸었는데 그렇게 말하니 더욱 할 말이 없었다.

"내가 힘으로만 사랑을 얻으려는 사람처럼 보였어? 오늘 일은 변명하고 싶지 않아, 그렇다고 동물처럼 취급하는 말은 너무 심하다고 생각 안해? 맞아 나 숫컷이야 숫컷들의 생리는 짐승이나 같다고 생각해 연옥을 진정으로 사랑하는 마음은 진심이야 연옥이가 나의 전부란 말이야!"

그러자 연옥은 나를 껴안았다. 아직까지 연옥이 마음을 열고 내 품에 안긴 적이 없었다. 진심으로 연옥도 나를 사랑하는 것 같았다. 서로 포옹이 이루어지고 자연스럽게 입술도 맞대게 되었다. 이제 누가 뭐래도 우리는 연인 사이가 되었다.

김 병장이 헛된 꿈을 가지게 했지만 사실은 우리들의 마음을 하나로 연인이 되게 가교역할을 했다고 생각되었다.

이제는 연옥과 나는 누구도 개의치 않고 사랑을 나누게 되었다. 서로 앞날을 설계하고 많은 대화가 이루어졌다.

직장에서는 쉬는 시간이면 단둘이 앉아 정담을 나누고 집에서 같이 책도 보고 사랑을 나누었다. 결혼은 3년 후에나 하기로 약속했다. 집에 어른들과도 만나기로 약속도 하게 되었다. 하루하루가 사는 게 활기찼다. 꿈도 이루고 이제 아무 근심 걱정이 없었다.

그렇게 좋아하던 술도 식사할 때 반주 정도만 먹게 되었다. 모두가 사랑의 힘이었다. 또 한 해가 지나고 여름이었다.

한 달가량 장마가 계속되고 있었다. 매일같이 신문 방송에서 전국에 수해 상황을 보도하고 수재의연금까지 모금하고 있었다. 사태가 보통 심각한 게 아니었다. 나는 작은 돈이지만 500원의 수재의연금을 신문사에 보냈다.

연옥은 매일같이 자기 집이 어떻게 될까 자나 깨나 걱정이었다. 나도 가 보았지만 개천가 낮은 지대여서 위험할 것 같았다. 하는 수 없이 지배인한테 허락을 얻어 연옥은 광탄 집에 가게 되었다. 나도 같이 가겠다고 했으나 지배인은 두 사람이나 빠지면 장사는 누가 하느냐고 보내 주지 않았다.

할 수 없이 연옥만 집에 가게 되었다. 그런데 연옥이 집에 가고 이틀째 되는 날 신문에 광탄 일대가 연이틀 비가 쏟아져 한마을 전체가 쓸려나갔다고 신문에 사진과 함께 1면에 실려 있었다.

일이 손에 잡히지 않았다. 틀림없이 그곳은 연옥이 사는 동네가 분명했다.

연옥이 3일째 되는 날도 직장에 오지 않는 걸 보면 무슨 일이 일어난 게 분명했다. 지배인에게 사정했다.

"연옥이 틀림없이 무슨 일 있는 것 같아요. 내가 가봐야 할 것 같아요."

사정사정해서 점심 끝나고 부랴부랴 서울에 가서 광탄행 시외버스를 탔다. 아무런 일이 없기를 간절히 바라면서 광탄에 도착했다. 연옥이 살았던 동네에 가보자 옹기종기 모여 살던 초가집들이 흔적도 없이 사라지고 가파른 언덕에 집 몇 채만이 남아있었다. 몇몇 동네 사람과 수해 복구하는 군인들에게 묻자 그제 밤 둑이 터져 한 마을을 쓸어갔다고 했다. 밤중에 일어난 일이라 손 쓸 새도없이 사람과 집 모두가 없어졌다는 것이다. 하늘이 무너지는 것 같았다. 몇 사람이 죽었는지 아직 파악도 못하고 있다고 했다. 연옥이도 당한 것일까? 아무리 찾고 물어봐도 아는 사람이 없었다.

하룻밤을 그곳에서 있다가 직장에 올 수밖에 없었다. 살았다면 소식이 오겠지 기다리는 수밖에 없었다. 일을 하면서도 출입문을 수없이 바라보며 일을 했다. 혹시나 올까 하고 누가 들어오면 문부터 쳐다보았다. 그런데 일주일, 한 달이 지나도 소식이 없었다. 쉬는 날 대구 달성동까지 가보게 되었다. 혹 고향이 그곳이라고 들은 적이 있어 찾아보았으나 서울에서 김 서방 찾기였다. 대구도 사람이 많이 살고 찾을 길이 없었다. 헤매다가 올 수밖에 없었다. 영영 생 이별을 하게 되었다. 살았다면 연락이 왔을 터인데 아무래도 이 세상 사람이 아닌 것 같았다. 단념하기에는 너무 마음이 아프고 견딜 수가 없었다. 내 인생에 연옥이가 전부였는데 잊을 수가 없었다. 희망을 가지라고 만나면 충고해 주고 술 좀 그만 먹고 앞날을 생각하라고 귀가 따갑게 말해 주던 연옥이었다. 하다 하다 안 되니까 책을 사다 주고 책까지 읽게 되었다. 이제 마음 잡고 살아보려 했는데 산산이 꿈이 무너지고 있었다. 그렇게 좀처럼 마음을 주지 않았던 연옥이 결혼까지 약속하지 않았던가! 다음 가을에는 고향집에 가 우리 부모님께 인사까지 드린다고 했었다.

생각할수록 가슴 아픈 일이었다. 눈에 보이지 않으면 잊혀지겠지 마음먹어도 지난 세월을 머리에 떠올리게 되어 마음을 안정시킬 수가 없었다.

또다시 날마다 술만 먹고 살게 되었다. 일이 끝나면 밖에 나가 술도 먹고 자고 오고 거의 매일같이 타락하고 있었다.

직장에서 친구들이 위로하고 잊으라고 해도 마음속에 각인이 되어 잊혀지지 않았다. 어떤 때는 술에 취해 손님으로 온 군인들과 싸움도 하게 되었다. 시비를 걸면 참지를 못하고 싸우게 되었다. 실컷 얻어맞고 피투성이가 된 적도 있었다. 그런 불미스러운 일이 있는 중에 또 다른 좋지 않은 낙하산 파동이었다.

제일 전투비행단 장교들이 우리 식당 장교 구락부 홀에서 파티를 열게 되었다. 조종사 일반 장교 몇백 명이 모였다. 그런데 창문마다 낙하산으로 보기 좋게 휘장을 두르게 되었다. 그 낙하산 수가 10여개가 들어가게 되었고 파티가 끝나고 철거를 했는데 낙하산 1개가 없어졌다는 것이었다. 그걸 치운 사람은 조종사, 사병 5명이었다. 우리 식당 종업원은 네 사람이 있었는데 탁자에 음식 그릇만 치웠지 낙하산에 손도 대지 않았다. 사병들이 수거해갔었다. 그런데 낙하산이 나오지 않아 우리까지 부대 헌병대에 끌려가 조사를 받아야 했다.

그곳에 있었던 사람은 모두가 혐의자라고 했다. 낙하산이 나올 때까지는 계속 혐의자로 조사를 받아야 한다고 했다. 그래서 매일같이 불려 다니고 있었다.

똑같은 질문, 똑같은 답변을 하는 데도 매일같이 부르고 있었다. 죄인 아닌 죄인이 되어 불려 다니는 것도 신경이 쓰이고 마음이 아팠다. 가뜩이나 연옥이 소식마저 끊어져 우울하게 살고 있는데 죄까지 뒤집어쓰고 있었다. 만약에 낙하산이 나오지 않으면 그날 있었던 9명이 변상해야 한다고 엄포를 놓고 있었다. 근 15일은 불려 다닌 것 같았다. 다행히 조종사 식당 천정에 숨겨놓았던 낙하산을 찾게 되었다. 조종사 식당 사병이 몰래 감추어 놓았던 것이다. 낙하산 하나 값이 그때 몇십만 원 한다고 했다. 그걸 팔아먹으려고 사병이 숨겨놓은 것 같았다. 그 사병은 형무소에 가게 되었다. 애

꽂은 식당 종업원만 보름 동안 죄인 아닌 죄인이 되어 조사를 받았다.

그 후 나는 술을 더 먹게 되었다. 일할 때도 항상 술에 취해있었다. 그날은 비가 억수같이 쏟아지는 날이었다. 술에 취해 간신히 점심 배식이 끝나고 밖에 나가 또 술을 먹었다. 저녁 장사를 해야 되는데 도저히 할 수가 없었다.

부대 식당에 들어왔으나 몸을 가눌 수가 없어 일을 할 수가 없었다. 지배인과 동료 직원들이 집에 들어가 쉬라고 했다.

나는 고집을 부리고 집에도 가지 않고 또 식당에서 술을 퍼마셨다. 일하는 사람까지 방해하면서 막무가내로 행동했다.

제정신이 아니었다. 내가 왜 이렇게 되었나 공허한 마음을 달랠 수가 없었다. 소리치고 다니다가 정원에 들어가 쓰러져 잠이 들었다. 인사불성이 되어 자는 것을 깨운 것은 다방 카운터 박양이었다. 그는 17살 먹은 앳된 처녀였다. 다방에 온 지 1년이 넘었다. 애가 깜찍하고 얼굴도 예쁜 애였다.

"아저씨! 일어나요! 아저씨! 일어나요!"

자꾸만 깨워 눈을 떠보니 박양이었다.

"모두들 퇴근했어요. 집에 가세요! 착한 아저씨가 요즘 왜 그래요. 연옥 언니 때문에 그러는 거예요? 그만 잊으세요. 살았다면 왜 여지껏 연락이 없겠어요? 잘못된 게 틀림없어요."

박양도 나와 연옥이 애인 사이라는 걸 알고 있었다.

"왜 너는 아직 집에 가지 않았니?"

"손님 한 분이 조금 전에 갔어요. 그분도 술에 취해 가지고 가라고 해도 가지 않아 애를 먹었어요. 괴롭다고 술로 해결이 되겠어요? 그 사람도 괴로운 일이 있는가 봐요. 문을 닫다가 보니 아저씨가 쓰러져 자는 걸 보았어요. 제가 집까지 모셔다 드릴테니 가세요."

박양은 나를 일으켰다. 비를 맞고 뒹굴다 쓰러져 잤기 때문에 몰골이 엉망이었다.

나는 박양의 부축을 받으며 일어나 집으로 가게 되었다.

"갈 수 있겠어요?"

"괜찮아, 미안하다. 한잠 잤더니 술이 좀 깼어."

"그럼 가요."

나는 박양과 식당을 나왔다. 오늘따라 지배인도 어디 갔는지 보이지 않았다.

"윤 씨 아저씨 고향이 어디세요?"

박양이 물었다. 내가 충청도 대천이라고 말하자 박양은 한 번 가봤다 하면서 고향에 내려가라고 했다.

"왜 매일 술 취해있으니까 보기 싫어?"

"그래요, 전에는 안 그러셨는데 요즘 너무 술 취해있는 모습 보기 안 좋아요."

박양은 사람들이 실연당해 그런다고 쑥덕거린다면서 고향에 가서 잊어버리라고 했다. 어린 박양이 내게 그런 충고까지 하다니 부끄러웠다.

"박양은 참 어른스럽네. 이러고 사는 게 나도 내가 미워, 내가 왜 그런지 세상이 싫어졌어."

"고향에는 누가 있어요?"

"부모님과 여동생 하나 있어, 박양과 나이가 비슷해."

"농사짓고 사시나요, 부모님이?"

"농사짓고 살아."

박양은 나를 부축해 걸으며 이것저것 묻고 있었다. 어느새 후문까지 나왔다.

"이제 박양 집으로 가 박양 집은 이쪽이지?"

삼거리에서 박양 보고 집에 가라고 했다. 박양은 집까지 모셔다 준다 했다. 나이는 어려도 어른스러웠다.

"괜찮아, 술이 많이 깼어, 박양 고맙다."

"그럼 내일 봬요, 제가 한 말 잊지 마세요. 고향에 가서 모두 잊어버리세요."

아저씨처럼 착한 분이 여러 사람들에게 손가락질 받는 게 보기 안 좋다고 했다. 박양의 부축으로 집에 왔으나 공허한 마음은 달랠 길이 없었다. 박양의 말이 자꾸만 마음에 와닿았다.

고향에 가서 잊어버리라 했던 말이 떠올라 고향 생각이 나고 있었다.

다 큰 자식들은 모두 객지에 살고 있고 막내둥이 하나 데리고 농사짓고 사시는 부모님이 얼마나 외로울까 고향 부모님 생각이 나고 있었다.

다른 자식들은 모두 직장에서 열심히 일하고 있어 별걱정을 하지 않는데 유독 맏이인 내가 마음을 못 잡고 이곳저곳 떠돌아다녀 항상 걱정이 많은 부모님이었다.

나라도 고향에 내려가 부모님과 같이 살고 싶었다.

박양 말이 백번 옳은 것 같았다. 지금 심정은 식당에서 일하고 싶은 마음이 조금도 없었다. 매일같이 술이나 먹고 폐인처럼 살 바에야 고향에 내려가는 게 낫다고 생각되었다. 연옥이 생각도 잊을 수 있을 것 같았다.

언젠가 부모님이 이런 말씀을 했었다.

너희들 다 객지에 보내고 쓸쓸하고 이제 나이도 먹어 농사짓기도 어렵다. 시골 생활 정리하고 너희들과 살고 싶다.

오죽 쓸쓸하고 허전했으면 대대로 살아온 고향을 버리고 자식 곁에서 살고 싶었을까? 한 사람이라도 부모님 모시고 살아야 된다고 생각되었다.

다음날 나는 대흥상회를 찾아가 주인에게 그만두겠다고 말했다. 호랑이 할머니는 매일 술만 먹고 괴로워하고 있다고 들었다면서 고향에서 쉬다가 다시 오라고 했다. 윤 씨가 왜 그런지 안다면서 이미 소식이 없는 사람 잊으라고 했다. 눈에 안 보이면 자연히 잊게 된다고 했다.

나는 동료들과 작별하고 근 4년 가까이 일한 직장을 버리고 고향에 내려갔다. 서울에 있는 동생들에게 들리지도 않고 고향으로 내려갔다. 서울에는 남동생들과 여동생들이 직장을 다니고 있었다.

고향에 내려갔을 때는 추수가 끝나고 초겨울이었다. 부모님도 잘 왔다면서 한 사람이라도 고향에서 살자고 했다.

나는 고향에서 한겨울을 보냈다. 농번기가 끝나고 별 할 일이 없었다. 동네 청년들과 모임을 갖고 마을 길을 넓히자고 말했다. 청년들이 합심하면 겨울 동안 할 수 있을 것 같았다. 내가 인천 고야 직업학교에 농축과 지도원으로 있을 때 농축과 교수가 한 말이 있었다. 우리 농촌도 선진국처럼 살려면 시골에 길을 넓히고 차가 다니게 해야 된다고 했다. 수백 년 동안 어깨에 짊어지고 다녔던 지게는 없어져야 된다고 말했다. 길을 넓혀 우선 리어카도 다니고 차가 다니게 해야 빨리 발전할 수 있다고 했다.

선진국은 지금 비닐하우스로 겨울에도 채소를 가꾸고 차로 실어 나른다고 했다. 우리나라도 그렇게 될 날이 반드시 올 거라고 했다. 농산물을 재배해서 도시로 나가 팔 수 있어야 발전이 된다고 했다. 그래서 청년들을 설득해 겨울에 작업을 하게 되었다. 동네 어른들에게도 동의를 얻어야 했다. 일부 반대하는 어른들도 있었으나 자세하게 설명하고 힘들게 지게 지는 일을 줄이자고 말했다. 힘들게 벼 가마를 지고 20리 길이나 되는 정미소까지 가려면 얼마나 힘이 드냐고 말했다. 마을 공동으로 우선 리어카 2대만 구입하면 힘든 일을 덜 수 있다고 설득했다. 그래서 6개월 동안 길을 넓히게 되었다. 밭이 조금 들어가는 곳도 있었지만 대부분 산길을 이용해 도로를 넓혔다.

세 마을이 모두 이용할 수 있게 길을 만들었다. 청년들이 새벽과 저녁에 시간을 내어 하루 4시간씩 일을 했다.

가을에서 초봄까지 집에서 일을 하면서 청년들이 시간을 내어 길을 내게 되었다.

그런데 나머지 중요한 길을 내지 못했다. 300미터 신작로까지 연결해야 되는데 모두 밭이었다. 그중에 우리 밭도 끼어있었다. 우리 밭은 30미터쯤 되었는데 아버지를 설득해 기부했으나 다른 곳은 돈 주고 사야 했다. 그 돈이 적은 돈이 아니었다. 시골 사람들이 돈을 내놓을 리 없었다. 내가 욕을 먹게 되었다. 객지에서 떠돌다가 와서 동네 근심거리만 만들었다고 욕을 해댔다. 아버지까지 나를 원망했다. 나는 다시 서울로 오게 되었다. 지금 그 길은 차가 다니고 있었다.

방황

고향에 내려가 농사나 짓고 책이나 보면서 연옥을 잊으려 했지만, 뜻하지 않게 고향 청년들과 시골길을 넓히는 작업을 하다가 벽에 부딪쳐 포기하고 서울로 오게 되었다.

그때 동네 어른들이 협조만 해 주었으면 도로를 완성할 수 있었을 터인데 돈이 들어가는 것이라 뜻을 이루지 못했다. 200미터 남겨놓고 도로를 내자는 꿈은 무너지고 말았다. 나중에 10여 년이 지나 미완성이었던 도로가 새마을사업으로 완성이 되어 시골 세 마을에 차가 다닐 수 있었다.

내가 너무 일찍 도로를 내겠다고 무리하게 진행하여 결국 어른들에게 욕만 얻어먹고 말았다. 시골에서 더 이상 살 수가 없어 다시 서울에 왔지만 갈 곳이 없었다. 아버지가 동네 사람들에게 더 이상 욕먹지 말고 고향을 떠나라 했던 것이다. 공연히 젊은 청년들 꼬셔서 필요도 없는 도로를 만드는 바람에 밭만 몇십 평 들어갔다고 꾸중했었다. 아버지는 우리 밭이 들어가게 되어 밭을 무상으로 기증했는데, 다른 사람들은 그렇지 않았다.

배운게 도둑질이라고 또다시 식당에 취직이 되었다. 이제는 식당요리사가 직업이 되었다. 공군부대에서 3년 넘게 배웠고, 일반식당에서도 1년 넘게 주방일을 배웠다. 직업이 된 것이다. 아마도 평생직업이 되었다. 내 장사로 식당을 차려 몇 군데서 장사도 하고, 한때는 식당을 그만두고 만두 공장도 차렸고, 냉면가루 장사도 했었다. 모두가 식당과 연관이 있는 직업이었다. 내 나이 팔십이 넘어서야 식당 일에 손을 놓았다. 한번 발을 들어 놓았던 직업이 평생이 될 줄은 꿈에도 몰랐다.

딴 직업을 가져봐야지 하고 잠시 다른 직업도 가져 보았지만 전문지식이 없어 한두 달 하다가 팽개치고 또다시 본업인 식당 일을 하게 되었다. 목공소, 과수원, 돼지 키우는 농장, 새끼공장까지 일을 해 보게 되었다. 모두 총각시절에 했던 직업이었다. 특별히 기술이 없으니까 힘으로 할 수 있는 직업은 모두 해 보았다.

식당도 취직이 되어 오래 있지를 못했다. 장사가 안되는 집은 월급이 제때 나오지 않아 그만두고, 장사가 잘되는 집은 일이 힘이 들어 그만두고, 어떤 집은 식당에 불이 나는 바람에 그만두었고, 어떤 집은 주인의 행패가 심해 그만두고 수없이 이곳저곳 다니게 되었다. 더욱이 책을 읽고, 글을 쓴다고 정신이 팔리다 보니 주인 눈치 보기가 싫어 그만두는 경우가 많았다. 쉬는 시간 짬을 내어 책을 보는데도 눈치를 하고, 야단도 치는 바람에 쫓겨나고 내가 그만둘 때가 많았다. 그러다 보니 돈도 못 벌고 방황하게 되었다. 아마 몇 년을 그렇게 살았다. 그러던 어느 날 어떤 식당 주인을 만났다. 직업소개소에서 만났는데 그 사람은 숙명여대 정문 근처에서 분식집을 한다고 했다. 주방장이 하도 속을 썩이고, 장사도 잘되지 않아 식당을 내놓았는데 나가지 않는다고 했다. 식당이 정이 떨어져 하고 싶지 않다고 했다. 자기 마누라가 운영했는데 병까지 얻어 지금은 문을 닫고 있다고 말했다. 누가 식당이 팔릴 때까지만 봐주면 좋겠는데 할 사람이 없다고 했다. 그 사람은 나에게 식당을 맡아서 해주면 팔릴 때까지 월급을 쳐주겠다고 했다. 그리고 장사가 되든, 안되든 모두 맡길테니 해보라고 했다. 자기는 일절 식당에서 팔리는 돈을 관여하지 않겠다고 했다. 우선 당장 필요한 장사할 돈은 대준다고 했다.

듣고 보니 솔깃한 마음이 들었다. 식당이 되든 안되든 월급을 주겠다고 하니 당장 갈 곳도 없는데 구미가 당기고 있었다. 그래서 해보겠다고 말했다.

식당 주인과 함께 효창동 숙명여대 정문 앞 근처 식당에 가게 되었다. '맛나분식' 식당이라는 간판이 걸려 있었다. 식당에 들어가자 탁자가 10개가 넘게 놓여 있었다. 시설이 깨끗한 편이었다. 평수가 25평은 될 것 같았다. 방도 테이블이 4개 놓여 있고 주방도 그리 좁지가 않았다. 메뉴판을 보자 우동, 가락국수, 볶음밥, 김치찌개, 된장찌개, 라면, 칼국수, 비빔밥 여러 가지였다.

주인이 메뉴판을 가르키며 할 수 있느냐고 물었다. 공군부대에서 했던 음식이라 할 수 있다고 말했다.

주인이 3일간 같이 하자고 했다. 일단 이곳 사정을 알아야 되기 때문에 3일간 가게 내용을 설명해 주겠다고 했다. 시장도 봐야 되고, 물건 주문도 알아야 되니 차근차근 가르쳐 주겠다고 했다.

그래서 3일간 주인과 같이 식당문을 열도록 준비를 마쳤다. 드디어 식당 문을 열었다. 첫날 장사를 했는데 20명밖에 오지 않았다. 혼자서도 50명 정도는 손님을 받을 수 있었다. 주인은 최소한 30명은 손님이 와야 식당 운영을 할 수 있다고 했다. 자기가 오백 원을 줄 테니 운영비 하라고 했다. 자기는 내일부터는 나오지 않는다고 말하고 혼자 운영해보라고 했다. 그 다음 날부터 나는 식당을 혼자 운영하게 되었다. 일주일이 지나자 30명 정도는 손님이 오고 있었다.

졸지에 식당 주인이 되어 장사를 하게 되었다. 누가 간섭하는 사람도 없고, 운영비는 되니 할만했다. 저녁장사는 손님이 없는 곳이라 일찍 문을 닫고 책도 보고, 글도 쓰고 마음대로 할 수 있었.

한 달이 되면 주인이 월급은 준다니 걱정할 게 없었다. 식당이 빨리 나가지 않았으면 하는 마음이었다. 이곳은 주로 숙명여대 학생들 상대로 장사하는 곳이었다. 주변 상가 주인들도 있지만 학생이 단골이었다. 50명 정도만 손님이 오면 조금은 돈을 벌 수가 있을 것 같았다. 음식을 맛있게 만들어 손님을 늘릴 생각이었다. 장사가 잘되면 식당을 팔지 않아도 될 것 같았다. 하루하루가 즐거웠다.

첫째, 마음대로 책을 읽을 시간이 많아 좋았다. 책도 이것저것 많이 사서 읽었다.

박정희에 대한 책도 읽었다. 이병주가 쓴 소설인데 내용이 박정희 대통령에 대한 얘기였다. '그를 버린 여인'이란 책이었다. 육영수여사가 본 부인인줄 알았는데 본처가 따로 있었다. 박정희를 버린 여자가 '그를 버린 여인' 책의 주인공이었다.

박정희가 공산주의로 자란 사실도 알게 되었다. 사형직전에 구사일생으로 살았다는 사실도 알게 되었다. 유명인사들의 자서전도 많이 읽었다. 정주영 자서전, 추기경 김수환 자서전도 읽고 이명박 '신화는 없다'도 읽었다. 사명대사 서산대사토정비결을 썼다는 이지암의 토정비기도 읽어 보았다. 소설도 재미있지만 역사의 인물도 읽어보면 재미가 있었다. 나는 그렇게 책을 읽으며, 글도 쓰면서 즐거운 나날을 보내고 있었다. 본 식당 주인은 나에게 맡겨놓고 한번도 가게에 오지 않았다. 지방에 자기가 하는 일이 있다고 하여 지방에 간 것 같았다.

오늘도 나는 식당 문을 닫고 늦게까지 내실 방에서 책을 읽고 있었다. 언제나 8시면 가게 문을 닫았다.

누가 밖에서 가게 문을 두드리고 있었다. 시계를 보자 11시가 조금 넘었다.

"이 시간에 누굴까?" 혹 식당 주인이 왔는가 밖으로 나갔다. 그런데 남자가 아니고 여자였다. 유리창 창문으로 볼 수가 있었다.

커다란 가방을 들고 있었다. 젊은 아가씨인데 누굴까 궁금했다.
내가 문을 열고 물었다.
"누구시죠?"
여자는 생긋 웃으며 말했다.
"저어, 잘 곳이 없어 그러는데 하룻밤 재워주면 안될까요?"
뜻밖에 여자가 찾아와 하룻밤 재워달라니 기가 막혔다. 그것도 앳띤 처녀가 행색으로 보아 시골 사람 같지는 않았다.
옷차림도 세련되어 보였고, 무슨 사연이 있는 것이 분명했다. 얼마나 헤매고 다녔는지 기력이 쇠약해 보였다.
"일단 안으로 들어오세요. 많이 지쳐 있는 것 같은데 쉬었다 가세요?"
"고맙습니다. 이 은혜 잊지 않을게요?"
"저녁 식사는 하셨는지?"
말하자 처녀는 대답을 못했다. 물론 저녁도 못 먹은 것 같았다.
"조금만 기다리세요?"
하고는 주방에 들어가 밥을 볶았다. 찬밥을 줄 수는 없어 볶음밥을 해 가지고 후라이까지 해서 주었다. 처녀는 맛있게 먹고는 고맙다고 연신 고개를 숙여 인사했다.
"기왕이면 커피도 한 잔 주세요?"
처녀는 이제 한숨 돌렸다는 표정으로 커피까지 주문했다. 그래서 커피까지 끓여 같이 마시게 되었다.
커피를 마시고 있는데 통금이 울리고 있었다. 이제 나가라고 할 수도 없었다.
"누추하지만 이곳에서 하룻밤 묵을 수밖에 없네요. 통금이라 나갈 수도 없고…" 말하자 처녀는 방안을 드려다 보고 말했다.
"혼자 장사하고 계시는 거예요?"

사람이 없다는 걸 알고 물었다.

"혼자예요. 주인이 따로 있는데 잠시 제가 맡아서 장사하게 되었어요?" 사정을 다 말하려다 그렇게 대답했다.

"방에 들어가세요. 피곤할 텐데 주무셔요?"

하고 내가 처녀의 가방을 들어 방에다 놓았다. 그리고 나는 이불을 꺼내어 밖으로 나왔다. 한방에서 같이 잘 수는 없는 입장이었다. 홀에서 의자를 포개여 침대를 만들고 자면 될 것 같았다.

"제가 밖에서 잘께요?"

처녀는 자기가 밖에서 자겠다며 방에 들어가지 않았다. 내가 어떻게 숙녀를 밖에서 재우냐고 그건 말이 안된다고 했다.

"하룻밤인데 어떻게 숙녀에게 밖에서 자라고 하겠어요. 아무 걱정말고 방에 들어가 주무세요?"

억지로 끌어 방에 들여보냈다. 그날 밤은 그렇게 자게 되었다.

다음날이었다. 나는 홀에서 깊은 잠에 빠져 자고 있었다. 그런데 주방에서 덜그덕거리는 소리가 들리고 그릇이 부딪치는 소리가 들렸다. 잠에 깨어 보니 주방에서 처녀가 설거지를 하고 있었다.

"이봐요, 지금 몇 시인데 일어나 설거지를 하고 그래요. 밖으로 나오세요, 지금 새벽 5시에요, 빨리 나오세요?"

말하자 처녀가 밖으로 나왔다.

"주무시는데 공연히 방해가 되었나 봐요. 잠이 오지 않아 제가 너무 일찍 일어났나 봐요. 제가 커피 한잔 끓일테니 커피나 한잔해요…"

처녀는 커피 한잔하자고 했다. 그래서 주전자에 물을 끓이라고 주전자와 커피를 내어놓았다. 처녀가 주방에서 커피를 끓여 가지고 홀로 나왔다.

"우리 인사나 하고 지내요, 저는 박영애예요."

"저는 윤주병입니다."

"이렇게 만난것도 인연인데 하룻밤을 자고 인사도 하지 않아 미안했어요. 보아하니 혼자서 장사하시는데 제가 도와주면 안될까요?"

처녀는 그렇게 말했다.

"무슨 사연인지 모르지만 집을 나왔다면 집에 들어가세요. 이런 일 할 분도 아닌 것 같은데 아침 드시고 집에 가세요?"

"내쫓지 마세요. 당분간은 집에 갈 수가 없어요. 사정은 묻지 마시고 일하게 해 주세요…"

아가씨는 사정하고 있었다. 집에 갈 수가 없다는데 어쩔 수 없었다.

"고향이 어디세요? 서울 말씨를 쓰는데…" 하고 물었다.

"서울이 고향이에요. 학교는 신광여고를 나왔어요. 여기서 집이 그리 멀지 않아요. 더 자세한 것은 묻지 마세요. 주병씨는 참 착한 분인 것 같아요. 글을 쓰시나 봐요. 조금 읽어보았는데 재미있게 읽었어요."

어젯밤에 방에 있던 원고를 읽어본 것 같았다. 어린 시절과 학교에 있으면서 전옥자와 사귀였던 첫사랑 얘기를 써 놓았던 것이다. 틈틈이 써 놓은 글이 원고지 오백 장을 넘게 써 놓았다.

"부끄러운 얘기에요. 살아온 것이 너무 서글퍼 글로 써봤어요. 책 읽고, 글 쓰는 것이 취미가 되었어요…"하고 말했다.

"허락하신 거예요, 주병씨 혼자서 하는 것 보다 같이하면 좋지 않아요?"

"해주면 나야 더할 나위 없지만 식당 일은 힘들어요. 손님들이 좋아할 것 같아요. 나 혼자 장사하니 놀리는 학생도 있어요. 빨리 장가들어 같이 하라고…"

나는 박영애라는 처녀와 같이 장사를 하게 되었다. 하루 이틀 며칠째 되는 날이었다. 이제는 손발이 맞아 손님들도 좋아하고 나도 일하기 편했다. 주방에서 음식을 만들고 홀에까지 나가 써빙하다가 영애가 홀에서 척척 해주니 나도 좋고, 손님들도 좋아했다. 손님들이 진작 색시를 데리고 할 것이지 혼자 했느냐고 말하기도 했다. 우리는 서로 이름을 부르며 일을 했다. 주병씨, 영애씨 이렇게 서로의 이름을 불렀다. 이름을 부르니 더욱 친밀감이 생기는 것 같았다. 일이 끝나면 서로가 얘기를 나누다가 자게 되었다. 나는 오늘도 이불을 들고 밖으로 나왔다. 내가 잘 곳은 홀이었다. 남녀 구분이 분명한데 같이 잘 수는 없었다.

방에서 영애가 나와 의자에 깔아놓은 이불을 들고 방으로 들어갔다. 내가 다시 방으로 들어가 이불을 빼앗았다.

"왜 그래요. 안에서 자라니까 고집도 대단하셔. 나 혼자 방에서 못자요, 주병씨가 방에 들어오지 않으면 내가 밖에서 잘꺼예요?"

영애는 한방에서 같이 자되 이불을 따로따로 덥고 자자 말했다.

내가 그럴수는 없다고 말하자 또다시 영애가 이불을 빼앗았다. 서로 실랑이가 벌어졌다. 서로 이불을 가지고 빼앗고, 빼앗기고 실랑이를 벌이다가 웃고 말았다.

"주병씨는 참 용기가 없는 사람이에요. 여자를 혼자 놔두고 혼자 밖에서 잠이 와요. 주병씨 첫사랑이던 여자와 한방에 있다가 답답해서 뛰쳐나왔다면서요. 주병씨가 쓴 원고 읽어봤어요. 남자가 그렇게 용기가 없었어요. 나는 주병씨가 한 번쯤은 방에 들어올 줄 알았어요. 그런데 5일간이나 들어오지 않아 서운했어요. 내가 못생긴 여자라 여자로 보이지 않는 거예요?"

영애는 내 품에 안기며 그렇게 말했다. 나도 목석이 아닌 이상 여자 혼자 방에 놔두고 마음이 심란해진 것은 사실이었다. 그렇다고 자기발로 찾아온 여자를 어떻게 할 수는 없었다. 마음속에 품은 속내를 감추고 있었던 것이다.

서로를 확인하고 젊은 욕구를 마음껏 채울 수가 있었다. 이제 누가 뭐래도 부부 아닌 부부가 되었다. 같이 장사하고 같이 잠을 자는 부부가 되었다. 정식 결혼은 안했지만 함께 사는 동거자가 되었다. 장사도 날로 손님이 늘어 50명 넘게 손님이 오고 있었다. 집주인이 한번 찾아왔는데 애인이라고 했다. 그러자 잘 됐다면서 가게가 나갈 때까지 열심히 해달라고 했다. 근 4개월을 같이 장사하다가 식당이 팔리게 되었다. 가게 주인은 열심히 장사를 해준 덕에 식당을 제값을 받을 수 있었다며, 월급을 계산해 주었다. 식당에서 번 돈과 월급까지 받아 영애와 나는 여인숙을 얻어 같이 살게 되었다. 본격적으로 동거를 하면서 또다시 직장을 구하러 다녔다. 같이 일할 수 있는 곳을 찾았으나 그런 자리는 나오지 않았다.

그때 내가 스물일곱 살이었고, 영애는 스물두 살이었다. 고향에 내려가 살까도 했으나, 영애는 농사일은 못한다 하여 서울에서 살기로 했다. 남동생들에게 소개를 시키고, 여동생들에게는 알리지 않았다. 영원히 영애의 과거는 모른 채 살고 있었다. 나중에 내가 무슨 사연이 있는지, 부모는 살아 있는지 자꾸 캐묻자 사실대로 말해 주었다.

영애의 과거는 이러했다.

영애는 팔린 식당에서 그리 멀지 않은 원효로 2가에서 중학교 때까지 살았다고 했다. 아버지가 초등학교 때 돌아가셔서 어머니와 단둘이 살았다고 했다. 어머니는 동대문시장 야채가게에서 일을 해주고 월급을 받아 생활을 꾸려 나갔다고 했다. 중학교를 졸업하고 신광여고에 입학하여 다시 망원동으로 이사를 가 고등학교 졸업할 때까지 그곳에서 살았다고 했다. 그래서 원효로 일대, 효창동 일대를 잘 안다고 했다.

그런데 어머니가 고등학교를 졸업한 후 다시 이사를 가야 한다고 말했다는 것이다. 그것도 어머니와 같이 살게 된 남자집에 가서 살아야 된다고 어머니의 과거를 털어놓았다.

어머니는 야채상회 남자와 같이 장사하면서 정이 들어 이제껏 살아왔다고 했다. 야채장사 남자는 본처와 이혼하고 혼자 사는 홀아비였다. 슬하에 자식이 하나 있는데 지금은 군대에 가 있다고 말했다. 어머니가 같이 살자고 남자가 말했으나 딸 고등학교까지 마친 다음에 같이 살자고 미루어 왔다고 했다. 여지껏 영애에게 학비를 대주고 살아온 게 그 남자가 모두 도와줬다는 것이다.

그러니 이제는 졸업했으니 같이 살 수밖에 없다고 말했다고 했다. 영애도 그 남자를 잘 알고 있었다. 야채상회 주인으로 찾아와서 선물도 사다 주고, 가끔 과일, 고기도 사다 주고 갔다는 것이다. 그래서 그 아저씨를 항상 고맙게 생각하고 살았다고 했다. 어머니의 얘기를 듣고 어쩔 수 없이 남자집으로 이사할 수밖에 없었다고 했다. 그 남자집은 창신동이었는데 한옥집이었고, 방도 여러 개 있는 집이었다고 했다. 식구도 아들은 군대에 가 있고, 남자와 어머니까지 세 식구가 같이 살았다고 했다. 영애의 방도 따로 있어 낮에는 책도 보고, 친구도 만나고 일자리도 구하러 다녔다고 했다. 놀기가 심심하여 일자리를 구하러 다녔으나 쉽게 취직이 되지 않아 졸업하고 1년 넘게 집에서 빈둥빈둥 놀았다고 했다.

동대문시장에 나가 어머니를 도와주고 싶어도 남자와 둘이 장사하는데 거추장스러울까 나가지 않았다고 했다.

그러던 어느 날 집에서 속옷 차림으로 낮잠을 자게 되어 깊은 잠에 빠져 있었는데 무언가 자기 앞에 어른거려 눈을 떠보니 그 남자, 어머니의 남편이었고 문을 잠갔는데 밖에서 열쇠로 열고 들어왔다고 말했다.

남자는 야수같이 달려들어 꼼짝 못하게 했다고 하였다.

"소리 지르면 죽여버릴거야?"
하면서 옷을 벗기려 했는데 영애는 있는 힘을 다해 밀치고 그래도 안 되어 팔뚝을 물어버렸다고 했다. 그러자 목을 누르고 죽이려 하다가 떨어졌다고 했다.

"너 이년 엄마한테 말하면 진짜 죽여버릴거야!"
하고는 문을 박차고 나갔다고 했다. 얼마 동안을 혼자 울다가 가방에 짐을 싸 들고 집을 나왔다고 했다. 종일토록 거리를 헤매고 다니다가 친구집에서 하룻밤을 자고, 다음날 여기저기 직업소개소를 들렸으나 갈 만한 곳이 없었다고 했다. 이틀을 헤매고 다니다 효창동 아는 친구집에 가려고 했는데 늦은 밤이라 망설여졌다고 했다. 그래서 맛나분식집을 지나다 들어오게 되었다고 했다. 창문에서 바라보니 불이 켜져 있어 문을 두드리게 되었다고 말하면서 주병씨가 아니었다면 그날 밤 어떻게 되었을지 모른다고 했다. 주병씨가 너무 착해 나를 그날 밤 재워주게 되었다고, 그날밤을 회고하고 있었다.

영애의 과거는 그러했다. 나와 몇 달을 같이 살면서도 엄마 얘기를 하지 않았다. 엄마는 그런 사실도 까맣게 모르고 살고 있는 것이었다. 영애의 숨겨왔던 비밀을 알고부터 영애 말을 믿을 수밖에 없었다. 사실인지 아닌지는 영애만이 아는 진실일 것이다.

둘이서 매일같이 일자리도 못 잡고 놀다 보니 가지고 있던 돈도 얼마남지 않았다. 숙박비와 매일같이 사 먹는 식대비, 교통비 어쩌다 술도 한 잔씩 하게 되어 돈은 벌기보다 쓰기가 훨씬 쉬웠다.

"주병씨 같이 일할 데는 없는 것 같고, 나라도 먼저 취직할께요. 다방이라도 가야 되겠어?"

"안돼, 다방은 절대 안 돼. 남자들 노리개감이 되는 걸 나보고 보고 있으라고?"

나는 다방은 안된다고 말했다.
"그럼 어떻해? 돈은 떨어지고 식당은 일자리가 없잖아?"
"조금만 더 기다려보자, 오늘 김포나 갔다 오자, 내가 전에 새끼 공장에서 일하고 못 받은 돈이 있는데 가 보자?"

나는 영애에게 김포에 가자고 2년 전에 새끼공장에서 일했는데 서너달치 월급을 받지 못했다. 친구 인섭이 부대 당구장에서 일하다가 그만두고 김포에서 새끼공장을 차렸었다. 한동안은 한국일보사 신문사에서도 새끼를 사가고 잘되었으나 나일론 끈이 나오고부터는 새끼공장이 하양길에 접어들었다. 그래서 석달치 일한 급여를 받지 못했다. 친구간인데 재촉할 수도 없어 나중에 형편이 나아지면 주라고 왔던 것이다. 인섭과 공군부대에서 3년간을 같이 일했었고 인섭이 색시도 내가 소개해 주어 자식 낳고 잘 살고 있었다. 공군부대 식당은 내가 나오고부터 종업원들 간에 패싸움이 벌어져 큰 사고가 터져 부대에서 모두 쫓겨나왔다고 했다. 모든 민간업체가 쫓겨나왔고 30명 가까이 되었던 옛 동료들이 모두 흩어지고 인섭이만 김포에서 새끼공장을 차리게 되었다고 했다.

영애와 같이 새끼공장에 도착하자 새끼공장문이 굳게 닫혀 있었다. 공장이 돌아가지 않는 것 같았다. 뒷문으로 가면 내실 방이 있어 뒷문으로 가 보았다.

방문 앞에서 인섭이를 불렀다.
"인섭이 있나! 인섭이!"

몇 번을 부르자 인섭이 나왔다. 머리는 헝클어지고, 몰골이 말이 아니었다. 훤칠했던 인물이 광대뼈만 튀어나오고 볼 수가 없었다. 방안에 혼자 있었던 모양이었다.

"주병이 왔구나? 어떻게 지냈니?"
"그럭저럭 왜 혼자 있니? 부인과 애들은 어디 가고?"

"친정으로 보냈어, 여기서 살 수가 없어서, 들어와라?"

영애를 보고는 같이 들어오시라고 했다. 방에 들어가 앉았다. 대낮에 자고 있었는지 이불이 펴져 있었다.

"나 죽지 못해 살고 있다. 공장 보증금도 건지지 못하고 다 까먹었어. 창고에 새끼가 남아 팔려고 하는데 누가 사 가는 사람이 있어야지. 어쩌다 한 둘레씩 사 가는 사람이 있어 그것으로 연명하고 죽지 못해 살고 있다. 공장 주인이 나가라고 야단인데 버리고 나가는 수밖에 없을 것 같아?"

"그래, 미련 갖지 말고 딴 일을 찾아봐, 혹시나 하고 왔는데 가슴이 아프구나! 너나 나나 왜 되는게 없는지 모르겠다."

나는 인섭이를 위로하고 밖으로 데리고 나왔다. 식당에 가서 밥이라도 사 줘야 될 것 같았다. 혹 떼러 갔다가 혹 부치고 온다더니 내가 그 격이었다.

셋이서 식당에 가서 식사를 하고 나왔다. 상황이 그런데 돈 얘기는 꺼내 보지도 못하고 돌아오고 말았다.

영애는 사람이 참 좋아 보이는데 불쌍하다고 했다. 오죽하면 부인과 애들을 친정에 보내냐고 했다.

우리 앞길도 보이지 않는데 남 걱정할 때가 아니었다. 빨리 일자리를 구해야 우리도 살 수 있었다.

다음날 영애와 다시 갈월동 직업안내소를 찾아갔다. 누구라도 먼저 취직이 되면 하기로 약속했다. 오후까지 기다려도 찾는 사람이 없었다. 오늘도 틀렸구나 하고 소개소 문을 나오는데 여자가 우리를 보고는 얘기 좀 하자고 했다.

"아직 취직 못했어요. 우리 집에 가자니까?"

그 여자는 영애를 잡고 사정했다. 며칠 전에도 다방에서 일 좀 해달라고 매달린 여자였다.

"아주머니 다방은 안된다고 했잖아요?"

내가 말하자 영애는 말했다.

"나 갈거에요, 마냥 놀 수는 없잖아요, 다방도 사람 사는 곳인데 걱정 말아요."하고 따라 가겠다고 했다.

"총각도 같이 가봐요, 다방이라고 다들 잘못될까 그러는데 모두 자기 할 탓이에요, 내가 책임질테니 걱정 말아요.…"

다방은 삼각지 로타리에 로타리다방이었다. 평수가 사오십평 될 것 같은 꽤 넓은 다방이었다. 다방에는 한 사람의 여종업원이 있었다. 주방에도 한 사람이 있고, 마담까지 3명이었다. 영애가 일하게 되면 4명이 함께 일하게 될 것이었다.

마담이 커피를 내오게 하여 셋이서 커피를 마시고 마담과 얘기를 나누었다.

"총각 아무 걱정말고 돌아가세요. 아가씨는 제가 책임지고 보살필 것이니 안심하셔도 됩니다. 다방에서 일한다고 잘못될 일은 절대 없습니다. 술집도 아니고 차 심부름인데 뭣이 걱정이 됩니까? 저도 딸을 둔 엄마로써 자식처럼 보살필 것이니 안심하세요?…"

마담은 그렇게 나를 안심시켰다. 그렇게 말하는데 할 말이 없었다. 당장 살길이 막막한데 영애를 그 집에 일하게 놔두고 다방을 나오게 되었다. 영애가 밖에까지 나와 염려 말라고 했다.

"주병씨 염려 말아요, 잘하고 있을 것이니 궁금하면 가끔 전화하세요, 일이 끝나면 찾아갈께요."

영애는 그렇게 말하고 다방으로 들어갔다. 3일이 지나 전화하자 아무 걱정말라고 했다. 토요일 저녁에 여인숙집으로 찾아온다고 했다.

그런데 토요일 온다던 영애가 오지 않았다. 다방으로 전화하자 집에 간다고 다방을 나갔다고 했다.

밤을 새워 가며 기다렸으나 영애는 오지 않았다. 다음날 일요일 다방에 찾아갔으나 영애는 다방에 없었다.

"마담 어떻게 된 거예요?"

"제가 묻고 싶은 얘기예요. 분명 집에 간다고 말했는데 오지 않으니 말이에요. 참 그저께 아빠라는 사람이 찾아왔었어요. 영애가 집으로 전화했는지 분명 아빠라고 했어요?"

마담은 아빠라는 사람이 찾아왔었다고 말했다. 아빠가 찾아올 리가 없었다. 알다가도 모를 일이었다. 아빠라는 사람이 영애에게 그런 짓을 하고 어떻게 찾아왔을까? 분명 아빠라는 사람이 아닐거라 믿었다. 엄마가 찾아왔다면 모를까 아무리 엄마와 같이 사는 남자라 할지라도 영애에게는 다시 보지 않을 사람이었다.

이틀이 지나고 며칠이 지나도 영애는 다방에 나오지 않는다고 했다. 내게도 찾아오지 않고 알다가도 모를 일이었다.

보름이 지났다. 다방에서 거짓말을 하는가 불시에 찾아가 보아도 영애는 다방에 없었다. 하숙집에서는 방값이 다 되었다고 방을 비워달라고 했다. 돈도 떨어지고 할 수 없이 창신동 근로자 합숙소에서 지내게 되었다. 영애도 영애지만, 내가 당장 일자리를 잡지 않으면 안 되었다.

돈도 다 떨어지고 또다시 실업자가 되어 여기저기 헤매고 다녔다. 이제 소개소에는 일자리가 나오지 않았다.

전에 같이 일했던 친구 재봉이를 찾아갔다. 재봉은 옛날 나와 같이 신촌에 있는 신촌회관이란 곳에서 같이 일을 했었다. 그는 전라도가 고향인데, 어머니와 동생 셋이서 같이 살고 있었다. 왕십리에 자기집이 있었다. 유일하게 주방 계통에서 같이 일했던 친구였다. 삼성회관에서 재봉은 탕부였고, 나는 냉면부로 일했다.

그가 나에게 취직자리를 알선해 주어 나는 을지로 금정회관에 취직이 되었다.

약혼

　친구 재봉의 소개로 을지로 6가 금정회관이란 식당에 취직이 되었다. 가서 보니 지배인도 안면이 있는 사람이었고, 주방장도 같이 일했던 사람이었다.
　나는 주방장 보조인 탕부를 맡아 일하게 되었다. 주방에는 주방장 밑에 육부(고기를 다루는 사람)와, 한식부(찌개 종류, 전골 등을 다루는 사람), 나는 탕부, 갈비탕과 육개장 한 가지 더 있었다. '영계백숙'이란 말하자면 삼계탕이었다. 이렇게 주방장 밑에 육부, 한식부, 탕부가 있었고, 찬모, 밥모, 설거지 등 주방에 8명이 일하게 되었다. 규모가 큰 식당이었다. 지배인도 있고, 홀에 웨이터 남자 둘, 여자 접대원 써빙이 10여 명이 있었다. 이런 큰식당에 주방장이 되려면 10년 이상, 20년 이상 경력이 있어야 주방장을 할 수 있었다. 나는 식당 경력이 7~8년은 되었다. 공군부대 식당에서는 2년 만에 주방장도 했었지만 아직 주방장을 할 만큼 경력은 되지 않아 각부 책임자가 적당한 자리였다.
　탕부를 맡았는데도 아직 삼계탕은 끓여보지 않았다. 주방장의 조언을 받을 수밖에 없었다. 같이 일했던 주방장이라 자세히 가르쳐 주었다. 한 가지 더 기술을 배울 수 있었다. 탕부가 할 수 있는 또 한 가지 메뉴가 있었다. 가을에서 봄까지 하는 음식인데 만둣국과 떡국, 떡만두국이었다. 이런 음식도 탕부가 하는 일이었다. 주방장이 되려면 여러 곳을 다녀야 하고 여러 가지 음식을 배워야 했다. 한식에도 여러 음식이 많아 음식 기술자가 되려면 많은 경력이 필요했다.

나는 그때까지도 주방장이 된다는 생각은 하지 않았다. 영원한 직업으로는 내 적성이 맞지 않는 일이었다. 어쩌다 보니 직업이 되었지만 먹고 살기 위해서는 먹고 잘 수 있는 곳이 식당이었다.

식당일은 아침 일찍부터 밤 10시까지 상노동이었다. 쉴 시간은 점심시간 끝나고 1시간 정도 휴식을 할 수가 있었다.

책을 읽을 시간도 주어지지 않았다. 잠시 쉬는 시간에 책을 보고 있으면 종업원들이 빈정댔다. 무슨 식당 생활하면서 책을 읽느냐고 빈정댔다. 나는 그럴때면 내 자신이 부끄러웠다. 책을 읽고 글을 써서 내가 출세도 할 수 없다는 사실을 알면서 왜 그렇게 빈약한 생활을 하면서 책을 놓지 못하는지 실망할 때가 많았다. 내 운명이 어떤 운명을 타고 났기에 허무한 세월만 쫓고 사는지 알 수가 없었다. 하는 일마다 되는 게 하나도 없고, 여자마저도 사귀어 정이 들면 헤어지게 되고, 무슨 운명인지 알 수가 없었다.

벌써 4명의 여자와 사랑과 이별을 하게 되었다. 소식조차 알 수 없는 영애도 이제는 잊혀지고 있었다. 유일한 마음의 위로가 되어 주는 것은 그래도 책밖에 없었다. 누가 뭐라고 한다 해도 나는 시간이 나면 책을 읽었다.

금정회관에서 일한 지도 6개월이 흘렀다. 그래도 열심히 일해주어 주방장과 사장에게 신임을 얻고 있었다. 지배인과도 같은 충청도라 친구같이 지냈다.

지배인은 같은 충청도 서산이 고향이었다. 오래전에 용산 삼미정에 있을 때도 같이 잠깐 동안 일을 했었다. 사람이 착실하여 여러 군데서 지배인 생활을 했던 사람이다. 나중에 10년이 넘게 흘렀을 때 지배인은 청량리 역전 앞에 남지회관이란 식당을 운영했었다. 나는 그때 냉면가루 장사를 할 때였다. 그때는 거래처관계로 만나게 되어, 그가 나에게 냉면가루를 많이 팔아 주었다.

내가 지배인 얘기를 왜 하느냐 하면 금정회관에서 쫓겨나게 되었을 때 지배인이 사장에게 사정사정하면서 착실한 사람이라고 같이 있게 해달라고 졸랐기 때문이었다.

어느날 쉬는 시간에 책을 읽고 있는데 사장이 주방장과 탕부, 육부를 사장실로 불렀다. 나는 영문도 모르고 가게 되었다.

사장은 주방장에게 먼저 왜 지난달보다 매상은 별 차이가 없는데, 고기는 너무 많이 썼다고 따지고 들었다. 수량이 제대로 나오지 않았다는 것이다. 갈비나 등심, 탕 모두 고기가 몇 킬로그램으로 들어오면 몇 인분이 나온다는 계산이 나왔다. 그런데 터무니없이 수량이 나오지 않았다는 얘기였다.

"주방장 설명 좀 해 보세요. 등심, 갈비탕, 모두가 너무 차이가 나는데 먹어 치운 거예요. 고기 가지고 장난질 친 거예요?"

주방장이 우물쭈물 대답을 못했다. 사장은 내게도 물었다.

"갈비탕도 수량이 맞지 않아요. 한두 그릇이면 몰라도 차이가 너무 나는데 다 먹은거냐?"

따졌다. 나는 대답했다. 갈비를 삶고, 몇 그릇이 나오는가 항상 세어보는데 옛날과 거의 똑같이 나왔다고 대답했다.

그러자 사장이 버럭 화를 내며 그런데 제수량이 나오지 않느냐고 따졌다. 할 말이 없었다. 분명 누가 삶아놓은 탕고기를 먹었다는 결론밖에 없었다.

사장은 주방장, 육부, 탕부 모두 사표를 쓰라고 했다. 2~3일 안에 사람을 구할테니 그렇게 알라고 했다. 모두가 쫓겨나게 되었다. 나는 너무나 억울하여 견딜 수가 없었다. 누가 모두 먹었거나, 관리를 잘못한 게 분명했다. 아무래도 새로 들어온 설거지가 수상했다.

그는 쉬는 시간에도 언제나 혼자서 설거지를 하고 있었다. 점심 시간이 끝나고 나는 지켜보았다. 아니나 다를까 설거지는 설거지를 하다가 탕 대접을 들고 냉장고로 가고 있었다. 그리고 삶아놓은 갈비탕 고기를 한 대접 담아가지고 설거지대 위 선반에 올려놓고 설거지를 하면서 하나씩 집어먹고 있었다. 그래서 사장과 주방장을 불러 같이 가서 잡았다.

"너 이놈 무얼 먹고 있어?"

주방장이 소리치자 마져 삼키지도 못하고 뱉고 있었다.

"네 이놈! 날마다 얼마나 훔쳐 먹은거야, 한 대접씩 갖다 놓고 쳐먹어?"

사장이 소리치자 설거지는 벌벌 떨면서 잘못했다고 빌었다.

"잘못했어요, 식당에 들어오면 잘 먹는줄 알았는데 고기 한번 못 먹었어요. 고기가 너무 먹고 싶어 그랬어요.…"

기가 막혔다. 아무리 고기가 먹고 싶어도 한두 개 집어 먹을 일이지, 대접에다 한 대접씩 갖다 놓고 먹었으니 수량이 나올리 없었다.

지배인이 탕부는 잘못이 없으니 한번 용서해 주면 안되겠느냐 사정했으나, 사장은 관리를 못한 것도 책임이 있다면서 해고시켜야 마땅하다고 말했다. 그래서 주방장, 육부, 탕부 다 쫓겨나고 말았다. 나는 이곳에 있으면서 많은 것을 알게 되었다. 이제 취직하는 것도 문제가 아니었다. 취직을 하기 위해 직업안내소만 찾아다녔는데 식당에 일을 하려면 재료상회, 음식점에 납품하는 재료상회를 찾아가면 된다고 지배인이 알려주었다. 그곳에 가면 식당에 종사하는 사람들이 많이 찾아간다고 했다. 건축 자재상회에서 미장이, 목수 소개하듯이, 재료상회가 기술자도 소개해 주었다. 냉면집에 가려면 냉면가루 제분소를 찾아가면 된다고 했다. 나는 식당일을 몇 년 했어도 우물한 개구리였다. 오로지 직업안내소만 찾아갔으니 말이다. 직업안내소는 소개비를 받지만, 재료상회는 돈이 오가지 않앇다. 좋은 사람 소개해 주고 거래처를 잡게 되어 물건을 팔 수가 있었다.

나는 다시 쉽게 취직을 할 수가 있었다. 재료상회에서 한양대학교 구내식당 주방장으로 가게 되었다. 한양대학교는 왕십리 뚝섬 가기 전에 있었다. 서울에서 학생 수가 제일 많은 칠천 명가량 된다고 했다. 칠천 명이 식당에서 다 밥을 사 먹는 것은 아니었다. 하루에 천명, 많을 때는 이천 명도 먹을 때도 있었다. 주로 점심만 해주게 되었다. 주인은 여자인데 옛날 요정을 하다가 한양대학교 총장과 알게 되어 식당을 맡아서 하게 되었다고 말했다. 한양대학교는 대한일보 신문사도 한 계열사라고 했다. 그때 총장이 김연준 박사 음악가라고도 했다.

그 사람의 식사도 해주게 되었다. 하루에 식사는 세 가지였다. 일주일 메뉴를 짜서 해주면 되었다. 옛날 공군부대 식당과 비슷했다. 주방에 사람이 10명 넘게 일하고 있었다. 찬모, 밥모, 보조였다. 양식이나 일식이 들어갈 때는 하루 일당을 주고 데려다 쓰게 되었다. 북창동에 가면 양식기술자와 일식기술자가 모이는 곳이 있었다. 나는 양식, 일식도 조금은 할 수 있으나 한식이 전문이었다.

홀에는 사람이 한 사람이면 충분했다. 먹고 난 후 상만 닦으면 되었다. 학생들은 줄을 서서 식권을 내고 식판에다 가져다 먹고 가져다 주기 때문에 홀에는 많은 사람이 필요 없었다. 점심이 끝나면 여럿이 설거지를 끝내고 나는 주인 할머니와 왕십리 중앙시장으로 장을 보러 가게 되었다. 리어카 두 대를 끌고 다녔다.

할머니는 주인 마담의 친정엄마였다. 남편은 없고, 주인이 과부였다. 할머니의 아들도 함께 식당일을 도왔다. 아들이 서른다섯 살이었다. 주인 마담의 동생이 되는 것이다. 누님과 싸움이 잦아 나중에는 같이 일하기 싫다고 서독 광부로 일하러 가게 되었다. 나에게도 같이 가자고 했으나, 나는 가지 않았다. 그때 서독 광부로 갔다면 내 운명이 어떻게 변했을지 모를 일이었다.

아무튼 학교 구내식당에 있으면서 재미가 있었다. 시장 보러 다니면 부수입도 솔찬이 생기고, 시간도 많아 좋았다.

워낙 재료를 많이 사니 시장 상인들이 할머니 몰래 내 주머니에 봉투를 넣어 주었다. 물건은 내가 골라 사고 할머니는 돈만 지불하고 있었다. 할머니도 말썽 많은 아들이 둘이 있어 몰래 삥땅을 치고 있었다. 나보고 물건을 살 때 깎으라고 해서 주인이 깎아주는 척 하루에 얼마씩 집어 주었다. 그래서 할머니도 나름대로 용돈을 챙기고 있었다. 하루 물건 구입이 많으니 상인들도 너도나도 단골을 잡으려고 알게 모르게 선심을 쓰고 있었다. 보조 아이들을 데리고 다니며 물건을 두 개의 리어커에 가득 날마다 시장을 보았다.

학교 구내식당은 일요일은 쉬기 때문에 시간도 많았다. 동생들이 금호동에 방을 얻어 살고 있어 거리가 가까워 자주 들리게 되었다. 둘째 남동생이 이제 스웨터 공장 기술자가 되어 돈을 모아 동생들 셋을 데리고 살고 있었다. 남동생 둘, 여동생 둘이 같이 생활하고 있었다. 남동생 둘은 스웨터 공장에 다니고, 여동생 둘은 양장점에 다니고 있었다. 동생들은 착실하게 돈을 모아 방까지 얻어 사는데, 맏이라는 내가 항상 방황하고 살아 동생들 보기에 면목이 없어 자주 찾아가지 않았다.

직장이 가까운 곳에 있다 보니 일요일 날은 자주 동생들을 만날 수 있었다. 만나면 항상 동생들은 결혼하라는 얘기였다.

"형, 빨리 형이 결혼해야 우리들도 차례대로 결혼할 게 아니야. 형이 나이가 삼십이 다 됐는데 결혼을 하지 않고 헤매고 다닌다고 시골 부모님이 난리가 아니야. 저번에 본 색시가 괜찮아 보이던데, 시골에 가 부모님께 인사시키고 결혼하도록 해… 형?"

둘째가 말하자 동생들이 모두 그렇게 하라고 속도 모르고 재촉하고 있었다. 차마 영애와 헤어졌다는 말은 할 수가 없었다.

"그 여자는 안돼. 잠깐 사귀어보았는데 나보다 공부도 많이 했고, 부잣집 여잔데 우리 형편을 알면 실망할게 뻔해, 그만 헤어지려고 해, 내가 무엇하나 내세울 게 있어야지. 그렇게들 알고 있어?"

나는 동생들에게 그렇게 얼버무리고 말았다. 그 후 동생들이 시골 부모님께 연락해 시골에 참한 색시 있으면 알아보라고 했던 모양이었다. 얼마 후 둘째에게서 전화가 학교식당으로 왔다.

"형이다, 어쩐 일이니? 전화를 다하고?"

내가 전화를 받자 동생은 좋은 소식이라며 말했다.

"시골에서 편지가 왔는데 형 색시감을 골랐대, 아주 똑똑하고 참한 색시감이래, 고모네 동네 여자인데 고모도 착실하다고 칭찬을 많이 하더래, 다음 주 일요일 광천다방에서 선보기로 약속을 잡았대, 형이 일 끝내고 집으로 들려 자세한 얘기는 만나서 해, 꼭 들려야 해, 양복은 내가 한 벌 사 줄게…"

동생은 그렇게 말하면서 집으로 들리라고 했다. 그래서 저녁에 동생집을 들렸다. 다섯 형제가 모여 얘기를 나누었다. 색시감은 나보다 세 살 어린 스물다섯이라고 했다. 사진도 편지에 동봉하여 보내왔다. 흑백사진인데 평범한 시골색시였다. 동생들 모두가 사진으로 보기에는 괜찮아 보인다고 했다. 큰 여동생이 말했다.

"오빠, 이번 기회에 장가들어요. 부모님 생각도 하셔야지, 남들은 자식들이 결혼해서 손주까지 보고 있다는데 이제 부모님도 늙으셔서 며느리 보고 싶지 않겠어요. 오빠 생각만 하지 말고 부모님 말씀 들어요. 돈 벌어 장가든다고 하는데 어느 세월에 장가가겠어요. 꼭 선을 보세요?" 간곡히 부탁했다.

동생들이 그렇게 말하는데 거절할 수가 없었다. 이제까지 객지에 떠돌며 방황했던 세월이 10년이 다 되었다. 아직도 정신을 못 차리고 마음을 못 잡고 있는 나에게 결혼시키면 달라질까, 부모님과 동생들이 적극적으로 결혼을 강요하고 있었다. 둘째가 양복까지 사준다는데 선보러 가지 않을 수가 없었다. 광천 역전다방에서 12시까지 만나기로 약속이 되어 있었다. 첫차 타고 가면 시간은 충분할 것 같았다.

드디어 맞선 보는 날이 돌아왔다. 새로 산 양복을 입고, 이발도 깔끔히 하고 서울역으로 향했다. 일찍 서둘러 첫차를 탈 수가 있었다. 그동안 부모님께 안부 편지 한 장 보내지 못하고 3년 동안을 방황하고 살았다. 3년 전에 동네 청년들과 시골 마을에 도로를 낸다고 밤을 새워 작업을 했었다. 그런 내가 고향에 가서 선을 보고 장가를 들겠다고 가고 있으니 내가 한심하다 못해 죽을 맛이었다.

달리는 기차에 몸을 싣고 고향으로 향하고 있으나 부모님을 어떻게 대할지 가슴이 찢어지는 것처럼 아팠다. 편지 한 장 전해주지 못한 불효막심한 자식이었다. 어떻게 얼굴을 들고 부모님을 대할까 면목이 서지 않았다. 그동안 내가 어떻게 살았는지는 동생들이 편지를 자주하여 알고 있었다.

나는 수원에서 내리고 말았다. 도저히 장가들겠다고 부모님 앞에 나설 수가 없었다. 혼자 한평생 사는 한이 있더라도 부모님의 도움은 받고 싶지 않았다. 또 한 번 부모님에게 걱정만 끼치게 되었다.

선 본다고 약속을 해 놓고 사고를 치고 말았다. 고향에서 난리가 아니었다. 색시집은 물론 부모님까지도 당장 쫓아온다고 전보가 왔다. 나는 할 수 없이 고향으로 전보를 치게 되었다. 직장에서 큰 사고가 일어나 불가불 어찌할 수가 없었다고 전보를 쳤던것이다.

그렇게 무마는 되었지만 색시집은 그대로 넘어가지 않았다. 망신, 개망신당했다며 부모님을 찾아가 협박했다는 것이다.

"이대로는 그대로 넘어갈 수 없습니다. 총각이 와서 사과를 하든지, 그렇지 않으면 약혼을 시키든지 하세요…"

그렇게 부모님을 다그치고 갔다는 것이다. 색시 오빠 되는 사람이 여간 깐깐한 사람이라고, 내가 와야된다고 편지가 왔다. 그래서 나는 색시 오빠에게 편지를 보냈다. 죄송하게 되었다고, 방학 때 찾아가 정중히 사과를 드리고 용서를 구하겠다고 편지를 보냈다.

그 후 방학이 되었다. 그런데 고향에 내려가려고 했는데 어머니가 동생집에 와 있다고 동생에게 전화가 왔다. 나에게 물어보지도 않고 약혼날짜를 색시 오빠와 잡았다는 것이다. 색시 오빠가 부모님에게 찾아와 내 편지를 받았는데 서로가 마음이 통한 것 같다고 내친김에 약혼을 시키자고 했다는 것이다. 그래서 부모님은 색시 오빠 말을 믿고 약혼날짜를 정했다는 것이다. 또 기가 막힌 것은 어머니가 이모와 같이 색시에게 줄 약혼선물을 사 왔던 것이다. 금목걸이와 반지, 시계까지 사 가지고 동생집에 와 있었다.

이모가 서울에 살아 이모집에 들러서 일을 저지르고 말았다. 집안식구들이 나를 배제한 채 일을 꾸민 것이다. 내가 말을 들을 것 같지 않으니까 저질러 놓고 강요하고 있었다. 동생들도 알면서 묵인하고 나에게 연락하지 않았다.

모든 사실을 알게 된 나는 분통이 터졌지만 그렇게까지 나를 결혼시키려고 하는 식구들의 마음을 헤아려 마지못해 응하고 말았다. 또 한 번 나의 무능함을 드러낸 대목이었다. 내가 무슨 염치로 부모님의 간곡한 청을 거절할 수가 있겠는가? 그렇게라도 결혼시켜 마음을 잡게 하려고 부모님이 결정했던 것이다.

나는 둘째 여동생과 색시집으로 약혼날짜에 찾아가게 되었다.

지금처럼 약혼식을 호텔이나, 근사한 음식점을 잡아서 하는 게 아니라 달랑 나와 여동생이 직접 사주단자를 가지고 색시집에 찾아가게 되었다. 색시집은 홍성군 결성면이었다. 고모가 시집가서 그 동네에 살았다. 어릴 적에 고모네집을 가본 적이 있어 알 수 있었다. 고모와 색시집은 바로 이웃집이었다. 한동네 이웃집에 살았으니 고모가 그 집 내막을 잘 알고 있을 것이었다.

우선 고모집에 들러 인사를 드리고 윗집인 색시집에 같이 가게 되었다. 색시 오빠 내외가 미리 알고 대문 앞에서 마중하고 있었다.

"처음 뵙겠습니다. 지난번에는 죄송했습니다. 너그러이 용서하시기 바랍니다."

나는 선보러 가다가 바람을 맞췄기 때문에 사과부터 정중하게 했다.

"지난 일인데요, 다 잊었습니다. 오빠 되는 사람입니다. 저의 아내되는 사람입니다." 둘이 인사를 했다.

"안으로 들어가시지요?"

오빠의 안내를 받아 방으로 들어갔다. 방안에는 할머니 한 분이 앉아 계셨다. 오빠가 어머니라고 소개했다. 나는 어른이라 큰절을 올렸다.

"윤주병이라고 합니다. 지난번에 약속을 지키지 못해 죄송합니다. 용서하십시오?" 말하자 할머니가 뚫어지게 쳐다보고는

"마음씨가 착하게 생겼구먼…" 하고는 편히 앉으라고 했다.

집안식구의 소개가 끝났는데 색시는 보이지 않았다. 식구가 단출한 것 같았다. 할머니와 오빠 내외, 애들은 학교에 갔는지 보이지 않았다. 잠시 후 고모와 같이 얘기하다가 오빠가 일어나 나가더니 색시를 데리고 왔다.

"제 누이동생입니다." 둘이 얘기를 나누라고 하고는 모두 나가자고 했다. 우리 둘만 남겨놓고 모두 밖으로 나갔다.

"색시가 먼저 말을 꺼냈다. 여기까지 찾아오시게 해서 죄송합니

다. 저는 최복수라고 합니다."

인사를 했다. 첫눈에 보통이 아니라는 것을 알 수 있었다. 시골 색시치고 대담한 면이 있어 보였다. 외모는 평범한 시골 처녀이나 눈매는 성깔이 있어 보였다.

"저는 윤주병입니다. 지난번 일은 죄송하게 되었습니다. 용서하시기 바랍니다."

"사정이 있었다고 들었어요. 지난 일인데 그 얘기는 그만하지요?"

둘이는 가정 얘기로 화제를 바꾸었다. 나는 부모님과 육 남매 만이라고 설명해 주었다. 아직 벌어 놓은 재산도 없고, 나와 결혼하면 고생이 따를거라 말해 주었다.

색시는 각오하고 있다면서 최선을 다해 집안이 화목하게 살 수 있도록 노력하겠다고 했다. 그리고 가족 얘기도 해 주었다. 아버지는 일찍 돌아가셨고, 어머니와 오빠 둘이 한동네에 산다고 했다.

딸이 사형제인데 큰언니는 시집갔고, 동생들은 서울에 있다고 말했다. 조카가 둘이 있는데, 초등학교에 다닌다고 했다. 자기는 딸 중에 둘째라고 말했다.

대강 가족 얘기로 대화를 나누는데 점심 밥상이 들어왔다.

색시네 식구 네 사람과 고모, 여동생, 나까지 7명이 얘기를 나누며 점심을 먹게 되었다. 식사를 마친 후 가지고 온 사주단자와 약혼선물을 주고는 약혼을 마치게 되었다.

그런데 한동네에 산다는 색시의 둘째 오빠가 동생이 약혼하는데 오지 않았다. 그 내용은 점심을 먹고 둘이서 산책을 가서 알게 되었다. 색시와 둘이서 뒷동산에 올라가게 되었다. 산이 꽤 높은 산이었다. 정상에 올라가자 안면도까지 훤히 한눈에 볼 수가 있었다. 산밑 골짜기에는 천년 고찰이라는 '무량사' 절도 있었다. 절에 가서 두 사람이 소원을 빌기도 했다. 앞으로 부부로써 평생을 같이 살 사람인데 소원을 빌자 색시가 말했다.

"어떤 소원을 빌었어요?"

색시가 물었다.

"우리 두 사람 건강하게 행복할 수 있게 해 달라고 빌었어요?"

"어쩌면 같은 생각을 했을까요? 저도 그렇게 빌었는데…"

색시도 나처럼 빌었다고 했다.

둘이는 두어 시간 산에 앉아서 많은 얘기를 나누었다.

큰오빠라는 사람이 결혼하고 달라졌다고 했다. 자기 식구, 자기 부인밖에 모른다고 했다. 큰언니는 시집갔고, 작은오빠도 결혼해 분가해서 동네에서 같이 살아도 형제간에 대화도 하지 않는다고 했다. 그래서 오늘도 큰오빠가 보기 싫어 안왔다고 했다.

동생들도 오빠가 보기 싫다고 학교 졸업하고 농사짓다가 서울로 갔다고 했다.

큰오빠만 고등학교까지 보내고, 모두 초등학교 밖에 나오지 못했다고 했다.

최복수 자신도 집을 나가고 싶으나, 늙으신 어머니가 있어 떠나지 못했다고 했다. 결혼하면 자신도 없는데 어머니가 불쌍하다고 했다. 그런 큰오빠가 자신을 빨리 내쫓고 싶어 주병씨 부모님께 약혼을 강요한 것 같다고 했다.

산에서 내려와 색시집에 들리자 해가 떨어졌다. 고모집에 있던 여동생은 집으로 가고 없었다. 내일 직장에 가야된다 하여 혼자 집에 갔다는 것이다.

색시 오빠와 색시 어머니, 나 셋이서 같이 저녁을 먹게 되었다. 저녁을 먹고 나서 집에 가겠다고 하자 색시 오빠가 잡았다.

약혼도 결혼이나 마찬가지라고, 오늘밤 같이 자고 가라고 했다. 처음 만나 약혼하고 첫날밤을 치루게 되었다. 아마도 색시 오빠가 나를 잡아 꼼짝 못하게 묶어두려는 심산으로 첫날밤을 치루게 한 것 같았다. 아직 결혼이란 절차가 남아 있었지만 불시에 자게 한 것은 계산된 일이라고 생각되었다. 집에 간다는 사람에게 술상을 차려놓고 시간을 끌어 못 가게 하고 있었다.

나는 9시가 넘어 색시방에 들어가게 되었다. 색시는 미리 준비했는지 잠옷으로 갈아입으라고 했다.

윗옷을 벗겨주고, 잠옷을 갈아입게 하고 있었다. 기왕 이렇게 된 것 거부할 수가 없었다. 잠자리를 준비하는 동안 잠옷을 갈아입고 멍하니 서 있었다.

색시는 이부자리를 깔고 있었다. 내가 색시에게 말했다.

"기분이 좀 그렇네요, 아직 잠자기는 이른 것 같은데 술 한 잔 더하고 싶어요?"하자 색시는 조금 전에 오빠와 드시지 않았느냐 하면서 피곤할텐데 주무시라고 했다. 나를 쳐다보고 다시 말했다.

"술을 좋아하시는 것 같아요?"

"그래요. 좋아하는 편이에요. 오빠와 석 잔밖에 마시지 않았어요. 오빠는 술도 못한다는데 혼자만 마실 수 없었어요. 자기 전에 둘이서 한잔해요?" 같이 한잔하자고 했다.

"저도 술은 입에도 못 대는데, 우리 식구 모두 술을 못해요."

그렇게 말하는데 할 말이 없었다. 아무말 없이 앉아서 천정만 쳐다보고 있었다.

"그렇게 드시고 싶으면 제가 차려 올게요?"하고는 색시는 밖으로 나갔다. 잠시 후 술상을 봐왔다. 정종과 안주 몇 가지 간단하게 차려왔다.

"술도 못하는 집안인데, 어떻게 술을 준비했어요?"

"고모한테 물어봤어요. 고모님이 친정식구들이 술을 좋아한다고 하더군요…" 조카도 술을 좋아한다면서 술을 준비하라고 해서 정종

한 병 사 온 거예요라고 했다. 둘이는 마주 앉아서 술을 먹게 되었다. 색시는 자기는 술 냄새도 못 맡는다 하면서 한 잔도 하지 않았다. 혼자서 마시게 되었다. 술이란 주거니 받거니 상대와 같이 마셔야 되는데 재미가 없었다.

앞으로 살면서 술 때문에 머리 좀 아프게 생겼다고 생각되었다. 혼자서 정종 반병은 마신 것 같았다. 술이 취하는 것 같았다. 색시는 그런 나를 유심히 바라보고 있었다. 대화도 없이 분위기가 어색했다. 그만 마셔야 될 것 같았다.

"미안해요, 혼자만 마시니 금방 취하는 것 같네요. 그만 마실께요?"하자 색시는 기다렸다는 듯이 술상을 치웠다. 둘이서 잠자리에 들게 되었다.

처녀, 총각이 처음 만나 약혼이란 형식적인 절차를 밟고, 잠자리까지 하게 된 것이다. 생각지 못한 일이었다.

나란히 누어 침묵을 지키고 있었다. 색시도 아무 말을 건네지 않았다. 남자가 말을 건네야 될 것 같았다. 그런데 입에서 맴돌고 있을 뿐 말이 터져 나오지 않았다. 사람의 인연이란 이렇게 이루어지는 것일까? 선을 본다고 약속해 놓고 내가 펑크를 놓았다. 그래서 색시오빠가 그런 약점을 잡아 부모님을 협박하고 결국 약혼까지 하게 만들었다.

나의 의도와는 상관없이 나를 그렇게 끌려오게 만들었다. 처음 만나 이렇게 잠자리까지 할 줄은 꿈에도 생각지 못했다. 가슴이 답답해지고 있었다. 색시가 몸을 허락할 준비가 되었는지 알 수가 없었다. 잠자리를 같이 했으니 각오는 되어 있을 것 같았다.

내가 색시 손을 잡고 말했다.

"참 인연이란 묘하게 이루어지네요. 우리가 이렇게 이루어질 줄은 꿈에도 몰랐어요. 우리 잘살아봅시다.…"

내가 말하고 색시 어깨를 끌어 안았다. 그러자 색시가 내 가슴에 파고 들었다.
"최선을 다해 보필할께요. 부모님도 잘 모시고 함께 노력해요?"
색시는 그렇게 말하고 가슴에 안겨 내 얼굴에 가까이 다가오고 있었다. 그다음 자연스럽게 애무가 시작되었다. 누구에게 배운 것은 없어도 그런 행동은 잘 알고 있었다. 서로의 욕정은 불타오르고 있었다. 한동안 말없이 지속되었다. 순서가 정해진 것처럼 순서가 다가왔다. 그러나 차단되고 말았다. 색시가 감정을 억제하며 말했다.
"결혼은 언제 할지 모르는데 배가 불러오면 어떻해요. 우리 여기서 멈추어요.…"
색시는 완강히 거부하고 있었다. 실랑이가 계속되었다. 끝내 참을 수가 없었다.
"이럴거면 왜 잠자리를 마련했어요. 그만한 각오는 했을 것 아니에요. 실망이에요.…"하고는 내가 떨어져 돌아눕고 말았다. 색시가 가슴에 파고들며 달래려 하였으나 아무 말도 듣고 싶지 않았다. 그대로 돌아누워 밤을 새우고 말았다. 남자의 자존심이 한순간에 무너진 것 같았다.
다음날도 나는 말 한마디 하지 않고 아침밥을 먹고 나왔다. 오빠가 약혼사진이라도 광천에 나가 찍으라 하여 광천까지 가게 되었다. 버스 안에서도 한마디 말을 하지 않았다.
색시가 하자는 대로 약혼사진을 찍고는 헤어지게 되었다. 헤어지는데 약혼반지라고 내게 내밀었다.
"이거 서운해서 준비했어요. 돈이 없어 금반지 두 돈 밖에 못했어요. 미안해요."하면서 억지로 쥐여 주었다. 그래서 나도 고맙다고 받았다. 그것까지 받지 않으면 사람의 성의를 무시하는 것 같아 받고 헤어졌다. 그 후 결혼식 때까지 한 번도 연락을 하지 않았다.

결혼

약혼을 하고 생각지도 못한 색시 오빠의 의도대로 첫날밤을 색시와 보냈다. 남자의 자존심이 색시의 거부로 무너진 채 약혼사진까지 찍고 결혼까지 약속하게 되었다. 그날 밤 여자가 보통이 아니란 것을 느낄 수 있었다.

색시가 헤어지는 자리에서 약혼반지를 두 돈짜리라고 주면서 눈물을 흘렸다.

"제가 돈이 없어 금반지 두 돈짜리 마련했어요. 오빠가 양복이라도 한 벌 해 줄 줄 알았는데 서운해서 제가 마련했어요. 받아 주세요?" 하는데 받지 않을 수 없었다.

"고마워요?"

처음 한마디하고 돌아섰다. 그러자 색시가 내 손을 잡으며 말했다.

"어젯밤 일은 제가 잘못 생각한 것 같아요. 그까짓 정조가 뭐라고 평생 살 사람인데 실망을 주었는지 종일토록 후회했어요. 미안해요. 마음을 푸셨으면 좋겠어요?…"

같이 잠자리를 하고 남자의 자존심을 상하게 했다고 사과하는 것 같았다.

나는 그 말에 남자가 옹졸하게 그런 일로 한마디 말을 하지 않은 게 오히려 죄책감이 들었다. 그러나 나는 여자의 성격을 그런일로 대강 어떤 성격의 소유자인지 짐작할 수 있었다. 나는 집안의 맏아들이었다. 동생들이 줄줄이 다섯이나 되었다. 가장으로 살면서 여자에게 잡혀 살면 집안에 평화가 없을 것 같았다.

그래서 나는 일부러 색시의 콧대를 꺾어 놓고자 여자를 무시하고 한마디 말도 하지 않은 것이다.

내년 봄에는 결혼하고 같이 살아야 되는데, 경우야 어떻게 이루어졌던 내가 승낙하고 약혼까지 한 처지였다.

부모님은 나를 버린 자식처럼 생각하고 있었다. 내 생각일지 몰라도 집안일에 같이 의논하지 않았다. 오로지 둘째와 상의하고 이번 약혼도 나를 제처 두고 동생들과 합심하여 강제 약혼을 하게 만들었다. 원인은 내가 무능한 탓이었다.

선보러 가다가 색시집에 바람을 맞췄기 때문에 빌미를 제공하게 되었다.

10년 세월을 방황하고 살은 내가 무슨 염치로 장가를 가겠다고 했는지 모든 게 무능한 나의 잘못이었다.

부모님과 둘째 동생이 나를 결혼을 시키기 위해 모종의 합의를 한 것 같았다. 나는 결혼식 직전에 그런 사실을 알게 되었다.

나를 결혼시키고 시골 재산을 정리하여 서울로 이사 갈 계획을 세웠던 것이다. 부모님도 자식들 다 객지에 내보내고 나이가 들어 농사짓고 살기도 힘들고 죽이 되나 밥이 되나 자식들 곁에서 살고 싶었던 것이다. 큰아들에게 식당을 차려주고 서울에서 같이 살자고 둘째와 합의를 한 것이었다. 그러면 나도 마음잡고 결혼까지 시켜주었으니 정신을 차릴 거라 믿었던 것이다.

그런 사실을 나는 결혼 열흘 전에 알았다. 둘째가 서울 변두리 식당을 계약 해 놓고 나보고 가보자고 해서 알았다.

그곳은 마누라 없이는 살아도 장화 없이는 못 산다는 답십리 변두리였다. 도로가 포장도 되지 않아 땅이 푹푹 빠지고 장화를 신지 않으면 못 다니는 길이었다.

그곳은 버스 4개 노선의 종점이었고, 조금 나가면 농사짓는 시골이었다. 논이 많이 있는 곳이었다.

아마 둘째 동생이 버스 종점 상대로 장사가 잘될까 싶어 문 닫은 식당을 육십만 원에 계약했다고 했다. 중도금까지 치르고 나에게 가보자고 했던 것이다. 그만큼 둘째는 나를 배제하고 제멋대로 부모님과 상의하여 얻은 것이다.
　부모님은 내 말은 믿지 않아도 둘째 말이라면 팥으로 메주를 쑨다 해도 둘째 말을 믿었다. 그만큼 둘째는 착실하고 객지에 나와 돈을 벌어 동생 셋을 데리고 금호동에 방을 얻어 살고 있었다.
　"너는 아무리 형이 무능하다고 해도 그렇지, 형한테 상의 한마디 하지 않고 이런 곳에 식당을 얻었냐고" 야단을 쳤다.
　그리고 서울에 이사를 같이 오려면 나와도 상의를 해야지 내가 도대체 집안에 뭐냐 다 집어치워라 하고 동생에게 처음으로 싫은 소리를 했다. 한 번도 동생을 나무란 적이 없는데 처음으로 언성을 높여 야단을 쳤다.
　"형, 나도 미치겠어, 형에게 상의하자고 하면 부모님도 그렇고 동생들도 형하고 상의하면 일이 이루어지지 않는다고 나보고 결정하고 얘기하라는데 어떡해!" 하면서 토라져 울먹이고 있었다.
　"기왕 저지른 일인데 어쩌겠냐? 해봐야지 할 수 있는 대로 해 보자."
　동생을 달랬다. 모두 나를 위해 하는 일인데 어쩔 수 없었다. 잔금을 치른 다음에 수리를 해야 될 것 같았다.
　그런 사실을 결혼 열흘 전에 알았다.
　나는 약혼하고 얼마 되지 않아서 한양대 구내식당의 일을 못하게 되었다. 그동안 예비군 훈련 도피자로 몰리게 되었다.
　주소가 일정하지 않아 시골 주소 그대로 살았으나 동생들 서울 집이 생겨 그곳에 동거자로 있게 되었다. 그런데 지역 예비군 중대장이 찾아와 예비군도피자라고 군부대에서 한 달간 훈련을 받아야 된다고 했다. 나는 예비군 훈련을 받게 되었다. 신체검사에서 을종을 받아 군대도 안 가고 예비군 훈련도 안 받을 줄 알았는데 뜻밖이었다. 제2보충역으로 되어 있어 받아야 한다는 것이다. 국가에서 하는 일인데 거역할 수가 없었다.

한 달간 포천 군부대에서 교육을 받느라 한양대 구내식당을 그만두게 되었다. 훈련을 마치고 지역 예비군 훈련도 받게 되었다. 서울 곳곳 변두리 지역을 다니며 예비군 훈련을 받았다.

답십리 면목동 나중에는 잠실 영동지역이 예비군 훈련 장소였다. 서울에 살면서 여러 군데 훈련장에 가서 교육을 받았다. 그때 예비군 훈련을 정관 수술을 받으면 면제까지 해 준다 하여 정관 수술을 받는 사람도 많았다. 옛날얘기였다.

그때는 인구가 늘어 둘만 낳아 잘 기르자고 표어까지 등장하게 되었다. 지금은 인구가 줄어 국가에서 많은 혜택을 주는데도 인구가 줄어들고 있었다.

세상은 공평하지 못했다.

나는 한양대학교 구내식당을 그만두고 다시 냉면집에 들어갔다. 중앙시장 쌀가게가 많은 지역 함흥냉면 집이었다. 주인은 함흥 사람으로 피난 나와 중앙시장에 함흥 냉면집을 차렸다. 옛날 이북에서 군수까지 지낸 분이었다. 식당은 장사가 잘되어 그 지역에서 손꼽히는 집이었다. 남들은 장사가 잘되면 어떻게 해서라도 세금을 줄이려고 하는데 이 집 사장은 세금을 절대 깎으려 하지 않았다.

국가에 세금을 잘 바쳐야 내가 그만큼 혜택을 받을 수 있다고 말했다. 내가 여러 군데 식당을 다녀 보았지만 이런 사람은 처음 보았다. 한 푼이라도 세금을 덜 내려고 세무서 직원에게 뇌물을 바치는 세상인데 이분은 정말 애국자였다.

이분은 종업원에게도 절대 아무리 어려도 반말을 하지 않았다. 꼭 존댓말을 쓰고 있었다. 그래서 존경받고 있었다.

식당에서 파는 음식만 먹으면 질리게 된다고 종업원들에게 일주일마다 새로운 음식도 사다가 해주고 있었다. 그렇게 일하는 종업원에게 사장이 신경을 써주니까 이 집의 종업원들은 모두 오래 있었다. 모두 5년 이상 10년도 넘게 일하는 사람도 있었다. 식당 종업원들이 툭하면 직업을 팽개치고 더 좋은 곳이 없을까 찾아다니곤 했는데 이 집 식당만은 그렇지 않았다.

주인장이 종업원들의 인격을 존중하고 인간적인 대우를 해 주는데 불만이 있을 수 없었다. 모두 주인 사장을 존경하고 열심히 일해 보답하고 있었다.

나도 여러 곳의 식당 일을 해봤지만 이런 집은 처음이었다. 이 집에서 파는 음식은 함흥냉면과 족탕, 설렁탕이었다. 식사 시간에 종업원들이 골라서 먹을 수 있었다. 손님상에 나가는 그대로 먹게 하고 있었다. 딴 집들은 종업원들에게 국물도 못 먹게 하는데 이 집은 그렇지 않았다. 비싼 족탕도 먹고 싶으면 먹으라고 했다.

그러나 종업원들은 양심상 비싼 족탕은 먹지 않았다. 매일 설렁탕 냉면이었다. 그래서 주인이 질린다고 새로운 음식을 사다가 해주고는 했다. 생선도 사다가 찌개도 해주고 일주일마다 새로운 음식을 해주고 있었다.

나는 이런 집에서 오래 일하려 했으나 5개월 일하고 그만두게 되었다. 결혼식이 임박했기 때문이었다. 결혼하면 식당을 차려야 했고, 동생에게서 식당을 계약했다고 가보자고 연락이 왔다.

전에 말한 답십리 식당이었다. 안으로 들어가 보자 식당은 50평 가량 되는데 모든 시설이 엉망이었다. 모두 다 뜯어내고 다시 시설을 해야 될 것 같았다.

너무나 실망하고 말았다. 둘째가 나와 상의도 없이 제멋대로 식당을 계약하고 중도금까지 치렀다는데 어쩔 수 없었다.

불과 결혼을 열흘 앞두고 벌어진 일이었다. 고향 부모님이 시골에 내려오라고 연락이 왔다. 그렇게 되자 식당일을 할 수가 없었다. 함흥냉면 집에 들어온 지 5개월 만에 사장에게 사실을 말하고 사람을 구하라고 했다.

"오래 있을 줄 알았는데 사정이 그러하니 잡을 수가 없네요. 그동안 열심히 해주고 믿었는데 서운하네요. 심성이 착한 분이니까 꼭 성공할 거예요. 식당 개업하면 꼭 연락 주세요."

사장님은 그렇게 말하면서 개업하면 꼭 연락하라고 했다. 그러면서 결혼 축의금까지 내놓았다. 받지 않으려 했으나 시골까지 갈 수는 없고 마음이라고 받으라고 했다. 참으로 고마운 분이었다. 나중에 답십리 식당을 개업하고 연락했는데 찾아와서 많은 조언을 해주시고 갔다.

그 뒤로 그분과 인연이 되어 나에게 많은 도움이 되어 주셨다. 나중에 냉면가루장사 할 때도 냉면가루 전분을 많이 팔아 주셨다. 1년이면 몇백 포씩 현찰로 한 푼도 깎지 않고 팔아 주었다. 나중에 그분은 식당을 그만두고 중앙시장 마을금고 이사장으로 있었다. 그때도 나에게 많은 도움을 주신 분이다. 평생 잊혀지지 않는 분이었다.

나는 함흥 냉면집을 그만두고 고향에 내려갔다. 아버지에게 고향 재산을 정리했다고 들어서 알 수 있었다.

"네가 하도 정신을 차리지 못하고 헤매고 다녀, 둘째와 상의하여 결정한 일이다. 네게 얘기하면 들어주지 않을 것이고 어디로 훌쩍 떠나 버릴 것 같아 알리지 않았다. 서운하게 생각하지 말아라 다 너를 위해 결정한 일이니 이제 우리는 너만 믿고 살 수밖에 없게 되었다. 전 재산 다 팔아 결정한 일이다. 우리는 이제 너를 의지하고 살 수밖에 없게 되었다. 그동안 많은 생각 끝에 결정한 일이니 그리 알아라?…"

아버지는 나에게 이제 정신 차리고 책임을 다하라는 최후통첩이었다. 어머니도 옆에서 너희들 모두 객지에 떠나보내고 외로웠다며, 죽이 되든 밥이 되든 이제는 내 책임이라고 했다.

할 말이 없었다. 시골 재산을 다 정리하고 나에게 책임을 전가하는데 어떻게 항변할 수가 없었다.

"그렇다고 이렇게 중요한 일을 저를 따돌리고 결정하는 게 어디 있어요. 물론 제 책임이 크지만 저는 실망했어요. 식당만 해도 그래요. 그래도 제가 경험이 있는 사람인데 둘째 보고 얻으라 한 것은 너무 하셨어요. 가 보시면 알지만 장사가 될 곳이 아니에요. 그곳도 시골이나 마찬가지예요. 논을 메꿔서 만든 도로가 장화가 없으면 못 다니는 곳이에요. 나중에 제 원망마세요. 최선은 다하겠지만 자신이 서지 않아요?…"

너무 실망스러워 그렇게 부모님에게 자신이 없다고 말했다. 모든 게 내가 책임을 다하지 못한 일이라고 했다. 이제 누구 원망 말고 정신 차리라고 말했다. 그렇게 얘기를 듣고 서울로 올라오게 되었다. 시골 재산 다 정리한 게 백이십만 원이라 했다. 논 1평이 사백 원 할 때니까 우리 재산이 그 정도밖에 되지 않았다.

서울에 그때 당시 백색전화 한 대 값이었다. 그때 당시 서울에 전화를 놓으려면 백만 원 넘게 들어갔다. 우리 시골 재산이 서울 전화 한 대값밖에 되지 않았다. 육십만 원 식당 얻는데 들어가고 수리하는데 이십만 원은 들어갈 것 같았다. 이사 비용과 결혼 비용까지 쓰면 남는 돈도 없을 것 같았다.

큰 부담을 않고 서울 동생들 사는 집에 왔으나 앞이 캄캄해 어떻게 해야 할지 엄두가 나지 않았다. 동생들은 직장에 나가고 집에 아무도 없었다. 혼자 이 생각 저 생각 머리가 복잡해 머리가 지끈지끈 아파오고 있었다.

결혼이란 무게가 이렇게 내 마음을 무겁게 할 줄은 꿈에도 몰랐다. 고삐 풀린 망아지처럼 제멋대로 세상을 살다가 무거운 멍에를 지고 있는 것 같았다. 나는 4명의 여자와 연애를 해 보았다. 모두 이루어지지 못했지만 여자에 대한 많은 경험을 했다고 볼 수 있었다. 결혼할 상대를 처음 만나 약혼이라는 절차를 밟았고 색시집에서 첫날밤도 치뤘다. 이제는 어떻게 포기할 수도 없었다. 생각 같아서는 훌훌 털어버리고 자취를 감추고 싶었으나 이러지도 저러지도 못할 곤경에 처하게 되었다.

그렇게 꿈꾸고 살았던 책과 글쓰기도 포기해야만 될 것 같았다.

내가 무슨 실력이 있다고 작가를 꿈꾸고 신춘문예에도 원고를 신문사에 보냈으나 종이값만 없애고 말았다. 되지도 않는 일에 시간을 낭비하고 마음을 빼앗기고 싶지 않았다.

다시는 책을 멀리 하겠다고 결심을 하게 되었다. 그 후부터 나는 책도 보지 않고 글도 쓰지 않았다.

앞으로 다가올 일만 충실히 이행해 나갈 참이었다. 우리 여덟 식구 책임을 져야 할 막중한 책임이 있었다. 결혼하면 색시까지 아홉 식구가 되었다. 모든 걸 운명에 맡기고 살아갈 참이었다.

결혼 날짜는 열흘이나 남았는데 혼자서 동생집에서 놀 수는 없고 찾은 곳이 또 식당이었다. 재료상회 나가 일자리를 알아보자 을지로 6가 옷가게가 밀집한 곳에 영풍회관 식당이 있었다. 그곳에 일당으로 한 열흘 일할 사람을 구한다고 했다.

다만, 일주일이라도 벌어볼 생각에 일하게 되었다. 그런데 재수가 없어 그랬는지 일한 지 3일 만에 사고를 내고 말았다. 그 집에서 나는 탕부로 일했다.

설렁탕, 갈비탕, 육개장이 내가 할 일이었다. 그때는 갈비를 자를 때 도끼나 작두를 사용했다. 지금의 큰 식당은 어느 집이나 갈비뼈를 자르는 육절기가 있으나 그때는 큰 식당에도 육절기가 있는 집이 없었다. 작두로 갈비탕에 들어갈 갈비를 자르게 되었다. 내가 작두에다 갈비를 넣고 보조가 발로 작두를 누르면 갈비가 잘라지게 되었다. 그런데 보조가 한눈팔다가 내 손을 보지 않고 작두를 누르고 말았다. 아앗! 하는 순간 내 검지손가락이 잘리게 되었다. 손가락이 아주 잘라 떨어지지는 않았으나 덜렁거렸다. 뼈가 잘리고 살이 남아 있어 떨어지지는 않았다. 난리가 아니었다. 점심시간이 다 되었는데 사고를 낸 것이다.

나는 그 집 지배인과 가까운 병원에 가서 봉합 수술을 받았다. 결혼을 일주일 앞두고 벌어진 일이었다. 안되는 사람은 뒤로 넘어져도 코가 깨진다더니 내가 그랬다. 수술을 받고 일도 못하게 되었고 동생 집으로 붕대를 감고 돌아오게 되었다. 저녁 시간이 되자 양장점에 다니는 둘째 여동생이 퇴근하여 보고는 울음을 터트리고 울고 있었다.

"오빠 이게 웬일이요. 결혼을 앞두고 손가락이 잘리다니?…"하고 우는데 나도 모르게 울음이 나왔다. 서로 부둥켜안고 울음을 터트리고 말았다. 한참을 같이 울었다. 내 팔자가 무슨 운명을 타고났기에 하는 일마다 되는 일이 없으니 세상을 원망할 수밖에 없었다. 결혼을 앞두고 준비할 일도 많은데 손가락까지 잘렸으니 운명을 탓할 수밖에 없었다.

며칠 동안 손가락 치료를 받고 양복도 맞추고 구두도 새로 사 신었다. 색시가 준 금반지 두 돈짜리를 한 돈 더 보태서 석 돈짜리로 만들었다. 색시가 금반지 두 돈 해 주었다고 창피해서 말할 수가 없었다.

구두쇠 오빠가 시집간다고 아무것도 안 해 주었는데 반지라도 해 주었다고 식구들에게 말하고 싶었다. 색시는 결혼하는데도 달랑 장롱 한 가지와 이부자리만 해오게 되었다. 그것도 오빠가 해준 게 아니고 색시 어머니의 수양딸이라는 분이 해주게 되었다. 수양딸은 광천에서 식당을 하고 있었다. 가끔 색시가 그 집에 가서 식당 일을 도와줬던 관계로 장롱을 해주게 되었다. 그분은 혼자 사시는 분인데 색시 어머니의 수양딸이었다. 내가 결혼하고 살다가 수양 언니가 데리고 살던 자식을 우리가 키우게 되었다. 고아였는데 수양 언니가 딸로 기웠던 애였다. 그때 그 애가 열다섯 살인데 시집갈 때까지 아내가 데리고 살았다. 그때는 우리가 만두 공장을 할 때여서 사람도 필요해 데려다 키우게 되었다.

결혼은 광천 예식장에서 예식을 올리고 시골 집에서 잔치를 하게 되었다. 아버지가 시골 동네 사람들과 헤어지는 게 아쉬워 동네 잔치를 크게 벌였다. 동네 사람들에게 서울로 이사 가게 되어 성대하게 잔치를 했던 것이다. 누구에게도 뒤지고 싶지 않은 아버지는 돈을 많이 들여 잔치를 했었다. 나는 결혼식이 좋지도 싫지도 않았다. 손가락까지 다치는 바람에 내 얼굴은 반 토막이 되었다. 아물지도 않은 상처에도 결혼식을 올리게 되었다.

객지에 나가 살던 친구 동천이가 밤에 오게 되었다. 시골에 살 때 삼총사라고 불리던 대길과 동천은 전라도 이리에서 살고 있었다. 군대 제대하고 책 장사한다고 이리에 살게 되었는데 전라도 사람이 되어 만나게 되었다. 동천이가 결혼식의 마지막 손님이었다. 아내와 셋이서 늦게까지 술을 먹다가 헤어지게 되었다. 그의 부모님이 있는 동네로 가서 자게 되었다. 두 번째 보는 아내였다. 약혼식 때 색시 집에서 자고는 두 번째 결혼식을 올리고 신방을 차리게 되었다. 약혼식 때 그렇게 헤어지고는 한 번도 몇 달 동안 연락을 주고받지 않았다. 그러고 보면 나도 참으로 무심한 사람이었다.

또 하룻밤을 자고 헤어지게 되었다. 일단 색시를 한 달 동안 시골에 두고 나는 서울에 올라가 식당 수리를 해야지만 모두가 이사를 할 수 있었다. 부모님도 한 달 동안 고향에 있으면서 정리할 게 많았다. 대대로 살아온 고향인데 할 일이 많이 있었다. 아내와 같이 한 달 동안 시골에서 살다가 수리가 끝나면 오기로 하고 색시와도 결혼하자마자 이별이었다.

또한, 결혼식 다음 날 셋째 남동생이 군에 입대하게 되었다. 홍성에서 모이게 돼 있어 나는 셋째 군대 입대 하는데 갔다가 서울로 올라갈 참이었다. 공교롭게도 그렇게 형수를 맞이하고 군대에 가게 되었다. 나와 둘째는 군대에 가지 못했는데 셋째만이 군 생활을 하게 되었다. 둘째는 어릴 때 배앓이를 많이 앓아 자라지 못했다. 체중이 미달이어서 군에 가지 못하게 되었다.

그래도 우리 집에서 기둥처럼 떠받고 있는 둘째 동생이었다.

서울에 살면서 배앓이도 다 나아서 지금은 건강한 편이었다. 이제 식당 수리만 남아 있었다. 둘째 큰아버지가 목수 일을 할 줄 알아서 큰아버지를 모시고 서울로 가게 되었다. 아내와 결혼하고 며칠 시골에서 보내야 도리이나 나는 낯이 뜨거워 시골에 있기가 싫었다. 몇 년 동안 객지에서 살면서 돈도 못 벌고 부모님의 힘으로 결혼하게 되어 창피한 생각이 들었다. 그런 사실을 모든 친척들이 다 알고 있었다. 그리고 색시도 첫날밤을 치렀으나 웬지 마음이 끌리지 않았다. 평생을 살아갈 사람인데 정이 가지 않아 하룻밤을 신부와 자고 서울에 오게 되었다. 지금 같으면 신혼여행도 떠나겠지만 그때는 그런 생각은 하지도 못했다.

"같이 가서 도와주면 안 돼요?" 색시가 말했으나 한 달 후에 만나자고 서울로 올라오고 말았다. 그러고 보면 내가 결혼 초부터 매정한 사람으로 보였을 것이었다. 나중에 색시와 살면서 아내가 말한 적이 있었다. 그때는 앞이 캄캄하고 저 사람과 평생을 어떻게 살까 두려웠다고 말했다. 색시와 부모님, 막내 여동생만 남겨 놓고 서울 동생들은 모두 결혼식 다음 날 올라왔다.

한 달간의 수리가 진행되었다. 큰아버지와 둘이서 하루하루 식당 수리를 해 나갔다. 서울의 동생들은 직장에 다니기 때문에 도와줄 수가 없었다. 근처 여인숙을 얻어 큰아버지와 잠을 자고 근처 식당에서 밥을 사 먹으며 일을 했다. 아버지가 수리하는데 쓰라고 이십만 원을 주었다. 그 돈과 내가 가지고 있던 돈을 가지고 쓰게 되었다. 그 돈이 전부였다,

동생이 모자라면 보태 준다고는 했지만, 그 돈 가지고 식당 개업까지 할 수 있어야 했다. 우선 방을 3개를 만들어야 했다. 칸막이 방을 합판을 가지고 세 칸을 만들었다. 우리 식구가 색시까지 여덟 명이었다. 군대 간 동생이 없지만 다시 내가 결혼하여 아내가 생겼으니 도로 여덟 식구가 되었다. 모두 식당에서 함께 살아야 했다.

부모님과 둘째가 한방을 차지하고 여동생 셋이서 한방을 차지하고 내가 신혼부부니까 한 칸을 써야 되었다.

영업하는 식당에서 온 식구가 산다는 게 손님들에게도 좋지 않으나 돈이 없으니 살림집을 따로 얻을 수가 없었다. 그렇게 고향을 버리고 온 식구가 서울에서 살게 되었다. 수리가 끝나고 모든 식당 기구가 들어와 준비가 다 되었다.

이제 고향에서 부모님과 아내 막내 여동생만 올라오면 식당 개업을 하게 되었다. 내가 아무리 생각해도 식구만 가지고는 장사를 할 수 없을 것 같아 부모님께 연락하여 시골에서 청년 한 사람을 구해 데리고 오라고 했다. 그래서 영덕이란 고향 청년을 한 사람 데리고 오게 되었다. 그는 열아홉 살 청년이었다.

식구는 많으나 식당에서 일할 사람이 없었다. 여동생 둘과 둘째는 직장에 다녀야 했고, 부모님은 식당 일에 도움이 되지 않았다.

어머니가 60이고 아버지가 57세였다. 아무 일도 할 수가 없었다. 막내 여동생도 겨우 16살이었다.

시골에서 올라온 영덕이와 식당 홀에서 일을 할 참이었다. 주방에는 내가 모든 음식을 해야 되었고 아내는 보조를 해주어야 되었다. 식구가 많이 있으나 식당에 일 할 사람은 없었다. 모두 식당 경험이 없는 사람들이었다. 내가 일일이 모두 가르쳐야 되었다. 어떻게 꾸려 나갈지 앞이 보이지 않았다.

드디어 시골에서 부모님이 이삿짐을 싣고 식당에 오게 되었다. 시골에서 쓰던 물건을 다 싣고 왔다. 심지어 커다란 절구통과 무거운 다듬이돌까지 싣고 왔다.

항아리 옹기그릇도 모두 가져왔다. 식당에서 모두 쓸모없는 물건이었다. 어머니 장롱, 궤짝까지 버리기 아깝다고 싣고 왔으나 식당에는 창고도 없는데 둘 데가 없었다. 장은 옷을 넣어야 되니까 방에다 둔다지만 다른 것들은 식당 홀에다 둘 수도 없고 난처했다. 서울까지 싣고 온 물건을 버릴 수도 없었다. 식당 건물이 2층이었다. 우리가 1층을 쓰게 되었고, 2층은 산부인과 병원이었다. 건물주는 건물 뒤 가정집이 있었다. 마당이 넓은 집이었다. 그래서 주인집에 사정하여 마당 구석에 이삿짐을 쌓아놓게 되었다. 모든 게 골칫거리였다. 옷장만 해도 아내가 시집을 때 가져온 장과 2개였다.

식당이 비좁았다. 손님이 많으면 방까지 손님을 받아야 되는데 방안도 살림집이나 마찬가지였다. 애초부터 식당을 하지 말아야 되는데 덥석 식당을 얻어놔서 문제가 생겼다. 살림집이나 얻고 직장 생활하는 것이 나을 텐데 공연한 일을 벌인 것 같았다.

이런 환경은 한 가지도 식당에 어울리지 않았다. 그런데 지금 와서 어찌하겠는가? 부모님을 원망할 수도 없었다. 죽으나 사나 별

뾰족한 수가 없이 그대로 밀고 나갈 수밖에 없었다.

　식당 이름은 보령관이라 지었다. 고향이 보령이라 동생들이 그렇게 하자고 하여 그렇게 지었다. 내가 보령식당으로 하자 했으나 기왕이면 관을 쓰면 큰 식당으로 생각할 것 아니냐는 것이었다.

　그 주변에서는 우리 식당이 제일 규모가 큰 식당이었다. 주변에 테이블 두세 개 놓고 장사하는 백반집이 두 집 있었으나 모든 면에서 우리 식당이 눈에 띄었다. 음식은 불고기와 돼지갈비, 설렁탕, 김치찌개, 순두부찌개, 된장찌개 기사들이 많은 곳이라 그렇게 정했다. 나중에 버스 기사들이 제육볶음을 더 넣으라 하여 제육볶음도 하게 되었다. 모든 준비를 마쳤다.

　개업 날이었다. 이날은 동생들이 직장에 하루 나가지 않고 도와줘서 그런대로 개업식을 잘 치를 수 있었다. 다음날이 문제였다. 개업 날은 손님이 70명 넘게 왔는데 동생들이 도와주어 별 탈없이 치뤘지만, 막내 여동생과 시골에서 온 영덕이가 잘 해낼지 걱정이었다. 내가 수십 번 어떻게 하라고 교육을 시켰다. 시골에서만 살아온 애들이라 말도 할 줄 모르고 촌뜨기라 걱정이 되었다.

　아니나 다를까 손님이 몰려오자 정신 못 차리고 있었다.

　어서 오십시오. 먼저 인사를 하라 했는데 인사도 못하고 있었다. 할 수 없이 주방에서 내가 인사하고 자리를 안내했다. 모두 일행 일곱 명이었다.

　쟁반에다 컵을 받쳐 들고 가서 손님에게 따라 주라고 시켰다. 내가 시범을 보이고 이렇게 하라고 가르쳐 주었다. 그리고 식사 주문을 받으라고 했다. 그렇게 가르쳐 주면서 일을 하니 내가 눈, 코 뜰 새가 없었다. 주방에서도 아내가 어찌할 줄 몰라 쩔쩔매고 있었다.

　불고기는 반찬이 몇 가지 설렁탕은 몇 가지 일러줘도 맨날 헷갈리고 있었다. 홀에서 주방에서 모두가 어쩔 줄 몰라하고 있으니 날마다 신경 쓰여 미칠 것 같았다. 홀에서 애들이 쩔쩔매면 부모님들이 도와준다고 설치고 있으나 오히려 복잡하고 방해만 되고 있었다.

머리만 지끈지끈 아프고 미칠 것만 같았다. 식당을 차린 게 잘못이었다. 어느 정도 경험이 있는 사람이 해야 되는데 모두가 초짜라서 제대로 굴러가지 않았다.

그렇다고 경험 있는 사람을 쓸 수도 없고 한숨만 나왔다. 손님은 그런대로 50명이 넘게 오고 있었다. 예상대로 버스 기사들과 차장 정비사, 사무실 직원이 많이 오고 있었다. 먹을만한 식당이 없어 전농동 로터리까지 가서 식사를 하고 온다고 했다. 그곳은 버스 두 정거장 거리였다. 잘만 하면 그런대로 운영이 될 것 같은데 손발이 맞지 않아 걱정이었다.

아내는 시집오자마자 식당을 차려 일이 서툰데 나까지 핀잔스럽게 말하자 돌아서 눈물을 훔치고 있었다. 어떤 날은 반찬에 머리카락이 들어갔다고 주방에 다 소리치고 욕하자 방에 들어가 나오지도 않았다. 이래저래 속만 타는 건 나뿐이었다.

장사가 끝나고 녹초가 되어 씻고 잠자리에 들게 되었다. 신혼 초라 아내를 다독여 주고 고생했다고 위로해 줘야 되는데 왠지 정이 가지 않았다.

달콤한 말도 해주지 않았다. 마지못해 아내가 내 품에 파고들면 의무적으로 안아주게 되었다. 그런 관계로 부부간에 냉랭한 관계가 계속되었다. 부모님은 부모님대로 일도 못 도와주고 거추장스러운 존재가 되었다. 아버지는 어디 몸 둘 곳이 없으니까 식당 밖으로 나가 거리를 헤매다가 점심시간이 끝나면 돌아오시곤 했다. 모두가 식당 차린 걸 후회하고 있었다.

그래도 저녁에는 식구들이 다 모여서 좋았다.

도망자

   개업한 지 한 달이 지나자 어느 정도 식당이 질서가 잡히기 시작했다. 막내와 영덕이가 이제는 제법 홀 일에 경험이 생겨 곧 잘 하고 있었다. 주방의 아내도 일을 배워 보조 역할을 하고, 저녁에는 동생들이 퇴근하여 도와주고 있었다.
   손님은 많이 늘어 하루에 거의 100명 가까이 오고 있었다. 버스 두 개 회사가 고정으로 식사를 아침, 저녁 대놓고 식권을 내고 먹고 있었다. 15일에 한 번씩 회사에서 식대를 결재해 주었다.
   일반 손님도 단골이 생겼다. 골재상회 모래사장이라는 사람과 그 집 직원들도 식사를 하게 되었다. 그리고 그곳에 석재 공장이 있어 그 사람들도 십여 명 되었다. 그 사람들은 같은 보령 웅천이 고향을 둔 사람들이었다. 같은 보령 사람이라고 친하게 지내고 있었다.
   식당에서 한 달에 얼마씩 돈을 벌 수가 있었다. 문제는 아버지였다. 아버지가 서울에 올라와 친구도 없고 심심해서 죽을 지경이라고 했다. 식당에 있으면 일에 방해만 된다고 밖에 있다가 들어오시는데 아는 사람도 없어 이곳저곳 다니다가 식사 때만 들어오시는데 그것도 하루 이틀이지 다리만 아프다고 했다. 방에 들어와 낮잠이나 자고 싶어도 손님이 방으로 들어오면 일어나 갈 곳이 없다고 했다. 그렇게 자식들 곁에서 살고 싶어 했으나 이제는 고향이 그립다고 이사 온 걸 후회하고 있었다. 어머니는 식당일로 야채도 다듬어 주고 아버지처럼 외로워하지 않았는데 아버지는 하루하루가 지겹다 하고 계셨다. 그래서 아버지에게 "아버지 시골에 가서 얼마씩 있다가 오세요. 형제들이 다섯 분이나 계시고 당숙도 한 동네 계시는데 하루씩만 묵어도 일주일은 지내다 올 수 있잖아요. 한 달에 한 번씩 시골에 가서 친구도 만나고 쉬고 오세요. 차비는 마련해 드릴 테니 그렇게 하세요?" 하자 아버지는 좋아하셨다. 고향이 그립다고 하시는데 아버지는 시골에 한 번씩 내려가 일주일 어떤 때는 한 달씩도 묵었다 오곤 하셨다. 고향에 가면 마음이 편하다고 했다. 형제들도 있지만 어릴 적부터 같이 자란 친구들이 많아 고향이 좋은 모양이었다. 반세기 넘게 고향에 뿌리를 두고 살았으니 그럴 만도 했다. 아버지는 1년에 몇 번씩 고향에서 살다가 오시곤 했다. 식당은 그런대로 많은 돈을 벌지는 못해도 운영은 되었다.

아내는 임신이 되어 산달이 다가오고 있었다. 정이 없이 살아도 잠자리를 같이 해 임신이 되었다. 이제는 식당일도 힘들어하고 있었다. 어머니가 주방에 와서 설거지도 해주고 있었다.

자식을 둔다는 생각에 기쁘기는 하지만 아내에게는 미안하게도 정이 가지 않았다. 말 한마디도 다정하게 해 주지 못했다. 어머니가 어떤 때는 나를 나무라고 있었다.

"너만 보고 시집왔는데 왜 말 한마디 곱게 못하느냐" 꾸중했다.

"저도 왜 그런지 모르겠어요. 정이 가지 않는데 억지로 되지 않는 걸 어떡해요?…"

그렇게 대답하고 말았다. 아마도 나는 총각 시절에 4명의 여자와 연애를 해봐서 더욱 정이 가지 않는 것 같았다. 연애할 때는 애타게 정을 그리워하고 마음을 다 빼앗아 갔는데 아내는 그렇지 않았다. 아마 그런 면에서 아내는 피해자라고 할 수 있었다. 충분한 시간을 두고 연애 과정을 거쳐야 하는데 아내는 만나자마자 내 아내가 되어버렸다.

이제는 결혼이란 계약을 했고 혼인신고까지 했으니 돌이킬 수도 없었다.

내가 미안한 생각에 다정하게 대해 줘야지 하다가도 막상 그렇게 되지 않았다. 이대로 평생토록 어떻게 살까?

고민도 해 보지만 해결책이 나오지 않았다. 시집오자마자 단꿈은 꾸어보지도 못하고, 일에 매달려 사는 아내가 안쓰러운 생각은 들었지만 서로 일에 부딪치고 신경이 날카로워져 말 한마디 다정하게 해주지 못했다.

그렇게 1년을 보내고 첫 딸을 낳게 되었다. 식당 2층이 산부인과 병원이어서 그곳에서 아기를 낳게 되었다. 참으로 병원이 가까운데 있어 다행이었다. 5일 동안 병원에 있었다. 그래도 자식을 낳아 주었는데 가서 말 한마디 수고 했다고 해줘야 될 것 같았다.

"몸은 괜찮아? 고생했어. 시집오자마자 죽도록 일만 시키고 미안해?…"

처음으로 손을 잡고 진심으로 미안하다고 말했다.

"괜찮아요. 어쩔 수 없었잖아요"

감격했는지 눈시울이 붉어지며 말했다. 그리고 웃으며 바쁠 텐데 내려가라 하고 있었다. 나는 갓 태어난 아기를 유심히 바라보다가 식당에 내려왔다. 하루에 짬이 나는 대로 아내와 아기를 보고 내려왔다. 온 식구들이 너무나 좋아했다. 특히, 부모님들은 손녀를 보았다는 기쁨에 항상 흐뭇해하고 있었다. 동생들도 하루에 한 번씩은 2층 병원으로 올라가 아기를 보고 내려왔다. 집안에 활기가 차고 있었다. 부모님은 언제나 손자 볼까 했는데 이제는 소원을 풀었다고 했다.

이제 우리 집은 아가까지 아홉 식구가 되었다. 군대 간 셋째까지 열 식구였다. 일하는 영덕이까지 현재 열 식구다. 식당을 하면서 열 식구가 생활한다는 게 쉬운 일이 아니었다. 아침저녁 식사만도 하루에 30그릇이 넘었다. 직장 다니는 동생 셋이 점심은 나가서 먹어도 먹는 양도 상당했다. 웬만치 벌어가지고는 생활비도 못했다.

1년 동안 겨우 먹고, 살고, 쓰고 돈은 얼마 모으지 못했다.

그런데 큰 위기가 닥쳐왔다. 버스회사에서 식사를 끊어 버리게 되었다. 하루에 70명 가까이 먹었는데 중단한다니 우리에겐 위기였다. 일반 손님은 20명 정도밖에 되지 않았다.

버스회사 때문에 그런대로 식당을 유지해 왔는데 큰일이 아닐 수 없었다. 회사에 찾아가 애원도 해 보고 했으나 소용이 없었다.

회사 간부들이 딴 식당에서 뇌물을 많이 받아먹었는지 말이 통하지 않았다.

"죄송하게 되었어요. 식사도 댁의 식당보다 싸게 해 준다는데 어쩔 수 없어요. 그리고 거리도 가깝고 우리에게 많은 도움을 준 분이라 거절할 수 없어요. 그렇게 알아요?"

나머지 식대를 계산해 주고는 거래를 끊어 버렸다. 하늘이 무너지는 것 같았다. 당장 살길이 막막해지고 있었다.

1년 동안 버스회사 때문에 먹고살았는데 앞이 보이지 않았다. 버스회사 옆에 5층 건물이 들어섰다. 그곳은 여자 가슴을 가리는 브래지어 공장이라고 했다. 1층에 100평이 넘는 식당을 차리고 버스회사를 포섭하여 우리 식당을 망하게 하고 있었다. 돈으로 매수하여 그렇게 했는데 우리가 어떻게 당해 낼 수가 없었다.

하루아침에 손님이 확 줄어 버렸다. 하루에 20그릇, 어떤 때는 열대여섯 그릇 점점 손님이 줄고 있었다. 그나마 단골인 모래사장과 석재 공장에서 와주어 식당문을 닫을 수 없었다.

그런 와중에 군대에 갔던 셋째 동생이 휴가를 받아 집에 오게 되었다. 우리가 처한 사정을 알고는 공연히 형들 때문에, 고향을 버리고 망하게 생겼다면서 원망하고 부대에 복귀하게 되었다. 엎친 데 덮친 격으로 우울한 나날이 계속되었다.

나는 살면서 항상 셋째에게 형들이 아니었으면 고향을 버리지 않았을 터인데 미안하게 생각하고 살았다.
어떻게 이 난국을 헤쳐 나갈지 막막했다. 갓난아기는 밤이면 날마다 울어 댔다. 밤만 되면 울음을 그치지 않고 울어대는데 온 식구가 미칠 지경이었다. 아내와 어르고 앉아 흔들고 해도 소용없었다. 근 한 달은 그렇게 울어댄 것 같았다. 아기도 뭔가 우리가 처한 환경을 알고 울었는지 그런 생각도 들었다. 그런데 낮에는 애가 절대 울지 않았다. 손님이 오는 시간에 애까지 울어대면 가뜩이나 심란한데 다행이었다. 식구들 모두가 어린애도 우리가 처한 일을 아는가 보다라고 아기를 두고 화젯거리가 되기도 했다.
아무튼 곤경에 처해 식당을 내놓을 수밖에 없었다. 식당을 내놓았으나 보러 오는 사람이 없었다. 권리금이 너무 비싸다고 혹 왔다가 물어보고 가고 있었다. 식당은 애초 보증금 삼십만 원에 권리금 삼십만 원 주고 얻었는데 우리가 수리하느라고 이십만 원 가량 들어갔다. 식당은 반년이 넘도록 나가지 않았다. 큰일이 아닐 수 없었다. 그렇다고 보증금만 빼가지고 나가서 많은 식구가 어디서 산단 말인가?
고민하다 못해 몸이 바싹바싹 마르고 앞이 보이지 않았다. 이제 식당 운영비도 바닥이 나서 외상값만 늘어나고 있었다. 그런데다 아버지는 괜히 고향 떠나 왔다면서 동생과 나를 원망하며 방안에 누워 버렸다. 장사 그만하라는 것이다.
보증금이라도 빼가지고 나가자고 했다. 그런 와중에 고향 당숙께서 편지가 왔다. 어머니 환갑이 2월인데 어머니 환갑잔치를 고향 당숙이 차려 주겠다는 내용이었다. 동네 사람들이 우리 식구들을 보고 싶어 한다며 그렇게 편지가 왔다.

참으로 고마운 일이었다. 장사도 안되고 회갑잔치는 해드려야 하는데 고향에서 그렇게 보고 싶어 한다는데 거절할 수가 없었다. 답장을 보냈다. 고맙다고 회갑 하루 전날 모든 식구들이 고향으로 내려가겠다고 했다.

그래서 고향으로 내려가 어머니 환갑잔치를 고향분들이 해주게 되었다. 부모님이 고향에서 인심을 잃고 살지 않아 고향분들이 우리 식구들을 그리워하고 있었다. 본래 고향에서 우리 집은 동네 사랑방이었다. 저녁마다 동네 사람들이 마실을 와서 수다도 떨고 음식도 나누어 먹으며 즐겁게 살았었다. 그래서 고향 떠난 우리 식구들을 초대한 것이었다.

회갑잔치는 푸짐하게 차려 고향분과 쌓인 회포를 풀면서 즐겁게 보내고 오게 되었다. 두고두고 잊혀지지 않았다.

그 후 20여 년이 지나서도 어머니가 돌아가시고 고향으로 모셨는데 동네에서 꽃상여까지 준비해 장지까지 갈 수 있었다.

그만큼 고향 사람들은 인심이 좋았다. 그런 고향을 버리고 서울에 왔는데 부모님들의 심정은 어떠하겠는가. 하루하루가 사는 게 사는 것이 아니었다.

그 해는 선거가 있는 해였다. 식당은 나가지 않고 근심에 쌓여있는데 그곳 동사무소에서 매일 같이 선거 운동원과 직원들이 식사를 하겠다고 했다. 30명가량 된다고 했다. 그러자 반갑지 않을 수 없었다. 손님이 북적거려야 가게도 빨리 뺄 수가 있었다. 식사를 해 주게 되었다.

처음에 며칠은 현찰을 내고 먹더니 3~4일이 지나자 장부를 하자 했다. 선거가 끝나면 계산해 준다고 했다. 동사무소 사무장이 그러는데 안된다고 할 수가 없었다. 그래서 장부를 만들고 먹는 대로 사인만 하고 가게 되었다. 한 달이 되고 선거가 끝났다. 그런데 몇 번을 전화해도 식대를 갚지 않았다. 계속 먹는 것도 아닌데 외상값을 갚지 않았다. 조금만 기다려 달라는 대답뿐이었다. 나도 외상으로 물건을 구입하여 해 준 식사였다.

날마다 외상값 받으러 와 동사무소 핑계만 대었다. 곧 갚아 준다니 참으라고 했다. 그게 하루 이틀이지 통하지 않았다. 그래서 나도 동사무소에 쫓아갔다. 한바탕 사무실에서 난리를 쳤다.

"미루는 것도 한계가 있는 것이지 공무원들도 거짓말쟁이냐고" 따졌다.

그러자 동장이 얼마나 되는지 우선 식대부터 갚으라고 사무장에게 말했다.

사무장이 식당에 와서 확인하고는 외상값을 받았다. 그런데 다 갚고는 거래 영수증에 도장을 찍어 한 권만 달라고 했다. 한 권이면 수십 장이 되었다.

자기들도 영수증에다 조목조목 날짜별로 상부에 올려야 음식값을 타올 수 있다고 했다. 나는 아무 꺼림김없이 도장을 찍어 빈 영수증 한 권을 주게 되었다.

그런데 그게 문제가 되어 내가 검찰에까지 불려가게 되었다. 상호는 올케 찍었는데 인장이 내 이름과 다르다는 것이다. 보니 내 도장이 아니고 사촌 동생의 도장이었다. 급한 김에 보지도 않고 서랍에서 꺼내 내 도장인 줄 알고 찍은 것이다.

검사가 사촌을 데리고 오라고 했다. 사촌과 함께 가게 되었다. 확인을 하고는 모르고 한 일이니 용서해 주겠다고 보내주었다. 그런데 그날 동장과 사무장도 대면시켰다. 그들은 죄수복을 입고 내 앞에 나타났다. 이들이 맞느냐고 물었다. 그렇다고 하자 검사는 이들이 외상값이 만 원밖에 안 되는데 십만 원이 넘게 갚았다고 해서 공범이라고 엄포를 놓고는 용서해 주었다. 앞으로는 함부로 빈

영수증을 주면 안된다고 주의를 시켰다.

　식당을 하면서 검찰에까지 불려가기도 했다. 그때 식사 한 그릇이 설렁탕이나 백 원 했지 모두 칠십 원이었다. 물론 고기도 먹긴 했으나 만원 정도밖에 되지 않았다. 몇 배를 불려 식대를 타 먹으려 하다가 동장과 사무장이 철장 신세를 지게 되었다. 우리 집에 와서 고기가 질기다고 투정한 동장이었다.

　식당은 팔리지 않았다. 동생들이 직장에서 타오는 월급까지 투자하고 버텼으나 이제는 보증금이라도 빼가지고 나가야 어디 가서 방을 얻어 살 수가 있었다. 날마다 빚쟁이들이 몰려오고 더 이상 버틸 수가 없었다.

　일하는 영덕이도 고향으로 보내게 되었다. 식당에 가구들을 내버리고 갈 참이었다. 부모님과 식구들이 모여 그렇게 하기로 결정했다. 건물주에게 보증금 삼십만 원 빼 달라고 하자 식당에 있는 물건을 모두 비워 달라고 했다. 그래서 식당 기구가 있어야 가게가 나갈 게 아니냐고 하자 이제는 식당은 세를 놓지 않는다고 했다.

　보증금을 찾아가려 해도 문제가 생겼다. 그래서 고물상에 가서 얘기했더니 물건을 보고 값을 쳐준다고 했다. 고물상 주인이 보고 오천 원을 준다고 했다. 치우는 비용도 이천 원은 들어간다고 했다.

　천만다행이었다. 치워 주는 것도 고마운데 오천 원을 준다니 이사 비용은 되었다. 하기야 권리금을 삼십만 원이나 준 물건 들이었다. 냉장고, 식탁, 그릇 등 많은 물건이 있었다.

　집주인과 고물상이 만나 깨끗이 치워 주기로 약속했다. 그래서 보증금을 찾아 나올 수 있었다. 문제는 외상값이었다. 외상값을 다 갚으면 방을 얻을 돈이 모자랐다. 최소한 방 두 칸짜리는 얻어야 우리 아홉 식구가 살 수 있었다.

　웅봉동 산 중턱에 방 두 칸짜리 전세방을 보증금 삼십만 원에 얻었다. 방이 하나 큰 방이어서 두 칸을 만들 수 있었다. 방 한가운데 커튼으로 가리면 방 두 칸이 되었다.

우리집 식구가 아홉 식구인데 우리 내외가 아기와 작은 방을 차지하고 부모님은 큰 방을 2개로 만들어 부모님과 둘째 남동생이 같이 자고 여동생 셋이서 같이 자면 되었다. 여동생들이 다 큰 처녀가 되었는데 한방에서 잘 수는 없었다. 그래서 우리 식구가 같이 살려면 방 세 칸은 있어야 했다. 시골에서 살 때는 방이 세 칸이나 되었으나 어릴 때라 온 식구가 한 방에 잠을 잤었다. 겨울 추울 때는 한데 어울려 자야 서로 온기가 있어 추위를 면할 수 있었다. 이제는 모두 성년이 되어 그렇게 할 수도 없었다.

그때 성남시가 신도시가 되어 그곳으로 이사를 갈까 했으나 동생들 직장이 서울이라 갈 수도 없었다. 그때 삼십만 원이면 집 한 채 독채를 성남시에서는 얻을 수 있었다. 도시가 제대로 형성되지 않아 허허벌판에 집만 덩그러니 있었는데 벌어먹고 살 터전이 없었다.

그래서 응봉동에다 방을 계약했다. 이사를 가려고 준비가 다 되었는데 외상값이 문제가 되었다. 자그마치 외상으로 구입한 물건값이 십오만 원이나 되었다. 그 돈을 갚으면 전세방 잔금을 치를 수가 없었다. 이사 가는 줄 알면 빚쟁이들이 난리를 칠텐데 방법이 없었다. 온 식구가 모여 극단적인 선택을 하기로 결심했다.

날이 밝기 전에 새벽에 도망가자는 결론이었다. 생전 처음 극단적인 생각을 하게 되었다. 도망자가 되자는 것이다.

살아오면서 아직까지 남에게 피해를 주지 않고 살아온 우리 가족인데 처음으로 죄를 짓게 되었다. 우선 그렇게 하고 나중에 주소를 알고 있으니까 갚아 주기로 했던 것이다.

우선 새벽 첫차로 부모님과 아내와 아기가 전세 보증금을 가지고 떠나게 되었다. 그다음 여동생 셋이 떠나고 나와 둘째는 이삿짐을 싣고 가게 되었다.

그런 과정이 죄를 지어 그런지 얼마나 떨리고 공포가 몰려오는지 소름이 끼치고 무서웠다. 죄를 짓지 말고 살아야지 사람이 할 도리가 아니었다. 마음이 여리기만 한 우리 가족 모두가 그런 심정이었다. 고향땅 다 팔아 가지고 서울에 와 쫄딱 망한 것이다 고스란히 고향 전 재산 백이십만 원 다 까먹고 전셋집 삼십만 원만 남았다.

그 재산이 우리 집 생명 줄인데 허무하게 사라지고 없었다. 무슨 면목으로 고향땅을 밟을지 생각하기도 싫었다.

이삿짐을 싣고 계약해 놓은 웅봉동 전셋집에 왔으나 미리 와 있어야 할 부모님과 아내가 와 있지 않았다. 새벽 5시에 출발한 부모님이 8시가 되도록 나타나지 않았다. 돈을 가진 아버지가 와야 집주인에게 잔금을 치르고 이삿짐을 내려놓을 텐데 오지 않았다.

이삿짐 기사는 시간이 없다고 딴 데 가야 된다고 야단이고 난처한 일이었다. 어떻게 된 일일까?

여동생들까지 다 왔는데 부모님과 아내와 아기가 오지 않았다. 집을 못 찾아 헤매는 것이 아닐까? 동생들에게 주변을 다니며 찾아보라고 했다. 동생들이 찾으러 다녔다. 기사는 재촉하고 미칠 지경이었다. 9시가 넘도록 오지 않았다.

별생각이 다 들었다. 오다가 돈을 다 잊어버린 게 아닌가? 못된 사람에게 빼앗기지 않았는지 별생각이 다 들었다.

만일 돈을 잃어버렸다면 우리 식구는 모두 어떻게 될까? 앞이 캄캄하고 보이지 않았다. 아버지는 길눈이 밝은 분이었다. 한번 가르쳐 드리면 곧 찾아오셨다. 이사 올 집에 두 번이나 왔었다.

그런데 오지 않았다. 10시가 다 되었다. 이삿짐 기사는 내려놓고 가겠다고 말했다. 막 대문 앞에 이삿짐을 내려놓으려 하는데 부모님이 아내와 언덕길을 힘겹게 올라오고 있었다.

아버지! 하느님! 너무 반가워 입속에서 하느님까지 튀어나왔다. 사람이 막다른 길에 도달하면 하느님을 찾는 것 같았다.

그래서 사람들은 신을 믿고 하느님을 숭배하는 게 아닌가 생각되었다.

"아버지! 돈?"

"여기 있다."

아버지가 돈을 내놓았다. 돈이 얼마나 중요한지 어떻게 된 일이냐고 묻지도 않고 돈부터 물었다. 돈이 사람을 죽이고 살린다더니 이럴 때 쓰는 말인 것 같았다.

지금도 그때를 생각하면 가슴이 저며 오고 있었다. 많은 식구가 길거리에 주저앉을 판이였다.

아버지가 무사히 돌아와 이삿짐을 내릴 수 있었다. 식구들은 그때를 두고두고 잊지 않았다. 그때 아버지는 한 정거장 전에 내렸고, 꼭 그 집 같았는데 아니었다고 했다. 그 주변을 샅샅이 뒤지다가 한 정거장 전에 내렸다는 사실을 알았다고 했다.

이삿짐을 내리고 이사를 무사히 마쳤다.

나는 또다시 실업자가 되었다. 동생들이 버는 돈으로 생활을 꾸려 나갔다.

장남이라는 내가 집안의 가장이 될 자격이 없었다. 하는 일마다 되는 일이 없었다. 공연히 결혼을 했나 싶었다. 더욱 아내에게 정이 떨어졌다. 이 여자와 결혼만 안 했어도 이런 일은 없었을 것인데 후회가 막심했다. 아내인들 살얼음판 같은 환경에서 살고 있었다. 남편이 남편 구실을 못하고 사는데 행복은 꿈도 꾸지 못하고 있었다. 시동생, 시누이들이 벌어다 주는 돈으로 생활하고 있어 돈 한푼 만질 수도 없었다. 아기가 우유가 떨어져 전전긍긍하고 산다고 했다. 많은 식구들 빨래해주고 밥해주고 식모나 마찬가지였다.

남편은 실업자가 되어 날마다 어디서 술이 취해 들어오고 사는 게 사는 게 아니라고 투정했다. 집안에 웃을 일이 없었다.

그래도 딸 아이가 돌이 지나 아장아장 걸으면서 집안에 활력소가 되어주고 있었다. 한창 재롱을 부리고 식구들을 웃게 하고 있었다. 아이 때문에 침울해 있다가도 한바탕 식구들이 웃고 있었다. 이제 말도 배우고 엄마, 아빠, 맘마 정도는 하고 있었다.

벽을 짚고 이방 저방 뒤뚱뒤뚱 걸으며 웃음을 자아냈다. 나도 딸 아이가 예뻤다. 딸아이처럼 아내도 그렇게 보이면 좋을 텐데 아내가 낳은 딸인데 그러하지 못했다. 내가 빨리 취직을 해야 되는데 일자리가 없었다.

왕십리 재봉이 친구를 만나서 술값이라도 빌려 쓸 수 있었다.

차비하고 술값은 있어서 매일 헤매고 다녔다.

전에 있었던 식당은 좀처럼 찾아가지 않는 성격인데 오늘따라 한양대학교 구내식당을 찾아가게 되었다. 전에 예비군 훈련을 군부대에서 한 달간 받게 되어 일을 그만두고 나온 식당이었다.

"아니 윤씨! 아니에요? 오래간만이네요. 한 번이나 들릴 줄 알았는데 어떻게 지냈어요. 사람이 없어 찾고 싶었는데 주소를 몰라 찾지 못했어요. 옛날처럼 일 좀 해주세요?…"

주인 마담은 주방장이 나갔다며 일 좀 해달라고 했다. 그래서 한양대학교 구내식당에 다시 있게 되었다. 사람이 죽으라는 법은 없었다. 집안에서 체면이 서게 되었다. 어린 딸아이 우윳값이라도 내 손으로 사줄 수 있었다. 응봉동에서 한양대학교는 가까웠다. 걸어 다녀도 되었다.

옛날 있을 때도 그랬지만 한양대학교 구내식당은 주방장이 직접 시장을 보기 때문에 부수입이 생겼다.

담배만도 한 달에 몇 보루 생겼다. 주인 할머니가 항상 따라다니기는 해도 상인들이 뒷돈을 챙겨 주었다. 월급은 집에서 쓰고 수입은 술값으로 쓰게 되었다.

워낙 술을 좋아해 술 없이는 하루도 마음이 허공에 떠 있어 견디지 못했다. 그렇게 책을 많이 읽었었는데 결혼하고는 책은 거들떠보지도 못했다. 글도 쓸 생각을 하지 못했다. 실업자로 살면서 책을 볼까도 했으나 환경에 처한 자신이 처량하여 아예 책은 손에서 떠나고 말았다.

이제 돈을 벌고 있으니 집안에서도 떳떳해졌다. 식구들도 좋아하고 있었다.
어머니가 항상 말씀하셨다.
"네가 돈을 벌고 마음을 잡아야 집안이 편안해진다. 가장이란 자신을 잊어서는 온 식구가 불안해서 못 산다. 꼭 명심해라!" 항상 말씀하셨다.

그리고 아내에게도 살갑게 대해 주고 잘 해야 된다고 충고했다. 여자가 무슨 죄로 가난한 집에 시집와서 고생하는지 불쌍하지도 않느냐고 했다. 나는 대답은 잘하겠다고 하고 마냥 보면 그렇지 못했다. 그래도 직장이라도 다니고 있어 아내의 표정이 밝아 보였다. 웃음기가 없었는데 한결 밝아 보였다. 어느 날은 술이 잔뜩 취해 들어가 모처럼 껴안아 주자 너무나 좋아했다.

그럭저럭 한양대학교 구내식당에서 일한 지도 반년이 지났다. 집안도 어느 정도 안정이 되어 웃는 날도 많아졌다. 이제는 딸아이가 제법 말도 잘하고 집안에 활력을 주었다.

이제 걸음도 빨라져 잠시 한눈을 팔면 밖으로 뛰어나간다고 했다. 집이 산비탈이라 애들이 나가면 위험해질 수도 있었다. 잠시도 한눈을 팔지 못한다고 했다.

딸아이는 진경이라 이름을 내가 지어주었다. 딸의 재롱 때문에 내가 많이 웃고 살았다.

식구들이 딸아이 때문에 웃음꽃이 필 때가 많았다.

고모들이 양장점에 다니고 있어 자투리 천으로 자주 옷을 해주고 있었다.

귀엽고 깜찍했다. 집안에 복덩이가 되었다.

어느 날이었다. 구내식당은 점심시간이 끝나고 한가한 시간이었다, 오늘은 메뉴가 백반, 우거지 해장국, 볶음밥이 나갔는데 손님이 많지 않아 볶음밥이 많이 남았다.

식구들 먹고도 많이 남았다. 그걸 폐기처분 할 수밖에 없었다. 다음날 다시 쓸 수는 없었다. 식구들이 먹을 만큼 남겨두고 버릴 참이었다.

그때 식당 옆 다방에서 밥을 아직 못 먹었다며 남은 밥이 없느냐 팔라고 했다. 대접을 들고 와서 밥만 달라고 했다.

주인 마담이 그러는데 안 줄 수가 없었다. 3시가 넘었는데 시장할 만도 했다.

"볶음밥이 남았는데 이거라도 데워 잡수시오"하고 대접에다 한 대접 퍼 주었다.

물론 돈도 받지 않고 버릴 참이라 그냥 잡수시라고 했다. 그게 말썽이 되었다. 전에 주방장도 가끔 다방 마담에게 그냥 주었다고 보조 애들이 말했다.

나는 아무 생각 없이 버리려고 했던 음식이라 꺼림김없이 준 것이었다.

그런데 식당 주인 마담이 다방에 갔다가 홀에서 아가씨와 마담 셋이서 볶음밥을 먹고 있었던 것을 본 것이다.

화가 잔뜩 나서 주방으로 쫓아왔다.

"누가 다방에 볶음밥을 주었느냐?" 야단이었다. 내가 많이 남아 식구들 먹을 것을 남겨놓고 주었다고 말했다. 그러자 주인 마담이 노발대발 화가 나서 나에게 당장 나가라고 했다.

"다방 여자들이 왜 밥을 사 먹지 않나 했더니 주방에서 맨날 퍼 주어 그랬다고" 나가라는 것이었다.

"사장님 오늘 처음이었어요. 전 주방장도 주었다길래 한 번 줬어요. 버려야 되기 때문에 그랬는데 잘못했습니다."

사정했으나 그만두라고 했다. 할 수 없이 쫓겨나고 말았다. 이번 일만은 아닌 것 같았다. 며칠 전에도 대학교 총장 때문에 주인 사장과 다툰 적이 있었다. 총장의 식사를 해 주는데 내가 알지도 못하는 음식 재료를 사 가지고 와 양식을 만들라고 했다. 내가 그런 음식은 해보지 않아 못하겠다고 했더니 자기가 가르쳐 준다고 해보라고 했다.

"총장님 식사는 사장님이 해 주세요. 날마다 총장님 식사 때문에 골치가 아파 죽겠어요?" 말했다.

날마다 이래라저래라 그릇도 이렇게 담아라 저렇게 하라 골치가 아팠다.

"그만둘 때가 된 것 같아요. 못하면 할 수 없지" 하고 자기가 해 주었다. 아마 내 생각엔 사람을 다시 구해놓고 보내려고 그러는 것 같았다. 할 수 없이 일한 임금을 받아가지고 나왔다.

이 집에서 두 달을 일하면 주방장이 잘하는 것이라고 찬모가 말했다. 거의 총장 식사 때문에 쫓겨나고 있다고 말했다.

총장은 까다롭게 보이지 않은데 식당 주인이 잘 보이려고 아첨하는 것 같았다.

총장 식사를 준비할 때는 지켜 서서 이래라저래라 얼마나 까다롭게 하는지 식사때만 되면 식은땀이 흘렀다. 그렇게 잘하면 자기가 해 줄 것이지 왜 애꿎은 주방장에게 시키냐고 따지고 싶었다.

니나노 술집

한양대학교 구내식당에서 쫓겨나 생전 처음 술집 주방장으로 취직이 되었다. 오랫동안 구내식당에서 일하려 하였으나 한 번의 실수로 해고당하고 말았다.

지금 같으면 함부로 종업원을 내쫓지 못하게 법으로 보장해 주었으나 그 시절은 주인이 왕이었다. 별일도 아닌데 주인 맘대로 종업원을 내쫓고 있었다.

약자가 어쩔 수 없었다. 다시 일자리를 찾은 곳이 서울 한복판 관철동 술집이었다. 지금의 삼일 빌딩 뒤편이었다. 아직은 개업을 하지 않고 수리하고 있었다. 식당 했던 자리인데 술집으로 개조하려고 방을 여러 개 만들고 있었다. 술집 주인을 다방에서 만났다. 오십이 되어 보이는 가정집 아주머니 같았다. 서로 인사하고 자리에 앉았다. 커피를 시키고 아주머니가 입을 열었다.

"참으로 점잖아 보이네요, 어떻게 주방 일 배웠어요?" 물었다. 나는 객지에 살다 보니 제일 일자리 구하기 쉬운 곳이 식당이었다고 말하고 식당 생활한 지 10년이 넘었다고 말했다.

"그럼 술안주도 잘할 수 있겠네요? 식당 자리인데 술장사 해 보려고 수리하고 있었어요." 술안주를 잘할 줄 아는 사람 구한다고 했다.

"제가 요정에만 다녔던 주방장에게 술안주 하는 걸 배웠어요. 야채로 꽃도 만들고 많이 배웠어요?"

말하자 아주머니는 같이 일해보자고 했다. 그리고 자기는 장사는 처음 해보는 사람이라고 했다. 가정생활만 했는데 처음 장사를 해

보려 한다고 많이 도와달라고 했다. 그래서 술집에 취직이 되었다. 나는 전에 서울역 앞 중앙회관이란 식당에서 일한 적이 있었다. 그 집은 한식을 했는데 낮에는 식사 위주로 저녁에는 색시를 두고 2층에서만 술장사를 했었다.

주방장이 요정 출신이어서 안주 만드는 것을 배울 수 있었다. 무와 당근으로 꽃을 만드는데 가르쳐 달라고 하여 꽃 만드는 기술도 배웠다. 그래서 자신 있게 할 수 있다고 했던 것이다.

수리하는 동안 주인과 하루에 한 번씩 만나게 되었다. 매일 같이 출근하여 수리하는 사람들과 얘기도 나누고 일도 거들어 주었다. 주인과도 식사도 같이 사 먹고 가정 얘기도 하게 되었다. 나도 집안 사정 얘기도 했고 주인 여자도 자기 살아온 얘기도 하게 되었다. 주인 여자는 평범한 가정집 여자였다. 꼭 탤런트 전원주 같은 인상이었다. 남편이 호텔에서 파친코라는 오락실을 운영한다고 했다. 돈도 잘 벌고 살았는데 남편이 바람을 피워 작은마누라를 얻어 딴살림 차리고 산다고 했다. 아들 하나 있는데 결혼해서 약수동에서 살고 있다고 했다. 작은마누라가 자식을 둘이나 낳았다고 했다. 남편은 아예 작은마누라와 살고 자기는 거들떠보지도 않는다고 말했다. 그래서 집을 담보로 대출을 받아 장사를 해 보려고 시작했다는 것이다.

그런데 예상외로 수리비가 많이 들어간다고, 아무래도 자금이 모자랄 것 같다고 아직도 돈 들어갈 곳이 많은데 걱정이라고 했다. 색시도 구하려면 선불을 줘야 데리고 올 수 있다고 말했다. 최소한 7명은 구해야 되는데 빚을 얻어야 될 것 같다고 말했다. 나와 소개소에 가서 색시를 구하려 하는데 모두가 선불을 줘야 된다 했다. 색시들이 취직을 기다리는 동안 소개소에서 먹고 자고 한 빚이 있어 선불을 받고 갚아주고 나와야 된다는 것이다.

색시 7명을 구하면서 빚을 얻었다고 말했다. 장사가 잘돼야 빚을 갚을 수 있었다. 술집 개업이 되었다. 간판은 (청주옥)으로 반반한 색시를 구해와 그런지 손님이 차차 늘기 시작했다. 장사가 잘되고 있었다. 나는 아주머니 한 사람과 주방에서 안주를 만들어 냈다. 야채로 꽃도 만들어 안주를 보기 좋게 만들었다. 과일도 예쁘게 깎아서 내놓고 화채도 만들어 내놓았다.

술집은 밤에만 장사를 하니까 낮에는 시간이 많았다. 늦게까지 손님이 가지 않아 어떤 때는 차 시간을 놓쳐 집에 갈 수가 없었다. 통금이 있었던 시절이라 술집에서 잘 때가 많았다. 아내가 좋아할 리 없었다. 가뜩이나 정도 없이 사는데 신경이 날카로워진 것 같았다.

"외박하고 싶어서 술집에 취직했다고" 투정을 부리고 있었다.

"매일 놀 수가 없어 술집에라도 취직한 거야 그래서 낮에 왔다 가잖아.…"

나는 딸이 보고 싶어 집에 못 들어갈 때는 낮에 집에 들렀다. 딸처럼 아내가 그렇게 보고 싶으면 얼마나 좋을까 생각되었다. 딸은 하루만 보지 않으면 눈에 아롱거려 보고 싶어 가게 되었다.

술집에 취직한 지도 3개월이 흘렀다. 색시들이 가끔 손님한테 팁을 받았다고 가끔 담배 사서 피우라고 돈도 주었다.

날마다 밤이면 술손님들이 상다리를 두들기고 노랫소리가 끊이지 않았다. 주변 회사 직원들이 와서 회식도 하고 손님은 꾸준히 늘고 있었다. 색시가 모자랄 정도였다.

색시를 불러도 색시가 없으니까 술값을 외상하고 가는 사람이 많았다. 그렇다고 외상을 안 줄 수도 없었다. 자주 오는 단골인데 회사도 알고 외상을 주게 되었다. 술장사는 자금이 잘 돌아가야 하는데 빚을 얻어 시작했기 때문에 빚쟁이들에게 시달리고 있었다.

나도 두세 달은 월급을 제날짜에 받았으나 두세 달이 지나자 한

꺼번에 주지 않고 찔끔찔끔 감질나게 주고 있었다.
 색시들도 제날짜에 월급이 나오지 않아 깽판을 부리고 있었다. 손님이 까다롭고 팁도 잘 안 주는 손님에게는 불러도 들어가지 않았다. 주인이 큰소리를 치지 못했다. 월급을 못 주고 있어 할 말을 못 하고 있었다.
 물렁한 주인을 얕보고 있는 색시들이었다. 이 집에 오래 있어봤자 희망이 없을 것 같았다.
 내가 사람 구하라고 하자 주인이 사정사정 매달렸다.
 "윤 씨 어떻게 해서라도 윤 씨 월급은 또박또박 줄 테니 그만둔다 소리 하지 마세요. 윤 씨가 아니면 나 영업 못 꾸려나가요. 제발 간다 소리는 하지 말아요?"
 하며 매달리고 있었다. 마음 약한 나는 매몰차게 하지 못했다. 그대로 눌러앉았다. 운영하기가 곤란해지니까 오락실을 한다는 남편한테 아들을 통해 연락한 모양이었다.
 어느 날 남편이란 사람이 술집에 찾아오게 되었다. 남자가 키도 크고 풍채가 얼마나 멋이 있는지 남자다웠다. 내실에서 둘이는 옥신각신 큰소리가 들렸다. 아마 싸우는 것 같았다.
 "누가 술장사 하라 했어, 꼬박꼬박 생활비 대주는데 뭐가 모자라 시작한 거야! 술장사는 아무나 하는 줄 알아!"
 남자의 목소리가 크게 들렸다. 주방에서 내실은 문 하나 사이에 있었다.
 "생과부 만들어 놓고 말도 잘하네. 밥만 먹고 못 산다고 하잖아. 나도 멋진 남자 하나 꼬시려고 술장사 시작했다. 이혼 도장 찍어주고 빨리 보상이나 해 주란 말이야!"
 여자가 악을 쓰며 소리쳤다. 그러자 남자가 술장사 집어치우면 도장 찍어줄게 하고는 밖으로 나오고 있었다.

남자와 싸웠지만 아무 소득 없이 끝나고 말았다. 남의 일 같지가 않았다. 나에게도 언제 그런 일이 닥칠지 모르는 일이었다.

나는 그날부터 집에 자주 들어갔다. 여자가 한을 품으면 오뉴월에도 서리가 내린다는 말이 있었다.

우리 응봉동 집은 다시 이사를 가야 했다. 집주인이 집세를 십만 원 올려 달라 하고 있었다. 오만 원이면 모를까, 십만 원을 올려 달라니 나갈 수밖에 없었다. 낮에 집을 얻으러 아버지와 돌아다녔다.

금호동에 독채가 있는데 집주인이 같이 사는 집이 아니었다. 방 한 칸만 세 들어 사는 사람이 있었다. 장님 아버지와 딸이 살고 있었다. 딸이 열댓 살밖에 되지 않았다. 조그만 방까지 세 칸이었다. 꼭대기라 삼십만 원이면 얻을 수 있었다.

그래서 그 집을 계약하고 이사와 살게 되었다. 셋방살이가 시작되고 있었다.

셋방을 얻는데도 여간 까다롭지 않았다. 식구가 많다고 안되고 애가 있어서 안 된다고 했다. 사람 사는 집에 애가 없을 수 없었다. 집주인과 같이 사는 집은 집 얻기가 까다로웠다.

단독 독채를 얻으려니 돈이 안되고 여기저기 헤맨 끝에 간신히 산꼭대기에다 집을 얻게 되었다. 버스정류장까지 가자면 한참을 걸어야 했다. 집에 있는 사람들이야 괜찮지만 날마다 출퇴근하기는 고역이었다. 동생과 내가 매일 같이 출퇴근하고 있었다.

어느 날이었다. 술집에서 일하고 간신이 통금 전에 차를 타게 되었다. 그런데 금호동 로터리가 종점이었다. 우리 집은 금호극장 뒤에서 한참을 올라가서 산꼭대기에 있었다. 집에까지 가자면 30분은 걸릴 것 같았다. 얼마 뛰지 않았는데 통금이 울리고 있었다. 금호극장 뒷골목으로 들어갔는데 방범이 서라고 호루라기를 불었다. 방범은 두 사람이었다. 그냥 옆 골목으로 피해 도망쳤다. 죄진것은 없지만 붙잡히면 파출소까지 끌려가고 골치가 아플 것 같았다.
 그런데 막다른 골목에서 방범대원과 부딪치고 말았다. 나는 술이 많이 취한 터이라 잡히지 않으려 주먹을 날렸다.
 둘이서 치고받고 싸움이 벌어졌다. 나도 몇 대를 맞았다. 코피가 터져 피가 줄줄 흘렀다. 다리를 걸어 방범대원을 넘어뜨리고 도망쳤다. 그곳은 미로 같은 골목이 많았다. 호루라기 소리가 여기저기서 요란하게 들렸다. 요리조리 피해 집에까지 잡히지 않고 오게 되었다.
 집에 도착해서 방에 들어서자 아내가 깜짝 놀라고 큰소리로 말하려 하여 입을 막았다, 옆방에 부모님이 아시게 되면 걱정이 이만저만이 아닐 것이었다. 와이셔츠가 피투성이가 된 걸 보면 어른들이 얼마나 걱정일까 조용히 하라고 아내에게 말했다.
 "오다가 통금에 걸려 방범하고 싸웠어. 붙잡히면 파출소까지 끌려갈 것 같아서 도망쳐 왔어. 코피만 터졌지, 괜찮아!" 아내를 안심시켰다.
 "늦으면 자지 뭘 하러 와요. 전에는 잘도 자고 오더니.…"
 "외박하고 온다고 토라졌잖아, 그래서 마누라한테 점수 좀 따려고 그랬지!"
 그러자 마누라가 웃으며 그게 얼마나 가겠냐며 씻고 오라고 했다. 그날 밤은 아내를 안아줄 수 있었다.
 술집은 점점 망해가고 있었다. 날마다 빚쟁이들이 진을 치고 있었다. 외상값이라도 받아오면 나을텐데 주인이 당차지 못해 많은 외상값을 받지 못하고 있었다. 색시들에게 받아오라고 시키면 어디서 실컷 놀다 와서 다음에 준다는데 그냥 왔다고 했다.
 색시들도 하나둘씩 떠나고 3명밖에 남지 않았다. 이들은 선불을 주고 데려온 여자들이었다. 한 달을 채워 빚을 갚으면 떠나고 있었다. 주인이 제때 월급을 주지 않으면 그만두고 있었다. 무슨 장사든지 밑천이 두둑해야 성공을 할 수 있지 빚으로 시작하면 거의 망하게 되어 있었다. 나도 8개월 만에 그만둘 수밖에 없었다. 한 달 치 월급은 끝내 받지 못했다.

술집에 있으면서 볼 것 못 볼 것 다 보고 일하며 살게 되었다. 몸뚱이만 가지고 돈 벌겠다고 나선 여자들이라 여자다운 면은 찾아볼 수가 없었다.

이 집에는 색시가 많았을 때는 10명도 넘었었다. 주인과 주방 아줌마까지 여자들 속에서 남자는 나 혼자뿐이었다. 색시들은 날마다 술에 취해서 화장실 가기가 싫으니까 주방에 와서 하수도에다 궁둥이를 까고 소변을 보고 있었다. 남자가 있는데 부끄러운 줄도 모르고 막무가내였다. 인간 대접을 해주고 싶어도 몰상식한 행동을 하니까 여자로 보이지 않았다. 처음에는 존대해 주고 인간 대접을 해주었지만, 지금은 하도 지저분하게 구니까 욕이 터져 나왔다. 여자다운 면이 없었다.

"야 이년들아! 여기가 음식 만드는 주방이야 냄새나게 날마다 싸대고 있어 부끄럽지도 않냐? 싸려면 홀딱 벗고 싸라."

내가 욕해주면 헤헤 웃으며 "오빠 봐주면 안 돼, 팁 받으면 용돈 줄게.…"하고 대수롭지 않은 듯 말하고 있었다. 그뿐이 아니었다. 술 먹다가 손님한테 뺨 맞고 나와 주방에 와서 통곡하고 있었다.

울어서 눈물이 쏟아져 눈화장이 지워져서 얼굴에 먹물이 흘러 볼성사나웠다. 화류개 여자라더니 여자로 보이지 않았다.

그런 술집에서 8개월이나 볼 것 못 볼 것 다 보며 지내왔다. 불쌍한 여자들이었다. 외박 나가기를 밥 먹듯 하고 이 남자 저 남자 품에 안겨 청춘을 다 바치고 있었다. 그렇다고 돈 버는 여자도 별로 없었다. 모두가 빚투성이었다.

또다시 실업자가 되었다. 일자리가 금방 나오지 않았다. 부모님한테 면목이 서지 않았다.

"너는 어떻게 어디 가서 진득하게 있지 못하냐고 총각 때나 지금이나 같다고" 나무라고 있었다.

"보수가 제대로 나오지 않는데 어떻게 해요. 식당은 거의 그래요. 장사가 안 되는 집이 많거든요. 돈 바라고 일하는데 장사가 안 되면 나올 수밖에 없어요!…"했지만 부모님은 백 프로 내 말을 믿지 않았다.

"동생들도 벌어서 이제 시집가고 장가가야지. 마냥 동생들한테 신세를 지면 안 된다." 말했다.

내가 놀게 되면 동생들에게 의지할 수밖에 없었다.

내가 일을 해도 동생들은 항상 자기들 식대는 어머니에게 주고 있었다. 그래서 어머니가 살림을 꾸려 나가고 있었다. 나도 될 수 있으면 동생들에게 신세를 지고 싶지 않았다.

그들도 결혼 비용을 저축해야 되었다. 다섯 동생이 모두 혼기가 늦어지고 있었다. 큰 여동생은 남자와 연애 중에 있었다. 답십리에서 식당 할 때부터 사귄 남자였다. 둘째 남동생도 29살로 나 때문에 모두 결혼이 늦고 있었다.

셋째도 이제 제대하여 같이 살고 있었다. 셋째 남동생은 군대 가 있는 동안 집안이 망해버려 식구들과 대화조차 꺼리며 직장에 다니고 있었다. 나는 셋째에게 더욱 미안했다. 공연히 식당을 차려 고향 재산을 날린 것이 두고두고 후회가 되었다.

빨리 직장을 잡아야 내가 식구들에게 면목이 설 것 같았다.

한 달을 놀다가 을지로 상가 설렁탕, 냉면집에 취직이 되었다. 한 달 동안 놀면서 식구들 눈치가 따가워 견딜 수가 없었다. 취직이 되어 참으로 다행이었다.

매일 아침 직장에 출근할 수 있었다. 식당은 국도극장 맞은편에 아담한 식당이었다. 한 50평 되는 식당인데 방과 홀로 되어 있었다. 테이블이 방과 홀에 20여 개 놓여 있었다, 주인은 함경도 사람으로 1·4후퇴 때 피난 와서 거제도에 있다가 서울에 오게 되었고 피난 통에 자식을 잃었다고 했다. 두 내외가 살고 있었다.

남편은 점심시간만 식당에 카운터를 봐주고 오후에는 증권회사에 다닌다고 했다. 말이 없는 과묵한 사람이었다. 주방장인 나에게도 별말을 잘하지 않았다. 그러나 주인 여자는 활달했다. 키도 남자보다 훨씬 크고 모든 면에서 시원시원하게 일 처리를 잘하고 있었다.

인물도 좋고 말주변도 좋아 손님들과 잘 소통하고 있었다.
"주방장님 잘 부탁드립니다. 식당은 모든 것이 주방장 손에 달렸습니다. 오래 계셔서 식당을 살려 주십시오. 그동안 여러 사람이 거쳐 갔지만 오래 있지 못했습니다.…"

주인 여자는 그렇게 말하면서 부탁한다고 말했다. 나를 보고 인상이 좋고 믿음이 간다면서 식당을 살려달라 부탁했다. 주방에 들어가 그동안 해 온 음식을 살펴보니 설렁탕 국물이 엉망이었다. 맹물 같은 국물에다, 고기를 많이 넣어줘도 제맛이 나지 않았다. 나는 설렁탕, 냉면만은 자신 있었다. 두 가지만 전문으로 할 생각이었다.

주인에게 그렇게 말하고 소머리 곰탕을 하자고 제의했다. 양지와 소머리를 쓰고 사골과 잡뼈를 삶아 국물을 진하게 하자고 했다. 그러자 주인은 재료는 충분히 대 줄 테니 주방장 소신대로 하라고 했다. 그래서 깍두기도 새로 담고 김치는 날마다 배추 겉절이를 해 줄 참이었다.

주방 식구들과 모든 준비를 끝냈다. 주방에는 아주머니 한 사람과 보조 남자아이가 한 사람 있었다. 설거지를 하면서 나를 도와주고 있었다.

　나는 이북 함흥사람과 인연이 있는지 벌써 함흥사람을 세 번째 주인으로 모시고 있었다. 첫 번째는 내가 제일 처음 식당에 들어갔을 때 용산에 함흥 냉면집이었고 두 번째는 중앙시장 쌀가게 골목에 있었던 함흥 냉면집이었다. 이번이 세 번째 함흥사람 주인이었다.

　두 번째 주인은 내가 답십리에 식당을 차렸을 때 찾아와서 많은 조언을 해 주었다. 설렁탕을 드셔보고는 국물이 진하지 않다고 설렁탕은 국물이 진해야 제맛이 난다고 국물을 진하게 하라고 했다. 내가 사장님네 식당은 진하게 할 수 있지만 우리 집은 불과 열 그릇도 못 팔 때가 많아 국물을 진하게 할 수 없다고 대답했다.

　그러자 시장은 그러니까 설렁탕이 팔리지 않는 것이라고 했다. 열 그릇 분량만 국물을 진하게 만들고 떨어지면 팔지 말라고 했다. 국물이 모자라니까 대개 맹물을 부어서 파니까 제맛이 나지 않는 것이라고 했다. 당장 못 팔더라도 국물이 떨어지면 중단해야 된다고 충고했다. 그래서 나는 그 뒤부터는 그분의 충고를 받아드려 그렇게 하고 있었다.

　한 달이 지나자 손님이 30명도 안 오던 식당이 하루에 100명도 넘게 손님이 오고 있었다. 점심시간에는 자리가 없어 못 팔 정도가 되었다.

　나의 주가는 갑자기 뛰어올라 식당에서 주인은 물론 종업원까지도 떠받치고 있었다. 주인마님은 무엇이 먹고 싶으냐 말하고 먹고 싶은 것이 있으면 모두 사다 주겠다고 했다. 생선 사다가 반찬도 해주고 나 때문에 종업원 모두가 특급 대우를 받았다. 종업원이 손님이 많아 홀에 3명 아가씨가 있었고 주방도 나를 도와주는 시다 보조가 들어오게 되었다.

　그 집에서 나는 이북 사람이 즐겨 먹는다는 가자미식해를 만들어 주어 맛있게 먹을 수 있었다. 가자미식해는 생선 김치였다. 가자미와 무채를 썰어 조밥을 넣어서 김치를 담갔다. 그 맛이 일품이었다. 나는 그 집에서 몇 달 내내 가자미식해와 밥을 먹었다. 질리지도 않는 음식이었다.

그만큼 대우를 받고 일할 수 있었다. 수시로 옷도 사주고 딸이 있다고 하자 딸 주라고 사탕과 과자도 사주고는 했다.

이 집 식당에서 대우를 받고 일하고 있었으나 집에 가면 집안 분위기가 냉랭했다. 셋째는 아예 나를 마주치기 싫어했고, 첫째 여동생은 연애하느라 바빴다. 사귀는 남자와 부산에서 살림을 차린다고 했다. 부모님은 고향 떠나온 걸 후회하고 특히, 아버지는 나와 둘째 때문에 집안이 이렇게 됐다고 원망하고 있었다.

집에 가기가 싫어졌다. 아내는 아내대로 집안 분위기 때문에 신경을 쓰고 있었고 나와도 그런 관계로 정이 없어 말도 잘하지 않았다. 딸아이 때문에 웃고는 있으나 웃고 싶어 웃는게 아니었다. 결국 셋째 남동생과 첫째 여동생이 집을 나가게 되었다. 셋째 남동생은 집이 싫다고 충청도 제천으로 떠났고 첫째 여동생은 부산으로 남자와 떠났다. 결혼식도 못 올리고 떠나게 되었다. 남자도 별로 능력이 없는 사람이었다. 시집간 누님 집에 얹혀살다가 여동생을 만나 약간의 돈만 가지고 떠난 것이다. 젊은 기분에 아무 기반 없이 부산에 가서 돈 번다고 떠나게 되었다. 남자 매형이 전기산업을 해 그곳에서 전기 기술을 익힌 모양이었다. 젊은 기분에 같이 살겠다고 떠나 부모님 걱정이 이만저만이 아니었다. 그런 문제가 모두 나에게 화살이 되어 돌아왔다. 내가 집안을 망하게 했다는 것이다.

집에 들어가기가 죽기보다 싫어졌다. 식당에서 잘 때가 많아졌다. 편안한 집이 되어야 하는데 집에 가면 가슴이 답답해 죽을 지경이었다. 자연히 식구들과 대화도 없게 되었다. 둘째가 그래도 가족들과 많은 얘기를 하며 집안을 이끌어가고 있었다.

나는 한 달에 열흘은 집에 들어가지 않고 식당이 바쁘다는 핑계로 식당에서 자고 있었다. 그렇게 몇 달이 지났다.

어느 날 아내가 내가 일하는 식당 근처 국도 다방에서 전화를 했다. 점심시간이 끝나고 쉬고 있는데 주인이 전화가 왔다고 바꿔 주었다. 아내 전화였다.

"나 극장 옆에 국도 다방에 와 있어요. 중요한 할 말이 있으니 나오세요?"

아내가 만나자 하는데 나가지 않을 수 없었다. 다방으로 나가게 되었다. 다방에 들어가자 구석 자리에 아내가 자리 잡고 앉아 있었다.

"무슨 일인데 여기까지 나와 집에서 얘기하면 되지?"

"집에도 자주 오지 않으면서 말은 잘하네요?" 하면서 커피나 시키라고 했다. 커피를 시키고 얘기를 나누게 되었다.

"중요한 얘기가 있다면서 무슨 얘기야?" 아내는 한참을 뜸을 들이고 있다가 나를 힐끗 쳐다보고는 말했다.

"나 임신했어요. 지금 오 개월 되었어요. 애를 지워 주세요. 당신하고 헤어지고 싶어요. 오랜 생각 끝에 결정했어요. 고모들과는 상의를 했어요.…"

아내는 뱃속에 아이를 지워 주면 미련 없이 떠나겠다고 말했다. 여동생들과는 얘기를 나누었다고 했다. 참으로 기가 막혔다. 임신을 하고도 5개월이나 숨기고 있었다니 할 말을 잊었다. 그리고 이제 와서 헤어지자니 앞이 보이지 않았다. 언젠가는 그런 말이 나올 줄 알았지만, 예상 밖의 일이었다.

"그걸 말이라고 하고 있어 애가 다섯 달이나 되었다면 다 큰 아이인데 무슨 죄를 짓고 싶어 태어날 아기를 지워 달라는 거야! 나는 아직까지 당신과 살갑게 대해 주지 못했으나 헤어질 생각은 꿈에도 해보지 않았어?…"

못 들은 걸로 하겠다고 했다.

"나 당신 집에서 더 이상 못 살아요. 누구 하나 내편이 되어주는 사람이 한 사람도 없어요. 남편이란 사람이 무시하고 사는데 어느 누가 나를 좋아하겠어요. 더 이상은 못 살아요. 아기만 지워 주면 바로 떠날 거예요.…"

"일단 집으로 가 있어, 내게도 생각할 시간을 줘야지, 일방적으로 갑자기 무슨 짓이야!"하고는 찻값을 계산하고 나와 버렸다. 식당에 와서 생각해 봐도 이건 아니었다. 다 자란 애를 어떻게 지우자고 하는지 아내가 무서운 여자였다.

아무리 남편이 싫고 식구들한테 사랑을 못 받고 산다지만 아기를 죽이자는 것은 살인이나 마찬가지였다.

한 이틀 집에 들어가지 않았다. 식당에서 자고 일을 했다. 전화가 올 줄 알았는데 아내에게서 전화가 오지 않고 있었다. 며칠 있다가 마음이 가라앉으면 갈 생각이었다. 크리스마스이브가 돌아왔다.

식당에서 장사가 끝나고 사장이 나를 보자고 했다.

"오늘 크리스마스이브인데 주방장이 종업원들 데리고 나가서 즐기다 와요. 마음껏 재미있게 놀다 오세요.…"하고는 오천 원을 주었다. 설렁탕 한 그릇이 백 원 할 때였다. 설렁탕 50그릇 값을 사장이 주면서 즐기다 오라고 했다.

종업원들은 모두 식당에서 자는 사람들이었다. 주방에 나까지 4명, 홀에 아가씨가 3명이었다. 7명이 나가서 놀게 되었다. 주방 아주머니만 사십 대 중반이고 나는 삼십 대, 총각, 처녀 모두 이십 대 들이었다. 얼마나 좋아들 하는지 기분들이 최고였다.

그때만 해도 식당은 쉬는 날이 없었다. 1년 내내 명절 때나 쉬었지 쉬는 집이 별로 없었다. 자유가 없는 직업이었다. 볼일이 있으면 주인에게 누구 결혼식이라 거짓말하고 누가 집안에 죽었다고 거짓말하고 하루씩 쉬는 사람도 있었다.

그런데 통금도 없는 날이니 좋아서 방방 뛰었다. 여자나 남자나 놀고 즐기는 데는 차이가 없었다. 술집에 가서 술도 마음껏 마시고 노래도 부르고 마음껏 즐기고 놀았다. 10시에 끝나고 나가서 근 5시간 넘게 놀았다. 주방 아주머니는 식당에서 자겠다고 3시쯤 가게 되었다. 나도 같이 가려 하자 애들이 나는 더 있어야 한다고 잡아 끌었다. 더욱이 문수라는 여자 종업원이 나를 붙들고 놓아주지 않았다.

"윤 씨 아저씨가 없으면 우리끼리 무슨 재미로 놀아요. 끝까지 책임을 져야지 1시간 더 놀다 가요?"

하면서 잡았다, 모두가 1시간 더 놀다 가자 했다. 이들의 청을 안 들어줄 수가 없었다. 1시간 더 놀게 되었다.

문수는 얼굴도 예쁘고 스물두 살인데 일도 잘했다. 주인마님을 이모라고 부르는 애였다. 문수 어머니가 주인마님과 아는 사이라 주인이 조카딸이라고 하고 있었다. 주인 사장이 없을 때는 카운터도 보고 주인이 믿고 맡기는 애였다. 언젠가부터 나에게 관심을 보이고 좋아하고 있었다. 나도 그 애가 싫지가 않았.

결혼한 몸이지만 정답게 대해 주었다.

그날 밤 사고를 치고 말았다. 새벽 4시까지 놀다가 술이 많이 취해 가지고 식당에서 자게 되었다. 다들 골아떨어져 자고 있었다. 나는 주방 뒤에 조그만 방이 있어 전기장판을 깔고 집에 못 가는 날은 그곳에서 잠을 잤다.

종업원들은 손님 받는 방에서 남자 따로 여자 따로 방이 2개 있어 그렇게 자게 되었다. 술도 많이 취하고 잠이 들었는데 느낌이 이상했다. 누가 내 옆에 와 있었다. 그게 바로 문수였다. 식당 방과 내가 자는 방은 주방을 거쳐야 들어 올 수가 있었다. 방문을 잠그지 않아 문수가 들어온 것이었다. 아무 생각 없이 나중 일은 생각지 않고 문수를 껴안고 자게 되었다.

문제는 다음 날이었다. 일찍 일어나 문수를 밖으로 내보냈어야 하는데 둘이는 골아떨어져 주인이 출근할 때까지 잠들어 자고 있었다. 온 식구들에게 들통이 난 것이다. 얼굴을 들 수가 없었다. 문수는 뛰쳐나가 어디로 사라지고 없었다. 주인 사장이 점심시간이 끝나고 나에게 얘기하자고 했다. 어떻게 점심 식사를 해 주었는지 정신이 없어 시간이 지난 지도 모르고 일했다.

사장이 보자고 했다. 문수는 나가서 들어오지도 않고 있었다. 방에서 단둘이 앉았다. 주인마님은 아예 나에게 말도 한마디 걸지 않았다.

"어떻게 할 거예요? 문수가 들어오지 않으면 당신 경찰에 집어넣을 수밖에 없어요. 문수는 조카딸이나 마찬가지예요. 어쩌자고 유부남이 그 애하고 잘 수 있어요.…"

문수를 찾아오라고 했다. 을지공원 옆에 문수가 있을지 모른다고 했다. 그곳 생고기집에 문수 친구가 일한다고 나에게 찾아오라고 했다. 그래서 내가 문수를 찾으러 나섰다. 과연 문수가 있을까? 생고기집을 찾아갔다. 그 집은 생고기만 파는 집이었다. 식당이 크고 아가씨도 홀에 5명이나 있었다.

생고기와 소, 간, 천엽, 등골을 팔고 있는 집이었다.

문수 친구를 찾았으나 문수는 오지 않았다고 딱 잡아떼고 있었다. 밖으로 나올 수밖에 없었다. 나는 잠적하고 말았다.

만두 장사

진퇴양난이었다. 이러지도 저러지도 못하고 문수를 찾으러 갔다가 못 찾고 갈 길을 잃었다. 식당으로 들어가자니 얼굴이 뜨거워 들어갈 수도 없고 여러 사람의 따가운 눈총을 받아 낼 자신이 없었다.

집으로 가자니 아내가 아기를 지워주고 헤어지자는데 부모님은 그런 사실을 알지 못하고 있었다. 더구나 동생 둘이 집을 나갔는데 그런 사실을 부모님이 알게 되면 불난 집에 부채질하는 격이 되었다.

진퇴양난이란 말이 이런 때 쓰는 것 같았다. 허공을 바라보며 하늘에 호소했다. 이런 때 어찌하면 좋으냐고 허공에다 탄식했다. 어디로 잠적해보자는 결론에 이르게 되었다. 임시방편이 될지 몰라도 또 다른 죄를 짓는 것이었다.

식당에는 내가 없으면 장사를 못하게 되어 있었다. 하루 이틀 지나면 사람을 구하여 장사를 할 수 있겠지만 당장은 그랬다. 집에도 내가 말도 없이 없어지면 부모님은 물론 식구들이 얼마나 걱정을 하겠는가? 또한 아내는 어떻게 될까? 발걸음이 무거웠다. 식당 재료상회를 찾아가 일자리를 알아보았다. 마침 영등포 시장 안에 싸구려 백반집이 있다고 했다.

찬밥, 더운밥 따질 때가 아니었다. 어디든 몸을 숨길 수 있는 곳이면 들어갈 참이었다. 영등포 시장 안이면 안성맞춤이었다,

시장에 찾아가 영풍식당을 찾았다. 주인과 만나 있기로 합의를 보았다. 이 집에는 백반과 순두부, 김치찌개, 된장찌개, 동태찌개 찌개 종류가 주메뉴였다.

시장 상인들을 상대로 밥장사를 하는 곳이었다. 이런 음식은 충분히 할 수 있는 음식이었다. 장사가 잘되고 있었다. 내가 있고부터 손님이 부쩍 늘고 있었다.

손님들이 음식 맛이 달라졌다고 하면 주인은 일류 주방장 모셔 왔다고 손님들에게 자랑하고 있었다. 손님이 늘자 주인의 대우도 좋아졌다. 쉬었다 하라고 음료수도 사다 주고 고급담배도 사주었다. 그런데 쉴 시간이 없었다. 시장이라 시도 때도 없이 종일토록 북적대고 있었다. 사무실이 몰려 있는 식당은 점심시간이 끝나면 한두 시간 쉬는 시간이 있는데 이곳은 쉴 시간이 없었다. 한편 잘 되었다고 생각했다. 쉴 공간이 많으면 그만큼 잡념도 많아지게 되었다. 난처한 환경에 처한 나에게는 일로 인하여 잠시나마 잊을 수 있었다.

밤에 자려고 누워 있으면 별생각이 떠올라 잠 못 이룰 때가 많았다. 일이 고단하여 잠을 자야 하는데 잠 못 자는 고역이 일하는 것보다 더 힘이 들었다. 그렇게 하루하루가 지나가고 있었다. 어느덧 5개월이 넘었다.

아내가 지금쯤 아무 일이 없다면 아기를 순산할 때가 되었다. 혹 집을 나갔을 수도 있다고 생각되었다. 가면 친정에나 갈 텐데 아내는 친정과는 담을 쌓고 한 번도 시집온 지 몇 년 되었지만 연락을 주고받지 않았다. 그래서 나도 처가 집에 한 번도 가지 않았다. 처음 만나 처가 집에서 약혼을 치르고 처가 집에서 잔 것이 처음이었다.

결혼하고도 한 번도 가지 않았다. 아내는 자기 큰오빠를 원수같이 생각하고 있는 사람이었다.

그렇다면 집에서 있을 수밖에 없었다. 임신한 몸으로 어디를 나가겠는가, 자기 힘으로 아기를 지울 병원비도 없었다.

지금쯤 집에서 아기를 낳았을 텐데 남편도 없는데 어떻게 아기를 낳았을까?

궁금하기 짝이 없었다. 시부모, 시동생 눈치를 보아가며 살았을 터인데 아내가 불쌍한 생각도 들었다.

언제가 어머니가 말씀하셨다.

"네가 잘 보살펴 주거라 여자가 무슨 죄가 있니, 시집와서 식당 망하고 많은 식구들 치다꺼리하고 사는데 왜 짜증이 나지 않겠니? 어떤 때는 화풀이 할 때가 없으니까 어린 딸만 때리면서 화풀이한단다. 애가 무슨 죄가 있다고 손지검을 하는데 마음이 아파 죽겠더라?…"

어머니가 그런 말을 했었다. 딸 진경이를 툭하면 때리고 화풀이한다고 했다. 누구에게 분풀이할 수 없으니까 어린 딸이 희생양이 되고 있다고 했다.

생각하면 모든 것이 나 때문이었다. 아내를 무시하고 사니까 그런 볼썽사나운 일이 집안에서 벌어지고 있는 것이다.

잠이 오지 않았다. 집으로 들어가 용서를 구하고 사람답게 살고 싶었으나 잠시 떠 올릴 뿐 실천에 옮겨지지 않았다.

몇 달이 더 흘렀다. 한여름이 지나고 선선해지고 있었다. 모처럼 점심시간이 끝나고 바깥바람을 쏘이려 밖에 나왔다.

그동안 나는 식당에 처박혀 한 번도 밖에 나가지 않았다. 숨어 사는 내가 누가 찾아올까 항상 조바심하고 살았다.

그래서 사람은 죄를 짓지 말아야 했다. 죄짓고 불안하게 사는 심정이 어떠하겠는가? 이제 시간이 흘러 처음 밖에 나온 것이다. 시장 한 바퀴 돌고 있는데 누가 형하고 불렀다.

"형!, 형!"

다름 아닌 사촌 동생이었다. 백부의 아들로 나와 나이는 동갑인데 생일이 열 달이나 늦었다. 그래서 형으로 부르고 있었다. 일찍이 백부와 큰어머니가 돌아가시고 고향에 큰형이 있으나 뜻이 맞지 않아 객지에 떠돌고 있었다.

동생도 우리 셋째와 동갑인데 두 형제가 객지에서 살고 있었다. 우리 집에 자주 오는 사촌 동생들이었다.

"어 반갑다. 너도 영등포에 있니?" 내가 말하자 사촌은 대답은 하지 않고 나를 훈계하고 있었다.

"형, 빨리 집에 들어가! 무슨 생각으로 이러고 사는 거야 부모님 생각은 잊어버리고 사는 거야! 형수는 아기를 낳았고 집안이 엉망이야! 형이 어디 가서 죽었다고 하고 있어 빨리 집에 들어가 내가 데리고 들어갈 거야!…"

사촌은 당장 집에 가자고 했다. 사촌과 함께 일하는 식당으로 들어왔다.

사촌이 식사를 안 했다고 하여 한 상 차려주고 주인과 얘기했다.

"사장님 아무래도 집에 들렀다 와야될 것 같아요?…"

나는 사장에게 아내와 있었던 사정 얘기를 주인에게 얘기하고 집에 가봐야 할 것 같다고 말했다. 그러자 주인이 말했다. 주방장이 무슨 사정이 있는 사람 같은데 물어볼까 하다가 말았다고 하면서 다녀오라고 했다.

"그런 사정이 있는 줄 모르고 하도 말이 없고 밖에도 나가지 않아 죄를 짓고 도망 다니는 사람이 아닌가 의심했었다고" 했다.

아무튼 주인이 허락해 주고 일한 월급도 계산해 주어 식당을 나올 수 있었다.

사촌과 함께 가게 되었다. 혼자서는 집에 들어갈 용기가 없었다. 사촌이 나를 억지로 데리고 왔다고 말한다고 했다.

버스에서 내려 금호동 산비탈을 올라가는데, 왜 그리 발걸음이 무거운지 죄수가 귀양길에 끌려가는 것 같았다.

돼지고기도 사고 과일도 사고 딸아이 과자와 사탕도 사가지고 가고 있었다. 드디어 집에 도착했다. 아내가 문을 열고 나를 보고는 놀라 방으로 들어가고 있었다. 보고 싶지도 않다는 표정이었다.

왜 그러하지 않겠는가? 아기를 지워 달라고 찾아와 헤어지자 했는데 자취를 감추고 거의 1년 만에 돌아왔는데 반가울 리 없었다. 이 남자를 어떻게 요절을 낼까 부아가 치밀어 올랐을 것이었다.

부모님 방 앞에서 어머니를 불렀다.

"어머니!"하자 어머니가 방문을 열었다.

"진경 아비냐! 어디서 있다가 이제 오는 거야! 다 죽었다고 하고 살았는데 이 망할 자식아!"

어머니 입에서 생전 욕하는 걸 못 봤는데 욕이 나오고 있었다.

"제가 우연히 만나 데리고 왔어요. 부모님 만날 면목이 없다고 집에 못 들어 간다고 하는데 억지로 데리고 왔어요. 용서해 주세요!"

사촌이 옆에서 거들고 있었다. 아버지는 방에 계시는데 돌아앉아 쳐다보지도 않았다.

"대병이 네가 용케 만나 데리고 왔구나, 들어들 가자, 진경아비는 아버지 앞에 무조건 빌어."했다.

아버지 앞에 무릎을 꿇었다.

"죽을죄를 지었습니다. 못난 자식 꾸짖어 주십시오!…" 울면서 용서를 빌었다. 어머니도 참았던 울음을 터트리고 울었다. 둘이 울고 있자 아버지는 일어나 말도 없이 밖으로 나가 버렸다.

"아버지가 말은 안 해도 네가 왔는데, 왜 반갑지 않겠니 마음이 풀어져 들어올 것이다."

아버지는 저녁 시간이 되어서야 집에 들어오셨다. 이제는 아내를 대할 참이었다. 동생들은 직장에 나가고 집에 없었다. 아내 방으로 들어갔다. 갓난아기가 누워 있고 세 살인 진경이는 아빠를 보고도 멍하니 쳐다보기만 했다. 그렇게 아빠를 따르던 진경이가 몰라보는지 뚫어지게 쳐다만 보고 있었다. 하기야 거의 1년 만에 보는 아빠였다.

"진경아! 아빠야! 아빠 잊어 먹었어?"하고 안아 주자 그제서야 고사리 같은 손으로 나의 얼굴을 쓰다듬으며 아빠를 불렀다.

이제는 알아보는 것 같았다. 한참을 안아주고는 아내에게 말했다.

"입이 10개라도 할 말이 없어, 내가 무슨 짓을 하며 살아왔는지 나 자신이 싫어, 그러나 이제는 당신과 우리 애들만 믿고 살 거야! 그동안 많은 것을 깨닫고 살았어, 지난 일을 용서해줘.… 진심이야?"

아내에게 진심으로 말했다. 아직도 산후조리를 제대로 못했는지 얼굴이 부어 있었다. 나를 보고 방안에서 울었는지 눈시울로 붉어져 있었다. 아이를 낳은 것이 한 달 좀 넘었다고 했다. 아이가 다섯 달이나 배 속에 있다고 한 말은 나를 속인 것 같았다. 계산해 보면 두 달이 넘었어야 되었다. 나는 그날 아내에게 처음으로 두 달 치 월급을 손에 쥐어 주었다.

"이 돈으로 한약이나 한제 지어먹고 몸을 추슬러!"하자 감격했는지 품 안에 안기고 있었다. 그래서 아내와도 화해를 할 수 있었다.

이제 남은 동생들만 만나면 되었다. 저녁상을 푸짐하게 차려 온 식구가 모여 식사를 하게 되었다. 대병이 사촌도 같이 어울려 먹게 되었고 동생들도 자연히 오빠 형에 대한 감정을 풀게 되었다. 집안에 평화가 오고 있었다.

그동안 벌은 돈으로 아버지 용돈도 드리고 어머니에게 나머지는 생활비에 쓰라고 드리게 되었다. 특히 아내에게 처음으로 월급 탄 돈을 쥐여주게 되어 마음이 흐뭇했다.

 몇 년을 같이 살면서 돈 한 푼 쥐여준 적이 없었다. 참으로 무심한 남편이었다.

 이제는 아내에게도 정을 주며 살아갈 결심이었다. 그동안 허송세월을 보내고 살았지만, 이제는 가정을 위해 살아 볼 생각이었다.

 영등포 식당에 가서 일할까 하다가 집안에서 원하지 않아 이제는 무슨 장사라도 할 참이었다.

 그래서 나는 재봉이 친구를 찾아갔다. 재봉의 어머니는 사채놀이를 하고 있었다. 재봉이가 일하는 오장동 함흥냉면 집 건너편 이화정을 찾아갔다. 재봉이가 있었다. 반갑게 맞이해 주었다.

 "야 너는 어디 가면 연락을 해야지 친구 간에 소식을 끊고 사니?"

 "미안하다 알릴만할 곳이 못 되어 알리지 못했다. 영등포 시장에서 일 좀 하다 왔어?"

 "무슨 일 식당?"

 "싸구려 백반집이야 창피해서 알리지 않았어, 그건 그렇고 너의 어머니한테 돈 좀 빌려 쓰자 장사 좀 해보게."

 "무슨 장사 가게는 얻었어?"

 "무슨 돈이 있다고 가게를 얻냐? 돈이 없으니까 빌려 쓰려하는 거지"

 "야 씨알도 안 먹히는 얘기 하지 마라. 가게도 없는데 무얼 믿고 돈을 빌려주니, 너 세상 헛살았구나!"

 재봉은 한마디로 거절했다. 말이 통할 리 없었다. 그냥 한번 해 본 소리였다.

 "너 참 동생이 있지? 스웨터 공장에 다닌다는 동생 말이야?"

"근데 왜?"

"내가 중신을 서려고 그래 내가 데리고 일하는 처녀인데 소개하려고 그래 내가 커피 시킬 테니 한번 봐 착실한 애야?"

재봉이 커피를 시키자 앳된 처녀가 커피를 타서 가지고 왔다. 키도 작고 얼굴이 둥글고 깜찍하게 생겼다. 인물도 그만하면 둘째와 어울릴 것 같았다. 둘째는 남자로서 체격이 작았다. 어릴 때 하도 배알이를 알아 크지 못했다. 동생과 짝이 될 수 있을 것 같았다. 나이가 스물다섯이라고 했다. 우연히 얘기한 게 서로 만나게 되었다. 그래서 나중에 제수씨가 되었다.

인생이란 우연히 이루어지게 되었다. 제수씨는 경상도 삼천포가 고향이었다.

내년에 결혼하기로 약속이 되어 있었다. 나는 한시름 놓았다. 동생들이 혼기가 늦어 걱정했는데 둘째는 해결이 되었다. 나머지 동생들이 문제였다.

거리를 헤매고 다니면서 무슨 장사를 해 볼까 걷고 있는데 누가 자전거를 타고 가다가 내 앞에 서고 있었다.

"주방장님 아니에요?"

내가 관철동 술집에 있을 때 얼음을 댔던 얼음 장사였다.

"아아! 얼음, 오래간만이네. 지금도 얼음 장사하고 있어?"

"날씨가 추워지니까 얼음 장사는 끝났어요. 이제 석유 장사나 해 볼까 해요."

얼음 장사는 어디 가서 술 한 잔 하자고 했다. 그래서 대폿집에 들어가 술을 먹게 되었다. 얘기하다가 얼음 가게가 겨울에는 세만 나가고 비워 둔다고 했다. 누가 겨울에만 이라도 세만 내고 쓴다고 하면 주고 싶다고 했다. 지금 10월달이니까, 5월달까지는 쓸 수 있다고 했다. 가게가 좁긴 하지만 2층에 방도 있고 기술이 있으면 만두장사를 하고 싶은데 음식을 할 줄 몰라 못한다고 했다. 그래서 얼음 가게를 가보게 되었다. 그곳은 창신동으로 낙산으로 올라가는 큰길이었다. 전에 그곳 근로자 합숙소에서 살아봐서 그곳 지리를 잘 알고 있었다. 사람이 엄청 많이 다니는 길이었다.

　내가 만두장사 해본다고 쓰게 되었다. 매월 월세만 삼천 원만 내라고 했다. 보증금도 없이 월세만 내면 되었다. 2층 집인데 1층은 전파사가 쓰고 있었고, 옆으로 얼음 가게가 비좁기는 해도 앞이 훤히 트여 솥단지는 밖에다 걸어도 될 것 같았다.

　집에 와 아내와 부모님에게 말하고 만두 장사를 하게 되었다. 모든 준비를 마쳤다. 만두 만들 다이도 짜고 솥도 밖에다 걸어 놓았다. 밀가루와 시장만 봐서 만두를 만들어 팔면 되었다.

　그래서 오늘은 시장도 같이 볼 겸 아내를 데리고 가게에 나갔다. 갓난아기가 세 달밖에 안돼 아내와 같이 장사하기는 힘들 것 같았다. 아내가 "혼자 무슨 장사를 해요. 제가 나가 도울게요?"하고 따라왔다.

　가게를 둘러보고는 "아니 이렇게 좁은 데서 무슨 장사를 해요. 저 얼음창고 치우면 가게가 넓을텐데 치우고 해요?"

　아내가 실망했는지 얼음창고를 치워야 된다고 했다.

　"겨울만 쓰기로 하고 빌려준 가게야. 내년 5월에는 비워줘야 해. 그 사람도 여름 되면 얼음 장사해야 되니까."

　나는 아내에게 겨울 동안만 빌려 쓰기로 했다고 사실대로 말했다.

　"그래서 밖에다 솥단지도 걸고 좌판도 만들어 놓은 거야, 안에서는 만두를 만들고 팔기는 밖에서 팔면 돼. 이곳이 사람이 많이 다니는 큰길이라 장사가 될 것 같아서 얻은거야. 돈 없이 하자니까 할 수 없잖아."

나는 아내에게 설명했다. 아내는 실감이 나지 않는지 시큰둥했다.

"걱정이 돼요, 당신 혼자 할 수도 없는 일이고 애 때문에 내가 나와 있을 수도 없고 마음이 심란하네요."

"어머니 계시잖아, 우유 먹이고 울면 아버지에게 업고 와서 젖먹이고 가시라면 되잖아, 다 같이 고생해야지 어쩔 수 없어."

나는 그렇게 말하고 해 보자고 했다. 그래서 시장을 봐오고 준비가 시작되었다.

아내가 야채를 씻어주면 나는 도마에다 다져 만두소 준비를 했다. 우선 1,000개 정도만 만들 생각이었다. 밀가루 한 포면 3,000개가 나왔다. 두부, 당면, 돼지고기 갈아서 넣고 만두소를 식당에서 파는 만둣국처럼 맛있게 만들었다. 밀가루 반죽도 손으로 직접 반죽을 하여 비닐에 싸두었다. 그래야 반죽이 숙성이 되어 잘 밀어졌다. 만두피를 밀고 아내에게 만드는 방법을 가르쳐 주었다. 아내는 만두가 무엇인지 맛짜도 모르는 사람이었다. 충청도 우리 고향 사람들은 명절에도 만두를 해 먹을 줄 몰랐다. 나도 식당 생활하면서 만두라는 음식을 알게 되었다.

두 시간 동안에 둘이서 300개도 못 만들었다. 내일은 준비를 새벽부터 해야 될 것 같았다. 일찍 해서 만들어 놓아야 될 것 같았다. 퇴근 시간이 되어 길가에 사람들이 빽빽하게 지나갔다.

얼른 끓는 물에 만두를 삶아 채반에 건져 좌판에 늘어놓았다. 사람들이 몰려들었다.

"얼마씩 파는 거예요?"

"1개 삼 원이에요. 10개면 삼십 원이고요."

하자 맛을 보아도 되느냐고 했다. 먹어보라고 했다. 하나씩 집어 먹고는 맛이 있다며 50개씩 불티나게 팔리고 있었다. 금방 만들어

놓은 만두가 다 팔렸다 만들자마자 팔리고 10시까지 1,000개가 모두 팔렸다. 나중에는 없어서 못 팔았다.

대 성공이었다. 비닐봉지에다 50개씩 담아 놓으면 맛을 보고 사 가고 있었다. 그런데 삶다가 터지는 만두도 많이 나왔다. 100개 정도는 나온 것 같았다.

아직 아내가 만두 만드는 게 서툴러 그런 것 같았다. 가장자리에는 꾹꾹 눌러 입구가 터지지 않도록 하라고 주의를 시켰다. 터진 만두는 이웃인 전파사 내외 부부와 같이 먹었다. 전파사 주인도 한 봉지 개시를 해 주었는데 애들이 너무 맛이 있다고 자기들은 먹지도 못했다고 했다.

터진 만두도 맛이 있다며 맛있게 먹었다. 첫날은 금호동 집에서 자고, 다음날은 2층 방에서 자면서 일할 생각이었다. 이부자리와 필요한 물건들을 싸 가지고 부부가 아주 이사를 왔다. 부모님도 장사가 잘 될 것 같다며 애는 걱정 말고 장사나 잘하라고 했다. 그래서 집에서는 어머니가 살림을 하게 되었다. 아버지도 갓난아기를 업고 매일 금호동에서 창신동까지 걸어서 와 젖을 먹이고 다니게 되었다.

장사한다고 온 식구가 고생이었다. 만두는 만들지 못해 못 팔 정도로 팔리고 있었다. 2,000개도 넘게 팔렸다. 그래서 집에서 놀고 있는 막내 여동생까지 불러 만두를 만들게 되었다.

처음에는 못 한다고 오지 않았지만 부모님들이 너도 시집갈 돈은 네가 벌어야 된다고 야단을 치자 마지못해 와서 만들고 있었다.

그래서 3,000개까지는 만들어 팔 수가 있었다. 날마다 밀가루 한 포씩 만들어 팔았다. 그 정도 팔리면 우리는 잠잘 시간도 없이 하루에 3시간도 못 자고 일을 했다.

장사는 잘되는데 사는 게 너무 고달팠다. 세상에 제일 어려운 게 잠 못 자는 것이 제일 참기 어려웠다. 일하다가도 꾸벅 졸기가 일 수이고 칼질하다가도 졸아 손을 다치기도 했다. 그래서 죄인들을 심문할 때 잠을 못 자게 한다고 들은 적이 있었다.

잠 못 자는 것이 제일 큰 고통이라 그런 것 같았다. 집에서도 온 식구가 편하게 살다가 힘들게 되었다. 늙으신 부모님이 밥하고 빨래하고 말년 고생을 하시고 있었다. 아버지는 금호동에서 창신동까지 아기를 업고 꼭 걸어오셨다.

금호동에서 창신동까지 버스노선이 없었다. 버스 두 번을 갈아타야 되는데 번거로워 못 탄다고 꼭 걸어오셨다.

우리도 옷도 갈아입고 노인네 둘이 어린아이들 데리고 어떻게 사는지 자주 가보고 싶어도 교통도 불편하고 일거리도 많아 열흘에 한 번 갈까 갈 수가 없었다. 그렇게 고생스러워도 돈을 벌 수 있다는 게 행복이었다. 만두 3,000개를 팔면 재료값 모두 제하고 반은 남았다.

한 달 계산해 보면 내 월급쟁이 세배는 되었다. 그래서 사람들이 장사를 해야 돈 번다고 하는 모양이었다. 그러나 잘 못 되면 망하기도 했다. 벌써 한 번은 식당 하다가 망하지 않았는가? 이번에는 운이 따라준 것 같았다. 수량을 못 만들어 못 팔정도가 되었으니 즐거운 비명이었다. 손님은 자꾸만 느는데 만들 수가 없었다.

장소가 비좁아 사람도 구해 쓸 수가 없었다. 어떻게 알고 찾아오는지 조그맣게 식당 하는 사람들이 만둣국 장사해 본다고 멀리서도 찾아오고 있었다. 배달 좀 해주면 좋겠다 하는데 일손이 바빠 못 해 준다 하고 있었다.

식당뿐이 아니었다. 떡 공장, 냉면 만드는 공장에서도 중상인들이 찾아와 몇백 개씩 만들어 달라고 찾아오고 있었다.

몇천 개를 만들어도 팔 수가 있겠으나 지금 우리 형편으로는

3,000개가 한계였다. 더 만들자면 잠을 한숨도 잘 수가 없었다. 욕심은 있으나 신이 아닌 이상 한계를 느낄 수밖에 없었다.

올겨울만 지나면 내년 겨울에는 좀 더 큰 가게를 얻을 수 있을 것 같았다. 내년을 바라보며 죽을힘을 다해 하루하루 잠을 못 자면서 만들어 팔았다. 겨울이 지나고 봄이 왔고 날이 따뜻해지자 만두가 덜 팔리고 있었다. 만두는 그때 당시 겨울 음식이었다. 지금이야 냉장고 시설이 잘 되어 사철 만두가 팔리고 있으나 그때는 냉장고 시설이 어려워 보관하고 팔 수가 없었다. 그때는 기계 만두도 없었으니 모두 재래식 손만두였다.

나는 겨우내 벌어 신설동 종합시장에 6평짜리 가게를 얻을 수 있었다. 그때 신설동 종합시장은 생긴지가 얼마 되지 않아 시장이 죽어 있었다. 인근 중앙시장, 동대문 시장으로 사람이 몰렸지 종합시장은 사람이 없었다.

그래서 장사하는 가게는 별로 없었고 비어있는 가게가 많았다. 그래서 싸게 얻을 수 있었다. 가게가 싸다 보니 살림집으로 얻어 사는 사람이 많았다. 모두 6평 위에 지붕이 높으니까 다락방을 만들어 살고 있었다. 우리 가게도 다락방이 있었다. 다락방이 커서 20명도 잘 수 있었다.

겨울에는 사람을 몇 명 더 쓰고 본격적으로 만두 공장을 차릴 참이었다. 가게가 커브집이라 밖에도 공간이 많았다. 시장이라 비 맞을 일도 없고 다이도 짜고 솥도 밖에다 준비해도 아무 문제가 없었다. 시장 관리비도 얼마 되지 않았다.

그런데 문제가 생겼다. 날이 더워져 만두가 500개도 팔리지 않았다. 그 정도 팔아서는 먹고살기도 힘들었다.

그리고 냉장고 시설이 없자 만두가 하루만 지나도 쉬고 있었다. 여름이 문제였다.

그래서 나는 냉면 장사를 하게 되었다. 만두 장사를 하면서 제분소 중 상인들을 알게 되어 냉면 장사를 할 수 있었다.

그들은 겨울에는 떡국 장사 여름에는 뽑은 냉면 일명 나일론 냉면을 제분소에서 받아다 식당, 시장에 팔았다. 제분소는 동대문에 창신 제분소, 숭인동 동묘 옆에 보령 제분소가 있었다.

보령 제분소는 종합시장에서 아주 가까웠다. 당장 팔 거래처가 없으니까 명함을 만들어 거래처를 다니며 잡아야 했다. 자전거도 있어야 되고 전화도 있어야 되었다.

전화는 옆집에 쌀가게가 있어 뿌라찌해서 같이 쓰기로 했다. 전화비는 쌀가게까지 내가 지불하기로 하고 쓰게 되었다.

그때 당시 백색전화 한 대 놓으려면 백만 원 거금이 있어야 되었다.

아내도 가게에서 함께 장사를 하게 되었다.

가게에다 식탁 3개 놓고 만둣국과 냉면을 만들어 팔게 되었다. 내가 만둣국, 냉면 만드는 방법을 가르쳐 주고 양념도 만들어 주었다.

시장 앞에는 숭인 아파트가 생겨 사람들이 많이 살고 있었다.

그때 당시 서울시에서 청계천을 복개하고 판잣집을 철거하여 삼일 아파트를 많이 지었다. 13평짜리 아파트도 있었다. 불도저라는 김형욱 서울시장이 빨리도 많이 아파트를 지었다. 스티커를 만들어 아파트 계단 벽에 많이 붙이게 되었다.

그래서 아내가 냉면을 팔아먹고 살 수 있었다. 나는 식당 거래처를 잡아 뽑은 냉면을 팔고 아내는 냉면 음식을 만들어 팔고 여름 비수기를 넘길 수 있었다.

그래서 우리는 겨울에는 만두, 떡 장사를 했고, 여름에는 냉면 장사를 했다.

겨울에는 총각들 다섯이나 두고 만두 공장을 하게 되었다. 밥 먹여주고 재워주고 보수는 그때 용돈이나 주면 되었다. 노는 애들이 많아 그것도 감지덕지하고 있었다.

하루에 밀가루 3포 이상 10,000개도 넘게 팔았다. 일일이 손으로 하는 작업이라 시간이 많이 걸렸다. 밤을 새워가며 만들었다. 일하는 애들은 밤에 만두를 만들고 낮에는 잘 수도 있었지만 우리는 그러지 못했다.

어떤 때는 꼬박 밤을 새우고 일할 때도 있었다. 잠이 모자라 항상 잠이 오지 않는 약을 먹어 체중이 말라가고 있었다.

돈 벌기가 참으로 힘이 들었다. 돈은 벌 수 있으나 사람꼴이 아니었다.

금호동 집은 또 이사를 했다. 서러운 셋방살이를 아직은 면할 수 없었다.

꼭대기에서 밑으로 조금 내려와 금호극장 뒤에 독채를 얻었다.

둘째는 장가를 들어 왕십리에 방을 얻어 나갔고, 셋째는 아직도 제천에서 혼자 살고 있었다. 큰 여동생은 부산에서 살면서 딸을 낳았다.

여름에 어머니가 딸의 해산을 도우러 갔었는데 많은 실망을 하고 올라왔다.

딸이 끼니를 걱정하고 살고 있다고 말했다. 사위라는 사람이 돈도 못 벌면서 아내에게 큰소리치고 성질이 못 되었다고 걱정하고 있었다.

어떻게 살아 나갈지 걱정이라고 했다. 나도 매제를 만나 보았지만 허풍만 심하고 믿을 만한 구석이 없었다.

걱정이 아닐 수 없었다. 아버지 회갑 때 서울에 올라온다고 했다. 아버지 회갑이 음력 11월 7일이었다. 최고 추위가 절정일 때 회갑이었다. 만두공장이 바쁜데도 회갑 준비도 해야 되었다. 아내와 바쁜 와중에도 음식준비를 하고 있었다. 어머니 회갑은 몇 년 전에 고향에서 당숙이 차려주어 동네 사람과 즐겁게 치르고 왔는데 이번에는 내가 친척들과 고향 분들을 초대하여 치르게 되었다.

만두공장을 하고 있자 찾아오는 사람이 많았다. 신설동에 주방장들이 모이는 곳이 있어 안면이 있으면 찾아와서 차비 좀 빌려줘라 만두를 한 봉지 달라 찾아와 귀찮게 하는 사람이 많았다.

배고프다고 찾아오고 차비가 없다고 사정하는데 외면할 수가 없었다. 나도 한때는 일자리를 못 잡고 굶고 살은 날이 많았다.

안면이 있다고 찾아오는데 차비 주고 만두도 한 봉지 싸 주었다. 아내는 그러다가 가게 거덜 나겠다고 안면몰수 하라고 하지만 어쩔 수가 없었다. 사람이 베풀고 살면 그만큼 돌아오고 있었다.

만두 싸는데 도와주고 일도 해주는 사람이 많았다. 어떤 사람은 밤새도록 일해주고 가고 있었다.

그래서 일을 쉽게 마칠 수도 있었다. 주방에서 일했던 사람들이라 꼼꼼하게 일을 잘했다.

또한, 달갑지 않은 파리들도 모여들었다. 무허가로 만두공장을 하는 줄 알고 신문 기자라고 찾아와 돈을 뜯어가고 있었다. 고발하고 불량식품 판다고 신문에 내겠다고 하는데 어쩔 수 없었다. 돈을 집어주고 보내곤 했다.

가정의 평화

　아버지 회갑 날이 돌아왔다. 그동안 동생들과 우리가 만두 공장을 하면서 음식준비를 했고 친척들이 와 도와주어 모든 준비를 마쳤다. 잔치는 고기 음식이 최고였다. 주로 돼지갈비와 편육, 홍어회 여러 가지 부침을 하고 잡채도 빠지지 않았다.
　손님이래야 고향에서 올라오는 친척들과 아버지 고향 친구들이었다. 서울에 사는 사촌 몇 명과 이모네 식구가 전부였다. 서울에 아는 사람이 몇 명 있으나 초청하지 않았다. 살림집에서 잔치를 하게 되어 비좁고 해서 초청하지 안했다. 버젓한 음식점에서 할까 하다가 비용도 만만치 않고 조촐하게 치르기 위해서였다. 그래서 살림집에서 하게 되어 많은 비용은 절감할 수 있었다.
　옛날 내가 실업자 시절 같으면 잔치는 고사하고 식구들 밥 한 끼 먹기도 버거웠는데 내가 만두 공장을 해 체면은 서게 되었다.
　고향에서 첫차로 손님이 오셨다. 모두 20명이 넘었다. 아버지 형제만도 육 형제, 당숙 내외까지 친척이고 나머지는 아버지 친구분들이었다.
　아버지가 너무나 좋아하셨다. 고향 떠나온 지 몇 년 만에 고향 형제들과 친구를 만나게 되어 너무나 기뻐하고 있었다.
　서로 얼싸안고 기뻐하고 있었다. 시골 분들도 서울 한번 오기가 쉽지 않은 시절인데 생전 처음 서울 구경을 하게 되어 즐거운 표정이었다. 우리 형제들도 손님들에게 인사를 한 다음 음식을 차려 대접하게 되었다.
　잔치는 먹고 즐기는 게 큰 의미가 있었다. 이방 저방 웃음소리가 끊이지 않고 즐겁게 음식을 드시고 있었다. 고기는 충분히 준비해서 넉넉하게 있었다.

아버지는 기분이 좋은지 덩실덩실 춤까지 추고 있었다. 모처럼 아버지의 환한 얼굴에 미소가 끊이지 않았다. 식당 망하고 항상 얼굴을 펴지 못하고 사셨는데 오늘만큼은 최고로 기분이 좋은 것 같았다. 그동안 얼마나 마음고생하고 사셨는지 나는 잘 알고 있었다. 아내가 뱃속에 아기를 지워달라고 해 나는 근 1년간 잠적했었다.

온 식구들이 내가 어디 가서 죽었다고 하고 살았는데 버젓이 살아 돌아와 만두 공장까지 하고 있지 않은가? 그리고 푸짐한 잔치까지 해 드렸으니 한없이 기쁜 모양이었다.

공장 애들이 2시가 넘어 밥을 먹으러 왔다. 만두를 만들다가 6명이 온 것이다. 5명은 직원이고 한 사람은 놀고 있는 사람인데 우리를 도와주고 있었던 사람이었다. 내가 복잡하니 2시쯤 식사하러 오라고 했었다.

방에는 사람이 가득 차 있어 밖에서 먹어야 했다. 밖에 평상에다 차리게 되었다. 오늘따라 한겨울인데도 날씨가 포근했다. 봄날같이 날이 풀려 있었다.

아버지가 나오셔서 밖에서 먹게 했다고 야단치고 있었다.

"돈을 벌려면 일하는 직공들을 잘해줘야 돼, 추운데 왜 밖에서 먹게 해!"하고 야단을 치고 있었다. 방에 사람이 많아 들어갈 곳이 없다는 걸 아시면서 하는 소리였다.

"괜찮아요, 날씨가 따뜻한데요?"

애들이 미안한지 그렇게 말했다. 그러자 아버지 친구분들이 방에서 나와 안으로 들어오라고 했다.

"아들 공장에서 일하는 사람들인데 밖에다 밥을 차려 내가 야단친 거야, 안 그런가, 일하는 사람을 잘해 줘야지."하고 은근히 친구들께 아들 자랑하는 것 같았다.

"주병이가 성공했네. 직공도 두고 공장하고 있으니 말이야?…"

친구분도 한마디하고 있었다. 부끄러운 얘기였다. 조그만 가게에다 만두 공장 차린 것이 뭐가 대단하다고 그러는지 부끄러웠다. 아버지가 얼마나 기뻤으면 그러했겠는가. 십여 년 동안 객지에 떠돌며 방황했던 나를 사람 취급도 하지 않으셨다. 이제야 정신 차린 것 같으니까 기뻐하는 것이었다.

회갑은 잘 치뤘다. 언젠가부터 나는 사장 소리를 들었다.

요즘 하도 사장이 흔하니까 구멍가게 하나 차리면 사장이라 불렀다. 나는 사장 소리가 듣기가 거북했다. 손바닥 만한 가게 가지고 장사하는데 무슨 사장이냐고 그렇게 부르지 말라고 했다. 일하는 애들에게도 그냥 아저씨라 부르라고 했다.

하루에 만두가 10,000개 이상 팔리니까 사람들이 무척 돈이나 많이 벌고 있는 줄 알고 있었다. 사실 그럴 만도 하였다. 만두를 만들어 밖에다 커다란 바구니에 담아 놓으면 많아 보였다. 한 바구니에 만두가 1,000개씩 들어갔다. 10,000개를 담아 놓으면 열 바구니였다. 보기만 해도 배가 불렀다.

그러니 누가 봐도 떼돈을 버는 줄 알고 있었다. 그 만두를 기름을 발라 일일이 세어가지고 50개씩 비닐봉지에 담아야 했다. 중앙시장, 동대문시장 각 시장으로 팔려 나갔다. 일부는 떡 공장 중 상인들이 가져갔다. 저녁때가 되면 시장에 다니며 수금을 해 오면 되었다. 그런 일이 매일같이 반복되었다.

만두를 만드는 일도 힘이 들지만 다 만들고 봉지에 담아 세는 것도 큰일이었다.

다섯 개씩 집어 열 번을 세면 한 봉지인데 그동안 까먹어 다시 세기를 반복했다. 원인은 잠을 못 자 졸음이 오기 때문이다.

하루에 2~3시간밖에 잠을 못 자 그럴 수밖에 없었다. 그 일을 아내와 내가 매일같이 하고 있었다. 수북이 쌓아 놓은 만두를 언제 셀까 해도 매일같이 해내고 있었다.

어느 날이었다. 만두를 세면서 둘이서 꾸벅꾸벅 졸고 있었다. 만두는 창문 밖에 큰 평상 위에 열 바구니나 담겨 있었다. 아직 시작인데 오늘따라 잠이 쏟아지고 있었다. 졸고 있는 사이 밖에서 넝마주이 둘이 한 바구니를 들고 달아나고 있었다. 자그마치 한 바구니에 담겨있는 만두가 1,000개였다. 몇 개 집어가면 쫓아가지도 않는데 이건 1,000개였다.

"도둑이야!" 하고 쫓아 가는데 승인아파트 골목길로 들어서서 청계천까지 뛰고 있었다.

청계천은 복개가 되어 차가 다니는 도로였다. 어깨에 휴지 담는 망태기를 메고 두 놈이 만두를 가지고 뛰고 있었다.

내가 그놈들을 따라잡을 수가 있었다. 나는 맨몸이고 그들은 망태기를 메고 만두 1,000개를 들고 도망치자 잡힐 수밖에 없었다. 그들은 급하니까 차도로 뛰어들고 있었다. 새벽 4시경이라 지나는 차가 없었다.

"이놈들 거기 서! 만두 내려놔!"

그러자 다급한지 차도 중앙선에 설치한 담을 넘으려 하다가 만두를 다 쏟고 말았다. 그 담이 꽤 높았다. 만두 1,000개가 와르르 쏟아져 도로에 여기저기 뒹굴고 있었다. 먹지도 못하고 다 쏟아버린 것이다. 그놈들은 맨몸으로 도망치고 있었다. 참으로 허망한 일이었다. 차라리 가져가게 놔둘걸 그랬나 싶었다. 그때 넝마주이 애들이 참 많았다.

가져갔으면 여러 사람이 배불리 먹었을텐데 아까웠다. 그런 일도 있었다.

3년 가까이 돈을 벌어 남에게 신세는 지지 않고 살게 되었다.

이제 어느 정도 기반이 잡혀 여름에는 냉면 가루 장사까지 하게 되었다. 큰 식당에서 냉면을 기계로 직접 뽑는데 메밀가루 전분도 팔고 있었다.

냉면 가루 전문 제분소에서 나에게 직매소를 내주고 거래를 하고 있었다. 이제는 배달 기사까지 두었다. 아내는 가게에서 냉면을 만들어 팔고 시골 광천에 사는 수양 언니 딸도 데려다 같이 하고 있었다.

아내가 하는 장사는 일절 돈에 대해 관여하지 않았다. 그 돈으로 애들에게 쓰고 살림에 보태 썼다. 내가 생활비는 따로 주지만 아내도 돈 만지는 재미가 있어야 했다.

또한, 집안 식구들도 많은 변화가 있었다. 부산에 살던 여동생도 서울에 올라와 내가 예식을 도와주었다.

식도 늦었지만 예식을 올려줘야 될 것 같았다. 아기를 낳고 돌이 지난 뒤에야 예식을 올렸다. 서대문 예식장에서 올렸다.

큰 여동생은 화곡동에다 가게 달린 방을 얻어 철물장사 전기용품 장사를 하게 되었다. 돈이 없어 아버지가 얼마 보태 주었다는데 얼마나 도와주었는지 알 수 없었다. 아무튼 다행이었다.

셋째 남동생도 제천에 살다가 그 곳에서 약혼을 하게 되었다. 그 곳 제천 여자를 만나 우리가 찾아가 약혼식도 올려 주고, 1년 후에는 결혼하여 부모님이 사시는 집에서 잠시 살게 되었다.

부모님이 키우던 우리 딸과 아들은 신설동 종합시장에서 우리와 같이 살았다.

또 둘째 여동생도 금년에 약혼을 하게 되었다. 아버지 친구가 소개한 남자였다. 그는 고향 같은 면에 사는 사람으로 서울에서 공무원 생활을 하고 있었다.

둘째 여동생이 제일 안정된 직장 공무원과 결혼하게 되었다. 약혼식 때는 중앙시장 큰 식당에서 해주게 되었다. 이제 막내둥이 여동생만 남았다.

식당 망하고 열 식구가 셋방살이하면서 어떻게 자식들 결혼시키고 살까 부모님이 노심초사 걱정하고 살았는데 막내만 남고 모두 짝을 찾은 것이다.

모두가 내가 안정을 찾았기 때문이었다. 방 얻을 돈이나 살림살이는 못 해 줬어도 약혼비와 예식비는 보태줄 수 있었다. 이제는 가장의 체면이 어느 정도 서게 되었다. 서로 서먹했던 관계도 없어지고 정다운 형제들로 제자리를 찾고 있었다. 부모님 생일 때나 명절 때는 셋방에 살아도 모두 모여 형제애를 나누며 즐겁게 살았다.

명절 때는 좁은 방에서도 2~3일씩 묵고 가기도 했다. 먹는 것은 내가 얼마든지 사다가 대 주었다. 아내가 명절이 끝나고 형제들이 돌아가면 심기가 불편해 내게 말하고 있었다. 아내는 내가 식구들에게 돈을 쓴다고 "명절날 하루 묵고 가면 될 일이지 며칠씩 묵는다고 그래가지고 언제 돈을 모아요?" 했다. 형제에게 쓰는 돈이 아까운 것이다.

"내게 무슨 말을 해도 다 좋은데 형제들 헐뜯고 부모님에게 불편하게 하면 못 참아, 나에게 그런말 하고 싶으면 헤어져 살아 당신도 오빠가 자기밖에 모른다고 오빠와 담을 쌓고 살잖아!" 하고는 형제들을 헐뜯지 못하게 했다. 그 후로는 내 앞에서 형제들을 절대 욕하지 않았다. 그렇게 항상 그러려니 하고 참고 살았다.

나에게 말해봤자 들어줄 사람이 아니란 걸 알고 있었다.

또 3년이 흘렀다. 막내 여동생도 혼담이 오가고 있었다. 이제 막내만 시집보내면 부모님이 할 일 다 했다고 하고 있었다. 막내는 고향 사람과 혼인하게 되었다. 부모님과 셋이서 금호동에 살고 있는데 막내가 시집가면 우리가 부모님 모시고 살아야 되었다. 그래서 부모님에게 종합시장으로 금호동 집을 빼가지고 오시라고 했다. 그런데 부모님은 그 좁은 데서 어떻게 사느냐고 오시지 않았다.

마침 우리 가게 앞에 빈집이 나와 있었다. 기회가 좋은데 부모님이 좁다고 허락을 하지 않았다. 우리 가게에서는 10명이 먹고 자는데 좁다고 안 오셨다. 오시면 우리가 모시기도 좋을 텐데 고집을 부리고 있었다.

종합시장은 상인들에게 싼 가격으로 2년 거치 이백오십만 원에 분양하고 있었다. 한 달에 얼마씩 부으면 땅까지 우리 가게가 되는 것이다. 좋은 기회를 놓치고 있었다. 2년 후에 이백오십만 원에 사가지고 땅값이 올라 천오백만 원에 팔게 되었다. 그것도 많이 올랐다고 팔았는데 한 달이 지나자 삼천만 원에 팔리고 나중에는 일억 원까지도 팔리고 있었다.

동대문시장에서 가죽 장사들이 몰려오는 바람에 종합시장 가게가 천정부지로 올라서 팔리고 있었다.

땅을 치고 통곡할 일이었다. 부모님이 이사만 왔다면 좋은 기회였는데 놓치고 말았다. 안 되는 사람은 기회도 잡지 못하고 있었다.

또한, 아내가 일을 저지르고 말았다. 사람이 많은 곳에 가서 장사를 해보고 싶다고 했다, 마침 아는 주방장이 마장동 시외버스터미널 앞에 가게가 싸게 나왔다고 얻어 음식 장사를 해보라고 했다. 그 말에 솔깃하여 덥석 알아보지도 않고 얻었다.

만두 장사 5년 했지만 잠을 못 자 죽을 지경이라고 식당이 잘되면 집어치우자고 했다. 그래서 오십만 원에 얻어가지고 수리까지 칠십만 원이 들어갔다. 식당이 무허가 건물로 20평밖에 되지 않았다. 한 달이 지나자 그곳이 무허가 건물이라 철거 대상이라 2개월

안에 비워야 된다고 했다, 졸지에 돈을 까먹게 되었다.

장사도 잘되지 않았다. 기사들 몇 명이 오갈 뿐이었다. 아내 혼자 숙경이라는 조카딸을 데리고 했는데 밤늦게까지 하고 있었다.

통금이 다가오는데 오지 않아 오토바이 타고 쫓아갔다. 탁자에 모여 앉아 기사들과 잡담을 나누고 있었다. 열불이 나고 있었다. 음식도 먹지 않고 노닥거리고 있는 것이다.

"시간 다 됐는데 빨리 나와 조금 있으면 통금이잖아!"

그제서 시간이 됐다고 손님들을 가라고 했다. 겨우 문을 닫고 둘이 오토바이에 태워 집으로 돌아왔다. 그 후 장사를 못하게 했다. 보상금 얼마 받고 그만두었다. 거기서 육십만 원이나 손해를 보게 되었다. 벌어도 시원치 않을 판에 생돈만 까먹게 되었다.

다음 해 광화문에 또 식당을 차렸다. 그 식당은 내가 차리게 되었다. 평수가 한 50평 되는데 시설이 잘된 식당이었다.

그곳은 지금의 교보빌딩 자리였다. 막국수 장사를 하고 있었는데 내가 막국수 가루를 대주는 거래처이기도 했다.

점심때 가보면 손님이 앉을 자리가 없었다. 그런데 사장이 몸이 안 좋아 그만둔다고 했다. 보증금도 없이 오백만 원만 주라고 했다. 월세만 내고 장사를 하면 된다고 했다. 그만한 장소에서 그렇게 식당시설 하자면 삼천만 원은 가져야 할 수 있었다.

서울 중심가 중에도 한복판인 광화문 네거리였다. 5층에 주인이 사는데 절집이라고 했다. 그 집에 월세만 이십만 원 주면 된다고 했다. 식당은 1층에 있었다.

그런데 문제가 있었다. 3년까지만 장사를 할 수 있다고 했다. 건물주도 그렇게 말했다. 그 지역이 모두 철거 대상이라 주변 건물을 다 사서 철거하려면 3년은 걸린다고 했다.

3년 안에 그 돈이야 못 벌겠나 싶었다. 그래서 있는 돈 다 털어서 시작하게 되었다. 장사는 잘 되고 있었다. 점심시간에는 자리가 없어 못 팔 정도였다. 홀에 아가씨 둘 주방에 찬모 한 사람 두고 내가 주방장 아내가 설거지를 했다.

그런데 저녁 손님이 별로 없었다. 막국수 집이라 술손님이 없었다. 그래서 저녁 술안주로 오뎅과 메추리구이, 닭똥집을 만들어 팔게 되었다.

그러자 손님이 조금 늘었다. 한 달을 계산해 보니 겨우 월급 주고 집세 주고 우리 한 사람 월급도 떨어지지 않았다.

아내까지 둘이 일하는데 한 사람 인건비도 안 나오는 것이다. 공연히 시작했나 싶었다. 종합시장 가게도 모두 남에게 맡기고 죽도 밥도 아니었다. 그래서 아내는 집에 있게 했다. 나도 식당 거래처를 다녀야 하는데 남에게만 맡겨놓아 3개월 하다가 내놓게 되었다.

내가 오백만 원에 들어왔지만 다시 오는 사람이 깎으려 들 것 같아 칠백만 원에 내놓았다. 식당 계통에 아는 사람이 많아 식당을 전문으로 소개하는 사람에게 부탁했다. 그래서 오랜만에 가게가 나가게 되었다. 육백만 원에 팔았다.

장소가 광화문이라 누구라도 장소가 좋다고 생각하게 되었다. 한 가지 흠이 있다는 것이 철거 대상 건물이라는 것이다. 그래서 시설비만 받는다고 단서를 붙이게 되었다. 만약 그런 일이 없다면 그만한 가게를 오천만 원을 줘도 못 얻었다.

다시 오는 사람에게 기한은 3년 안에는 개발이 안 된다고 하지만 자세한 내막은 모른다고 말해 주었다. 사실 그대로 말해 준 것이다.

식당을 얻는 사람은 대령 출신으로 군에서 예편하고 식당을 얻은 것이다. 경험이 없는 사람이 식당이 싸고 장소가 좋아 얻고 싶었다고 했다.

그런데 식당을 시작하고 몇 개월 만에 나에게 전화가 왔다. 현대건설에서 3개월 안에 가게를 비워달라 한다고 했다.

그러면서 나에게 사기꾼이라며 경찰에 고발하겠다고 엄포를 놓았다. 사기로 가게를 넘겼다는 것이다. 그 돈을 갚아주던지 그렇지 않으면 고발할 수밖에 없다고 했다.

나는 그 사람에게 마음대로 하라고 했다. 고발을 하든지 나는 사실대로 말했고, 나도 그렇게 알고 장사를 했다고 말했다. 며칠 후에 경찰이 찾아왔다, 동대문 경찰서에서 나왔다고 하면서 사기로 고소했다는 것이다. 지금 고소한 사람이 경찰서에 있다고 하였다. 종로서가 아니고 동대문 경찰서였다. 나중에 알고 보니 동대문 경찰서장과 이 사람이 친구간이었다.

같은 장교 출신이 경찰 서장이 되었는지는 알 수 없으나 지위를 이용해 나를 협박하고 젊은 사람이 철장 신세 지지 말고 합의를 보라고 서장이 종용하고 있었다.

"젊은 사람이 앞길이 창창한데 사기죄로 징역을 살면 되겠냐?" 했다. 식당을 소개했던 아는 사람도 경찰에 불려 왔다. 둘이서 공모했다는 것이다. 그 사람도 경찰에게 설득을 당했는지 받은 돈 돌려주고 나가자고 했다.

나는 듣지 않았다. 정상적인 식당이면 오천만 원도 더 줘야 얻을 식당인데 철거 대상이라 몇백만 원 받았다고 마음대로 하라고 했다. 그러자 경찰은 유치장에 가두고 밤늦게야 보내줬다. 아침 일찍 다시 오라고 했다. 나는 변호사협회 과장인 동창생 친구에게 사기죄가 되냐고 물어보았다.

그러자 사기죄가 되지 않는다고 했다. 그러면서 정 불안하면 제가 아는 변호사를 1명 보내겠다고 말했다. 그러면 어쩔 수 없이 경찰도 검찰로 넘길 수밖에 없다고 말했다. 검찰에 오면 풀려날 것이라고 했다. 법조계에 아는 친구가 있어 마음이 든든했다. 대촌이라는 친구로 그는 천안이 고향인데 6·25전쟁 때 피난 와서 우리 고향에서 살았다. 신작로 가에다 구멍가게를 차리고 고향 사람이 되었다.

머리가 좋아 학교에서 전교 1등을 빼놓지 않았다. 초등학교 졸업하고 서울에 올라와 신문팔이를 하면서 독학으로 고등고시를 패스하고 법조계에 몸담고 있었다. 지금 서소문 변호사협회 총무과장이었다. 나중에는 협회 사무총장까지 하게 되었다. 우연히 광화문에서 식당 할 때 찾아와 근래에 알게 되었다. 다음날은 변호사가 경찰서로 나를 찾아왔다. 대촌이가 보내서 왔다고 했다.

담당 수사관도 만나 보았다며 사실대로 말하고 협박해도 그 말만 대답하라고 했다. 그래서 나는 사실 그대로 말한 것뿐이라고 더 이상은 할 말이 없다고 말했다. 며칠 동안 밤늦게까지 보내주지 않고 회유했으나 다른 말은 하지 않았다.

결국 검찰에 불려 가 무혐의로 풀려나게 되었다. 검찰이 고소한 사람에게 다 알고 들어왔으면서 무슨 사기가 되냐고 오히려 고발한 사람에게 나무랐다.

살다가 2번이나 검찰에 불려 가는 수모를 겪고 살았다. 살아가자면 별일을 다 겪고 살겠지만, 평탄하게 사는 사람이 얼마나 있을까? 인생살이가 그렇게 사는 게 힘이 들었다.

또, 불행한 일이 닥쳤다. 막내 여동생도 시집 보내고 금호동 집에는 부모님 두 분만 계셨다. 많은 식구가 짝을 지어 나갔고 부모님이 이제는 외로워하고 계셨다. 우리 애들까지 종합시장에서 살면서 학교를 다니고 있어 적적하기 짝이 없다고 하셨다. 애들이라도 있으면 나을 텐데 우리 애들은 벌써 큰딸 진경이가 3학년이고 아들 광진이가 1학년에 입학했다.
　우리가 보살펴야 했다. 그러니 노인네들이 얼마나 적적하겠는가? 며느리도 장사한다고 가게에 나와 있고 끼니까지도 직접 해 드셔야 되었다. 물론 생활필수품은 내가 사드리고 있지만 외로움만은 나도 어쩔 수 없었다.
　그래도 아버지는 남자라 경로당에 가서 친구도 사귀고 괜찮았다. 어머니가 외로워하시고 있었다. 그래서 내가 오토바이 타고 가서 우리 가게로 모셔 올 때가 많았다. 가게에 오면 손자들이 있고 우리도 있어 일도 도와주고 좋아하셨다.
　그런데 그만 사고를 내고 말았다. 그날은 잊혀지지도 않았다. 박정희 대통령이 간밤에 중앙정보부장 김재규 총에 맞아 발표한 날이었다. 1979년 10월 26일이었다. 세상이 떠들썩한 날인데 어머니가 텔레비전을 보다가 그만 손가락이 잘리게 되었다.
　그날 어머니는 우리 일을 도와준다고 만두소에 들어갈 무를 갈다가 커다란 믹서기 기계에 손가락이 빨려 들어갔다. 무 덩어리 한 쪽이 기계 안에 뱅뱅 돌고 있자 그걸 꺼내려고 무심결에 손을 넣었다가 박정히 대통령이 죽었다는 소식에 엉겁결에 정신을 잃은 것이다.
　내가 바로 보았기에 빨리 전기 스위치를 내려 손 전체가 빨려 들어가지 않았다, 하마터면 손목까지 잘린 뻔한 사건이었다. 온 식구가 난리가 아니었다.
　어머니는 아파서 소리치고 빨리 오토바이에 태워 가까운 병원으로 달려갔다. 조그만 외과에서 우선 봉합하고 꿰맸다, 손가락이 아주 떨어지지는 않았다.
　옛날 내가 갈비를 작두로 자르다 손가락이 잘린 때와 비슷한 사건이었다. 어머니가 손가락 때문에 얼마나 고생했는지 모른다. 수술이 제대로 봉합되지 않아 상처가 곪아 버렸다. 다시 큰 병원에 가서 손가락을 자르고 말았다.

두고두고 어머니에게 죄를 짓고 사는 것 같았다. 만두 공장만 하지 않았으면 그런 일도 없었을 터인데 나 때문에 그런 사고까지 당하게 되었다. 지금은 돌아가셔서 안 계시지만 그 생각만 하면 마음이 숙연해지고 가슴이 아팠다.

만두 장사를 7~8년 하다 보니 이제 싫증이 나고 있었다. 잠 못 자고 사람 사는게 아니었다. 시간에 쫓겨 날마다 허둥대고 나는 나대로 아내는 아내대로 지쳐 쓰러질 것 같았다. 아내는 또 다시 임신을 하여 산달이 다가오고 있었다. 몸이 무거운 데다가 추운 겨울에 밖에서 만두를 삶고 있어 항상 벌벌 떨면서 일을 했다.

아내가 불쌍해지기도 했다. 못난 남편 만나 한 번도 편하게 살지 못했다.

시집와서 고향 떠나 내가 식당 차리게 되어 서울에 오자마자 고생길에 접어들었다. 남편이라는 사람이 다정하게 한 번도 대해주지 못했다. 열 식구나 되는 식구들 치다꺼리하면서 불평 한번 못하고 죽어 살았다. 식당 망하고 남편이라는 사람은 직장을 못 잡고 실업자가 되어 식구들한테 대접을 받지 못했다.

그리고 식당에 취직했으나 집에도 오지 않고 외박을 하고 있었다. 딸까지 낳았는데 아빠라는 사람이 정신을 못 차리고 방황하고 둘째를 임신하고 떼어 달라고 하자 아무 소식없이 잠적해버렸다.

그리고 아들을 낳았다. 그렇게 살아온 아내였다. 무슨 원망인들 하지 않겠는가? 지금은 우리 식구 따로 살고 있지만 일에 지쳐 있었다. 배는 불러서 무거운 몸으로 떨고 있는 게 안쓰러워 볼 수가 없었다. 나도 사람인데 아내의 고충을 왜 모르겠는가?

나는 오토바이를 타고 옷 가게로 달려갔다. 두꺼운 털이 수북한

파카 외투를 사다가 아내에게 입혀 주었다.
"추운데 입고 일해 떨지 말고.…"
처음으로 파카 외투를 사주게 되었다. 결혼한 지 10년 만이었다.
"당신도 하나 사 입지 그랬어요?"
감격해하면서 말했다. 내가 생각해도 나는 무정한 사람이었다.
봄이 되어 2월달에 아내는 딸을 낳았다. 근처 산부인과 병원에서 낳았다. 이제 자식이 셋이나 되었다. 나는 날마다 병원에 들러서 아내를 위로해 주었다.
고생했다고 힘들게 살게 해서 미안하다고 말해 주었다. 아내도 고맙다고 했다. 내가 딴사람이 된 것 같다고 했다. 사실 많이 달라진 셈이었다. 다정하게 말 한마디 해주지 않았는데 달라진 게 분명했다.
날이 따뜻해지자 만두 주문이 별로 없었다. 해마다 겪는 일이었다. 그래서 우리는 겨울에는 만두, 여름에는 냉면 가루 장사를 하면서 살아왔다.
종합시장 상인 친목회에서 봄놀이를 가자고 했다. 해마다 봄, 가을로 가고 있었다. 우리도 이제는 회원이 되어 같이 갈 수가 있었다. 전에는 회원에 가입하라고 했으나 바쁘다는 핑계로 어울리지 않았다. 이제는 여유가 생겨 갈 수가 있었다.
나도 이제 나이가 사십 중년이 되었다. 이십 대에 서울에 올라와 10여 년을 고생 고생하며 허송세월을 보냈다.
만두 장사 10년 만에 겨우 내 가게 하나 사서 운영하고 있었다. 지금은 냉면 가루 장사까지 하고 있어 안정된 생활을 할 수 있었다. 시장 상인들과도 모임도 갖게 되었고 제분업계 종사하는 사람들과도 친목계를 하게 되었다. 종합시장 상인 친목계는 회원이 20명이 넘었고, 제분업계 친목계는 모두 16명이었다. 모두 냉면 공장,

냉면 가루 공장을 운영하는 사람이고 일부는 공장에서 중상인을 하는 사람도 있었다. 모두 객지에 살면서 자수성가하여 공장이라도 갖고 있는 사람들이었다. 큰 공장은 규모가 크고 사업도 잘 되는 사람도 있었다. 직원을 20명도 넘게 거느리고 있는 사람도 있었다. 그들에 비하면 나는 만두 장사, 냉면 가루 중상인으로 보잘것 없는 사업채였다.

그래도 그들과 친목계를 한다는 게 여간 의미 있는 일이 아닐 수 없었다. 제분업계 친목계는 내가 총무를 맡고 있었다.

회장은 홍동표라는 친구가 맡았다. 그는 서산이 고향이고 나보다 이 계통에 오래 몸담고 있었다. 아직 중상인으로 자기 공장은 갖지 못했으나 이 계통에 발이 넓어 회장을 시키고 있었다. 덩치가 크고 인품도 좋아 따르는 사람이 많았다.

공장에 일하는 기술자들도 마음대로 조종할 수 있는 사람이었다. 덩치가 얼마나 큰지 씨름선수 같았다. 130킬로에 키가 185cm였다. 그가 내게 총무를 맡으라고 했다. 그래서 내가 총무를 맡게 되었고 그와도 아주 친한 친구가 되었다. 총무가 할 일은 회비 관리와 회의 날짜에 회원들에게 알리고 어디서 모임을 갖는다고 알려주는 일이었다. 지출 내역과 모임에서 쓴 돈이 얼마라고 보고하는 것도 내가 하는 일이었다.

회비가 칠십만 원이 모이게 되었다. 통장을 만들어 내가 관리하고 있었다. 친목회비가 한 달에 오천 원이었다. 모임에 식대 제외하고 남은 돈을 저축하게 되었다. 모아서 나중에 여행 경비에 쓰자고 했다. 이렇게 두 군데 친목계를 하면서 많은 사람과 인연도 쌓게 되었다. 모임이 생기게 되자 좋은 일도 있지만 시간을 많이 빼앗길 때가 있어 아내는 달갑지만은 않게 생각하고 있었다.

내 집을 사다

갑자기 종합시장 가게가 활기를 찾게 되었다. 시장이 죽어 상인들에게 분양을 했는데 시장 땅값이 오르고 있었다.

가게 하나가 모두 6평인데 많이 분양받은 사람은 다섯 점포나 가지고 있는 사람도 있었다.

나와 친목계원인 박 씨라는 사람도 보령 제분소 중 상인인데 종합시장 점포를 2개나 가지고 이웃에 살고 있었다. 그도 나보다 먼저 만두 공장을 차렸던 사람이었다. 만두 공장은 잠 못 자는 직업이라 일찌감치 때려치우고 보령 제분소에서 떡과 냉면을 받아다 식당에 팔고 있었다. 점포가 천만 원에 팔리자 재빠르게 팔고 나갔다. 이백오십만 원에 사서 네 배를 튀겼으니 돈 벌었다고 두 칸 모두 팔고 나갔다. 이천만 원을 받은 것이다. 그 사람은 몇 달 만에 큰 손해를 보았다.

동대문시장 가죽 장사들이 가게 하나가 몇천만 원이 올라가자 팔고 신설동 종합시장으로 몰려오고 있었다.

자고 일어나면 가게가 팔리고 있었다. 우리도 박 씨보다 3개월 후에 가게를 천오백만 원에 팔았다. 더 이상 오르지 않겠다 싶어 팔았는데 6개월 후에는 삼천만 원까지 오르게 되었다. 1년 후에는 일억까지도 받았다는 사람이 있었다. 그래서 신설동 종합시장은 가죽 시장으로 새로 태어나게 되었다.

1년만 버텼으면 살림집을 빚도 안 지고 샀을 텐데 너무 일찍 팔아 천만 원이나 빚을 지고 신당동 주택가에다 한옥 집을 사게 되었다. 35평짜리 삼천오백만 원에 사게 되었다. 가게 팔은 돈과 부모님 사시는 전셋집을 빼 가지고 있던 돈으로 난생처음 내 집을 마련하게 되었다.

10년 전에 고향 땅을 모두 팔은 돈이 백이십만 원이었다. 팔십만 원은 식당을 차렸고 나머지는 서울로 올라온 이사 비용과 나머지는 내 결혼 비용으로 쓰게 되었다. 그 돈을 내가 다 말아먹은 것이다. 2년 만에 삼십만 원 전셋집 얻고는 모두 내가 없앤 것이나 마찬가지였다.

10년 만에 내 집을 사게 되어 복구를 한 것이다. 형제 중에 맏이라는 책임을 다한 셈이다. 천덕꾸러기에 언제 사람 될까 걱정만 하고 살았던 부모님이었다.

이제야 내 체면이 서고 있었다. 부모님 모시고 우리 식구만 신당동에서 살게 되었다. 그래도 부모님 두 분과 우리가 애를 셋이나 낳아 일곱 식구가 살게 되었다.

방이 3칸이었는데 문간방은 신혼부부에게 세를 주었다. 오백만 원 전세금을 받은 것이 빚이었다. 아내가 처제한테 빌렸다고 오백을 주었는데 아내 돈인지 처제 돈인지는 알 수가 없었다.

빌렸다니까 그렇게 빚을 지고 집을 사게 되었다. 집을 사려고 집 보러 다니면서 아버지와 갈등도 많았다.

나는 큰길가 집으로 허술해도 평수가 넓은 집을 선호했고 아버지는 살림집인데 조용하고 깨끗한 집을 원하고 있었다. 아내도 마찬가지였다. 나는 장사꾼이라 그런지 넓은 평수를 사서 한 2년 살다가 팔게 되면 이익이 생길 것 같았다.

마침 큰 길가 중심가에 45평짜리 집이 나와 있었다. 기와집인데 아주 낡은 집이었다. 마당이 넓어 평수가 45평이나 되었다. 목재도 좋지는 않았지만 중앙시장이 바로 집 근처에 있었다. 그때 2년 후면 2호선 전철이 완공된다고 했다. 2년만 살다가 팔면 많은 이익을 남길 수 있을 것 같았다. 그 당시 영동지역 땅값도 비싸지 않을 때였다. 영동에서 허름한 집을 살까도 나는 생각했었다.

그러나 아버지와 아내의 반대에 부딪쳐 결국 신당동 주택가에 한옥집을 사게 되었다. 한옥 두 채가 똑같은 집으로 붙어 있었다.

다른 집들은 일제 때 지었다는 일본식 집이 많았다. 박대통령이 혁명 전에 살았다는 집도 몇 집 뒤에 있었다.

사람은 살지 않았으나 경비원들이 빈집을 지키고 있었다. 임기가 끝나고 다시 그 집에서 살려고 했는지는 알 수가 없었다.

아무튼 신당동에 집을 샀다. 집이 ㄷ자로 되어 있었다. 대문과 화장실이 앞에 있었고 방 두 칸과 마루가 있었다.

또 한쪽은 마루를 끼고 안방 큰방과 부엌이 붙어 있었다. 마당은 그리 넓지 않았다. 목재가 너무 좋아 아버지가 너무 좋다고 하여 사게 된 것이다.

시골에 사시면서 언제나 고래등 같은 기와집에 살아 보나 꿈이셨는데 소원을 이루었다고 좋아하셨다. 기둥이며 천장에 매달린 대들보가 아름드리 소나무로 만들어 반들반들하게 니스칠을 해 놓아 보기가 좋았다.

집을 사고 며칠 뒤에 어머니 생신이었다. 음력으로 2월 10일이었다. 다음날은 내 생일이기도 했다.

어머니 생일이 내 생일 바로 전날이라 내 생일은 항상 어머니 생일에 묻혀 그냥 지나갔다. 내 생일은 한 번도 찾아 먹은 적이 없었다.

형제들에게 집구경 겸 어머니 생신잔치를 하겠다고 연락하여 모두 모이게 되었다. 음력설 때 모이고 또 모이게 되었다. 부모님 슬하에 자식이 육 남매 모두 결혼하여 짝이 여섯 명이 생겼다. 거기다 내 자식이 셋, 둘째 자식 둘 큰 여동생 자식 둘, 갑자기 손자만도 일곱이나 되었다. 앞으로 줄줄이 또 생길 것이었다.
　모두 식구를 세어보니 21명이나 되었다. 대식구였다.
　집안이 떠들썩했다. 애들 울음소리까지 사람 사는 냄새가 물씬 풍기고 있었다.
　부모님이 너무 기뻐하셨다. 내 집 사고 내 집에서 식구가 다모였으니 기쁘지 않겠는가? 셋방살이할 때는 많은 식구가 모이면 주인집 눈치 보느라 부모님이 안절부절하셨다. 이제는 마음대로 떠들어도 누가 말할 사람이 없었다.
　애들은 이 방 저 방 뛰어다니며 재미있게 놀고 있었다. 어른들은 음식을 먹으면서 기쁨을 감추지 못했다. 아버지가 말씀하셨다.
　"진경 아비가 맏이로서 제 몫을 다해 주어 이제 죽어도 여한이 없다. 그동안 너무 고생했다. 만두 장사 하면서 잠 못 자고 고생한 걸 잘 알고 있다. 칭찬해 주고 싶구나?…"
　아버지가 처음으로 칭찬을 하고 있었다. 형제들 모두가 고생 많았다며 위로해 주고 있었다. 매제들도 이제 떳떳하게 처갓집에 올 수 있어 너무 좋다고 말했다.
　내 마음은 한없이 기뻤다. 이런 날이 올 줄은 꿈에도 몰랐다. 집안 망하게 하고 얼마나 마음고생했는지 모른다.
　"우리 다 같이 부모님 사시는 동안 지금처럼 행복하게 해 드리자 우리는 우애 좋은 형제니까 항상 변치 말자.…"
　나도 한마디하고 우애를 다짐했다. 우리 형제들은 이제까지 한 사람도 낙오 없이 형제애를 나누며 살고 있다. 지금 다 칠십이 넘었는데도 모두 건강했다. 모든 사람들이 우리 형제를 부러워하고 있었다.
　나는 집 사기 전 지난해 봄에도 형제들과 부모님을 기쁘게 해 주기 위해 남이섬으로 봄놀이하러 간 적이 있었다.

부모님을 고향 재산 다 팔고 서울에 와 고생만 시키고 10여 년 동안 여행 한 번 시켜드리지 못했다. 그래서 큰맘 먹고 여행을 가게 되었다. 형제는 물론 서울에 사는 집안 친척까지도 모두 초청해 남이섬에 가게 되었다.

집에서 음식을 만들고 도시락까지 준비하여 40명 가까이 관광차를 대절해 가게 되었다. 서울에는 사촌 누님과 사촌 형제들 그리고 육촌 형님과 육촌 매형도 살고 있었다. 어머니 형제인 이모네 식구까지도 같이 가게 되었다.

내가 일일이 주소를 알아 연락을 했더니 너무나 좋아들 하고 있었다. 애들까지도 모두 데리고 갔었다.

화창한 봄날에 꽃구경을 하면서 시외를 달리자 모두가 환호성이었다. 아버지가 너무나 좋아하셨다. 서울 친척까지 데리고 가니까 너무나 기뻐하셨다.

청평을 지나 경기도 남이섬이었다. 그곳에는 배를 타고 가야 되었다. 봄꽃들이 만발해 꽃구경을 하면서 배를 타고 가는 기분은 너무나 좋았다.

그곳은 조선시대 남이장군 묘가 있어서 남이섬이라 부른 것 같았다. 잔디 위에 자리 잡고 돗자리를 여러 개 펴고 앉았다.

여행이란 먹는 재미도 있어야 되었다. 고기는 충분히 준비했다. 돼지고기, 닭도 여러 마리 잡아 삶아 가지고 갔다. 잡채도 만들고 부침개도 했다.

그리고 한 사람씩 먹을 수 있도록 도시락을 쌌다.

친척들이 음식을 먹으면서 나에게 칭찬을 많이 해주셨다. 바쁜 와중에도 어떻게 많은 음식을 준비했느냐 칭찬 일색이었다. 마음이 뿌듯했다. 조금만 베풀고 살면 이렇게 좋은데 그게 그렇게 쉽지 않은 게 우리네 인생살이였다.

그래서 부모님을 기쁘게 해 드린 적이 있었다. 이번 집을 사고 기쁘게 해 드렸고 앞으로도 그럴 것이다.

만두 철은 끝났고 이제는 냉면가루 장사만 열심히 하면 되었다. 아내는 만두 장사를 그만두고 싶어 했다. 돌아오는 겨울에 또 하려면 가게도 얻어야 되었다. 걱정이 아닐 수 없었다. 여름 장사만 해 가지고는 살기가 힘이 들었다.

우선 만두를 했던 종업원들은 모두 식당에 취직을 시켜주었다. 광천에서 데리고 왔던 아내의 조카딸도 식당에 취직을 시켰다. 이제 데리고 있는 사람은 오토바이 기사 한 사람뿐이었다. 그 애는 나의 이종사촌 이모의 아들이었다. 아버지가 소설가인데 중학교 때부터 만화가게나 들랑거리고 말썽꾸러기였다.

공부는 뒷전이고 불량 청소년으로 살았다. 그러다가 잘못되어 소년원까지 가게 되었다. 소년원에서 몇 개월 살다가 나와 우리 집에 와서 배달일을 하게 되었다. 마음씨는 착한 아이인데 친구 애들을 잘 못 사귄 것이었다. 열심히 일도 잘했다. 이모가 사람 되라고 나에게 가르치라고 했었다.

그래서 그 애에게 배달일은 맡기고 나는 거래처만 잡으러 다녔다. 종로 5가에 냉면기계 상회가 있었다. 냉면을 뽑는 기계를 파는 곳이었다. 그곳에 손 씨와 강 씨라는 친구가 있었다. 내가 주방장 생활 할 때부터 알고 지내던 친구였다.

그들이 나에게 거래처를 많이 잡아 주었다. 냉면 기계를 사 가는 사람은 냉면집을 하려는 사람들이었다. 자연히 냉면 가루를 쓰게 되었다. 그들이 냉면 가루는 어디서 쓰냐고 물어서 나를 소개해 주었다. 그곳에 나가면 거래처가 한두 곳 생기게 되었다. 그래서 나는 지방 거래처가 많이 생겼다.

몇 포대 안 될 때는 택배로 부쳐주고 20~30포 되면 대도제분 공장차로 배달을 해 주었다. 공장에서 그렇게 협조를 해 주었다. 지방 강원도 영월도 거래처가 있었고 태백시에도 거래처가 생겼다. 경기도 일대는 물론 나중에는 여수까지도 배달을 했었고, 해외동포가 하는 식당에도 항공편으로 보내주기도 했었다.

그렇게 거래처가 많이 생기게 되었다. 대도제분 사장이 나를 보자고 했다. 물건을 많이 팔고 있으니까 보자는 것이다.

전에 한 번 만난 적이 있었다. 신설동 종합시장에서 만두 장사할 때 한 번 찾아왔었다. 그때 내가 가루값이 오른다 하여 메밀가루와 전분을 700포나 주문한 적이 있었다. 중 상인들이 고작 한 20포씩 가져가는데 많이 주문을 하자 사장이 직접 실어온 것이다. 현찰로 모두 지불 했었다. 그 후부터 직매소를 내주고 많이 밀어주고 있었다.

대도제분 회사 사무실은 용산에 있었다. 3층 건물에다 1층은 재료를 싸놓는 창고였고 2층은 회사 사무실이고 3층은 사장 식구가 사는 살림집이었다.

공장은 경기도 이천에 있었다. 사장은 나보다 서너 살 더 먹은 젊은 사람이었다. 본래 제주도가 고향이었다. 자기의 아버지가 일본 재일교포라고 했다. 일본에서 부자로 살고 있어 아들에게 사업자금을 대주고 있다고 했다. 서울에서 삼성제분소와 대도제분이 제일 큰 회사였다.

그런 사장이 보자 하여 찾아갔다. 고영준 사장은 사장실에 있었다. 내가 들어가자 반갑게 맞아주고 경리에게 커피를 시켰다.

"윤 사장 반가워요. 이제 만두장사가 끝나 열심히 냉면가루 장사해야겠네요. 그래서 말인데 윤 사장은 지방 거래처가 많고 하니까 지방 장사하면 어때요?"

고영준 사장은 다짜고짜 나에게 지방 장사를 해 보라고 했다.

"지방에 장사를 하고 있는데 또 무슨 장사를 해 보라고 하는 겁니까?"

내가 의아해서 물었다.

"제가 차를 하나 내주고 기사도 딸려 줄 테니까 차에다 냉면가루를 싣고 다니며 팔란 말입니다. 이곳저곳 다니며 거래처를 잡으라는 겁니다. 윤 사장은 충분히 능력이 있어 할 수 있습니다. 거기다가 고추장이나 간장 식당 재료들을 싣고 다니면 모두 좋아할 겁니다.…"

고사장 얘기는 본격적으로 차를 내줄 테니 지방 장사를 해 보라고 했다. 모든 이익금은 내가 가져가고 자기는 전국에 자기 회사를 알리는 효과가 있다고 했다. 기사 식사만 사주고 기름값만 들이면 된다고 했다. 듣고 보니 구미가 당기고 있었다.

그래서 나는 서울장사는 이종사촌에게 맡기고 지방 장사를 하게 되었다. 1.5톤 트럭에다 싣고 다니며 하게 되었다.

기사는 고사장의 처남이었다. 나이가 스물다섯으로 총각이었다. 매형 공장에서 일도 하다가 배달도 했고 나와 같이 지방 장사도 다니게 되었다.

그는 온순하고 착한 사람이었다. 나에게 형님이라 부르고 내 말이라면 잘 들어주고 있었다. 그와 함께 차에다 냉면가루와 부속품으로 식당에서 쓰는 식자재를 가득 싣고 지방 장사에 나섰다.

우선 오늘은 서울에서 가까운 김포와 강화만 돌아볼 생각이었다.

영등포를 지나 화곡동 큰 여동생이 사는 동네를 잠깐 들렀다가 김포공항으로 해서 김포에 도착했다. 오는 동안 큰 식당만 들려 명함과 스티커만 주고 연락하라고 했다. 두세 집에서 간장과 고추장을 몇 통 팔게 되었다. 냉면가루가 주 종목인데 냉면가루는 쓰는 거래처가 있다고 팔아 주지 않았다.

"기회가 있으면 연락 주십시오. 일주일에 한 번씩 다니고 있습니다."하고 명함을 주었다.

김포에서도 몇 가지 팔았다. 식당만 보이면 찾아가서 인사도 드리고 매주 한 번씩 들린다고 명함을 주었다. 기사는 차에서 기다리고 나는 식당마다 찾아다녔다. 어떤 집에서는 주방장도 소개하느냐고 묻고 알선해 준다니까 다음에 오면 꼭 팔아 주겠다고 약속했다. 그래서 주방장도 보내주게 되었다. 그런 집은 영원한 거래처가 되었다.

김포 마곡을 거쳐 강화로 갔다. 강화에서 냉면집 두 집이나 거래처를 잡았다.

냉면가루도 다섯 포대나 팔았다. 첫날치고 수입이 괜찮은 편이었다. 그곳은 삼성제분을 쓰는 집이었다. 마침 서울에 올라갈 참인데 잘 됐다고 좋아했다.

매주 들린다고 하자 계속 팔아 주겠다고 했다. 지방에서는 삼성제분을 많이 이용하고 있었다. 대도제분은 생긴 지 얼마 되지 않아 알려지지 않았다. 그래서 고사장이 선전차 나를 지방 장사를 시킨 것 같았다.

아무튼 강화에서 몇 군데 거래처를 잡았다. 점심을 먹고 나자 아직 3시밖에 되지 않았다. 강화 곳곳을 돌며 명함도 주고 간장, 고추장도 몇 통 팔았다.

일찍 서울에 올 수 있었다. 그때는 차가 그렇게 많지 않아 하루에 군소재지만 몇 군데 돌아도 해가 많이 남아 있었다.

다음날은 광주, 이천, 여주, 장호원까지 돌았다. 그곳에서도 많은 재료를 팔 수 있었다. 다음번에 꼭 들르라는 집도 여러 집이 있었다. 장사가 잘 되는 편이었다.

또한 여러 군데 다니다 보니 관광지도 많이 구경하게 되었다. 일거양득이었다. 구경도 하면서 돈도 벌고 재미가 있었다. 강화도 전등사, 마니산, 교동도도 가보고 많은 곳을 구경했다. 여주에 와서도 세종대왕 능과 신륵사 절도 구경했다. 다음날은 문산 방향으로 장사를 나가게 되었다.

고양, 일산, 파평, 광탄, 문산까지 몇 군데를 돌았다. 물건도 팔고 구경도 하면서 돌아다녔다. 임진각도 구경했고 파주에 가서는 윤씨네 시조인 윤관 장군의 묘소도 찾아보게 되었다. 파평 윤씨 우리 선조가 윤관 장군이었다.

다음날은 의정부, 송우리, 포천, 연천, 전곡까지 가게 되었다. 거래처도 많이 잡았고 물건도 많이 팔았다. 아무튼 경기도 일대를 다 돌았다. 구경도 많이 했고 처음 가본 곳도 많았다. 산정호수도 구경하고 폭포도 구경할 수 있었다. 전곡에 가서는 한탄강도 구경했다.

다음날은 금곡, 마석, 청평, 가평 여러 곳을 돌았고 또 다음날은 팔당, 양수리, 양평, 용문까지 돌았다. 그곳도 구경할 곳도 많았고 물건도 많이 팔았다.

용문산 절에 가서 천년이 넘었다는 은행나무도 구경할 수 있었다. 남쪽으로 갈수록 냉면가루는 팔리지 않았다. 그때만 해도 충청도, 전라도는 냉면을 잘 모르고 있었다. 서울 북쪽 지방 사람들이 냉면을 잘 먹고 물건도 많이 팔 수 있었다.

수원, 오산, 평택, 안성 이런 곳은 냉면가루가 얼마 팔리지 않았다. 한 달에 일주일마다 간 곳을 또 가고 하여 거래처도 많이 잡았다.

여름 동안 지방 장사를 하게 되었다. 그런데 문제가 생겼다. 서울장사가 엉망이 되었다. 식당 거래처 관리를 잘해야 하는데 이종사촌에게만 맡겨놓고 지방 장사를 하게 된 것이 원인이었다.

주인들이 오늘 장사가 안되어 내일 준다고 하는 사람도 많았다. 그러면 기사가 "내일 꼭 부탁드립니다." 공손히 인사하고 와야 하는데 대부분 기사들은 수금을 안 해오면 주인한테 혼이 난다고 버티고 가지 않고 카운터 앞에서 재촉하게 되었다.

"야 내일 너희 사장 오라고 해. 수금해 주고 거래 끊어 버릴 거니까?"

식당 주인이 화가 나서 그렇게 기사를 보내게 되었다. 그러면 나는 찾아가서 술도 한잔 팔아 주면서 사과하고 거래를 계속해 달라고 사정하는 수밖에 없었다.

"사장님 기사들이 수금 못 해 온다고 야단치니까 그런 모양인데 죄송하게 됐습니다. 거래처가 한두 곳도 아니고 우리도 수금이 제대로 되지 않아 운영하기가 어렵습니다. 이해하시기 바랍니다."

사정하여 거래처를 유지할 수 있었다. 그런 곳이 한두 군데가 아니었다. 그래서 이종사촌에게 내가 지방에 가 있어도 주인에게 사정하여 수금 잘해 오라고 부탁했다. 그런데 어떻게 된 일인지 좋은 거래처가 모두 물건을 주문하지 않았다.

그래서 하루 지방 장사를 쉬고 거래처를 돌게 되었다.

중앙시장 함흥냉면 집을 찾아갔다. 이 집은 옛날 내가 있었던 집이고 주인 사장과는 각별한 사이였다. 아무리 딴 사람이 와서 냉면가루 값을 싸게 준다고 흔들릴 사장이 아니었다. 그런데 벌써 주문할 때가 넘었는데 주문이 없었.

1년이면 500~600포씩 팔아 주는 집이었다.

"사장님 요즘 장사가 잘 안되는 겁니까? 제가 지방 장사 좀 하느라고 들리지 못했습니다."

하자 사장은 무슨 소리냐고 했다. 두 달 전에 200포나 들여왔다고 했다. 대도제분 가루가 아니고 삼성제분 물건이 들어와서 기사에게 왜 물건이 바뀌어 왔냐고 묻자 대도제분 가루가 요번에 말썽이 많다고 하여 가져오게 되었다고 말했다는 것이다. 어처구니가 없었다. 믿는 도끼에 발등 찍힌다더니 내가 그랬다.

이종사촌이 나에게 이럴 수가 있을까 기가 막혔다. 그것도 한두 곳이 아니었다. 돈 잘 주는 집만 골라 몇 군데에서 그런 식으로 해 먹었다.

대도제분 물건을 팔면 탄로가 나니까 삼성제분을 팔았던 것이다.

수금 장부도 살펴보니 숫자도 속여 수금한 돈도 챙겨 먹었다. 몇 달 동안 그렇게 당하고 거래처도 많이 떨어졌다. 내가 거래처를 돌자 눈치채고 다음 날부터 잠적하고 출근하지 않았다.

그렇다고 이모에게도 연락할 수가 없었다. 이제 마음 잡았나 싶었는데 그런 줄 알면 이모가 얼마나 속상해할까 알릴 수 없었다. 그래서 나는 지방 장사를 중단할 수밖에 없었다.

당장 기사도 없어 운전도 하고 오토바이를 타는 기사를 구했다. 그와 거래처를 한 바퀴 돌면서 가르쳐 주었다.

추석이 지나고 쌀쌀해지고 있었다. 아내도 집에서 애들 데리고 살림만 하니까 심심한 모양이었다.

"올겨울은 만두장사 안 할 거예요?"
"글쎄 냉면 철도 끝나가는데 걱정이네"

사실 여름 장사만 해서는 긴 겨울 동안 살 수가 없었다. 무슨 장사든 한 철 장사만 해 가지고는 버텨내기 힘이 들었다.

사철 장사를 하려면 아는 것이 식당밖에 없었다. 식당 기술은 있어 할 수 있으나 집을 사서 식당 할만한 돈이 없었다.

고민에 빠져있는데 제분업계 회장인 홍동표가 찾아왔다. 모임 날짜와 어디에서 할 것인지 총무인 나에게 상의하러 온 것이다.

회의 날짜를 정하고 이번 회의는 청량리 한식집 남지회관에서 하기로 했다.

남지회관은 나의 거래처이기도 하고 사장과 내가 친한 사이였다. 사장은 나와 을지로 금정회관에서 같이 일했던 사람이었다. 사람이 착실하여 남지회관에 지배인으로 있었는데 지금은 자기가 직접 하는 사장이 되었다.

본래 사장은 그 일대 갑부라고 했다. 건물도 자기 건물이고 식당 말고도 사업채가 많다고 하였다.

지배인이 착실하자 세만 받고 지배인에게 통째로 식당을 넘겨준 것이다. 졸지에 식당 사장이 되었다. 장사가 잘되는 집이었다. 장소도 좋고 그 일대에서 제일 큰 식당이었다.

"그래 지방 장사해서 돈 좀 벌었니?" 홍동표가 물었다.

"벌면 뭐 하냐? 서울장사는 엉망이 되었는데 그래서 지방 장사 때려치웠어.…"

나는 홍동표에게 대강 설명했다.

"그래서 돈 벌라면 사람을 잘 써야 해, 일꾼들이 돈을 벌어주지, 사장은 돈만 댈 뿐이야. 그건 그렇고 우리 동업 한번 해 볼래, 해수는 해보자 하는데 너는 어떻게 생각하니 우리 셋이서 말이야.…"

홍동표는 나와 해수라는 사람과 셋이서 만두공장을 크게 하자고 했다. 종업원 20~30명 두고 공장을 하자는 것이다.

자기 처남이 냉면공장을 하는데 공장을 빌려준다고 했다는 것이다. 공장이 30평은 되었다. 전농동 시장에 있었다. 같은 제분업계 회원이라 잘 알 수 있었다.

겨울철에는 냉면이 많이 나가지 않아 공장을 다 가동하지 않았다. 홍동표 얘기는 만두피를 만드는 기계와 만두를 찌는 기계만 만들면 된다고 했다. 반죽기계는 냉면 공장에 있고 자기가 철공소에 알아봤는데 기계 만드는데 많은 돈이 들어가지 않는다고 했다.

지금까지는 우리나라에 자동으로 만드는 기계가 없었다. 일본에는 있다는데 수입하려면 비싼 모양이었다. 그리고 누가 아직까지 기계를 수입해서 만두를 만들려고 하는 사람이 없었다. 지금이야 세상이 바뀌어 냉장 시설이 잘되어 있어 사철만두를 만들어 팔고 있지만 그때는 냉장고가 없어서 보관하고 팔 수가 없었다.

서민들이 시장에서 좌판에다 놓고 팔았다. 만두는 빨리 쉬는 음식이라 그날 팔아야지 못 팔면 적자였다. 반품도 해 줄 수 없었다.

나도 10여 년 만두를 했지만 겨울밖에 장사를 할 수가 없었다. 지금은 그래도 손으로 만두피를 밀지 않고 국수기계로 만두피를 만들 수 있었다. 콤비아 시설을 하면 피대가 돌아가 여럿이 만두를 만들 수가 있었다.

처음에는 모두 수작업으로 했지만 지금은 만두 싸는 것만 손으로 싸지 속 만드는데도 모두 기계로 했다. 커다란 믹서기 기계에다 야채를 갈면 되었다. 처음에도 도마에다 야채를 일일이 다져서 했었다. 한겨울이면 나무 도마가 몇 개씩 달아 없어졌다. 그렇게 만두 장사를 했다.

만두소를 짜는데도 짤순이란 세탁기계가 나와 양파 자루에 넣어 짜면 금방 짤 수가 있었다.

홍동표 얘기를 듣고 보니 만두장사를 해야 되는데 가게도 얻어야 되었기에 잘 됐다고 생각되었다. 공동으로 만들어서 자기 거래처에 팔면 된다고 했다. 홍동표는 중상인을 많이 두어 이만 개는 팔 수 있다고 말했다. 해수도 만개는 팔고 나도 만개는 팔 수가 있다고 해보자고 했다.

전에는 무허가로 했는데 이제는 규모가 커져 허가를 내고 상표를 붙여 팔아야 되었다.

고향 손만두라 이름 지었다. 어머니의 손맛이라는 문구도 넣었다. 그런 건 내가 모두 작성했다. 만두피를 만드는 기계도 철공소에 부탁하여 국수기계에다 콤비아를 달아 만들었다.

종업원 20~30명이 양쪽으로 앉아 콤비아에 만두피가 오면 집어서 싸기만 하면 되었다. 만두 찌는 기계도 케이스로 칸칸에 넣고 수증기로 쪄내면 되었다. 재래식 기계지만 많이 편리했다.

아주머니 20여 명을 근처에서 모집하여 사람을 구했다. 만두 속을 만드는 작업은 내가 직접 했다. 모든 음식이 간이 잘 맞아야 맛이 있었다. 분량에 따라 양념을 어떻게 써야 맛이 있는지 나는 10여 년간 만두를 해 봐서 잘 알고 있었다.

우리 만두가 제일 맛이 있다고 소문이 났었다. 혹 수량이 모자라 다른 만두를 사다 납품하면 금방 탄로가 나고 있었다.

모든 준비가 끝났다. 아내도 공장에 나와 초보인 아주머니들에게 교육을 시켜야 되었다. 한 번도 만두를 싸보지 않은 사람은 몇 번을 가르쳐 줘야 되었다.

2~3일간은 모두 교육을 받았다.

정식 개업식을 하고 일이 시작되었다. 그런데 초보들이라 수량이 나오지 않았다. 첫날 20여 명이 겨우 만 오천 개밖에 나오지 않았다. 큰일이 아닐 수 없었다. 최소한 삼만 개는 만들어야 납품할 수 있는데 난처했다. 첫날은 사정 얘기를 해 넘어갔으나 다음에도 수량을 못 보내 주면 큰일이었다.

나도 옆에서 만두를 싸면서 아주머니들을 독려했다. 옆 사람과 얘기를 주고받느라 일하면서 시간 낭비가 많았다.

나중에는 똑같은 그릇에다 똑같이 만두소를 담아 주었다. 누가 못 싸는지 알아보기 위해서였다. 그러자 못 싸는 사람은 만두소를 만두에다 많이 집어넣고 있었다. 이러지도 저러지도 못하고 수량이 나오지 않아 미칠 지경이었다.

한 15일은 그렇게 애를 먹었다. 15일이 지나자 손이 빨라져 이만 개 조금 넘게 나오고 있었다. 거래처에 줄여서 줄 수밖에 도리가 없었다.

만두공장 차린 뒤 3개월 만에 문 닫고 말았다. 모두가 수량이 나오지 않아 적자였다. 자동기계도 아니고 사람 손으로 싸는 일이라 기술이 늘면 모를까 한계가 있었다. 우리는 5~6명이 만 개씩 만들었는데 사람이 많다고 수량이 많이 나오는 게 아니었다. 초보가 많아서였다.

결국 똑같이 손해를 보고 그만두게 되었다. 아직도 몇 달은 더해야 되는데 거래처에서 난리가 아니었다.

부랴부랴 중앙시장 뒷골목에 조그만 가게를 얻어 다시 시작하게 되었다.

워낙 주방일 계통에 아는 사람이 많아 기술 있는 애들을 모집할 수 있었다.

일자리 못 잡아 노는 애들도 많이 있었다. 먹여주고 재워주면 좋다고 일을 했다. 그런 애들은 용돈만 주고 그만둔다면 취직을 시켜 주었다.

아내와 갈등

만두장사를 그만둔다고 생각해도 겨울만 돌아오면 또다시 하게 되었다. 여름 장사만 해서는 생활이 되지 않기 때문이었다.

거래처가 있기 때문에 만두를 포기할 수가 없었다. 홍동표는 본래 중 상인을 두고 장사하기 때문에 딴 데서 받아다 팔면 되었다. 해수는 자기 거래처만 납품하기 위해 금호동에다 만두공장을 차렸다. 나는 중앙시장 뒷골목에 차리고 만두는 계속하게 되었다.

셋이서 동업하며 만두 허가를 냈기 때문에 상표는 그대로 쓰게 되었다. 전에는 허가도 없이 무허가로 했었다. 인쇄된 상표 없이 비닐봉지에다 50개씩 담아서 팔았다. 거래처 상인들이 좋아했다. 깨끗하게 인쇄된 봉지에다 어머니의 손맛 고향 손만두라는 문구가 마음에 든다고 했다.

만두장사는 인건비가 제일 비중을 차지했다. 재료값은 별로 많이 들어가지 않는데 인건비가 문제였다. 그것도 잘하는 사람은 문제가 되지 않지만 초보는 처음에는 제 밥값도 못하고 있었다.

내가 만두장사 해서 돈을 벌 수 있었던 것은 처음에는 식구끼리 했고 나중에는 주방 계통에 노는 사람들을 데려다 썼기 때문이었다. 잠잘 곳이 없어 취직을 못해 쩔쩔매는 애들을 데려다 먹여주고 재워주고 용돈만 주니까 인건비가 절약되었다.

그게 나에게는 큰 소득이었다. 일자리가 나오면 그들에게 다시 식당에 취직시켜 주었다. 식당 거래처도 많았다. 사람을 구해 달라는 거래처도 많았다.

지금도 우리 만두 공장은 사람이 넘쳐나고 있었다. 내가 주방장 출신이라 많은 사람이 찾아왔다. 신설동 종합시장에서 만두 할 때부터 알려졌기 때문이었다. 차비 없다면 주고 배고프다면 만두 주고 하자 노는 애들이 끊이지 않았다.

오죽하면 아내가 그렇게 불쌍하다고 다 퍼주다가 살림살이 거덜 나겠다고 핀잔을 줄 때가 많았다.

옛날에 나도 그랬지만 식당에 오래 몸담고 있지를 못했다. 참을성이 부족하여 그렇지만 장사가 안되고 월급이 밀리면 주인과 싸우다가 그만두게 되었다. 돈 바라고 일하는데 인건비 안 주고 버티는 주인들도 그때는 참 많았다.

살기가 무척 힘든 세상이었기 때문이었다. 만두 공장에 7명이 일하고 있는데 또 세 놈이 찾아와 며칠만 일해 줄 테니 잠 좀 재워달라고 사정했다. 돈도 떨어지고 취직은 되지 않아 갈 데가 없다고 했다. 이들은 몇 년 전에도 갈 데가 없다고 하여 한겨울 일한 적이 있었다. 주방 생활을 오래 해서 만두는 잘 싸는 애들이었다. 나이가 30이 다 되어가는데 방황하고 있었다.

"형님 그래도 형님밖에 없어서 이렇게 찾아왔어요. 며칠만 있게 해 주세요?"하는데 내쫓을 수가 없었다. 며칠 동안 굶고 살았는지 기운도 없어서 행색이 초라해 거절할 수가 없었다.

아내가 나를 불러 방이 좁아 잘 수가 없다고 보내라고 했다.

"이제 지겨워 죽겠어요. 한두 사람도 아니고 툭하면 찾아와서 떼를 쓰니 나는 더 이상 못 참아요. 그 사람들 월급 안 주고 일 시킨다고 하지만 나만 힘들어 죽겠어요. 밥해주는 것도 여간 힘든지 아세요. 밥은 얼마나 많이 먹는지 반찬도 하도 많이 먹어 재료비도 엄청 많이 들어가요. 게다가 치약이니 세숫비누도 얼마 못 쓰고 버리고 아무튼 나는 더 이상 못 참아요. 보내든지 내가 그만두든지 할 거예요?…"

아내의 반대가 너무나 심했다. 전에는 내가 하는 일에 무슨 일이든 토를 달지 안았는데 이제는 사사건건 참견하고 있었다. 전번에 셋이 동업한 일도 자기와 상의 없이 결정했다고 싸잡아 비난했다.

"어떡해, 이미 있으라고 말했는데 가라 할 수도 없잖아 방이 크니까 충분히 잘 수 있어 이번만 그냥 넘어가 줘?"

부탁했으나 아내는 화가 나 집으로 가게 되었다.

"당신이 데리고 해요. 밥도 해 먹고 다 하란 말이에요. 나는 집에 들어갈 테니까.…"

집으로 가버렸다. 나는 잡을 수가 없었다. 화가 풀어지면 다시 오겠지 하고 잡지 않았다. 그런데 하루가 지나도 가게에 나오지 않았다.

남자들끼리 밥을 해 먹고 만두도 만들어 배달까지 마쳤다. 아침 먹고 오겠지 했으나 오지 않았다. 먹는 것은 문제없었다. 주방장 출신들이라 반찬까지 식재료만 사다 주면 척척 해냈다. 마누라가 없다고 장사를 못하지는 않았다.

마누라가 달라지고 있었다. 결혼하고 3년까지는 내가 아내에게 정을 주지 않았다. 의무적으로 살아야 된다는 생각으로 살았다.

내가 마음에 있어 결혼한 것도 아니고 부모님의 강요에 못 이겨 결혼한 것이었다. 만두 장사를 시작한 것이 벌써 10년이란 세월이 흘렀다. 그동안 아내와 원만히 불편 없이 살아왔다. 고생하고 사는 아내가 불쌍하여 위로해 주며 살았던 것이다.

10년 넘게 살면서 복종했던 아내가 며칠이나 가게에 나오지 않았다.

집이 가까워 쫓아갈까 하다가 나도 집에 가지 않았다. 300미터 거리밖에 안 되는 집인데 옷을 갈아입으러 가지도 않았다. 옷이라도 갈아입으라고 올 줄 알았다. 자그마치 열흘이나 얼굴을 비치지 않았다. 괘씸하기 짝이 없었다. 남편은 밤을 새워가며 일하는데 아내는 한 번도 오지 않았다. 애들도 엄마가 가게에 있을 때는 쪼르륵 한 번씩 왔다 갔는데 애들조차도 오지 않았다. 어머니만 오셔서 싸웠냐 했다.

"오늘도 가게 안 나가냐?"

물어도 대답을 않는다고 어머니가 말했다. 무슨 일이 있었기에 그렇게 토라졌냐 말하고 속상해하면서 집에 가셨다.

여자가 애를 몇 낳으면 능구렁이가 된다더니 아내가 그랬다. 간섭을 안 했던 아내가 애들 교육도 걱정하지 않는다며 요즘에는 애들을 두고도 시비를 걸었다.

우리 애들은 큰애와 둘째가 숭인국민학교에 다녔다. 큰애가 6학년 둘째가 3학년이었다. 이사를 했으면 학교를 옮겨야 되는데 옮기지 않았다. 곧 졸업도 할 것이고 신당동에서 숭인초등학교는 거리가 가까웠다. 그래서 옮기지 않았다. 자기가 옮겨도 되는 것을 그걸 가지고도 불만이 많았다. 아무튼 아내가 달라지고 있었다.

큰애는 주산 학원에 보내자 하여 보내주었고, 남자아이는 웅변학원에 보내자 하여 보내주었다.

내가 남자는 힘도 기르고 운동을 해야 된다고 태권도 도장에도 보냈다. 어린아이에게 벌써 운동을 가리키냐 불만이고 내가 하는 일에 이제는 반기를 들고 있었다.

아들은 몸이 약했다. 갓난아기 때부터 만두를 시작하여 아버지가 금호동에서 창신동까지 젖을 먹이려 다녔고 어릴 때부터 찬바람을 많이 쏘여 그런지 크면서 병치레가 많았다.

그래서 이름을 바꾸어 주기까지 했다. 호적 이름은 광진인데 외자 이름 근 이라 바꾸었다. 집에서는 근이로 부르고 있었다.

열흘이 지나도 가게에 아내가 나오지 않아 집으로 화가 나서 저녁에 쫓아갔다. 마음 같아서는 쫓아가 아내에게 손찌검이라도 하고 싶었으나 집에는 부모님이 계시고 있었다. 그래서 큰소리 한 번 못하고 살았다.

죄 없는 애들만 불렀다. 아내는 부엌에서 나오지도 않았다. 애들만 불러 마루에 무릎 꿇고 앉으라고 했다. 애들이 화가 잔뜩 난 아빠를 보고 겁을 먹고 무릎을 꿇고 있었다. 두 살짜리 막내까지 무릎을 꿇었다.

"너는 할아버지 방에 가 있어?"
하고 막내는 할아버지 방으로 보냈다. 내가 회초리를 들고 큰소리로 야단쳤다. 금방 때릴 것 같으니까 떨고 있었다.

"너희들 아빠가 열흘이 넘게 집에 안 오는데 왜 한 번도 가게 오지 않았어! 엄마가 있을 때는 오고 아빠는 보고 싶지도 않은 거야, 엄마 있을 때는 잘 왔잖아! 엄마가 못 가게 했지! 대답해 봐!"
하고 큰소리로 말하고 때리려 하자 애들이 엉엉 울면서 빌고 있었다. 이때 주방에 있던 아내가 나와 내 손에 든 회초리를 빼앗으며 말했다.

"제가 잘못 했어요! 애들 때리지 마세요. 애들이 무슨 죄가 있어요. 제가 잘 못 했어요?…"
아내가 대신 빌고 있었다. 이 광경을 부모님이 지켜보고 계셨다.

"전에 화풀이로 큰애 때리는 걸 내가 모를 줄 알아! 그래 놓고 왜 말리는 거야!" 소리치고 집을 나와 버렸다.

그러자 아내가 쫓아 나와 다시 빌었다. 울면서 비는데 참을 수밖에 없었다. 어머니도 쫓아 나오시고 집에 들어갔다.

"부모님 죄송해요?" 아내와 둘이서 부모님께 용서를 빌었다.

그래서 아내와 불화가 가라앉았다. 아내도 옛날처럼 가게에 나와 일하게 되었다. 그래서 아내와 크게 싸움도 해 보았다. 곧 음력 설이 다가왔다.

만두장사는 음력설 때가 큰 대목이었다.

설 열흘 전부터 밤을 새워 만들었다. 어떤 때는 꼬박 새우는 날도 있고 하루에 2시간 자면 많이 자는 편이었다. 일하는 사람들은 만두가 끝나면 잠을 자지만 우리 부부는 만든 만두를 50개씩 세어 봉지에 담아야 했다.

떡 공장이나 만두 공장이 설 때는 만들지 못해서 팔지를 못했다. 그때는 한겨울이라 몹시 추웠다. 상할 염려도 없었다. 해마다 설 대목에 십만 개는 파는 것 같았다.

그런데 설을 3일 앞두고 날씨가 확 풀리고 있었다. 3일만 추우면 될 텐데 큰일이 아닐 수 없었다.

그동안 만든 만두는 밖에다 쌓아놓아 꽁꽁 얼어 있었다.

그런데 날씨가 풀려 십만 개를 채울 수가 없었다. 금방 쉽게 뻔한 일이었다.

그리고 날이 추우면 사람들이 추워서 사 먹고 말지 집에서는 만들지 않았다. 그런데 날씨가 풀리자 떡방앗간에 사람이 줄을 서고 있었다. 떡국떡을 해가고 있었다. 떡 공장들도 모두 울상이었다.

결국 칠만 개밖에 못 만들었는데 설 전날까지 사만 개밖에 팔지 못했다. 삼만 개가 고스란히 남아 버렸다.

하루 이틀만 지나면 쉬어져 만두가 먹을 수 없게 되었다. 형제들 나누어 주어도 그 수량이 얼마 되지 않았다.

"기왕 쉬어버려 못 먹을 거면 경로당이나 미리 갖다 주거라?"

아버지가 말씀하셨다. 그래서 설 전날 인근 경로당을 돌며 떡과 만두를 갖다주었다. 설날도 동생들과 교회도 갖다주고 고아원, 경로당 여러 군데 찾아다니며 주게 되었다. 그래도 만개가 남아 폐기

처분 할 수밖에 없었다.

그 해 그렇게 만두를 버리고는 영원히 만두 장사는 종 치고 말았다. 우리 식구들은 설날에도 몇 년 동안 떡국, 만둣국을 끓여 먹지 않았다. 모두 만두에 질려 있었다. 몇 년이나 터진 만두를 처치할 수가 없었다. 버리기도 아깝고 형제들에게 나누어 주었다.

또 해가 바뀌고 봄이었다. 만두 장사는 이제 끝이 나고 가게를 놀릴 수밖에 없었다. 그래서 생각한 것이 막국수장사를 시작하게 되었다.

광화문에서 해 봤던 장사라 아내도 해 보자고 했다. 냉면 가루 장사를 하고 있으니 언제든 가루가 있었다.

종로 5가에 냉면 기계 상회를 찾아갔다. 친구 강일덕과 손 씨가 반갑게 맞아 주었다.

"겨울 동안 비치지도 않더니 냉면철이 돌아와 찾아왔구나, 그래 겨우내 만두장사는 잘했어?"

이들은 나에게 냉면 가루를 많이 팔게 해준 친구들이었다.

냉면 기계 사가는 사람에게 소개해줘 거래처를 잡을 수 있었다.

"말도 마라. 설 때 날씨가 풀려 만두를 3만 개나 만들어 버렸다. 고아원, 경로당에 아까워 갖다주고 만개는 폐기처분 했어?…"

그러자 친구들이 많은 손해를 보았다며 그래도 좋은 일 해서 앞으로 잘 될 거라고 했다. 어떻게 경로당 고아원에 갖다 줄 생각을 했느냐고 했다.

"나도 오늘은 냉면 기계를 하나 팔아 주러 왔다. 막국수 장사해 보려고 가게가 비어있으니까 뭐든지 해야지 세만 주고 놀릴 수는 없잖아"

"네가 직접 하게?"

"나는 가루 장사해야지, 만두 하던 애가 냉면도 잘해 그 애 데리고 집사람이 하려고"

그래서 냉면 기계를 사게 되었다. 반자동 기계가 있으나 그 기계는 기계가 무겁고 자리를 많이 차지해 수동기계를 샀다.

수동기계는 둘이서 눌러야 사리를 뽑을 수 있었다. 아직까지 우리나라에는 자동기계가 없었다. 반자동 기계 만든 사람이 기계가 너무 커서 자리를 많이 차지한다고 불평이 많아지자 지금 유압식 기계를 만들려고 연구 중이라고 했다. 그는 부산 사람인데 나도 몇 번 만나보았다. 냉면 기계 상회 친구들과 술도 같이 먹은 적이 있었다. 우리나라도 산업이 발달하여 그런 만두 기계도 자동으로 만드는 시대가 와야 된다고 얘기도 했었다.

아직도 우리나라는 자동기계가 없었다. 가게에다 냉면 기계를 설치하고 있는데 기계 상회 강일덕이 전화를 했다.

"마침 춘천에서 막국수 기술자가 와있는데 물론 자네도 할 줄 알지만 이 사람은 막국수만 20여 년 했던 사람이야 보내줄 테니 조언을 받으라고?…"

친구가 그러는데 마다할 수 없었다. 춘천에는 막국수가 유명했다. 그래도 전문적으로 했던 사람에게 기술을 전수받는 것도 나쁘지 않았다. 그래서 만나게 되었다. 나이가 나보다 더 먹은 45세라고 했다. 막국수만 춘천에서 30년을 했다고 말했다.

"와주셔서 고맙습니다. 강일덕과는 친구 간입니다. 그런데 춘천에는 막국수 특별한 비법이 있습니까?"

단도직입적으로 물었다 그는 말했다.

"양념이야 서울이나 춘천이나 별 차이가 없지요. 그런데 서울 가루는 가짜라 막국수 제맛을 못 내요. 춘천 가루를 쓰세요?" 했다.

"제가 냉면 가루 장사인데 춘천 가루 쓰라니요. 여기서 얼마나 팔겠다고 춘천 가루를 씁니까?"

내가 가루 장사라 말하자 그는 그러면 얘기 끝났다고 가려고 했다.
"얘기나 들어 봅시다. 춘천 가루가 얼마나 좋은지?"
"가루 장사한다면서 그것도 몰라요? 서울은 냉면 메밀도 가짜고 막국수 가루는 더욱 가짜 아니에요. 보릿가루예요!"
춘천에는 순 메밀만 가지고 막국수를 한다고 했다. 서울 가루 써 보면 보릿가루 냄새가 난다고 했다. 자기도 서울서 막국수 주방장을 했는데 춘천 가루를 쓰자고 해도 주인이 비싸다고 쓰지 않았다고 했다. 나에게 가루 장사하려면 춘천 가루 공장을 소개해 줄 테니 만나보라고 했다. 가면서 춘천 (풍덕제분)이란 명함을 주고 갔다. 풍덕제분 사장과는 각별한 사이라며 자기가 소개했다면 잘해 줄 것이라고 했다.
그래서 춘천에 제분소도 알게 되었다. 그는 (윤한구)라는 사람인데 나와 종씨였다. 학렬로 따지자면 자식뻘이 되었다. 나는 인연이 되어서 그 사람과 동업자가 되어 나중에 내가 춘천 가루 직매소가 되었다.
춘천 막국수 기술자를 만나 많은 것을 알게 되었다. 장사를 하려면 그 방면에 대해 많은 것을 알아야 되었다. 가루가 어떻게 만들어지는지도 모르고 냉면 가루 장사를 했다는 것이 그 사람 앞에서 수치스러웠다.
메밀가루가 내가 파는 메밀가루는 순 메밀 가지고 만들어 파는 게 아니었다. 무엇을 섞어 만드는 것은 알고 있는데, 얼마 비율로 들어가는지는 알지 못했다. 메밀가루가 두 종류가 있었다. 보통과 특이었다. 나오는 가격이 보통과 특이 오천 원 차이밖에 나지 않았다. 메밀가루 한 포가 30킬로인데 나오는 가격이 보통은 만 원, 특은 만오천 원이었다. 우리에게 공장에서 주는 가격이었다.
보통 소매로 팔면 우리가 보통은 이만오천 원 특은 사만 원까지 받았다. 이익이 그때 당시 많이 남는 장사였다. 메밀 10포만 팔아도 돈을 벌 수 있는 장사였다. 함흥냉면 재료인 고구마 전분은 한 포에 삼천 원밖에 남지 않았다.

원가가 다 알 수 있는 재료이기 때문에 이익을 많이 남길 수가 없었다.

메밀가루가 쌀보다 두 배나 비쌌다. 그러니까 공장에서 메밀을 얼마나 넣어서 섞어 파는지 장사꾼도 몰랐다.

메밀 막국수 가루는 보리로 만든 가루라고 춘천 막국수 기술자가 말했다. 그래서 나는 대도제분에 연락하여 가루를 주문하고 사장 처남에게 가져오라고 시켰다.

나와 지방 장사도 같이 했던 기사였다. 그는 공장에서도 일을 오래 해 만드는 과정을 잘 알 것 같았다.

기사가 물건을 싣고 와서 수금해 주고 차 한잔하자 해서 다방에 들어갔다.

"형님, 막국수 장사해 보시게?"

차 한잔 마시며 얘기를 나누었다. 기사가 먼저 물었다.

"그래. 해보려고, 그런데 누가 그러는데 막국수 메밀이 보릿가루라고 하더라 그게 정말이냐?" 하자 기사는 정색을 했다.

"누가 그런 소리 해요?"

"춘천서 막국수 주방장 30년이나 한 사람이야, 귀신을 속여도 자기는 못 속인다 하더라?…"

"형님만 알고 계세요. 형님이니까 알려 드리는데 보리를 볶아 밀가루와 메밀 조금 넣고 만드는 거예요. 보리가 구수하잖아요. 형님만 아셔야 해요?…"

기사는 소문내면 큰일이라고 나만 알고 있으라고 했다.

"소문내서 좋을 게 뭐가 있니? 나도 가루 장사하는데 메밀냉면

가루도 보리를 넣는 거니?"

"냉면 가루는 보리가 안 들어가요. 보통은 메밀가루 3킬로 특은 5킬로 들어가요. 밀가루와 전분도 넣어서 30킬로 메밀가루를 만드는 거예요.…"

나는 가루에 대해서 모든 비밀을 알 수 있었다. 냉면 가루를 제조하는 사장들에 공개해 미안하게 되었다.

그러나 오랜 세월이 지나 지금은 그렇지 않을 것이다. 세상이 얼마나 발달했는데 소비자가 속아 넘어갈 세상이 아니었다.

그때만 해도 어수룩한 세상이고 그렇게 폭리를 취하고 제품을 생산하는 사람이 많았다. 대도제분 사장이 보리가루를 메밀로 속여 팔았다고 누가 고발하여 형무소에서 징역을 살고 나온 적도 있었다. 그때 나도 면회를 갔었다.

대도제분 사장의 처남인 기사가 내가 고발했다고 의심했으나 나는 절대 아니었다. 나도 대도제분 직매장인데 고발할 이유가 없었다. 나중에 알고 보니 대도제분 공장장이 고발한 것이었다. 누구의 사주를 받아 고발했는지 고사장과 원한이 있었는지는 알 수가 없었다.

나는 춘천 메밀가루를 주문하여 막국수를 만들어 팔았다. 확실히 서울 가루와 춘천 가루는 차이가 많았다. 순 메밀만 가지고 만드니까 면도 탱글탱글하고 메밀 향이 풍기고 있었다.

손님들이 먹고 면 사리 자체가 틀리고 맛있다고 말했다.

아내와 냉면을 뽑는 기술자가 같이 장사하고 나는 냉면 가루 장사만 전념했다. 장소가 협소하여 가게에는 손님을 많이 받을 수도 없었다.

또 지역이 상가 지역이라 배달이 많았다. 그래서 아내가 배달을 하면서 장사를 하게 되었다. 가루 배달하는 기사도 배달이 없을 때는 도와주었다. 나는 주로 시간이 날 때는 냉면 기계 상회에 나가 거래처를 잡고 있었다.

앞으로는 거래처를 많이 잡아 여름에 돈을 많이 벌 생각이었다.

그래야 겨울에 먹고살 수가 있었다. 지긋지긋한 만두 장사는 겨울이 와도 하지 않을 생각이었다. 해마다 겨울만 돌아오면 만두를 하게 되었고 추운데 잠 못 자고 신물이 났다.

춘천에서 윤한구 사장이 찾아왔다. 막국수 가루를 쓰고 있으니까 찾아와서 자기네 가루도 거래처에 팔아보라고 했다.

그래서 다방에 가서 얘기를 나누게 되었다. 사람이 시원시원하고 허풍기가 있긴 했지만 진심으로 말하는 것 같았다.

"나와 동업 한 번 해보자고요. 내가 서울 직매소도 내주고 사무실도 얻어주고 할 테니까, 우리 가루를 서울에 많이 팔면 도와주겠다."고 했다.

"서울에는 아직 막국수 집이 얼마 되지 않아서 많이 팔 수가 없어요. 냉면 가루면 모를까?…"

내가 말하자 춘천 사장은 자기는 냉면 가루를 만들지 못한다고 했다. 순 메밀만 가지고 막국수 가루밖에 만들지 못한다고 했다. 막국수 가루 장사는 오래 해서 강원도 사람은 거의 자기네 가루를 쓰고 있다고 했다.

"그럼 제가 가르쳐 드리면 냉면 가루도 만들 수 있겠네요?"

말하자 그렇게 해 준다면 냉면 가루도 만들 수 있다고 가르쳐 주면 사례하겠다고 했다.

사례는 필요 없고 일러줄 테니, 창고 달린 사무실만 얻어달라고 했다. 그리고 냉면 가루를 만들어서 서울 직매소는 나에게만 물건을 주는 계약이 있어야 한다고 했다.

그래서 대도제분 처남이 알려준 대로 하라고 가르쳐 주게 되었다.

"서울은 냉면 가루가 보통은 메밀이 3킬로밖에 안 들어가요. 특히 5킬로 넣어서 흔들체로 흔들어 밀가루, 옥수수 전분을 섞어서 30킬로짜리 한 포 만들어요.

그런데 서울 냉면 가루와 똑같이 만들면 안 되고 내게 주는 냉면 가루에다 메밀 7킬로를 넣어서 만들어 주세요. 계산이 맞는지 계산해 보고 연락해줘요?…"

참고로 서울 공장에서 우리에게 납품하는 가격은 보통은 만원이고 특은 만오천 원에 주고 있다고 말해 주었다. 남는지 결정하고 알려 달라고 했다.

그렇게 알고 돌아가게 되었다. 다음날 풍덕제분소 사장의 전화가 왔다. 충분히 타산이 맞는다고 서울 가루 공장은 도둑놈들이라고 말했다.

그렇게 해서 속이고 많은 돈을 벌어먹었다고 했다. 이틀 후에 찾아와서 동업하기로 계약을 쓰기로 했다. 동업이 아니라 서울 독점 직매소를 내주겠다고 했다. 사무실도 내주고 경리까지 두라고 했다. 석 달은 집세와 경리 월급은 자기가 계산해 주겠다고 계약서에 넣는다고 했다.

계약서 두 장을 복사해서 한 장씩 나누어 가졌다. 사무실 집기도 모두 근사한 제품으로 책상과 안락의자까지 해준다 했다. 손님용 소파도 준비한다고 했다.

자기 공장도 확장하고 준비 기간이 두 달은 걸릴 것이라고 그동안 사무실 딸린 창고를 얻으라고 했다.

그래서 신설동 시외 전화국 뒤 3층 건물에 사무실을 얻었다. 1층은 창고가 있었고 3층에는 사무실 자리가 20평은 되었다.

춘천 사장이 내려와서 계약하고 가게 되었다. 5평은 자기 사무실로 쓴다고 목수 데려가 칸막이를 해 놓으라고 했다. 그래서 춘천 사장실도 만들게 되었다. 전화도 두 대나 놓게 되었고 모든 경비는 춘천 사장이 다 쓰고 있었다. 나는 몸만 가지고 사무실을 쓸 수 있었다. 냉면 가루만 만들어 오면 되었다. 경리도 스물한 살 아가씨를 구해놓았다.

한 달 만에 사무실 집기가 들어오고 전화 가설도 했다. 책상이 얼마나 좋은지 자기 책상과 내 책상이 똑같았다. 장관들이나 앉아서 쓰는 책상 같았다. 크고 위풍이 있었다. 안락의자도 몸이 푹 파묻힐 정도로 깊은 의자였다.

경리 책상도 따로 있었다. 허풍만 심한 줄 알았는데 최대한 내게 성의를 표시하는 것 같았다.

사무실 개업식날 부인과 함께 춘천 사장이 내려왔다. 내가 아는 주방장과 거래처 사장들, 제분업계 친구들 모두 초청했었다. 음식도 많이 준비하여 거창하게 개업식을 했다. 화분도 많이 들어오고 시계도 많이 들어왔다. 사람이 100명도 넘게 온 것 같았다. 춘천 사장이 내게 발이 넓다고 마당발인 것 같다고 했다.

사람이 많이 와서 하는 소리인 것 같았다.

개업식이 끝나고 이제 춘천에서 가루만 들어오면 되었다. 벌써 주방장들이 소문을 퍼뜨려 춘천 가루를 찾는 전화도 빗발치고 있었다. 선전효과였다.

세상이 많이 달라지고 있었다. 박정희 대통령이 비명에 가고, 전두환 정권이 들어섰다. 말도 많고 세상이 시끄러웠으나 이제는 어느 정도 나라가 안정이 되어 가는 것 같았다.

통금이 없어지고 학생들 교복도 자율화되었다. 통금이 없어지자 여기저기 대형 술집들도 많이 생기고, 청계천 일대는 룸살롱 간판들이 밤에는 오색찬란하게 빛나고 있었다. 그것뿐이 아니었다. 카바레가 얼마나 많이 생겼는지 서울 곳곳에 없는 곳이 없었다. 마시고 즐기자는 셈인지 술집 천국이 되어가고 있었다.

올림픽까지 유치되어 서울 곳곳에 정화 작업도 한창이었다. 한강도 새로워지고 있었고 음식점도 대형화되어 기업화되고 있었다.

영동에 삼원가든이란 몇백 평 식당이 생기더니 이곳저곳 갈빗집과 가든식당이 대형화되어 생기고 있었다. 음식 장사를 천하게만 생각했던 시절은 사라지고, 지금은 기업화되고 있었다.

내가 처음 식당에 취직했을 때는 음식 장사하는 사람을 천하게 여겼다. 일하는 사람도 식당에서 일한다고 떳떳하게 누구에게 말하지 못했다.

사람 먹고사는 일이 제일 중요한데, 그때는 왜 그리 천대했는지 모를 일이었다.

아무튼 내게는 지금 벌어지는 현상이 좋은 일이었다. 춘천 냉면가루까지 새로 시작하게 되었다. 발로 부지런히 뛰어 거래처를 많이 확보할 기회가 생겼다.

대형식당이 생기면 쫓아가서 주인도 만나고 주방장도 만나 명함을 주고 춘천 가루가 좋다고 선전했다.

하루에 한 두 군데는 거래처가 잡히고 있었다.

돈을 벌 수 있는 기회가 오고 있었다. 드디어 춘천 가루가 만들어져 들어오고 있었다. 윤한구 사장이 거래처 확보할 때까지 오천만 원까지 밀어준다고 열심히 뛰라고 했다. 그렇다고 수금을 아주 안 보내면 자신도 경영에 지장이 있다고 했다.

춘천 풍덕제분

　춘천 메밀가루 서울 직매소가 생기자 우리 사무실은 날마다 음식점 계통에 종사하는 주인과 주방장 찬모 여자들까지 날마다 사무실로 가득 찾아오고 있었다. 어떤 날은 사무실이 비좁아 앉을 자리도 없었다. 전화도 빗발치고 있었다.
　사람들이 소문을 듣고 찾아오는 것이었다. 춘천 메밀가루를 써본 사람들이 서울 가루와는 비교가 안 된다고 소문을 내어 찾아오고 있었다. 사실 그랬다.
　서울 가루는 특이라는 가루가 메밀가루가 5킬로만 들어가는데 내가 파는 가루는 메밀 7킬로나 넣어서 보통 가루를 만들고 있었다. 그리고 메밀 속만 가지고 냉면 가루를 만들고 있었다. 메밀 겉가루는 막국수 가루가 많이 팔리니까 막국수용으로 쓰게 되었다.
　사람들은 메밀이 검으니까 가루도 검은 줄 알고 있었다.
　사실 메밀 속 가루는 쌀보다 더욱 하얀 가루였다. 메밀껍질 벗겨내고 쌀겨나 마찬가지인 겉가루가 막국수 가루였다. 속 가루는 냉면을 뽑으면 윤기가 나고 메밀 향이 풍기면서 사리가 맛이 있었다. 그래서 춘천 가루를 찾게 되었다. 거래처가 계속 늘고 있었다.
　그래서 많은 사람도 찾아오고 있었다.
　냉면 기술을 가지고 노는 사람들은 취직을 하기 위해 찾아왔다. 거래처가 많으면 사람 구해달라고 부탁하는 주인도 많았다. 그래서 일자리를 잃으면 제분소나 식자재 납품하는 곳을 찾아다니며 취직자리를 구하고 있었다. 그래서 찬모나 밥모 아가씨들도 찾아왔다.
　사람도 소개하게 되었다. 어떤 날은 사람이 너무 많이 찾아와 사무실에 다 있을 수가 없었다. 그래서 사무실 밑에 고려 다방이 있어 그곳에서 대기하고 있으라고 했다.

날마다 사무실에 와 북적대고 있어 사람 오는 것도 여간 불편한 게 아니었다.

그래서 식당 주인 외 취직하러 오는 사람은 다방에서 기다리게 했다. 그러자 다방 주인도 너무 좋아했다. 누이 좋고 매부 좋다고 서로 좋은 일이었다. 그래도 찻값이 없는 사람들은 사무실 밖에서 서성대고 있었다. 그때는 왜 그리 실업자가 많은지 사람이 넘쳐나고 있었다.

일자리를 구해서 가는 사람은 하루에 한두 사람뿐이었다. 분야별로 일자리가 나오기 때문에 취직하러 온다고 다 되는 것은 아니었다. 주방장, 시다, 찬모, 밥모, 접대부, 설거지, 육부, 탕부, 한식부, 냉면부 등 여러 분야가 많았다.

아마 서울 시내 음식점에 종사하는 사람들이 참으로 많았다. 나도 옛날에 실업자 생활도 많이 해 봤지만 일자리가 없어 놀고 있을 때가 제일 서러웠다.

돈 떨어지고 배고프고 잘 데가 없어 한 번 직업을 잃으면 얼마나 고생스러운지 잘 알고 있었다. 내 마음 같아서는 모두 취직을 시켜주고 싶지만 한정된 일자리만 나오고 있어 안타까울 뿐이었다.

혹 개업하는 집이 나오면 큰 식당은 사람이 많이 필요했다. 주방에만도 7명 이상, 홀까지 합치면 15명 내지 20명도 되었다. 그런 집은 한 멤버를 짜 가지고 보내줘야 되었다. 식당을 처음 하는 사람이라 누가 기술이 어느 정도인지 잘 모르고 있었다. 그래서 나를 믿고 모두 멤버를 짜서 보내달라고 부탁했다.

나는 냉면 가루 장사를 하고 있지만, 전직이 주방장 생활을 많이 했기 때문에 다른 사람 제분소보다 사람 구해주는 일이 수월했다.

사람을 잘못 보내주면 좋은 거래처도 잃게 되었다.

그래서 다른 제분소도 나에게 사람을 부탁하는 경우가 있었다. 나에게는 사람이 많이 찾아오고 있었다. 사람만 잘 보내주면 그 거래처는 영원히 유지되는 거래처가 되고 있었다.

특히 근래에는 홀에 아가씨들 구하기가 힘이 들어 여자 종업원을 잘 보내주면 더 많은 거래처를 확보할 수 있었다.

한때는 여자 아가씨들이 넘쳐났으나 근래에는 여자 구하기가 하늘에 별따기였다. 아마 유흥업소가 많이 생긴 탓인 것 같았다. 손쉽게 돈을 벌 수 있다고 유흥가에 여자들이 몰리고 있는 현실이었다.

사람 보내주는 것도 장사하는 것보다 애로가 많았다. 사람만 잘 보내주어 잘하고 있으면 문제가 되지 않으나, 보내준 사람이 사고나 치게 되면 거래처도 떨어지고 욕도 많이 먹게 되었다. 그래서 사람 소개하는 일이 쉬운 일이 아니었다.

아무튼 나는 춘천 직매소를 차리고 유명세가 붙기 시작했다. 주방 기구 판매점도 찾아오고 동대문 그릇 장사들도 찾아왔다. 개업 집이 나오면 소개해 달라는 부탁이었다. 그래서 점심도 사주고 가는 사람도 있고 저녁에 술 한잔하자는 사람도 많이 생겼다.

그야말로 식당과 연결된 장사꾼들도 많이 알게 되었다. 냉면 기계 상회는 친구가 되었고 그 방면 사람을 많이 알게 되었다. 사람을 많이 안다는 것은 돈과도 직결되는 일이었다. 어느 누구나 도움이 되어주는 것이었다.

또한 초등학교 동창 하나가 열탄숯 장사를 한다고 찾아왔다.

그는 입학 동기였다. 나는 6·25 때 아버지가 노무자에 끌려가는 바람에 학교를 반년이나 못 가게 되었다. 어린 나이에 나무를 해야 되었기 때문이었다. 그래서 한 학기 유급하게 되었다.

입학 동기는 4회이고 졸업 동기는 5회가 되었다. 입학 동기인 유종희가 나를 찾아온 것이었다. 그는 동국대학교를 나온 수재였다. 학생회장까지 했다고 말했다.

고향에서 졸업하고 몇 번 본적이 있으나 나이가 들면서 보지 못했다. 사십 대가 넘었으니 근 25년 만에 만나게 되었다. 처음에는 알아보지 못했다. 나보다 나이가 세 살이나 더 먹었다.

입학 동기생들은 나보다 일곱 살이나 더 먹은 친구도 있었다. 나는 원 나이에 입학했으나 딴 애들은 학교를 중퇴하고 다시 입학한 애들이 많았다. 그때는 가난한 사람이 많아 학교에 입학했다가 돈이 들어가자 못 다니게 한 부모가 많았다.

"너 주병이 아니냐? 식당 계통에 너 모르는 사람이 없더라 그래서 알고 찾아온 거야?"

"오오! 유종희 참 오랜만이다. 이제 몰라보겠구나, 앉아?" 악수를 하고 앉았다.

사무실에서 같이 앉아 차 한잔했다. 경리가 커피를 끓여 대접하고 있었다.

"냉면 가루 장사한다고 알게 되었어, 나는 열탄 장사를 해 보려 하는데 너한테 도움을 청해볼까 찾아왔다?"

유종희 얘기는 이러했다. 제가 아는 친구가 필리핀에서 한필산업이라고 열탄 공장을 한다고 했다. 서울에 열탄 총판을 내서 열탄 장사를 해 보라고 해서 나를 찾아왔다는 것이다. 아직 거래처도 없고 식당에 아는 사람도 없어 나와 상의해 보려고 왔다고 했다.

"지금 서울에는 식당에 한국 열탄을 많이 쓰고 있어, 참숯보다 가격도 싸고 화력이 좋아 많이들 사용하고 있지, 첫째는 물건이 한국 열탄 보다 질이 좋아야 먹혀 들어갈 것이고, 가격이 저렴해야 한국 열탄을 제치고 팔 수 있을 거야?"

내가 말했다. 그러자 유종희는 그건 염려 말라고 했다. 서울에 가지고 와서 모두 한국 열탄과 비교해 보았고 한필산업 제품이 탄력이 강하고 화력도 한층 좋았다고 했다.

한국 열탄은 한 박스에 오천 원을 받는데 자기는 사천 원에 판매하겠다고 했다.

"그러면 됐어, 우리 거래처부터 다니며 한 박스씩 서비스 주고 거래를 시작해 보자"

열탄은 주로 고깃집에서 많이 쓴다고 말했다. 자기도 각오하고 있다고 말했다. 장사를 하려고 운전을 배운지 얼마 안 됐다고 지금 면허증을 따고 5일 만에 중고차를 샀는데 처음이라 두렵다고 했다.

"그럼 우리 기사와 같이 다녀, 우리는 아직 차가 없는데 잘 됐다. 내년에는 차를 사려고 하고 있어, 지금은 오토바이 기사만 둘이 있어 한 사람은 운전도 잘해."

서로 잘 됐다고 생각했다. 창고는 넓으니까 우리 창고를 쓰면 되었다. 차도 없는데 잘 되었다고 생각하고 친구도 우리와 같이 열탄 장사를 하게 되었다.

나와 유종희와 한 사무실을 쓰게 되었다. 거래처가 많이 생길 때까지 같이 쓰기로 약속했다. 관리비는 친구가 얼마씩 준다고 했다.

여름 동안 거래처가 많이 생겼다. 굵직한 거래처가 많이 생겼다. 물건이 좋고 손님들도 메밀이 많이 들어가 전보다 맛이 있다고 평판이 좋다고 했다. 춘천 메밀가루 장사하고부터 거래처가 무척 늘었다.

압구정동에 개업 집인 경복궁도 500평이 넘는 집이었다. 그리고 우이동 고향 산천도 물건이 들어가게 되었다. 그곳은 대지가 만 오천 평이나 되는 곳이었다. 옛날 고관 재벌들이나 들랑거렸다는 선운각이란 요정이 한식집으로 바뀌었다.

모두 한옥 기와집으로 되어 있는데 그곳에는 박 대통령도 즐겨 찾았다고 했다. 박 대통령만 모시는 기와집 한 채가 따로 있었다. 물건을 납품하면서 알게 되었다. 그곳을 운영하는 사람은 우리 고향 근처 서부 사람으로 영신상호신용금고 회장이었다. 전국에 사채놀이 일인자라 소문이 난 사람이었다.

나와 그곳 총지배인이 초등학교 3년 후배였다. 후배가 영신 금고 회장의 처남이었다. 처남의 소개로 회장도 만날 수 있었다. 회장은 청계천 8가에 8층 건물에 있다고 했다. 영신상호신용금고였다. 직원이 200명이 넘었다.

직원 모두가 고향 사람들이었다. 회장이 고향 사람들은 고향에 뿌리를 둔 사람들이라 믿을 수 있다고 고향 사람만 직원으로 쓴다고 했다.

회장은 이름이 김일창이란 사람이었다. 한 번도 본 적은 없으나 시골 서부 사람으로 중학교밖에 나오지 않은 사람으로 알고 있었다. 1층에 들어가자 모두 고향 사람이 많았다. 선배도 있고 후배도 많았다.

직원에게 회장님의 사무실이 어디냐 묻자 7층에 계실 거라고 했다. 승강기를 타고 7층으로 올라갔다. 경비원이 문 앞에 아가씨와 함께 서 있었다. 돈 많은 사람은 경비도 삼엄하다고 느꼈다.

"회장님을 만나 뵈러 왔습니다" 명함을 주고 아가씨에게 말했다.

그러자 아가씨가 잠시만 기다리고 있으라 말하고 명함을 들고 안으로 들어갔다. 잠시 후에 나와서 들어가라고 했다.

사장실로 들어가자 그곳에도 아가씨가 네 사람이나 있었다. 유니폼 차림으로 모두가 날씬하고 얼굴도 예쁜 여자들이었다. 회장은 회전의자에 몸을 기대고 있었다. 위엄이 있어 보였다. 나보다 10년은 더 들어 보이는 오십 대였다.

"가까이 와서 앉으세요!"

정중히 말했다. 아가씨가 안내하는 소파에 앉았다. 회장은 일어서서 내 앞으로 와 앉으며 말했다. 처남한테 들었다며 말을 건넸다.

"냉면 가루를 만드신다고요? 춘천 가루가 좋다는 말은 들었습니다. 기왕이면 고향 사람 물건을 팔아드려야지요. 처남과 잘 의논해서 납품하도록 해요. 처갓집 동네에 사신다는데 팔아드려야지요?"

순순히 응해주었다. 회장과 차 한잔 나누고 나왔다. 고맙다고 인사하고 좋은 물건 납품하겠다고 말하고 나왔다. 그래서 큰 거래처를 잡게 되었다.

총지배인인 처남은 나에게 식당에 쓰는 재료는 모두 납품하라고 말했다. 그래서 모든 식재료를 납품할 수가 있었다.

돈 많은 사람은 사람이 달라 보였다. 얼굴에 부티가 나고 위엄이 있는 것처럼 느껴졌다. 사람이 돈이 많아 수백 명 직원을 거느리고 있어 그런지 예사롭게 보이지 않았다.

영신신용금고가 청계천만 있는 게 아니고 청량리 영등포 영동 분점도 있다고 했다. 수백 명 직원이 밖으로 다니며 돈을 거둬들여 은행보다도 많은 돈이 신용금고에 몰리고 있다는 소문이 나고 있었다.

그럴 수밖에 없었다. 적금을 들게 하여 매일 거두어들이니까 은행보다 돈이 많이 들어갈 수밖에 없었다. 돈장사는 밤낮이 따로 없이 이자가 불어나 새끼가 새끼를 치고 늘어날 수밖에 없었다.

그래서 지금은 정부에서 규제가 있는 것 같았다. 돌아다니며 거두어들이는 제도를 없애고 있다고 말했다. 김일창 회장의 누님이 벌어드린 돈이라고 했다.

김일창회장의 누님은 일찍이 서울에 올라와 술장사를 하여 청량리 일대에서 돈을 많이 벌었다고 했다. 돈이 벌리자 청량리 일대 창녀들에게 일수놀이를 하게 되었다.

돈이 불어나 주체를 못 하여 시골에 농사짓는 동생을 끌어드리게 되었고 제법 사무실을 차리고 본격 돈장사를 하게 되었고 몇십 년이 지난 지금은 대기업이 되었다.

들리는 소문에 의하면 고향에도 많은 땅을 사놓았고 전국 각지에 요소마다 좋은 땅을 많이 사들이고 있다고 소문에 들리고 있었다. 사실인지는 나도 알 수가 없었다.

나도 큰 여동생이 부평에 건물을 산다고 하여 영신금융에서 이억 오천만 원이나 대출해 준 적이 있었다. 물론 건물 담보로 대출을 받을 수 있었다.

약삭빠른 사람은 자기 돈 얼마 안 가지고도 건물을 사 되팔고 하여 돈을 버는 사람도 있었다.

나는 그런데는 눈이 어두워 장사밖에 몰랐다. 중앙시장에다 가게도 차릴 수 있었다. 돈도 얼마 들이지 않고 가게를 얻을 수 있었다.

중앙시장 뒷길 쪽에 시장 입구 카도에 5평짜리 가게가 있었다. 그곳은 우리 고향 이웃 마을에 살았던 아는 사람 가게였다. 일찍이 서울에 올라와 중앙시장에서 15년이나 노점 장사를 하였다.

노점에다 평상을 만들어 고사리, 도라지, 숙주나물, 콩나물, 두부 장사를 했다. 돈을 많이 벌어 장충동에 양옥집을 사고 부자로 살았다. 내가 가게 좀 알아본다고 하자 자기네 가게를 세만 내고 쓰라고 했다.

자기는 노점을 하기 때문에 굳이 가게가 필요 없다고 했다. 내가 만두 공장하면서 두부와 숙주나물을 많이 팔아 주었다.

장사가 끝나 딴 사람들은 집에 가고 없는데 혼자 남아 밤중까지 노점에서 장사를 하고 있었다. 시장에서 억척으로 소문이 난 아주 머니였다. 목소리도 꼭 남자 같았다.

내가 늦게 와서 재고를 다 팔아 주었다. 다음날은 시들고, 두부도 쉬기 때문에 떨이를 해 주자 나를 고마워하고 있었다.

그렇게 많이 사다가 어디에 쓰려고 매일 같이 떨이해가냐 고맙다고 하고 고향을 물었다. 내가 충청도 천북이 고향이라 하자 자기는 낙동리라 했다.

그래서 이웃 마을 사람인 줄 알게 되었다. 나와 누님 동생 하면서 십여 년 거래하고 살았다. 내가 신설동 종합시장에서 공장 한다는 것도 알고 있어 남으면 남편을 통해 배달까지 해주었다.

그만큼 가까운 고향 누님이었다. 남편과 아들 둘이 있었다. 큰아들은 군대에 가 있고 작은아들은 아이스하키 국가대표 선수였다. 아들이 체격이 좋아 문지기를 한다고 했다.

나도 물건을 싸게 살 수 있었고 숙주나물이 시들어도 만두 속은 삶아서 하기 때문에 아무 문제가 없었다.

그렇게 알게 되어 가게를 보증금 없이 월세만 내고 얻을 수 있었다. 일이 될라니까 그렇게 쉽게 이루어지고 있었다.

그래서 나는 중앙시장에다 식료품 가게도 내게 되었다. 식료품 가게는 만물상이었다. 얼마나 식품의 가지 수가 많은지 상품을 익히는데 몇 날 며칠이 걸렸다. 고추장, 간장은 물론 조미료, 다시다, 후추, 겨자까지 셀 수가 없었다. 밀가루까지도 팔고 없는 게 없었다.

상회 이름은 풍덕상회라 간판을 걸었다. 풍덕제분과 풍덕상회 두 가지를 운영하게 되었다. 사람도 두 사람이나 더 두게 되었다. 경리가 둘, 기사가 셋이었다. 기사 한 사람은 셋째 남동생을 데려다 같이 일하게 되었다.

여자 동생들은 시집가서 모두 잘 사는데, 남동생 둘만이 아직 변변한 사업을 못하고 허덕이고 있었다. 둘이서 쉐타(스웨터) 짜는 기술을 배워 60~70년도까지는 직장에서 대우받고 일했으나 지금은 기성 제품 옷들이 쏟아져 나오기 때문에 쉐타 공장은 거의 문을 닫았다.

기술이 썩고 있었다. 둘째는 식당을 하다가 그만두고 지금은 윤활유 기름장사를 하고 있었다. 셋째는 직업을 못 잡아 내가 데리고 있게 되었다. 부모님이 항상 걱정이었다. 사내 자식들이 잘 되어야 할 텐데 항상 걱정이었다.

아무튼 내가 데리고 있으면서 적금이라도 들어줄 생각이었다.

해가 바뀌고 나도 차를 사게 되었다. 새 차는 못 사고 중고 봉고차를 샀다.

그때가 80년도 초반이었다. 이제 차까지 굴리게 되었으니 모두 사장님 사장님하고 있었다. 옛날에는 누가 사장님이라고 부르면 손바닥만 한 가게 하는데 무슨 사장이냐고 부끄러웠으나 지금은 사람들이 많이 찾아오고 해서 그런지 사장 소리가 싫지가 않았.

열탄 장사하는 유종희가 초등학교 동창회를 갖자고 하여 오랜만에 동창회를 서울에서 하게 되었다. 우리 사무실에 모였다.

우리 입학 동기는 모두 16명이었다. 학교가 그 시절 분교였기 때문에 교실 두 칸밖에 없는 작은 학교였다. 본교에서 분가하여 4학년까지만 공부했었다. 전교생이 50명 정도였다.

3학년까지는 여자 학생이 1명도 없었다. 우리 1학년만 여학생 4명이 처음으로 동창이었다. 입학 동기래야 여자는 오지 않았고, 남자가 12명이었다. 그중에 대학을 나온 사람은 유종희, 또 하나는 우리 동네에 살았던 김수석이란 형이었다.

그도 나보다 3살이나 더 먹어 동창이었으나 동네에서는 형이라 불렀다. 서울에 사는 김수석의 작은아버지가 6·25때 피난 와서 수석이네 집에서 신세를 많이 지고 살아서 조카를 데려다가 대학까지 공부시켰던 것이다.

그래서 우리 12명 동창 중에 대학 졸업자가 둘이었다. 최고 실력자는 변호사협회 사무과장인 최대촌이었다.

그도 내가 연락하여 오게 되었다. 서울에서 사업하는 사람이 둘이나 있었다. 하나는 영등포에서 철공소를 하고 있었고. 또 하나는 방산 시장에서 과자 도매상을 하는 유재관이란 친구였다.

돈을 제일 많이 번 친구였다. 동창회 모든 경비를 혼자 다 썼던 친구였다. 우리 사무실에 모이게 되었고, 음식값은 그 친구가 모두 쓰게 되었다. 하룻밤 묵은 경비까지도 그 친구가 썼다. 나는 저녁만 사주었다.

동창회는 매년 한 번씩 고향에서 한번, 서울에서 한번 하기로 하고 헤어졌다.

서울에 반은 살았고 반은 고향에서 농사를 짓고 살았다. 몇십 년만에 만나는 동창들이었다. 처음에는 서로 못 알아보고 있었.

누구라고 이름을 밝히자 어릴 때 모습이 어렴풋이 기억되었다. 영등포에서 철공소를 한다는 친구는 나보다 7살 더 먹은 할아버지 같았다.

나는 가게를 두 군데나 하고 있어 내가 정신없이 바빴다. 신설동 풍덕제분은 질서가 잡혔으나 중앙시장 식료품 가게는 아직도 질서가 잡히지 않고 있었다.

워낙 가짓수가 많아 물건을 진열하고 가격을 익히는데도 많은 시간이 소요되었다. 날마다 한두 가지씩 물건을 채우고 가격을 익히고 있었.

간장, 식용유 큰 물건은 쉽게 기억이 되는데, 자잘한 식초나 다시다, 미원 이런 제품들은 한 가지가 크기별로 가격이 다르고 쉽게 익혀지지 않았다.

아내와 경리인 조카 딸이 판매해야 되는데 계속 헷갈리고 있었다. 아내의 사촌 오빠 딸을 경리 겸 판매원으로 두고 있었다.

셋째 내 동생도 배달을 하면서 판매도 하고 있었다. 시장이라 아침·저녁 시간에 정신없이 바빴다.

아침 시간에는 식당 하는 업주들이 물건을 사 가고. 저녁 시간에는 가정주부들이 장 보러 와서 사 가고 있었다. 한 달이 지나서야 제대로 물건을 구비해 팔았고, 어느 정도 가격도 알게 되어 질서가 잡히고 있었다. 가지 수가 많아 재고 정리도 제대로 되지 않았다.

내가 일일이 간섭하고 자리를 비울 수가 없었다. 그러자 사람들이 모두 중앙시장으로 나를 찾아왔다. 신설동 사무실에 찾아오던 사람들이 중앙시장으로 몰려오자 우리 가게는 날마다 북적대고 있었다. 누가 보면 손님이 많아 떼돈을 버는 줄 알고 있었다.

그래서 가게도 소문이 나고 있었다. 가게가 좁아 들어올 수도 없었다. 밖에서 서성거리자 물건을 사러 오는 사람이 많은 줄 알고 있었다.

나중에는 길 건너 중앙다방으로 보냈다. 그러자 이제는 중앙다방이 손님으로 가득차게 되었다. 손님이 없던 다방에 오전에는 100명 가까이 나를 찾아오고 있었다.

다방에서 나의 존재를 알고 내게 전용 전화까지 놓아주게 되었다. 한창 인기가 대단한 사람이 되었다.

서울 시내 식당업에 종사하는 사장과 주방 홀에서 일하는 사람들이 모두가 한 번쯤은 나를 찾아오기 위해 다방을 들릴 정도였다.

한 번은 누가 고발하여 경찰에 불려간 적도 있었다. 무허가 직업소개소를 한다는 것이었다. 경찰이 무허가로 소개비를 받고 사람 소개해 주고 있다고 고발이 들어왔다고 했다.

"나는 그런 적 없습니다. 내가 식품장사를 하고 있어 찾아오는 사람들에게 거래처에 일할 사람 보내주고 있습니다. 그게 무슨 죄가 됩니까? 나한테 소개비 줬다는 사람 있으면 데리고 오십시오?"

하자 경찰은 좋은 일 하는데 누가 시기해서 그런 것 같다고 보내주었다. 그런 일도 당하게 되었다. 다방 주인은 나에게 사례한다고 얼마씩 주겠다고 했으나 나는 한 푼도 받지 않았다. 다방 주인은 옛날 자유당 때 김두한 부하였다고 했다. 가끔 프로레슬링 선수들도 친구라도 찾아오고 있었다. 한 번은 다방 주인이 놀러 가자 하여 정릉에 놀러 간 적이 있었다. 내가 봉고차에다 다방 친구들을 싣고 간 적이 있었다.

우기환, 장영철, 천기덕, 송누군가 거인이었다. 그 사람들이 다방 주인 친구였다. 프로레슬링 선수들이었다. 한때는 주먹잡이로 이름을 떨치고 살았다고 했다. 혹여나 건달들이 가게를 찾아 행패를 부리면 자기에게 알리라고 했었다. 다방은 나 때문에 많은 매상을 올릴 수 있었다.

찻값도 찻값이지만 취직을 하기 위해 찾아오는 사람들이 기다리기 무료하니까 다방에 설치한 오락기계에다 백 원짜리 동전을 많이 넣게 되었다. 그래서 오락기계가 4개가 있었다. 거기서 나오는 돈이 찻값보다도 더 많았다고 다방 주인이 좋아하고 있었다. 그래서 다방 주인과 술도 같이 할 수가 있었다. 그때가 나의 전성기인 것 같았다.

양쪽 가게가 이제 자리가 잡혀 정상적으로 잘 돌아가고 있었다. 춘천에서는 착오없이 기사 편에 며칠에 한 번씩 배달이 오고 있었다.

나는 두 달에 한 번꼴로 수금을 보내주었다. 오백만 원도 보내주고 많을 때는 천만 원까지 목돈으로 송금해주거나 기사 편에 보내주었다. 춘천 사장도 한 달에 한 번씩은 서울에 와서 술도 한 잔씩 하고 가게 되었다.

거래처가 많이 생겨 하루에 20~30포씩은 팔리고 있었다. 중앙시장에 식품까지 하고 있어 어느 식당은 식품까지도 배달을 시켜 쓰고 있었다. 우이동 고향산천 같은 경우는 매일 한 차씩 봉고차로 배달을 시켰다.

워낙 장소가 크고 넓기 때문에 주문량도 많았다. 실내는 물론 야외까지 손님을 받아 손님이 항상 끊일 새가 없었다. 종업원 수만 해도 주방에만 50명이나 되었다. 홀까지 합치면 100명이 넘었다. 나의 거래처 중에 제일 큰 식당이었다. 수금도 그곳은 그날 가져가면 그날로 경리가 수금을 해 주었다. 총지배인이 내 물건만큼은 그날로 결제해 주라고 하여 수금 때문에 신경을 쓰지도 않았다. 딴 곳은 거의 다 외상거래였다. 수금이 안들어 올 때는 애먹을 때가 많았다. 물건 구입할 때는 목돈이 들어가는데, 대부분 식당들이 외상으로 쓰고 갚지를 않았다.

하루아침에 안녕하고 떼먹고 가게를 처분하고 도망가는 사람도 있었다.

수금만 잘 들어오면 할 만한 장사인데. 그 시절에는 왜 그리 외상을 많이 했는지, 파는 게 문제가 아니라 수금 때문에 골치가 아팠다. 어떤 집은 6개월이나 외상하는 집도 있었다.

큰 식당인데 장사는 잘되고 있으나 수금은 해주지 않았다. 내가 쫓아가서 사정도 하고 큰소리도 쳤으나 소용없었다. 하도 끈질기게 쫓아다니자 어음으로 끊어주었다. 칠백만 원인데 3개월짜리 어음을 끊어주었다. 6개월 외상하고 또 3개월짜리 어음이었다. 자그만치 9개월이나 외상 한거나 마찬가지였다.

그래서 어음 받고 거래를 끊은 적이 있었다. 그 어음을 깡해서 쓰면 그 집에서 팔아 준 이익이 하나도 없었다.

같이 하는 동창생이 열탄을 싣고 배달을 갔다가 남한산성 골짜기에서 사고를 냈다. 운전도 서툰데다가 비탈길을 내려오다가 차가 굴러 골짜기에 쳐 박혔다. 많이는 다치지 않았으나 차가 박살이 났다. 그래서 유종희는 열탄 장사를 그만두게 되었다. 내가 모두 껴안고 열탄장사까지 하게 되었다. 나중에 동창 유종희는 보험회사 지부장으로 일하게 되었다. 열탄장사 1년 가까이 했지만 제 인권비도 나오지 않았다.

장사는 아무나 하는 것이 아니었다. 대학교까지 나와서 무슨 장사를 하겠다고 했는지 모를 일이었다. 그래도 친구가 같이 있어 좋았는데 서운하고 애석하게 생각되었다.

강원도 영월에서 함흥냉면 가루를 50포나 싣고 오라고 했다. 1년에 두 번씩 그렇게 주문하는 식당이었다. 나와 거래한 지도 6~7년은 되었다. 사장이 내 또래인데 화끈한 사람이었다. 수금도 한 푼도 깎으려 들지 않았다.

그 집의 주방장은 내가 보내준 사람인데 몇 년째 착실히 일하고 있었다. 그런 인연으로 오래 거래처가 유지되고 있었다. 영월에서 가까운 태백시 도계에도 거래처가 있었다.

그 쪽 방향으로 가는 길이 있으니 물건 없으면 주문하라고 전화하자 두 집에서 10포씩 20포를 시키고 있었다.

그래서 전분 70포를 싣고 가게 되었다. 전분은 대도제분을 아직도 거래하고 있었다. 메밀가루만 춘천에서 해오고 있었다. 만약에 전분도 대도제분 물건을 안 팔아주면 사장이 난리를 칠 것이었다.

밀어준 외상값도 상당한데 배신했다고 당장 돈 갚으라고 할 것이었다. 아직까지 전분을 팔아주니까 말이 없었다. 고사장 처남을 데리고 5시에 지방으로 출발했다. 언제나 지방에 갈 때는 밤에 갔다. 시간이 많이 걸려 서울 일이 바쁘기 때문이었다.

태백시를 먼저 들려 물건을 내려주고 영월에 오자 밤 9시 반이었다. 가루를 내려놓고 계산을 하고 나자 밤 10시가 되었다. 사장이 오늘은 밤이 늦었으니 주무시고 내일 새벽에 가라고 했다. 오랜만에 왔는데 술 한 잔 대접하고 싶다고 했다. 기사는 식당에서 주방장과 자게하고 술집으로 향했다. 찾아간 곳이 카바레였다.

"이곳은 3시까지 영업을 해요. 춤도 추면서 천천히 실컷 마셔 봅시다?"

자리에 앉아 맥주 10병을 시키고 안주도 과일안주, 마른안주를 시켰다. 웨이터를 불러 쓸 만한 여자로 골라오라고 했다.

카바레 안에는 늦은 시간인데 넓은 홀에 쌍쌍이 춤추는 사람들로 가득 차 있었다. 조명 때문에 안이 컴컴해 있었다.

나는 난생처음 카바레라는 곳을 처음 들어가 보았다. 춤추는 곳인 줄은 알고 있었지만 들어와 보기는 난생처음이었다.

밴드음악에 맞춰 남녀가 쌍쌍이 돌리고 껴안고 하는데 넋 놓고 바라만 보았다. 그것도 서울이 아닌 강원도 시골에 이런 곳이 있었다니 놀라지 않을 수 없었다. 술집 천국이라더니 시골까지도 카바레가 있었다. 조금 있자 웨이터가 젊은 여자 둘을 데리고 왔다.

춤바람

　강원도 산골까지도 카바레가 있었다.
　경쾌한 음악이 한참 울리고 남녀가 이리저리 스텝에 맞추어 돌아가더니 이제 조용한 음악이 흘러나왔다.
　남녀가 이제는 서로 부둥켜안고 얼굴을 마주 보며 발을 움직이고 있었다.
　그때 두 여자를 웨이터가 우리 술자리로 데리고 오고 있었다. 사십 대 여자들이었다.
　"아니 김 여사 아니요? 한참 만에 오셨네요?"
냉면집 사장이 여자를 보고 말했다. 잘 아는 사이인 것 같았다.
　"글쎄요. 한참 만에 왔는데 사람이 많네요"하며 여자는 냉면집 사장 옆에 앉았다. 또 한 여자도 내 옆에 앉으며 처음 뵙는 분 같은데 앉아도 되지요?
하면서 내 옆에 앉았다. 이들은 냉면집 사장과는 잘 아는 사이인 것 같았다.
　"이분은 서울에서 제분소를 운영하는 분인데 직접 냉면 가루를 싣고 왔어요. 기분 좀 잘 맞춰 드려요" 냉면집 사장이 내 옆에 앉은 여자에게 말했다. 술 한 잔씩 같이 마시게 되었다.
　"브루스 곡이 나오는데 서울 손님 한곡 추시죠?"
옆에 앉은 여자가 춤추러 나가자고 했다. 여자가 그렇게 말하는데 당황스러웠다. 춤이란 춤 자도 모르는 나였다.
　시장 친목회에서 야유회 갈 때는 관광차 통로에서 막춤으로 흔들고 놀아 본 적은 있었다. 그런데 이곳은 카바레였다. 정식 춤을 배운 사람이 추는 곳이었다.

"저는 아직 춤을 배우지 못했습니다. 죄송합니다!"하고 사양했다. 그러자 냉면집 사장이 너무 빼지 말고 한 곡 추라고 했다.

"정말이요 술은 좋아하는데 아직 춤은 못 배웠어요."

사실대로 말했다. 창피한 생각도 들었다. 영월 사장은 내 옆에 앉은 여자에게 술이나 많이 권해 드리라 하고 자신은 옆에 파트너와 춤을 추러 나갔다.

나는 그래서 여자와 술만 계속 마셨다. 여자도 술을 마다하지 않았다.

주는 대로 잘 마시고 있었다. 웃는 모습이 매력적이었다.

"춤추러 오셨는데 어떡하죠, 저한테 신경 쓰지 말고 딴사람과 추세요?"하자 여자는 자기도 지금 배우는 단계라 춤을 잘 추지 못한다고 했다.

퇴짜 맞고 나올 때가 많다고 했다. 자기도 춤추는 것보다 맥주 한잔하는 게 좋다고 했다. 그래서 나는 이 여자와 주거니 받거니 많이 먹게 되었다.

냉면집 사장은 춤추러 나갔던 여자는 데리고 들어오지 않고 계속 파트너를 바꿔가며 춤을 추고 있었다. 아마 5명은 파트너를 바꾼 것 같았다. 춤이 도사인 것 같았다. 어느덧 밤 1시가 지나고 있었다. 10병 맥주를 둘이 거의 다 마시고 냉면집 사장이 다시 5병을 더 시켰다. 그러고는 내 옆에 앉은 여자에게 한 곡 추고 오자고 했다.

"서울 손님 때문에 춤을 못 추었으니 자신과 한 곡 추자" 말했다. 그래서 내 옆에 여자까지 여섯 명이나 데리고 놀았다. 둘이서 무슨 얘기를 하는지 춤추며 속삭이고 있었다. 한 곡 추고 와서는 내게 말했다. 그 여자는 화장실에 갔다고 말하면서 오늘 밤 그녀와 밤을 보내라고 했다. 통닭 장사를 하는 여잔데 남편과 헤어져 산 지 2년이 넘었다고 했다. 부담 갖지 말고 하룻밤 보내라고 자기가 귀띔해 주었다고 했다.

냉면집 사장은 그러면서 돈만 벌지 말고 즐겁게 살라고 했다. 사십 대가 제일 연애하기 좋은 때라 말했다. 여자도 더 나이가 먹으면 따르지 않는다고 했다. 2시가 넘어 카바레를 나오게 되었다. 냉면집 사장이 손을 흔들며 헤어지고 있었다. 여자는 나에게 팔짱을 끼고 있었다.

누가 약속이나 한 것처럼 갈 곳을 찾았다. 오는 골목에 들어서자 모텔 간판이 보이고 있었다. 그날 밤 낯선 여자와 처음 만나 하룻밤을 보내게 되었다.

냉면집 사장이 여자에게 미장원 가라고 얼마 주라고 했다. 많이도 여자와 해본 솜씨였다. 남자가 그리워 카바레에 오는 여자도 많다고 했다.

그래서 나는 영월에서 처음 만난 여자와 술도 같이하고 잠자리까지 하게 되었다. 여자는 남편과 이혼하고 딸 하나 데리고 치킨집을 한다고 했다.

2년 넘게 혼자 살고 있으니 누가 추근대는 남자도 많이 있다고 했다.

남자 하면 남편과 지겹게 싸움하며 살아서 사귀고 싶지 않다고 했다. 냉면집 사장은 발이 넓은 사람으로 영월 읍내 요식업 회장을 맡고 있다고 했다.

우연한 기회에 친구들과 카바레를 온 적이 있었다고 했다. 춤추고 즐기는 모습이 너무 보기 좋아 춤을 배우는 중이라고 했다.

지금 2주일밖에 안 되었다고 말했다. 냉면집 사장이 춤추며 서울 사장과 한번 사귀어보라고 했다는 것이다.

사장님이 너무 점잖아 보이고 호감이 간다고 말했다. 그렇게 해서 나와 하룻밤을 보내게 된 것이었다.

기회가 있으면 다시 찾겠다 말하고 헤어지게 되었다.

나는 새벽에 일찍 기사를 깨워 서울로 오게 되었다. 어젯밤 냉면집 사장이 집으로 아내에게 전화를 해 주었다.

"사모님 영월 냉면 집입니다. 오늘 사장님과 술 한잔하고 싶어 밤도 늦고 못 가게 잡았습니다. 기다리지 마십시오" 냉면집 사장도 아내를 알고 있었다.

전에 한번 외상을 한 적이 있었는데 아내가 찾아가 수금해 온 적이 있었다.

그래서 아내를 감쪽같이 속일 수가 있었다. 외박을 했어도 떳떳할 수 있었다. 그 뒤 나는 춤을 배우게 되었다. 영월 냉면집 사장이 하도 그날 면박을 주어 오기로 춤을 배우게 되었다.

남자가 그런 취미도 가지고 살아야 된다고 생각되었다. 서울에 올라오자 아내가 피곤하지 않으면 아들 오늘 웅변대회 나간다고 하니까 같이 가라고 했다. 아내는 가게에 나가고 나는 아들을 데리고 웅변대회장으로 가게 되었다. 웅변대회는 화양리 어느 웅변학원이었다. 몇 군데 웅변학원이 모여 대회를 하는 것이었다. 아내가 담당 학원의 선생을 만나면 얼마 봉투에 넣어 주라고 했다.

학원 선생을 만났다. "광진이 아버님 되십니까? 만나 뵈어 반갑습니다. 광진이가 인물이 너무 잘 생겼다 했더니 아버님이 미남이라 그렇군요?" 학원 선생은 보자마자 나를 치켜세웠다.

아마 용돈을 두둑이 달라는 것 같았다. 우리 애들은 사람들이 모두 잘생겼다고 하고 있었다.

우리 형제들도 그런 소리 많이 들었다. 나에게는 탤런트 이정길 많이 닮았다 했고, 셋째 남동생에게는 신성일 닮았다고 했었다. 셋째는 내가 봐도 생긴 것이 미남인 것 같았다. 웅변학원 선생에게 비밀리에 봉투를 건네주었다.

다들 그러는데 뇌물을 바치면 아무래도 많이 신경을 쓴다고 했다. 그래서인지 아들 광진이가 일등을 했다. 십여 명의 참가자가 있었는데 아들이 일등을 했다. 내가 보기엔 딴 애가 더 잘한 것 같았는데 일부러 그렇게 하는 것 같았다. 나중에 알고 보니 학원 선생들이 돌아가며 누구를 주기로 약속하고 웅변대회를 연다는 것이었다.

그것도 뇌물이나 잘 받치는 부모에게 보답하는 것이었다. 세상이 돈이면 다 되는 세상인데 돈만 있으면 무슨 일이라도 할 수 있었다.

언제부턴가 돈이 세상을 지배하고 있었다. 돈이 호주머니에 두둑이 있으면 어디 가도 꿀리지 않고 어깨를 펴고 다닐 수 있었다.

나도 요즘에는 항상 호주머니에 돈이 두둑하게 있었다. 백만 원 정도는 항상 넣고 다녔다. 내 돈이 아닐지라도 수금해 줄 돈은 항상 있었다.

그만큼 대도제분이나 춘천제분에서 밀어주는 바람에 여유가 생겼다.

아내가 생활비 달라하면 군말없이 주고 애들이 용돈 달라고 하면 아껴 쓰라고 만 원짜리 한 장씩 내주었다. 그러면 아내가 빼앗고 천 원짜리 한 장 주었다. 그래서 애들이 엄마 있을 때는 돈 달라고 하지 않았다. 아내는 시장에서 자질구레한 물건을 팔면 내놓지 않고 쓰고 있었다. 공금이라고 내놓으라 하면 자기도 쓸데가 있다고 내놓지 않았다.

아내는 옛날부터 자기 호주머니 들어가면 절대 내놓지 않았다. 신설동 종합시장에서 장사할 때도 물건 구입하게 있으면 달라 해도 내놓지 않았다. 숨겨두고 어디에다 쓰려 하는지 알 수가 없었다.

사교댄스 교습소를 찾아갔다. 종로 5가 냉면 기계 상회에서 거래처를 잡으며 오후에는 그곳에서 보냈다. 시간이 많았다. 동대문 앞 5층 건물에 관광 카바레가 있었다. 4층에는 댄스 교습소가 있었다. 그곳에 가 등록하고 배우게 되었다. 그때 당시 만오천 원인가 교습비를 받은 것 같았다. 강원도 영월에서 춤 못 춘다고 괄시를 받아 오기로 배우게 되었다.

처음에는 바닥에다 발바닥을 그려 발짝을 띄는 연습을 반복해 배웠다.

그 춤이 지르박이라 했다. 지르박이나 트롯도 스텝은 같다고 했다. 트로트는 느릴 뿐이라고 했다. 내가 춤을 배우면서 음악에 대해서 좀 알게 되었다.

노래는 불러 봤어도 무슨 곡인지 모르고 불렀다. 지르박, 트로트, 탱고, 블루스, 왈츠 곡마다 춤이 달랐다. 하루에 한 가지씩 우선 지르박과 블루스, 탱고만 배우게 되었다. 춤 대회 나갈 것도 아닌데 한 달만 배울 생각이었다.

보름이 지나자 여자 파트너와 연습을 시켰다. 핀잔을 받아 가며 발이 맞지 않는다고 신경질도 내고 있었다. 배운다는 것이 그리 쉬운 일은 아니었다. 한 달이 다 되어가자 여자와 카바레 가서 놀아보라고 했다. 술값과 여자 교습비도 따로 줘야 된다고 했다.

그래서 선생과 카바레에서 놀아보았다. 선생이 딴 여자와도 추라고 했다. 웨이터에게 놀러 온 아주머니를 불러 달라하여 놀아보았다. 선생과 출 때는 그런대로 발이 맞았는데 놀러 온 아주머니는 발이 안 맞는다고 다음 곡은 추지 않았다. 2~3일을 선생과 같이 카바레 가서 연습을 했으나 딴사람과는 맞지가 않았다.

그래서 두 달을 배우게 되었다. 비용도 만만치 않았다. 선생과 카바레 한번 가면 따로 수고비 줘야 하고 술값도 들어갔다. 두 달을 배우고 혼자서 카바레를 갔었다.

중앙시장 근처에는 카바레가 두 곳이나 있었다. 동화 카바레와 성동 카바레가 있었다. 집에 와서 옷을 갈아입고 아내에게는 거래처 말썽 많은 집 들러야 한다고 매일 나가게 되었다.

성동 카바레가 단골이었다. 놀러 온 아주머니와 몇 번 놀아보았으나 잘 추는 여자 몇 명 제하고는 모두 초보들이라 발이 맞지 않았다. 그래서 댄서를 부르게 되었다. 27살이라는 미스 박이 나의 단골 댄서가 되었다. 얼굴도 예쁘고 마음씨도 좋았다. 춤을 추면서 틀리면 고쳐주고 잘 가르쳐 주고 있었다. 카바레 술값은 기본이 만 오천 원이었다. 댄서비가 하루 저녁 삼만 원이었다. 적은 돈은 아니었다. 대부분 입장료 이천 원만 내면 밤늦게까지 놀 수 있는데 나는 꼭 술을 먹고 댄서를 불렀다. 재미있게 놀기 위해서였다. 춤도 제대로 익히고 한 달간은 카바레에서 하루도 빠지지 않고 배웠다.

이제 어디 가서도 빠지지 않았다. 놀러 온 여자들도 춤을 잘 춘다며 단골 파트너가 되어주기도 했다. 이제 춤바람에 빠진 것이다.

어느 날이었다. 카바레에서 술을 시키고 놀러 온 여자들만 데리고 놀자 댄서 미스 박이 찾아와 항의 조로 말했다. "내가 춤도사 만들어 줬더니 이제 나는 쳐다보지도 않아요? 윤 사장 그렇게 안 봤는데 너무 한 것 아니에요?" 항의 조로 말하며 토라져 있었다.

"여기 앉아 술이나 한잔하고 한 곡 추자고?"

"정말! 진작 그래야지…" 하며 옆자리에 앉았다. 그래서 술 한잔하고 춤을 추게 되었다. 미스 박은 브루스를 추면서 가슴을 밀착시키고 온몸을 끌어 안다싶이하고 말했다.

"사람들이 댄서는 여자로 보지 않는가 봐, 나도 여잔데 사랑할 줄도 아는데 윤 사장 내가 좋아하는데 눈치 못 챘어?" 그렇게 말하고 있었다.

"왜 알지, 그럼 언제 데이트 한 번 해야겠네, 언제가 좋을까?" 말하자 미스 박은 쇠뿔도 당장 빼라고 했다고 내일 낮에 어디로 나가자고 했다.

댄서들은 밤에만 일하기 때문에 낮에는 시간이 많다고 했다. 종일 잠만 잘 때가 많다고 모처럼 바람 좀 쐬자고 했다. 그래서 대낮에 내 차를 타고 원 도봉산에 가게 되었다.

그날은 일요일이었다. 친구들과 몇 번 와본 적이 있었다. 골짜기 모두 술집이었다. 커다란 홀도 있고 사람들이 몰려와 전축을 틀어 놓고 춤추고 노래 부르고 그야말로 세상 좋은 시절이었다. 여자들끼리만 놀러 온 사람도 많고, 남자들끼리 온 사람도 많았.

단둘이 나처럼 온 사람들도 방갈로에 자리 잡고 술도 마시고 사랑을 나누면서 노는 사람이 골짜기마다 참으로 많았다. 세상이 그만큼 좋아졌다고 할 수 있었다.

골짜기에는 커피 파는 아주머니들도 많았다. 그들이 남자들만 노는 장소에 와서 커피도 팔고 중개 역할도 하고 있었다.

여자들만 노는 곳에 가서 남자들이 합석해서 놀자고 한다고 다리를 놓고 있었다. 그러면 여자들도 좋다고 남자들끼리 노는데 합석하게 되었다.

남녀가 어울려 놀게 되었다. 대부분 계원들이 야외 와서 계를 하고 놀다 가는 여자들이었다. 눈만 맞으면 애인이 될 수도 있었다.

나는 미스 박과 방갈로 한적한 곳에 자리 잡고 술 한잔하면서 애인하기로 약속했다. 그런데 자주 가게로 전화를 해서 나중에는 만나지 않았다.

엄연히 나는 가정이 있는 사람이었다. 부담스러워 자주 만날 수가 없었다. 카바레도 발을 끊었다. 한동안 성동 카바레는 가지 않았다.

춤을 배워 놀러도 많이 다녔지만 춤 세계가 즐거운 것만은 아니었다. 잘못하면 꽃뱀을 만나 망신을 당할 수도 있었다. 여자 잘 못 건드려 망신당하는 사람이 한둘이 아니었다.

건전하게 춤만 추고 놀면 운동도 되고 돈이 많이 드는 것도 아니었다. 입장료 이천 원만 내면 몇 시간 즐겁게 놀 수가 있었다.

그러나 춤이라는 게 남녀가 손을 맞잡고 같이 추다 보니 마음에 끌리는 사람이 있는 것이었다. 잘못하면 서로가 망신이고 가정파탄이 생길 수도 있었다. 나도 여러 여자를 만나 보았으나 자기 남편 욕하고 가정에 불만을 많이 가지고 사는 여자가 많았다.

처음 만난 남자에게 그럴 정도면 뻔하지 않는가? 별의별 여자도 만나보게 되었다. 글로 다 말을 할 수가 없으나 세상은 요지경이었다. 여자도 밖에 나오면 임자가 없다고 했다.

육십 세가 넘을 때까지 카바레를 다녔다. 쿵짝이 잘 맞는 친구가 셋이 있어 자주 다니게 되었다. 셋이서 번갈아 가며 술을 사고 취미가 되었다. 어디 가서도 술값은 많이 들지 않았다. 나도 이제 사십 대 중반이었다. 아직까지는 평탄하게 쪼들리지 않고 남에게 빚도 안 지고 살았다. 빚이라면 대도제분과 춘천풍덕제분에 물건값이 빚이었다. 본래 밀려서 주기로 하고 거래를 했기 때문에 빚 독촉은 하지 않았다. 내가 1년에 벌어주는 돈도 상당했다.

나도 그 대신 거래처에 깔아놓은 외상값이 몇천만 원 되었다. 그 돈만 받으면 아무 걱정이 없는데 수금을 제때 해주지 않았다.

기사들만 수금 못해 온다고 다그치고 있으나 안주는 사람에게는 당할 도리가 없었다. 정 질긴 사람에게는 거래를 끊을 수밖에 없었다.

주다 보면 쌓이고 쌓여 계속 늘고 있었다. 돈 잘 주는 집에서 벌어다 돈 안 주는 집에 운영자금 대주는 꼴이 되었다. 한번 물건을 구입하려면 목돈이 들어갔다. 아내에게 모아 둔 돈이 있으면 내놓으라고 했다.
"물건 살 돈이 부족한데 모아둔 돈 있으면 좀 빌려줘?"
아내에게 빌려달라고 했다. 돈이 있어도 내놓지 않는 걸 알고 있었다. 그래서 빌려 달라고 했다.
"내가 무슨 돈이 있어요. 애들한테 쓰고 살림하는데 쓰고 없어요?"
"가게에서 소매하는 돈 다 챙긴다며 물건 살 때는 내놓아야 되는 게 아니야!" 내게서 큰소리가 나왔다.
"나라고 쓸데가 없는 줄 알아요. 다 쓰고 없어요. 당신은 주방장들에게 펑펑 쓰면서 그런 돈 아껴봐요?" 아내도 지지 않았다.
"그 사람들이 얼마나 벌어주는데 다 장삿속으로 주는 거야, 모처럼 찾아왔는데 점심 사주고 차비는 줘서 보내야 할거 아니야, 장사를 하려면 어쩔 수 없이 주는 거야! 주기 싫으면 내일부터 가게에 나오지 마! 집에서 살림이나 해! 부모님 고생시키지 말고…!"
버럭 화를 내고 가게에 나오지 말라고 했다. 아내는 집으로 들어갔다. 소매 한 돈이 꽤 될텐데 내놓지 않았다.
주방장이 찾아오면 물건을 많이 팔아 주는 주방장은 차비도 주고 점심도 사주었다. 그들이 있어 거래처를 유지할 수가 있었다. 장삿속으로 주는 돈이었다. 아내는 헛되게 돈 쓴다고 항상 불만이었다. 장사를 하려면 찻값도 들어가고 술값도 들어갔다. 여자는 이해를 못 하고 있었다. 아내가 며칠 가게에 나오지 않았다. 아내가 없어도 가게는 경리도 있고 셋째 동생도 있어 충분히 할 수 있었다.
나는 찾아오는 손님을 다방에서 만나고 나면 시간이 많았다. 내가 가게를 볼 수도 있었다. 그런데 아내가 어느 날 갑자기 밖에 나가 들어오지 않았다. 갈 데라고 서대문에 사는 사촌 오빠 집 밖에 아는 집이 없었다. 하룻밤을 어디서 보냈는지 애들에게 물어보았다. 큰딸은 알 것 같았다.
"엄마 너희들에게 어디 간다고 말하지 않았니? 외삼촌 집에 간다고 하지 않았어?" 중학생인 딸도 모른다고 아무 말이 없었다.
애들을 끔찍이도 생각하고 사는 아내인데 모를 일이었다. 갈만한 곳에 다 연락을 해 보았다.
모두가 오지 않았다고 했다. 아내의 서울 사는 동생들에게도 전화했으나 연락이 없었다고 했다.
하루를 기다리고 이틀, 삼일을 기다려도 오지 않았다. 늙으신 어머니가 새벽같이 일어나서 밥해서 애들 먹여 학교 보내고 집안이 말이 아니었다.
아내의 빈자리가 너무나 삭막했다. 집안에 웃음기가 사라졌다. 아버지는 나에게 어떻게 싸웠길래 집을 나갔냐 야단이고 집안이 쑥대밭이었다. 서울에 사는 동생들도 찾아와서 걱정만 했지 아무 도움이 되지 않았다.
모두가 나에게 책망하고 책임을 물었다. 어떻게 했길래 집안을 이 꼴로 만들게 했느냐 야단이었다. 내가 사실대로 말했으나 내 편이 되어주는 가족은 아무도 없었다. 비로소 나는 아내라는 존재가 가정에 중요하다는 걸 깨달았다.
아내가 있었기에 내가 사업도 할 수 있었고 술도 마시고 날마다 늦게 들어가도 아내가 이해해 주었기에 가정이 편안해졌다고 생각되었다.
아내가 없자 나는 밖에서 약속이 있어도 취소하고 집에 일찍 들어갈 수밖에 없었다. 애들 학교도 신경 써야 하고 시장도 봐서 어머니도 도와드려야 하고 사는 게 사는 것이 아니었다. 아내는 두 달이나 집에 들어오지 않았다. 그런데 애들은 그렇게 엄마를 찾지 않았다. 큰딸 진경이에게 엄마가 보고 싶지 않으냐 물어도 담담하게 언젠가 들어올 거예요 하며 담담하게 말했다.

어느 날 오후였다. 밖에 나갔다가 가게로 들어오는데 오토바이 주 기사가 고추장과 간장 물비누 3통을 싫고 배달을 나가고 있었다.

"어디 배달 가는 거니?" 물어도 못 들었는지 그냥 붕붕거리며 쏜살같이 나가고 있었다. 가게에 들어와 경리에게 주 기사 어디 배달 가느냐 묻자 경리는 우물쭈물 대답을 못했다. 근래 집사람이 없자 경리도 별로 기분이 좋지 않았다. 늘 같이 있었는데 기분이 좋을 리가 없었다. 대답하기 싫은 모양이라 생각하고 경리 책상에 놓인 장부를 들여다보았다. 장부에 물건이 나가면 기재되어야 했다. 그런데 기재되지 않았다.

"주 기사 배달 왜 적지 않았어?" 묻자 경리는 우물쭈물 대답을 못하다가 주 기사가 현찰 주는 집이라고 적지 말라 했다고 말했다.

"그게 무슨 소리야! 현찰이고 외상이고 물건이 나가면 적어야 되는 게 아니야! 너희들 장난치고 있어 그렇게 해서 얼마나 짜고 해먹은 거야!" 둘이 짜고 물건을 팔아먹는 것이었다.

동생도 배달 나가고 없자 이것들이 뻥땅을 치고 있는 게 분명했다.

한 달에 한 번씩 큰 물건은 재고 조사를 하는데 항상 맞지가 않았다. 아무리 조카 딸이라도 용서가 되지 않았다.

바른대로 얘기하라고 야단을 치고 있는데 주 기사가 배달 갔다가 들어오고 있었다. 주 기사가 오자 더욱 화가 치밀었다.

"야! 지금 어디 배달 갔다 왔어?" 내가 화가 잔뜩 나서 묻자 사태가 심각하다고 생각하고 바른대로 대답했다.

"사실 사모님한테 배달하고 왔어요. 사모님이 창신동에서 장사하고 있어요."

"뭐? 장사!" 순간 머리가 돌 것만 같았다. 가게 사람이 다 알고 있다는 것이었다.

"동생도 알고 있어?" 셋째도 알고 있었다면 배신이 아닐 수 없었다. 아무리 형제간이라도 용서할 수 없는 일이었다. 감쪽같이 두 달이나 나를 속이고 있었다니 용서가 되지 않았다.

"삼촌은 몰라요. 우리 둘만 알고 있어요." 동생이 모른다니 다행이었다. 잠시 동생을 의심했었다.

"창신동 어디야?"

"돌산 밑에 조그만 시장에서 장사해요." 그곳이라면 내가 너무나 잘 아는 곳이었다. 근로자들 합숙소가 있고 처음에 만두 장사를 시작한 곳이 그곳이었다.

차를 타고 쫓아갔다. 화가 날 때로 나 가지고 찾아갔다. 가보니 판잣집에 테이블 4대 놓고 장사하고 있었다.

"이러려고 집 나간 거야! 갈라면 멀리 가던지 누구 망신시키려고 이러고 있는 거야!" 잡아끌고 밖으로 나왔다.

"차에 타?" 하자 옷이나 갈아입고 가자고 했다. 그래서 옷을 갈아입고 문을 잠그고 나왔다. 머리가 복잡하고 할 말은 많았으나 기가 막혀 입에서 터져 나오지 않았다. 운전을 하면서 말없이 집에까지 갔다.

집에서 부모님과 동생들을 오라고 하여 어떻게 할 것인가 의견을 듣고 싶었다.

내가 헤어져야 할지 고민에 쌓이게 되었다. 이런 여자와 같이 산다는 것은 도저히 용서가 되지 않았다. 나도 결혼 초에 아내가 뱃속에 든 둘째를 지워 주면 미련 없이 헤어지겠다 하여 근 1년이 다 되도록 잠적해 살은 적이 있었다. 서로가 피장파장 똑같은 죄를 지었다. 머리가 복잡해지고 있었다.

집에 들어가자 애들은 엄마 왔다고 매달려 울고 부모님은 어이가 없는지 할 말을 잊고 있었다. 아버지는 아예 문을 닫아 버리고 보지도 않으려 하고 있었다.

집 마당에서 한바탕 애들과 상봉하고 아내가 부모님 방에 들어가 무릎 꿇고 용서를 빌었다.

"아버님 어머님 죄송해요 제가 잘못했어요. 할 말이 없습니다.…"

며느리가 잘못했다고 빌고 있는데 부모님도 뭐라 하겠는가 어머니가 말했다. "어쨌거나 돌아왔으니 반갑구나 너희들 일은 너희들끼리 해결하고, 애들이 무슨 죄냐? 앞으로 이런 일이 없었으면 좋겠구나 네 방에 가서 좀 쉬거라?"

그렇게 일단락 지었다. 애들과 아내는 방에 들어가 꼼짝도 하지 않았다.

나는 밖으로 나왔다. 생각이 많았다. 부모님이 받아들였으니 내가 어쩔 수 없었다. 헤어진다는 생각도 말이 아니고 더욱이 애들이 있는데 어쩔 수 없었다. 부모님의 의견을 따를 수밖에 없었다. 큰애는 이제 사춘기였다. 애들이 셋이나 되는데 내가 어찌할 도리가 없었다. 시장 가게를 정리하고 집으로 돌아왔다.

서울에 사는 동생들이 모두와 있었다. 사촌 동생 내외까지 모두 와 있었다. 모두 육 형제가 서울에 살아서 무슨 일이 있으면 모두 모이게 되었다. 내가 들어가자 웃음소리가 떠나지 않았다. 아마 그동안 서먹한 관계가 시누이들이 와서 분위기를 살린 것 같았다.

여동생들과 아내 사이는 항상 돈독한 사이였다. 웃음소리가 들려 서로 간에 무슨 위로 말이 오간 것 같았다. 큰 여동생이 나를 보자고 했다. 밖으로 나와 얘기하자고 했다.

"오빠 이번 일은 오빠가 잘잘못 따지지 말고 덮어줘요, 올케가 돈을 모아 어디다 쓰겠어요. 다 자식들, 가족들 위해 쓰기 위해서 숨겨두고 있을거예요. 올케 돈을 내가 조금 빌려 썼어요. 그래서 돈이 없다고 한 것 같아요. 알았지요, 우리끼리 저녁에 스탠드바에 가 놀다 올 거예요. 그런 줄 아세요.…"

큰 여동생은 그렇게 말하면서 저녁에 제수씨들과 형제들이 기분 전환하기 위해 스탠드바로 놀러 가겠다고 했다. 그렇게 말하는데 내가 무슨 말을 하겠는가 놀다가 오라고 했다.

그렇게 해서 아내와 화해를 하게 되었다. 아내는 창신동 가게를 정리하고 집에서 살림하게 되었다. 가게에 나오라 해도 나오지 않았다. 그 일로 해서 나는 조카딸인 경리와 주 기사를 내보냈다. 아무리 아내가 비밀로 해달라 했어도 나를 두 달이나 속인 것은 잘못이었다. 그리고 주 기사와 짜고 공금도 챙겨 먹었다.

다시 경리와 오토바이 기사를 두었다. 3년이나 있던 주 기사는 장사를 조금 배웠는지 제 장사한다고 물건을 받아다 우리 거래처에 다니며 팔아 달라고 조르고 있다고 했다. 그게 먹혀 들어갈리 없었다. 내가 거래처 관리를 철저히 하고 있었다. 그런 일이 있는 후 아내는 말이 없었다.

항상 시무룩하여 무얼 물어도 대답하고는 피하고 있었다. 집안이 편해야 하는데 집에 가면 웃을 일이 없었다. 부모님하고도 별로 말이 없다고 했다. 어머니가 속상해 죽겠다고 네가 잘 다독거려 주라고 했다.

어느 날 아내와 마주 앉아 얘기하려고 통닭 두 마리 사 가지고 갔다 한 마리는 부모님 드리고 한 마리는 애들과 같이 먹게 했다.

"웬일로 통닭을 다 사 왔어요, 해가 서쪽에서 뜨겠네?" 웃으며 말했다. 이때다 싶어 말했다.

"저번에도 족발 사다 줬잖아?"

"그때가 언젠데 1년도 넘은 것 같은데"

"먹고 싶으면 얘기해 언제든 사다 줄게" 그래서 대화가 시작되었다. 애들은 먹고는 저희들 방으로 들어갔다.
"당신 장사가 하고 싶어? 내가 식당 하나 얻어줄까?"
"식당 할 돈은 벌어 놨어요?" 아내는 솔깃한 마음인 것 같았다.
"한 이천은 있는데 모자라면 빚 좀 얻지, 적어도 삼사천은 가져야 의젓한 식당을 할 수 있을 거야?"
"한두 가지만 전문으로 하고 싶은데 얻어줘요?" 아내가 말했다. 애들도 다 크고 뭐라도 하고 싶다고 했다.

그래서 아내와 식당을 보러 다녔다. 집과 가게가 가까운 곳에 얻어야 될 것 같았다. 그래서 청계천 8가에 50평짜리 가게를 얻게 되었다. 하던 자리인데 보증금 천만 원에 월세가 이십오만 원이었다. 월세가 비싼 것은 아니었다. 권리금이 오백이 붙어 있었다. 식당이 허술하여 리모델링을 해야 될 것 같았다.

그래서 다 뜯어내고 새로 말끔히 수리했다. 방과 홀, 주방까지 다 수리하게 되었다. 수리하는데 돈이 천만 원이 더 들어갔다. 집기도 새로 사고 간판도 다시 하고 개업 준비하는데 다 합해서 삼천만 원이 들어가게 되었다. 생각지도 않은 일이었다. 아내는 남의 집에다 무슨 돈을 들이냐고 그냥 하자 했으나 나는 제대로 된 식당을 하고 싶었다. 그래서 천오백만 원이나 빚을 지게 되었다. 중앙시장 가게를 준 고향 누님한테 빚을 얻었다.

식당 개업

"나는 여태껏 누구와 돈거래를 해본 적이 없었다. 처음으로 동생에게 빌려주는 것이니 약속을 잘 지켜야 한다."

고향 누님은 그렇게 말하면서 거금 천오백만 원을 빌려주었다. 2부 이자를 주기로 했다. 일반 사채를 쓰자면 3부 이자를 받는다고 했다. 특별히 나에게 싸게 주는 것이다. 참으로 고마운 분이었다.

가게도 보증금 없이 월세만 받고 빌려주고 내가 신세를 많이 지고 살았다.

피 한 방울 섞이지 않은 고향 누님이지만 나에게는 친동생 못지않게 잘해 주고 있었다.

"이 동생이 얼마나 수완이 좋은지 전국적으로 거래처도 많고 외국까지 물건을 부쳐준다니까. 사람도 얼마나 많이 찾아오는지 저기 중앙다방에 아침마다 100명도 넘게 찾아오고 있어."

고향 누님은 그렇게 딴 사람들에게 자랑도 하고 있었다. 아무튼 두 내외가 나에게 많은 도움을 주고 있었다.

그래서 나는 그럴듯한 식당을 하게 되었다. 식당은 '대원갈비'라 지었다. 주방에 3명, 홀에도 아가씨 3명을 두었다. 아내는 주방에서 찬모 겸 밥모 역할을 하게 되었다.

주방장은 서울에서 손꼽히는 주방장이 하게 되었다. 나와는 친구 간이기도 하고 을지로 큰 식당에서 주방장 일을 하면서, 우리 물건을 많이 팔아 주었던 사람이었다.

지금은 자기 장사를 해보겠다고 가게를 보러 다니는 중이었다. 두 달만 봐주기로 하고 자기 기술을 아내에게 전수해 주기로 했다. 그래서 아내가 그 사람한테 고기 재우는 기술도 배우게 되었다. 나중에 내가 전농동에 식당을 싸게 얻어주었다.

그곳에서 1년 동안 돈을 많이 벌었고 식당은 돈을 많이 받고 팔게 되었다. 그것도 내가 팔아 주었다. 그 사람은 나와 인연이 되어 영동 서초동에다 큰 식당을 차릴 수 있었다. 그 사람은 김옥빈이란 사람으로 서울에서 주방 계통에 잘 알려진 사람이었다.

그 사람이 대원갈비를 개업해 주었다. 나는 개업 소식을 여러 거래처 사장과 주방 계통 여러 업자들 모두 안내장을 보내주었다. 아는 주방장들과 친구들도 안내장을 보냈다. 개업 선물로 수건과 라이터도 500개나 준비했다. 개업 날은 무조건 음식을 돈을 받지 않고 무료로 제공하여 알릴 생각이었다.

개업 날이었다. 사람이 얼마나 많이 왔는지 앉을 자리가 없었다. 밖에서 기다리는 사람이 수십 명이었다. 개업 화분도 얼마나 많이 들어왔는지 진열할 때가 없었다.

밖에 골목길에 20미터는 놓여 있었다. 그걸 보면서 내가 인심을 잃지 않고 살았구나 느낄 수가 있었다.

멀리 평택 거래처 사장도 왔다. 평택에 귀빈장이라는 모텔도 하면서 식당을 운영하는 여사장이었다. 내가 개업할 때 종업원을 보내주고 각별한 사이가 되었다.

그 사장은 오십 대인데 안성에서도 대학교 구내식당을 하고 있었다. 평택에서는 지역 유지였다. 너무나 고마웠다.

"고맙습니다. 여기까지 오실 줄은 정말 몰랐습니다!"

정중히 인사하여 대접하게 되었다. 아무튼 개업 날 소문이 많이 퍼져 날마다 식당이 잘 되고 있었다. 나도 점심시간은 카운터를 봐주고 내 볼일 보고 있었다.

개업 날 시계와 거울, 꽃 화분이 너무 많이 들어와 동생들에게 나누어 주었다.

다음날도 꽃 화분이 들어왔다. 이번에는 황학동 고물시장에서 보신탕을 하는 고진희란 여자가 자기 어머니와 같이 왔다.

중앙시장 우리 가게와는 가까운 곳에 있었다. 우리 가게에서 식재료를 모두 팔아 주는 단골 식당이기도 했다. 고추장이나 간장, 식용유 같은 말통을 사 갈 때는 우리 기사들이 배달도 해주었다.

그런데 단골손님인데도 아내가 고진희 보신탕집 여자를 몹시 싫어하고 있었다.

얼굴도 예쁘고 명랑한 여잔데 내게 이유 없이 눈길을 보내고 너무 친절하게 대한다는 것이다.

일종의 질투를 하는 것이었다. 아내와 고진희는 껄끄러운 상대가 되었다. 고진희가 물건을 사러 와도 아는 체도 안 했다.

언젠가 고진희가 말했다. 나도 손님들과 보신탕 집에 자주 가는 편이었다.

"주병 씨 마누라 왜 그래, 내가 찾아가면 아는 척도 안 해, 물건을 사러 갔는데 아는 체는 해야 되지 않아, 내가 공짜로 달라는 것도 아니고 손님인데 창피해 죽겠어, 주병씨네 직원들한테 말이야 직원들이 어떻게 생각하겠어?"

"미안해 내가 사과할게, 고진희 씨가 너무 미인이라 질투를 하는가 봐, 언젠가 마누라가 보신탕 집 여자와 무슨 관계냐고 자꾸 묻잖아, 그래서 농담으로 애인 관계라 했지?"

집사람은 고지식한 사람이었다. 봉건적인 고정관념을 가지고 있었다. 농담도 진담으로 받아들이는 사람이었다.

친목계에서 야유회 갈 때도 딴 여자들이 관광버스 안에서 춤추고 놀아도 자기는 어울리지 않았다.

부부간에 같이 놀러 다니는데 자기만 젊잖을 빼고 있었다. 갔다 와서는 여자를 흉보고 여자들이 너무 난잡하다고 했다. 그래서 사람들에게 눈총도 받고 있었다. 놀 때는 같이 놀고 즐거워야 하는데 항상 외톨이가 되었다. 그만큼 융통성이 없는 여자였다.

"알만하겠어, 그래서 주병 씨가 한 말을 진심으로 알고 나를 대하는 태도가 그랬구먼."

고진희도 그렇게 이해하고 있었다. 손님으로 왔으면 개업이라고 화분까지 들고 왔는데 아내가 아는 척도 안했다. 고진희 뿐만 아니라 어머니까지 오셨는데도 주방에서 내다보지도 않았다.

"이봐, 손님이 왔으면 인사라도 해야지, 무슨 경우야, 저 여자와 아무 관계도 아니야, 거래처 관계일 뿐이야?"

주방에 가서 말하자 마지못해 나와서 인사했다.

"와주셔서 감사해요, 고맙습니다?"

"개업식은 잘하셨어요, 어제 오려다 바쁠 것 같아 오늘 왔습니다."

고진희도 화답하고 있었다.

"방으로 들어가세요, 시식도 해보시고 가셔야지요?"

아내가 방으로 안내했다. 마침 점심시간이 끝나 식당에 손님이 끊어졌다.

고진희와 어머니, 나 셋이서 방 안에 앉았다. 아가씨가 주문을 받았다.

"조금 기다려요. 손님이 더 올 것이니까?"

고진희가 손님이 더 온다고 했다. 알고 보니 창성주방 강일덕이었다. 그는 동대문시장에서 냉면 기계 장사했던 친구였다. 내가 중앙시장으로 오라고 하여 중앙시장에다 냉면 기계와 그릇 장사도 같이 하고 있었다.

고진희네 보신탕집과는 이웃이었다. 내가 서로 소개해 잘 알고 있었다.

손 씨 친구는 아직도 동대문시장에서 기계 장사를 하고 있었다.

이번 강일덕 친구가 주방에 그릇도 새것으로 모두 바꿔 주었다. 그릇만 해도 상당한 금액인데 모두 돈도 안 받고 해 주었다. 그 대신 나도 그에게 냉면 기계를 많이 소개해 주게 되었다.

강일덕이 왔다. 아내가 반갑게 맞이하고 있었다. 나와 친구 간이라 잘 알고 있었다. 그릇까지 공짜로 주방에다 기증해 더욱 반가운 모양이었다.

고진희와 강일덕이 이웃에 살고, 고진희 어머니까지 오셔서 나도 집사람과 함께 이들과 다섯이서 정답게 얘기를 나누며 갈비를 구워 먹게 되었다.

우리가 낸다고 했으나 기어코 강일덕이 계산하고 갔다.

진정한 친구 간이었다. 고진희 와도 자주 어울리고 서로 정답게 지내게 되었다. 아내는 고진희와 아직도 경계를 풀지 않았다. 둘이 무슨 관계가 있다고 믿고 있는 것 같았다.

사실은 아무 관계가 없었다. 서로가 좋아할 뿐이지 남녀 간인데도 남자 친구보다 가깝게 지낼 뿐이었다. 서로 비밀이 없을 정도였다. 자기 과거뿐 아니라 남에게 부끄러운 얘기까지 털어놓고 살 정도였다.

그래서 고진희에 대한 모든 것을 알게 되었다. 고진희도 나를 진실되게 생각하고 모든 과거를 털어놓게 되었다. 고진희는 지금 마흔세 살이었다.

나보다 세 살이 아래였다. 아내와 동갑내기였다. 얼굴이 유난히 희고 살결이 고왔다. 누가 봐도 한 번쯤 건드려보고 싶은 미모를 갖고 있었다.

고진희 어머니는 이북 출신이었다. 6·25 때 홀홀단신으로 남한에 넘어와 가진 고생 끝에 술 장사를 하게 되었다.

고진희 어머니도 환갑이 다 되었으나 아직도 본바탕이 미인이라 늙었어도 품위가 있었다. 술 장사를 하면서 멋진 남자를 만나 사랑 끝에 고진희를 잉태하게 되었다.

그런데 그 남자와 사랑이 오래가지 못했다. 그 남자가 유부남이라 헤어지게 되었다. 고진희 엄마는 산달이 다가오는데 혼자 날 수밖에 없었다고 했다. 그래서 고진희는 아버지 얼굴도 모르고 살았다고 했다.

고진희 어머니는 술 장사를 하며 딸을 키워 고등학교까지 마치고 시집을 보내게 되었다. 스무 살에 시집을 갔었다. 데릴사위로 고진희 엄마와 같이 살면서 딸 하나 아들을 둘이나 낳았다.

행복하게 사나 싶었는데 남편이 바람 피우기 시작하여 딴살림까지 차리게 되었다고 했다. 어머니가 번 재산도 사위가 많이 탕진했다고 했다. 사업한다고 뜯어다가 모두 날리고 말았다고 했다.

결국 합의 이혼하게 되었고 남자가 여자에게 위자료를 주는 게 아니고, 여자가 남자에게 몇천만 원이나 위자료를 주었다고 했다. 애들 셋을 모두 여자가 키우는 조건으로 그렇게 했다고 했다.

고진희 어머니가 술 장사해서 돈을 많이 벌었고 지금 보신탕 장사하는 집도 자기 집이고 앞에 3층 건물도 자기 건물이었다. 1층과 3층은 세를 주었고, 2층에서 살림집으로 살고 있었다.

애들은 큰딸이 중학생이고 둘째, 셋째는 국민학생이었다. 나와 애들이 비슷했다. 애들도 나를 잘 따르고 어떤 때는 내 봉고차에 태워 식구들을 드라이브시켜 줄 정도로 고진희 식구들과도 가까웠다.

고진희 어머니가 금년에 환갑이었다. 서울 근교 사찰에서 하게 되었다.

고진희 어머니는 아들도 없고 사위도 헤어지고 아는 사람은 손님들 뿐이고 가족 누구도 없다고 하면서 나에게 임시 사위가 돼 달라고 했다. 손님을 맞이해 달라는 것이었다.

고진희와 너무나 가깝게 지내니까 농담 삼아 말하는지 모르겠으나 나는 그렇게 하겠다고 대답했다. 그래서 회갑 날 임시 사위가 되었다.

절 입구에서 찾아오는 손님들에게 인사하고 안내해주는 역할을 내가 하고 있었다. 손님은 그렇게 많지 않았다. 초청한 사람이 한 50명가량 되었다.

민요 창을 부르는 여자도 두 명이나 와서 잔치에 흥을 돋우게 되었다. 고진희 어머니도 창을 잘 불렀다.

손님과 고진희 엄마, 창을 부르는 여자까지 한데 어울려 춤도 추고 노래도 부르고 즐거운 시간이었다. 나에게도 한번 불러보라고 했다. 나는 아버지가 창을 좋아하셔서 어려서부터 귀담아들을 수 있었다. 노랫가락 민요 몇 가지는 부를 수 있었다. 춘향가 중에 쑥대머리도 아버지한테 많이 들어 몇 구절은 부를 수 있었다.

내가 창을 부르자 모두가 박수를 치고 야단이었다.

"사위가 최고라고" 사위가 멋있다고 했다. 아무튼 사위 아닌 사위가 되어 회갑의 미를 장식했다.

그런 일도 있었다.

나중에는 강원도 아리랑 아리아리 쓰리쓰리 아라리오. 아리랑고개로 넘어간다.

아주까리 정자는… 부르면서 민요 가수와 사교춤 지루박도 추게 되었다. 오랜만에 춤 솜씨도 발휘해 보았다.

"우리 사위 최고! 우리 사위 최고!"

고진희 어머니가 덩실덩실 춤을 추며 좋아했다.

회갑 날 사위가 되어 유종의 미를 거두게 되었다. 그 후 고진희 어머니는 나를 사위라 불렀다. 남들이 오해할 수도 있었다.

회갑 잔치를 끝내고 가게로 돌아오자. 경리가 식당에 사모님한테 전화가 왔다고 가게로 들리라고 했다.

무슨 일일까? 좀처럼 내게 전화를 하지 않는데 이상했다. 혹 고진희 어머니 회갑 잔치에 간 것을 알고 있었던 게 아닐까? 그러잖아도 고진희한테 정을 주고 있다고 의심하는데 지레 겁이 났다.

아내가 또다시 돌발 행동을 하지 않을까 걱정이 되었다. 대원갈비 식당으로 찾아갔다. 아내가 나를 보자 걱정스럽게 바라보며 말했다. "당신 요즘 무슨 죄짓고 다니는 일 있어요?"

다짜고짜 물었다. 가슴이 뜨끔해지고 있었다. 죄짓고 못 산다는 말이 맞았다. 틀림없이 회갑 잔치에 간 것을 알고 있는 것 같았다.

"죄는 무슨 죄? 뜬금없이 무슨 소리야?"

"어제도 형사가 왔었는데, 오늘도 또 왔어요. 사장님 찾길래 없다고 했어요?" 그러면서 명함을 주고 갔다고 했다. 사장님 오시면 파출소로 와 자기를 찾으라고 했다. 명함을 보자 동대문 경찰서 김준모 형사라고 되어 있었다. 파출소라면 우리 식당에서 30미터도 안 되는 거리에 있었다. 식당 개업 때 떡도 갖다주고 수건도 10장은 갖다주었다.

개업 날도 들렀는데 무슨 일일까 궁금해졌다. 그것도 형사가 보자는데 안 갈 수도 없었다.

"딴 얘기는 없었어?"

아내에게 물었다.

"없었어요. 만나야 할 일이 있다고만 했어요."

그래서 파출소에 찾아갔다.

김준모 형사를 찾자 사복을 입은 사람이 "제가 김준모입니다. 누구시죠?" 했다. "대원갈비 주인입니다."하고 명함을 주었다.

"아아! 사장님, 두 번이나 찾아갔는데 못 뵈었어요. 명함을 보니 사업체가 많군요. 제분도 하시고, 상회도 하시고, 식당까지 바쁘신 분이군요. 자세한 얘기는 다방에 가서 말씀드리죠?…"

다방에 가서 부탁할 말이 있다고 했다. 다방에서 마주 앉았다. 레지에게 커피를 주문했다. 형사가 먼저 입을 열었다.

"다름이 아니라, 저는 동대문 경찰서에서 파견 나온 김형사 입니다. 사장님도 알다시피 이곳 신설동 일대가 우범지역 아닙니까, 제가 지역 유지 분께 부탁하여 선도위원을 모집하고 있습니다. 사장님께서도 동참해주셨으면 합니다. 이곳 여러분께서 동참해 주셨습니다. 20명인데 세 분이 부족합니다. 사장님이 동참해주십시오?…"

나에게 선도위원이 되어 달라는 것이다.

"저는 자격이 못 됩니다. 배운 것도 없고 그만한 능력도 되지 못합니다. 사양하겠습니다." 못한다고 했다.

그렇게 말하자 형사는 부담 갖지 말라고 했다. 친목회라 생각하시라고 했다.

"모두 한 번쯤은 본 사람들일 겁니다. 노벨극장 앞 쌍방울 옷 장사도 있고, 중소기업 은행 사람도 있고, 병원 원장도 있고, 알만한 사람들이라 보면 알 겁니다. 참 고물 상회도 있습니다. 한 달에 한 번 지역 식당에서 식사하고 한 바퀴 운동 삼아 돌면 됩니다. 한 달에 한 번만 참석하면 됩니다. 첫 모임은 사장님네 식당에서 할 겁니다. 회비는 이만 원입니다. 식사하고 남은 돈은 저금했다가 위원들 금배지 하나씩 해줄 생각입니다. 허락한 걸로 알고 일어나겠습니다."

형사는 그렇게 말하고 일어섰다.

생각해 보니 나쁠것도 없다고 생각되었다. 우리 식당도 알리고 좋은 일이라 생각되었다. 그래서 선도위원까지 하게 되었다. 친목계만 해도 모두 모임 5개나 되었다.

신설동 종합시장 친목회, 중앙시장 식품업 상인친목회, 제분업계 친목회, 동창회, 선도위원회 모두 다섯 모임이나 되었다.

그러니 아내가 좋아할 리 없었다. 옛날은 밤을 새워 술을 먹는 날도 가끔은 생기게 되었다. 술도 많이 먹게 되었다.

남자들이 만나면 1차로 끝나는 날이 별로 없었다. 노는 데는 일가견이 있는 나에게 빠질 수가 없었다.

모임이 많이 생긴 것은 그만큼 내가 아는 사람도 많고 많이 알려졌다는 얘기였다. 나중에는 주방장 친목회까지 하게 되었다. 서울 시내 이름 있는 주방장만 모이는 친목회였다.

나는 장사꾼인데도 같이하자고 하여 하게 되었다. 거래처 주방장도 많고 나도 전에 주방장을 했다고 하여 끼워 주웠다. 우이동 고향 산천 주방장도 같은 계원이었다. 하루도 한가한 날이 없었다. 모임이 많은 데다가 여기저기 가게가 있어 시간에 쫓기고 살았다.

이때가 나의 전성시대인 것 같았다.

돈도 많이 쓰고 다니고 놀러도 많이 다녔다. 부부 동반으로도 친목계에서 놀러 가게 되었다. 거기다 춤까지 배워 날개를 달아준 것 같았다.

어느 날 제분업계 종사했던 박윤재가 찾아왔다. 박윤재는 나보다 먼저 만두도 시작했고 장사꾼으로 나보다 훨씬 선배였다.

신설동에 가게 두 개를 가졌다가 올랐다고 천만 원에 두 칸을 팔고 나갔다. 나는 박윤재보다 3개월 후에 팔았는데 한 칸에 천오백을 받았다.

늦게 팔은 사람들은 한 칸에 삼천만 원 일억도 받은 사람이 있었다. 박윤재가 먼저 팔고 나가 많은 손해를 보았다.

나는 가게를 팔아 보태서 삼천 오백짜리 집을 샀고 박윤재는 두 칸을 팔고도 이천만 원 전세밖에 얻지 못했다. 내가 왜 이런 얘기를 하느냐 하면, 사람이 너무 급하게 서둘러도 안 된다는 얘기를 하기 위해서다. 나나 박윤재나 너무 성급해서 1년만 놔두었으면 집 두 채를 샀을 텐데 너무 조급했기 때문이다.

박윤재는 1년만 놔두었으면 2억을 받을 텐데 좋은 기회를 놓치고 말았다.

지금에 와서 후회해도 아무 소용없는데 만나면 그 얘기였다. 지금은 같이 살던 부인도 집 나가고 여인숙 생활을 하고 있었다.

참으로 박윤재가 안 되었다. 아내까지 집을 나가 아들 둘을 데리고 여인숙에서 그날그날을 살고 있었다.

전셋집이 있었는데 박윤재가 식당 자기 거래처에 일하는 여자와 사귀고 있는 것을 부인이 알고 전셋집을 박윤재 몰래 빼가지고 부인이 도망갔다.

부인은 박윤재의 두 번째 부인이었다. 본처에게서 아들을 둘이나 낳았고, 두 번째 부인에게서 딸 하나를 낳았다. 딸이 이제 다섯 살이었다. 딸만 데리고 어디론가 나가 버린 것이다.

우리와는 신설동 종합시장에서 이웃에 살았다. 부인이 착하고 온순한 여자였다.

우리가 만두 공장 하면서 바쁜 줄 알고 저녁마다 찾아와서 만두를 만들어 주었다.

본래 박윤재가 만두 공장을 하면서 이 여자를 만나 본처와 이혼하게 되었다. 박윤재는 나보다 먼저 만두 공장을 했었다. 두 번째 부인이 직원으로 공장에 취직이 되어 왔었는데, 박윤재가 건드리게 되었다. 그때 이 여자는 박윤재보다 나이가 열두 살이나 어린 처녀였다.

그때 당시 처녀가 열아홉이었다. 그래서 아들을 둘이나 낳은 본처와 이혼하는 조건으로 처녀와 재혼해서 살게 되었다.

본처가 낳은 애들을 키우면서 착실하게 살게 되었고, 자기도 딸까지 낳게 되었다. 행복하게 사는가 싶었는데, 종합시장 가게를 팔고 나가 전셋집에 살다가 박윤재가 또다시 바람을 피우는 바람에 집을 나가게 되었다. 박윤재는 끼가 많아 아무 여자나 보면 추근대는 바람기가 많았다. 나이 어린 부인을 데리고 살면서 그런 추태를 보이자 부인이 도망간 것이다. 우리 아내와는 이웃에서 형제간처럼 지내고 살았었다. 아내를 형님이라 부르고 다정하게 지냈다. 집 나가서 아내에게 한 번 전화가 왔었다.

"형님 저를 욕하지 마십시오. 박윤재 그 인간은 사람도 아닙니다. 여자라면 모두가 좋다고 다 건드리는 남잡니다. 도저히 용서가 되지 않아 내 앞길을 찾은 겁니다.…"

그렇게 전화가 왔었다고 했다.

그 얘기를 나는 박윤재에게 전하지는 않았다.

"걱정이구나, 사는 게 말이 아니겠구나, 그러니까 여자 좀 어느 정도 밝혀, 여자라면 모두 좋다고 집적거리지 말고 복을 찬 거야. 태민 엄마가 얼마나 착한 여잔데, 네가 복을 차버린 거야!"

박윤재 자신도 자기 잘못이라고 시인했다. 후회하고 반성한들 소용없었다. 내가 제분업계 친목계 총무였다. 회장 홍동표와 상의하여 사글세 방 한 칸이라도 얻어주자고 했다. 계금이 칠백만 원이나 모은 게 있었다. 여행 가기로 한 계금이었다. 옛날 말하자 모두가 동의했다.

회장과 총무가 나서서 말하는데 모두 동의해 주었다. 그래서 보증금 이백에 월 십만 원 살림방을 박윤재에게 얻어주었다.

박윤재가 나에게 너무나 고마워하고 있었다.

"내 돈으로 해 준 것도 아닌데 무얼 나에게 고마워해, 나중에 곗날 회원들에게 고맙다고 말 해줘?…"

내가 말했다.

아내에게도 말하자 아내는 그런 사람 무얼 도와주냐고 책망했다. 여자는 여자 편이라고 그런 사람은 진저리나게 여자 없이 살아 봐야 된다고 나에게도 조심하라고 경고했다.

계원들도 일부는 불만을 가지는 사람이 있었다.

"그 돈 다 없애기 전에 어디로 관광이나 가자는 사람도 있었다. 일부가 찬성하고 있었다.

그래서 제분소 친목계가 4박 5일로 강원도 낙산 해수욕장으로 부부 동반 여행하기로 결론이 났다. 계금이 오백만 원이 조금 넘었다. 그 당시는 큰돈이었다. 놀러 가서 다 쓰기로 합의가 되었다.

맛있는 음식도 사 먹고 구경도 실컷 하자고 했다.

모든 준비는 총무인 내가 하게 되었다. 관광차는 대절하지 않기로 하고, 각자 차가 있는 사람은 자기 차로 자기네 식구를 태우고 다 같이 모여 출발하기로 했다. 차 없는 사람은 봉고차 가진 사람과 같이 가도록 했다.

한두 사람 빼고는 거의 차가 있었다. 우리 차는 봉고차라 박윤재를 태우고 가려고 했다.

그런데 박윤재가 빠진다 하여 같이 못 가게 되었다. 박윤재는 아내도 없고 창피하다고 가지 않겠다고 했다. 못 가는 그의 마음을 모두가 이해할 수가 있었다.

그래서 회원 모두 열여섯인데 15인 가족만 가게 되었다.

내가 부인들에게 선심을 쓰기 위해 백화점에 가서 간편한 잠옷 한 벌씩을 크기별로 사고 알록달록한 커다란 타올을 사 왔다.

그동안 고생한 부인들에게 보답 차원에서 그런 선물을 준비했다.

그랬더니 현지 도착하여 나누어주자 여자들이 너무나 좋아했다. 아내도 어떻게 그런 생각을 했냐며 감탄했다.
"총무님! 최고라고!"
부인들이 나를 치켜세워 주었다. 남자들도 어떻게 그런 생각을 했냐고 남자 위신이 섰다고 기뻐했다. 어떤 집은 애들도 데리고 왔다. 나도 막내딸 다섯 살짜리를 며칠이나 두고 갈 수 없어 데리고 갔다. 모두가 4박 5일간 즐겁게 보냈다.

해수욕도 즐기고 모래사장에서 남자들은 씨름도 하고 놀았다. 회장 홍동표가 거구라 당할 사람이 없었다. 동표가 일등을 했고 내가 이등을 했다. 나도 시골에 살 때 씨름 꽤나 했었다. 날마다 관광도 하고 강원도 지방을 두루두루 다녔다.

낙산사도 들리고 설악산도 들리고 재미있게 놀다 왔다. 그 뒤 일부는 친목회를 나오지 않았다. 대부분 큰 공장을 가진 사람들이 빠지고 있었다. 자기들은 수준이 높아졌다고 중 상인들과는 어울리지 않았다. 그래서 마음에 맞는 사람만 같이하게 되었다. 부와 가난의 차이였다.

몇 년 전만 해도 동등한 차이였다. 그런데 몇 년 만에 종업원 이삼십 명씩 두고 돈을 벌어 지금은 거의 그랜저 고급 차를 타고 다니며 부를 과시하고 있었다.

너무나 자기들과 차이가 나는지 친목계를 나오지 않았다. 사람이 출세를 하면 달라지고 있었다. 그래서 끼리끼리 논다는 말이 나왔다. 돈을 벌었다고 남을 도와주고 사는 것도 아니었다. 허세를 부리고 다니는 모습이 하나도 부럽지 않았다.

나도 이제 오십이 가까워지고 있었다. 누구한테 아쉬운 소리는 듣지 않고 살게 되었다. 식당도 그런대로 잘 되고 식품장사도 잘 되고 있었다. 외상만 깔리지 않으면 좋을 텐데 외상이 문제였다.

거래처가 많다 보니 외상도 너무 많이 깔리고 있었다. 계산상으로는 버는데 꿰어야 구슬이라고 돈이 들어와야 할 텐데 물건 구입할 때면 애로가 많았다.

그래서 나는 수표까지 쓰게 되었다.

아는 사람 중에 수표 쓰는 사람이 있어 물어보았다. 은행에서 어떻게 수표를 내주냐고 묻자 거래하는 은행 대리에게 물어보라고 했다. 기업은행 대리가 같은 선도위원이었다. 잘 아는 사이었다.

"사장님은 기업체도 여러 개 가지고 있고 수표를 쓰세요. 재산세 이삼만 원 이상 내면 수표를 터주고 있어요?"

그래서 알아보니 나는 집 재산세 제하고는 재산세 내는 곳이 없었다. 땅을 많이 가지고 사는 것도 아니고 가게도 재산세와는 관계가 없었다. 그러고 보니 큰 여동생이 인천 주안에다 내 이름으로 건물을 사놓은 게 있었다.

11층 건물인데 모텔을 세주고 있었다.

매제가 수완이 좋아 한국전력과 아는 사람이 있어 전기사업으로 아파트 공사를 맡아 큰돈을 벌게 되었다. 자기 집도 양옥집으로 새로 지었다. 주안 건물은 빚을 얻고 대출받아 샀다고 했다. 자기 이름으로 사면 세금이 많다고 하여 내 이름으로 샀다는 것이다. 잠시 샀다가 되팔아 이익을 챙기려고 산 것이다.

그래서 내가 주안 세무서에 가서 세금을 얼마 냈는지 알아보았다. 알아보자 세금을 십팔만 원인가 내 이름으로 낸 게 확인되었다. 그래서 세금 낸 영수증을 발행할 수 있었다.

동생이나 매제에게는 비밀로 했다. 식구 가족 누구에게도 알리지 않았다. 수표를 쓰는 줄 알면 모두가 걱정할 것이었다. 선도위원인 기업은행 대리가 말했다.

"수표는 편리한 점도 있으나 제날짜에 입금을 못 시키면 부도 처리가 되기 때문에 항상 예금통장에 돈이 들어있어야 한다."고 말했다. 그날 돈이 들어오면 하루도 빠지지 말고 입금시키라고 말했다. 다음 날 찾아가더라도 통장에 돈이 있어야 한다고 했다.

처음에는 삼십만 원짜리 가게 수표 이십 장을 주었다. 매일 입금하는 성적이 좋으면 백만 원짜리로 올려 준다고 했다. 그래서 나중에는 백만 원짜리 20장을 받아쓰게 되었다. 이십 장이면 이천만 원이었다. 날짜를 늘려 발행해 쓸 수가 있었다. 그러나 날짜 전에 들어와도 은행에서는 돈을 내준다고 했다. 어음과 가게 수표는 다르기 때문에 거래하는 사람과 약속을 단단히 해야 된다고 했다.

기업은행 대리가 몇 번을 다짐했다 부도가 나도 책임을 못 진다고 못을 박았다. 그래도 나는 선도위원을 하면서 은행 사람과도 알고 지낸다는 것이 중요했다. 한동안 허덕이고만 살았던 내가 수표까지 가지고 다녀 자부심도 생겼다. 또한 경찰들까지도 알고 지내 든든한 생각이 들었다.

청계천 파출소 직원들은 나를 떠받히고 있었다. 내가 식료품 장사를 한다니까 파출소에서 커피와 라면, 참기름 등 여러 가지 식품을 팔아 주겠다고 했다. 그걸 내가 돈을 받을 수가 없었다. 큰돈도 아닌데 매월 대주겠다고 했다. 달마다 주게 되었다.

일 년 내내 무상으로 주게 되었다. 그러자 직원들이 나를 대하는 태도가 달라졌다. 나를 선도위원으로 위촉했던 형사는 나를 동대문 경찰서에 품신하여 공로가 크다고 노태우 대통령의 표장도 받게 해 주었다. 그래서 대통령 표창까지도 받아보았다. 대통령이 직접 주는 게 아니라 경찰에서 주었다.

어느 누구 사무실에 가보면 그런 표창장을 많이 볼 수가 있었다. 돈 잘 받치고, 도움 주는 사람에게 배려해 준다고 생각되었다.

애인이 생기다

　88올림픽이 끝나고 우리나라 위상이 많이 달라졌다. 공산국가였던 소련이 붕괴되고, 동구권 국가와도 수교를 맺게 되었다. 공산국가들이 많이 민주국가로 탈바꿈하고 있었다. 중국과 북한, 베트남, 쿠바 등 몇 나라 제외하고는 모두 수교를 맺었다.
　서울이 한층 달라졌다. 한강이 새로워졌고, 거리도 깨끗해지고 있었다. 날로 변해가는 서울이었다. 많은 세월이 흘러 나도 늙어가고 있었다. 오십이 넘어서고 있기 때문이었다. 그동안 고생도 많이 했고, 이제 자리가 조금 잡혔나 싶었다. 허허벌판이던 서울 영동이 천정부지로 땅값이 뛰고 있었다. 땅장사 한 사람들이 갑자기 갑부가 된 사람이 많아졌다.
　그런데도 나는 재산이 늘어나지 않았다. 종업원 월급 주고, 가게세 주고, 온갖 이것저것 경비가 많이 들어갔다. 남들은 큰돈이나 벌어 놓은 것처럼 생각하고 있었으나 실속은 없었다. 재산이라면 깔아놓은 외상값이 재산일 뿐이었다. 겨우 고향 누님 돈 천오백에서 오백 갚은 게 벌은 것이었다. 또 한 가지 늘었다면 차 한 대 새 차를 뽑은 게 재산이었다. 중고차만 타다가 몇 년 만에 새 차를 뽑았다. 그것도 반은 할부였다. 다 갚아야 내 차가 되는 것이다. 나는 가게식당까지 세 곳을 운영했다. 풍덕제분 사무실과 중앙시장 식품가게, 아내가 지키고 있는 식당이었다.
　아내가 하는 식당은 아내에게 일임했다. 식당까지 하다 보니 골치가 아팠다.
　아내에게 돈을 벌든, 벌지 않든 운영해 보라고 했다. 아내도 바빴다. 개업했던 주방장이 나가고 주인 겸 주방장이었다. 종업원 네 사람이 일하고 있었다.

　내가 퇴근할 때만 밤늦게 가서 아내를 태우고 출퇴근했다. 부모님도 집에서 고생이었다. 아내까지 나가 장사를 하고 있어, 애들 뒷바라지는 어머니가 하고 있었다. 먹는 것은 식당에서 반찬도 해주고 밥만 하면 되었으나, 늙으신 어머니는 그것도 힘겨워 하시고 계셨다. 칠십이 다 된 어머니였다. 아침은 아내가 해주고 가게를 나가지만, 저녁에는 모두 어머니 몫이었다. 장사한다고 부모님만 고생시키고 있었다. 10년이 넘게 애들은 어머니가 다 키웠다.

　아내는 결혼하고 3년은 집에서 같이 살았지만, 그 후로는 장사한다고 따로 살게 되었다. 그래도 부모님은 아내를 원망하지 않았다. 나에게 항상 아내에게 잘해 주라고 했다. 요즘 식당한다고 더욱 힘들어 한다고 했다. 어디 애들 데리고 여행이나 다녀오라고 했다.

　나는 해마다 여름이면, 봉고차를 가지고 부모님과 애들을 데리고 많이 다녔다. 고향 대천도 다녀왔고, 가까운 한탕강 주변에다 민박을 얻어 보름까지도 지내다 오게 했었다. 아내와는 부부동반으로 많이 다녔기 때문에 부모님만 모시고 애들하고 자주 갔었다. 아내는 친목회 계원들과 자주 가게 되었다. 그래서 이번에는 어머니가 애들 데리고 너희 식구만 데리고 가라고 했다. 그래서 아내와 우리 자식들만 데리고 부산에 가게 되었다. 큰딸인 진경이는 고등학생이라고 머리가 컷다고 가지 않았다.

　식당에서 일하는 조카딸만 데리고 5명이 가게 되었다. 4박 5일 일정으로 휴가차 떠났다.

　모처럼 내 식구만 데리고 떠났다. 나는 지방에 장사한다고 자주 다녀 안 가 본 데가 별로 없었다. 대구 문경, 전라도 군산, 이리, 광양, 순천, 여수까지 물건을 싣고 다녔다. 그러다 보니 많이도 다닌 셈이었다. 부산만 한 번도 가보지 않았다. 제주도도 안 가 본 곳이었다.

부산 해운대, 광한리 여러 해수욕장을 가보고 태종대, 남포동 자갈치 시장도 구경하고 오다가 경주도 들러 불국사도 구경하고 서울에 오게 되었다. 뜻깊은 여행이었다. 그 여행이 아내와는 마지막 여행이 되었다. 춘천 풍덕제분이 부도가 나서 윤한구 사장이 도망갔기 때문이었다.

나에게 큰 위기가 닥치고 있었다. 며칠 전부터 냉면가루를 주문했으나 배달이 오지 않았다.

이제는 전화도 받지 않았다. 냉면가루는 다 떨어져 가고 큰일이었다. 나는 차를 타고 춘천으로 달려갔다. 춘천공장에 도착하자 공장문이 굳게 닫혀 있었다. 윤한구 사장은 물론 어느 누구 공장직원들도 만날 수 없었다. 주위 동네 사람에게 묻자 부도가 나 모두 피해 도망갔다고 했다. 윤한구 사장은 벌써 보이지 않은 지 열흘이 넘었다고 했다. 공장 식구만 남아 있었는데 그들도 모두 가 버렸다고 했다.

"공장이 잘 되었는데, 왜 부도가 납니까? 저는 서울 직매소를 하는 사람입니다. 자세히 아는 게 있으면 말씀해 주십시오."

나는 이웃 사람에게 아는 게 있나 물었다. 그러자 그 사람은 윤 사장이 가루공장만 한 게 아니라 딴 사업까지 벌이다 그리된 것 같다고 말했다. 윤한구는 1년 전부터 땅을 사서 집을 지어 집장사를 했다고 하였다. 자금이 딸리자 여기저기 마을금고 이곳저곳에서 돈을 많이 썼다고 했다. 그래서 부도가 난 것이라고 했다.

본래 윤한구는 허풍이 좀 쎈사람이었다. 항상 큰소리치고 자기가 춘천 바닥에서 알아주는 사람이라고 했었다. 자기가 무슨 일이 있어도 냉면 가루만큼은 차질이 없도록 책임지겠다고 했었다. 계약서에도 그렇게 명시되어 있었다.

　책임이 아니라 당장이 문제였다. 거래처에 냉면가루를 못 대주면 거래처가 떨어지는 것도 문제지만 밀린 외상값도 받기 힘들어지기 때문이었다.

　거래처 찾아다니며 사정을 말했으나 갑자기 딴가루 쓰면 손님이 금방 음식 맛이 틀리다고 야단일텐데 어떻게 책임지겠느냐고 난리가 아니었다. 나와 가까운 사람은 그래도 그렇게 되었는데 전에 쓰던 대도제분 가루라도 가져오라고 했다. 그렇게 말하는 사람은 극소수였다. 모두들 외상값은 물론 손님 떨어지면 책임지라고 했다. 보통 문제가 아니었다. 거래처가 우수수 추풍낙엽처럼 떨어지고 있었다.

　그래도 지방 거래처는 별말이 없었다. 어디 물건을 갖다줘도 말이 없었다. 그러나 서울 사람들은 물건을 쓰지 않으면서 외상값도 갚지 않았다. 큰 거래처인 우이동 고향산천은 아무 문제가 없었다. 참으로 다행이었다. 그래서 고향 사람이 좋은 것이다.

　또 문제가 생겼다. 대도제분 직매장에서 현찰이 아니면 물건을 주지 않았다. 고사장이 1년 전에 목에 기도가 막혀 갑자기 죽었다. 그래서 고사장 부인이 운영하고 있었다. 처남은 나와 같이 지방장사도 했고, 잘 아는 사람인데 누님이 못 준다고 하여 어쩔 수 없다고 하였다. 밀린 대금이나 갚으라고 했다.

　현찰이 아니면 어디서도 물건을 구입할 수가 없었다. 하는 수가 없었다. 그래도 가게수표가 있어 2~3개월로 끊어주고 사정할 수밖에 없었다. 수표는 끊어주면 빚이었다. 얼마 안되어 갚아야 되는 임시방편밖에 되지 않았다.

　한 달이 지나자 춘천에 윤한구 부인이 찾아왔다. 기사와 함께 왔다. 외상 대금 받으러 왔다는 것이다. 기가 막혔다. 장사를 이 지경으로 만들어 놓고 돈을 받으러 왔다니 말문이 막혔다. 오천만 원

밀어주기로 한 것은 계약위반일 때 무효가 되어 있었다.

"여보시오 사모님, 내가 지금 어떤 처지가 되어 있는지 알고나 하는 말씀이요. 풍덕제분에서 계약위반하는 바람에 나는 풍비박산이 났어요. 거래처도 다 떨어지고 외상값도 못 받게 되었어요. 윤한구 사장한테 위약금 물어라 할 판인데 돈을 받으로 와요?" 화가 나서 마구 소리 질렀다.

그러자 윤한구 부인은 사무실 보증금을 빼간다고 했다.

"마음대로 하세요. 가루가 오지 않는데 사무실이 무슨 필요가 있어요." 말했다. 사실 창고는 필요해도 사무실은 필요가 없었다. 경리도 내보내고, 기사 한 사람도 내보낼 생각이었다. 배달도 확 줄었는데 데리고 있을 수가 없었다.

"2~3일 안에 철거하세요. 사무실 집기도 다 실어 가겠어요?"

윤한구 부인은 자기가 해 준 시설물을 가져가겠다고 했다.

"마음대로 하세요."

하고 사무실을 나왔다. 창고에 춘천 가루는 하나도 없었다. 연탄만 창고에 남아 있었다. 그것도 옮길 데가 없어 아내가 하고 있는 식당창고에 보관했다.

중앙시장 가게는 너무 좁아 물건을 둘데가 없었다. 우선 식당창고를 사용할 수밖에 없었다.

춘천하고는 이제 완전히 끝났다. 외상값 오천만 원도 갚을 수 없었다.

기사 한 사람과 경리 하나를 내보냈다. 물건이 확 줄었는데 월급만 주고 데리고 있을 수가 없었다. 중앙시장 가게에 셋째 동생까지 그만둔다고 했다. 화곡동 큰 여동생이 바쁘지 않으면 자기네 일이 바쁘다고 오빠를 보내달라고 했다. 그래서 동생도 여동생 집에 가 일하게 되었다.

남은 식구는 오토바이 기사 한 사람과 경리뿐이었다. 나도 꼼짝할 수가 없었다. 경리 혼자 가게를 맡겨놓을 수가 없었다. 그동안 남동생이 있어 맡겨놓고 마음 놓고 다녔는데 이제는 꼼짝없이 가게도 지키고 있어야 되었다.

좋은 시절은 물 건너가고, 전성시대는 끝나가고 있었다. 물건은 팔아도 외상만 늘어나고 들어오는 돈은 얼마 되지 않았다. 수표가 들어오기 시작하는데 돈은 없고 미칠 지경이었다. 이제 누구한테 빌려 쓰지 않으면 수표를 막을 수가 없었다. 고진희 집에 가서 점심을 먹으며 말해보았다. 요즘 춘천에서 가루가 들어오지 않아 타격이 심하다고 돈 있으면 천만 원만 빌려달라고 했다. 한 달 내지 두 달만 쓰겠다 말했다. 그러자 고진희가 말했다.

"윤사장이 급하기는 급한가 보네, 아쉬운 소리 한 번도 안하던 사람이 나에게 돈 얘기를 다하고 두 달만 쓴다면 빌려줄 수는 있는데 꼭 약속 지켜줘, 두 달 후에 곗돈 태워 줄 돈이야, 은행에 있으니 찾아다 줄게, 꼭 약속은 지켜…"

보신탕집 고진희는 선뜻 빌려주면서 자기가 계주라서 은행에 묶어둔 돈이 있다고 말했다.

죽으라는 법은 없었다. 아직은 누구한테 돈을 빌려 쓴 적이 고향 누님밖에 없었다.

고향 누님이 자기 돈 천만 원 갚으라고 독촉하지 않아 다행으로 생각하고 있었다. 사정이 딱하게 된 줄 알고 고향 누님은 돈 얘기를 꺼내지 않았다.

1년 동안은 그럭저럭 버틸 수 있었다. 여기저기 빌려다가 막아가며 버텨왔다. 잊고 생각하지도 않고 있었던 경은정이란 여자를 만나게 되었다.

3년 전에 월드컵이 캐나다에서 열린 적이 있었다. 나는 딴 운동

경기는 별로 좋아하지 않는데, 축구는 참 좋아했다. 외국과 축구 할 때는 만사 제쳐놓고 축구 경기를 시청했다. 운동장에는 가지 못해도 텔레비전 중계방송은 꼭 보게 되었다. 외국이라 시차가 있어 새벽 3시에 중계방송이 있었다. 한숨 자고 일어났다. 아직 밤 11시 밖에 되지 않았다.

"왜 벌써 일어나요. 3시에 한다면서… 그리고 텔레비가 부모님 방에 있는데 주무시는데 깨우실 참이요. 차라리 밖에 나가 보고 오세요. 다방은 축구 하니 문이 열려 있을께 아니요?"

아내가 말했다.

"왜 내가 그 생각을 못했지. 여자 머리가 이런 때는 잘 돌아간다니까."

하고 일어났다. 옷을 입고 밖으로 나왔다. 다방은 축구 하니 열려 있다고 생각했다. 그런데 거리로 나오자 열려 있는 다방이 보이지 않았다. 술집들만 열린 곳이 더러 있었다. 시간은 12시가 다 되고 있었다. 기왕이면 술집에 가서라도 볼 생각이었다. 몇 번 가 보았던 홍천싸롱으로 가게 되었다. 칸막이 술집이었다. 아가씨도 대여섯 두고 장사하는 집이었다. 주인마담이 인상이 좋고 매우 친절했다.

어느 술집이나 주인은 손님에게 친절하기 마련이지만, 이집 마담은 장사할 줄 아는 여자였다. 미리 들어가 앉아 있으면 마담이 먼저 인사하고 맥주 3병을 내놓았다.

"이건 마담이 주는 써비스요. 목부터 축이라고요. 색시가 필요하면 부르세요?"

그 집은 인사법이 그랬다. 그래서 친구들과 셋이서 2~3번 가 본 적이 있었다. 문을 열었다. 그런데 홀에 불이 다 꺼져있고, 사람이 보이지 않았다. 내실 방에만 불이 켜져 있었다.

"장사 끝났어요?"
큰소리로 말하자 마담이 빼죽이 문 열고 말했다.
"아니 늦은 시간에 사장님이 웬일이에요? 혼자 오셨어요 들어오세요?"
안으로 들어갔다. 텔레비전에서 야한 방송이 나오고 있었다. 홀딱벗은 남녀가 사랑을 나누는 장면이었다. 비디오를 틀어놓고 보고 있었다. 얼른 마담이 텔레비전을 끄고 있었다.
마담이 많이 굶어 있었나 보네?
"그래요. 이제 사랑하는 것도 배워 보려고요. 남자 냄새를 하도 오래 못 맡아서 오래 굶었어요.…" 농담을 하고 있었다.
"어찌 아가씨들이 하나도 안보이네요?"
"다들 외박 나갔어요. 젊은애들은 잘 팔린다니까요. 그나저나 혼자 웬일이세요. 나하고 술이나 한잔해요. 오늘은 내가 써비스할께요."
마담이 일어나 냉장고에서 맥주를 꺼내 김과 멸치 안주를 가지고 쟁반에 들고 들어왔다.
한 잔 따라주고는 말했다.
"혼자 술 먹으러 온 것은 아닌 것 같고, 어째 밤늦게 혼자 왔어요?" 그래서 내가 자초지종을 말해 주었다. 축구를 좋아해 나왔다고 집에서는 볼 수가 없었다고, 다방이 문이 열려 있나 했으나, 모두 닫아 여기까지 오게 되었다고 말했다.
"사장님 전에 냉면가루 장사한다고 들은 것 같은데 잘 되고 있어요?"
"예 꾸준해요.…"
"내가 예쁜 아가씨 하나 소개해 줄까요. 아는 동생인데 가수예요. 일류 가수는 아니고 스탠드바 같은데서 노래 부르는 애예요. 지금 스물아홉인데 시집은 가기 싫고, 중년남자 젊잖은 사람 하나 소개해 달래요. 사장님이 딱일 것 같은데 어떠세요?"

"그런 젊은 여자가 왜 중년남자를 좋아해요. 혹시 꽃뱀 아니에요. 혹시 마담이라면 모를까?"

내가 말하자 자기는 너무 늙었다고 했다. 고생을 많이 해서 지금 사십인데도 오십대로 본다고 했다.

"당장이라도 부르면 올 텐데, 한번 만나나 봐요?"

마담은 그렇게 말하고 전화를 하고 있었다. 30분이면 도착할 수 있다고 했다. 아직 시간은 1시도 안되었다. 오늘따라 별일이 다 생기고 있었다. 마담이 장사 속으로 무슨 꿍꿍이가 있는지 모를 일이었다. 맥주 2병을 다 마셨는데 밖에서 언니를 부르고 있었다.

"벌써 왔나 봐요. 내가 만나보고 데리고 들어올께요?"

하고 마담이 밖으로 나갔다 들어왔다. 들어와서는 말했다.

"여기서 만나기는 싫테요. 밖으로 나가 만나 보세요. 그 애가 남자가 그리워 안달이 난 것 같아요. 사장님이 알아서 오늘 밤 같이 즐겨봐요?"

마담은 밤을 같이 보내라고 했다. 밖에 나가 마담과 셋이서 만났다. 앞에 전봇대에 불이 들어와 있어 서로 얼굴은 알아볼 수 있었다.

"이분이야, 얘기 나누어 봐?"

마담은 말하고 들어간다고 했다. 마담이 안으로 들어갔다.

"저 윤주병이라고 합니다."하고 명함을 주었다.

"저는 경은정이라고 해요. 만나서 반갑습니다."하고 생긋 웃었다. 얼굴이 둥글고 웃는 모습이 마담과 닮아 있는 것 같았다. 키도 눈도 크고, 이목구비가 빼어난 미인은 아니지만 온순해 보이고 매력이 있어 보였다.

"밤이 늦은 시간인데 조금 걸을까요? 마담한테 은정씨 얘기는 들었습니다."

"그래요, 저도 사장님 말씀 들었습니다."

둘이서 캄캄한 밤에 주위를 걸어 로타리까지 걸었다. 신당동 로타리 뒤에 파출소가 있고, 조금 걸으면 모텔이 두 군데 있었다. 삼성 제분소 사무실도 그 근처에 있었다. 신당동에서 오래 살고, 중앙시장에 가게가 있어 이곳은 손바닥 보듯이 훤히 알고 있는 동네였다.

"축구 보러 나왔다가 언니집 가게를 들리게 되었어요. 이것도 은정씨와 인연이 되려고 그랬나 봐요. 어디 가서 축구를 보려 하는데 갈 곳이 모텔밖에 없네요. 같이 들어가 볼까요?"

"솔직히 말해줘서 좋아요. 이 시간에 갈 데가 있어요. 뭐 우리가 한두 살 먹은 어린애도 아니고 터놓고 얘기하는 게 좋아요. 들어가요?"했다. 그래서 우리는 모텔에 들어가게 되었다. 여자가 화끈해서 좋았다. 다 속셈이 있어 만났는데 숨길 필요가 없었다. 축구를 보면서 밤을 보내게 되었다.

축구가 끝나고 5시 반이었다. 집에 들어가야 될 것 같았다. 더 있으면 아내가 오해할 수도 있었다.

"은정씨 즐겁게 보냈어요. 나는 먼저 갈 테니 천천히 나와요. 이거 나가서 목욕이나 해요." 삼십만 원짜리 가게수표 한 장을 주었다. 은정은 들여다보고 말하는 게 걸작이었다.

"밤새 잠 못 자게 하더니 청량리 오팔팔 대금으로 계산해 주는 거예요. 내가 돈이나 벌자고 만난 줄 아세요. 나도 돈 많이 벌고 있어요?"말했다. 오팔팔은 청량리 창녀를 말했다.

"오해 말아요. 홍천싸롱 마담과 식사나 하라고 준 거예요. 소개해 준 보답이요?"

그렇게 말하자 받았다. 청량리 오팔팔 창녀가 잠자는데 오만 원씩 받는다고 했다. 그걸 빚 대서 말한 은정이었다. 말하는 게 보통이 아니었다.

그동안 은정과 서너 번 만나 즐겼는데 전화번호도 알려주지 않고 어디에 사는지도 알려주지 않았다. 자기가 일방적으로 전화하겠다고 했다.

나도 그런 여자를 목메어 기다리지 않았다. 그리고 3년이 지난 지금 홍천싸롱 마담이 은정이가 보고 싶어 한다고 만나자고 했다.

그래서 근래 마음도 심란하고 술이나 한잔하고 싶어 홍천싸롱을 찾았다.

"윤사장 서운한데, 애인까지 만들어 줬는데 한 번도 오지 않고 너무한 것 아니에요? 그건 농담이고 은정이가 하도 보고 싶다 하여 전화했어요. 제가 전화를 끊어 미안해서 직접 전화를 못 하겠다고 하더라고요. 다시 만나고 싶다는데 만나볼래요?"

그러면서 방에 들어가 얘기하자고 했다. 맥주도 두병 가지고 와서 마주 앉았다.

"사실은 은정이가 내 친동생이요. 내 밑으로 남동생이 둘이 있었으나 어려서 죽었어요. 그리고 태어난 게 은정이고, 또 하나 여동생이 막내예요. 딸만 셋이고요.…"

마담은 자기 가정사를 얘기하기 시작했다. 본론은 얘기하지 않고 가정사 얘기를 꺼내놓고 있었다. 친동생이라 하여 구미가 당겼다. 듣고만 있었다.

은정이는 똑똑한 애예요. 고향이 홍천인데 춘천에서 고등학교를 나왔어요. 졸업하고 서울에 와 이용학원을 다녔어요. 그런데 학원 원장한테 그만 순결을 잃고 말았어요. 원장은 육십 대인데 서울에 이발관을 5개나 가지고 있는 사람이에요. 자기 빌딩도 충무로 5가에 있어요. 그 남자와 자주 만나다가 그 사람 부인한테 발각되었나봐요. 순진한 애를 망쳐놓고 쫓겨난 거예요. 그걸 마담이 알게 되었고 대판 싸웠다고 했다.

처녀를 망쳐놓고 시집도 못 가게 만들어 놨다고, 어떻게 보상할 것이냐 마담이 집에까지 찾아가 따졌다는 것이다.

그래서 보상으로 원장의 건물에 있는 지하 이발관을 평생 할 수 있도록 주었다는 것이다. 집세도 내지 않고 하라고 각서를 쓰게 되었다고 했다. 그래서 은정이가 이발관 사장이라고 했다. 이발사와 면도사 5명을 두고 장사한다는 것이다. 지금은 퇴폐가 유행이 되어 퇴폐이발관이라고 창피해서 나에게 알리지 못했다는 것이다. 10년 가까이 하고 있다고 했다.

자기가 처음에 가수라고 소개한 것은 거짓말이었다고 했다.

만나보고 싶으면 내가 알려줬다 말하지 말고 찾아가 보라고 했다. 충무로 대한극장 주변 사거리 카도에 5층 빌딩 지하라고 했다. 이발하러 온 것처럼 가면 된다고 했다. 은정이가 사장님을 무척 보고 싶어 한다고 했다. 은정이는 자기 집에서 같이 살고 있다고 했다. 마담도 부자였다. 술집만 4개가 있고, 집도 양옥집 두 채나 가지고 있었다. 시집도 안 가고, 돈만 벌어 고향 홍천 부모님에게 양어장을 차려주고, 막내동생은 술집 하나 운영하고 있다고 했다.

그래서 은정이를 만날 수 있었다. 그 후 은정은 나와 10여 년을 애인으로 살면서 나에게 도움을 많이 주었던 여자였다.

돈을 잘 벌고 있어 필요할 때 많은 도움이 되었다. 그 집 가족들도 나중에는 다 알게 되었다.

아쉬울 때 고진희나 은정에게 빌려 쓸 수는 있어도 근본적인 해결은 되지 않았다. 급한 불은 끌 수 있어도 빌려 쓰면 이자도 만만치 않았다. 해결책은 깔아놓은 외상값을 받아야 하는데, 이핑계 저 핑계 대면서 외상값을 갚아주는 사람이 없었다. 자꾸만 빚만 늘어나고 있었다. 소액재판도 해 보았다. 최종 경매까지 가서는 자기들이 도로 사는 경우가 되었다. 식당에는 값이 나갈 물건이 없었다. 받을 금액은 천만 원이 넘었다. 그런데 경매가가 이백에 낙찰되었다. 그것도 빚쟁이들이 많아 나누어 갖게 되었다. 시간 뺏기고, 비용도 나오지 않았다. 소액재판도 아무 효과가 없었다. 다른 아는 사람을 시켜 경매 물건을 도로 사게 하여 차지하는 것이다.

안 주려고 하는 사람에겐 당할 재간이 없었다. 하는 수가 없었다. 부모님과 아내에게 사정을 알리고 집이나 식당을 팔기로 했다. 집도 내놓고 식당도 내놓았다. 식당이 팔렸으면 좋을텐데 누가 집을 산다는 사람이 있었다. 만두공장 10년 해서 겨우 마련한 집이었다. 부모님한테 면목이 없었다. 부모님은 집을 팔아서라도 빚쟁이에 시달리지 말고 팔라고 했다. 그래서 집을 팔게 되었다.

"사장님 집이 맘에 들어 사고는 싶은데 돈이 갑자기 들어오지 않아서 사천만 원밖에 되지 않아요. 집값이 칠천만 원인데 삼천만 원이 부족해요. 사장님이 삼천만 원에 전세 사는 걸로 하고 2년 후에 저희들이 삼천만 원 드리겠다고 했다."

무슨 말인지 알 수 있었다. 우리가 나가면 전셋집을 얻어야 하는데 2년을 더 살고 보증금을 돌려받는 격이 되었다.

그렇게 계약서를 쓰고 사천만 원을 받게 되었다. 삼천만 원은 2년 후에 돌려받으면 되었다. 그래서 집을 팔고 그 집에서 전세 삼천만 원에 살게 되었다.

집을 팔자 아내가 자기 동생 처제 돈을 먼저 갚으라고 했다. 집 살 때 처제한테 빌렸다고 했다.

그때는 어쩔 수 없이 처제 돈으로 생각하고 받아 집을 샀다. 10년 동안 아무리 처제 돈이지만 이자라도 주었어야 했다. 부부간이라도 돈에 대해서는 어쩔 수가 없었다. 천만 원 갚아주었다. 삼천만 원 가지고 고향 누님 돈 갚고 나자 이천만 원밖에 남지 않았다.

빌린 돈 여기저기 갚고 나자 한 푼도 남지 않았다. 사천만 원이 허망하게 다 날아가 버렸다. 벌 때는 뼈 빠지게 벌어 집을 샀지만 한 순간에 날아가 버렸다.

살아갈 의욕이 없었다. 식당이라도 빨리 팔고 편하게 살고 싶었다. 그런데 식당이 팔리지 않았다. 장사를 해봐도 몸만 고달퍼지고 외상 때문에 남는 돈이 없었다. 이제는 장사가 하기 싫어졌다.

술도 더 먹게 되었다. 정신 차려도 모자랄 판에 술에 절어 살았다. 사장이라고 손님이나 만나고 다녔는데 이제는 배달도 직접하고, 식당 업주들과 외상값 때문에 싸움도 자주하게 되었다.

또한 나의 큰 거래처 우이동 고향산천도 문을 닫았다. 날마다 물건을 몇십만 원씩 팔아 주는 거래처였는데 정부에 밉보여 영업정지가 되고 말았다.

자세히는 모르지만 영신금고 회장이 김종필의 신공화당 창당할 때 정치자금을 대주었다는 것이다. 정계에 입문하고 싶어 그랬는지 알 수는 없었다. 징역 5년 형을 받고 감옥살이를 하고 있었다.

그렇게 되자 그렇게 큰 고향산천이 하루아침에 문을 닫게 되었다. 내게는 최고의 거래처였다. 물건을 배달하면 그날 현찰로 수금해 주는 거래처였다. 고향산천과 지방장사 때문에 그래도 내가 명맥을 이어갈 수가 있었다.

얼마 못 가 또 수표를 쓰기 시작했다. 수표는 제시간에 돈이 들어가지 않으면 독촉 전화가 귀가 따갑게 빗발쳤다. 아가씨가 했다가 대리까지 전화해 독촉하고 있었다. 피 말리는 독촉이었.

"조금만 기다리세요. 곧 가겠습니다."하고 아내에게 쫓아갔다. 요즘에는 장사가 잘 안되는지 가게에서 배달해 주는 식품값도 내놓지 않았다. 두 달이나 외상하고 있었다. 아내까지도 외상 하는데 하물며 남들은 더했다.

"돈 있으면 이백만 원만 빌려줘, 수표가 들어와 은행에서 야단인데 이백이 모자라 빌려줘?"
 말하자 아내는 수표 쓰느냐고 야단치며 돈이 없다고 했다. 몇 년 동안 집에 어느 누구도 수표 쓰는지 몰랐다. 동생들도 모르고 있었다. 철저히 혼자 비밀로 했다.
 "외상값 받은 수표를 물건값으로 주었는데 그 사람이 날짜도 안 되어 집어넣은 거야, 나보고 갚으라고 하면서…?" 얼렁뚱땅 내가 둘러대면서 이백만 원만 내놓으라고 했다.
 "요즘 장사가 안돼, 돈이 없어요?" 끝내 없다고 내놓지 않았다.
 "그럼 가게에서 갖다 쓴 식품값이라도 내놓아!"하고 큰소리치고 싸우게 되었다. 공연히 식당을 차려주어 나만 골치가 아파 죽겠다고 했다. 그러자 아내가 앞치마를 집어던지며 당신이 식당까지 다 하라 하고 자기는 그만둔다고 했다.
 "당신이 다 해요. 나는 그만둘 테니 혼자 해봐요!…"하고는 식당을 나가 버렸다. 할 수 없이 고향 누님한테 돈을 빌려 은행에 넣었다.
 저녁에 식당으로 전화했으나 직원들이 아직도 들어오지 않았다고 했다. 집으로 전화해 보았다. 어머니가 전화를 받았는데 무슨 일이 있었냐고, 진경에미가 가방을 들고 집 나갔다고 말했다.

아내의 가출

어머니가 어디 가느냐 물어도 아내는 눈을 흘기며 "집 나가요!" 대문을 박차고 나갔다는 것이다. 아내가 두 번째 집을 뛰쳐나간 것이었다.

어머니의 전화를 받고 집으로 달려갔다. 어머니가 나를 보고는 힘없이 마루에 주저 앉으며 말했다.

"도대체 무슨 일이냐? 한 번도 아니고 두 번이나 집을 뛰쳐나가다니 이제 나도 모르겠다. 애새끼들 저의 에미한테 보내던지 해라! 나도 이제 지쳤다."

어머니가 그럴만도 하였다. 장사한다고 여지껏 어머니가 살림하고 애들 키우며 살으셨는데, 공연히 식당을 차려준 것이 내 잘못이었다. 시부모 모시고 살기가 싫었던지 집에서 살림이나 하라 하자 풀이 죽어 말도 잘하지 않아 빚까지 얻어서 식당을 차려주었던 게 나의 잘못이었다. 한없이 어머니에게 죄송했다.

"죄송합니다. 모든 게 제가 못난 탓입니다. 입이 10개라도 할 말이 없습니다. 죄송합니다. 어머니!"

어머니 손을 잡고 눈물만 흘렸다.

"이제 어떻게 할 것이냐? 금방 들어올 것 같지 않던데, 가방까지 챙겨가지고 나간 걸 보면 금방 들어올 사람이 아니야?"

"기다려봐야지요. 며칠 있다 들어오겠지요?"

그렇게 말하고 가게로 나왔으나 난감하기 짝이 없었다. 식당도 당장 문제였다. 주인이 없어서 내가 양쪽 가게를 왔다 갔다 하는 수밖에 별도리가 없었다.

집안도 엉망이고, 이 난국을 어떻게 헤쳐 나가야 할지 앞이 캄캄했다. 가게도 쪼달리고, 장사도 잘 안되는데 보통 문제가 아니었다.

나는 아내와 20여 년이나 살았다. 정이 없이 살았어도 아직까지 내가 헤어지자 말한 적은 한 번도 없었다. 부모님을 모시고 살았고, 애들이 있었기 때문이었다. 똑같은 부모라도 애들은 어머니뿐이었다. 아버지는 깊은 정을 주지 못한 게 살아가면서 느낄 수 있었다.

아내의 심정도 어느 정도 이해할 수 있었다. 이제 자리가 잡혀 걱정없이 사나 싶었는데 이제까지 고생한 보람이 순식간에 무너져 버렸다. 이제 다시 셋방살이가 시작되자 충격을 받은 것이었다. 새로 이사 온 지 3개월 만에 집을 나간 것이다.

한옥집은 기한이 다 되어 10년 만에 내 집이 아니었다. 삼천만 원 보증금을 찾아 가지고 양옥집 새로 지은 2층집인데 단층 전세를 얻었다. 2층은 집주인이 살았다. 방이 세 칸이나 되어 깨끗한 집에서 전세라도 우리 식구 불편없이 살 수 있었다.

그때 당시 변두리 주변은 아파트가 삼천만 원이면 살 수 있었다. 내가 내 집으로 아파트를 사서 살자 했으나, 부모님의 반대에 부딪혀 살 수가 없었다. 그때는 아파트가 엘리베이터가 없는 곳이 많았다. 부모님이 계단 오르기 힘들다 하는데 고집을 부릴 수가 없었다.

그래서 일반주택을 전세로 살게 되었다. 집도 팔아 속상한데 남편이라는 사람은 항상 술에 쩌들어 살면서 밤늦게 들어오고 있으니 열불이 났던 것이다.

그리고 수표까지 쓰고 있다는 것을 알고 고생 좀 더해보라고 집 나간 것이 아닌가도 생각되었다. 나는 술은 많이 먹어도 외박은 하지 않았다. 식당에 일하는 아내에게 집에 못 들어가게 되면 전화해서 늦을 것 같으니 먼저 집에 들어가라고 알려 주었다.

어느 날은 아버지가 며느리를 혼내고 있었다. 밤 10시만 되면 아내가 대문을 잠그자 야단을 치고 있었다.

"아직 사람이 들어오지 않았는데 남편 알기를 뭐로 보느냐고…"
내가 문단속을 할 테니 들어가라 야단치고 있었다.

그 뒤로는 아버지가 문단속을 하게 되었다. 모든 게 아내가 집안이 싫었던 게 아닌가 생각되었다.

중앙시장 가게도 식당도 내가 없으면 엉망이 되었다. 종업원에게만 맡기면 제대로 되는 게 없었다. 내가 배달까지 뛰기 때문에 가게에 붙어 있을 수가 없었다. 손해가 이만저만이 아니었다. 식당을 내놓아도 팔리지 않고 계속 빚만 늘어나고 있었다.

아내는 두 달이 넘어도 들어오지 않았다. 갈만한 곳에 다 연락해 봐도 모른다고 했다. 서대문 사촌오빠에게 전화하자 핀잔만 하고 있었다.

"이 사람아 어떻게 하고 살길래 툭하면 전화하고 야단이야! 우리 집에 온 적이 없으니 다시는 전화하지 말게?"

소식을 아는 듯했으나 딱 잡아떼었다. 어디로 갔는지 찾을 수가 없었다. 큰딸에게만 집에서 동생들 잘 보살피라 말하고, 할머니 일을 도와드리라고 했다. 큰딸도 대학 시험 준비하느라 신경이 날카로운 애였다. 모든 게 엉망이 되고 있었다. 한 가지라도 가게, 식당, 집안 등 신경을 안 쓸 수가 없었다. 총각 때처럼 자유롭게 어디든 떠나고 싶었다.

결혼 이후 좋아했던 책도 읽어본 지 오래고, 글도 쓰고 싶었으나 그런 생각은 꿈같은 얘기였다.

인생이란 이렇게 희노애락을 느끼며, 만고풍상을 겪고 살아야 되는 것인지 참으로 살아가는 게 힘이 들었다.

지방에서 물건 주문이 들어왔다. 경기도 산정호수 주변의 냉면집이었다. 그곳 운천에도 거래처가 서너 집 있었다.

미리 전화 못해 미안하다며 냉면가루 10포만 배달해 달라고 했다. 항상 택배로 소규모는 부쳐 주었는데 급하다고 배달 좀 해달라 하는데 안 갈 수가 없었다. 그래서 그쪽 방향 포천 쪽에도 가루가 떨어졌으면 가는 길인데 주문하라고 했다. 그러자 그곳에서도 5포를 시켰다. 가는 길에 갖다주면 되었다. 내일 배달해 달라는 광릉 가든도 저녁에 가는 길에 갖다주게 되었다. 그곳은 광릉 수목원 입구에 있었다. 수목원을 거쳐 포천, 운천, 산정호수까지 세 군데 배달해 주면 되었다.

나는 항상 지방 거래처는 밤에 배달을 나갔다. 서울 일이 바빠 낮에는 갈 수가 없었다. 그래서 지방에 갈 때면 이발관 은정을 데리고 다녔다. 은정도 시외 나가면 좋아했다. 서로 말동무도 되고 애인 사이라 밖에서 만나는 게 좋았다.

아내가 있을 때도 그렇게 비밀리에 다녔다. 아내는 내가 좋아하는 사람은 보신탕집 고진희만 의심했다. 그러나 사실은 고진희와는 친구였다. 이발관은 까맣게 모르고 있었다. 요즘 남자나 여자나 가정집 주부들도 애인 하나씩은 두고 산다고 했다. 물론 다 그렇다는 것은 아니지만 시대가 그렇게 풍문에 나돌고 있었다. 세상이 많이 변했기 때문이었다. 이발관에 전화했다.

"아니 주병씨 오래간만이네. 또 지방에 갈 일 있어?"

"가까운 곳이야, 운천 산정호수에 가려고 같이 갈 수 있어?"

"물론, 나야 좋지. 저녁에는 시간밖에 없는 사람인데 데리러 와, 곧 끝날 시간이야."

이발관을 찾아갔다. 6시면 언제나 이발관 문을 닫았다.

이발관에 들어갔다. 손님이 없는지 아가씨 면도사들이 카운터에 마련된 응접실에서 수다를 떨고 있었다.
"형부 왔네, 언니는 좋겠네…"
미스신이 말하자 아가씨들이 까르르 웃고 있었다. 이제는 아가씨들도 형부라 불렀다.
"그래, 잘들 있었어?"
내가 아가씨들에게 인사하자 은정이가 소리를 확 지르며 들어가라고 했다.
주인에게 꼼짝 못하는 모양이었다. 모두 은정이 말이라면 쩔쩔 맸다.
"아니 면도나 하고 다니지, 수염이 뭐야? 면도할 새도 없어?"
직업은 못 속인다더니 이발관을 하니 보이는 게 머리와 수염만 보이는 모양이었다. 은정이는 수염이 너무 길었다고 했다.
"많이 길었지, 요즘 내가 정신없어?"했다.
"미스신 형부 면도 좀 해 줘라!"
그래서 면도를 하게 되었다.
이발관에 들어가 미스신이 면도를 하려 하는데 은정이 문을 삐죽이 열고 말했다.
"너 형부에게 장난쳤다간 초상나는 줄 알아!"
은정이가 소리 지르고 문을 닫았다. 퇴폐짓 하지 말라는 것이었다. 미스신이 내 귀에 대고 귓속말을 했다.
"형부 물건 한번 만져봐야 되겠어. 물건이 얼마나 좋길래 언니가 그러는지 검사해 보게?"
그러면서 미스신은 언니가 딴 남자는 거들떠 보지도 않는데 형부한테 푹 빠져 있다고 말했다. 그러면서 슬그머니 내 바지 속에 손을 넣으려 했다. 이발관에서는 커다란 수건을 덮고 면도를 했다.

그때 은정이가 소리 질러대며 들어왔다. 화가 잔뜩 난 것 같았다.

"이년이 장난하지 말라 했는데 어디다 손을 대!"하고는 미스신을 밀쳐내고 자신이 면도를 해 주었다.

"남자는 다 똑같다니까, 못하게 내가 했는데 가만히 내버려 두고 있는 걸 내가 모를 줄 알아, 이제 우리 가게에서 이발하지 마! 손 타서 안 되겠어?"

그렇게 면도를 하고 은정이를 데리고 식당으로 오게 되었다. 창고가 없어 물건을 식당 창고에서 실어야 했다. 은정이는 마누라가 식당에 있는 줄 알고 들어오지 않으려 해 내가 없다고 말해 주었다.

식당 종업원들에게 배달 갈 물건을 실으라 하고 은정과 차 한잔 하고 있었다.

"마누라가 식당 한다며 어디 간 거야?"

"어디 좀 갔어, 있다가 말해 줄게."

"식당이 깨끗해서 좋네. 나도 식당이나 할까?"

"식당은 아무나 하는 줄 알아, 주인이 어느 정도 기술이 있어야 해…"

얘기하는 동안 물건을 다 실었다. 배달을 가게 되었다.

"9시 되면 일찍 문 닫아라."

종업원들에게 말하고 나왔다.

먼저 광릉으로 출발했다. 오는 동안 은정과 별말을 하지 않았다.

"아까 보니 식당 분위기가 무거워 보이던데, 무슨 일 있는 거야?"

"일은 무슨, 아무 일 없어."

"내 눈은 못 속여, 아까 종업원들이 사모님 어쩌고 하던데, 가게에 없는 걸 보면 이상해?"

은정은 아내가 식당에 없다고 궁금해하고 있었다.

"물건 다 내려놓고 저녁 먹으며 얘기해 줄게 산정호수 근처에 장어집 잘 하는데 있어, 그곳에서 저녁 먹자구…"하고, 아무 말도 하지 않았다. 포천 거래처까지 오는 동안 말을 하지 않았다. 광릉가든 물건 내려주고 광릉 산속을 지나 포천까지 왔다. 포천에 들려 계산하고, 운천에 도착하여 산정호수 근처 냉면집에 도착하자 9시가 넘었다. 주인이 급하게 시켜 미안하다며 10포 값 모두 계산해 주었다. 몇군데 팔아 돈이 두둑하게 들어왔다. 지방장사는 현찰장사라 좋은데, 서울은 그렇지 않았다. 갖다주면 외상이고, 그것도 찔끔찔끔 갚았다. 나는 현찰 주고 물건 구입하니 빚만 늘 수밖에 없었다. 그렇다고 물건을 끊으면 외상값 받기가 더욱 힘들었다. 울며겨자먹기로 장사하는 꼴이 되었다.

장어집에 들어갔다. 장어를 주문하고 집에 부모님께 전화했다. 지방에 와 집에 못 들어간다고 연락했다. 은정을 만났는데 집에 들어가기가 그랬다. 연락을 해 드려야 부모님이 걱정을 하지 않았다.

"집에 안 들어가게, 너무 늦더라도 들어가, 부모님 걱정시키지 말고 마누라도 없다면서…"

은정은 자지 말고 가자고 했다.

"그럼 은정이가 서운하지 않아, 마누라도 없는데 은정과 외박 한번 하려고…"

"말해봐, 무슨 일이야. 마누라가 없다니, 아까 얘기해 준다고 했잖아?"

얘기하는 중에 장어가 초벌구이해서 나왔다. 우선 술 한잔하고 얘기를 시작했다.

"사실은 아내가 집 나간 지 두 달이 넘었어. 내가 요즘 어렵거든, 집도 팔고 몇 달 전부터 전셋집에 살아, 수표 때문에 아내와 싸웠어, 수표 막게 돈 좀 있으면 달랬더니 앞치마를 집어던지며 식당 그만둔다고 집 나가고 말았어, 지금 집안이 엉망이야…"

"그런 일이 있었구나, 돈이 급하면 나한테 말하지 그랬어?"

"저번에도 빌려 썼는데 벼룩도 낯짝이 있지, 말 못하겠더라."

은정은 우리가 그런 사이밖에 아니냐며 어려운 돈 문제라면 도울 수 있다고 했다. 자기는 주병씨가 양옥집 새집에서 살아 잘 사는 줄 알았다고 했다. 은정이 동생이 알고 보니 우리 전셋집 밑에 집에 살고 있었다. 동생한테 내가 새집 좋은 집에 산다고 들었다고 했다.

"그 집이 전셋집이었어, 전세도 못사는 사람도 있는데, 집 팔았다고 집 나가는 여자가 어디 있어, 주병씨 마누라 애인 생긴 게 아니야?"

그러면서 자기가 들어가 살겠다고 했다. 주병씨가 원하면 자신 있다고 했다.

"어림없는 소리 하고 있네, 은정이 살림이나 해보고 그런 소리 해, 부모님 두 분 계시고, 자식이 셋이나 있어, 감당할 수 있겠어, 하루도 못살걸…"

"무슨 소리야, 내가 깡다구가 얼마나 있는지 모르는구먼, 나도 쓴 맛 단맛 다 보고 살았어, 남자 놈 때문에 요 모양으로 살고 있지만 현모양처로 살고 싶은 여자야…"

은정은 자신 있게 말했다.

"쓸데없는 소리 그만하고 술이나 마시자."

말하고 저녁 겸 소주를 둘이서 4병이나 마셨다. 술이 들어가 취해 있었다. 장어집에 계산해 주고 차에 올랐다. 운전대를 잡자 은정이 말했다.

"어디로 가려고? 운전할 수 있겠어?"

"끄떡없어, 이 정도는 보통이야, 이곳은 동네가 후져 깨끗한 모텔도 없는 곳이야, 아까 오다가 봤는데 광릉 지나서 산속에 멋있는 모텔이 보이더라, 기왕이면 좋은 데로 가자?"

은정이 말했다. 그래서 차를 몰아 의정부 쪽으로 달렸다. 그곳 고개에는 삼거리인데 검문소가 있었다. 언제나 경찰과 헌병이 검문을 서고 있었다. 위반을 하든 안하든 밤이라 검문을 하고 있었다.

그 시절에는 술 먹고 운전하는 게 일상화되어 있었다. 정 까다롭게 굴면 오천 원 주면 무사통과였다.

검문소가 가까워 차 속도를 줄이고 천천히 몰았다.

"검문소에서 걸리는 것 아니야?"

은정이 걱정스럽게 말했다.

"괜찮아, 몇 푼 집어 주면 되지."

그러나 예상이 빗나가고 말았다. 경찰만 검문을 섰다면 문제가 아닌데 헌병이 통하지 않았다. 아무리 사정해도 소용이 없었다.

"당신들 얼마나 술을 먹었는지 차가 지그재그로 왔어요. 가다가 사고칠 게 뻔한데 경찰에 가 하룻밤 쉬고 가세요…"

헌병은 그렇게 말하면서 경찰서에 보냈다. 경찰과 함께 가까운 송우리 경찰서로 가게 되었다. 은정과 하룻밤 즐기려 했던 게 경찰서에서 잡혀 꼼짝을 못했다.

내가 순경에게 죄송하게 됐다며, 차도 신분증도 모두 맡겼는데 여자가 있으니 밖에서 자고 아침 일찍 오겠다고 사정했다. 그리고 서울 동대문경찰서 소속 파출소 소장에게 연락하면 보증을 서 줄 거라고 했다. 도망갈 사람이 아니니 편리를 봐 달라고 부탁했다.

그래서 경찰서를 나와 송우리 여관에서 잘 수 있었다. 여관에 도착해 관내 파출소 소장에게 연락했다. 다음날 일찍 찾아오겠다고 소장이 말했다. 다음날 파출소 소장과 형사 선도위원을 위촉했던 김형사가 송우리로 찾아왔다. 송우리 담당 경찰에게 어떻게 연락했는지 풀려나게 되었다. 맨입으로는 안된다고 하여 약을 쓰게 되었다. 자그만치 약값이 오십만 원이었다.

오십만 원을 쓰고 경찰서에서 풀려나왔으나 그것뿐이 아니었다. 파출소 소장과 형사가 아침 일찍 찾아왔는데 그냥 보낼 수가 없었다. 포천 이동에 가서 이동갈비 사주고, 차비 줘서 보낸 게 오십만 원이 들었다. 그날 지방 장사는 헛장사였고, 은정과는 자지도 못해 밤새 불안에 떨고 밤을 새웠다. 백만 원이 날아가 버렸다.

그런 일로 인해 이발관 은정과 급속도로 가까워져 거의 매일 만나고 있었다. 은정의 도움으로 당장 쪼들리는 빚도 이자를 갚아나가 한숨 돌리게 되었다.

아내는 6개월이 지났는데도 오지 않았다. 은정이는 돌아오면 아내와 이혼하고 자기가 들어와서 살겠다 하고 있었다.

그러나 말이 되지 않았다. 명색이 처녀인데 은정의 부모가 허락할지도 의문이고, 애들이 셋이나 있고 부모까지 모시고 사는데 가당치도 않은 말이었다.

은정의 언니나 어머니는 만나 보았는데 허락하고 있었으나, 은정 아버지는 나를 쳐다보지도 않았다. 은정이네 집에도 몇 번 찾아가고 친척 결혼식에도 참석했었다. 은정이 동생 결혼 때도 참석했었다. 그런데 아버지의 반대가 너무나 심했다. 은정이와 이루어질 수 없는 관계였다. 참으로 이루어질 수 없는 관계인데, 은정은 내가 어디가 그렇게 좋은지 인연의 끈을 놓지 않고 있었다. 한 번은 임신을 했다고 낳겠다고 하고 있었다. 내가 그건 절대 안된다고 반대했다. 그래서 아기를 지우지 않으면 만나지 않겠다고 했다. 아무 결론도 나지 않았는데 불행의 씨를 만들어 어떻게 할 것이냐고 설득하여 지우게 되었다.

그 후 은정은 차를 샀다. 엘란트라였다. 면허증을 땄는데 연수를 못했다며, 나에게 연수를 시켜달라고 했다.

그래서 연수를 시켜주기로 했다. 그런데 차가 오토였다. 나는 아직 오토는 운전을 해 보지 않았다. 내 차는 스틱이었다. 스틱만 운전했는데, 오토는 기어가 자동으로 조작되었다. 몇 번 해보자 너무나 편리하고 좋았다. 그래서 은정과 보름 동안 남한산성도 다니고, 광주 이천도 왔다 갔다 하면서 연습을 했다. 보름이 지나자 은정은 잘하고 있었다. 그래서 교문리 양수리 양평까지 드라이브를 즐기고 다녔다. 양수리 거래처에 들러 음식도 사 먹고, 한 달 동안 은정이 운전하며 다녔다. 제대로 연수가 되었다.

은정과 나는 이제 헤어질 수 없을 만큼 사랑이 두터워지고 있었다. 아마 10년은 넘게 그렇게 살아온 것 같았다.

어느 날 사촌 동생이 식당으로 나를 찾아왔다. 사촌 동생은 백부의 아들로 거의 우리 집에 자주오는 사촌이었다.

근래에 무슨 일을 하는지 돈을 많이 벌어 집도 사고, 고급 승용차도 사가지고 타고 다녔다.

"형님에게 부탁이 있어 찾아왔습니다. 식당 명의 좀 한 달만 빌려달라고요?"

"식당 명의를 빌려 어디에 쓰려고? 빌려주는 것은 문제가 없지만 무슨 일인지 알고는 있어야 되지 않겠니?" 말하자 사촌 동생은 자기가 카드장사를 한다고 했다. 커다란 술집들이 카드 매출전표를 팔아 먹는다고 했다. 그걸 자기가 사가지고 은행에 넣으면 많은 돈을 벌 수가 있다고 말했다.

예를 들어 백만 원 사면 7할은 수수료 제하고 버는 것이라고 했다. 십만 원짜리 카드를 구만 원에 산다고 했다. 은행에서 3일 만에 찾는데 수수료 3 프로 제하고 이익이 칠천 원이 남는다고 했다. 백만 원 사면 칠만 원이 남았다. 천만 원을 산다면 하루에 칠십만 원을 버는 것이었다. 술집들은 매출의 20 프로가 세금이었다. 그렇게 세금을 낼 바에는 카드 장사에게 팔면 10 프로가 이익이고, 세금 과표도 잡히지 않았다. 말하자면 술집과 카드 장사가 짜고 국가 세금을 도둑질해 먹는 것이었다. 불법인데 그렇게 벌어먹는 사람이 많다고 하였다.

그런데 식당 명의를 빌려 달라는 것은 술집에서 산 카드를 식당에서 매상이 오르는 것처럼 하여 은행에서 찾는다는 것이다. 술집 카드가 우리 식당으로 돌와 온 것이다.

"그러면 세금은 내가 물어야 되는 게 아니냐?"

내가 묻자 사촌동생은 한 달 매출 가지고는 세금이 올라가지 않는다고 했다. 그래서 한 달만 빌려 달라는 것이었다.

"우리는 카드 가맹점도 내지 않았는데…"하자 사촌은 자기가 내 가지고 한다고 했다.

그래서 한 달간 빌려주기로 했다. 사촌이 그 댓가로 백만 원을 놓고 갔다.

불법인데 지금은 아직 단속이 없다고 했다. 잠깐 동안 벌고 집어치운다고 했다. 아직은 카드가 활성화되지 않아 단속이 없어서 큰 술집이나 유흥음식점에서 카드를 많이 판다고 말했다.

세상은 뛰는 놈 위에 나는 놈이 있다고 돈벌이에 눈이 어두워 국가세금까지도 가로채고 있었다. 이렇게 되면 나도 공범이나 마찬가지인데 불안한 마음도 생겼다. 모처럼 부탁인데 안들어 줄 수가 없었다. 그래서 사촌이 한 달간이나 식당 명의를 빌려 쓰게 되었다.

한 달이 지나자 화곡동 큰 여동생도 카드 장사한다고 명의를 빌려달라고 했다. 사촌이 땅 사면 배가 아프다 하는 말이 있는데 동생이 그 꼴이 되었다.

"위험한 장사를 왜 하려고 해" 그러다가 나까지 공범으로 몰리게 된다고 말했다.
"오빠 걱정 말아요" 오빠에게 피해 안 가도록 할 테니 걱정 말라고 했다.
그래서 여동생도 카드장사에 나섰다. 그 후 사촌 동생은 경찰에 잡히게 되었다. 꼬리가 길면 잡히게 되어 있다고 단속에 걸리게 되었다. 내 친구가 있는 변호사협회에 연락하여 친구가 변호사를 선임해 주어 3개월 만에 풀려 나왔다.
금융사범들은 돈만 쓰면 쉽게 풀려 나오니 불법을 저질러도 돈으로 해결하고 나오게 되었다.
그래서 불법을 저질러 돈 버는 사람이 세상에는 너무나 많다고 하였다. 카드장사만 해도 기업으로 하루에 몇십억씩 사는 사람도 있었다. 하루에 일억 원을 사면 이익이 칠백만 원을 버는데 그보다 더 좋은 장사가 어디 있냐고 했다. 걸려도 감옥 갈 사람은 대리로 일억 원만 주면 얼마든지 있다고 했다. 나도 한때는 카드를 사서 동생에게 넘겨주고 3부 이자를 받은 적이 있었다. 식당을 팔면 큰애 딸의 대학 입학금으로 쓰려했는데 모두가 수포로 돌아가고 말았다. 남들은 남의 돈도 잘도 떼먹고 산다는데, 나 같은 사람은 그런 재주도 없었다. 다행히 큰딸이 두 군데 시험을 쳤으나 모두 떨어져 대학에 진학하지 못했다. 한 군데 광운전자대학교에 시험을 보았고, 한 군데는 인천 인하대학교에 시험을 쳤으나 떨어졌다. 내가 인천까지 봉고차에 태워 시험을 보게 했었다.
그 후 아내 소식을 들을 수 있었다. 아내는 서울 시내 모 식당에서 찬모로 일하고 있다고 어느 주방장이 알려 주었다.
내가 웬만한 주방장은 잘 알고 있어 식당에서 일을 한다면 쉽게 찾을 수 있었다. 그래서 찾아갔으나 내가 알게 된 것을 알고 자취를 감추고 말았다. 두 군데나 알고 찾아갔으나 미리 도망가고 없었다. 같이 일했다는 주방장이 말했다.

"아주머니가 집에 들어가고 싶은데 내가 찾지 않아서 못 들어간다고, 혹시 나를 만나면 서대문 오빠 집으로 연락하라고" 했다는 것이다.

그래서 내가 서대문 오빠 집에 찾아가게 되었다. 사촌오빠지만 아내가 그 집을 의지하고 살았다. 부모님과 동생들에게 알려 상의한 끝에 데리러 가게 되었다. 거의 집 나간 지 1년 만이었다.

차에 태우고 서대문 오빠 집에서 나왔다. 근 1년 만에 만나는 아내였으나 나도 할 말이 없었다. 그동안 나는 아무것도 없는 빈털터리가 되었다. 식당도 팔아 빚잔치했고. 전세보증금 계약서 맡기고 친구한테 이천만 원을 얻어 쓰게 되었다. 남은 것은 집세 보증금 천만 원과 봉고차 한 대뿐이 없었다. 기사 한 사람과 경리 하나 두고 중앙시장 가게만 지키고 있었다. 중앙시장 가게는 보증금도 없이 월세만 고향 누님에게 주고 있는 가게였다. 물건도 돈이 없어 제대로 갖추지 못하고 장사하고 있었다.

아내와 집으로 가면서 말이 없다가 내가 먼저 입을 열었다.

"나, 지금 아무것도 없어, 당신이 나가고 빚만 늘어 식당도 팔아 빚잔치했어, 살림집 보증금마저 빚에 잡혀 있어, 당신 어떻게 할 거야?"

아내의 말을 들어 보려고 말했다.

"그럴줄 알았어요. 당신이란 사람 그렇게 될까, 내가 돈 벌러 나간 거예요. 이혼하고 헤어지던지 마음대로 해요. 그 대신 애들은 내가 데리고 살거에요. 당신은 부모님 모시고 살아요. 아무래도 같이 살 수는 없을 것 같아요…"

그렇게 얘기하고 집에까지 오게 되었다. 부모님도 별말씀이 없다가 너희들 일이니 너희가 결정하라고 했다. 애들은 엄마가 왔다고 좋아하고 있었지만, 집은 냉랭한 분위기로 살얼음판 같았다. 동생들도 두 사람이 알아서 결정하라 말하고 가게 되었다.

그렇게 결론을 내지 못하고 3개월을 같이 살았다. 어른들은 침묵 속에서 살게 되었다. 집주인이 전세 기한이 끝났다고 집을 비워달라고 했다. 집세 계약서가 친구 재봉이한테 있었다. 빚을 갚아야 보증금을 찾아 나갈 수 있었다. 돈이 천만 원밖에 남지 않았는데 사글세방 밖에 얻을 수 없었다. 그런 사실을 부모님은 알지 못하고 있었다. 전세금도 못 찾는다고 했다가는 부모님이 졸도할 것이었다.

화곡동 큰 여동생을 찾아가 사실을 말하고 돈을 이천만 원 빌려달라 말했다. 부평 건물 살 때 내가 이억오천만 원이나 대출해 주어 건물을 살 수 있었다. 큰 여동생은 빌려줄 돈은 없고, 부평 옥탑방이 비어 있다고 했다. 그곳에 이사 와서 살라고 했다. 옥탑방이 40평은 된다고 했다. 가보니 거실도 넓고 운동장 같았다. 5층 건물인데 바로 부평역 앞에 있었다. 마당도 넓고 화단도 있었다.

우리 식구 살기에는 아무 불편이 없을 것 같았다. 다만 옛날에 지은 건물이라 승강기가 없어 노인들이 걸어 다니기 불편할 것 같았다. 아버지는 아직 건강하기 때문에 문제가 없지만, 어머니가 힘들어하실 것 같았다. 그래도 그런 집에 살 수 있게 되어 동생에게 고맙다고 했다.

아내와 별거

아내는 부평 옥상 건물에 옥탑집으로 이사 왔다가 한 달 만에 서울 신당동에 집을 얻어 나갔다.

애들하고 같이 살겠으니 애들이 결혼할 때까지 헤어져 살자고 했다. 큰딸은 엄마한테 가지 않다가 직장이 생겨 나중에 엄마와 같이 살게 되었다. 부모님에게는 동생이 옥탑방을 주었다 하지 않고 전세를 받고 준 것이라고 말했다. 동생과 그렇게 약속을 했던 것이다.

그 뒤 나는 장사를 집어치웠다. 고향 누님에게 장사를 인계했다. 고향 누님 아들이 군에서 제대하여 놀고 있었다. 거래처 모두 인계해 주고 오토바이까지 주게 되었다. 그래서 식품 장사도 하지 않고 놀다가 광릉 가든식당을 하게 되었다. 그전에 수표가 부도가 났기 때문이었다. 도저히 수표를 막을 수가 없어 동생들이 수표를 막고 해결이 되었다. 그래서 나는 그 후 10년간이나 은행거래를 할 수 없는 신용불량자가 되었다.

백수가 되어 놀고 있는데 광릉사장이 내게 전화를 해 식당을 나보고 하라고 했다. 나와 10년 넘게 거래했던 여사장이었다. 마음 착한분이 안됐다면서 자기는 그동안 돈을 많이 벌었다고, 나보고 집세만 내고 하라고 했다. 모든 집기는 다 그냥 주겠다고 했다. 그래서 돈 한푼 안들이고 식당을 할 수 있었다. 그 지역이 5년이 지나면 도시계획이 되어 있어 그때는 비워줘야 하는 지역이었다.

광릉 수목원에 들어가기 전 삼거리에 있었다. 평수가 주차장이 넓어 300평이나 되는 식당이었다. 야외까지 원두막이 있어서 야외에서도 음식을 팔 수 있었다.

아내는 아내대로 중앙시장 뒷골목에 20평짜리 식당을 하게 되었다. 서로가 각자 벌어 쓰게 되었다. 아내는 애들에게 쓰고, 나는 부모님에게 쓰면 되었다. 그렇다고 내가 애들한테 안 쓸 수가 없었다. 수시로 찾아와서 애들이 돈을 타가고 있었다. 이발관 은정이가 주말에는 와서 도와주고 있었다. 식당을 해보니 종업원 월급 주고 내 월급은 충분히 벌 수 있었다. 그런데 혼자 식당을 운영하는 것이 쉽지 않았다. 그곳은 관광지라 예약이 있으면 손님을 모시러 가게 되었다. 서울, 의정부 그 지역 공장이나 군부대에 손님을 모시러 가게 되었다. 그러니 자리를 비우게 되어 새나가는 돈이 많았다. 계산상으로도 비는데 크게 떨어지는 게 없었다. 그래서 1년 만에 그만두게 되었다. 은정의 시집간 동생에게 천오백만 원에 팔게 되었다. 맨몸으로 들어가 천오백만 원 벌어 가지고 나왔다. 모두가 이발관 은정이가 힘을 써준 덕이었다. 자기 여동생이 술장사가 지겹다고 하자 식당을 소개하여 하게 되었다. 결혼한 지 얼마 안 되어 남편과 같이 하게 되었다.

나는 식당을 팔아 돈을 벌 수 있었고, 은정이 동생은 큰식당을 싸게 얻게 되었다. 그 후 나는 놀다가 지방에 취직이 되어 다녔다. 포천 가서 식당을 개업해 주고 나왔고, 청주에 가서는 6개월 있다가 오게 되었다. 은정이 차를 몰고 청주까지 와서 자고 가기도 했다.

나중에는 설악산 근처인 평원가든이란 식당에 있기도 했다. 속초 관광지였다. 그동안 아들은 군대에 가 너무 맞아 정신병자가 되었다. 의가사제대하고 나오게 되었다. 또한 제주도에 가서 반년 넘게 일을 했다. 그 해 딸을 결혼시켰고, 딸은 시집이 부평이라 부평에서 살게 되었다. 딸 결혼식 때는 제주도에서 돼지족발을 300개나 삶아 가지고 항공편으로 부쳐 피로연에 쓰기도 했다.

아들과 아내를 오게 하여 제주도 여행을 시켜주고 며칠 동안 식당에서 식사는 하고, 호텔에 묵게 하였다. 식당 주인이 경비를 부담해 주었다. 고마운 분들이었다.

그게 아내와 작별인사였다. 그 후로는 아내와 만나지 않았다. 애들만 보고 오게 되었다. 제주도에서 올라와 고진희 집을 찾게 되었다. 고진희가 나에게 술 한 잔 주고는 빤히 쳐다봤다.

"왜, 그렇게 봐? 내가 부끄럽게.…"

"주병씨 많이 변했다. 옛날 주병씨가 아닌 것 같아?"

고진희는 그렇게 말하면서 자기도 술 한 잔 달라고 했다. 술은 한 잔도 못 하는데 오늘따라 이상했다. 나는 잔을 비우고 고진희에게 한 잔 주었다.

"술 못하잖아. 웬일이야? 술 배웠어?"

"너무 반가워서 한 잔 하고 싶어."

고진희는 한 잔 쭉 마시고는 찡그리고 있었다. 고진희가 술을 마시는 모습은 처음 보았다.

"이렇게 쓴 술을 뭣 하러 마시는지 모르겠어, 남자들은 술 마시는 돈은 아깝지 않은가 봐?"

"처음이니 그렇지. 자꾸 마시면 나중에는 술이 달아, 두잔 세잔 술이 취하면 기분도 좋아지지, 일종의 마약 같은 게 술이야, 그러나 괴로울 때 마시면 더욱 슬퍼질 때도 있어, 괴로움을 달래기 위해 마신 술이 독이 될 때도 있는 거야! 아무튼 기분 좋을 때 마시면 기분이 더 좋아져.…"

나는 술에 대한 예찬론을 별다른 지식도 없으면서 얘기했다.

"그럼 한 잔 더 먹어볼까? 기분이 좋아지나?"

고진희는 술 한 잔 더 달라고 했다. 나는 한 잔 마시고 또 주었다. 두 잔을 먹고 난 고진희는 금방 홍당무가 되어 버렸다.

"기분 좋은데! 그런데 어지러워?"

"이제 그만 마셔, 취하면 나 책임 못 져?"

내가 웃으며 말하자 고진희는 취한척하며 말했다.

"야, 우리는 친구잖아? 끝까지 책임져야지 주병씨는 변했어, 우리 못 만난 지 5년도 넘었잖아. 사람이 그렇게 무심할 수 있어, 우리가 지내 온 세월이 얼마인데.…"

고진희는 옛날 즐거웠던 시절을 회상하고 있었다. 친구같이, 연인같이 10여 년을 즐겁게 지냈던 사이였다. 은정이를 알고부터 사이가 벌어져 자주 만나지 못했다. 아마 은정이 아니었으면 고진희와 이루어졌을지도 모른다. 옛날 아내가 고진희만 가게에 찾아오면 무단히도 싫어했었다. 물건을 사러 와도 반갑지 않게 생각했던 아내였다. 그만큼 질투가 날 만큼 가까웠던 사이였다. 고진희와 이런저런 즐겁게 얘기를 나누는데 고진희 딸이 학교 갔다 돌아왔다.

"아저씨!"하며 고진희 딸은 나에게 와 반갑게 인사했다. 중학교 때 보고는 처음이었다. 이제는 어엿한 대학생이고, 처녀가 되었다.

"잘 있었어, 몰라보겠구나, 이제는 완전히 처녀가 다 됐네?"

"왜, 한 번도 안 오셨어요. 얼마나 보고 싶었는데.…"

애들도 잘 따랐던 관계로 반가워했다.

"참 주병씨 딸은 시집갔어? 지금 나이가 꽤 들었을텐데?"

"얼마 전에 결혼했어."

"왜 연락 안 했어, 하여간 주병씨는 우리를 어떻게 생각하고 사는 거야.…" 고진희는 서운해하고 있었다. 친척 이상으로 의지하고 살았는데 너무했다고 서운해했다.

"성희 결혼식 때는 꼭 올게, 성희야 결혼할 때 알려라?"

고진희 딸에게 말했다.

"그럼요, 아빠도 없는데 아저씨가 손잡고 들어가야지요."

고진희 딸은 그렇게 말했다. 그만큼 내가 이들 가족에게 친절하게 대해 주었다.

"주병씨는 다 좋은데 너무 착해서 탈이야, 그러니 이용만 당하고 망했지. 좀 남자가 박력있게 살아봐!"

고진희는 나에게 충고하고 있었다. 사람이 너무 착하게만 살아도 남들이 이용한다고 했다. 자기가 도와줄 테니 무슨 장사하게 되면 연락하라고 했다. 고마운 말이었지만 고진희한테 도움받고 싶지는 않았다. 그날 고진희 집에서 오랜만에 술 한 잔 나누고 고진희 가족과 헤어졌다. 몇 년 후 고진희 딸 결혼식에 참석했었다. 그 후로는 만나지 않았다. 고진희 집을 나온 나는 창성주방 강일덕을 찾아갔다. 고진희 집에 왔다 가고 그냥 갔다면 강일덕이 서운해할까 봐 찾아갔다. 강일덕 가게와 고진희네 식당은 불과 10미터 거리에 있는 이웃이었다. 황학동 일대에는 고물상이 즐비해 있는 거리였다. 이곳은 없는 것이 없었다. 옛날부터 고물시장으로 알려진 동네였다. 강일덕이 이곳에 주방도구 상회를 차리자 너도나도 주방그릇 도매상이 생기게 되었다. 강일덕은 동대문 근처 종로5가에서 냉면기계 장사로 오랜 세월 보내 장사꾼으로 수완이 좋았다. 중앙시장은 나 때문에 오게 되었다. 내가 개업 집마다 소개해 주고 그릇과 냉면기계도 많이 팔아 주었다. 그래서 나와는 친한 친구가 되었고, 우리가 식당 할 때 많이 도와준 절친한 친구였다. 지금은 돈을 많이 벌어 가게가 두 곳이나 되었다. 마침 강일덕이 가게에 있었다.

"아니, 윤사장 이게 얼마 만이요?"

강일덕은 반가워하면서 악수를 청했다. 나도 손을 잡고 반가워했다.

"잘 지냈어, 지방에 좀 있느라고 못 왔네. 제주도에 가서 일 좀 하다 왔어.…"

"전화라도 하고 지내자고, 우리도 이제 늙어가는데 친구가 제일이지. 아주머니도 식당 그만두었던데?"
"그 사람 이제는 남이나 다름없어, 헤어져 산지 5년이나 되었어."
"조강지처인데 헤어지면 되나, 바람은 피워도 조강지처 버리면 벌 받는지 몰라, 찾아가서 잘못했다고 빌어.…"
"이 사람 오래간만에 만났는데 쓸데없는 소리하네, 나 가겠네."
 강일덕이 잡아끌었다. "공연히 집안 얘기했나 보네, 참 고진희가 자주 자네 소식 묻던데, 찾아가 보지 그러나?"
 강일덕은 고진희 얘기를 꺼냈다. 나는 만나고 오는 길이라고 말했다. 금방 탄로가 날텐데 속일 수가 없었다. 강일덕은 한 잔 하러 가자고 했다. 고진희와 한 잔했는데 강일덕과 또 술을 먹게 되었다. 강일덕은 그곳에서 가까운 청계천 8가 원보쌈집에 데리고 갔다. 이곳은 유명한 보쌈집이었다. 언제나 손님이 바글바글 앉을 자리가 없었다. 오래도 되었지만 손님이 끊이지 않았다. 집은 허술한데도 어디서 찾아오는지 앉을 자리가 없었다. 얼마나 손님이 많이 들랑거리는지 홀바닥이 시멘트바닥인데 골이 패여 있을 정도로 손님이 많았다. 자리가 없어 이웃 중국집으로 안내했다. 손님이 많아 저녁에는 중국집을 빌려 쓰고 있었다. 보쌈은 팔고, 술은 중국집에서 파는 조건으로 빌려 쓴다고 했다. 우리는 중국집에 가 술을 먹게 되었다. 강일덕과 주거니 받거니 몇 병을 마셨다. 강일덕은 조그마한 식당이라도 하라고 했다. 돈이 없으면 제가 빌려준다고 했다.
"아니야 식당은 혼자는 못 해, 옛날 광릉가든 할 때도 혼자 하니 종업원들이 장난쳐서 남는 게 없었어.…"
 나는 혼자는 안된다고 했다. 나 혼자 직장 다니며 산다고 했다.
"이제 나이가 오십이 넘었는데 무슨 직장이야. 내 말대로 해, 혼자 할 수 있는 가게 알아봐, 내가 도와줄게."

강일덕은 돈은 대여해 줄 테니 알아보라 말했다. 고진희와 똑같은 얘기였다. 나는 강일덕과 고진희를 만나고 마음이 심란해졌다. 그들한테 도움을 받아 가게를 차리고 잘 되면 모르지만 잘못되면 그들을 어떻게 보겠는가 부질없는 생각인 것 같았다. 강일덕과 헤어져 술이 잔뜩 취해가지고 비틀비틀 걷고 있었다. 그곳에서 아내가 있는 곳은 광무극장 건너편 골목이었다. 애들과 전셋집에 살고 있었다. 아들도 몸이 어떤지 궁금해 찾아가고 있었다.

제과점에 들러 여러 가지 빵을 사가지고 애들이 있는 집으로 들어갔다. 방에 들어서자 아내가 짜증부터 냈다.

"아니, 술 냄새! 얼마나 먹었길래 술 냄새가 진동해?"

"모처럼 좀 먹었어, 애들은 자는 거야?"

애들이 내 목소리를 듣고 옆방에서 나왔다. 애들이 엄마 있을 때는 말을 잘하지 않았다. 막내가 내 곁에 와서 "빵 사온거야." 하고 집어 들고 저희 방으로 갔다. 아들도 꾸벅 인사하고 제방으로 갔다. 정신이 전보다는 나아진 것 같았다.

"근이 약은 제대로 먹는거야? 병원에서 좀 나아졌대?"

"그게 금방 낫는 병이야? 꾸준히 약을 먹어야된대."

아내는 대답하고 애들한테 갔다가 다시 와 내게 말했다.

"제주도에서 온 거야?"

"장사가 안돼서 그만뒀어."

"어디 가면 진득이 좀 있지, 주인이 좋던데 왜 그만두었어?"

"장사가 너무 안됐어, 그만두라고 하기 미안하니 식구들 데리고 와 구경시켜 준다고 비행기표 사준 거야, 그래서 당신과 아들 구경시키려고 부른거야." 사실 그랬다. 그래서 아내와 아들이 제주도 구경하게 된 것이었다. 나는 아내와 얘기를 나누다 식당같이 해 보겠냐 말했다. 그냥 떠보는 소리가 아니라 같이 한다면 할 생각이었다.

강일덕이 말대로 조강지처 버리면 죄 받는다 하여 말했던 것이다.
"식당 할 돈은 벌어놨어?"
"창성주방 강일덕이 빌려준다고 했어, 일덕이 만나 술 한잔하고 온 거야.…"
"자기 돈도 없으면서 무슨 식당이야, 당신하고 다시 살고 싶지 않아.…" 아내는 한마디로 거절했다. 나도 더 이상 말하고 싶지 않았다.
"애들 봤으면 집에 가?"
아내는 집에 가라고 했다. 화가 치밀어 왔다. 가라고 안해도 갈 텐데 기분이 나빴다. 일어서며 말했다.
"가라고 안 해도 갈꺼야! 누가 잔다고 했어?" 큰소리로 말했다.
"그 집 식구들 나보고 또 보라고 내가 최씨야! 한 번 들어가면 끝이야. 지난 세월 그 집 식구들 생각하면 진저리 나.…"
"왜, 식구들 들먹거려, 나도 마찬가지야, 애들 보러왔지 너 보러 온 줄 알아!"하고 문을 박차고 나왔다. 공연한 말을 꺼내 가지고 심기가 불편했다. 아내와는 말이 이루어지지 않았다. 알면서도 쓸데없는 말을 한 것 같았다. 술이 깨는 것 같았다. 더 다투다가는 무슨 일이 일어날지 장담할 수 없었다. 애들에게 상처만 남기고 싶지 않아 나와버렸다. 애들 집에서 나오자 9시가 넘었다. 아직 시간이 많았다. 술 생각이 났다. 이런 기분으로 집에 갈 생각이 나지 않았다. 툭하면 집안 부모님 욕하고, 동생들 욕하는 아내가 환멸을 느끼게 했다.
내 마음을 누가 알아주랴, 자신이 처량해지고 서글펐다. 강일덕 말대로 이 나이에 무슨 직장생활이냐고 비웃는지, 위로하는 건지 이런저런 생각하니 마음이 아팠다. 또다시 먼 곳으로 떠나고 싶은 생각이 간절했다. 집에 부모님이 없다면 훌훌 털어버리고 아무도 모르는 곳에서 살고 싶었다.
 어머니가 몸이 너무 약해져 있었다. 이제는 거동하기가 힘이 드는지 식구들 몰래 주방 구석에서 웅크리고 앉아 신음할 때도 있었다. 차마 보기가 힘들었다. 내가 할 수 있는 일이 아무것도 없었다. 그렇게 힘들면서도 나에게는 주방에 얼씬도 못하게 하는 어머니였다. 아들이 셋이나 있는데 누구 하나 모신다고 하는 사람이 없었다. 언제인가 한번 내가 둘째 집에 가서 사시면 안되겠냐고 말했다가 아버지한테 크게 혼난 적이 있었다.
 "나는 죽어도 여기서 죽지 딴 데는 절대 안 간다. 너도 부모들이 보기 싫으면 나가거라."
 아버지의 호통에 나는 한마디도 못했다. 내가 부모 모시기 싫어 얘기한 것 같아서 몸 둘 바를 몰랐다. 이제 멀리 가지 말라던 아버지 말을 따를 수밖에 없었다. 그런데 맏아들이 이 모양으로 살고 있으니 가슴이 미어지는 듯 아팠다.
 공중전화기가 앞에 있었다. 부모님이 집에 안 들어오면 눈 빠지게 기다릴 게 뻔했다. 그때는 휴대폰도 없는 시절이라 밖에 나가 연락하려면 공중전화가 유일한 통신수단이었다. 부모님이 밥 해놓고 기다리고 있는 것이 보지 않아도 알 수 있었다.
 "여보시오."
 어머니 목소리였다.
 "저예요, 오늘 집에 못 갈 것 같아요, 기다리실까 봐 전화 드리는 거예요, 내일 갈께요.…"
 "그래 알았다, 밥은 먹었니?"
 "예, 친구와 같이 먹었어요, 걱정말고 주무세요.…"
 전화를 하고 나니 마음이 한결 가벼웠다. 언제나 올까 진지도 안 잡수시고 기다릴 부모님이었다. 아무리 자식이 나이가 먹어도 부모 마음은 항상 물가에 내놓은 어린아이 같은 모양이었다.

오색찬란한 네온싸인이 번쩍이는 성동 캬바레 근처에 왔다.

"인생은 나그네길 어디서 왔다가 어디로 가는가.…"

비틀비틀 거리며 최희준이 부른 인생은 나그네길을 흥얼거리며 이곳까지 왔다. 오늘따라 마음도 울적하고 블루스나 한 곡 추고 싶었다. 캬바레에 들어가 자리를 잡고 있었다.

웨이터가 다가왔다.

"기본 가지고 오고 댄서 미스박 좀 불러줘?"

웨이터가 술을 가져오고 댄서 미스박이 나타났다.

"아니, 이게 누구야! 윤사장 몇 년 만이야, 죽은 줄 알았는데 살아 있었네?"

미스박은 호들갑을 떨면서 반가워했다.

"잘 있었어? 여전하네, 시집도 안 가고 캬바레에서 늙어 죽겠구만…"

"주병씨 기다리다 이제 다 늙어빠졌어, 우리 만난 지 20년은 넘었지?" 미스박은 내 옆자리에 앉으며 말했다.

"만난 지는 20년은 되었을 거야. 내가 처음 춤 배울 때 만났으니 여기에 안 온 지는 6~7년 됐나. 아무튼 오래간만이다.…"

그랬다. 이곳에 온 지도 7년이 넘었다. 미스박과 처음 만났을 때는 춤 배울 때였다. 그때 나는 교습소에서 두 달 춤을 배웠는데 캬바레에 가서 춤을 추어보자 놀러 온 여자들이 자꾸만 발이 맞지 않는다고 빠구를 놓았다. 춤 대회도 아닌데 자존심이 상했다. 그래서 댄서를 부르게 되었다. 웨이터에게 제일 춤을 잘 추는 댄서를 불러달라고 하자 미스박을 불러주게 되었다. 그래서 몇 달을 미스박과 춤을 추며 춤을 익혔다. 댄서비도 만만치 않았다. 술값과 댄서비에 돈이 많이 들어갔다. 그때는 내가 돈을 잘 벌 때였다.

낮에는 댄서인 미스 박은 시간이 많았다. 한번은 친구들과 원도 봉산에 놀러 가게 되었다. 그날 미스 박을 데리고 갔다. 그때 미스 박의 나이 스물일곱 살이었다. 나는 삼십이 넘은 나이였고. 친구처럼 사귀다가 애인으로 발전했다. 아마 10여 년을 생각나면 만나서 즐겼던 친구였다. 자주 만나다 보니 정이 들었고, 애정도 있었으나 나는 아내가 있는 몸으로 거리를 두지 않을 수 없었다. 직업상 만난 사이인데 딴생각은 할 수가 없었다. 그래서 한동안 이곳에 발을 끊었던 것이다. 그런데 오늘 다시 만났다.
"왔으니 한 곡 춰야지?"
마침 블루스곡이 나와 미스 박에게 한 곡 추자고 했다.
"오래간만에 잡아보네. 그동안 어디 다녔어?"
"춤 춘지 오래됐어, 먹고 살기 바쁜데 옛날 그때가 좋았지. 이제는 나이도 먹고 시들해졌어.…"
춤추며 얘기를 나누었다.
"잊어버리지는 않았네, 옛날 그대로야, 너무 좋다. 주병씨와 얼마만에 추는거야.…"
미스 박은 몸을 바짝 밀착시키며 옛날을 회상하는 것 같았다. 미스 박과 몇 곡을 추고 술도 많이 먹고 끝날 때까지 캬바레에서 놀았다. 미스 박이 오늘밤 같이 하자 했기 때문이었다. 미스 박과 함께 하룻밤을 보냈다. 홧김에 서방질한다고 아내에게 괄시를 받고 미스박과 함께 밤을 보내게 되었다.
다음날 부평의 집에 들어가 종일토록 잠만 자고 있었다. 어머니가 저녁 먹으라고 깨웠다.
"무슨 잠을 그렇게 자니, 너 혹시 노름하는 것 아니니?"
"어머니두 참, 내가 노름하는 것 봤어요. 할 짓 다해도 노름은 안 한다는 것 어머니도 알잖아요.…"

사실 그랬다. 나는 딴짓은 다 해도 노름은 하지 않았다. 옛날 아버지가 시골에서 노름해 논밭을 팔아먹었기 때문에 할짓 다해도 노름만은 않겠다고 결심했다. 친구들과 어울려 먹기 내기 고스톱은 쳤으나 돈내기는 하지 않았다. 그래서 먹기 내기도 화투가 서툴러 항상 내가 살 때가 많았다.

전 신설동 종합시장에서 만두공장 할 때였다. 종합시장 상인 중에 초상이 났다. 그래서 초상집에 간 적이 있었다. 그곳에 종합시장 상인들과 문상을 가서 노름을 하게 되었다. 나는 뒤에서 구경만 하고 있었다. 돌이짓구땡이라는 것을 하고 있었는데 나는 고스톱은 칠 줄 알아도 짓구땡은 한 번도 해보지 않았다. 상인들이 하나둘씩 돈이 떨어져 물러나고 있었다. 상주에게서 돈을 빌려다가 다 잃은 것이다. 밤새도록 상주에게 이 사람 저 사람이 빌려 가 나중에는 상주가 돈이 없다고 말했다. 새벽녘이 되었다. 뒷전에서 구경했던 사람들이 개평을 뜯어가지고 집에 가고 없었다. 화투에서 노가나면 이 사람 저 사람 개평을 주었다. 그 돈이 밤새도록 새어나갔으니 딴사람도 별로 없었다. 새벽에는 세 사람만 남았다. 나도 개평을 뜯어 십만 원가량 되었다. 옆 사람이 나보고 해보라고 했다. 내가 할 줄 모른다고 하자 자기가 뒤에서 일러준다고 했다. 그래서 생전 처음 짓구땡을 해보았다. 그런데 의외로 돈이 내게로 몰리게 되었다. 나중에는 딴사람들이 돈이 떨어져 물러나고 있었다. 나중에는 나와 한 사람만 남았다. 내 앞에는 돈이 수북이 쌓이고 있었다. 내 앞에 했던 사람도 돈이 떨어져 물러났다. 아침이 밝았다. 앞에 있는 돈을 모두 세어보니 백오십만 원 넘었다. 딴사람이 상주에게 빌린 돈을 갚아야 된다고 했다.

상주한데 찾아갔다. 사람들이 빌려간 돈이 오백만 원이 넘는다고 했다. 상주는 큰 한숨을 내쉬며 어떻게 하느냐 걱정하고 있었다.

장례 치를 돈인데 어떻게 하느냐고 걱정이 태산이었다.

　내가 전부 딴 돈이 백오십만 원 밖에 안된다고 하자 사람들이 그 돈이 다 어디 갔냐고 야단들이었다. 딴사람들은 하나둘씩 빠져 나갔고, 개평이 밤새도록 나가 그렇게 되었다는 결론이 나왔다.

　나는 딴 돈 백오십만 원을 모두 주고 호주머니에 있던 비상금까지 내놓았다. 그래봐야 이백도 되지 않는 돈이었다. 돈을 빌려 간 사람들에게 전화를 했다. 그런데 이 사람들이 갑자기 어디서 돈을 구하느냐고 발뺌을 하고 있었다. 한 사람만 오십만 원 가져온다고 했다. 그래도 이백오십만 원이 부족했다. 할 수 없이 내가 은행문 열면 찾아오겠다고 상주를 안심시켰다. 상주가 어렵게 사는 사람이었다. 그래서 나는 남들이 빌려간 돈을 떠안고 은행문을 열자 돈을 찾아서 상주에게 갖다준 적이 있었다. 노름 한번 해 놓고 큰 덤탱이를 쓴 사건이었다. 나중에 그 돈 받느라고 애를 먹었다. 한 사람은 결국 못 받고 말았다. 나는 어머니에게 그런 일이 있었다고 말하고 노름은 절대 하지 않는다고 다짐했다. 그래서 어머니와 웃으며 밥을 먹게 되었다. 아버지는 그 사실을 몰랐다.

　제주도에서 올라와 3개월을 놀았다. 취직이 되지 않았다. 가는 곳마다 나이가 너무 많아 채용할 수 없다 하였다. 이제는 나이 때문에 취직이 되지 않았다. 내 나이 오십중반이었다. 아직도 충분히 일할 수 있는데 퇴짜를 놓아 가슴이 아팠다. 그새 늙은이 취급을 하고 있으니 어떻게 살아간단 말인가? 배운 것은 음식 만드는 주방 일뿐인데 낙심할 수밖에 없었다. 벌은 돈이 있어야 장사라도 할텐데 있는 돈마저 놀면서 쓰고 다녀 바닥이 나고 있었다. 괴롭다고 술은 더 마시게 되고, 취직은 되지 않고 죽을 맛이었다. 부모님 보기에도 면목이 없었다. 3개월이나 놀고 있자 부모님도 걱정이었다.

　더욱이 어머니가 병이 악화되어 혼자서 신음하고 계실 때가 많았다. 병원에 가시자고 해도 괜찮다고 가시지 않았다. 그러던 어느 날 명동 부대찌개 식당에 취직이 되었다. 이곳은 서울 한복판 사람들이 들끓는 명동거리였다. 식당 평수가 백오십 평은 되었다. 메뉴가 낮에는 부대찌개 전문이고, 저녁에는 삼겹살 전문집이었다. 주인은 두 사람이 동업하고 있었다. 주인은 인상이 좋다며 같이 일해 보자고 했다. 자기는 나이가 지긋한 사람을 원한다고 했다. 젊은 사람은 툭하면 칼자루 내던지고 그만두고 나간다고 아직 세상물정 모르고, 젊다고 직업을 쉽게 팽개친다고 했다. 주인 한 사람은 칠십대이고, 한 사람은 사십대 중반인 남자였다. 나는 이곳에 취직이 되어 부평에서 출근했다. 전철을 타고 시청역에서 내려 지하도로 미도파를 거쳐 명동에 가면 되었다.

출근 첫날이었다. 주인에게 출근했다고 인사하고 주방에 들어갔다. 주방에는 여자 두 사람과 젊은 청년 남자가 하나 있었다.

"저는 찬모입니다. 잘 부탁합니다?"

"저는 밥모입니다. 잘 부탁합니다?"

밥모와 찬모가 각각 처음 보는 나에게 자기 소개를 했다. 그리고 총각인 청년은 설거지하는 친구(아라이)라고 찬모가 소개해 말하자 청년은 허리를 굽혀 인사했다.

"모두들 만나서 반갑습니다. 우리 다 같이 잘해 봅시다!"

나도 답례 인사를 했다. 주방장인 내가 이들과 보조를 맞추어 이끌어가면 되었다. 첫날부터 정신없이 바빴다. 찬모가 이것저것 잘 가르쳐 주었다. 아무래도 첫날이라 어느 물건이 어디에 있고, 냉장고에 어떤 물건이 들어있는지, 야채실은 어디에 두는지, 양념은 어디서 꺼내써야 하는지 찬모가 묻는대로 잘 가르쳐 주었다. 찬모는 사십대 중반으로 얼굴이 동그랗고 밝은 눈망울이 옛날 총각시절에 연애했던 연옥과 너무나도 닮아 있었다. 이곳에서 연옥과 똑 닮은 여자를 만나 마음이 묘하게 요동치고 있었다.

"주방장님, 저는 찬모지만 주방장님 보조도 함께하고 있어요. 어려워 마시고 뭐든지 시키세요. 찬은 세 가지밖에 나가지 않기 때문에 주방장 보조 겸 찬모에요. 제가 뭐든지 도와드릴게요. 본래 시다를 두어야 되는데 내가 할 일이 적다고 주방장님 도와 보조역할을 하는거에요.…"

찬모는 그렇게 말하고 나의 일을 도와주었다. 점심시간에 보통 200명이 넘게 손님이 온다고 했다. 12시까지 200인분 넘게 부대찌개를 준비해야 된다고 했다. 옆에서 찬모가 도와주고, 밥모도 거들어 주고 준비할 수 있었다. 부대찌개라 대파도 열단은 썰어야 했다. 내가 칼질하는 솜씨를 발휘하자 찬모와 밥모가 역시 경력은 못속인다 말했다. 자기들이 썰면 한 시간도 더 걸리는데 순식간에 썰었다고 놀라고 있었다.

점심시간 한 시간 동안 정신없이 바빴다. 홀에는 주인마님이 아가씨 4명과 함께 홀을 책임지고 있었다. 구조가 방과 홀로 나누어져 있어, 방은 아가씨 둘이 맡고, 홀에는 주인 여자와 셋이서 맡아 일하고 있었다. 점심시간이 끝나면 종업원들이 식사를 마치고 1시간 쉬었다가 저녁 준비를 해야 되었다. 이곳은 직장인들이 많이 오는 탓으로 점심시간이 일찍 끝났다. 길 건너 미도파 쪽에서도 손님이 많이 오고 있었다. 저녁은 모두 삼겹살 손님이라고 했다. 찬모와 내가 삼겹살 손질을 했다. 하룻저녁에 삼겹살 300인분이 팔린다 했다. 삼겹살이 들어오면 불순물을 제거하고 썰어서 비닐봉지에 담아 얼려야 했다. 동그랗게 말아서 얼려 놓으면 그날 팔 삼겹살을 육절기로 썰어야 했다. 매일같이 하루 팔 것을 얼리고 꺼내서 썰어 팔면 되었다. 말이 300인분이지 그 과정을 둘이서 하는데 너무나 바빴다. 얘기할 시간도 없이 바쁘게 움직여야 되었다.

저녁 시간이 되었다. 손님은 200명 가량 오는데 고기는 300인분이 팔렸다. 추가를 많이 시키기 때문이었다. 다 먹지도 못하면서 많이 시키고 있었다. 하루에 먹지 않고 구워서 남기는 삼겹살이 큰 고무다라에 하나 가득 나왔다. 돈을 그냥 버리고 가는 손님들이었다. 배가 고파 끼니도 거르는 사람도 많은데, 세상은 불공평하다고 생각했다. 모두 짬밥통에 버리는 고기였다. 대개 젊은 사람들이 돈 아까운 줄 모르고 쓰고 있었다. 언제부터 우리나라가 먹는 음식을 많이 버리고 살게 되었는지 주방에서 일하는 사람으로 안타깝게 생각할 때가 많았다. 음식문화가 바뀌고, 버리는 음식이 없어야 한다. 다 먹지 않는 음식을 상다리가 부러지게 차리고, 며칠 굴러다니다가 버려지는 음식이 가정에서도 많이 생기고 있었다.

나는 어려서부터 배가 고프게 살았다. 집안이 가난해 끼니도 건너뛸 때가 한두 번이 아니었다. 배고팠던 시절을 생각하면 음식 버리는 사람을 보면 다시 보게 되었다. 언제부터 우리나라가 배부르게 살았다고 음식을 그렇게 버리는지 한심하지 않을 수 없었다. 70년대까지는 우리나라는 배고프게 살았다. 옛날을 잊고 사는 사람들이 많았다. 나는 아직까지도 내게 주어진 음식은 버린 적이 없었다. 밥 한톨 국물 한 방울까지 다 비우는 게 습관이 되었다.

찬모와 나는 손발이 척척 맞았다. 눈빛만 봐도 서로 알고 척척 해내고 있었다. 일주일, 한 달이 지나자 이제는 여유 시간도 생겨 점심시간 끝나면 식당 밖에 나가 다방에서 차도 마실 여유도 생겼다. 둘이서 대화를 나누는 시간도 가졌다. 서로 가정사도 얘기하고 자식들 얘기도 하게 되었다. 찬모는 딸이 둘이 있는데 하나는 고등학생이고, 하나는 대학을 다닌다고 했다. 남편은 직장을 다니다 몸이 안 좋아 집에서 쉬고 있다고 말했다. 당뇨가 너무 심해 골치가 아프다고 말했다.

나는 아내 얘기는 하지 않았다. 창피하기도 하고 얘기하고 싶지 않았다. 양친 부모님 모시고 산다고만 말했다. 집이 찬모는 화곡이라 했다. 나는 부평인데 1호선 타면 되는데 퇴근하면 같이 시청 앞에서 버스를 타고 같이 다녔다. 찬모와 동행하고 얘기도 나누고 즐거웠기 때문이었다. 찬모는 화곡동에서 내려 집에 가게 되었고, 나는 한 정거장 더 가서 부평 가는 버스를 갈아타야 되었다. 번거로운 일이지만 같이 다니는 게 너무 좋았다. 유부녀인 줄 알면서도 옛 애인 같은 느낌이 들어 끌리고 있었다. 연모하는 마음도 부인할 수 없는 사실이었다. 내가 왜 이럴까? 생각도 들었지만 어쩔 수가 없었다. 그러던 어느 날 같이 밤을 새우게 되는 일이 있었다. 그날은 크리스마스 이브였다. 종일토록 명동거리에는 징글벨 소리가 그치지 않았다. 사람들이 모두 명동에 모인 것 같았다. 젊음의 거리 명동이었다. 애인과 손을 잡고 걷는 사람도 있었고, 아무 이유없이 걷고 싶어 거니는 사람도 부지기수였다. 주인이 크리스마스 파티를 열어준다고 했다.

"오늘 너무나 수고들 하셨어요. 오늘 한턱 내가 쏠 테니 부득이 집에 가야 될 사람은 집에 가시고 그렇지 않으면 밤새워 즐기시기 바랍니다."

주인 큰사모님이 종업원을 모아놓고 한턱 내겠다 하였다. 육십이 넘은 여자 주인마님은 기분이 화끈한 여장부였다. 남자 사장들 두 분 사장이 있었으나, 종업원에게는 여자인 주인마님이 모든 권한을 쥐고 있었다. 날마다 주방장인 나에게도 저녁 시간이 끝날 즈음이면 소주 2병을 주방에 내놓으면서 한 잔하라고 배려하고 있었.

일이 끝난 다음에는 집에 가기 바쁘니 미리 한 잔하라는 것이었다. 그래서 주방 식구들이 한 잔씩 하고 일을 마치게 되었다. 워낙 바쁜 집이라 주방에서 간단하게 먹게 했다.

집에 간다는 사람이 한 사람도 없었다. 주인이 회식을 시켜준다는 말에 마음이 들떠 있었다. 더욱이 홀에 있는 아가씨들이 좋아했다. 크리스마스 이브이고 많은 사람들과 명동거리를 거닐고 싶고, 즐기고 싶은 마음이 젊은 사람들에게 솔깃한 기분이 아닐 수 없을 것이다.

주인마님과 홀 주방 식구가 11명이었다. 명동에서 일하면서도 명동거리를 걸어보기는 처음이었다. 11식구가 많은 사람들과 부딪치며 명동거리를 걷고 있었다. 주인마님이 충무로 쪽에다 노래방을 예약해 놓았다고 했다. 그곳으로 가기 위해 좁은 골목을 많은 사람들과 부딪치며 걷고 있었다. 거리에는 많은 사람들이 인산인해를 이루고 있었다. 징글벨 소리가 여기저기 울려 퍼지고 명동성당으로 떼지어 몰려가는 모습도 있었다. 성탄절은 명동이 축제 분위기였다. 그중에 우리들도 끼여 있었다. 예약해 놓은 노래방에 도착했다. 방마다 노랫소리가 터져 나오고 있었다. 예약해 좋은 방은 이 집에서 제일 넓은 공간으로 족히 10평은 될 것 같은 넓은 공간이었다. 마음대로 춤도 추고 놀 수 있는 장소였다. 디근자로 쇼파가 놓여 있고, 가운데에 테이블 2개가 놓여 있었다. 노래방 기계가 놓여 있는 앞에는 춤추는 공간이었다.

주인마님이 맥주와 소주를 시켰다. 음료수도 여러 병 시켰다. 소주는 내가 즐겨 마셔서 시킨 것 같았다. 안주는 과일 안주와 마른안주였다. 주인마님이 인사말을 하고 한 잔씩 하라고 했다. 일일이 주인마님이 한 잔씩 따라 주었다. 내게 제일 먼저 그다음에 밥모, 다음에 찬모 나이순으로 술을 따랐다. 그리고 건배하자고 했다. 내가 일어나서 주인마님께 고맙다고 인사하고 "주인 사모님을 위하여 건배!"하고 외쳤다. 그러자 종업원들이 일어나 잔을 들고 건배를 외쳤다. 그리고 한 잔씩 하고 자리에 앉았다. 박수 소리도 있었다.

주인마님의 배려에 깊은 감동을 받고 보답하는 형식이었다.

술잔이 여러 차례 오가고 즐거운 분위기였다. 노래가 시작되었다. 종업원들이 주인마님에게 제일 먼저 마이크를 잡게 했다.

"사모님이 먼저 한 곡 하셔야죠? 그래야 모두들 순서대로 하지요.…"

내가 전하자 사모님은 마이크를 잡고 노래방 기기 앞에 섰다. 노래는 산장의 여인을 불렀다. 수준이 높은 노래 솜씨였다. 노래가 끝나자 종업원들이 앵콜을 외치며 박수를 쳤다. 그러나 사양하고 나에게 마이크를 넘겼다.

"주방장님이 한 곡 하세요. 노랫소리 듣고 싶어요?"

내가 마이크를 잡고 배호의 안녕을 불렀다. 차분하게 부르자 모두가 조용히 듣고 있었다. "후회하지 않아요, 울지도 않아요, 당신이 먼저 가버린 뒤…"하며 숨을 고르며 차분히 불렀다. 그런대로 박자가 제대로 된 것 같았다. 노래가 끝나자 박수가 쏟아졌다. 앵콜도 있었다. 그러나 나도 사양하고 마이크를 밥모에게 넘겼다. 이렇게 밥모가 부르고, 찬모가 불렀다. 찬모도 노래를 잘 불렀다. 하나씩 노래가 이어졌다. 모두가 한 곡씩 부른 다음에는 합창으로 불렀다. 술 취하자 춤도 추게 되었다.

총각 2명과 아가씨 5명이 신나게 흔들어대며 고고춤을 추고 있었다. 주인마님과 우리 넷은 세대 차이가 나서 그들처럼 고고춤을 추기가 어색했다. 육십이 넘어 칠십이 가까운 주인마님이고, 내가 오십 중반이었다. 찬모, 밥모가 사십대 중반이었다. 밥모가 찬모보다 두어살 더 먹어 언니라고 찬모가 부르고 있었다. 밥모가 말했다. 우리도 젊은애들과 놀아보자고 했다. 그래서 노장들이 젊은 사람들과 함께 어울려 춤을 추었다. 춤 대회도 아닌데 같이 흔들면 춤이 되었다. 음악에 맞추어 멋대로 흔들었다. 밥모는 고고춤을 잘 추는 편이었다. 누구나 한 번쯤은 노래방이나 야유회 나가서 추어 봤을 것이다. 블루스 음악이 나왔다.

내가 주인마님에게 한 곡 추자고 손을 내밀었다. 그러자 주인마님은 웃으며 한 번 잡아달라고 했다. 그래서 둘이는 블루스를 추었다. 주인마님도 아주 초보는 아니었다. 캬바레에 다니며 놀았던 솜씨였다. 우리가 추자 찬모, 밥모도 여자끼리 부둥켜안고 같이 추었다.

"주방장님 여자깨나 꼬셨겠는데요. 춤솜씨가 보통이 아닌데요?"
"젊었을 때 조금 했어요. 사모님도 잘하시는데요.…"

얘기하며 추다가 음악이 다시 고고로 바뀌었다. 우리 노털들은 쇼파에 앉았다. 주인마님이 자기는 들어가겠다고 말하고 술값을 계산하고 가게 되었다. 술 몇 병을 더 시켜주고 가게 되었다.

어느새 12시가 넘었다. 2시간은 놀은 것 같았다. 밥모도 식당에 들어가 자겠다고 주인을 따라나섰다. 나이 먹은 사람은 찬모와 나 뿐이었다. 또다시 블루스곡이 나왔다. 애들은 블루스곡이 나오자 모두들 좌석으로 들어와 술을 마셨다.

"주병씨 나, 한 곡 가르쳐줘요, 아까 사모님과 추시는데 같이 추고 싶었어요."

찬모는 그렇게 말하면서 내 손을 잡아끌었다. 애들도 한 곡 추라고 했다. 그래서 둘이는 블루스를 추게 되었는데, 춤이 아니라 부둥켜안고 발만 움직이는 모습이 되었다. 애들이 보고는 손뼉을 치면서 잘 어울린다고 놀리고 있었다. 더욱이 애들 놀림감이 되어 그만하자 하고 자리에 돌아왔다.

"왜 들어와요? 보기만 좋던데, 혹시 둘이가 좋아하는 사이 아니에요? 연인같아 보기가 좋았어요.…"

홀아가씨가 말했다. 그 말에 찬모 미홍은 얼굴이 빨개지고 있었다. 미홍이 뿐만 아니라 애들 앞에서 나도 부끄러웠다. 아무리 노는 장소였지만 미홍이가 내 품에 안겨 얼굴을 가슴에 묻고 한참이나 있어 놀라지 않을 수 없었다.

아직도 미홍의 체온이 남아 있는 것 같아 가슴이 두근거렸다. 미홍이 나를 좋아하고 있는 것일까? 옛날 연옥이 닮아 마음이 혼란스러웠는데 오늘 품에 안아보니 가슴이 뛰고 있었다.

밤 2시가 넘어 각자 헤어지게 되었다. 일부는 식당으로 들어가고, 일부는 끼리끼리 더 놀다 간다고 다른 곳으로 가버렸다.

미홍과 나만이 노래방에 남아 있다가 밖으로 나왔다. 차도 끊어지고 집에 가기는 어중간한 시간이었다.

"집에 가기는 차도 끊어지고 식당에 들어가 눈이나 부쳐야겠어요. 식당에 들어가요?"

내가 말하자 미홍은 더 거닐다가 날이 밝으면 집에 가자고 했다. 내일 쉬는 날인데 하룻밤 자지 않는다고 어떻게 되느냐고 했다. 그래서 둘이는 술도 깰 겸 명동거리를 걷고 있었다. 늦은 시간이라 그렇게 북적대던 거리도 한산하고, 술 취한 사람들만 하나둘씩 거닐고 있었다. 우리는 명동성당을 지나 한 바퀴 돌아 충무로로 해서 다시 신세계백화점 앞에까지 왔다. 그리고 미도파까지 와서 지하도를 지나 시청역까지 오게 되었다. 둘이서 팔짱을 끼고 연인처럼 데이트를 즐겼다. 서울 한복판을 1시간 넘게 걸어 다닌 것이다. 다리도 아프고 쉬었으면 좋겠는데 쉴 만한 장소가 없었다. 시청 지하철역 의자에 앉았다.

"미홍씨 다리 아프지요, 많이 걸었어요."

"주병씨와 데이트를 해서 그런지 피곤하지 않아요, 주병씨는 피곤해요?"

"아니요, 나도 오래간만에 좋은 사람과 만나 즐거웠어요, 옛날 생각이 났어요.…"

나는 옛날 연옥이 얘기를 하려다가 그만 두었다. 모처럼 분위기를 잡았는데 옛날얘기로 실망할 것 같았다. 우리는 직장에서도 서로 이름을 불렀다. 웬지 이름 부르는 것이 친밀감이 있는 것 같았다.

"나도 주병씨를 보면 옛날 초등학교 때 교감선생님 생각이 나요. 근엄하고 젊잖은 교감선생님이 저를 무척 귀여워하고 예뻐했어요. 주병씨를 보면 그때 그 교감선생님을 보는 듯해요. 주방에서 일할 사람 같지 않은데 어떻게 요리를 배우게 되었어요?"

미홍은 내가 옛날 초등학교 때 교감선생님 같다고 했다. 자상하고 젊잖고 식당에 있기는 아까운 사람이라 치켜세워 주었다. 듣기가 싫지 않은 말이었다. 옛날 사랑했던 연옥도 미홍이처럼 내게 좋은 말과 좋은 충고를 많이 해주었다. 착한 마음씨까지도 미홍은 연옥을 닮은 것 같았다. 주인도 미홍을 믿음직스럽고 착한 사람으로 보고 있었다. 주인에게 신임을 얻어 종업원들도 미홍을 존경하고 있었다. 나도 그렇게 느끼고 있었다.

미홍은 나에게 옛날얘기를 들려달라고 했다.

"아까 옛날 생각났다면서 얘기하다 말았어요, 나와 닮은 사람이 있었다면서요, 얘기해줘요?"

미홍은 과거 얘기를 해보라고 했다. 나는 미홍에게 과거 얘기를 들려주었다.

"내가 23살 때였어, 오래된 얘기인데 내가 처음으로 식당일 배울 때야, 김포공항 공군부대 장교 구락부라는 곳에서 일을 했어, 식당에 홀 보던 아가씨였는데 내가 무척 좋아했어, 미홍이처럼 착하고 좋은 말만 해주는 천사 같은 여자였어, 기독교 신자이고 나에게 주님의 종이 되라고 신앙을 믿으라고 했던 여자야, 나는 한동안 사이비종교에 빠진 적이 있었어, 그래서 종교는 안믿는다고 말했지, 그러자 연옥은 나에게 책을 읽으라고 책을 사다 주곤 했어, 나는 초등학교 때 책을 보고 객지에 나와서 책 한 권도 보지 않고 살은 사람이야, 그런데 책이 머릿속에 들어가지 않았어, 그 책이 옛날 소련 작가인 세계적인 철학자 톨스토이가 쓴 인생독본인가 하는 책이야! 성경 다음으로 좋은 말, 좋은 글인데 내게는 머릿속에 하나도 들어가지 않고 재미가 없었어, 재미없다고 하자 연옥은 재미있는 사랑 얘기 소설책을 사다 선물해 줬어, 나는 술타령만 하고 살았는데 책을 읽기 시작했지. 그래서 많은 책을 읽게 되었어, 문학작품도 여러 권 사다가 읽고 책에 취미를 가지게 되었지. 그때 읽은 책이 상록수라든가, 메밀꽃 필 무렵, 독 짓는 늙은이, 벙어리 삼룡이, 분례기 등 아무튼 닥치는 대로 책을 읽었어, 유명한 사람들 자서전도 읽어보고 김구의 백범일기도 읽어보고, 현대 정주영 자서전도 읽어보고, 이명박의 신화는 없다도 읽었어, 심수봉의 사랑밖에 난 몰라도 읽어보았어, 책에 취미를 붙이니 술도 덜 먹고, 연옥도 좋아하기 시작했어, 그래서 사랑이 이루어지나 싶었는데 그만 생이별하고 말았어, 연옥 집이 경기도 파주 광탄이었는데 개천가에 살았어, 연옥이네 집도 두어번 찾아가 부모님한테 허락도 얻었지. 그 해 장마가 얼마나 길었는지 밤낮없이 쏟아부었어, 연옥은 직장에서 집이 염려되어 갔는데 무소식이 되었어, 내가 찾아갔을 때는 연옥이네 집이 흔적도 없이 떠내려가 버렸어, 그렇게 생이별하고 말았어, 본래 대구가 고향인데 대구 달성동에 살았다는 얘기를 듣고 찾아가 보았으나 못 찾고 말았어, 내가 진정으로 사랑했던 여자야, 그 뒤 나는 타락하여 한때는 술로 세월을 보내기도 했었어, 그 여자 때문에 나는 책을 많이 읽고, 글도 쓰고 싶었어, 그래서 한때는 글 쓴다고 청춘을 보내기도 했지. 그 여자가 미홍이처럼 착하고 예뻤어, 미홍씨가 옛날 연옥이와 착각할 정도로 많이 닮았어, 용모나 마음씨가 모두 너무 똑같아.…"

나는 길게 연옥의 얘기를 들려주었다. 귀담아듣고 있던 미홍은 가여운 마음을 감추지 못했다.

"사랑이 이루어졌으면 좋았을텐데 안타깝네요. 죽었는지 살았는지는 모르고.…"하면서 미홍은 나를 쳐다보았다. 그날 밤 그렇게 미홍과 밤을 보냈다.

그 후 미홍과 나는 출퇴근할 때마다 꼭 같이 다니고 많은 얘기를 나누며 즐거운 시간을 보냈다. 그때 삐삐를 차고 다녀 차 시간을 맞춰 암호를 보냈다.

내가 부평에서 출발한다고 ○○번 삐삐를 치면 미홍이가 보고 차를 타게 되었다. ○○번이 우리 암호였다. 시청역 가기 전에 대한문 앞에서 만나자는 신호였다. 미홍이 버스를 타면 덕수궁 근처에서 내리게 되었다. 그래서 우리는 아침마다 대한문 앞에서 만나 시청 지하도를 걸으며 미도파를 지나 명동 직장까지 걷게 되었다. 지하도를 걸으며 데이트하는 시간이었다. 일이 끝나도 언제나 같이 지하도를 걸어서 덕수궁 근처에서 버스를 타게 되었다.

크리스마스 날이었다. 아침에 미홍이에게 삐삐가 왔다. ○○번이었다. 오늘은 직장에 출근하지 않는 날인데 이상했다. 무슨 일이 있는가 싶어 미홍의 집으로 전화를 했다. 미홍이 전화를 받았다.

"저에요, 지금 얘기하기가 곤란하니 이따 밖에 나가서 전화할 테니 집에 계세요?"하고는 전화를 끊었다. 그래서 나는 꼼짝하지 않고 집에 있었다. 아마도 회식 때문에 밤을 새우고 집에 갔기 때문에 남편과 무슨 일이 있었다는 예감이 들었다. 미홍이에게 전화가 왔다. 밖에 나와 공중전화로 전화한다고 했다. 미홍이 얘기는 미홍이 남편이 어디서 누구와 자고 왔냐고 따진다고 했다. 식당으로 전화했으나 받지 않아 내일 아침에 식당에 가서 확인한다는 것이다.

그러니 나보고 내일 아침에 일찍 가서 주인마님과 입을 맞추라는 것이다. 주인마님과 식당에서 같이 자고 새벽에 갔다고 하라고 나에게 부탁한 것이었다. 그래서 다음날 나는 새벽같이 식당에 나가 주인마님과 입을 맞추었다. 미홍이 남편이 와서 물으면 시간이 늦어 식당에서 같이 잤다고 말해 주라고 부탁했다. 주인마님이 나에게 어떻게 된 일이냐고 물었다. 그래서 내가 사실대로 말했다. 회식이 끝나고 미홍이가 집에 가기는 차가 없으니 걷다가 새벽이 되면 가자 하여 술도 깰 겸 걷다가 시청 앞에서 차를 타고 가게 되었다고 사실을 말해 주었다. 주인마님은 미홍이 남편이 의처증이 있어 의심이 심하다고 말하고 나에게 조심하라고 했다.

전에도 한번 식당에서 잔 적이 있었는데 다음날 쫓아왔다고 말했다. 아마 몸이 약해져 예민해진 것이라고 했다.

다음날 미홍이 남편이 식당에 찾아와 주인 여자를 만났다. 주인마님이 그럴듯하게 둘러대자 미홍이 남편은 미홍을 믿게 되었다. 그리고 죄송하다고 말하고 돌아가게 되었다. 하마터면 나까지 큰 코 다칠뻔한 사건이었다.

미홍이 남편이 식당에 찾아오는 바람에 나는 남편을 볼 수 있었다. 미홍의 남편은 풍채가 건장한 모습이었다. 인물도 그만하면 남자로서 빠지지 않는 풍채였다. 그런데 당뇨가 심해 직장도 못 다닌다니 미홍이 벌어서 생활하는 모양이었다. 미홍과 나는 예나 다름없이 퇴근하고 덕수궁 근처에서 집에 가기 위해 버스를 탔다. 화곡동 가는 버스였다. 우리는 언제나 뒷좌석에 앉아 가게 되었다. 뒤에 앉으면 남들 이목도 피하고 소곤소곤 얘기하기도 좋았다.

"미홍이 남편 풍채가 좋던데 어쩌다가 당뇨를 앓게 되었어?"

"거의 10년 가까이 되었어요. 전에는 안 그랬는데 근래 와서 의처증이 더 심해진 것 같아요. 우리 부부관계도 못해요. 한참 됐어요.…" 미홍은 부끄러운 얘기를 나에게 말했다. 아마 그래서 의처증이 심한 것 같다고 했다.

"아직 젊은 나이인데 남의 일 같지가 않아, 미홍이 마음 이해할 것 같아?"

내가 말하자 미홍은 나의 허벅지를 꼬집으며 말했다.

"주병씨 나 꼬셔서 따먹으려고 그러지?"

"사람을 어떻게 보고 그래, 좋은 건 사실이야! 그러나 그런 생각은 안 해봤어, 남편이 있는 여자잖아.…"

나는 시치미를 떼고 딱 잡아떼었다. 공연히 유부녀 건드렸다가 쇠고랑 찰 일 있느냐고 했다. 그리고 이런 얘기를 해 주었다.

"내가 미치도록 사랑했던 여자와 너무 닮아 마음이 요동치는 것은 사실이라고, 보기만 해도 좋고, 미홍의 일거수 일동이 선망의 대상이라고.…"

"큰일이네, 나도 그런데, 정말 주병씨 좋은 사람 같아?"

우리는 서로의 마음을 확인할 수 있었다. 그러나 우리에겐 분명한 경계가 있는 것도 사실이었다. 좋으면서도 어쩔 수 없는 경계, 그러나 만나면 좋아지는데 어쩔 수 없었다. 우리는 그렇게 마음속으로 서로를 위하고, 한 직장에서 일하고 있었다.

집에 가면 어머니가 병환으로 고생하시어 마음이 울적해지고 있으나 직장에 오면 미홍이 때문에 즐거운 하루가 되고 있었다.

식당의 쉬는 날은 한 달에 한 번이었다. 이날만큼은 종업원들이 제일 즐거운 날이었다. 한 달 동안 힘들게 일하고 쉬는 날이 돌아오면 그렇게 즐거울 수가 없었다. 나이가 먹었다고 젊은 사람과 다를 바 없었다. 이날만큼은 어떻게 보낼까 생각 중인데 딸에게서 전화가 왔다. 얼마 전에 시집간 딸이었다. 같은 부평에 살면서도 처음으로 찾아오겠다는 딸이었다.

"아빠, 찾아뵙는다는 게 너무 늦었어요, 할머니가 편찮으시다면서요, 오늘 찾아뵐께요.…"

딸이 문병차 집에 온다고 했다. 시집간 지 5개월이 넘었다. 딸이 온다는데 밖에 나갈 수가 없었다. 모처럼 미홍과 바람이나 쐴겸 나가려고 했는데 다음으로 미루어야 되었다. 딸은 과일을 사가지고 사위와 함께 왔다. 참으로 반갑지 않을 수 없었다. 자식이라고 있으나 아내와 헤어져 살고 있어 만나기가 어려웠다. 신당동에 사는 아들과 막내 딸아이도 지난번 아내와 말다툼하고는 한 번도 찾아가지 않았다. 큰딸이 찾아왔으니 너무나 반가웠다.

"가까운데 사는데도 만난 지가 오래구나, 그동안 잘 지냈니? 사위도…"

할아버지, 할머니께 큰절을 올리고 난 후 딸, 사위에게 말했다.

"예, 잘 지냈어요, 제주도에서 왔다는 소식은 들었어요, 자주 찾아뵙지 못해 죄송해요, 앞으로는 자주 뵐거에요, 지하상가에다 옷가게 차리려구요.…"

딸은 부평역 지하상가에다 가게를 열었다고 했다. 부평 지하상가는 규모가 큰 지하상가였다. 언제나 사람이 붐비는 서울 명동과도 같은 곳이었다. 부모님도 손녀딸이 집 앞에다 가게를 차린다고 하자 너무 기뻐했다.

딸과 사위는 1시간쯤 얘기를 나누다가 간다고 일어났다. 할머니가 더 놀다 가라 해도 바쁘다고 일어났다. 할머니, 할아버지도 적적한 터에 손녀딸이 찾아와 모처럼 즐거운 모양이었다. 할머니 손에 컸던 손녀딸이 이제는 시집가서 잘살고 있었다. 나는 딸과 함께 집을 나섰다.

"아빠! 나 장어가 먹고 싶은데 돈 있어?"

딸은 문밖에 나오자 장어가 먹고 싶다 하였다. 직감에 애를 가진 것 같았다. 얼마나 먹고 싶었으면 아빠에게 장어를 사달라고 할까? 더한 것도 사 줄 수 있었다. 장어집이 어디 있는지 역전 앞에는 못 본 것 같았다.

"어디 장어집이 있는지 찾아보자."

나는 딸과 사위를 데리고 역전 건너편 식당 골목을 찾아갔다. 그곳에 장어집이 있었다. 그래서 딸에게 장어를 실컷 먹도록 사주었다. 얼마 지나면 나도 할아버지가 될 몸이었다. 임신하고 뭐가 먹고 싶었는데 남편한테는 말 못하고 나를 찾아온 것 같았다.

"아빠, 너무 잘 먹었어요, 나중에 옷가게 잘 되면 아빠 많이 사 줄께요."

딸은 그렇게 말하고 갔다. 딸이 지척에 있는데도 찾아가지 못해 미안했다. 딸은 역전에서 버스 세 정거장 지나면 아파트 32평인 집에 산다고 했다. 시아버지가 결혼 후 사 주었다고 했다. 그리고 이번에 가게도 얻어주고, 자동차도 사주었다고 말했다. 시집은 잘 간 딸이었다.

딸은 며칠 후 전화를 해 가게를 차렸다고 연락이 왔다. 지하상가 네 번째 통로 다섯 번째 집이라 했는데 내가 퇴근 후 찾아보았으나 옷가게가 많고 광범위한 곳이라 찾기가 어려웠다. 간판도 없어 찾을 수가 없었다. 전화번호라도 알았으면 전화라도 하면 될 텐데 전화번호도 물어보지 않았다. 몇 바퀴를 돌아다니다가 찾을 수가 있었다. 딸이 아빠를 부르지 않았으면 그냥 지나칠 뻔했다.

"아빠! 아빠!"

부르는 소리에 쳐다보자 딸이었다.

"그래, 장사는 잘 되니?"

"이제 며칠 됐는데 모르겠어요. 참, 하루에 한 두벌 팔 때도 있고 공칠 때도 있어요.…"

딸은 처음 하는 장사라 얼떨떨하고 장사에 소질이 없는 것 같다고 했다.

"첫술에 배부를 수가 있냐, 차차 나아지겠지. 하다 보면 요령도 생기고, 단골도 늘게 되는 거야! 장사는 인내가 필요해, 손님 없다고 실망하고 포기하면 안 돼, 한 사람이라도 친절히 대해 주고 단골로 만드는 게 장사꾼이야.…"

나는 딸에게 힘내라고 격려해 주었다. 딸도 열심히 해 보겠다고 말했다.

"그런데 내 생각에는 너무 장사를 일찍 시작한 것 같다. 애가 태어나면 힘들텐데 걱정이구나.…"

딸도 그게 걱정이라고 했다. 사실 애를 낳고 장사하기는 힘이 들었다. 옛날 내가 만두장사 처음 할 때, 아들이 두 달밖에 되지 않았다. 아버지가 갓난아이를 업고 금호동에서 창신동까지 젖을 먹이려 걸어 다니셨다. 그때 생각하면 어떻게 장사했는지 생각만 해도 끔찍했다. 온 식구가 다 고생이었다. 그때 일을 생각하면 딸이 너무 걱정되었다.

딸은 잘 버티고 두 달 동안 해보니 그런대로 현상 유지는 된다 하였다. 어떤 때는 밤 11시가 넘었는데도 가게를 지키고 있었다. 내가 명동에서 퇴근하여 집에 오면 보통 11시가 넘었다. 혹시나 하고 딸 가게를 들러보면 그때까지 가게에 있었다. 딸은 물건이 떨어지면 새벽 5시에 일어나 서울 동대문시장에서 물건을 떼 온다고 했다. 고달픈 장사였다. 어느 날은 새벽에 나를 찾아왔다.

집 앞에 와 있으니 돈이 있으면 이백만 원만 빌려 달라고 했다. 딸의 모처럼 부탁인데 안 줄 수가 없었다. 5층에서 내려와 보니 차를 세우고 기다리고 있었다.

"아빠 죄송해요. 주무시는데 물건이 떨어져서 시장을 가야 하는데 은행문 열 때까지는 늦어서 혹시나 하고 아빠한테 왔어요."

"잘 왔다. 마침 내게 월급 탄 돈이 있었다. 이럴 때 부모에게 부탁하지 누구에게 부탁하니, 아빠와 가까이 살아서 좋구나."

나는 딸에게 이백을 주면서 그렇게 말했다. 딸이 가까운 곳에 있어 자주 보게 되어 좋았다. 결혼 때 혼수도 제대로 못 해줬는데 이런 때라도 도와주게 되어 흐뭇하고 기분이 좋았다. 딸은 그렇게 고생하며 옷장사하고 있었다.

나의 인생은 참으로 기구한 운명인 것 같았다. 누구나 일생을 살면서 희로애락을 느끼고 살게 되겠지만 나에게는 그런 희로애락이 자주 찾아오는 것 같았다. 이제 딸이 집 앞에서 가게를 차리고 자주 보면서 즐거웠으나 어머니가 병마를 이기지 못해 그만 자리에 눕고 말았다. 병원에 가시라고 하여도 버티시던 어머니가 몸을 가누지 못하고 꼼짝도 못하고 있었다. 조석으로 아버지 식사도 못 해주게 생겼다. 식사야 내가 차려줄 수는 있으나 걱정이 아닐 수 없었다. 동생들에게 연락하고, 장안동에 사는 둘째 동생을 불렀다.

동생을 오게 해서 그곳에서 가까운 한양대학병원에 입원시키려고 부른 것이다. 동생이 오게 되었다. 동생이 시간이 나보다 많은 편이라 어머니를 보살필 수 있었다. 내가 식당만 다니지 않았으면 내가 모실 수도 있는데 직업상 힘들게 되어 동생 신세를 질 수밖에 없었다. 둘째 동생이 와서 어머니를 모시고 한양대병원에 입원시키게 되었다. 아버지도 당분간 둘째 집에 있으면서 병원에 자주 갈 수 있었다. 우리 형제들이 어머니가 입원한 한양대학교병원에서 만나게 되었다. 나는 식당 일이 끝난 다음에 병원에 가게 되었다.

형제들이 다 모인 자리에서 담당의사가 큰아들인 나만 보자 하였다. 그래서 의사와 마주 앉았다. 왜 이렇게 늦게 병원을 찾았느냐고 질책하고 말했다.

"어머님 병환이 손도 못쓰게 암이 온몸에 전이되었어요. 이제는 어쩔 수가 없어요. 환자의 고통을 덜하게 마약이나 투약할 수밖에 없어요. 언제 어떻게 될지 모르니 가족들께서는 마음에 준비를 하고 계세요.…"

의사의 청천벽력 같은 말이었다. 나와 형제들이 각오하고 있을 수밖에 없었다. 아버지에게는 말씀드릴 수가 없었다. 그리고 며칠이 되었다. 나는 점심시간이 끝나면 병원으로 달려가고 또다시 식당에 와서 저녁시간을 보내고 병원으로 달려가고 했다. 형제들도 번갈아 가며 어머니 병간호를 하였다. 그런 와중에도 아버지는 고향에 가게 되었다. 먼 친척이 돌아가셨다고 안 갈 수가 없다고 시골에 가게 되었다. 어머니가 입원한 지도 열흘이 넘었다. 아직은 멀쩡한 모습이라 형제들도 한숨 돌리고 있었다. 그리고 보름째 되는 날이었다. 그날은 형제들과 온 식구가 병원에 다 모였다. 어머니가 아버지에게 얘기하고 싶다고 아버지만 휴게실로 가자고 했다. 두 분이 휴게실로 가셨다. 그런데 아버지는 병실로 금방 돌아왔다. 우리가 무슨 말씀 나누었냐고 묻자 아버지는 어머니가 손만 잡고 아무 말도 안 해 그냥 왔다고 말했다. 조금 후에 어머니가 돌아왔다.

"엄마, 아버지에게 무슨 얘기 하려다 안 했어요?"

큰딸이 어머니에게 묻자 어머니는 "너의 아버지는 내 얘기 듣고 싶지 않은가 보더라. 말하려는데 가 버리더라.…"하고는 딸들이 무슨 말을 하려고 했는데 물어도 '비밀이다'하고는 입을 굳게 다물었다. 그 후 더 이상 아무도 묻지 않았다. 아버지에게 무슨 말을 하려 했는지?

불효자는 웁니다

어머니의 마지막 날은 중병환자인데도 너무나 밝은 모습이었다. 아버지에게 무슨 말을 하려다 그만둔 채 자식들에게 둘러싸여 환한 웃음 지으며 밝아 보였다.

"진경애비 직장에 가 봐야지, 너무 오래 있었다."

어머니는 나에게 직장에 가서 일하라고 했다. 식당에서 점심시간 끝나고 2시간 넘게 가족들과 같이 있었다.

저녁 시간이 다 되어 어머니가 가 보라는 것이다. 그래서 나는 어머니가 밝아 보이고 아무 일 없을 것 같아 동생들만 남겨두고 직장으로 돌아왔다. 동생들도 아버지도 각자 그날은 집으로 돌아갔다.

때마침 애들 엄마 아내가 문병차 찾아와서 동생들에게 자기가 밤새도록 어머니 곁에서 병실을 지킨다고 했다는 것이다. 그래서 아내에게 부탁하고 각자 집으로 돌아가게 되었다. 아버지도 둘째 집으로 가게 되었다.

아내는 몇 년 동안 부모님이 계신 데도 명절 때도 찾아오지 않았다. 애들한테 어머니가 입원해 있다는 것을 벌써 알았을텐데 보름이나 지나 찾아왔던 것이다. 동생들 보기가 면목이 없었던지, 자기가 병실을 지키고 어머니를 간호하겠다고 자처했다고 들었다. 그래서 나도 일이 끝나고 병원에 가려다 부평집으로 가게 되었다. 그동안 형제들이 번갈아 가며 병실을 지켰는데 그날따라 아내가 찾아와 병실을 지킨 것이다. 새벽이었다. 갑자기 전화벨이 울리기 시작했다. 나는 깊은 잠에 빠져 있었다. 잠결에 수화기를 들었다.

"어머니가 위독해요, 빨리 오세요.…"

다급한 아내의 목소리였다. 어머니가 갑자기 발작을 일으키고 의식을 잃었다는 것이다.

나는 정신이 번쩍 들었다. 자리에서 일어나 옷만 챙겨입고 집을 나섰다. 시계를 보니 4시 반이었다. 부평역 앞에는 택시가 많았다. 택시를 타고 고속도로를 달려 한양대학교병원까지 단숨에 가게 되었다. 그래도 거의 1시간이 걸렸다. 병원에 도착하자 동생들도 연락을 받고 차를 몰고 달려와 있었다. 온식구가 다 모여 있었다. 내가 제일 늦게 도착했다. 여동생들이 나를 붙잡고 울면서 병실로 들어갔다. 어머니는 산소호흡기로 숨을 쉬고 있을 뿐 내가 왔는데도 알아볼 수 없는 상태가 되었다. 울컥 울음이 터져 나왔다. 어제까지도 멀쩡했던 어머니가 자식들에게 한마디도 못하고, 저 지경이 되었으니 자식들의 불효가 막심할 수밖에 없었다. 누가 이렇게 될 줄이야 꿈에라도 알았겠는가? 누구 한 사람이라도 자식이 병실을 지켰다면 유언 한마디라도 들었을 것인데, 그날따라 아내가 찾아와 이렇게 되었으니, 아내가 원망스러웠다. 아내도 한마디도 무슨 말씀을 못 들었다고 했다. 자기도 갑자기 일어난 발작이라 손쓸 새도 없이 의식을 잃었다고 했다.

담당의사를 만났다. 의사는 다 끝난 운명인데 산소호흡기 때문에 버틸 수 있다 하였다. 가족들이 다 모였으니 알아서 결정하라고 했다. 산소호흡기만 떼면 숨을 거둔다고 했다. 무슨 기적이라도 일어날까 지켜보는 가족들의 마음은 고통이었다. 5시까지 지켜보다가 너무 보는 사람도 고통스럽고 어머니는 더욱 고통에서 헤매는 것 같았다. 가족회의 끝에 산소호흡기를 제거하기로 결정했다. 사망시간이 산소호흡기를 떼는 시간이었다.

어머니는 그렇게 생을 마감했다. 모두가 울음바다가 되었다.

아무리 울어봐도, 불러봐도 저세상 사람이 되었는데 다시 살아올 수는 없었다. 가족들의 슬픔 속에 이제는 장례절차를 밟아야 되었다. 고향 친척들에게 알리고, 가까운 친구나 이웃들에게 알려야 되었다. 나는 어머니의 시신을 병원 직원과 함께 둘이서 영안실로 옮기게 되었다.

내 생애 처음으로 당하는 부모님의 죽음을 보았다. 어머니 시신을 옮기면서 사람이 살아있다는 것이 실감이 나지 않았다. 어제까지만 해도 환하게 웃으시며 자식들에게 고통스런 아픈 모습을 보이지 않았다. 더욱이 나에게 "진경애비 직장에 가 봐야지, 너무 오래 있었다."하며 걱정해 주셨던 어머니였다. 그 말이 마지막이 될 줄이야 누가 알았겠는가? 어머니의 싸늘한 시신을 옮기면서 눈물이 주르르 쏟아졌다. 이곳 한양대학교 영안실은 병원에서 지하통로를 이용해 영안실까지 가게 되었다. 그 길이가 1km는 되는 것 같았다. 좁은 통로인데 바퀴 달린 구르마로 병원 직원과 나만이 갈 수 있는 좁은 통로였다. 그 길이 얼마나 먼지, 천당 가는 길인지 지옥 가는 길인지 너무나 멀게만 느껴졌다. 영안실에 도착하여 어머니를 차디찬 냉동실에 집어넣었다.

"조심히 좀 하세요?"

나무토막 다루듯 하는 직원에게 한마디 했다. 그는 못 들은 척 어머니를 집어넣고 문을 닫았다.

"저쪽 문으로 나가세요?"하고는 병원 직원은 왔던 길로 돌아갔다. 문을 나서자 영안실 밖이었다. 그길로 동생들을 만나 장례절차를 논의하고 영안실이 있는 옆쪽에 큰방 2개를 계약해 손님 맞을 준비를 했다. 장례는 3일장으로 치르게 되었다.

모든 절차는 동생들이 알아서 하게 하고, 나는 어머니 영정 앞에서 손님을 맞이했다. 시골에서 친척들도 올라왔다.

많은 친척들이 와서 손님을 접대했다. 우리 육남매가 모두 서울에 살아 손님도 많이 왔다. 친구들도 오고, 사돈들도 오고 손님이 끊이지 않았다. 아내도 장례일을 도왔다. 시집간 큰딸도 사위와 같이 왔다. 사위의 부모님도 부부동반으로 찾아와 만나게 되었다. 딸 결혼식 때 만나 보고 처음이었다. 그런데 와야 할 맏손자 내 아들이 오지 않았다. 정신이상으로 약을 먹고 있기 때문에 충격이 심할 것 같았다. 아내에게 왜 아들이 안 오냐고 말하자, 오라고 했으니 올 거라 말했다. 할머니가 애지중지 어릴 적부터 할머니가 키웠는데 괘씸하기 짝이 없었다. 우리 애들은 모두 어려서 할머니가 다 키웠다. 장사한다고 애들을 할머니가 맡아 키웠다. 아버지도 아들을 업고 젖을 먹이러 다니며 키웠다. 그런 아들이 할머니가 돌아가셨는데 나타나지 않았다.

오후에 아들이 나타났다. 친구들과 서너 명이 같이 와 할머니 영전에 절을 올렸다. 모든 형제들이 아들이 오자 반가워했다. 몸이 그러니 애석하게 생각하고 있었다. 정신만 멀쩡하면 얼마나 좋을까 걱정들을 하고 있었다. 군대에 가서 병신이 된 아들을 모두들 안타까워하고 있었다. 나 혼자 있게 되었다. 아들이 심부름하다가 내게 와 말했다.

"아빠가 할머니 돌아가시게 만들었어. 더 살았을텐데, 아빠가 돌아가시게 했어, 아빠 때문이야!"

갑자기 아들이 눈을 부릅뜨며 할머니가 아빠 때문에 돌아가셨다고 따지듯 말했다. 정신이 멀쩡하면 야단을 치겠는데 야단을 칠 수가 없었다.

"그래, 아빠 잘못이다. 아빠가 잘못했다. 아빠 잘못이야, 할머니가 너를 얼마나 예뻐했는데.…" 눈물이 주르르 흘렀다.

아들은 돌아서며 말했다.

"나, 할머니 장례식 안봐, 안올거야!"하고는 나가 버렸다. 그뒤로

불효자는 웁니다

할머니 장례식에 참석하지 않았다. 아들이 할머니가 돌아가셔서 너무 충격을 받은 것 같았다. 나는 가슴이 미어지는 듯 아팠다. 아빠 때문에 할머니가 돌아가셨다고 따지는데 할 말이 없었다. 그렇게 할머니가 손자를 귀여워하고 좋아했던 할머니였다. 우리 집안에서 우리 손자만큼 잘생긴 사람은 없다고 항상 손자를 자랑했다. 사실 우리 아들만큼 잘생긴 사람은 없었다. 모두가 인물이 제일 잘났다고 했으니 말이다. 그런데 정신병이라니 내 책임이 큰 것 같았다. 아내와 헤어져 살지만 안했어도 달라졌을수도 있다고 생각하니 모두가 내 잘못인 것 같았다.

손님은 끊임없이, 밤낮없이 찾아오고 있었다. 저녁에 내 친구들이 여러 명이 찾아와 문상하고 돌아갔다. 중앙시장 강일덕과 고진희도 문상하고 돌아갔다. 10시가 넘자 직장에 두 사장님이 같이 문상을 했다. 미홍이도 같이 올 줄 알았는데 오지 않았다. 나이 든 큰사장과 젊은 사장만이 찾아와서 일은 걱정말고 어머님 잘 모시고 나오라고 문상하고 돌아갔다. 식당을 마치고 오느라 늦게 온 것 같았다. 사장들을 배웅하고 안에 들어가려 하자 누가 "주병씨!"하고 불렀다. 미홍이였다. 종업원들을 다 데리고 왔다. 하나도 빠짐없이 직장 동료들을 미홍이가 데리고 온 것이다. 너무나 고마웠다. 한둘은 안 올줄 알았는데 아마 미홍이가 데리고 온 것 같았다. 미홍이 말이라면 종업원들이 말을 잘 들었다. 한 사람이라도 더 데리고 와 봉투를 주려고 미홍이 그리했다고 생각되었다. 부의금 한 푼이라도 보태주고 싶어했을 것이다.

"맛있게 먹고 가, 와 줘서 너무 고마워?" 나는 이들을 극진히 대접해 주었다.

장례 이튿날은 친척들과 아침 일찍 장지를 어다다 모실지 의논했다. 옛날 당숙이 산소 자리는 고향에 모시게 할 테니 부모가 돌아가시면 고향에 모시게 하라고 했었다. 아버지에게도 그렇게 약속했다고 했다. 그런데 당숙이 돌아가시고 육촌형이 선산을 관리하게 되었다. 친척들이 얘기하자 난색을 하고 있었다. 자리가 없다는 것이다. 산에 산소 자리가 없다니 말이 되지 않았다. 산소 자리를 주기 싫다는 얘기였다. 우리 형제가 친척들에게 공원묘지에 모시겠다고 말하고 산소를 보러 간다고 말하자 아버지가 절대 반대했다. 나는 죽어서는 고향에 묻히고 싶다. 어머니도 그렇게 하라고 공원묘지로 간다 하자 반대했다. 고향에 땅 1평도 없는데 무슨 수로 고향에 모신다고 하는 것인가? 고민하고 있는데 아버지 바로 위인 큰아버지 아들인 사촌 동생이 산소를 준다고 나섰다.

셋째 동생과 동갑인 사촌 동생이었다. 광천에서 가까운 저계산에 산소자리를 사놓고 있었다. 얼마전에 큰아버지가 돌아가셔서 그곳에 모시게 되었다. 큰아버지 산소 밑에 사촌들이 나중에 들어갈 자리라고 했다. 자기 자신들이 들어갈 자리를 어머니를 모시게 한다는 것이다. 얼마나 고마운 일인가. 아버지가 너무나 고마워했다. 아버지도 돌아가시면 그곳에 합장하면 된다고 했다.

"조카 고맙네, 고마워.…"

아버지는 감격하여 사촌 동생에게 진심으로 고마움을 표시했다. 자식된 도리로서 나는 그 모습을 보면서 왜 우리 형제는 이제껏 벌어서 고향에 땅 1평도 사놓지 못했는지 한없이 부끄럽고 후회스러웠다. 아무튼 어머니를 고향 땅에 모시게 되어 기뻤다. 이제 산소자리가 해결되었다. 이래서 친척이 좋은 것 같았다.

염을 잡수시는 날이었다. 사람이 죽으면 새 옷으로 갈아입고 저승으로 가는 것 같았다. 병원에 염을 하는 직원이 있는데도 사촌형들과 친척들이 왜 남의 손에 맡기냐고 직접 친척들이 한다고 했다. 병원에 있는 직원들이 어머니를 냉동실에서 꺼내놓고 염을 하려고 준비하고 있었다. 친척들이 한다하자 병원 직원들은 불만이었다. 서로가 옥신각신했다. 그래서 사촌형에게 이분들께 맡기자고 우리 형제들이 말했다. 그 사람들이 돈을 벌기 위해 하는 일인데 가로챌 수는 없는 것 같았다. 그래서 병원 직원들이 시작했다. 깨끗이 하는것 같았다. 알콜로 씻어내고, 옷을 입힐 순서인 것 같았다. 하얀 천을 벗기며, 가족들에게 마지막 모습을 지켜보라고 직원이 말했다. 어머니의 얼굴이 드러났다. 모두가 눈물을 흘리고 있었다. 나도 눈물을 글썽이고 있었다. 그런데 어머니 손이 보였다. 검지손가락이 잘라진 채로 내 눈에 들어왔다. 울컥 가슴이 찡하고, 울음이 터져 나왔다.

"어머니!"하고 나도 큰소리로 울기 시작했다. 형제들이 따라 울었다. 울음바다가 되었다. 친척들도 울고, 한동안 울음이 그치지 않았다. 나 때문에 손가락이 잘라졌던 어머니였다. 어머니가 고생한 생각하면 지금도 가슴이 미어지는 것처럼 저며오고 있었다.

평생토록 고생만 하시다가 돌아가신 어머니 이제는 편히 쉬십시오. 불효자식은 이렇게 울 수밖에 없습니다. 그날 생전 처음 슬피 울었다. 사람이 죽으면 여러 가지 의식이 많았다. 큰아들이라 나는 맏상주 노릇 하느라고 어른들이 시키는 대로 따라 할 수밖에 없었다. 아내와 헤어져 사는데도 아내와 이혼을 안 했으니 형식상은 부부였다. 그래서 같이 서서 절도 하게 되고 부부 아닌 부부행세도 하게 되었다. 성복제는 초상이 나서 처음으로 상복을 입을 때 차리는 제사다. 맏상주니 제사상에 잔을 올리고, 부부가 맞절을 하는 의식도 있었다. 오래간만에 결혼식 때처럼 맞절을 해야 되었다. 복잡한 예식이었다. 몇 년만에 아내와 부부행세를 하고 있어, 사람들 보기에도 민망할 때가 많았다. 그렇게 행동하다 보니 갑자기 가까워진 착각도 들었다. 또한 곡을 할 때도 많아서 상주노릇하는데 여간 마음 아픈 일이 아닐 수 없었다. 성복제 지낼 때는 다 같이 가족이 울어야 되었다. 한 이틀 울고 나자 우는 것도 힘든 지경이었다.

제를 마치고 각자 흩어져 일을 하고 있었다. 그런데 아내가 혼자 남아 갑자기 어머니 영정 앞에서 대성통곡하고 있었다. 얼마나 슬피 우는지 내가 보기가 민망했다. 내가 다가가 "다들 울음을 그치고 일을 하는데 혼자서 왜 그러는 거야? 뭐 잘못이라도 뉘우치고 싶은 거야! 부모가 싫다고 나가서 살 때는 언제고 참으로 가증스러워.…" 그렇게 말해도 아내는 울음을 그치지 않았다. 형제들과 제수씨들이 그냥 놔두라고 비아냥처럼 수근댔다.

"지금 와서 잘못을 뉘우치는가 보네, 늙으신 부모님 모시기 싫다고 나가 살 때는 언제고, 지금 와서 대성통곡하고 있어.…" 여럿이 수근대도 그치지 않고 울고 있었다. 아마 1시간도 넘게 울었다. 내가 생각하기엔 자기 잘못도 반성하고, 그동안 쌓였던 가족에게도 한풀이한다고 생각되었다. 특히 내게 쌓인 감정을 돌아가신 부모님에게 하소연하는 것같았다.

시집와서 남편한테 사랑을 못 받고 자기 혼자 부모님 모시고 많은 식구들과 살아온 것이 서러웠던 게 아닌가도 생각되었다.

내 잘못이 많았다고 생각도 들었다. 아내를 맞이해 따뜻하게 말 한마디 다정하게 못 해줬고 나는 내 멋대로 할짓 다해가며 아내를 등한시한 게 사실이었다. 오죽했으면 뱃속에 아기를 지워달라고 일하는 직장으로 찾아와 불러냈을까 생각도 들었다. 그때 아들을 임신했을 때였다. 아기를 떼어주면 헤어지겠다고 했었다. 그랬으면 아들도 태어나지 않았을 것이었다.

그때 나는 생각해 보겠다고 말하고 반년 넘게 잠적했었다. 아기를 임신하고 남편없이 반년 동안 살면서 무슨 생각인들 안했을까? 충분히 이해할 것 같았다. 그때 우리 식구가 여덟식구였다. 혼자서 남편없이 온가족 뒷바라지하고 살았으니 가족에 대한 원망도 컸을 것이었다. 그런 생각하니 아내가 불쌍한 생각도 들었다. 내가 아들 낳았다고 소식 듣고 집에 들어가 마음을 잡았지만, 또다시 부부생활이 순탄하지 않았다. 아내가 2~3번 집을 나갔고, 결국 헤어져 살게 되었다. 애들이 뭔지 아직까지도 애들때문에 이혼을 못하고 별거하고 사는 중에 어머니가 돌아가신 것이다.

어머니와 마지막 날 무슨 얘기를 나누고 어머니가 의식을 잃었는지 알 수가 없었다. 아마도 어머니 영정 앞에서 슬피 우는 모습이 예사롭지 않았다. 어머니와 병원에서 만났을 때는 어머니가 정신이 멀쩡했으니 무슨 대화가 있었을 것이었다. 아마도 새벽에 어머니가 의식을 잃었으니 초저녁부터 그때까지는 충분한 대화를 나눴다고 할 수 있었다. 아마도 충격적인 말이 있었던 것 같았다.

아내는 울다가 지쳤는지 이제는 흥얼흥얼 콧노래를 부르는 것 같았다. 불쌍해 보이다가 다시 미워지기 시작했다. 지켜보고 있자니 열불이 났다. 결국 나를 망하게 해 놓고 지금에 와서 어머니 영정 앞에 아무리 울어본들 달라질 것이 없었다.

"이봐, 그만 일어나, 저녁상 들어오잖아, 꼴사납게 왜 그래!"

큰소리로 말하고 일으켜 세우자 그제야 일어났다. 여러 사람 보기 민망했던지 밖으로 나갔다. 아내의 그런 행동으로 친척들과 형제들이 많이 수군거리고 있었다. 온 친척들이 우리가 헤어져 사는 걸 모르는 사람이 없었다. 내 자신이 부끄러웠다.

다행히 저녁시간이라 찾아오는 손님이 없었다. 저녁시간이 지나면 또 손님들이 몰려올 것이었다. 다 같이 모여 식사를 했다. 친척만 해도 50명은 넘는 것 같았다. 내일이면 장례를 치르는 날이었다. 아내의 형제는 한 사람도 오지 않았다. 서울에 사는 처제 2명도 올 줄 알았는데 오지 않았다. 아내가 연락을 안 했는지, 나도 연락은 안 했다. 본래 친정 식구들과 인연을 끊고 사는 사람이라 그럴 수밖에 없었다. 어떻게 보면 아내가 아주 독한 여자라고 볼 수 있었다. 아내 때문에 장례날까지 신경 쓰이고 마음이 편치 않았다. 억지로 부부행세를 하고 있어 남보기도 부끄러웠다.

장례날이었다. 손님이 500명도 넘게 찾아온 것 같았다. 부의금이 자그만치 삼천만 원 가까이 되었다. 그동안 병원에서 사용한 비용이 이천만 원이었다. 아직도 쓸 돈이 많이 남았다. 장의차와 리무진 고급차도 빌리고, 장례식날 쓸 돈이 많았다. 초상 한번 치르는 데도 그렇게 돈이 많이 들어갔다. 웬만히 벌어서는 없는 사람은 등꼴이 빠질 것이었다. 손님이 그래도 많이 와 내 돈 안 드리고 해결할 수 있었다.

장례 행렬이 서해안 고속도로를 달리고 있었다. 얼마 안가면 장지인 광천을 지나 은하면이었다. 어머니를 실은 리무진이 앞에서 달리고, 뒤의 장의차에 나와 친척들이 탔다. 그리고 자가용 수십대가 따르고 있었다. 아들은 참석하지 않았다. 장지인 마을 뒷산에 가야 하는데 주민들 여럿이 나와서 막았다. 친척들이 미리 도착해 상여가 마을 앞으로 통과하게 된다고 양해를 구했다는데 주민들이 막고 있었다. 영구차가 산소까지 거의 갈 수 있는데 상여는 안된다고 했다. 일정이 신작로 옆에서 상여로 장지까지 가게 되어 있었다. 고향 청년들이 부녀회와 함께 우리가 고향으로 모신다 하자 상여를 준비했던 것이다. 지금은 상여가 꽃상여로 한번 쓰고 태워 버린다고 했다. 그 상여를 고향분들이 해주게 되었다.

우리가 고향을 떠나 서울에 이사와 30년 넘게 살았지만 고향분들은 우리를 잊지 않고 옛날 고향에서 살 때처럼 대해 주고 있었다. 청년회, 부녀회가 모두 모여 장례를 도와주기로 했다. 일부는 산소를 정리하고 있었다. 그런데 상여를 못 가게 막으니 난감하지 않을 수 없었다. 이곳은 고향인데 군과 면이 달랐다. 우리는 보령군 천북면이고, 산소가 있는 이곳은 홍성군 은하면이었다.

그러니 군과 면이 경계가 되는 곳이었다. 동네가 다르다 보니 이들이 요구조건이 있었다. 상여를 지나가게 하는 조건으로 동네 앞 농로를 시멘트로 포장해 달라는 것이다. 그 비용이 칠백만 원이 든다고 했다. 그래서 우리가 해 주기로 했다. 이곳에는 사촌누님이 시집가서 사는 곳이었다. 그래서 이 동네 사람들도 도와주고, 우리 고향 동네 사람들도 도와주고 이곳에서 모든 편의를 제공해 어머니를 산소에 편히 모실 수 있었다. 이날은 한겨울인데도 날씨가 봄날같이 따뜻해 동네 사람들이 복이 많은 망자라고 한마디씩 하고 있었다. 그렇게 춥던 날씨가 그날은 왜 그리 따뜻했는지 우리도 덩달아 기분이 좋았다. 두고두고 우리 형제들은 고향분들의 고마움을 잊지 않았다.

어머니 장례를 모시고 삼우제를 지내게 되었다. 아내에게 전화가 왔다. 자기도 삼우제 지내러 가겠다는 것이다. 내가 올 필요없다고 대답했으나 일찌감치 부평집으로 찾아왔다. 부평집에는 아버지와 내가 동생들 오기만 기다리고 있었다. 동생들 차를 타고 가야 되었다. 동생 내외와 사위들도 모두 부평집에 모였다. 아내가 안 올 줄 알았는데 미리 와서 기다리고 있으니 안 데리고 갈 수가 없었다. 동생들과 사위들도 제수씨들도 모두 아내를 불편하게 생각하고 있었다. 그런데도 간다고 와 있어서 데리고 갔다. 애들은 아무도 데리고 가지 않았다. 산소에 가자 고향 친척들이 모두 산소에서 기다리고 있었다.

고향 친척들이 제사상을 모두 준비해 놓고 기다렸다. 우리는 다 같이 제사를 지냈다. 고향 친척들과 간단하게 제사 음식을 먹고 얘기를 나누다 헤어지고 집으로 오게 되었다. 아내는 아무도 말을 걸지 않고 푸대접하는데도 넉살좋게 졸졸 따라다녔다. 참으로 얼굴이 두꺼운 여자인지, 나까지도 외면하는데 왜 따라와서 귀찮게 하는지 모를 일이었다. 나 같으면 광천역에서 기차 타고 가겠다고 팔씨한다고 한마디 해 주고 가겠으나, 아내는 푸대접받으면서도 따라왔다. 우리는 어머니 장례도 모시고, 삼우제까지 마쳤으니 그동안 고생도 했고 회포도 풀 겸 가다가 인천 월미도에서 회라도 먹고 가자고 월미도에 가게 되었다. 아내도 그곳까지 같이 가게 되었다.

횟집에 우리 식구들만 다 모였다. 아버지와 우리 육남매 부부였다. 그러니 모두 13명이었다. 한때는 15년간 아내와 같이 행복한 시간을 보냈는데 지금 이 자리는 아내가 불청객 신세가 되어 형제들에게 눈총을 받고 대화도 하지 않았다. 나는 공연히 화가 났다. 무엇 때문에 아내가 따라와 불편하게 하는지 화가 치밀었다. 그래서 소주를 몇 잔 마시고 얘기했다.

아버지와 형제들이 모인 자리에서 솔직한 내 심정을 밝혔다.

"진경엄마, 이제 우리 남이나 마찬가지야, 애들 때문에 여지껏 인연의 끈을 놓지 못했는데 이제는 남남으로 살아, 무슨 일이 있어도 찾아오지마?"

내가 단호하게 말했다. 이미 헤어져 살고 있으니 이혼하자는 취지로 말했다. 그러자 아내는 아무 대답도 안했다.

둘째 사위가 내 말을 거들었다.

"이혼하세요, 이제는 애들도 컸으니 애들도 이해할거에요. 불편하게 사는 것보다 깨끗하게 정리하세요."

그래도 아내는 아무 말도 하지 않았다. 횟집에서 나와 부평집에 모이게 되었다. 5층으로 올라가는데 아내도 올라가려고 계단에 오르고 있었다. 둘째 제수씨가 큰 소리로 말했다.

"참, 얼굴도 두껍데이 그렇게 말했으면 집으로 갈 것이지.…"

제수씨가 경상도 말로 쏘아부치자 아내가 계단을 오르려다 주춤하고 있다 돌아서 가게 되었다. 얼마나 치욕스러운 일이 아닐 수 없었다. 한때는 손아래 동서였는데 형님에게 망신을 주었으니 기가 막힐 일이었다. 그 후 아내는 이혼해 달라고 할 줄 알았는데 대답이 없었다. 그렇게 또 매듭을 짓지 못하고 몇 달을 살게 되었다.

아버지는 어머니가 돌아가시고 곡기를 끊으셨다. 둘째 집에 가서 사시라고 해도 둘째 집에는 절대 가지 않는다고 했다. 어머니가 병원에 있는 동안 둘째 집에 있었는데 제수씨가 어떻게 대했는지 둘째 집에서는 안 산다고 했다. 둘째 제수씨는 경상도 여자로 말씨가 꼭 남이 듣기에는 곱지가 않았다. 마음씨까지도 곱지 않은데 말투까지 곱지 않아 아버지가 싫다 하였다. 죽어도 여기서 살다 죽는다고 나와 함께 있었다.

이제 두 홀아비가 부평 옥상에서 같이 살게 되었다. 나는 직장에 다니는 몸으로 아침에 출근하면 식당 일이 끝나 집에 오면 밤 11시가 되었다. 어떻게 부모님을 제대로 모실 수가 없었다. 아침 일찍 일어나 밥을 하고 어머니상 앞에 조식을 올려야 했다. 아버지가 사십구재까지는 그렇게 해야 한다고 하여 어머니 영정사진과 지방을 놓고 상식을 올리게 되었다. 그리고 아버지 식사를 차려드렸다. 그런데 아버지는 어머니가 돌아가신 후 여지껏 한 끼도 식사를 하지 않고 있었다. 내가 밥을 차려놓고 직장에 갔다 오면 그대로 있었다. 음료수와 베지밀, 우유 같은 마실 수 있는 음료만 드시고 있었다. 밥은 차리지 말라고 했다. 한 달이 지나자 그렇게 좋아하시던 술도 끊으시고, 담배도 당기지 않는다고 끊으셨다. 아마 곡기를 끊으시고 돌아가시겠다는 심산인 것 같았다. 내가 새벽 일찍 일어나 아침상식 때문에 밥을 짓게 되었다. 어머니상 앞에 아침밥을 차려놓고 밥통에 밥을 놔두면 점심과 저녁은 아버지가 어머니상에 상식을 올리고 있었다.

　아버지는 어머니를 잊지 못하고 있었다. 날마다 어머니가 식사를 챙겨드리고 참참이 술안주까지 만들어 아버지에게 술을 드시게 했다. 죽기 전에 무슨 말씀을 하려 했는데 그 말을 못 들어 가슴이 아프다고 말했다.

　사십구재가 되었다. 동생들이 찾아와 서로 모시겠다고 했으나 아버지는 가지 않았다. 결국 동생들은 아버지를 모시고 가지 못했다. 그런데 아버지가 점점 몸이 약해지고 힘이 없어 보였다. 내가 직장에 갔다 오면 창백해진 아버지를 대할 수가 없었다. 막내동생에게 네가 좀 모시라고 전화했다. 둘째에게는 안 간다고 하여 셋째 동생에게 부탁했다. 셋째 동생이 가자고 찾아와서 말하자, 아버지는 마지못해 따라가게 되었다. 그래서 화곡동에 사는 막내 남동생 집에서 살게 되었다. 화곡동에는 큰여동생도 살고 있어 안심이 되었다. 두 형제가 한동네에서 살고 있어 안심할 수 있었다. 부평집에는 나 혼자만이 살았다. 부모님 한 분은 돌아가시고, 아버지만이 살아계셨는데 모두 내 곁을 떠나게 되었다. 맏아들로 책임은 다한 것 같았다.

　이제는 부평집에 나 혼자 남았다. 큰아들인 내가 30여 년간 모시고 살았는데 이제는 혼자가 되었다. 홀가분하면서도 부모님이 안 계신 집안은 고요한 정막이 흐르고 고독이 밀려오고 있었다. 낮에는 직장에서 동료들과 일하기 바빠 몰랐으나, 일을 마치고 밤에 집에 들어오면 삭막한 기분이 사막에 홀로 남아있는 것처럼 느껴졌다. 아직도 부모님의 체온이 남아있어 온기는 느낄 수 있으나 밀려오는 외로움은 달랠 수가 없었다. 이제는 나 혼자구나! 고독이 무엇인지 실감하고 있었다. 앞으로 어떻게 살아갈 것인가? 이제는 집안청소, 빨래며 집에서 쉴 때는 조식도 챙겨먹어야 되었다. 그야말로 홀아비 신세라 그동안 어머니가 불편한 몸을 이끌고 빨래, 청소, 내 옷까지 세탁해서 와이셔츠도 다려주고 했는데 어머니의 빈 자리가 이렇게 클 줄은 몰랐다. 집에서 어머니를 도와주려 해도 어머니는 직장에서 많은 일을 하는데 집에까지 와서 하느냐고 손도 못 대게 했었다. 나는 아직 세탁기도 돌려보지 않았다. 처음으로 세탁기를 돌려보았다. 해보니 할 수 있을 것 같았다. 다리미질도 서투르지만 해보니 할 수 있을 것 같았다. 사람이 닥치면 무엇인들 못 하겠는가. 홀로 사는 사람들이 세상에는 나뿐만이 아니었다. 자기 환경에 따라 적응하기 마련이었다. 다만 외로움만은 해결할 수 없었다. 그래도 직장에 가면 마음을 위로해 주는 미홍이가 있었다. 비록 가정이 있는 여자지만 내게 큰 힘이 되어 주었다.

"주병씨, 쓸쓸해서 어떻해요. 부모님과 같이 계시다가 혼자가 되었으니 얼마나 쓸쓸해요. 애들 엄마 데려다가 같이 살아요?"

미홍은 아내를 데려다가 같이 살라고 했다. 내가 이혼한다고 얘기했는데 가슴에 불을 지르고 있었다.

"애들 엄마와 끝내자고 했다고 얘기해 줬잖아, 왜 자꾸 애들 엄마 들먹여, 이제 생각도 하기 싫어.…"

나는 미홍에게 화를 내며 말했다. 미홍은 미안한지 다시는 꺼내지 않는다 말하고 자리를 피했다. 그날 저녁 버스를 타고 미홍과 예전과 같이 퇴근하게 되었다. 시청역에서 전철을 타고 집에 갈까 하다가 미홍이 타는 화곡동 가는 버스를 탔다. 지하철을 타고 가면 미홍이 토라져 그러는가 싶어 같이 탔던 것이다.

"주병씨, 토라졌어요? 애들 엄마와 같이 살라고 했다고 종일 말도 않고.…" 미홍이 말을 걸었다.

"토라지긴, 미안해, 앞으로 애들 엄마 얘기하지마?"

"알았어요. 다시는 안할께?"

서로 서먹했던 마음을 풀었다. 화곡동에 거의 다 왔다. 미홍이 내리면 나는 한 정거장 더 가서 내리고, 그곳에서 부평 가는 버스를 갈아타야 되었다. 언제나 우리는 그렇게 하고 있었다.

"주병씨, 나와 같이 내려요. 오늘 기분도 그렇고 제가 한 잔 살게요.…" 미홍은 술 한 잔 같이 하자고 했다.

시계를 보니 10시 반이었다. 30분은 같이 있을 수 있었다. 부평 가는 버스가 11시면 막차였다.

"시간이 30분밖에 없는데 어떻게 술 먹어, 버스 11시가 막차야?"

"주병씨두, 못 가면 자고 가면 되지 무슨 걱정이야, 집에 기다리는 사람도 없는데?"

미홍은 그렇게 말하고 있었다. 여관에서 자라는 얘기로 들렸다.

"나 보고 여관에서 자라고?"

"그래요, 못 가면 여관에서 자면 되잖아요? 주병씨 동생들이 화곡동에 두 분이나 산다면서요. 아버지도 뵐 겸 동생 집에 가면 되지, 무슨 걱정이에요?"

듣고 보니 그랬다. 동생네 집에 가서 아버지도 뵐 겸 찾아가면 되었다. 아버지도 반가워하실 것이었다.

"역시 여자가 머리가 잘 돌아간다니까, 왜 내가 그 생각을 못했지.…"

둘이는 버스에서 내려 술집에 들어갔다. 술집에서 동생에게 전화하고 혹시 늦게 들릴테니 기다리라고 했다. 늦을까봐 미리 얘기했다. 술집은 칸막이 집이었다.

"미홍씨, 이런데 와 봤어?"

"애들 아빠하고 자주 왔어요. 전에는 자주 왔었는데 지금은 술을 못하잖아요."

"걱정이네, 빨리 나아야 할 텐데, 당뇨가 그렇게 무서운 병인지 몰랐어."

"그만해요, 그 얘기는 그만하고 우리 얘기나 해요."

미홍은 남편 얘기가 싫은 모양이었다. 술을 따르며 우리 얘기나 하자고 했다. 우리 얘기가 무슨 의미인지 알 수가 없었다.

미홍은 술이 취하는 것 같았다. 직장에서도 소주 몇 잔을 마셨다. 소주에다 맥주를 마셨으니 취할 수밖에 없었다. 나도 술이 취하는데 미홍은 더 취하는 것 같았다.

"이제 그만 집에 가, 30분은 있었는데 집에 식구들 기다릴 것 아니야?" 시계를 보니 11시가 넘고 있었다.

"왜, 같이 있는 것이 싫어, 나는 더 마시고 싶은데, 주병씨 나 좋아하고 있잖아?"

미홍은 어깨에 기대며 말했다. 나도 허리를 감싸 안으며 말했다.

"좋아하지, 그러나 우리는 사랑은 안돼."

"왜 안돼, 이렇게 사랑하면 되지.…"

미홍은 갑자기 입술에 입맞춤을 하고 있었다. 가슴이 뛰었다. 아무래도 아닌 것 같았다. 미홍을 밀치며 말했다.

"여기 미홍씨네 동네야, 누가 보면 어쩌려고 그래 일어나?"

미홍을 일으켜 세웠다. 웨이터를 불러 계산하자고 했다.

"내가 산다고 했잖아?"

내가 지갑을 꺼내자 미홍이 말했다.

"누가 사면 어때, 다음에 미홍이가 사?"

내가 계산하고 미홍을 데리고 술집을 나왔다. 얼마쯤 걸었다. 미홍이 내 허리를 감싸고 걷고 있었다.

그때 누군가가 우리 앞에 섰다. 갑자기 미홍이 내 허리를 감았던 손을 떼고 멀찍이 물러나 있었다. 직감적으로 미홍이 남편일 것이라 짐작했다.

"당신 누구야?"

내게 험악한 표정으로 묻자, 미홍이 다가서서 직장 동료라 말했다. "너는 저리 비켜 서!"

미홍의 남편은 미홍을 밀쳐내고 내게 말했다. 아주 험악한 표정이었다.

"당신이 뭔데 남의 여자 껴안고 다녀?"

"죄송합니다. 직장에서 회식이 있었는데 미홍씨가 너무 취해 집까지 데려다 준다는게 그만 불미스럽게 되었습니다. 죄송합니다.…"

죄송하다고 용서를 구하는 수밖에 별도리가 없었다. 미홍이 남편은 나를 자세히 살펴보고는 말했다.

"정말 같이 일하는 사람이요?"

그때 미홍이 나서서 주방장님이라 말하고 내가 잘못했으니 집에 가서 얘기하자고 했다.

"당신 어디 살아요?"

"부평에서 사는데 동생이 이곳에 사는데 다니러 온 김에 미홍씨와 같이 오게 되었어요. 본의 아니게 죄송하게 되었습니다."

그렇게 말하자 미홍이 남편은 알았으니 가보라고 했다. 하마터면 큰일날뻔 했다. 아마 내가 미홍을 감싸 안았다면 꼼짝없이 당할뻔 했다. 미홍이 자기 동네에서 자중하지 못한 행동으로 봉변을 당하게 되었다.

다음날 미홍은 직장에 나오지 않았다. 9시 출근인데 옛날 같으면 출근한다고 삐삐를 ○○번 치고 덕수궁 대한문 앞에서 기다렸다. 나를 만나고 같이 직장에 출근했을텐데 아무 소식이 없었다. 기다리다 혼자 직장에 들어갔다. 주인마님이 출근하자 보자고 했다.

"주방장님, 어제저녁 미홍이와 무슨 일 있었어요? 미홍이가 조금 전에 전화 왔는데 오후에나 온다고 했어요."

"아니요, 아무일 없었어요. 오후에 오면 알겠지요.…"

나는 시침이를 떼고 아무일 없었다고 했다. 주인마님도 늘 같이 다니니 우리 사이를 의심하는 것 같았다. 나는 일을 하면서도 불안하고 초조해서 견딜 수가 없었다. 어젯밤 미홍이 남편이 폭력을 쓰지 않았나 걱정이 되었다. 매를 맞아 얼굴이 엉망이 되어 못 나오게 된 것이 아닌가 별 생각이 다 들었다. 미홍이 몫까지 내가 일을 해야 되어 바쁜 와중에도 미홍이 때문에 일손이 잡히지 않았다.

가까스로 점심시간을 마치게 되었다. 혹시나 하고 밖에서 기다렸으나 오지 않았다. 3시가 넘어 저녁 준비하는데 미홍이가 들어왔다. 일단 주인마님을 만나고 주방에 들어왔다.

"미안해요. 주병씨 혼자 바빠겠네요?"

"왔으니 다행이에요. 나는 무슨 일이 있나 하고 걱정 많이 했어요.…"

그러자 밥모 아주머니가 나서며 한마디하고 있었다.

"말도 말아, 미홍이가 없으니 주방장님이 우리를 얼마나 못살게 구는지 정신 못차렸어, 바쁘기는 하고 우리에게만 짜증냈지 뭐야, 이 집은 미홍이 없으면 큰일 나는 줄 알고 있어, 모두가 다 그래!"

사실 그랬다. 미홍이는 이 식당에 기둥이었다. 종업원들이 주인 말은 잘 안 들어도 미홍이 말은 잘 따르고 있었다. 미홍이 얼굴은 통통 부어 있었다. 맞은 것은 아닌 것 같은데 너무 울어서 그런 것 같았다. 그렇다고 물어볼 수도 없었다. 주위의 시선이 주시하는데 다정히 말 한마디도 건넬 수 없었다. 저녁 시간이나 끝나야 집에 가는 시간에 얘기를 나눌 수 있었다. 시간이 길게 느껴지고 있었다. 오늘따라 저녁 손님이 많았다. 홀과 방이 손님으로 꽉 차 있었다. 종업원들이 이리 뛰고 저리 뛰고 쩔쩔매고 있었다. 나도 육절기로 삼겹살을 쉴새 없이 썰어대고 미홍은 썰어놓은 삼겹살을 저울에 달아 몇 인분씩 고기 쟁반에 담아 홀로 내놓고 있었다. 2인분부터 3인분, 4인분, 5인분까지 내어주면 홀에서 가져가고 있었다. 손님들이 소리치는 소리, 종업원들이 소리치는 소리 귀가 따가울 정도로 저녁 시간이 도떼기시장처럼 시끄러웠다. 장사가 잘돼야 주인도 좋고 종업원들도 힘은 들지만 기분이 좋았다.

어떤 집에 가면 장사가 안돼 주인이 항상 인상을 찌푸리고 종업원들에게 짜증만 부리는 집도 있었다. 일이 힘든 것보다 주인 눈치보기가 종업원들은 더 힘이 들었다. 일을 해도 장사가 잘되는 집에서 일해야 일할 맛이 나는 게 사실이었다. 그래야 주인에게도 떳떳하게 요구조건을 들어달라고 말할 수 있었다. 이 집 주인마님은 종업원들이 힘든 줄 알고 알아서 끝날 때쯤이면 소주 두 병씩을 내놓고 있었다.

오늘도 소주 두 병을 내놓으며 한 잔씩 하라고 했다. 안주야 주방에 널려 있는 게 안주였다. 그러나 미홍은 오늘은 술을 먹지 않는다고 했다. 밥모와 설거지 2명이 나와 함께 먹었다.

미홍에게 권할 수도 없었다. 술 때문에 남편한테 얼마나 야단을 맞았는지 보지 않아도 뻔한 일이었다. 그냥 조용히 넘어갈 문제가 아니였던 것이다.

일이 끝나고 식당문을 나섰다. 종업원들이 각자 헤어지고, 나와 미홍이만 명동 지하도로 들어섰다.

"주병씨, 오늘은 혼자서 지하철 타고 가요, 앞으로 그렇게 하세요, 남편이 날마다 대한문 앞에서 기다리고 있다가 나와 같이 가자고 했어요.···"

미홍은 남편이 퇴근시간에 맞추어 덕수궁 앞 대한문 앞에서 기다리고 있을거라고 했다. 어젯밤 남편한테 얼마나 기합을 받았는지 지금도 떨린다고 했다. 남편이 그렇게 무서운 줄 어젯밤에 알았다고 했다. 애들 때문에 큰소리는 못 치고 방에 들어가자, 앉지도 못

하게 했다고 하였다. 옷 입은 채로 벽에 기대서게 하고 2시간 반성하라고 지키고 있었다고 했다. 움직이기만 해도 눈을 부릅뜨고 잡아먹을 듯이 야수와 같았다고 말했다. 꼼짝도 못하고 눈물만 흘렸다고 했다. 2시간이 되자 앉으라고 말하고 다시 그런 일 없을 것이라 서약서를 쓰라고 했다. 그래서 남편이 부르는 대로 쓰고 지장을 찍었다고 했다. 그리고 내일부터는 퇴근 시간에 맞추어 대한문 앞에서 기다린다고 했다는 것이다. 미홍은 남편이 무섭다고 울먹였다.

"그래, 남편 말대로 해, 나라도 그랬을거야, 외간 남자하고 팔짱끼고 다녔으니 천불이 났겠지, 그만한 게 다행이야, 같이 안 다녀도 직장에서 만나는데 뭐가 어려워."

나는 미홍을 달래주었다. 그리고 약점 잡힐 행동은 하지 말자 했다. 미홍도 남편의 마음이 풀어질 때까지 자중하겠다고 말했다. 그래서 우리는 그날부터 따로따로 가게 되었다. 그러나 마음만은 변하지 않았다. 일터에서 같이 일하면서 서로 위로해 주고 힘들면 쉬게 하고 마음으로 정을 나누면서 즐겁게 일하고 있었다. 출근해서 일을 마칠 때까지 우리는 연인이 되어 있었다. 기분이 나쁠때나 좋을때나 서로가 위로해 주며 즐거워하고 있었다. 때로는 손도 잡아주고 쉴 때는 커피도 한 잔씩 나누면서 즐겁게 지냈다.

그러던 어느 날 고등학교에 다니는 막내딸이 찾아왔다. 홀에 앉아서 종업원에게 아빠를 불러달라고 해 나가게 되었다.

막내딸은 내가 이 식당에 있다고 하자 두어번 찾아와서 용돈을 타가고 있었다. 엄마가 용돈을 자주 안주니 아빠에게 찾아와 용돈을 타가고 있었다.

"돈이 떨어졌어, 지난달에 준돈 다 쓴거야? 아껴 써야지?"하고 십만원을 주었다. 미홍이가 보고는 홀에 나와서 말했다.

"딸이 참 예쁘네, 아빠 닮아서 예쁜가 봐."하면서 오만원을 주었다. 딸이 안 받으려 하자 미홍은 말했다.
"아빠하고 같이 일하는 아줌마야, 받아도 괜찮은거야?"하고 손에 쥐여 주었다. 딸이 나를 쳐다보며 받아도 되느냐 묻는 것 같았다.
"아주머니가 주는 것이니 받아도 돼, 고맙다고 해?"
"고맙습니다."하고 딸은 돈을 받았다.
"밥은 먹었어, 아주머니가 차려줄까?"
미홍이가 말하자 딸은 밥을 먹고 왔다고 했다.
"아빠하고 놀다가 가?"하고 미홍은 주방으로 들어갔다. 딸에게까지 신경을 써주는 미홍이 고마웠다. 딸은 미홍이 주방에 들어가자 나에게 큰 충격을 주는 말을 했다.
"아빠 큰일났어, 오빠가 정신병원에 들어갔어.…"
나는 딸의 말에 충격이 아닐 수 없었다. 어머니 장례에 참석도 안 했던 아들이었다. 아빠가 할머니를 돌아가시게 했다고 장례식장에 찾아와서 따지고 들었던 아들이었다. 정신이상인 아들에게 나는 아빠 잘못이라고 말했었다. 그러자 아들은 "할머니의 장례식에 참석 안 해! 아빠가 보기 싫어서 안 올 거야!"하면서 집에 가서 한 번도 오지 않았다. 잠잠해 안심했는데 일을 내고 말았다.
딸의 말에 의하면 아들은 저희 엄마 식당 앞에 세워둔 남의 자가용을 타고 동생, 막내딸을 태우고 시내를 달리다 용산에서 사고를 냈다는 것이다. 경찰에 붙잡혀 횡설수설하자 한남동 정신병원에 강제로 입원시켰다고 했다. 막내딸이 놀라서 찾아온 것이다.
"엄마가 아빠 데리고 오라고 했어, 같이 가 보자고.…"
나는 주인에게 허락을 얻어 정신병원에 애들 엄마와 찾아가게 되었다. 어머니가 돌아가신 후 애들이 있는 집에 한 번도 찾아가지 않았다. 아내에게 헤어지자고 말한 후 한 번도 찾아가지 않았고 아내도 내게 전화도 하지 않았다. 법원가서 이혼하고 도장을 찍자고 할 줄 알았는데 소식이 없었다. 나도 직장 일이 바쁘고 크게 급한 일도 아니어서 미루고만 있었다. 나의 우유부단함이 매듭을 짓지 못하고 있었다. 애들의 소식은 막내딸이 찾아오기 때문에 소식은 듣고 있었다. 시집간 큰딸도 역전 집 앞인 지하상가에서 장사를 하고 있어 자주 만나 애들 걱정은 되지 않았다. 그런데 아들이 정신병원에 입원했다니 아내와 같이 갈 수밖에 없었다. 아내는 울상이 되어 병원에 같이 가면서도 흐느끼고 있었다.

"집에서 약을 안 먹는거야? 약을 잘 챙겨줘야지, 애가 그 정도 되도록 내버려둔거야!"

나는 아내에게 화를 냈다.

"챙겨줬는데 할머니 돌아가신 후 얘가 악화된 것 같아요. 할머니가 돌아가셨다고 한동안 밥도 잘 안 먹어요."

아들은 할머니 때문에 충격을 받은 것 같았다. 끔찍이도 할머니를 따랐던 아들이었다.

병원에 도착해 면회신청을 했다. 담당의사가 나와 자세하게 설명해 주었다. 경찰에서 강제로 입원시켜 내보낼 수가 없다고 말했다. 최소한 한 달은 이곳에서 치료를 받아야 된다고 했다. 내가 데리고 나가겠다고 말하자 의사가 그렇게 말했다. 의사는 면회는 해 주는데, 앉자있게는 할 수 없다고 말했다.

"저 앞 운동장에서 걸으며 얘기해요?"

의사는 철조망이 쳐진 공간에서 걸으며 얘기해 달라고 부탁했다.

아들이 나왔다. 딴사람의 부축을 받으며 나왔는데 얼굴이 부어있고, 상처도 있어 딱지가 보였다. 아마 많이 맞은 듯했다. 정신병원에 입원하면 많이 때린다고 들은 적이 있었다. 아내가 울음을 터트렸다. 나도 울컥 아들을 보고 눈물이 핑 돌았다. 군대에서 의가 사 제대하고 집에 와서 꾸준히 약을 먹고 병원도 다녀 낫는가 싶었는데 사고를 내는 바람에 또 병원 신세를 지고 있었다. 의사가 걸으라고 권했다. 아내와 내가 아들을 데리고 1시간가량 철조망이 쳐진 운동장을 걸으며 얘기했다.

"병원에서 많이 맞았니?"

내가 묻자 아들은 고개를 저으며 말이 없다가 집에 가게 해 달라고만 말했다.

"의사가 한 달은 있어야된대, 경찰에서 입원시켜 당장 내보낼 수 없다고 말했어, 한 달만 의사가 시키는 대로 말 잘 듣고, 약도 잘 먹어 그래야 빨리 집에 올 수 있어.…"

아내와 내가 타이르는 수밖에 없었다. 1시간 면회하고 병원을 나오게 되었다. 담당의사에게 따로 만나 잘 부탁한다고 오십만원을 봉투에 담아 주었다.

"신경 좀 써주세요, 애가 집에 오고 싶어 해서 되도록 빨리 데리고 나왔으면 좋겠어요.…"하고 부탁했다. 의사도 신경 써보겠다고 말했다. 아들은 25일 만에 나오게 되었다. 약을 썼기 때문에 빨리 나올 수 있었다고 생각되었다. 병원비가 한 달도 안됐는데 칠백만원이 나왔다. 아내가 이백을 내놓고 내가 오백을 낼 수밖에 없었다. 아내가 돈이 없다면서 내게 오백을 내놓으라 하여 할 수 없이 내놓고 말았다. 아들이 그러한데 돈이 아까워서 하는 얘기가 아니었다. 그래서 사람이 살아가는데 비상금 정도는 있어야 된다는 얘기를 하고 싶은 것이다.

내게는 불행이 연속해서 따라다니는 것 같았다. 하루 일을 마치고 집에 오자 막내 동생이 아버지를 내일 입원시켜야 된다고 전화가 왔다. 아버지는 동생 집에서도 식사는 일절 안 하시고 음료수만 마시고 산다고 하였다. 벌써 3개월 동안 음료수만 드시고 있었다.

아버지는 목동 이대병원에 입원하게 되었다. 시간이 많은 동생들이 입원 수속을 마치고 전화를 해 주었다. 내가 일 끝나고 간다니 병실 몇 층 몇 호실이라고 알려주었다. 그래서 나는 명동에서 일을 끝내고 곧장 집에 가지 않고 병원에 들렀다. 이대병원은 새로 지은 병원이라 깨끗했다. 아버지는 3층에 입원해 있었다. 가슴이 답답하고 힘이 하나도 없다고 간신히 말하고 있었다. 화곡동 동생만이 병실을 지키고 있었다. 다른 동생들은 병원에 왔다가 모두 돌아갔다고 했다. 하루에 한 사람씩 병원에 남아 병간호를 하기로 했다면서 오늘 밤은 내가 밤을 새우라고 말했다.
"그럼 너는 그만 들어가거라 고생했다."
화곡동에 사는 셋째에게 집에 가라고 했다.
"밤새우고 낮에 일할 수 있겠어요?"
"걱정마, 하루야 못 하겠니.…" 말하고 동생에게 집에 가라고 했다. 동생도 집에 가고 아버지와 내가 병실에 있었다. 지금 같으면 간병인이 있어 간병인을 쓸 수도 있는데 그때만 해도 가족이 병수발을 들어야 했다. 낮에는 여동생들이 오기로 하고, 밤에는 남자 셋이 교대로 병실에 오기로 되어 있었다. 육남매가 교대로 하면 되었다. 아들도 입원해 있는데 아버지까지 입원해 있으니 나의 마음은 천갈래 만갈래로 찢어지는 듯 가슴이 아팠다. 아버지가 화장실에 가자고 했다. 그런데 며칠째 소변이 나오지 않는다고 했다. 의사에게 말하자 담석이 심해 수술을 해야 된다고 했다. 우선 호수를 삽입해서 소변을 빼낸다고 했다. 그 일을 간호원이 카텐을 가리고 하고 있었다. 아버지는 아프다고 통증을 호소하고 있었다. 지켜보는데도 내가 아픔이 오는 것 같았다. 조그만 통로에 호수를 밀어 넣는 작업이 쉽지가 않았다. 환자는 아프다고 소리치고, 간호원은 조금만 참으라고 말하고 있었다. 한참 실랑이 끝에 호수가 삽입되었다. 호수에 연결된 통으로 빨아내면 되었다. 소변이 마려울 때는 호수에 매달린 공기주머니를 눌러주면 소변을 빨아낼 수 있었다. 그런 작업은 보호자가 할 일이었다. 하룻밤을 새우고 나는 직장으로 곧장 가 일을 하게 되었다. 졸음이 쏟아져 일이 힘이 들었다. 미홍이가 많이 도와주는데도 밤을 새우고 일하는 게 보통 고역이 아니었다. 점심시간 끝내고 2시간 정도 잘 수가 있었다.

다행히 아들이 병원에서 나와 집에서 약물치료만 하게 되었다. 한 달에 한 번씩 병원에 가 검사를 받고 약을 타오게 되었다. 아버지는 장기에 담석이 많이 있어 수술을 해서 제거해야 된다고 의사가 말하는데 워낙 몸이 약해졌고, 고령이라 형제들끼리 매일 의논했으나 결론이 나지 않았다. 그대로는 통증이 심하고, 수술하게 되면 고령이라 후유증이 있어 망설이게 되었다.

결국 수술을 하는 쪽으로 결론이 났다. 자식된 도리를 다해보자는 결론이었다. 그래서 아버지는 수술을 하게 되었다. 그런데 몸이 약해서 그런지 회복이 되지 않았다. 병원에서는 최선을 다했지만 어쩔 수 없다고 집으로 데리고 가라고 말했다. 가망이 없다는 얘기였다. 아버지는 셋째 집에서 보름 동안 병마와 싸우게 되었다. 아버지가 얼마나 의지가 강하신지 6개월이 다 되도록 밥은 한 번도 안 드시고, 음료수와 물만 드시고 살아왔다. 그리고 아들이 일 나가고 없을 때는 며느리에게 부담스러워 화장실에 갈 때는 걷지 못하니 딩굴며 화장실에 가 볼 일을 해결했다고 했다. 아버지는 어머니가 돌아가신 후 죽으려고 작정하고 곡기를 끊은 것이었다. 모두가 맏이인 나 때문에 부모님이 일찍 돌아가시게 되었다고 생각되었다. 부모를 제대로 모시지 못한 죄를 두고두고 갚아야 된다고 생각되었다. 아버지 돌아가시기 3일 전이었다.

이제는 화장실도 못 가시고 누워만 계셨다. 육남매가 매일 같이 모여 아버지의 임종을 기다리고 있었다. 다른 형제들은 저녁에는 일찍 퇴근하여 아버지 곁에 지키고 있었으나, 나는 밤 10시까지 식당에서 일을 해야 되기 때문에 늦게 11시나 되어야 아버지한테 갈 수가 있었다. 아버지는 말은 못 하시고, 눈만 껌벅이며 나를 찾는 것 같았다.

"아버지! 저 지금 왔어요. 저 알아보시겠어요?"

큰소리로 말하자 아버지는 고개를 끄덕였다. 알아보는 것 같았다. 그리고 무슨 말을 하려는지 입을 벌리고 혀를 움직였다. 무슨 말을 하고 싶은데 터져 나오지 않는 것 같았다. 형제들이 귀를 기울이고 아버지 머리맡에서 유언을 들으려고 숨을 죽이고 있었다. 심하게 가래 끓는 소리만 들리지 목소리는 터져 나오지 않았다.

"제사는"하고는 말을 잇지 못했다. 또다시 "진국 애비가"하고는 숨을 고르고 있었다. 다음 얘기를 들으려고 형제들이 귀를 기울였다. "지내라.…" 간신히 터져 나왔다.

"제사는 진국 애비가 지내라!"

둘째 딸이 큰소리로 말했다.

"아버지, 어머니 제사는 작은오빠가 지내라고요?" 그렇게 묻자, 아버지는 고개를 끄덕였다. 내가 홀로 있으니 둘째 보고 제사를 지내라는 말이었다. 둘째는 아버지의 손을 잡고 꼭 지내겠다고 대답했다. 둘째 며느리도 그렇게 하겠다고 대답했다. 아버지는 흐뭇한지 고개를 끄덕였다.

아버지가 힘을 내어 또다시 입을 열었다.

"지금처럼 형제가 우애있게 지내라?"하고 다음말을 잇지 못했다.

형제들이 "지금처럼 형제가 우애있게 지내라!" 반복하고 있었다.

아버지는 그렇게 유언을 남기시고 한 사람씩 손을 잡아보고는 힘이 드는지 눈을 감았다. 가래 끓는 소리만이 들렸다. 내가 발을 만져보자 차갑게 식어가고 있었다. 아버지는 밤새 아무말도 못하고 아침을 맞이했다. 눈도 뜨지 못하고 가래만 끓고 있었다. 내가 동생들에게 오늘 넘기기가 어렵다고 말하고 직장에 나가 점심준비만 끝내고 오겠다고 말했다. 금방 돌아가실 것 같지는 않을 것 같아 직장으로 출근했다. 아들과 아버지 때문에 직장을 비울 때가 많아 주인에게 미안했기 때문이었다. 그런데 직장에서 1시간쯤 일했는데 아버지가 숨을 거두었다고 전화가 왔다. 그래서 또다시 직장을 며칠 비워야 되었다. 아버지는 그렇게 81세 나이로 세상을 떠나게 되었다. 어머니보다 아버지가 세 살이나 아래였다.

아버지는 10년은 더 살 수 있는 기력이 남았는데 어머니가 돌아가시고 죽으려고 아무것도 안 드시고 세상을 떠나게 되었다.

내가 불효자였다. 부모님을 제대로 모시지 못한 책임이 내게 있었다. 내가 너무 바보처럼 살았기 때문이라고 생각되었다. 두 분 부모님을 호강 한 번 시켜드리지 못하고 세상을 떠나게 해 두고두고 한이 되었다. 아버지도 3일장이었다. 어머니는 한겨울에, 아버지는 한여름에 1년에 두 분이 세상을 떠나게 되었다.

아내가 어머니 때처럼 찾아와서 아버지 영정 앞에서 통곡하는 것을 내가 밖으로 끌어냈다. 그것도 일찍 온 것도 아니고, 장례 전날 와서 꼴보기 싫게 울어대 밖으로 내쫓아내고 말았다. 심기가 불편해 있었는데 내 가슴에 불을 질렀기 때문이었다.

아버지는 고향에 어머니 묘소에 합장하게 되었다. 어머니 때처럼 아버지 때도 손님이 많이 찾아와 장례를 아낌없이 잘 치를 수 있었다. 고향 청년회와 부녀회도 내 일같이 도와주어 고맙다고 전해주고 싶었다. 산소가 있는 마을 주민들도 감사하다고 전해주고 싶다. 나는 두 분 부모님을 잃고 혼자서 부평에서 살게 되었다. 큰딸은 가게를 집어치우고 아기를 낳아 기르고 있었다.

은정과 이별

　내 나이 이제 육십이 가까운 오십팔세였다. 이 나이에 아직도 주방장 생활을 하고 있었다. 영동 논현동에 신송 등심구이집이었다. 본래 일식집이었는데 한식으로 바꾸게 되었다.
　집이 5층 건물로 시설이 아주 잘된 집이었다. 우리나라 최고 권위를 자랑하는 건축가가 지었다는 집이었다.
　한때는 서울에서 제일 큰 일식집으로 소문이 나 있었다고 했다. 여자 종업원만도 100명 가까이 있었다고 했다.
　손님으로 재벌들과 고관들이 많이 찾았던 집이었다. 그런 집에 내가 가서 한식을 하게 되었다. 주인이 땅부자였다. 그 집도 자기 건물이고 양수리 양평 일대에 수천 평의 땅도 있다고 자랑했다.
　그런 집에서 일한 지가 1년이 넘었다. 오늘은 쉬는 날이어서 세탁기도 돌리고, 집안청소도 할 겸 집에 있었다.
　와이셔츠도 일주일 입을 것을 모두 다리미로 다려 놓아야 했다. 부모님이 두분 다 돌아가신 후 넓은 옥상에서 5년째 홀아비로 살고 있는 나였다.
　전화가 왔다. 은정이였다.
　"주병씨, 나 내일 떠나. 마지막으로 얼굴 한번 보고 싶다.…"
　은정이가 호주로 이민을 가게 되었다. 은정이와 10년이 넘게 애인 사이로 지냈는데 이제는 아주 멀리 떠나게 되었다. 나와 인연이 아닌 것 같았다. 아내와도 별거하고 사는데 자기가 들어와 살겠다 했으나, 내가 그렇게는 할 수 없다고 했었다. 은정이 아버지가 너무 반대를 했기 때문이다. 은정이는 나와 같이 살아보려고 무던히도 노력했었다. 부모님이 살아 계실 때는 부모님 갖다 드리라고 통닭도 사다 주고 어머니 옷도 사다 주고 온갖 노력을 다했었다. 어떤 날은 날아다니는 큰 철새도 50마리나 노인네들 관절에 좋다고 가져다준 적이 있었다. 자기 아버지가 홍천 강가에서 양어장을 하고 있어 많이 잡힌다고 했다.

양어장 지붕에 그물을 쳐놓았는데 새들이 고기를 잡아 먹으러 달려들었다가 그물에 걸린 것이다. 철새를 50마리나 깨끗이 손질해서 가지고 와 부모님께 고아드리라고 했었다.

내가 부모님에게 고아드린 적이 있었다. 몇 번 드셔 보고는 비린내가 너무나 버린 적이 있었다. 그렇게 신경을 쓰고 부모님에게도 잘 보이려고 했었다. 부모님도 한번 은정이를 만난 적이 있었다.

대한극장에서 회모리라는 창을 주제로 영화를 개봉하게 되었다. 아버지가 창을 좋아하신다고 하자 극장표를 3장이나 사서 나와 같이 보라고 했던 것이다. 대한극장은 은정의 이발관과 가까운 곳에 있었다. 극장이 끝나 구경하고, 은정이가 식사 겸 고기를 사주게 되었다.

그래서 은정을 만나게 되었다.

"제가 찾아뵙는다는 게 못 뵈었습니다. 부모님이 너무 인자하십니다."하고 처음으로 부모님께 인사했다.

"나도 보고 싶었는데 색시구먼 반가워요. 선물도 많이 사다 줘서 고마워요?"

어머니도 답례 인사를 하게 되었다.

그날 은정은 부모님에게 최선을 다했다. 고기를 구어드리고, 아버지께는 술도 권해 드리고 했었다.

그뒤 나는 은정과 오피스텔을 얻어 4개월이나 동거생활도 했었다. 은정이가 같이 살아보자고 마포에다 얻은 것이다. 그래서 오피스텔 생활도 해 보았다. 추석날 은정이가 혼자 지낸다고 부모님이 음식이라도 갖다주라 하여 셋째 남동생 차에 싣고 갖다준 적이 있었다. 그래서 동생도 알게 되었다. 우리 집안 형제들, 부모님도 아내와 이혼하고 살라고 했었다. 돈도 잘 벌고, 인물도 그만하면 누구에게 빠지지 않는다고 했다.

오피스텔에서 살면서 은정은 나에게 밥 해주며 이발관에 출근했다. 나는 그때 백수라 놀고 있었다. 우연히 서랍을 열어봤다가 은정의 책 속에 편지를 발견했다.

은정의 아버지에게 온 편지였다. 그냥 지나쳐버릴까 하다가 읽어보았다. 은정이 아버지는 딴 식구들은 좋아하는데, 반대하고 있었다. 나와 오피스텔에서 지내고 있는 것을 아는 것 같았다.

"은정이 보아라. 나는 네가 올바른 선택을 하고 살기를 바랬는데 실망이 크구나. 그 사람과 헤어져라. 네가 뭐가 부족하여 가정이 있는 남자를 좋아하는지 모르겠구나. 지금이라도 늦지 않았으니 올바른 선택을 했으면 좋겠구나."

그런 내용이었다. 은정이 아버지는 딸 중에서도 은정을 제일 사랑했다고 했다. 딴 자식들은 학교도 제대로 다니지 못했는데 은정이만큼은 고등학교까지 보냈다. 춘천에서 고등학교를 다니며 자취를 했는데, 아버지가 일주일이 멀다 하고 찾아와서 반찬도 챙겨주고 갔다는 것이다. 아버지는 기운이 장사여서 홍천군 내 씨름대회에서 송아지까지 탔던 분이라고 했었다.

나도 몇 번 보았지만, 키도 크고 몸이 우람한 체격이었다. 아버지로서 당연히 할 말을 하는 것이었다.

어느날 은정이 잠자리에서 자기 가슴이 이상하다고 만져보라고 했다. 만져보자 밤 알만한 혹이 잡혔다. 그래서 다음날 병원에 가 입원하게 되었다. 정확한 것은 MRI 촬영을 해 봐야 암인지, 단순혹이 생긴 것인지 알 수 있다고 했다. 그러나 다행히 암은 아니었다. 물혹이 생겼다 하여 수술을 하게 되었다. 그때 나는 반포동에 취직이 되어 다닐 때였다.

식당에서 일하고 병원에 매일같이 다녔다. 그 후 은정이 언니가 집으로 들어오라 하여 오피스텔 생활을 청산했다. 그동안 언니네 집에서 살면서 밥 한 끼 해 먹지 않다가 나와 몇 달 동거하면서 많이 힘들어하고 있었다.

"남자 하나 데리고 사는 게 이렇게 힘든데 우리나라 여자들 참 대단하다. 애 낳고 키우랴, 살림하랴, 돈벌이 나가는 여자 보면 대단하다고."

은정이가 말한 적이 있었다. 나와 같이 살면서 힘이 들었던 모양이었다. 그래서 나는 헤어져 사는게 좋겠다고 했다.

그후 은정이가 아버지를 만나러 홍천에 가자고 했다. 아버지와 담판을 지어 나와 살든지 결정한다고 했다. 그래서 은정이 차를 타고 강원도 홍천에 가게 되었다.

은정이 아버지는 홍천강 부근 산골짜기에 양어장을 하고 있었다. 은정이 엄마와 단둘이 양어장을 하면서 살고 있었다. 은정이 언니가 술장사를 해 차려준 양어장이라고 했다. 꽤 넓어 보였다. 지붕은 그물로 덮여 있었다. 새들이 들어와 고기를 잡아먹기 때문이었다. 양어장에 도착하자 은정이 어머니가 반갑게 맞이했다.

"아니, 연락도 없이 어쩐 일이야?"

어머니가 물었다.

"아버지는 안 계셔? 아버지와 담판을 지으려고 왔어요?"

그러자 은정이 어머니는 나를 보고는 웃으면서 "왜 데리고 와, 혼자 오지 그랬어, 이 사람 보면 더 화낼텐데, 아버지 성격 몰라서 그래?"

어머니 말을 들어보면 허락할 것 같지가 않았다. 편지 내용도 그러했다.

"너의 아버지 저 산 밑에 호박 구덩이 파고 있어, 호박 심으려고…"

은정이는 아버지한테 가고, 나는 양어장을 구경했다. 이곳은 낚시꾼들이 여러 사람 있었다. 만 원 내고 낚시하는 사람들이라고 했다. 만 원만 내면 고기를 얼마든지 잡아갈 수 있다고 했다. 그러나 대부분 놓아주고 간다고 했다.

그래서 구경하다가 매운탕으로 점심을 먹게 되었다. 아버지는 은정이가 식사하라고 데리러 갔으나 끝내 오지 않았다. 내가 왔다는 걸 알고 보고 싶지 않다는 불만인 것 같았다.

아버지에게 인사나 드리고 가자 했으나 은정이는 화가 나서 그냥 가자고 했다. 그 후 서울에 내 직장도 찾아오고 몇 번 만났다. 은정이 태도가 옛날 같지가 않았다. 그 후 나는 설악산 근처 평원가든에서 일하게 되었다. 내가 비행기표 예약했다고 속초에 오라고 했다. 그래서 속초에 와서 이틀을 묵고 갔다. 그날 은정이는 오늘이 마지막 만남이라고 했다. 호주 이민 가려고 신청해 놓았다 하였다. 그 후 딸 결혼식 때 입으라고 양복 한 벌 해 주고는 만나지 않았다. 1년이 지난 후에 내일 호주로 떠난다고 연락이 온 것이었다. 급히 서울에 올라가 은정을 만났다.

"다시 못 오는 거야, 보고 싶어 어떻하지?" 말하자 은정은

"침이나 바르고 말해, 마누라와 이혼 못하고 있는걸 보면 모두가 내게 거짓말이었어, 아무튼 그동안 주병씨와 행복했어 말하고 싶어서 전화한 거야.…"

그러면서 악수를 청했다. 둘이 손을 맞잡았다. 10년이 넘게 애인으로 살다가 이제 영원히 헤어지게 되었다.

"건강하게 잘 지내, 또 만날지 기약없는 이별인데, 은정이 내게 너무 고마웠어…" 손을 놓고 나왔다.

만났다 헤어지는 것도 마음이 아팠다. 10년이란 세월이 짧은 세월은 아니었다. 그동안 내게 해 준 여러 가지 일을 생각하면 어려운 시기에 많은 도움을 준 여자였다. 내가 어디가 좋아 긴 세월 만나 주었는지 의문이었다. 한 번도 시집 안 간 처녀가 유부남인 나를 사랑했는지 알 수가 없었다. 돈도 아쉬운 여자가 아니었다. 그런 여자를 나는 잡지 못했다. 남자의 자존심이 뭔지 여자에 의지하여 살고 싶지 않았다. 그래서 이제까지 종업원 생활을 놓치 못하고 살고 있었다. 은정이가 내가 하고 싶은 일, 자금을 대준다 했어도 허락을 하지 않았다. 은정이에게 빌려 쓴 돈 한 푼도 떼먹지 않고 다 갚아 주었다. 집으로 전철 타고 오면서 은정이와 있었던 일들을 회상하게 되었다.

"저 정도는 각선미가 되야 어디 데리고 다닐만하지, 주병이가 여자복은 있다니까…"

친구들이 부러워했었다. 가까운 친구들과도 같이 어울려 많이 놀았다. 이제는 저 멀리 아주 멀리 사라진 여자였다.

은정이가 떠나고 또 다른 여자가 미홍이었다. 명동에서 같이 일했던 미홍은 내가 논현동 등심집으로 불러내 찬모로 같이 일하고 있었다. 같이 일한지가 두 달이 넘었다. 명동 부대찌개 집에서 이루어지지 못했던 사랑이 이루어졌다.

지금은 삐삐가 아니라 손 전화기가 생겨 누구나 가지고 다니는 세상이 되었다. 스마트폰은 아직 나오지 않은 때였다. 음력설이 돌아왔다. 식당에서 3일간 쉬게 되었다. 부모님이 돌아가셔서 둘째가 제사를 지내고 있었다. 아버지의 유언이 있어 맏이인 내가 지내야 하는데, 둘째가 장안동 집에서 지내게 되었다. 아버지가 돌아가시기 전 유언으로 말했다.

"형이 혼자 살고 있으니, 제사는 둘째가 지내도록 해라."했던 것이다. 저녁에 장안동으로 가려하다가 내일 새벽 일찍 가겠다고 둘째에게 전화하고 집에서 자게 되었다.

11시쯤 되어 누가 전화를 하고 있었다. 받아 보니 생각지 않았던 미홍이 전화였다.

"주병씨 집이에요?"

"응 밤늦게 웬일이야? 고향으로 설 지내러 가지 않았어, 설 지내러 간다 했잖아?"

"남편과 애들만 고향으로 갔어요, 웬일로 남편이 집이나 지키고 있으라 하지 않아요, 따분해 죽겠어요, 내일 주병씨 집에 가고 싶은데 집에 계실거죠?"

"내일 새벽에 장안동으로 차례 지내러 가, 제사 지내고 올게, 12시쯤이나 부평에 도착할거야, 시간 맞춰 오면 돼, 역전앞이니 와서 전화해…"

내일 보자고 말하고 전화를 끊었다. 잠이 오지 않았다. 남자 혼자 있는 집에 온다고 하는걸 보면 뭔가 생각이 있어 기회라고 생각하는 것 같았다.

설날 아침 일찍 부평에서 전철을 타고 장안동 동생집에 도착했다. 정종도 한 병 사고, 동생들과 구워 먹으려고 등심도 사 가지고 갔다. 설날에는 우리 형제 육남매가 서울에 살고 있으나, 여동생들은 오지 않았다. 시집에 자기들도 차례를 지내야 되기 때문에 설날은 참석 못하고, 부모님 제사때는 꼭 참석하고 있었다.

사촌동생 내외만이 항상 명절때나 제사때 꼭 찾아오고 있었다. 형제같이 지내는 사촌 내외였다.

삼형제와 사촌까지 한데 모여 차례를 지냈다. 내가 사 온 등심을 구워 먹고 조카들에게 세배를 받은 다음 중학생 이상은 오만 원, 초등학생은 삼만 원씩 주고 나는 부평으로 오게 되었다. 그게 가족의 정이었다. 우리 애들은 한 번도 오지 않았다. 할아버지, 할머니가 돌아가신 후 우리 아들, 딸들은 가족과 이별하고 살았다. 아내가 철저히 애들까지도 차단시키고 못 가게 하는 모양이었다. 아직 이혼은 하지 않아 부부간에 인연이 남아있는데 철저하게 애들까지도 친척에게까지 차단시키고 있었다. 애들이 설날 친척도 만나고, 작은아빠들에게 세뱃돈도 받고 싶어할텐데 친척이란 개념도 잊혀지게 하고 있었다.

그런 우울한 심정을 뒤로 하고 부평으로 오고 있었다. 어쩌면 은정이 호주로 떠나고 여자가 그리워진 게 사실이었다. 미홍이 혼자 찾아온다고 했으니 마음이 설레지 않을 수 없었다. 미홍은 내가 총각시절에 죽도록 사랑했던 연옥과 너무나 닮아 있었다. 얼굴도 닮은 데다가 마음씨도 천사 같은 연옥이와 똑같았다. 나에게 힘이 되어주는 용기를 주는 여자였다. 이루어질 수 없는 유부녀지만 둘의 마음은 사랑으로 가득 차 있었다. 내가 명동 부대찌개 집에 있는 미홍을 내가 일하는 식당으로 오라고 하자 그 집에서 잡는데도 기여히 오고 말았다. 미홍은 부대찌개 집에서 5년 넘게 일했고 그 집에서 기둥같이 떠받고 있는 사람이었다. 그래서 사랑의 힘이 대단하다고 하는 것 같았다. 집에 도착하여 집안을 깨끗이 치우고 미홍이 오기만 기다리고 있었다. 오면 점심도 같이 먹고 하려고 제일 좋은 한우 등심도 사 가지고 들어왔다. 초조하게 기다리고 있는데 12시가 다 되어 역전 앞에 왔다고 미홍이 전화가 왔다. 부랴부랴 역전으로 뛰어나가 미홍을 맞이했다.

"약속은 칼이네, 나도 일찍 와서 기다리고 있었어, 이렇게 보니 너무 반갑다.…"

손을 잡으며 말했다.

"나도 그래 어젯밤 한숨도 못 잤어, 주병씨 만날 생각하니 잠이 오지 않았어.…"

"이러다 큰일 나겠네, 미홍이 쫓겨날까 봐 걱정이네?"

"그랬으면 얼마나 좋아! 그래도 가정은 지켜야지.…"

얘기하며 5층 계단을 오르고 있었다.

"올라오니 너무 좋다. 앞이 탁 트여 역전 광장도 다 보이고, 마당이 넓어 주병씨 운동하기 좋겠다. 화단도 있고…"

미홍은 5층 마당에 올라서서 전망이 아주 좋다고 말했다.

"노인네들이 살아계실 때는 화단에 각종 채소도 심어 먹었어. 겨울 내내 음식찌거기 화단에 묻으면 걸음이 되어 채소가 아주 잘 됐어?"

거실로 들어갔다. 거실에 들어와서도 미홍은 놀라고 있었다. 조그만 옥탑방인 줄 알았는데 거실이 운동장 같다고 했다.

"집이 40평이야. 건물 대지가 60평인데 그대로 올라왔으니 마당까지 60평이지. 집은 넓은 편이야."

"그래서 부모님과 세 식구 살았구나. 부모님 돌아가신지 몇 년 됐지?"

"어머니 돌아가셨을 때 미홍씨도 왔었잖아. 한양대학교 장례식장에?"

"맞아, 애들 다 데리고 갔었어."

그새 몇 년이 흘렀다. 미홍은 집안을 둘러보고 작업복으로 방에 가서 갈아입고 거실로 나왔다.

"웬 작업복?"

"사실, 나 주병씨집 청소해 주러 왔어, 혼자 어떻게 치우지도 않고 살고 있나 왔는데 깨끗하게 하고 사네, 세탁할 옷 모두 내놔,

빨아주고 갈게.…"

 미홍은 홀아비가 지저분하고 치우지 않고 살 것 같아 작업복까지 챙겨 가지고 왔다고 말했다. 그런걸 보면 미홍이 어떻게 생각하고 있는지 알 것 같았다.

 나는 미홍을 덥썩 끌어 앉았다. 온몸이 미홍이에게 쏠리는 것 같았다. 키스까지 하려 하자 미홍이는 밀쳐내고 말했다.

 "일 다 끝난 다음에 안아줄게, 시간은 많이 있잖아?"

 "할 일 없어, 빨래도 다 해 놓고 와이셔츠도 다 다려 놓았어, 참 아침이나 먹고 온 거야, 설날인데 떡국 끓여 먹었어?"

 "우유 하나 마시고 왔어, 주병씨 집에서 맛있는거 얻어먹으려고?"

 "잘됐다. 같이 먹으려고 한우 등심 사다 놓았어, 고기 구워 먹고 떡국 끓여 먹자.…"

 그래서 우리는 주방에 들어가 같이 준비했다. 고기를 구워 소주도 한잔하고 떡국도 끓여 먹었다. 먹고 난 후 텔레비전 보다가 낮잠을 자게 되었다. 기어코 서로가 원했던 사랑을 나누게 되었다.

 가정이 있는 유부녀라 양심이 찔리고 불안한 마음도 들었으나 미홍의 적극적인 태도에 매료되고 말았다. 미홍은 몇 년 동안 남편과 부부관계를 못하고 살았다고 했다. 꼭 부부관계가 인생의 전부는 아니지만 나를 만나고 마음이 흔들린 것은 부인할 수 없다고 말했다. 그러나 같이 일하면서도 시간상 여유가 없었다. 무슨 생각으로 미홍이 남편이 혼자 집에 놔두고 애들만 데리고 고향으로 설을 지내러 갔는지 의문이었다.

 미홍은 하룻밤을 묵고 집에 가게 되었다. 설 휴가가 끝나면 직장에서 다시 만나게 되었다. 둘이 한 주방에서 일하고 있어 눈으로 서로 사랑을 확인하고 있었다. 이목도 있는데 섣불리 행동은 삼가해야 되었다.

쉬는 날에도 만나기가 어려웠다. 미홍이 쉬는 날은 내가 일하게 되고, 내가 쉬는날은 미홍이 일하게 되었다. 견우와 직녀같은 사랑을 나누게 되었다.

그렇게 1년을 보냈다. 그런데 미홍이 천안으로 이사를 가게 되었다. 미홍이 남동생이 천안에서 돈을 벌어 건물을 3층짜리 지었다고 했다. 누나가 남의 집에만 가서 일하지 말고 단층을 내줄테니 칼국수 장사해 보라 한다고 했다. 그래서 미홍이 천안으로 이사가게 되었다. 정만 주고 떠나게 되었다. 2년 후에 천안에 갈 일이 있어 찾아갔는데, 장사가 잘되고 있었다.

미홍이 남편과 미홍이 반갑게 맞아주고 있었다. 미홍이 남편이 나와 있었던 관계를 알 리가 없었다. 영원한 비밀이 되어 남아있었다. 언젠가 내가 대전에 와서 아는 사람 결혼식에 갔었는데 미홍이 하객으로 와 있었다. 남편도 같이 있는데 아는 체 할 수가 없었다. 미홍이는 경상도 거창이 고향이라 했었다. 내가 아는 혼주도 거창이 고향이었다.

아마 내가 아는 혼주와 친척간이나 되는 것 같았다. 혼주에게 물어볼까 하다가 공연히 불란이나 생길까하여 묻어두고 말았다.

미홍이도 떠나고 마음 둘데가 없었다. 논현동 등심집에 있은지도 2년이 넘었다. 그래도 꾸준히 저축하여 삼천만 원은 모을 수가 있었다. 내 이름으로는 아직도 신용불량자로 되어 있어 통장도 만들지 못했다. 막내 여동생 이름으로 저축하고 있었다.

어느날 식당 주인 사장이 나와 술 한잔하자고 했다. 등심집 사장은 식당에 붙어 있지 않았다. 양수리에 별장을 짓고 있다고 지배인인 박 부장이 말했다. 박 부장은 지배인 겸 이 집에 재무를 담당하고 있었다. 돈 관리는 모두 박 부장이 맡고 있었다. 사장과 같이 15년이나 일했다는 사장의 심복이었다. 사장 부인이 카운터를 보고 있지만 월급은 박 부장한테 타서 쓰고 있었다. 사장 부인과 별거중에 있었다. 사장 부인이 이혼을 해 달라해도 사장이 해주지 않는다고 말했다. 사장은 양수리에서 딴 여자와 사는 모양이었다.

둘이서 싸울 때는 여자가 주방에 칼을 들고 나가 죽이라고 남편에게 대들고 있었다. 그럴 때는 남편이 피해 버리고 있었다. 집안이 난장판이었다. 자식이 둘인데, 남자아이는 대학교에 다니고 있었다. 한양대학교 재학중이라고 했다.

그런데 하루에 천 원짜리 한 장 밖에 주지 않는다고 했다. 논현동에서 한양대학교까지 걸어다닌다고 했다. 젊은 놈들이 걸어다니지 차가 무슨 차냐고 차비도 안주고 천 원 주는 것은 무슨 일이 있으면 공중전화로 연락하라고 주는 돈이라고 했다. 지독한 구두쇠가 이집 사장이었다. 나와 술을 먹으며 그런 얘기를 하고 있었다. 아직도 수백억 재산을 가지고도 갈비탕 한 그릇도 사 먹지 않는다 말했다.

"주방장 내가 재산이 얼마나 될 것 같아요, 맞춰 보세요?" 물었다.

"그걸 제가 어떻게 압니까? 주머니에 돈이 얼마나 들어 있는지 맞추어 보라는 말과 똑같지 않아요?"

내가 대답했다. 그러자 사장이 자기는 내가 상상할 수 없는 재산을 가지고 있다고 말했다. 나에게 그런말을 하는 저의가 무엇인지 모를 일이었다. 그러면서 하는 말이 자기는 맨몸으로 열일곱 살에 서울에 올라와서 생선가게에서 일을 하며 두 끼도 제대로 먹지 못하고 그렇게 돈을 벌어 생선가게를 차렸고, 나중에는 생선 수입까지 해서 큰돈을 벌어서 지금의 식당 건물을 짓게 되었다고 했다. 일류 건축가가 지었고 아내도 고생을 많이 했고 일식집으로 지은 건물이라고 했다. 신송이란 이름으로 모든 것이 잘 되었다고 했다. 지금 아내는 사치에 물들어 있다고 했다. 머리에서 발끝까지 보석으로 싸메고 옛날을 잊고 사는 아내가 보기 싫다며 그래서 경영권을 안 주고 박 부장에게 맡기고 있다고 했다. 지금 경영권을 주든지, 이 건물을 주고 이혼해 주라고 싸우고 있고 모두가 공동재산인데 아내가 야속하다고 했다. 사실 아직 자기는 남의 여자를 본 적이 없다고 했다. 지금 양수리에 있는 여자는 일꾼들 밥 해주는 여자라고 했다. 볼일이 있어 같이 차에 태워 왔을 뿐인데 아내가 오해를 하고 있다고 자기는 돈이 되는 일이라면 과감없이 투자하고 있지만, 아직 헛돈 쓰고 산 적이 없다고 했다. 그러면서 나만 믿고 있다고 열심히 해 달라고 했다.

사실 주인 여자는 사치가 심했다. 그리고 종업원 앞에서 거들먹거리며 갑질을 하고 있었다. 툭하면 여자들을 내보내고 사람 때문에 골치를 많이 썩고 있었다. 일을 배워서 할만하면 내쫓았다.

어느 날은 주인 여자가 나보고 일 끝나고 놀러가자고 했다. 자기가 술 한잔 사겠다고, 아마 자기 남편과 무슨 얘기를 했는지 알아보려고 수를 쓰는 것 같았다.

"주방장님 얘기 들으니 춤솜씨가 대단하다고 하던데 저 좀 가르쳐주세요."

그러면서 술을 사겠다고 했다. 그래서 주인 여자와 캬바레에 가게 되었다. 영동은 아는 사람이 많아 멀리 가자고 했다. 그래서 영등포 금마차 캬바레에 가게 되었다. 주인 여자는 키가 크고, 인물도 좋고, 몸매도 각선미가 있었다. 가끔 현대자동차 회장과 그랜드백화점 회장이란 사람이 주인 마담을 찾으러 오고 있었다.

일식할 때부터 단골이라고 했다. 춤은 잘 추지 못했다. 술 먹고 얘기하다가 오게 되었다. 오면서 남편과 무슨 얘기를 그렇게 오래 했느냐 물어서 난 돈 벌었던 얘기만 들었다고 말해 주었다.

"그놈의 돈 자랑 쓸 줄도 모르면서 그 인간은 돈 자랑만 하다가 죽을 것이라"고 말했다.

어느 날이었다. 대낮에 어떤 신사가 술이 잔뜩 취해 가지고 식당에 들어왔다. 점심시간이 끝나고 나만 혼자 저녁에 팔 등심을 손질하고 있었다.

"야! 야!"

"마담 좀 불러와!" 신사가 다짜고짜 야야 부르며 마담을 불러오라고 했다. 보아하니 오십대 밖에 되지 않은 사람이었다.

"손님, 당신 눈에는 모두 어린애로 보입니까? 나 육십이 다 된 사람이요!"

내가 기분이 나빠 말했다.

"이 새끼 봐라, 내가 누군 줄 알고 대들어! 나 그랜드백화점 회장이야!"

"그래요, 회장이라 뵈는 게 없는가 보죠, 당신네 직원들한테도 그렇게 갑질을 하고 삽니까?"

나도 지지 않고 쏘아부쳤다. 그때 주인 여자가 엘리베이터를 타고 5층에서 내려왔다.

"사장님, 무슨일로 그러십니까?"

"글쎄, 이 새끼가 마담 좀 불러 달라니 대들잖아. 종업원 교육 좀 잘 시켜!"

"이 분이 우리집 주방장이셔서, 나이가 사장님보다 더 드셨는데 이 새끼가 뭐예요? 당장 사과하세요?"

주인 마담이 말했다. "그래, 미안하게 됐수다." 사과한다고 하는 말이었다.

"회장님이라 다르군요, 보는 눈이 없으니…"하고 자리를 피해 버렸다. 꼭 오면 반말이나 지껄이고 있었다. 자기 종업원 직원에게 얼마나 갑질하고 사는지, 보지 않아도 뻔한 일이었다.

전에 냉면가루 장사할 때 그랜드백화점에 함흥냉면 가루를 납품한 적이 있었다. 지하식당에서 가수 남일해 부인이 냉면장사를 하고 있었다. 그래서 그랜드백화점을 잘 알고 있었다.

주방에 찬모 미홍이가 그만두고 여러 사람이 바뀌었다. 꼭 주인마담이 사람을 내쫓고 있었다. 마음에 안들면 내보내고 있었다. 인상이 안좋다고 내보내고, 반찬을 잘못한다고 내보내고, 찬모가 없으면 내가 고달퍼지고 있었다. 내일도 바빠 죽겠는데 찬까지 내가 하게 되었다. 사람도 구해오지 못하면서 갑질을 해대어 잘하고 있는 사람도 나가고 있었다.

또 내가 아는 식품가게 친구에게 부탁하여 두 사람이 일하겠다고 찾아왔다. 그래서 주인 마담에게 면접을 보라고 했다. 보고 마음에 드는 사람 골라 쓰라고 했다. 주인 여자가 보고는 키가 작은 여자가 마음에 든다고 했다.

"주방장님 내가 보기에는 작은여자가 나이도 젊고, 요정에 있었다 하니 쓰는게 좋을 것 같아요." 말했다. 그래서 작은여자가 있게 되었다. 내가 봐도 등치가 큰여자는 성깔도 있어 보이고 작은여자가 온순해 보였다. 주방에 들어와 인사하고 있었다. "주방장님 잘 부탁드려요. 박미자라고 해요?" "그래요 같이 잘해 봅시다."

나도 인사하고 같이 일하게 되었다. 이 여자가 그때 당시는 내 여자가 되리라곤 꿈에도 몰랐다. 일을 시켜보자 열심히 하려고 노력은 하는데 동작이 느리고 쩔쩔매고 있었다. 박 부장이 야채도 썰어주고, 찬모 일을 많이 도와주고 있었다. 여자가 곱상하게 생기고 마음에 들었는지 박 부장이 꽤나 침을 흘리고 있었다. 그때 이 여자가 마흔두 살이었다.

반려자

박미자가 찬모로 식당에 들어온지 5개월이 넘었다. 처음에는 서툴러서 헤매고 있었으나, 지금은 실력이 많이 늘어 이제 척척 해내고 있었다. 아직도 박 부장은 박미자의 주방일을 도와주고 있었다. 제가 할 일은 따로 있는데 박 부장은 점심 준비하는데 꼭 주방에 들어와 찬모를 도와주고 있었다.

"박 부장 찬모한테 반한 모양이야. 이제 찬모 보조가 다 됐어. 월급 반은 나누어 가져야 되겠네?"

내가 말하자 찬모는 얼굴이 빨개지면서 말했다.

"주방장님 이제 안 도와줘도 된다고 해도 자꾸만 와서 도와줘서 저도 부담스러워요?" 말했다.

"주방장님, 내가 도와주고 싶어 도와주는데 뭐가 잘못됐어요. 공연히 질투하면서 방해하는 것 같은데? 연약한 몸으로 많은 일을 해내고 있어 마음이 아파서 그래요…"

박 부장이 나에게 질투한다고 했다.

"이 사람 질투는 무슨, 하도 둘이 잘 어울려 그래. 나이도 비슷하고 잘해봐?"하고 말았다.

박 부장은 지금 나이가 마흔다섯이었다. 과천에 집이 있고, 애들도 있다는데 집에 가지 않았다. 자기 사무실 옆방에서 잠을 자는 것 같았다. 그리고 가정 얘기는 한 번도 하지 않았다. 찬모는 남편이 양복점을 운영하고 자식은 딸 하나, 아들 하나 두고 있다고 했다. 날마다 한 차례씩 자식들에게 전화하고 있었다. 요즘에는 누구나 손전화기를 가지고 다녀 편한 세상이 되었다.

찬모 박미자는 명랑하고 일하는 종업원들과 잘 어울렸다. 항상 활달한 모습에 조금도 생활에 쪼들리고 사는 사람 같지 않았다. 아침마다 출근할 때는 과자나 사탕을 싸가지고 와 종업원에게 나누어 주고 있었다. 그것도 하루 이틀이 아니라 계속이었다. 사탕값만 해도 상당한 금액이었다.

　어느 날은 여종업원 하나가 자기 어머니가 병원에 있는데 치료비 백만 원이 모자라 퇴원을 못하고 있다고 누가 백만 원만 빌려줬으면 좋겠다고 하소연하고 있었다. 그때 찬모 박미자가 선뜻 나서서 내가 빌려주겠다 말하고 조금 기다리라 하고 박 부장에게 가불해서 빌려준다고 했다. 그리고는 박 부장 사무실로 가서 가불을 해 가지고 와 빌려줬다. 그런데 그 아가씨가 식당에 오지 않았다. 박 부장에게 일한 돈도 다 가불해 쓰고 줄 돈이 하나도 없다고 했다. 그 돈 가지고 도망가 버린 것이다. 며칠 지나도 오지 않았다. 내가 찬모를 나무랬다.

　"아니 뭘 믿고 선뜻 백만 원이나 빌려줘, 아직 세상 살려면 한참 멀었구먼."

　내가 말하자 박미자는 태연하게 아무렇지 않다는 듯이 말했다.

　"오죽하면 그리하겠어요. 믿고 기다리면 언젠가는 갚으러 오겠지요?" 말했다. 모든걸 긍정적으로 받아드렸다.

　어떻게 보면 박미자는 아직 때가 묻지 않은 순진한 여자였다. 서울 태생이라는데 아직 세상물정을 모르고 사는 사람 같았다. 기고 나는 세상인데 얼마나 세상이 험악한가. 뛰는놈 위에 나는놈이 있다고 정신 똑바로 차리고도 당하는 세상인데, 세상물정 모르고 살고 있었다. 너무나 인정이 많아 탈이었다. 누가 마음 아파하면 동정해 주고 온정을 베풀고 사는 여자였다.

　내 생일이 돌아왔다. 부모님이 돌아가시고 몇 년 전부터 동생들이 챙겨주고 있었다. 부모님이 살아계셨을 때는 내 생일이 없었다. 어머니 생일이 내 생일 바로 전날이어서 내 생일은 그냥 넘어가게 되었다. 지금은 부모님도 돌아가시고, 아내와도 별거하고 혼자 사는 터라 동생들이 차려주고 있었다.

"오빠, 내일이 오빠 생일인데 어디서 모이면 좋을까?"

화곡동 큰여동생이 전화했다. 전에는 내가 놀 때는 집에서 차려 주었는데 지금은 일하고 있으니 묻는 것이었다.

"내가 있는 식당에서 하자, 저녁 9시쯤이면 좋겠다. 내일은 내가 등심으로 쏠게, 그리 알아라.…"

내일 신송등심으로 오라고 했다. 그래서 9시에 내가 있는 직장에서 모이게 되었다. 식당주인 사모님이 케이크는 준비한다고 사 오지 말라고 했다.

9시면 손님이 끊어질 시간이었다. 우리 형제가 모두 육 남매, 사촌 내외까지 오면 나까지 13명이었다. 나는 아내가 없어 짝이 없었다. 홀에 아가씨에게 20명 앉을 수 있게 준비하라고 했다. 주방식구들도 같이 먹을 생각이었다. 신송등심은 방이 많았다. 일식을 했던 집이라 5층까지 있었다. 5층은 주인이 살고, 4층까지 식당이었다. 2층에다 준비해 놓았다. 주인 사모님이 케이크를 들고 나타났다. 화려하게 목걸이 2개가 번쩍거리고, 팔뚝에 팔찌, 손가락도 양손에 반지 다들 형제들이 놀라고 있었다.

"우리 주방장님 축하드립니다!"하고 인사했다.

"식당 사모님이셔, 인사들 해!"

동생들이 모두 일어나 인사했다. 동생들이고, 제수씨들이라고 말하자 사모는 모두 미남 미녀라 치켜세우고 맛있게 드시라고 인사하고 나갔다. 같이 드시자고 했으나 나갔다.

다같이 등심을 구워 먹게 되었다. 박 부장과 주방식구들도 서로 인사하고 같이 먹게 되었다. 찬모 미자씨도 홀 종업원 여자들도 같이 먹게 되었다. 1시간 넘게 음식을 들면서 얘기도 나누고, 술도 많이 먹었다. 나중에 케이크도 자르고 축하해 주었다. 그렇게 생일을 성대하게 마치고 5층에 올라가게 되었다. 주인 사모님이 커피를 준비했다고 한 잔씩 마시고 노래도 부르고 놀다 가라하여 올라가게 되었다. 주인 마님은 자기가 이렇게 살고 있다고 자랑하고 싶어서 부른것이었다. 5층에는 노래방기기도 있고, 영화도 감상할 수 있는 비디오시설도 갖추어져 있었다. 커다란 홀에 여러 가지 장식품들이 진열해 있었다. 자기의 부를 과시하고 싶었던 것이다. 커피 한 잔씩 마시고 나왔다.

   11시에 모두 헤어지게 되었다. 나는 이사람 저사람 주는 술을 너무 마셔 많이 취해 있었다. 식당에서 자고 가라고 하는데, 고집에 집에 가겠다고 나섰다. 택시 타고 가서 노량진에서 1호선 전철 타면 부평에 갈 수 있을 것 같았다. 집에 기다리는 사람이 아무도 없었다. 그런데도 고집을 부렸다. 전철을 탔는데 막차라 그런지 자리가 많이 있었다. 생일선물은 동생들이 옷도 사주고 하여 모두 가지고 탔다. 선반에 얹어 놓고 자리에 앉았다.

   얼마나 시간이 지났을까, 나는 깜박 잠이 들어버렸다. 얼마나 술에 취해 잤는지 하인천 종착역까지 와서도 잠이 들어 있었다. 청소하는 사람이 다 왔다고 깨워 일어났다. 정신을 차리고 묻자 청소부가 하인천이라고 했다. 선물 꾸러미 짐이 있을리 없었다. 동생들이 사 준 선물이 선반에 없었다. 청소부에게 묻자 보지 못했다고 대답했다. 허탈해졌다. 다행히 호주머니 지갑은 들어있었다. 동생들이 준 돈봉투도 그대로 남아있었다. 대합실을 나와 다시 부평에 가야 되었다. 그런데 비가 억수같이 쏟아지고 있었다. 건너편으로 건너가서 택시를 타야 하는데 비가 멈추지 않았다. 우산도 살 데가 없었다. 한참을 서 있자 비가 조금씩 오고 있었다. 건널목을 건너 택시 잡으려고 서 있었다. 택시가 별로 없었다. 여관에 들어가 잘까 하다가 택시를 잡아탈 수가 있었다.

부평집에 도착하자 1시 반이 넘고 있었다. 옷은 다 젖었고, 화장실에 들어가 씻고는 잠이 들었다. 동생들이 생일이라고 사 준 선물도 다 잊어버리고, 동생들에게 면목이 서지 않았다. 아직까지도 그 얘기를 동생들에게 못했다. 사람이 남의 말을 들을 때도 있어야 한다. 자고 가라고 그렇게 말렸는데 고집을 부린 것이다.

속이 쓰린 채로 직장에 출근했다. 나도 일찍 가서 식당에서 해장국이나 끓여 먹을까 일찍 출근했는데, 찬모가 나와 일하고 있었다. 9시 출근인데 8시밖에 되지 않았다.

"아니, 미자씨 왜 이렇게 일찍 나왔어요? 지금 8시밖에 되지 않았는데?"

"주방장님은 왜 일찍 나오셨어요? 술이 많이 취하셨던데 괜찮아요? 제가 시원한 해장국 끓여 놨어요?"

찬모 미자는 해장국을 끓여 놓았다고 한 대접 퍼가지고 홀에 갖다 놓았다. 밥도 식은밥 말아 잡수시라고 했다. 찬모가 어떻게 그런 생각을 했을까 너무나 고마웠다.

"미자씨 여기 앉아봐요?"

그러자 맞은편 의자에 앉았다. 미자씨와는 5개월이 되었으나 별 대화가 없었다. 공식적인 일에 대한 말만 했지, 사적으로 대화는 없었다. 심성이 고운 여자로만 느끼고 있었다.

"미자씨 너무 고마워요, 사실은 속이 쓰려 일찍 와서 해장국 끓여 먹으려고 일찍 왔어요, 그런데 미자씨가 이렇게 끓여놓을 줄은 정말 몰랐어요?"

"저도 어제 박 부장님이 오늘은 아침에 못 도와준다 하여 일찍 나왔어요, 아침에 어디 간다고 했어요, 준비할 게 많아 늦으면 주방장님께 혼날까 일찍 나왔어요, 술을 많이 드신 것 같아 끓인 것뿐이에요."말했다.

"참으로 미자씨는 볼수록 존경스럽네요. 어쩌면 그렇게 마음씨가 넓고 여러 사람에게 기쁨을 주는지 참 보기가 좋아요."

내가 존경스럽다 하자 부끄러워하며 말했다. 그러면서 주방장님 어제 가족들 보고 많이 부러워했다고 말했다. 형제분들이 모두 선하게 생겼고, 우애가 너무 좋아 부러웠다고 말했다. 자기는 혼자라 그런지 형제들이 많은 사람을 보면 너무 부럽다고 했다. 그러면서 "주방장님이 부인과 별거중이라 해서 아닌 줄 알았는데 정말인 것을 알게 되었어요. 주방장님이 측은하게 보였어요. 그래서 해장국이라도 끓여 드리고 싶었던 거예요." 그렇게 말했다.

"오랫만에 미자씨와 얘기를 나누게 되네요. 형제가 없다니 외롭겠네요. 그러니까 외동딸이였군요?"

"가족이 있었는데 이제는 혼자예요. 제 얘기 별로 하고 싶지 않아요. 박 부장이 그러는데 주방장님이 부자라고 하네요. 한번 주방장님네 가서 자고 온 적이 있다고 하던데, 건물도 5층 건물 가지고 있다고…" 말했다는 것이다. 그러면서 이제 그만 쉬지 일하느냐고 했다.

"그 사람 별소리 다하는구먼, 한번 데리고 간 적이 있었어요." 말해 주었다. 굳이 박 부장이 한 말을 아니라고 변명하고 싶지는 않았다.

그날 처음으로 찬모 미자씨와 많은 얘기를 하게 되었다. 그 후 자주 만나 대화를 했다. 자기는 세상에 하나도 부러운 게 없다고 말했다. 남편도 돈도 잘 벌고 있고, 애들도 큰애는 고등학교 졸업하고 직장에 다니고, 아들은 고등학생이라고 했다. 집에서 너무나 한가해 용돈이나 벌어 쓴다고 일하게 되었다고 했다. 항상 명랑하고, 쾌활한 성격이라 종업원 모두가 좋아하고 있었다.

그러던 어느 날 주인마님과 미자씨가 싸우게 되었다.

그날은 점심시간이 끝나고 모두 쉬는 시간이었다. 2시에 종업원들이 점심을 먹고 나면 자유시간이었다. 밖에 잠깐 나갔다가 저녁시간 안에 들어올 수도 있었다. 식당은 한 달에 한 번밖에 쉬는날이 없었다. 그래서 볼 일이 있으면 그 시간을 이용해 나갔다 오는 것이다. 미자씨는 그날 홀의 의자에 앉아 애들에게 전화하고 있었다. 나는 항상 바빴다. 쉴 시간이 별로 없었다. 근래에는 사장이 소를 도살장에서 직접 잡아 오기 때문에 부위별로 분리해 관리를 잘 해야 되었다. 소 한 마리는 분량이 많았다. 내장, 대가리, 족까지 모두 가져 와 일거리만 많았다. 식당에 쓰는 부위는 별로 많지 않았다. 갈비나 등심, 육회나 생고기, 불고기감을 제외하고는 남는 게 많았다. 식당 입구에다 진열해 놓고 손님들에게 팔고 있으나 사가는 사람이 없었다. 고기가 처치곤란이 되고 있었다. 종업원에게도 싸게 팔고 있었으나 누가 비싼 소고기를 사 가지 않았다. 내 일거리만 많았다.

5층에서 주인마님이 내려왔다. 찬모 미자씨가 전화하고 있는데 한마디 쏘아대고 있었다. 또 갑질이 시작된 것이다.

"딴사람은 다 일하고 있는데, 찬모는 전화질이나 하고 농땡이 치는거야!" 크게 소리치고 있어서 나는 일하다가 깜짝 놀랐다. 찬모가 무안하여 일어나 한마디 하고 있었다.

"사모님 지금 쉬는 시간인데 전화도 못해요!" 한마디하고는 중얼대며 주방으로 들어오고 있었다. 찬모가 뭐라고 했는지 듣지 못했다.

"저년이 지금 뭐라고 지껄이는거야!" 주방에 대고 소리치고 있었다. 그래서 내가 나서서 한마디 했다.

"사모님 모두 다 쉬고 있는데 왜 그래요? 점심 먹고 자유시간 아니예요?"

내가 말하자 무슨 심사가 틀어져 있었는지 나에게까지 쏘아 부치고 있었다.

"가재는 게편이라더니 주방장까지 날 무시해! 다 일하기 싫으면 그만둬!"

그러자 찬모가 나서서 홀로 나가서 소리쳤다.

"너 지금 뭐라고 했어! 년이라고, 넌 년 아니야! 식당이나 한다고 뵈는 게 없어! 보자 보자 하니 사람 취급을 안하고 있어. 그만두면 그만이야! 내가 네깟년한테 욕먹고 일할 것 같아!"

찬모가 보통이 아니었다. 체구는 작아도 할 말은 다하고 있었다. 종업원들이 깜짝 놀라 다 모여들었다. 주인 여자가 기가 죽어 있었다.

"너 혼자 식당이나 해 처먹고 살아라!"하고는 찬모가 앞치마를 벗어 내던지고 나가 버렸다. 주인 여자는 기가 막힌지 얼굴이 불그락 푸르락 씰룩대더니 소리쳤다.

"무슨 구경났다고 쳐다보고 있어! 다들 일하기 싫으면 그만둬!"

소리치고는 5층으로 올라갔다. 그리고 3일 후에 일이 끝나기 전에 나와 박 부장을 불렀다. 5층으로 올라오라고 하여 올라갔다.

"주방장님, 오늘부로 식당문 닫습니다. 내가 용한 무당에게 점을 보았는데 우리집에 살이 잔뜩 끼었다고 했어요. 앞으로 무슨일이 일어날지 모른다고 했어요. 남편도 그만 식당문 닫으라고 했어요.…"하고는 박 부장에게 모두 계산해 주고 종업원 다 보내라고 했다. 그렇게 말하는데 할 말이 없었다. 박 부장에게 퇴직금 챙겨서 연락하라고 하고는 식당을 나왔다. 2년 반만에 그만두게 되었다. 찬모 박미자 때문에 벌어진 일이었다. 모두가 직장을 잃었다.

화곡동 여동생이 부평 내가 사는 건물 단층에 오락실을 차렸다. 근래 세 들어 사는 가게가 나가게 되어 자기 건물에 오락실을 차린 것이다. 동생도 잘 나가나 했더니, 매제가 하는 전기공사가 부도가 나는 바람에 십억이라는 공사대금을 못 받아 빚만 지고 산다고 했다. 요즘 오락실이 여기저기 생겨 돈을 잘 번다하여 빚을 내어 기계도 들여놓고 시작했다는 것이다. 옥상에 내가 살고 있어도 모르고 있었다. 나는 직장에서 밤늦게 들어와 모르고 살았다. 동생이 내가 놀고 있어 올라와서 말했다. 한 건물에 세 들어 사는 사람이 몇 명 살고 있으나, 나는 한 건물에 살아도 그들과 잘 알지 못했다. 2층, 3층은 여관이고, 4층은 안마시술소가 들어와 장사하고 있었다. 옥상으로 올라오는 계단은 분리되어 있어 나와 마주칠 일이 별로 없었다. 단층은 식당을 세놓았는데 나가게 되어 오락실을 차린 것이다.

"그래 오락실은 잘되는 거야?"

"기계가 20대가 넘는데 쉴 새가 없어, 잘되는 편이야, 카운터 두고 하는데 바빠!"

"잘됐다. 잘되야지, 빚이 많다며 빨리 벌어 갚아야지?"

"돈은 버는데 잠을 못 자 죽겠어요. 24시간 풀가동을 하고 있어요, 그리고 동전 세는 일이 너무 많은 시간이 걸려요.…"

애로가 많은 모양이었다. 편하게 돈 벌 수 있는게 하나도 없었다. 매제가 수완이 좋아서 전기사업해서 돈을 잘 벌고, 대전에도 건물 샀다고 들었는데 빚만 지고 있다니 걱정이었다. 본래 맨주먹 가지고 그만큼 이루어냈으나 원숭이도 재주를 부리다 나무에서 떨어질 수 있다고 매제도 그쪽이 되었다. 부평 내가 사는 건물도 모두 저당 잡혀 있고 나도 이 집에서 오래 살 수가 없을 것 같았다. 그래도 비워달라 소리는 하지 않았다.

"옥상도 비워줘야 되겠구나?"

"오빠 아직은 아니에요, 오락실이 잘 되면 금방 갚을 수 있어요. 좀 더 살아봐요, 오빠 어디로 갈 데도 없잖아요?"

사실 그랬다. 집 한 칸 얻자면 얻을 수는 있지만 집 살 돈은 없었다. 동생 덕분에 몇 년 동안 옥상에서 잘살고 있었다.

"오빠 차 필요해요, 내가 타던 프라이드 있는데 조금만 손보면 탈 수 있는데?"

자기들은 그랜저 샀다고 나보고 고쳐 타라고 했다. 그래서 고쳐서 타게 되었다.

내 차는 봉고차가 있었는데 몇 년 전에 눈 오는 날 사고를 치는 바람에 박살이 났다. 나는 병원에 실려 갔고, 차는 레카차가 공장으로 싣고 갔다. 차 찾아가라고 부모님에게 연락했었는데 노인네들이 모르고 나에게 알리지 않았다. 그때 나는 청주에서 일할 때였다. 그 차 때문에 두고두고 말썽이었다. 얼마전까지 세금 독촉장이 날아왔었다.

놀고 있으니 고민이 많았다. 가만히 앉아서 벌어 놓은 돈 곶감 빼먹듯 쓰고만 있을 수 없고, 이 나이에 직장생활하는 것도 어린 사람들에게 창피한 생각도 들었다. 그리고 이제는 나이가 많다고 식당에서도 잘 써 주지 않았다. 배운 것은 식당기술 밖에 없는데 딴 일은 엄두가 나지 않았다. 아래층 오락실 하는 동생이 심심하면 백원짜리 동전 줄 테니 오락이나 해 보라 했으나 그것도 몇 번 해 보고 공짜로 하니 재미가 없었다. 자기돈 가지고 해야 돈을 잃으면 열불이 나서 자꾸 오락기계에다 돈을 집어넣게 되는데, 공짜로 하니 재미가 없었다.

여러 사람이 혹시 대박이 터질까 동전을 수없이 집어넣고 있었다. 동생 말로는 90 프로는 주인이 먹는장사라고 했다.

한 2년만 잘하면 큰돈을 벌 수 있을 것 같다고 말했다. 단속이 심해 빼앗기는 돈이 많이 들어가고 불법이라 오래 할 수도 없는 장사였다. 하도 오락실이 많아 단속이 심한 모양이었다.

배도 고프고 어디가서 아침이나 사 먹고 친구들이나 만나려고 옷을 갈아입는데 전화가 왔다. 받아보자 카랑카랑한 박미자 목소리가 들렸다.

"주방장님 미자예요. 전화 드린다는게 늦었습니다. 저 때문에 직장도 잃고 죄송합니다.…"

"미자씨 때문이 아니에요. 그전부터 사장이 장사 그만둘까 한다고 얘기가 있었어요. 그런데 미자씨 때문에 조금 빨라졌을 뿐이지요. 아무튼 반갑습니다."

나는 반가웠다. 그러잖아도 전화를 해 볼까 했는데 그새 10일이 지났다. 박 부장이 일한 월급을 보내주고 식당문 닫았다고 전화해서 알았다고 했다. 그러면서 미자씨는 나를 만나고 싶다고 했다. 미자씨를 만나러 서울 종암동에 가게 되었다. 미자씨 집이 종암동이었다. 고려대 근처 스위스다방이 있다고 그곳에서 만나기로 하고 시간은 11시였다. 아직 시간은 충분했다. 오래간만에 동생이 준 프라이드 승용차를 타고 가게 되었다. 새로 고쳐 새차 같이 깨끗해졌고, 부속도 갈아 차가 잘 나가고 있었다. 3~4년 운전을 안하다가 다시 운전을 하게 되었다.

고속도로를 타고 가면 서울은 1시간이면 충분했다. 고대 앞을 지나 삼거리에서 미아리 쪽으로 스위스다방이 보였다. 골목에 차를 세우고 다방으로 들어갔다. 미자씨가 먼저 와서 기다리고 있었다. 손을 들었다. 시원한 원피스 차림이었다. 초여름날씨라 시원해 보였다. 식당에서 바지 입은 것만 보았는데 치마를 입어 색다르게 보였다.

"그동안 잘 있었어요?"하고 내가 먼저 인사했다.

"빨리 오셨네요. 앉으세요?"

섰다가 같이 앉았다. 서로 얼굴을 마주보며 웃었다. 식당에서 주인 여자와 싸우고 처음 만난 것이다.

"미자씨 그날 다시 봤어요. 너무 당당하고 조그만 체구에서 그런 용기가 솟아 나와서 감탄했어요?"

그날 거들먹거리고 제 위에 사람 없는 냥 갑질했던 주인 여자가 미자 앞에서 말 한마디 못하고 당하고 있었다. 그것도 여러 종업원 앞에서 체면이 서지 않았다.

"그얘기 하지 말아요. 저 때문에 여러 사람 직업을 잃었는데 미안해 죽겠어요. 사실 그날 참고 말려고 했는데 넌이라고 하길래 화가 났는데 주방장님까지 그만두라고 해서 참을 수가 없었어요. 어떻게 나이 드신 분한테 그럴 수 있어요.…"

미자씨는 그날의 흥분을 되새기고 있었다. 마음을 가라앉히고 말했다.

"차 시켜야지요?"

나에게 커피를 시키자고 했다. 그래서 커피 두 잔을 시키고 대화를 나누었다. 이런저런 식당에 있었던 얘기를 하다가 내가 시간이 되면 야외에 나가 점심이나 같이하자고 했다. 내가 사겠다고 말했다. 그러자 자기도 시간밖에 없다며 좋아했다. 그래서 드라이브를 하게 되었다.

"차 가지고 오셨어요? 주방장님 차 없었잖아요?"

차에 타라고 하자 그렇게 말했다.

"고물차 하나 얻었어요. 내 여동생이 타던 차인데 아직 쓸만하다고 타라고 해서 타고 왔어요. 그런데 밖에서까지 주방장님하고 부를꺼에요. 이름 부르세요?"

내가 말하자 습관이 돼서 그렇다고 앞으로는 이름을 부르겠다고 말했다.
"주병씨! 가시죠?"
차에 타며 말했다. 나는 종암동에서 외곽도로를 타고 가다가 한강 강변도로로 들어섰다. 한강 타고 강변도로를 달려 북한산을 가기로 했다. 드라이브 코스를 잘 알고 있었다. 냉면가루 장사하면서 서울 곳곳을 누비고 다녀 나만큼 길을 잘 아는 사람도 없을 것 같았다. 나는 지방장사도 반년 넘게 해 경기도 일대 안 가 본 곳이 없었다. 유원지, 관광지 웬만한 곳을 잘 알고 있다. 옛날 은정이도 어떻게 지리를 잘 아느냐고 했었다.
"어디로 가는데요?" 미자씨가 물었다.
"유원지가 있고, 골짜기 좋은 곳이 있어, 탤런트 임채무 알지, 그 사람이 운영하는 놀이공원 근처야, 공기도 좋고 골짜기가 좋은 곳이 많아?"
나는 설명해 주고 놀이공원에서 내렸다. 미자씨가 팔짱을 끼고 있었다.
"오래간만에 외곽으로 나오니 너무 좋아요, 주병씨 고마워요?"
팔에다 힘을 주며 말했다. 즐겁다는 표시인 것 같았다.
"너무 가까이 하지마, 남자는 여자들이 노둑놈이라 하잖아, 그러다가 잡아 뉘어 버릴 수가 있어?"
내가 걸으며 농담으로 말했다.
"그렇게 쉽게 자빠지지 않을걸요, 주병씨 능력이 얼마나 되는지 시험해 보고 싶은데요?…"
그러면서 알듯, 모를 듯 그윽한 눈길을 주고 있었다. 우리는 근처 토종닭 잘하는 집이 있어 그곳에서 토종닭으로 점심을 먹었다. 술이 먹고 싶었으나, 모처럼 미자씨와 나왔는데 걸리면 창피를 당할 수 있어서 참고 말았다. 토종닭과 닭죽으로 점심을 먹고 골짜기 이곳저곳 다니다가 오게 되었다. 언제나 골짜기는 사람이 많이 모였다. 날씨가 따뜻해지자 나들이 나온 사람들이 많았다. 마자씨는 꼭 걸을 때는 팔짱을 끼고 있었다. 싫지는 않은데 아무래도 유부녀라 조심스런 마음이 드는 게 사실이었다.

그날 이후 우리는 사흘이 멀다 하고 만나서 경기도 관광지를 다녔다. 하루 당일치기는 저녁때가 되어서 돌아올 수 있었다. 공연히 유부녀 잘못 건드렸다가는 쇠고랑 찰 수도 있었다.

세 번째 되는 날 저녁을 먹고 가자고 했다.

"집에서 기다리는 남편 있잖아? 아무래도 수상한데 유부녀가 바람나면 큰일이잖아?" 내가 슬쩍 유도심문 해 보았다. 아무래도 남편과 같이 사는 사람은 아닌 것 같았다.

그러자 어제 말하려 했다면서 입을 열었다.

"사실은 나, 남편과 별거 중에 있어요. 지금 7년 됐어요. 주병씨도 아내와 별거 중이라면서요. 저도 마찬가지에요. 이혼을 해 달라 해도 안해 주고 있어요. 남편은 딴 여자를 데려다 살고 있어요. 그러면서 이혼 안해 주는 저의가 뭔지 모르겠어요. 애들은 내가 집 나와 키웠어요.…"

저녁을 먹으면서 자기 얘기를 시작했다. 마침 식당에 조용한 방이 있어 비밀스러운 얘기하기가 안성마춤이었다.

미자씨의 얘기는 이러했다.

자신은 태어나자마자 아버지가 어머니와 이혼했고 어머니가 자기를 임신했을 때 아버지는 딴 여자와 동거중에 있었다고 했다. 그래서 자기는 어머니 얼굴을 모르고 살아왔고 스무살이 될 때까지 할머니 집에서 컸다고 했다. 아버지는 새 여자와 전라도 고흥에 가서 살았고 할머니가 아현동에서 한옥집 두 채를 가지고 살면서 하숙을 치고 살았다고 했다. 한옥집이 두 채인데 터 가지고 기억자로 한집을 만들었고 어머니가 다섯 살 때 엄마라고 한번 찾아왔었는데 엄마라는 실감이 나지 않았다고 했다. 처음이자 마지막으로 어머니 얼굴을 볼 수 있었다고 했다.

자기가 태어난 곳은 본래 보광동에서 태어났는데 할머니가 데려다 키우게 되었고 스무살 때 할머니 집에 하숙했던 총각과 눈이 맞아 결혼했다고 했다. 총각은 그때 양복 기술자였다고 말했다. 세계기능올림픽에 나가 금메달까지 땄던 사람이라고 했다. 결혼하고 남편 부모님 모시고 양복점을 하면서 행복하게 살았는데 애들이 초등학교 때 남편이 바람이 나서 사귀는 여자를 집에까지 데리고 와 도저히 참을 수가 없었다고 했다. 그래서 애들 데리고 집을 나와 살게 되었다고 했다. 딸은 고등학교를 나와 직장에 다니고, 아들은 금년에 고등학교에 입학했다고 했다. 할머니는 돌아가셨고, 아버지는 결혼식 때 보고는 연락은 끊고 산다고 했다. 어렸을 때 전라도 고흥 시골에 찾아갔는데 새엄마와 아들 하나 낳아 살고 있어서 그 뒤로는 아버지와 인연 끊고 살게 되었다고 말했다. 지금 자기는 친척 하나없는 고아나 마찬가지라고 했다.

남편과 결혼 초에는 많은 식구가 한집에 살았는데 그때가 사람 사는 것 같았다고 말했다. 주병씨 생일날 동생들과 우애있게 사는 걸 보고 많이 부러웠다고 했다. 그러면서 내가 웬일인지 신송을 나와 보고 싶어졌다고 말했다.

"그럼 우리 지금부터 본격적으로 연애를 시작해도 되겠네?"
"좀 더 지켜보고 싶어요, 아직은 확신이 서지 않아요?"

그래서 계속 만나기로 하고 저녁을 먹고 나왔다. 미자씨의 집까지 데려다주고 부평으로 오게 되었다. 미자씨는 주택 2층에 오백만원에 세 들어 살고 있었다. 그런데도 식당에서는 돈이 많이 있는 것처럼 인정을 베풀고, 조금도 위축되지 않고 당당하게 명랑한 모습을 보이고 있었다. 미자씨와 나와 나이 차이는 15년 차이였다. 미자씨가 우리 나이로는 마흔네 살 내가 쉰아홉 살이었다.

미자씨와 두 달 동안 전국 각지로 다니며 여행을 즐겼다. 워낙 성격이 활달하여 기가 죽어 살거나 그런 모습은 찾아볼 수 없었다. 아무리 없이 살아도 누가 잘 산다고 부러워하지도 않았다. 알고 보니 살아가는 모습이 낙천적이었다. 오늘만 있고, 내일은 걱정하지 않는 여자였다. 강원도 설악산, 삼척, 동해안을 따라 여행도 다니고 울산, 경주, 태백, 영월, 서해안까지 여행을 다녔다. 하루는 저녁 늦게 종암동 미자씨 집에 데려다주고 전처럼 부평으로 가려하는데 미자씨가 말했다.

"주병씨, 오늘따라 피곤해 보여요. 오늘은 자고 가요."하고는 스위스다방 옆에 스위스모텔로 가자고 했다. 자기가 아침에 예약해 놓았다고 했다.

이제 마음의 준비가 되었다고 생각되었다. 모텔 주차장에 차를 세우고 5층으로 올라갔다. 505호실이었다.

"주병씨, 여기서 씻고 편히 쉬고 있어요. 애들한테 갔다가 씻고 올께요. 11시까지는 올거에요."

그날밤 모든 것이 내 뜻대로 이루어졌다. 미자씨는 애들도 이제 보기 싫어졌다고 말했다. 딸아이는 어디서 깡패같은 불량자를 만나 애를 가졌고, 아들은 불량배들과 어울려 학교도 다니지 않는다고 했다. 애들한테 너무 정이 떨어졌다고, 가을에 딸 결혼시키고 아들 아빠한테 보내고 나와 새로운 인생을 시작해 보자고 했다. 추석 전에 결혼 날짜를 잡았다고 했다. 그래서 딸과도 같이 만나게 되었고, 사위 될 사람도 만나 보았다. 옛날 창경원에서 결혼기념 촬영을 했다. 신랑은 덩치가 씨름선수 같은 우람한 체격을 가진 사람이었다. 머리를 박박 깎고 다녔다. 술집도 운영하고, 사채놀이도 하는 주먹잡이라고 했다. 인물은 잘생긴 남자였다. 그런 사람이 사위가 되었다.

결혼식 날 친구들과 같이 갔었는데 신랑 친구들이 모두 덩치들이었다. 한 30명이 모였는데 그 사람들이 예식장에 들어오자 그 사람들로 예식장이 가득 채워진 것 같았다. 그날 미자씨 남편도 보게 되었다. 딸 손잡고 입장했기 때문에 보게 되었다. 피로연 때는 미자씨가 남편 식구들한테 가지 않고 나와 친구들 있는 자리에서 같이 음식을 먹었다. 나도 남자가 생겼다고 알리는 것 같았다.

그 후 남편과 미자씨는 정식 이혼 수속을 마쳤다. 나도 법원까지 차에 미자씨를 태우고 갔었다. 그러나 나는 그때까지 이혼을 못했다. 아내가 애들 출가시킨 다음에 하자고 했다. 미자씨는 딸 결혼식 다음 날 부평 내가 있는 곳으로 옷만 싸들고 오게 되었다. 그날이 미자씨 딸 결혼한 다음 날이었다. 딸과 사위가 내게로 데리고 오게 되었다. 옥상에 내가 사는 집으로 재가를 해 온 것이다.

아래층에 오락실을 하는 동생 내외에게 같이 살기로 했다고 미자씨를 인사시켰다. 매제가 말했다.

"형님, 이제 제대로 된 여자를 만난 것 같습니다. 처남댁이 정말 마음에 듭니다."

"이 사람 누가 보면 내가 여러 사람 데리고 산 것처럼 말하네?"

그래서 한바탕 넷이서 웃었다.

그후 나는 부평에 식당을 차려 미자씨와 함께 장사하게 되었다.

박미자와 인생 제 2막을 시작한 것이다. 서울에 있는 동생들에게 알리고 한 가족으로 같이 살게 되었다고 소개했다.

동생들도 잘 생각했다면서 환영했다. 동사무소에 가서 전입신고를 부인이라고 신고했다. 동사무소 주민등록에는 내가 혼자 사는 것으로 되어 있었다. 아내가 애들과 같이 이전해 갔기 때문에 나는 홀로 사는 것으로 되어 있었다. 주민등록상 부부는 되었지만 혼인신고는 할 수가 없었다. 아내와 아직 정식 이혼을 하지 못했기 때문이었다. 나중에 일이 잘못되어 나와 미자씨가 부평에서 도망자가 되었다. 가게도, 차도 다 버리고 잠적해서 충청북도 현도라는 곳에서 숨어 살았다. 4년이란 세월을 숨어 살다가 파산신청을 하게 되었다. 은행에 카드빚이 몇천만 원 되었는데 모두 해결되었다. 그후 동생들에게도 알리게 되었고, 아내와 이혼이 된 것도 확인할 수 있었다. 본처인 아내가 내가 없어진 것을 알고 동생들에게 보증을 서라 하여 법원에 이혼소송을 내게 되었다. 그래서 이혼이 성립되었고 미자씨와 나중에 정식 혼인신고를 할 수 있었다. 미자씨와 지금까지 같이 산 세월이 25년이 되었다. 본처와도 25년을 살았는데 같이 산 세월은 10년 남짓 살은 셈이었다. 아내와 별거하고 살아온 세월이 더 많았다. 지금 내 나이 80이 넘었다.

인생 2막은 원고를 다 써놓았는데 책으로 낼 수가 없었다. 비용도 많이 들고, 출판사에서 일부만 내자 하여 미자씨와 살아온 세월은 접어두기로 했다.

눈물나는 세월을 살면서 얘깃거리가 많은데 아쉬운 마음이었다. 기회가 된다면 책 한권 더 내고 싶은데 그렇게 될런지 살아갈 앞날이 얼마남지 않은 내 인생이 얼마나 길어질지 모르겠다 싶었다.

내가 살면서 보람있는 일을 한 것이 아무것도 없었다. 미자씨와 살면서 아쉬운 점이 많았다. 내동생들은 모두 내 처지를 인정하고 환영했는데, 친척들은 많이 수근대는 사람이 있었다. 조강지처가 살아있는데 후처를 두었다고 수근댄다 하였다. 우리 사촌형제들이 참 많았다. 아버지 형제들이 육형제, 고모가 한 분이 있었고, 당숙 한 분이 모두 한마을에 살았다. 제사 때나 설 때 모이면 모두 100

명가량이 모이게 되었다. 사촌만도 50여 명이 되었다. 그래서 내가 사촌 친목계를 만들게 되었다.

우리 집안에 첩을 두고 사는 사람이 없는데, 나만이 후처를 두고 산다고 들리는 말이 있었다. 길흉사때 잘 모이지도 않으면서 그런 말이 돌았다. 우리 형제들은 무슨 일이 있으면 모두 참석하는데 딴 사촌들은 한두 사람 참석하고 있었다. 그래서 내가 일일이 연락해 모이게 되었다.

천안 어느 음식점에서 50여 명이 만나 사촌 친목계를 발족시켰다. 그 친목회가 지금까지 이어져 오고 있다. 25년이 넘었다. 그래서 이산 저산 조상산소가 흩어져 있는 것을 한군데로 모아 이장을 하게 되었다. 우리대에 사촌 친목회가 모든 일을 해내게 되었다. 보람된 일이었다. 아내도 이제는 구설수에 오르지 않고 사촌 제수씨 또는 친척들까지도 자주 만나 웃고 지내게 되었다. 마지막에 27년 만에 만나게 되는 아들 얘기도 쓰게 되었고, 본처가 죽었다는 얘기도 듣게 되었다. 아직도 딸들은 아빠가 보고 싶지 않은지 소식을 알면서 연락이 오지 않고 있다. 문자도 보내고 했으나 아직은 소식이 없었다. 전화를 걸어도 받지를 않았다. 아빠의 죄가 크다는 것을 인정하고 다시 연락오기를 기다릴 뿐이다.

딸들아! 보고 싶구나. 연락 좀 해라. 아빠가 기다리고 있겠다. 딸들이 딸만 둘씩 낳았다고 했다. 큰딸이 낳은 딸은 가람이였는데 내가 부평 살 때 안아주고 귀여워했었다. 막내딸은 아빠를 많이 따랐던 아이였는데, 결혼해서 산다고 한번 충청도에 살 때 전화를 했었다. 남편이 샷시공장을 한다고 했고, 딸을 둘 낳았다고 했다. 손녀들도 보고 싶었다. 큰딸이 낳은 딸은 이제 커서 뮤지컬배우가 되었고 연출까지 맡아서 한다고 했다. 아들한테 소식을 들을 수 있었다. 그 애들이 보고 싶었다.

부모와 자식

　식당 차린 지 두 달이 되어 공사장 인부들이 식사하고 일반 손님까지 늘어서 잘 되는가 싶었는데, 또 다른 암초가 생겨 미자씨와 내가 갈등을 겪게 되었다. 다름 아닌 미자의 아들 문제였다. 이제 열일곱 살인 미자씨의 아들은 고등학교를 입학하고 얼마 안 되어 퇴학당하고 불량배들과 어울려 미자씨가 골치를 썩었다.
　어떻게 하면 마음을 잡을까 하고 오토바이를 사 달라해 오토바이까지 사 주었다 했다. 그런데 오토바이를 타고 다니며 몇 번 사고를 치는 바람에 많은 돈을 물어주게 되었다. 그것도 모자라 어린놈이 여자까지 데리고 다니며 집까지 데리고 오고 참을 수가 없었다고 했다. 하루는 딸과 아들을 불러놓고 속이 상해 결별을 선언했다고 했다.
　"나는 더 이상 너희들하고 살고 싶지 않다. 너의 아빠하고 이별하고 잘 키우려 했는데 이제 나이가 먹었다고 엄마 속을 썩이지 않나, 사고를 치지 않나, 도저히 참을 수가 없다. 딸은 어디서 깡패 같은 나이 많은 녀석을 데리고 와 살겠다 하고, 아들놈은 날마다 사고나 치고 어린놈이 여자까지 데리고 다녀 더는 못 참겠다. 이제 각자 헤어져 살자. 딸은 결혼하면 신랑이 먹여 살릴 것이고, 아들은 아버지한테 가서 살면 된다. 이제는 엄마와는 남이다. 너희들 키우면서 행복했는데 이제는 너희들도 다 컸으니 너희들 힘으로 살아라. 누나 결혼식 마치면 나는 너희들과는 이별이다.…"
　미자씨는 자식들과 최후통첩하고 딸 결혼식 후 내게로 온 것이었다. 딸에게 동생을 아버지에게 데려다주고 어디서 사는지 알려주지 말라고 했다. 그런데 아들은 처음 며칠은 아버지와 같이 있다가 누나 신혼집에 찾아와 가지 않는다고 했다. 엄마 있는데 알려주지 않으면 누나 집에서 산다고 버티고 있다고 했다.

남편이 혼내기도 하고, 타일러 보기도 했지만 막무가내로 버티고 있어 엄마한테 일러주지 않을 수 없었다고 했다.

그래서 아들은 식당에 찾아오게 되었다. 주방에서 나와 미자씨가 일하고 있는데 홀 애기엄마가 어떤 총각이 와서 엄마를 찾는다고 말했다. 미자씨는 그 말에 얼른 밖으로 뛰어나갔다. 그리고 한참 후에 들어와 나에게 십만 원만 달라고 했다.

"아들이 왔어? 들어오라고 해!"

"안 돼요, 그냥 차비만 줘서 보낼 거에요."

"엄마 보러 여기까지 왔는데 밥은 먹여서 보내야지. 아무리 미워도 친자식인데 그렇게 보내면 안 돼?"

내가 말하자 미자씨는 홀 애기엄마에게 눈짓하며 곤란하다는 표정을 지었다. 홀 애기엄마는 우리가 재혼해 만나서 사는 줄 모르고 있었다. 굳이 종업원에게까지 말할 필요는 없었다.

"애기엄마 퇴근하라고 해, 시간 다 됐는데."

시계를 보자 3시가 다 되었다. 애기엄마를 보내고 아들을 들어오게 했다.

"인사해, 엄마와 같이 장사하는 아저씨야!"

미자씨가 나를 소개했다.

"아들이야, 참 잘 생겼는데, 몇 살이냐?" "열일곱 살이에요."

"아들, 고기 좀 구워줘?"

미자가 점심 안 먹었느냐고 묻자, 고개를 끄덕였다. 미자씨는 고기를 구워서 주며 얘기를 나누었다. 엄마 봤으니 다시는 오지 말라고 하는 것 같았다. 겉보기에는 애가 얌전하고 착하게 생겼는데 말썽꾸러기 사고뭉치라니 믿기지 않았다. 용모가 선하고 착하게만 생겼는데 딴판이었다. 그날은 고기를 구워서 먹이고 미자씨가 차비를 십만 원 주고 내가 별도로 오만 원을 줘서 보냈다. 미자씨가 역전까지 바래다주고 돌아왔다.

"애가 얌전하게 생겼는데 말썽꾸러기야?"

"어릴 때는 참 착했어요. 중학교에 다니면서 삐뚤어지고 있었어요. 다시는 오지 말라고 했으니 안 올 거예요?"

그러나 아들은 사흘이 멀다하고 찾아왔다. 이제는 차비를 안 주면 엄마에게 대들며 돈을 달라고 했다.

"낳았으면 끝까지 책임져야지, 아빠도 싫다고 내쫓고, 엄마도 내쫓으면 나는 어디 가서 살란 말이요!"

아들은 엄마에게 대들며 악을 썼다. 내가 차비 줄 테니 그만 가거라 하고 차비를 주었다. 그러자 받아가지고 갔다.

그 후 어느 날은 아들이 까만 큰 개를 데리고 왔다. 어렸을 때 개를 사 달라고 졸라 사 줬더니 끔찍이도 개를 좋아하고 있다고 했다. 조그마한 반려견도 아니고 개가 엄청 큰 개였다. 그런 큰 개를 전철을 타고 부평까지 데리고 왔으니 엄마가 가만히 있을리 없었다.

"왜, 개를 여기까지 데리고 와! 아빠 집에 놔두고 오지, 너 때문에 엄마 죽어 버려야 되겠다.…"

한바탕 야단을 치고 미자씨는 주방으로 들어갔다. 홀 애기엄마도 눈살을 찌푸리고 있었다. 홀 바닥에 있는 개를 식탁에 올려놓고 장난을 치고 있었다. 점심시간이 다 되어 손님이 올 시간인데 개를 상 위에 올려놓고 장난을 치고 있으니 나도 열불이 났다.

"야! 현우야, 개 내려놔. 손님 올 시간인데 그러고 있으면 못 써?"

좋은 말로 내가 내려놓으라고 했다. 그러자 이놈이 한다는 말이

"씹팔!"하고는 개를 안았다. 하도 기가 막혀 내가 야단을 쳤다.
 "너, 지금 뭐라고 했어. 싸가지가 없네."하자 개를 안고 밖으로 나갔다. 미자씨가 주방에서 나왔다.
 "글쎄, 개를 상에서 내려놓으라 했더니 씹팔하면서 나가잖아? 애를 너무 오냐오냐 키운 것 같애?"
 내가 말하자 미자씨는 아무말 못하고 주방으로 들어갔다. 점심시간을 보내고 미자씨는 아들을 찾아 나섰다. 조금 후에 들어와서는 말했다.
 "차비 좀 줘요. 서울 가서 생각할 시간을 가져야겠어요. 이대로는 못 살아요.…"하고는 옷을 갈아입었다. 못 가게 한다고 안 갈 사람이 아니란 걸 알 수 있었다.
 나는 밖에 나가 배웅했다. 아들은 멀찌감치 숨어있는 것 같았다. 미자씨는 그렇게 일하다 나가고 5일이 지나도 오지 않았다. 분명 갈 데라고는 딸 집밖에 없는데 전화하지 않았다. 나도 괘씸해서 전화하지 않았다. 그리고 바빠서 쩔쩔매고 있었다. 애기엄마와 둘이서 눈코 뜰 새가 없었다. 애기엄마가 전화해 보라고 했다.
 "속상하니 쉬고 오겠지.…"했으나 마음은 무거웠다. 이대로 헤어지려는게 아닌가 별 생각이 다 들었다.
 자식이 원수였다. 우리 애들은 헤어져 살아도 그렇게 못되게 살지는 않았다. 아마 어렸을 때부터 할아버지, 할머니가 키웠기 때문에 그럴 것이라 믿었다. 지금도 애들이 보고 싶지만, 엄마가 전화도 못 받게 해 전화도 받지 않았다. 모두가 부모를 잘 못 만나 자식들에게 피해를 주는 것 같았다. 애들이 무슨 죄인가? 부모가 헤어져 살게 되자 삐뚤어져 살고 있는 것이다. 자식들을 나무라기 전에 부모들이 반성할 일이었다.
 일요일이었다. 오늘은 식당을 쉬고 미자씨를 찾아가려고 옷을 갈아 입었다. 전화기가 울렸다. 미자씨겠지 하고 전화를 받자 미자씨가 아니고 사위였다.
"아저씨, 힘드시죠. 장모님도 없이 장사하느라고 얼마나 힘드세요.…"하고 사위는 자기도 힘들다고 말했다. 이제 결혼한 지 두 달 조금 넘었는데, 처가 집 식구들이 찾아와 가라고 할 수도 없고 난처한 입장이라고 했다. 처남이란 놈이 와서 살다시피 하는데 장모님까지 와서 묵고 있으니 미칠 지경이라고 말했다. 아저씨가 전화를 하면 장모님이 갈 텐데, 아마 전화 기다리는 것 같다고 했다.
"알겠네, 그러잖아도 지금 찾아가려는 참이네, 집이 장위동이라 했지? 주소 좀 불러주게.…"
사위가 주소를 일러 주었다. 프라이드를 몰고 고속도로를 달려 단숨에 장위동까지 가게 되었다. 장위동에 도착하자 사위집 근처에 조그마한 공원이 있었다. 공원에서 사위에게 전화를 했다.
"나 지금 집 근처 공원에 와 있네. 장모님 보고 잠깐 나가보라고 하게. 우선 장모님 만나서 얘기하고 집에 들어가겠네.…"
불쑥 집에 찾아가는 것보다 만나서 얘기부터 해 볼 생각이었다. 나와 헤어지고 싶다면 굳이 사위집까지 들어갈 필요가 없었.
미자씨가 핼쑥한 모습으로 공원으로 걸어오고 있었다. 의자에 앉아있다가 마중했다.
"며칠 동안 얼굴이 핼쑥해졌네. 전화 하려다가 생각할 시간을 충분히 주기 위해 전화 안 했어, 그래서 많이 생각했어?"
"오늘 저녁에 주병씨 찾아가려고 했어요. 그런데 주병씨가 올 줄은 몰랐어요.…"
"막 나오려고 하는데 사위에게서 전화가 와, 사위가 많이 힘들어하고 있어, 신혼 초인데 처가 집 식구들이 몰려 와 살고 있으니 얼마나 불편하겠어, 현우는 여자까지 데리고 와서 묵고 있다며.…"

둘이는 공원 의자에 앉았다. 서로 얼굴을 마주보자 웃음이 나왔다. 같이 산지 얼마됐다고 헤어지니 마니 생각하고 있었으니 미자에게 부끄러운 생각이 들었다.

"미자씨가 내 곁을 떠나면 나는 어떻게 될지 몰라, 이 나이에 다른 여자는 단 한 번도 생각해 본 적이 없어, 미자씨만 사랑하고 살 거야, 어떻게 만난 인연인데 쉽게 헤어질 수는 없어.…"

미자씨는 내 어깨에 몸을 기댔다.

"저도 그래요. 애 때문에 속상해서 나왔지만, 며칠 동안 주병씨 생각뿐이었어요. 둘이서 얼마나 바빠 헤매는지 보지 않아도 뻔하잖아요. 저녁에 같이 가요.…"

미자씨는 미안하다, 말하고 저녁에 집에 가자고 했다.

"현우는 오면 차비나 줘서 보내. 어쩌겠어, 자식인데 부모 잘못 만나 그렇게 된 것을 철이 들면 나아지겠지.…"

둘이는 한동안 포옹하고 일어섰다. 서로를 확인했으니 기분이 좋았다. 사위집에 가 차 한 잔 마시고, 미자씨를 데리고 집으로 오게 되었다. 딸과 아들이 나와 마중했다.

"현우야, 엄마 있는데 오고 싶으면 언제든 와라, 아저씨가 저번에 야단쳤다고 그러면 못 써, 어른 말은 다 옳은 말이야.…"

아들을 타이르고 차에 올랐다. 미자씨와 함께 부평으로 돌아왔다. 하마터면 미자씨와 헤어질 뻔했다. 딸과 사위가 어떻게 만났는데, 쉽게 헤어지면 안 된다고 다시 잘살아보라고 응원했다.

식당은 날마다 손님이 늘었다. 홀에는 애기엄마가 일을 했고, 주방에도 아주머니 한 분을 더 두어 종업원 둘이 되었다. 또한 식당 뒤에 모텔을 짓게 되었다. 낡은 모텔을 헐고 10층짜리 새 모텔을 짓게 되어 일꾼들이 하루에 100명은 되었다. 일반 손님은 안 받아도 될 만큼 손님이 늘었다. 이제 함바식당이 되어 버렸다. 점심,

저녁으로 일꾼들이 많아 바쁘기 짝이 없었다. 한 군데는 한 달에 한 번씩 결재를 했고, 한 군데는 보름에 한 번씩 식대를 받았다. 이제 자금도 잘 돌아가고 있었다. 미자씨의 종암동 방도 나가 오백만 원을 받아, 딸 이백만 원 주고 아들 백만 원 주고 내게 이백만 원을 주었다. 그게 미자씨의 전 재산이었는데 그렇게 쓰게 되었다.

"나는 이제 홀가분해요. 주병씨와 함께 벌면 되잖아요. 애들도 내가 할만큼 했으니 더는 속을 썩이지 않겠지요.…"

애들도 이제는 안심해도 될 것 같다고 말했다. 그러나 돈이 떨어지자 아들이 또다시 찾아오기 시작했다. 이제는 부평 근처에 여인숙을 얻어 놓고 색시까지 데리고 다녔다. 색시는 이제 15살이라고 했다. 둘 다 미성년자인데 애들이 겁이 없었다. 엄마가 타이르고 돈을 주고 헤어지라고 해도 말을 듣지 않았다. 그 애들 때문에 미자씨와 내가 얼마나 속을 썩이며 산지 몰랐다. 돈을 안 주면 도둑질까지 해 여인숙 주인이 우리 식당에 찾아왔다. 카운터 서랍에 있던 돈을 사십만 원이나 훔쳐 도망갔다고 했다. 엄마가 식당에 일한다 하여 돈이 없어도 재워 주었는데 도둑질까지 하고 도망갔다고 말했다. 그래서 할 수 없이 돈을 여인숙 주인에게 부쳐 주었다. 사십만 원 훔쳐 갔다니 이제는 안 올 것 같았다.

어느 날이었다. 홍동표 친구가 찾아왔다. 이 친구는 집이 오류동이고, 놀고 있으니 가끔 찾아오는 친구였다.

"야, 어떤 애들이 너희 식당 문을 한참 동안 들여다보고 있다가 내가 오니 도망가더라. 젊은 애들인데 하나는 15살 정도 먹은 계집애야. 네 딸인 줄 알았는데 아니야.…"

홍동표가 말했다. 틀림없이 마자씨 아들이 온 것이었다. 한동안 잠잠했는데 또 돈이 떨어져 찾아온 것 같았다. 점심시간이 끝나고 한가한 시간이 되자 엄마가 있는지 엿보고 있었던 것이 분명했다.

주방에 있는 미자씨를 불렀다. 주방에서 나와서 홍동표와 인사를 나누었다.

"아들이 온 모양이야. 밖에 나가 찾아봐. 돈이 떨어져서 찾아온 모양인데 차비 줘서 보내고, 여인숙에서 돈을 가져갔는지 물어봐.…"

내가 마자씨를 밖으로 데리고 나와 얘기했다. 여인숙 여자 말만 듣고 돈을 물어주어 사실인지 확인해 보라고 했다.

미자가 여기저기 돌아다니며 아들을 찾고 있었다. 홍동표와 나는 다방에서 차 한잔하려고 다방으로 갔다. 다방에서 1시간가량 있다가 식당으로 오고 있는데 식당 뒤쪽에 미자씨의 아들이 여자와 같이 숨어있었다. 아마 어디로 도망갔다가 다시 온 것 같았다.

"야! 현우야, 왜 거기 있어, 엄마 만나지 못했어?"

내가 묻자 고개를 끄덕였다. 나는 홍동표에게 집에 가라 하고 이들을 데리고 근처 음식점으로 들어갔다. 애들에게 밥을 사주고 차비를 줘서 보낼 생각이었다. 애들은 점심을 맛있게 먹고 있었다. 아마 꿀이 아침도 굶은 애들 같았다. 공기밥 한 그릇을 더 시켜주었다. 식사를 마친 다음에 얘기했다.

"너, 아저씨가 혼내지 않을 테니 사실대로 대답해. 저번에 여인숙에서 돈을 훔쳐 갔어, 아니야?" 겁먹은 것 같아서 조용히 말했다. 현우는 고개를 푹 숙이고 있다가 "훔쳤어요." 말했다. 자기가 속였다가는 내가 여인숙에 끌고 갈 것 같으니 순순히 자백했다.

"솔직히 말해줘서 고맙다. 다시는 그런 짓 하면 아저씨가 용서 안 해, 엄마가 네가 찾아오기만 기다리고 있어, 너를 만나면 엄마가 너와 같이 죽어버리겠대, 물에 빠져 죽던지 죽고 싶다고 했어, 그 돈은 엄마가 갚았으니 걱정 안 해도 돼, 아저씨가 차비 줄 테니 엄마 만나지 말고 가, 다시는 그리고 여기에 찾아오지 마, 나중에

네가 마음잡고 살면 만날 수 있으니 착하게 살아야 해, 만약 또다시 찾아오면 너희들 경찰에 집어넣을 거야, 너희들은 미성년자야, 같이 자는 것도 죄가 되는 거야, 도둑질까지 했으니 죄가 무거워, 징역 살기 싫으면 다시는 찾아오지 마라.…"

나는 이들을 타이르고 겁을 주어 보내게 되었다. 차비 십만 원을 지갑에서 꺼내 주었다.

그 후 아들은 한 번도 찾아오지 않았다. 누나 집에도 오지 않는다고 했다. 미자씨는 나와 25년을 같이 살면서 한 번도 아들을 만나지 않았다.

무자식이 상팔자라더니 그 말이 맞는 것 같았다. 1년 동안이나 엄마 속을 썩이고 살다가 아들이 찾아오지 않자 미자씨는 그렇게 생각하고 살았다. 아무리 말은 그렇게 하지만 자기가 배 아파 낳은 자식인데 보고 싶지 않겠는가? 나 역시도 애들을 보지 않고 살아 마음은 편했으나, 자식인데 보고 싶은 생각은 떠나지 않았다. 미자씨와 내가 똑같이 자식을 보지 않고 20년이 넘게 살았다.

아들은 아버지와 잘 살고 있다고 말했다. 딸이 식당에 찾아와 소식을 전해주었다. 미자씨 딸은 딸을 낳아 사위와 같이 가끔 식당에 찾아왔다. 사위는 한 번 찾아오면 고기를 얼마나 많이 먹는지 덩치가 크니 먹는 것도 5인분을 넘게 먹었다. 나는 내 딸은 아니어도 친딸처럼 생각하고 잘 대해 주었다. 손녀딸을 안고 동네를 한 바퀴씩 돌아다니며 예뻐해 주었다. 그러자 딸과 사위가 친정 아빠처럼 대해 주었다. 남의 자식도 가깝게 지내면 친자식이나 다를 바 없었.

미자씨의 본 남편이 딸을 통해 이혼하겠다고 만나자고 했다. 그래서 나는 미자씨와 법원까지 가게 되었다. 서울 공릉동 법원에서 이혼을 하게 되었다. 나는 미자씨의 본 남편과는 만나지는 않았으나 법원까지 차를 타고 가게 되었다.

미자씨는 이제는 마음이 편하다고 했다. 이혼을 안해 주어 마음 속에 부담이 있었는데 이제는 마음이 후련하다고 했다. 나도 이혼을 서둘러야 할 것 같았다. 미자씨는 이혼했는데 나는 그대로 본처와 이혼을 하지 않고 미자씨와 살고 있었다. 그런데 본처가 만나자고 해도 만나주지 않았다. 찾아가도 피해 버리고 전화도 받지 않았다. 그럭저럭 2~3년이 흘렀다. 나에게 변화가 많이 생겼다.

식당도 3년 가까이 운영하다 보니 자리도 잡혔고, 주위 모텔 사장들과도 친하게 지내게 되었다. 이제는 모텔 주인들과 친목계도 하게 되었다. 모텔 신축공사 하는데 밥을 해주다 보니 여러 모텔 주인과 만나게 되었다. 한 건물이 다 지어지면 또다시 딴 모텔을 새로 짓게 되었다. 이제는 모텔 전문 식당이 되었다. 자연스럽게 주인들이 우리 집에서 친목 모임도 가졌고, 나를 친목계 계원으로 받아드리게 되었다. 모텔 친목계에 유일한 식당 주인이 끼게 되었다. 모텔 주인들은 그래도 돈 있는 사장들이었다. 모두 자기 건물이고, 세 들어 하는 모텔 주인은 한두 사람이었다. 모두 18명이 계원이었다. 나는 부평에 5층 건물에 살고 있어 나도 돈이 있는 사람으로 알고 있었다. 돈이 없을 때 일이백만 원을 빌려 쓰는 데는 아무 문제가 없었다. 사실 나는 동생 건물에 살고 있었지만, 그들이 보기엔 나를 건물주로 알고 있었다. 굳이 내 건물이 아니라고 말할 필요는 없었다. 어떤 때는 친목계가 부부 동반으로 일찍 끝나 우리 집에 올라가 놀다 가기도 했다. 그렇게 되자 자연히 내가 건물을 세를 주고 사는 사람으로 알고 있었다. 친목계는 항상 부부 동반이었다. 봄, 가을로 야유회도 다니고 화목한 친목계였다. 한 번은 내 고향 보령 온천에까지 가서 놀다 사촌이 운영하는 김 공장에서 김을 한 박스씩 선물도 해 주었다. 그러자 모두들 좋아하고 나를 믿음직한 사람으로 알고 있었다. 돈이 없어 빌빌대던 시절과는 달리

이들과 대등한 위치에서 산다고 자부심도 생겼다. 그런데 문제가 생겼다. 큰 여동생이 건물을 팔게 되었다고 말했다. 빚에 쪼들려 건물을 팔지 않으면 빚에 견딜 수가 없다고 말했다. 18억에 계약했다고 나에게 옥상을 비워야 된다고 말했다. 나에게는 청천벽력같은 말이었다.

이제 한숨 돌리고 돈을 벌까 했는데 당장 살림집을 얻어야 되었다. 그동안 벌어서 미자씨 아들 치닥거리하느라 돈을 모으지 못했다. 그리고 근래 차가 고장 나서 바꾸게 되었다. 큰 여동생이 오래 타다가 내게 준 프라이드였는데 이제는 고장이 잦아서 폐차시키고, 새로 중고 아반떼를 사게 되어 집을 얻을 돈이 없었다. 난감하기 짝이 없었다. 모텔 계원들이 일이백만 원은 빌려주겠으나 큰돈은 빌려 쓰기가 어려울 것 같았다.

부평 옥상 살림집에는 짐이 많았다. 부모님과 전처, 애들이 같이 살았으니 옷장도 2개가 되었다. 커다란 책장도 있고, 너저분한 살림살이가 많았다. 그것을 다 싣고 오려면 방 두 칸짜리도 모자랄 것 같았다. 돈은 식당 운영할 돈밖에 없는데, 어디서 이천만 원을 구해야 할지 걱정이 아닐 수 없었다. 큰 여동생에게 부탁하려 해도 건물을 팔아도 빚을 다 못 갚는다니 얘기할 수가 없었다. 얼마나 빚을 많이 졌기에 18억 원이나 되는 건물을 팔았는데 빚을 다 못 갚는다니 기가 막혔다. 나는 이천만 원이 없어 방을 못 얻는데 십억 원 아니 이십억 원이 다 되는 돈 가지고도 빚을 못 갚으니 세상 고르지 못했다. 그렇게 많은 빚을 지고 어떻게 살았는지 여동생의 배포는 알아 줄만 했다. 매제는 돈을 벌고만 다녔지 어떻게 쓰이고 있는지도 몰랐다. 툭하면 어디다 쓴다고 여동생에게 돈을 빌려오라 하여 여동생은 재산을 늘린다고 여기저기서 빌려오게 되었다. 외삼촌에게도 팔천만 원이나 빌려 썼다고 했다. 그리고 고향에 사촌들 알 만한 사람에게 생각없이 빚을 얻어서 그게 새끼를 쳐 돈이 불어난 것이다. 건물 하나 있다고 모두가 돈을 빌려준 것이다. 꼬박꼬박 제날짜에 이자를 갚고 있으니 빚쟁이들은 재촉을 하지 않았다. 여기서 얻어다 저쪽 갚고, 저기서 얻어 이쪽 갚고 했으나 이제는 한계가 온 것이었다. 빚쟁이에 시달리며 산 세월이 수십 년이라고 했다. 여동생이 대단하다고 생각되었다. 우리 같으면 몇 번만 빚쟁이들이 싫은 소리하면 갚아버리는데 여동생은 남다른 베짱이 있었다. 내가 걱정을 하자 여동생은 제가 천만 원은 주겠다고 했다. 그 돈이 팔백만 원은 돌아가신 아버지 돈이라고 했다. 아버지는 나와 둘이 사시다 셋째 동생집에서 돌아가셨다. 큰 여동생이 내가 사는 옥상에 찾아와 아버지, 어머니 유품을 정리하다가 돈 팔백만 원을 발견했다고 말했다.

　노인들이 글을 몰라 은행에 저축할지 몰랐다. 생활비를 절약하여 나도 모르게 여기저기 이불 속에, 옷 속에 숨겨 놓았던 돈이 팔백만 원이나 되었다. 그 돈을 여동생은 나를 줘야 하는데 자기가 하도 빚에 쪼들려 숨기고 자신이 썼다고 했다. 그 돈 이자로 이백만 원을 보태어 천만 원을 내게 주며 방을 얻으라고 했다. 그래서 동생한테 천만 원을 받을 수 있었다.

　사람이 죽으라는 법은 없었다. 하늘이 무너져도 솟아날 구멍이 있다는 말인 것 같았다. 나는 그 돈으로 천만 원에 부엌 달린 방 한 칸을 얻었다. 옥상에 있던 가구들은 다부셔 폐기 처분하고 새로 옷을 넣을만한 옷장을 샀다. 그릇이나 자질구레한 물건들은 모두 폐기 처분하고 이사 집으로 전자제품만 가지고 나왔다. 방 한 칸에다 가져올 수가 없었다. 그래서 나는 동생 건물 옥상에서 10여 년을 살다가 나오게 되었다. 큰 여동생이 나를 많이 도와준 셈이었다. 나도 동생 일이라면 내가 힘닿는 데까지 도와주었다. 어느 형제보다도 둘이는 각별한 사이가 되었다. 살림집이 마련되자 아내는 너무나 좋아했다. 이제까지 미자씨로 불렀으나 몇 년을 살았으니, 아내로 인정하고 아내로 불렀다. 자기에서 여보로 불렀다.

"여보, 이제 한시름 놓았어요. 방때문에 걱정했는데 이제 안심이 되네요?"

아내는 그래도 아버님이 유산을 남겨 주었다고 고맙게 생각하고 있었다. 아내는 돈에 대한 애착이 별로 없는 사람이었다. 아니 돈에 대한 개념이 없다고 해야될 것 같았다. 이제까지 나와 같이 살면서 돈 가지고 따지고 걱정하지 않았다. 있으면 있는 대로 쓰고, 없으면 남에게 빌려 쓰면 된다고 생각하고 사는 사람이었다. 앞으로 어떻게 살아가자느니 그런 생각은 하지 않았다. 나만 믿고 따르면 된다고 생각하고 있었다. 장사해서 돈이 들어오면 모두 아내에게 맡겼다. 내가 돈을 달라고 하면 어디에 쓰냐고 묻지도 않았다. 있으면 있는 대로 주고, 없으면 없다고 대답하는 나를 믿고 살았다. 내가 친구를 만나러 간다고 십만 원을 달라고 하면 이십만 원 주는 사람이었다.

"놀다 보면 돈 쓸 일이 생길텐데 십만 원 가지고 되겠어요. 될 수 있으면 친구들에게 신세지지 말고 당신이 써요?"하는 사람이었다.

그래서 나는 마음이 편했다. 이렇게 나를 위해 주는 사람은 아내밖에 없는 것 같았다. 친구가 찾아와도 나보다 더 반기고 기쁘게 해주고 있었다. 홍동표는 나에게 천사를 만났다고 부러워하고 있었다. 자기 마누라는 날마다 짜증만 부리고 들들 볶아 집에 있기가 싫어 우리 집에 자주 온다고 했다.

어느 날은 친구 홍동표가 와서 밖으로 놀러 가자고 했다. 차 가지고 가자고 하자 걸어서 가도 된다고 했다. 아내가 나가서 맛있는 것 사 먹고 오라고 십오만 원을 주었다. 많은 돈은 필요없다 하자 남자가 밖에 나가면 돈이 있어야지 기죽지 말고 팡팡 쓰라고 했다. 그래서 돈을 받아가지고 밖으로 나왔다. 홍동표에게 어디 가냐고 물었다.

"경마장에 가 말 타는 것 구경하자?"

"경마장이 어디 있는데?"

"여기서 500미터도 안 돼?"

"나는 한 번도 못 봤는데, 여기서 몇 년을 살았는데 한 번도 못 봤어…"하자 홍동표는 실내 경마장이라고 했다. 이곳은 서울 과천에서 경주를 하는데 중계하여 구경할 수 있는 곳이라고 했다. 나는 홍동표를 따라가 보았다. 우리 식당에서 거리가 500미터도 되지 않았다. 차길 하나만 건너면 실내 경마장이었다.

그곳에 들어가자 웬 사람이 그렇게 많은지 4층까지 있는데 2층에서부터 모두 경마장이었다. 층층 마다 사람들이 가득 차 있었다. 앉아서 구경하는 사람도 있지만 자리를 못 잡아 서서 구경하는 사람들이 더 많았다. 남녀노소 할 것 없이 사람들로 인산인해를 이루었다. 저마다 경마책을 들고 열심히 적고 있었다.

나중에 안 일이지만 이곳은 돈을 걸고 돈 따먹기 노름이었다. 경주마가 여럿이 달리는데 어느 말이 우승할지 맞추는 것이었다. 홍동표가 자세히 설명해 주었다. 1등, 2등, 3등까지 맞추는데 승식에 따라 제대로 맞추면 많은 돈을 벌 수가 있다고 했다. 배당이 쌍승식이란 승식이 있는데 똥발이 들어오면 몇천 배도 배당이 나온다고 했다. 경마책에 말에 대한 기록이 나와 있는데 기록이 없는 말이 1등, 2등 하게 되면 많은 배당이 나온다고 했다.

홍동표가 자기는 몇 번을 해보았다고 했다. 한번 천 원을 질렀는데 몇십만 원을 딴 적이 있었다고 말했다. 나는 구미가 당겨 홍동표에게 자세히 일러달라고 했다.

경마

경마는 토요일, 일요일만 했다. 서울 과천에서만 하는 줄 알았는데, 인천에도 하인천에 한 곳 있고, 부평 우리 식당 근처에도 있었다. 친구 홍동표 때문에 생전 처음 경마를 해 보게 되었다. 홍동표한테 경마하는 방법을 책을 사가지고 배웠다. 책에는 말에 대한 기록과 이름, 나이, 암수 여러 가지 기록들이 적혀 있었다. 말의 번호도 적혀 있고, 말을 타는 기수도 이름이 적혀 있었다. 어느 기수가 우승 기록이 있는 말을 타는지 상세히 적혀 있었다. 천 미터 뛰는 경주도 있고, 이천 미터 뛰는 경주도 있었다. 적게는 7마리 뛸 때도 있고, 많게는 15마리까지 뛰는 경주도 있었다.

홍동표가 방식은 가르쳐 주었으나 처음이라 뭐가 무엇인지 쉽게 알 수가 없었다. 단식, 복식, 연승식, 쌍승식, 삼복식 이런 식으로 되어 있었다. 단식은 1등 한 말을 맞추는 것이고, 복식은 1등, 2등을 맞추면 되었다. 연승은 1, 2, 3등을 맞추면 되었다. 또한 쌍승식은 정확히 1, 2등을 맞추면 되었고, 삼복식은 세 마리 1, 2, 3등을 순서대로 맞추면 되었다. 그런데 단식이나 연승식은 배당이 얼마 되지 않았다. 복식도 그리 많은 배당이 없었다. 쌍승식이 배당이 많았다. 전광판에 얼마인지 다 나와 있었다. 천 원 넣어 맞추면 단식의 경우 1.5배 되는 배당도 있었다. 천 원 마권을 사서 맞추면 천오백 원을 받았다. 오백 원을 따는 셈이다. 그것도 못 맞추면 천 원을 잃고 마는 것이다. 대강 알 수 있을 것 같았다. 나는 무조건 배당이 많은 쌍승식에만 돈을 걸었다. 어느 말이 잘 뛰는지 어느 기수가 잘 타는지도 모르고 천 원, 이천 원씩 마권을 두세 장 샀다. 3번, 4번 또는 1번, 4번, 6번, 10번 이런 식으로 삼천 원 마권을 샀다. 이중 6번, 10번이 배당이 많았다. 팔백배가 넘는 배당이었다. 처음 해 보았는데 6번, 10번이 들어왔다. 홍동표가 그런 말은 가망이 없는 말이라고 돈만 날리게 된다고 했다. 그런데 그 말이 들어왔던 것이다. 팔백삼십 배였다. 창구에서 팔십삼만 원을 받았다. 기분이 하늘을 찌를 것 같았다.

삼천 원을 투자해서 얼마나 튀긴 것인가? 날아갈 것 같은 기분이었다.

"동표야, 가자. 너 때문에 오늘 횡재했다. 내가 한 턱 쏠게?"

홍동표는 조금 더하다 가자고 했다. 내가 십만 원을 주면서 가자고 했다. 그래서 식당으로 오게 되었다. 빨리 이 소식을 아내에게 알리고 싶었다.

"어디 간다더니 왜 그새 들어왔어요?"

"돈 벌고 왔어? 이봐 한 뭉치야!"

내가 호주머니에서 만 원짜리 한 묶음을 꺼내자 아내는 깜짝 놀랐다. 일하던 아주머니와 애기엄마도 눈이 휘둥그래 바라보고 있었다.

"기분이다!"

아주머니와 애기엄마에게 오만 원씩 주고, 나머지는 아내에게 주었다. "이거 받아도 되느냐고?" 종업원들이 말했다. 공돈 생긴 돈이니 걱정말고 받으라고 했다. 아내가 무슨 돈이냐고 따져 물었다. 나를 빤히 쳐다보며 궁금해했다.

"도둑질한 돈 아니니 걱정말고 써, 나중에 얘기해 줄게.…"

아내는 더 묻지 않았다. 아내에게 돈을 주었으니 고기 좀 내오라하여 식구들과 홍동표와 같이 구워 먹었다. 식당이 끝난 후 다 집에 간 다음 집으로 가 잠자러 들어가면서 사실대로 아내에게 말해 주었다. 경마장에서 돈을 땄다고 말해 주었다.

"경마해서 망한 사람이 많다던데 어떻게 돈을 따요?"

"재수가 좋은 거지. 천 원을 마권 사가지고 했는데 팔백삼십 배를 받아서. 그 순간 기분이 얼마나 좋은지 날아갈 것 같았어.…"

"식당 집어치우고 경마나 하러 다녀요. 혹 알아요. 떼돈을 벌지?"

아내는 심심하면 해보라고 했다. 적은 돈 가지고 놀다 오라고 했다. 나는 그 후 홍동표와 토요일, 일요일 경마에 취미를 붙이게 되었다. 식당 일이 바쁠 때는 점심시간을 끝내고 몇 시간씩 놀다 오게 되었다. 이삼만 원 가지고 가서 심심풀이로 천 원, 이천 원 한 번에 마권을 사서 했다. 많이 할 때는 삼천 원까지 했다. 그것도 열 번이면 삼만 원이었다. 열 번 중에 한 번은 맞았다. 삼십 배 이상만 맞으면 가지고 간 돈을 잃치는 않았다. 백배 이상 맞으면 몇만 원을 따가지고 올 때가 많았다. 홍동표는 나 보고 경마에 소질이 있다고 말했다. 자기는 매 번하면 몇만 원씩 잃고 오는데 부러워하고 있었다. 홍동표는 언제나 복승식 세 배짜리 다섯 배짜리 그런 복식만 했다. 안전하게 한다고 해도 매번 돈을 잃었다. 나는 그런 배당이 적은 곳에는 돈을 안 넣었다. 백배 이상 천배도 넘는 곳에다 요행을 바라고 돈을 넣었다. 어떤 때는 백만 원도 넘게 딸 때도 있었다. 경마를 한 달 정도 했는데 돈을 잃고 온 날은 한 두번이었다. 그래서 경마로 번 수입이 이백만 원은 넘게 벌었다. 할 만한 노름이라 생각되었다. 옛날 아버지가 노름을 좋아하셔서 시골 논밭을 팔아먹게 되어 나는 다 해도 노름은 않는다고 맹세하고 살았다. 그런데 경마를 어쩌다 하게 되어 주말이 되면 경마에 빠지게 되었다. 하루는 일요일인데 모텔 친목계가 있어 놀러가게 되었다. 경마를 못하게 되어 아쉬운 생각이 들었다. 계원들은 12시에 출발한다고 했다. 1시간은 여유가 있었다. 첫 경기가 11시에 있었다. 식당에서 가까워 뛰어가 만 원짜리 한 장을 책도 안 보고 거리에서 책장사 책을 훑어보고 한군데에다 만 원만 실었다. 그게 삼십오 배짜리였다. 그 만 원짜리가 적중할 줄이야 꿈에도 몰랐는데 맞은 것이다. 한 번 해 가지고 삼십오만 원을 벌었으니 행운이 아닐 수 없었다. 얼마나 기쁜지 말할 수 없었다. 아내에게 시간이 없어 만 원 한 장 다 걸고 마권을 사서 맞았다고 자랑했다. 그러자 아내는 이제는 천 원짜리 하지 말고 만 원씩 몇 번만 하라고 했다. 자신이 서는 곳에 마권을 사서 하라고 했다. 그게 몇백 배짜리 맞으면 식당일 안 해도 될 것 같다고 말했다. 이제는 십만 원씩 줄 테니 배짱 좋게 하라고 말했다. 꿍짝이 잘 맞는 부부였다. 말리는 것이 아니라 부추기고 있으니 마음 놓고 경마를 즐기게 되었다.

아내는 언제나 긍정적으로 사는 사람이었다. 무엇이고 안된다고 생각하지 않았다. 간절히 원하면 모든 것이 이루어진다고 믿고 있었다. 어떻게 보면 세상을 보는 눈이 어리석다고 생각될 때가 많았다. 모든 것을 다 긍정적으로만 생각하니 아직 때가 묻지 않은 사람이었다. 나는 장사꾼으로 오래 살아 사람을 다 믿고 살지는 않았다. 그러나 아내는 자기 마음처럼 믿고 살았다. 한 번 믿으면 끝까지 믿었다. 그래서 배신당한 적이 한두 번이 아니었다. 그래도 그를 원망하지 않았다. 오죽했으면 그런 생각까지 했겠느냐며 다시 돌아올 것이라 믿었다. 살면서 많은 경험을 했는데도 긍정적인 생각은 버리지 않았다. 나중에는 아내까지 경마를 하게 되었다. 자기도 한 번 구경해 보고 싶다고 하여 과천 경마장까지 데리고 갔었다. 그곳에는 말을 직접 볼 수가 있었다. 과천 경마장은 십만 명이 넘게 모이는 시설이었다. 말이 직접 뛰는 모습도 볼 수 있고, 많은 관광객이 모여 관광차로 오는 사람도 많았다. 아내는 경마장 구경을 해보고는 자기도 해보고 싶다고 해서 하는 방식을 일러 주었다. 부부 동반으로 돈을 싸 들고 와서 돈을 뿌리는 사람도 많았다. 우리는 푼돈이나 가지고 하지만 그들은 뭉치 돈을 싸 들고 와 진짜 노름을 하고 있는 사람들이었다. 이곳 경마장은 살벌하고 험악한 장소이기도 했다. 여러 계통의 사람들이 모여 노름을 하는 장소이기 때문에 살벌하기 그지없었다. 마권을 시간 안에 사기 위해 줄을 서는데 그 중에는 새치기를 하고 싸움이 일어나는 경우가 많았다.

많은 돈을 잃은 사람은 눈이 뒤집혀 보기에도 험악하고, 눈이 충혈되어 살기가 있어 보였다. 싸움이 일어나면 무슨 일이 일어날 것 같았다. 싸움이 시작되면 경비원들이 떼어 말리고, 경마장에서 퇴장시키기도 했다. 그런 광경이 하루에도 몇 군데에서 벌어지고 있었다. 때로는 돈을 많이 잃어 졸도하는 사람도 있었다. 이런 사람들은 이판사판 재산을 다 탕진하고 빚을 얻어 한 목 잡으려고 요행을 바랬다가 잃게 되자 충격을 받아 쓰러지는 사람이었다. 노름에 미친 사람들이었다.

우리야 조금 가지고 취미로 하고 있지만, 많은 사람들이 큰돈을 가지고 하고 있었다. 경마 구매권 한 장이 십만 원으로, 한 사람이 십만 원만 살 수 있게 제한되었다. 그런데도 한 사람이 십만 원권 수십 장을 이곳저곳 창구에서 사고 있었다. 큰돈을 가방에 싸 들고 와 몇백, 몇천만 원씩 노름을 하는 사람도 많다고 하였다. 한 경기가 끝나면 바닥에 십만 원권 마권이 여기저기 흩어져 쌓이고 있었다. 그게 모두 현찰로 산 마권이었다. 돈을 그냥 버리는 것이다. 베팅했다가 맞지 않아 내버린 돈이었다. 그런 것을 보면서 경마를 하지 말아야 되는데 발을 들여놓았으니 많은 돈을 잃은 사람들은 손을 떼지 못했다. 나 같이 오락으로 하는 사람들도 있지만 그것도 자주 하다 보면 가랑비에 옷이 젖는다고 누적되어 살림에 타격이 아닐 수 없었다. 그런 노름을 왜 정부에서 권장하는지 모를 일이었다. 경마뿐이 아니었다. 싸이클 경륜까지 있었다. 모두 정부에서 허가해 준 노름이었다. 하루에 수천억을 정부에서 벌어들이는 것 같았다. 아무튼 나는 아내와 그런 노름에 빠져 들어가고 있었다.

하루에 십만 원 가지고 와서 다 잃고 갈 때도 있었다. 처음에 천 원짜리 할 때는 잘 맞았는데 만 원씩 하자 금방 나가고 맞지도 않았다. 돈 버리기 참으로 쉬웠다. 십만 원 벌려면 음식을 백 그릇 넘게 팔아야 하루에 벌까 말까 했다. 그렇게 뼈 아프게 번 돈을 내 버리고 온 것이다. 가슴이 아팠다. 이제 경마하지 말아야지 생각하고 있다가도 주말만 되면 가게 되었다. 이번에는 터지는 것 맞겠지, 한 번만 제대로 맞으면 된다고 생각되었다. 그래서 속고 또 속는 줄 알면서 놓지를 못했다. 경마는 중독성이 있는 노름인 것 같았다. 내가 실었던 말이 1등을 달릴 때, 그 기쁨은 하늘을 찌를 것 같았다. 배당판을 보자 오백 배가 넘는 배당이었다. 만 원을 실었으니 계산이 나왔다. 한 번에 본전을 찾고도 남을 돈이었다. 1, 2등이 결승점까지 잘 달렸는데 한 말이 한 코 차이로 떨어지고 말았다. 모두 물거품이 되고 말았다. 다음 경기 또는 다음 주 경기에 희망을 가지고 열심히 경마장을 찾았다. 그런 세월이 1년이나 흘렀다. 장사는 그런대로 잘 되는데 이익금은 경마장에 가 없애고 있었다. 이제는 아내와 내가 경마에 푹 빠져 있었다. 이제라도 끊어 버려야 되었다. 어느 날 나는 아내에게 경마 그만하자고 말했다.

"여보, 이제 경마장 그만 다니자. 이러다가는 거덜 나겠어. 그동안 버린 돈이 오백만 원은 넘는 것 같아. 뼈 빠지게 벌어서 경마장에다 다 버렸어.…"

내가 경마장에 그만 다니자고 하자 아내는 이제 경마를 배워 할 만한 정도가 되었는데 포기하면 되냐고 미련을 버리지 못했다. 돈을 버려도 재미가 있다고 했다.

"몇십 년 경마장에 다닌 사람도 돈을 잃고 있어, 아무리 기고 나는 사람도 돈을 잃고 있어, 경마책에 전문가들이 예상한 것도 하나도 안 맞잖아, 그게 다 맞으면 자기들이 돈 다 따먹을 것 아냐, 말과 기수가 장난질을 치는 것 같아, 어느 말에 돈이 많이 실리면 엉뚱한 말을 내보내고 있는 것 같아, 노름이니 그렇게 할 수밖에 없잖아, 그 많은 사람이 돈을 다 따가면 경마장은 망할 것 아냐."

나는 경마장에서 많은 사람들에게 들은 얘기를 예로 들면서 아내에게 그만 다니자고 했다. 그래서 잠시 경마장에 가지 않았다.

지금 국가적으로 어려운 시기였다. 김영삼 대통령이 IMF를 맞아 퇴임하여 김대중 대통령이 곤욕을 치루고 있었다. 국민들이 캠페인을 벌려 금 모으기 운동이 한창이었다. 모든 기업이 언제 도산할지 전전긍긍하고 있는데 국가적 위기였다. 이런 판국에 노름이나 하러 다닌다는 것은 망신 중에 대망신이었다.

열심히 살아도 세상이 녹녹치 않은데 정신을 차리지 않으면 안되었다. 그래서 열심히 일을 하게 되었다. 또 두 군데 모텔 공사가 들어와 일꾼들이 많이 늘었다. 바빠서도 경마장을 다닐 수 없었다. 시장보고 음식 만들고 토요일, 일요일도 다음날 팔 음식 준비에 시간이 없었다. 하루에 100명이 넘는 인부가 밥을 먹어 외상도 많이 깔렸다. 모텔 두 군데 공사장에서 70명이 먹는데 오천 원씩 두 때 140인 분이었다. 하루에 칠십만 원이었다. 한 달이면 이천만 원이 넘었다. 그런데 두 달 동안이나 식대를 계산하지 않았다. 날마다 재촉해도 목돈이 들어오면 한 번에 다 갚는다고 버티고 있었다. 모텔 분양한다고 광고를 내고 있다고 차일피일 미루고 있었다. 운영하는데 타격이 아닐 수 없었다. 여기저기 외상도 깔리고, 빚도 얻어 충당하고 있었다. 그렇다고 밥을 안 해줄 수도 없었다. 그 많은 외상이 깔렸는데 중단하면 받기가 더 힘들 것 같았다. 울며 겨자먹기로 빚으로 모두 해결하고 있었다. 여관 주인들이 그래도 빌려주어 유지할 수 있었다. 카드값도 쌓이게 되어 돌려막기를 반복하고 있었다. 그런데 일이 터지고 말았다. 외상값을 갚지 않고 건축업자가 도망가고 말았다. 난리가 아니었다. 자재값 받으러 건축사무실에 사람들이 몰려 진을 치고 있었다.

우리 밥값은 돈도 아니었다. 억대의 빚쟁이가 수십 명이었다. 여기저기 공사를 벌이고 부도가 났다는데, 건축업자는 사라지고 온통 난리가 아니었다. 찾을 길이 없었다. 나는 눈물을 삼키고 어찌해야 할지 몰랐다. 이자에다 카드빚에다 정신을 차릴 수가 없었다.

당장 식당 운영할 돈도 없었다. 아내도 별걱정 않고 살다가 사태가 심각하다는 것을 알고 사위에게 전화를 했다. 웬만해서는 아내는 걱정을 하지 않는 사람이었다. 있으면 있는 대로, 없으면 없는 대로 내일을 걱정하지 않는 사람이었다. 그런데 시장 볼 돈이 없고, 식당을 운영할 수가 없자 사위에게 부탁했다.

"송서방, 내가 외상값을 못 받아 장사할 돈이 없네. 자네가 한 이백만 원만 빌려주면 안 되겠나?"

아내는 송서방에게 전화했다. 송서방은 그렇게 힘드냐고 물어보고 있었다. 자기가 잠시 후에 전화해 준다고 했다. 잠시 후에 송서방이 아니고 딸에게 전화가 왔다.

"엄마, 아무리 힘들다고 사위한테 돈 얘기해. 돈은 있으나 그냥은 안 빌려줘. 일수나 쓰려면 모를까. 돈에 대해선 피도 눈물도 없는 사람이야! 일수 쓸 거야?"

기가 막혔다. 돈 장사하고 산다더니 딸까지 그런 험한 말을 할 줄은 몰랐다. 아내가 일수라도 쓴다고 보내달라고 했다. 사위가 이백만 원을 통장에 부치고 내일부터 하루에 이만사천 원씩 입금하라고 했다. 100일 동안 갚으면 된다고 했다. 자기 돈이 아니라 회삿돈이어서 하루만 밀려도 안 된다고 했다. 이백만 원을 100일 동안 갚으면 이백사십만 원이었다. 이자로 사십만 원 나가는 것이다.

돈이 급한 사람들은 급하면 쉽게 일수를 얻어 쓸 수가 있었다. 그것도 장사를 하고 있어 가능한 일이었다. 이자가 비싸지만 푼돈으로 갚아가기 때문에 장사하는 사람이 쉽게 얻어쓰는 돈이었다.

사위는 매일매일 보내기 어려우면 5일에 한 번씩 5일치를 통장에 입금하라고 했다. 집이 가까우면 받으러 다녀도 되지만 거리가 인천이라 어렵다고 했다. 은행이 가까우니 매일매일 부치기로 했다. 그런데 하루만 늦어도 딸이 전화를 해 돈이 안 들어왔다고 야단이었다. 어떤 때는 장사가 안되고 쓸 돈이 있어 이틀도 못 부칠 때가 있었다. 그러면 사위까지 전화해서 싫은 소리를 했다.

부모인데도 그렇게 돈 가지고 따지는데 정이 떨어진다고 아내가 말했다. 그런 관계로 한 달에 한 번은 찾아왔으나 돈을 얻어 쓴 후로는 한 번도 찾아오지 않았다. 딸과도 멀어지게 되었다. 그놈의 돈이 무엇인지 부모자식관계도 멀어지게 하고 있으니, 피도 눈물도 없는 것이 돈이었다. 돈 때문에 울고 웃고, 치고 박고, 죽이고 살리고 돈의 위력이 대단한 것이었다. 돈을 언제나 팡팡 쓰고 살면서 위력을 발휘하고 살게 되는지 앞이 캄캄하기만 했다. 한동안 아내와 행복한 꿈을 꾸고 살았는데 앞이 보이지 않았다. 왜, 내게는 인생 행로가 이렇게 험하게 다가오는지 전생에 무슨 죄를 지어 그러한가 탄식만 나왔다.

해가 바뀌고 2002년 월드컵이 우리나라에서 열렸다. 날마다 축구 열기가 온 나라를 들뜨게 하고 있었다. 16강을 넘어 4강까지 올라가자 열기는 절정에 달하고 있었다.

"대한민국! 대한민국! 짝짝짝!" 거리마다 동네마다 축제 분위기였다. 이렇게 온 국민이 하나가 되어 나라의 위상을 드높인 적이 없었다. 참으로 기쁜 일이었다. 월드컵 때문에 웃을 수 있었다. 월드컵처럼 온 국민이 하나가 되어 산다면 세상이 살만한 세상이라 할 수 있을 것 같았다. 월드컵 기간동안은 모든 것을 잊고 살았다. 부평 역전 광장에서 월드컵 축하 행사가 있었는데 노래자랑도 있었다. 아내는 숫기가 좋았다. 사람이 많이 모인 자리에서 노래를 부른다는 것이 쉽지가 않은데, 무대에 올라가 노래를 불렀다. 나도 힘있게 박수를 쳐 주었다. 월드컵 기간동안은 모든 시름을 잊을 수가 있었다 그러나 그것도 잠시 월드컵 경기가 끝나고 사람들이 일상으로 돌아오자 미루어왔던 빚쟁이들이 난리가 아니었다. 내가 공사장에 밥값을 못 받아 어려운 줄 알고, 돈을 못 받을까 이자를 또박또박 주는데도 본전을 갚으라고 갑자기 쓸 데가 있다고 매일같이 성화였다. 나는 그러면 조금만 기다려 달라 식당을 팔아서라도 갚을테니 사정할 수밖에 없었다. 그래서 아내와 의논 끝에 식당을 내놓았다. 손님이 있을 때 팔고 빚 청산하고 일자리라도 구해보자고 했다. 살림집 방까지 다 내놓았다. 우선 급한 대로 한 군데라도 나가면 재촉하는 빚을 갚을 생각이었다. 그런데 식당도 안 팔리고, 살림집 방도 나가지 않았다. 세상이 어지러운 세상이라 누가 선뜻 사려고 들지 않았다. 그렇게 시간만 끌다 보니 빚은 더 늘어나고 도저히 헤어날 길이 없었다.

  동생들이 잘 살면 도와달라고 하겠지만 동생들도 모두 망해가고 있었다. 큰 여동생은 부평 건물을 팔고, 오락실을 가까운 중동에서 했으나 그곳에서 다 망했다고 했다. 화곡동 집까지 팔아 분당으로 이사해 식당을 한다는데 잘되지 않는다고 했다. 찾아갈 시간도 없어 가 보지도 못했다. 잘 나가던 둘째 남동생도 주차장이 잘 된다 했는데, 좀 더 확장하려다 잘못되고 말았다. 경상도 포항까지 가서 주차장을 따내려고 입찰을 보았는데 친구들과 짜고 담합 했다가 경찰에 붙잡혀 친구들과 옥살이를 하게 되었다. 재판을 받아 경주교

도소에 수감 중에 있었다. 그래서 아내와 면회도 갔었고, 화상 면회도 몇 번 하고 있었다. 사람이 순리대로 살아야지 과한 욕심은 화를 부르기 마련이었다. 욕심이 지나치면 언제나 불행이 따른다는 교훈도 새겨 두어야 할 일이었다. 둘째 동생은 변호사를 사서 많은 돈을 쓰고, 6개월 만에 나오게 되었다. 벌금도 많이 물고 나왔다고 했다. 둘째 여동생이 그래도 형편이 나은 편인데 공무원인 남편은 주식에 빠져 많은 돈을 날리게 되어 집까지 팔았다고 했다. 누구 하나 도와줄 사람이 없었다. 할 수 없이 친구 태수한테 천만 원을 빌려 재촉하는 빚을 갚았다. 빚을 얻어서 빚을 갚았으나 빚은 그대로 있는 것이었다. 빚 독촉에 견디다 못해 돌려막기를 한 것이다. 그래도 친구가 있었으니 다행이었다.

나는 세월이 흘러 환갑이 되었다. 아내를 맞이하고 2년 만에 환갑이었다. 아내가 환갑잔치를 해준다고 했다. 본처와 자식들까지 헤어져 사는데 무슨 환갑이냐 말렸으나, 아내는 자기와 사는 이상 그냥 보낼 수 없다고 형제들과 친구들이나 알리고, 동네 사람들과 조촐하게 지내자고 했다. 그래서 장소를 빌려 잔치를 하게 되었다. 자식은 셋이나 있으나 알리지 않았다. 알린다 해도 본처가 보내지 않을 것이 분명했다. 부평 가까운 곳에 장소를 빌려 잔치를 하게 되었다. 뷔페로 된 장소였다. 자식도 오지 않는데 상을 차려 절을 한다든가 그런 예식은 생략하고, 형제들과 친구, 동네 모텔 친목계원만 모여 조촐하게 회갑연을 하게 되었다. 그런데 동생들이 시골 고향 친척에게 알려 사촌들까지 오게 되었다. 한창 신나게 춤을 추며 노래 부르고 노는데 시골에서 10여 명이 찾아왔다. 알리지도 안 했는데 온 것이다. 알고 보니 동생들이 알렸다고 했다.

참으로 부끄러웠다. 다들 동네 사람들은 지금의 아내가 본처인 줄 아는데 사촌들이 찾아왔으니 탄로가 나게 되었다. 가끔 친척 애경사에서 만나긴 했어도 내가 같이 사는 줄은 모르고 있었다.

　우리 집안에서는 아직까지 조강지처를 버리고 재혼해서 사는 사람은 나밖에 없었다. 선대 부모형제들도 이혼을 하거나 첩을 들이거나 한 분이 하나도 없고, 사촌들도 지금까지 한 사람도 재혼한 사람이 없었다. 부모님 형제들은 모두 돌아가셔서 사촌들이 모든 집안 행사를 주관하고 있었다. 나는 자식 없는 환갑잔치를 하고 구설수에 오르게 되었다. 잠시 아내의 딸이 사위와 들리고 간 것이 흉이고 그게 말썽이 되었다. 자기 자식 놔두고 첩의 자식이 환갑잔치를 한다고 말이 났던 것이다. 아직까지 본처와 이혼은 하지 않은 상태에서 환갑잔치까지 했으니 남의 말 하기 좋아하는 사람들의 입방아였다. 환갑잔치가 나에게는 많은 생각을 하게 했다. 차라리 안 했으면 좋았을 것이라고 생각되었다.

　그 후 나는 사촌 친목회를 만들기로 했다. 전국 각지에 흩어져 살고 있는 사촌 형제들을 한자리에 모일 수 있도록 내가 앞장서서 추진하기로 했다. 환갑 때 망신당한 명예 회복을 하기 위해서도 뭔가 도움이 될만한 일을 하고 싶었다. 우리 사촌 형제들이 참 많았다. 아버지 형제가 칠 남매인데 아들 육 형제에 딸이 하나였다. 고모가 둘이었으나, 한 분은 6·25전쟁 때 피난 갔다가 행방불명되었다. 아직 살아있는지 죽었는지 소식이 없으니 죽은 것으로 알고 있다. 아버지 형제분들의 자식이 아들딸 합쳐 보통 7명에서 8명의 자식을 두었다. 그러니 사촌과 고종사촌이 합치면 50명이 넘었다. 옛날 시골 한마을에 살 때는 다 모이면 그야말로 난장판이었다. 애들만 50명이 넘었으니 명절 때나 잔치 때는 어떠했겠는가. 정도 나누고, 싸움도 하고 친척이라는 형제애에 즐겁고 정답게 살았었다. 그러나 농경사회에서 산업사회로 날로 발전하여 고향을 등에 두고 객지에 사는 사람이 대부분이었다. 시골 마을에는 몇 사람 살지 않았다. 친척들의 애경사에 모이기는 했으나 겨우 10여 명, 많을 때 20명 가까이 모였다. 나는 그래서 이제라도 1년에 1번쯤은 한자리에 모이게 하고 싶었다. 옛날 20년 전에 만두공장 할 때 서울에 사는 사촌 형제와 육촌까지 다 모이게 한 적이 있었다. 내가 관광차도 대절하고 음식까지 준비해 경기도 남이섬으로 놀러 간 적이 있었다. 애들까지 데리고 와 얼마나 기뻐했는지 모른다. 같은 서울에 살면서도 찾아보지 못하다가 그렇게 만나 즐기게 되니 너무들 좋아하고 있었다.

그래서 이번에 전국에 흩어져 사는 사촌 형제들을 만날 생각으로 친목계를 만들 생각이었다. 주소를 물어물어 편지를 보내고 전화번호도 알려 주었다. 어떤 사촌은 부산에 살고 있었고, 어떤 사촌은 땅끝마을 해남에 사는 여동생도 있었다. 서울에서 해남 남자를 만나 해남으로 시집 간 것이다. 그 밖에도 청주, 대전 여러 곳에서 살고 있었다. 일일이 편지를 보내고 1년에 1번쯤은 만나자고 간곡하게 편지를 보냈다. 그러자 모두 환영이었다.

그래서 8월 15일 광복절 날에 충남 천안에서 만나기로 했다. 내가 2월에 환갑이 지나 그런 생각을 하고, 추진해서 8월에야 이루어지게 되었다. 연락이 닿지 않는 형제들을 찾다 보니 시간이 걸렸다. 천안에는 두 사람이나 사촌 여동생이 시집가서 살고 있었다. 될 수 있으면 부부 동반은 필수이고, 애들까지도 데리고 오라고 했다. 회비는 삼만 원 준비하면 된다고 했다. 모임에서 점심을 먹기 위해서였다.

8월 15일 광복절날에 천안 모 음식점에서 만났다. 천안에 사는 사촌 여동생이 미리 예약해 그곳에서 만날 수 있었다. 그날 모인 인원은 50명이 넘게 모였다. 대성공이었다. 잘 모여야 30명이나 모일까 했는데, 예상외로 많이 모였다. 서로가 반갑게 맞이하고 있었다. 오랜만에 만나는 사촌들은 서로 부둥켜안고 기뻐서 어쩔 줄 몰라 했다. 20년 만에 만나는 사촌들도 있었다. 이산가족 찾기처럼 오랜만에 만나는 사촌들은 한동안 부둥켜안고 떨어질 줄 몰랐다. 그런 만나는 기쁨이 한동안 이어졌다. 어느 정도 진정된 뒤에 모임을 주선한 내가 인사말을 했다.

"여러 사촌 여러분! 그리고 조카들 여러분 참으로 반갑습니다.…" 하고 모임에 참석해 주어 고맙다고 인사했다. 친목계에 대한 설명도 해 주었다. 미리 인사말과 모임을 만들게 된 취지, 회칙, 회의 명칭 이런 것들을 미리 인쇄하여 한 사람씩 나누어 주었다. 회의 명칭은 (고향 사촌 친목회)라고 했다. 그리고 임원 선출을 하자고 했다. 임원은 회장과 부회장, 총무 두 사람 두기로 책자에 넣고 뽑기로 했다. 참석자 중 셋째 어른인 정병 형님을 추대했다. 제일 연장자인 백부의 큰아들인 형님은 나이가 많아 참석하지 않았다. 둘째 큰아버지 아들이 두 번째 연장자였으나 병원에 입원해 참석하지 못하고 사촌 형수만이 조카를 데리고 참석했다. 그다음 회장에 추대된 형님이 세 번째 집안에 연장자이고 내가 네 번째였다. 나는 아무 직책도 맡지 않았다. 부회장을 맡으라고 추천했으나 사양했다. 그 대신 고모가 참석해 고모의 아들이 부회장을 맡았다. 고모는 아버지 형제 중 유일하게 생존해 있는 분이었다. 총무는 둘째 내 동생과 셋째 큰아버지 아들이 맡기로 했다.

임원 선출이 끝나고 회비를 걷었다. 참석한 형제 중 맏이가 참석하지 못한 형제의 회비까지 내도록 했다. 그렇게 엄격하게 해 두어야 모두 참석할 것 같아서 그렇게 하기로 했다. 만약 3번 이상 불참하고 빠질 경우 그 사촌 형제에게는 애경사에 참석 안하기로 경고를 넣었다. 모두 참석하자는 취지였다. 회비는 회장과 총무 세 사람의 이름으로 통장을 만들어 운영하기로 했다.

조강지처 영정사진

아들을 27년 만에 만나려고 여동생과 대전에서 남양주 화도읍을 찾아갔으나 근이는 나타나지 않았다. 집주소도 알려주어 찾아 보았으나 없는 주소였다.

전화를 걸어도 받지않아 동생 신영이가 한동네에 산다하여 전화를 해 보았다.

그런데 딸 신영이는 아빠가 20년 만에 전화했는데 냉정하게 "왜 왔느냐?"만 반복하고 아무말도 하지 않았다.

"아빠가 미안하다. 너무 보고 싶었다." 말해도 대꾸도 하지 않았다.

"말하기 싫으면 전화 끊겠다. 나중에 보자."하고 전화를 끊을수 밖에 없었다.

"오빠 그만가요. 아마 저희들끼리 만나지 말자고 약속한 것 같아요. 근이는 아빠를 만나고 싶었는데 딸들이 반대하는 모양이에요. 엄마까지 얼마전에 죽었다는데 신경이 예민해진 것 같아요. 아빠가 저희들을 버렸다고 생각하고 살았는데 이제 불쑥 나타나자 당황한 것 같아요. 딸과 아들은 생각이 달라요. 근이는 엄마가 죽자 아빠가 보고 싶어 만나자고 했는데 진경이와 신영이가 못 만나게 하는 것 같아요.

동생의 말이 일리가 있는 것 같았다. 딸과 아들은 분명 다른 생각을 가졌을 것 같았다.

아들은 엄마를 의지하고 살았는데 엄마가 죽고 나자 엄청 외로웠을 것이라 생각되었다. 나이가 오십이 넘었는데 정신 이력 때문에 결혼도 못하고 엄마만 의지하고 살은 애였다. 누나와 여동생이 있지만 딸들은 자식 낳고 행복하게 잘 사고 있었다. 자기만 외톨이가 된 것 같아 아빠를 그리워했던 것이 아닌가 생각되었다. 아들이 내가 전화하자 반가워하면서 빨리 만나자고 했던 것이다. 주소도 일러주고 동생 전화번호까지 가르쳐 주었던 것이다.

아들이 아빠를 만나겠다고 누나와 동생에게 말하자 딸들이 만나지 말라고 한 것 같았다. 아빠가 나이가 들고 이제 살길이 막막해지자 자식들을 찾으려고 한다고 아들에게 만나지 말라고 한 것이 아닌가 생각되었다. 이제 와서 아빠를 만나 무슨 도움이 되겠냐 짐만 될 뿐이라 생각한 것이 아닌가 싶었다. 내 생각인지 모르지만 딸들이 분명 그렇게 말했을 것 같았다. 딸들은 20여 년이 지나도록 내가 전화도 해 보고 했으나 일절 내 전화를 받지 않고 차단하고 살은 애들이었다.

이제 와서 그런 아들 딸들을 만나 무슨 덕을 보자고 찾아왔는지 내자신이 부끄러워지고 있었다. 아들은 누나와 동생에게 도움을 받아야 살 수 있는 애였다. 그동안 엄마가 보살피고 살았지만 자기 힘으로는 직장생활도 할 수 없는 장애인이 되었기 때문이었다.

"그만 가자. 공연히 찾아와서 시간만 낭비했구나. 지금 1시 반인데 틀렸어…"

나는 여동생과 역전 대합실에서 기다렸으나 아들은 끝내 나타나지 않았다.

발길을 돌려 화도읍에서 2킬로쯤 오다가 고기집이 있어 점심이나 먹고 가자고 고기집에 들렀다. 돼지갈비 무한리필 집이었다. 돼지갈비를 구워 먹기 시작했다.

그런데 여동생이 전화를 하고 있었다.

"근이냐? 어떻게 된거야? 역전에 나오지도 않고, 집을 찾아도 주소가 틀리고 역전에서 기다리다 점심 먹으려고 식당에 들어왔다."

여동생은 아들 근이가 전화를 받아 통화하는 중이었다. 내가 바꿔달라 하자

"아빠 바꿔줄까?"하자 제가 찾아온다고 기다리라 한다고 하였다. 그래서 동생이 식당 이름을 일러주었다.

"택시 타고 온대요. 집에서 깜박 잠이 들어 갔대요. 일어나 부랴부랴 대합실에 갔다가 도로 집에 가는 중이었대요…"

근이의 말이 사실인지는 알 수가 없었다. 아빠가 온다는데 잠이 들었다는 것도 이상하고, 우리가 집을 찾았는데 주소가 없었던 것도 분명 이상했다. 무슨 생각으로 온다는지 알 수가 없었다. 택시를 타고 온다는 애가 30분이 넘어도 오지 않았다. 고기는 다구어 먹었는데 오지 않았다. 또다시 동생이 전화를 걸었다. 근이가 받았는데 택시 기사가 길을 잘못 찾고 헤매고 있다고 하였다. 10분이 더 지나서야 택시 한 대가 고기집 앞에 들어오고 있었다. 근이가 내리고 있었다. 아들 만나기를 참으로 어렵고 힘들게 만났다. 식당 마당으로 나가 맞이했다.

"근아! 잘 지냈니?"

"아빠 죄송해요?"

셋이서 서로 껴안았다. 27년 만에 아들과의 상봉이었다.

"고모도 함께 오셨네요?"

"그래 반갑다. 얼굴이 좋아 보이는구나."

아들은 건강한 모습이었다. 군에서 제대하고 처음 보는 아들이었다. 이제 나이 오십 대의 장년이 되었다.

"고기 먹고 가야지."

아들은 점심도 아직 먹지 않았다고 했다. 고기는 마음껏 갖다 구워 먹으면 되었다. 아들은 3인분 가량을 가져다 구어 먹었다. 나도 소주 1병을 마시게 되었다.

아들을 만난 기쁨에 취하고 싶었다. 그동안 술도 먹지 않았는데 많이 마셨다.
"그래 몸이 많이 좋아졌구나. 약은 계속 먹고 있는 거지. 엄마가 없어 고생이 많겠구나. 지금 혼자 밥 해 먹고 사니?"
"아니요, 사 먹고 있어요. 약도 꾸준히 먹어 많이 좋아졌어요."
아들은 환자 같지가 않았다. 몸도 좋아져 정신도 멀쩡해 보였다.
"지금 그래 뭐하고 사니?"
"친구가 하는 PC방에 밤에만 나가고 있어요. 일주일에 나흘 밤만 근무해요."
"직장에 다닌다 하니 좋구나. 누나와 동생들이 좀 도와주니?"
"한 달에 십만 원씩 보태줘요."
"이제 만났으니 아빠 집에도 오고, 고모 집에도 놀러 오너라."
고모가 말하자 그렇게 하겠다고 대답하고 있었다. 식당을 나와 식당 앞에서 사진도 찍고 커피집으로 가게 되었다. 커피는 아들이 사겠다고 시켜 테이블로 가져왔다.
내가 신영이 딸에게 전화하자 왜 왔냐고 말했다고 하자, 아들은 신영이가 엄마 돌아가시고 예민해졌다고, 아직도 엄마를 잊지 못하고 있다고 말했다. 엄마가 병원에 입원해 있을 때 신영이가 하루도 빠짐없이 간호하고, 고생 많이 했다고 말했다. 지금도 슬퍼하고 있다고 했다. 더 이상 딸들 얘기는 하지 않았다. 용돈 쓰라고 오십만 원을 봉투에 넣어 주었다.
내가 봉투를 주자 고모도 봉투를 꺼내 근이에게 주었다.
"조금 넣었다. 식사 거르지 말고 맛있는 것 사 먹어라."
"고모 고마워요. 자주 전화 드릴께요."
1시간쯤 찻집에 있다가 아들과 헤어져 집에 오게 되었다. 어렵게 만나게 된 아들이었다.

아들은 24평짜리 연립에서 혼자 살고 있다고 했다. 엄마와 같이 살았는데 지금은 엄마가 돌아가셔서 혼자 산다고 했다.

그래도 엄마가 연립이라도 집을 남겨 놓고 세상을 떠나 셋방살이는 면하고 살고 있었다. 아빠는 아직 내 집도 없는데 참으로 다행이었다. 집으로 돌아와 아내에게 아들 만나 보고 왔다고 말하자, 아내는 집에까지 가서 어떻게 사는지 보고 오지 그냥 왔냐고 말했다.

"집을 알려주지 않으려고 그랬는지 우리가 미리 가서 집부터 찾았으나 없는 주소였어, 우리가 찾지 못한 것인지 몇 동을 뒤졌으나 찾지를 못했어, 그리고 만나지 않으려고 역전에도 나오지 않았어, 역전에서 1시간 반이나 기다려도 오지 않고 전화도 받지 않아 만나기 싫어진 줄 알고 오다가 고모가 다시 전화하여 만나게 된 거야! 딸들이 못 만나게 한 것 같아…"

나는 아내에게 자초지종을 설명했다.

"딸이 전화하자 왜 왔냐고만 계속해서 내가 전화를 끊고 말았어. 딸들이 근이에게 아빠 만나지 말라고 한 것 같아?"

그러자 아내는 화가 나는지 불쾌하게 생각하고 있었다.

"애들이 못됐네. 노인네가 거기까지 찾아갔는데 만나주지도 않고 왜 왔냐고만 했다니 기가 막히네. 그런 자식들 뭘 하러 만나요. 이제 만나지 말아요…"

아내는 화가 나는지 그런 자식들 만나지 말라고 했다.

사실 나도 딸이 그래서 만나고 싶지도 않았다. 그런 자식들을 20여 년 동안 그리워하고 살아온 것이 원망스러웠다. 본처와 정이 없어 애들까지도 못 만나고 살아온 것이 죄라면 내게 씻을 수 없는 죄가 되었다. 이제는 아들을 만났으니 저희가 찾아오면 만나고, 만나기 싫다면 옛날처럼 잊고 살고 싶었다.

아들 만나고 나는 그날 밤 깊은 잠이 들어 있었다. 다음 날 아침 아내가 말했다.

"어젯밤 딸에게서 전화가 왔어요. 시계를 보자 2시가 넘었어요. 술이 잔뜩 취해가지고 아빠를 찾아서 내가 지금 주무시고 계시니 아침에 다시 하라고 하자 막무가내로 깨워 달라고 했어요. 그래서 전화를 끊었는데 몇 번을 전화를 해대는지 잠을 못잤어요…"

아내는 그러면서 딸이 못됐다고 말했다.

나는 딸에게 전화를 걸었다. 딸은 미리 전화를 차단시켜 놓고 있었다. 몇 번을 걸었으나 마찬가지였다. 아들에게도 전화를 했으나 받지 않았다.

종일토록 둘 다 전화를 받지 않았다. 집이 가깝다면 당장 쫓아가고 싶었다. 아내에게 미안하고 내가 애들을 잘못 교육시켰구나 하고 후회한들 소용없었다. 어쨌거나 성년이 될 때까지 키워준 아빤데 돌아온 대가가 기가 막혔다.

다음 날도 딸은 밤중에 또 전화를 했다고 했다.

"나, 막내딸 신영인데요. 아빠 좀 바꿔주세요?"

아내가 전화를 받았는데 술이 잔뜩 취해 가지고 목소리를 깔고 말을 했다는 것이다.

"지금 아빠가 세상 모르고 자고 있으니 내일 아침에 전화하세요."하고 끊었다는 것이다.

그러자 계속 전화벨이 울려 수화기를 내려놓고 잤다고 했다. 꼭 한밤중에 전화를 한다고 했다. 나는 한 번 잠이 들면 아침에나 깨는데 아내는 신경이 예민해 조그마한 소리만 집안에서 나도 잠이 깨는 예민한 사람이었다. 너무 깔끔하고 예민해 자기가 물건을 어디다 놓고 어떻게 놓았는지까지 알고 있어 내가 조금만 흐트러 놓으면 금방 알고 있었다. 성격이 그러한 사람인데 한밤중에 전화하는 딸을 어떻게 생각하고 있겠는가?

자식의 행동을 보면 부모의 성격까지도 알 수 있다고 부모를 욕할게 뻔한 일이었다.

"나를 깨워서 바꿔 줄 것이지. 왜 그냥 끊어. 내가 다시는 못하도록 혼내줄거야!"하자 다음 날은 바꿔 주었다.

연이어 3일간이나 전화를 하고 있었다. 그날도 밤 3시였다. 세상 모르고 잠들어 자고 있는데 아내가 깨웠다.

"또 왔어요. 계속 전화벨이 울리고 있어요. 당신이 가서 받아 보세요."

전화기는 거실에 놓여 있었다. 항상 거실에다 놓고 잠을 자고 있었다.

"신영이냐?"하자 전화를 끊어 버렸다. 걸어도 소용없었다. 아주 꺼버린 것이다.

문자를 보냈다. "할 말이 있으면 낮에 해라?"했더니 그 후로는 전화가 오지 않는다고 했다. 못말리는 자식이었다.

그렇다고 쫓아가 혼낼 수도 없고 자식 이기는 부모 없다고 내 잘못이 크다고 자신만 탓할 수밖에 없었다.

그 후 아들도 전화를 해도 받지도 않고 하지도 않았다. 자식들이 그러하는데 이제 와서 탓할 수도 없고 내 자신만 처량해지고 있었다. 무자식 상팔자라고 없는 셈 치고 잊어버리고 사는 게 좋을 것 같았다. 그리고 몇 달 동안 전화도 아들에게 하지 않았다.

겨우 27년 만에 만났는데 또 소식을 끊어버리고 살고 있으니 아무리 생각해도 자식을 나무라기 전에 나 자신을 원망하게 되었다. 모두가 내가 저지른 과거 때문인 것 같았다. 죽은 본처에게도 한없이 미안했다. 저세상에 가서도 원망하고 용서하지 말라고 하고 싶었다. 이제까지 지은 죄, 어떻게 참회를 해야 할지 눈물만 나고 있었다. 자식들을 원망하기 전에 내 자신을 먼저 속죄하고 용서 받아야 되었다. 나는 글을 쓰면서도 항상 내 자신을 원망하고 있었다. 꼭 해야할 도리를 못한 것도 죄중에 죄가 되는 것 같았다.

어느덧 몇 달이 지나고 추운 겨울이 돌아왔다. 아내는 변함없이 직장에 잘 다니고 있었다. 아내가 벌어다 주는 돈으로 나는 아무 불편없이 살고 있다. 팔십 평생 어렵게 일만하고 살았으나 지금처럼 편하게 지낸 적은 없었다. 다리만 아프지 않으면 금상첨화인데 그놈의 다리가 문제였다. 글을 쓰다가 피곤하면 잠을 자고, 먹고 싶으면 무엇이든 꺼내 먹으면 되었다. 운동도 하다가 피곤하면 누워 있었다. 전화가 오고 있었다.

전화기를 열어보자 아들 근이였다.

"아빠다. 왜 그동안 전화도 하지 않고 받지도 않았어. 아빠가 싫었던거야?"하자 근이는 말이 없다가

"아빠 죄송해요. 누나와 동생이 아빠를 만나지 말라 해서 사실은 못했어요."하고 죄송하다고 했다.

"그런줄 알았다. 못된 것들, 그래도 만나고 싶으면 전화도 하고, 찾아오면 되지, 사내자식이 그럴 용기도 없어!"하자 근이는

"아빠 집에 찾아가도 되요? 내일 당장 갈께요?"

"그래 오너라. 고속버스 타고 오든지, 기차 타고 오든지, 대전에 와서 전화해라. 아빠가 터미널로 마중 나갈테니까.…"

다시 아들이 전화를 했다. 내일 11시 50분에 복합터미널 도착으로 예매해 놓았다고 전화했다.

"그럼 내일 내가 복합터미널로 시간 맞추어 나가겠다."말해 주었다. 아들은 아빠를 만나고 싶었으나 누나와 동생이 못 만나게 하여 전화도 안하는 것 같았다. 아들은 정신 이상이 된 후 단순한 성격이 되었다. 만나서 겪어보니 그랬다. 아들은 보름에 한 번씩 오기도 하고 어떤 때는 일주일 만에 올 때도 있었다.

언제나 아빠에게 오고 싶으면 전화했다. 아빠가 싫어할지, 좋아할지 단순한 생각을 가지고 있어 오지 말라고 하면 틀어질까 오라고 할 수 밖에 없었다.

첫날 대전에 오는 날 나는 아들을 데리고 한우고기 집에 가 고기를 실컷 먹게 사주었다. 얼마나 많이 먹는지 혼자 3인분을 먹었다. 나도 고기를 좋아하지만 아들은 많이도 먹고 있었다. 그리고 용돈 하라고 삼십만 원을 주고 집에 데리고 왔다. 그리고 아내에게 전화했다. 아들을 데리고 왔다고 하자 자고 가라고 했다.

"근아 아줌마가 자고 가라 하는데 자고 갈래, 아줌마가 너 보고 싶다는데?"하자 근이는 딴데서는 저는 잠을 못 잔다 하고 가야된다고 했다. 그래서 다시 아내에게 전화를 걸어 간다고 한다 하자 전화를 바꿔달라고 했다.

"아줌마가 전화를 바꿔달라 한다 받아 보아라 하자" 전화를 근이가 받았다.

"아들! 나 아빠하고 같이 사는 아줌마요. 와 줘서 고마워요. 자고 가라니까 왜 간다고 해, 아줌마도 보고 싶은데…"하자 근이는 대답했다.

"아주머니 고마워요. 집에서 사진으로 보았어요. 인상이 너무 좋았습니다. 자주 찾아뵐께요.…"하고 정중히 인사하고 있었다. 아내도 사진으로 아들을 봐서 알고 있었다.

"그럼 언제 내가 쉬는 일요일이나 토요일 꼭 와요. 아줌마가 식사 한 번 해주고 싶어요."하자 아들은 그렇게 하겠다고 인사하고 가게 되었다.

그 후 다시 토요일이 와서 아내를 만났다. 아내가 소갈비찜을 맛있게 해 주었다. 처음 만났는데도 둘이는 모자간이나 되는 것처럼 자연스럽게 다정히 대화도 잘 나누고 있었다. 아내는 이십만 원 용돈을 주어서 보냈다. 이제는 아내와도 친해져 꼭 올 때는 아내에게 드리라고 과일도 사 가지고 오고 있었다. 못 만나게 되는 날은 아내가 일하는 직장으로 전화를 해 고생하신다고 위로의 말을 전하고, 인사하고 가게 되었다.

"아들은 내가 몇 번 만나보니 멀쩡해서 누가 정신이상이 있다고 하겠어. 예의 바르고 틀림없는 젊은이야. 옷도 깔끔하게 입고 다니고, 인물값하고 있어. 나는 그 애가 가까이 살면 좋겠어?"라고 했다. 아내도 아들을 좋아하고 있었다.

그래서 아들은 한 달에 2번은 찾아오고 있었다. 아내가 아들이 직장에 다닌다 하자 잘 됐다고 일을 할 수 있으니 걱정이 덜 된다고 말했다. 그리고 장애인으로 되어 있으면 기초수급도 받을 수 있다고 동사무소에 가서 신청해 보라고 하자 아들은 신청하여 한 달에 오십오만 원씩 받는다 말했다. 저 혼자 살기에는 충분할 것 같았다. 집이 있다고 아마 국가에서 적게 주는 모양이었다.

나는 아들 집에도 가보게 되었다. 그날은 고양시에 사는 여동생들과 넷이서 가게 되었다. 그날도 집을 찾는데 못 찾고 있었다. 근이에게 전화하자 근이가 나왔다. 고모들 셋을 보고는 깜짝 놀라고 있었다. 아빠 혼자 오기가 쓸쓸해 고모를 데리고 왔다. 너도 이제 고모집도 다니고 해라 말해 주자 그렇게 하겠다고 고모들을 만나 좋아하고 있었다. 고모들도 조카를 얼싸안고 좋아하고 있었다.

아들 집에 들어가자 연립인데 방이 3개나 되었다. 집에서는 음식을 해 먹지 않아 냉장고에는 물밖에 없었다. 집도 깨끗이 해 놓고, 정리정돈을 잘해놓고 살고 있었다. 안방에는 얼마전에 돌아가셨다는 엄마의 영정사진이 놓여 있었다. 그래도 나와 25년을 살았는데 죽은 사람의 영전사진을 보자 감회가 새롭게 떠오르고 있었다. 조강지처이자 내 자식을 셋이나 낳아준 본처였다.

만두공장 등 많은 고생을 하면서 살았는데 한편 불쌍하게 살다 죽었다고 모두가 내가 죄인인 것만 같았다. 죽기 전에 병원에서 나와 집에서 아들과 며칠 살았는데 치매까지 와서 아들에게 매일같이 아빠가 문 앞에 와 있다고 문 잠그지 말라 헛소리를 많이 했다고 했다.

"근아! 문 열어봐! 아빠가 와 있어. 나가봐 아빠가 와 있다니까?"

그래서 근이가 자주 밖에 나갔다가 들어 왔다고 말했다.

"엄마, 아빠 오지 않았어요. 엄마가 잘못 본 거예요." 해도 와 있다고 또 나가보라고 며칠을 그랬다고 아들이 말해 주었다.

고모들도 아내의 사진을 보면서 그래도 부모님 모시고 살면서 고생도 많이 했는데 너무 일찍 갔다고 애석하게 생각하고 있었다. 동생들과는 시누이 올케 사이지만 한 번도 싸운 적이 없었다.

아들 집에서 집을 둘러보고 고모들이 봉투를 꺼내 하나씩 주었다.

"그냥 오느라고 아무것도 사 오지 못했다. 용돈으로 쓰거라?"

큰고모가 이십만 원 모두 십만 원씩 주었다. 나는 아들에게 삼십만 원을 주고 나왔다. 아들 집 근처 고기집에서 점심을 같이 먹었다. 돼지갈비집이었다.

그리고 찻집에 가서 차를 마시고 두어시간 같이 있게 되었다.

이런저런 얘기를 하고 있는데 근이가 나에게 잠깐 보자고 했다.

"아빠 자고 가면 안돼? 하룻밤 아빠와 같이 있고 싶은데…"

"그래, 고모들한테는 간다고 했는데, 그렇게 하자. 그래 아빠하고 같이 자자."

나는 동생들에게 근이가 원하여 근이 집에서 하룻밤 자고 고속버스로 내일 가겠다고 말했다. 동생들도 모처럼 그렇게 하라고 했다. 집에 아내도 자고 오라고 했었다.

동생들을 보내고 근이와 둘이서 저녁을 먹었다. 아들이 아침마다 이 집 식당을 단골로 밥을 사 먹는다고 했다. 갈비탕을 먹었는데 고기도 많이 넣고 구천 원 받는데 잘해주는 편이었다. 나는 술도 한잔하고 싶어 소주를 시켜 먹었다. 아들은 술을 먹지 않았다.

"못 먹는 거니? 안 먹고 있는 거니?"

내가 묻자 술을 먹고는 싶으나, 안 먹는다고 했다. 술까지 먹게 되면 의사가 정신병은 잘못될 수 있다고 먹지 말라고 했다는 것이다. 그래서 안 먹는다고 말했다.

"잘했다. 그래야지, 결심이 대단하구나!"

아들을 칭찬해 주었다. 내가 현도에서 식당할 때 아들처럼 동네 청년 하나가 정신이상이 있었다. 그도 친구들과 싸우다가 너무 매를 많이 맞아 부모가 그리되었다고 했다. 식당에서 꼭 술을 달라고 했다. 부모가 주지 말라는데 안주면 욕지거리 해대고 나갔다. 항상 부모가 그애 때문에 졸졸 따라 다녀야 했다. 그래도 어떻게 부모를 피해 술을 먹고 행패를 부리다가 잡혀서 정신병원에 계속 들락거리고 있었다. 그런애에 비하면 아들은 참으로 현명한 애였다. 죽은 자기 엄마가 철저하게 교육을 시킨 것 같았다.

저녁을 먹고 아들집으로 들어가 자게 되었다. 아들이 엄마가 쓰던 1인용 침대에 이불을 깔아주고 텔레비전 보다가 주무시라고 했다. 그리고 저는 제방으로 들어가 컴퓨터를 하다가 잔다고 했다.

엄마가 쓰던 안방에, 엄마가 쓰던 침대에 누워 잔다고 누워있자니 기분이 묘해지고 있었다. 바로 앞에는 애들 엄마의 영정사진이 놓여 있었다. 나를 빤히 쳐다보고 있는 것 같았다.

"몇 년 만에 찾아왔어요. 그동안 애들도 보고 싶지 않았어요?"

나를 꾸짖고 있는 것 같았다. 지금의 아내를 만나서 살고부터는 20년이 넘게 찾아가지 않았다. 애들이 보고 싶어 전화하면 난 줄 알고 받지도 않았다. 철저히 전화까지 차단하고 애들도 못 만나게 했었다. 그런 세월이 25년이나 흘렀다. 오늘에야 사진으로 마주하고 있는 것이다. 나에게는 애들 사진도 애들 엄마 사진도 하나도 없었다. 부평에서 대전으로 도망올 때 다 버리고 왔기 때문이다.

지금에야 사진으로 만나고 있었다.

잠이 오지 않았다. 텔레비젼도 보기 싫었다. 영정사진 밑에 사진첩이 하나 있었다. 꺼내어 펼쳐 보았다. 맨 첫 장에 약혼사진이 있었다. 그리고 모두 나와 둘이 찍은 사진과 애들하고 같이 찍은 사진만 모아져 있었다. 딴사람과 찍은 사진은 하나도 없었다. 나와 같이 찍은 사진이 제일 많았다. 그중에 약혼사진이 내가 제일 젊었을 때 찍은 사진이었다. 약혼을 하게 된 동기를 생각하면 웃음이 나왔다. 약혼 다음 날 약혼사진을 찍은게 지금 앞에 있는 영정사진이었다. 결혼해서 참으로 고생도 많이 시키고 바람도 많이 피웠다. 외박하기를 밥 먹듯 하고 살았으니 얼마나 나를 미워하고 살았는지 말 안해도 뻔한 일이다.

앞서도 살아온 얘기를 썼지만 아내의 눈물은 내게 씻을 수 없는 죄였다. 아내의 영정 앞에 사죄하는 마음이 진심이기를 바랄 뿐이다. 아내의 봉건적인 생각이 싫었고, 완고한 성격도 맞지 않아 싸우고 밖으로만 나돌았던 죄는 씻을 수 없었다. 한 여자를 불행하게 살게 하고, 자식마저 외면하게 한 것이 모두 내가 지은 죄 때문이었다. 아무튼 저세상에서는 좋은 남자 만나 행복했으면 좋겠다.

나는 밤을 새워가며 본처의 영정사진을 바라보며 용서를 빌었다. 오죽했으면 뱃속에 있는 아이를 지워 달라고 애원했을까? 그 심정 헤아리고도 남았다. 그런줄도 모르고 아들 근이는 옆방에서 컴퓨터를 하고 자지 않았다. 근이가 그때 내가 아내의 요구를 들어주었다면 이 세상에 태어나지도 않았을 것이었다.

근이의 운명도 부모를 잘못 만나 불행하게 사는 것 같아 가슴이 아팠다.

글을 마감하며

　뒤돌아보면 내 인생은 참으로 잘못 살았다고 반성할 수밖에 없었다. 가난하고 시대를 잘못 태어나 배고픈 설움과 배우지 못한 설움을 살아가면서 절실히 느꼈다. 지난 세월을 소재로 글을 쓰면서 눈물이 날 때가 많았다. 하필 일제시대에 내가 태어나 나라를 일본놈들한테 빼앗기고, 세 살이 되어 해방을 맞이했다. 일본사람에게 핍박을 받으며 살아온 것도 억울한데 해방이 되고 얼마 안되어 동족간에 전쟁이 일어났다. 그러니 그때 어린시절은 참으로 비참한 세월을 살게 되었다. 나는 그래도 월사금 못 낸다고 맞아가며 국민학교는 졸업할 수 있었다. 아직도 우리 나이에 한글을 모르는 사람이 많아 팔십 넘은 나이에 공부하는 사람을 종종 볼 수 있었다. 이렇게 편리한 세상에 아직도 글을 몰라 배우고 있으니 그 시절 태어난 사람들의 고통은 지금까지도 이어져 오고 있는 것이다. 나 역시 학력이 국민학교 밖에 못 나와 요즘 온통 영어 투성이가 된 세상을 살자니 답답해 죽을 지경이었다. 좋은 우리말로 써도 되는 일을 영어로만 쓰려고 하니 분통이 터질 때가 많았다. 그렇게 시대를 잘못 태어난 사람들이 우리 나이 팔십 대였다.

　농경사회에서 산업사회로 변하면서 우리 세대 사람들이 많은 일을 했고, 나라 발전에 일조를 했다고 볼 수 있었다. 서독 광부나 간호원, 월남전, 중동 건설사업이 우리 세대 사람들이 했던 일이었다.

　그래서 우리나라가 이만큼 잘 살게 되었다고 자부심도 가질 수 있었다.

　나는 고생도 많이 했고, 배고픈 설움도 많이 겪고 살았다. 어릴 적 소원이 언제나 배불리 먹고 사는게 꿈이었으니 지금은 꿈은 이루었다고 할 수 있었다.

다섯 살 때 일이었다. 두 살짜리 내 동생을 데리고 동네 잔치집 주위에 서성거렸다. 어머니가 잔치집에 일하러 가면서 이따가 순복이네 집 근처로 오라고 했기 때문이었다. 전에도 잔치집에 가서 떡을 얻어다 준 적이 있었다. 어머니 행주치마에는 호주머니가 달려 있었다. 그곳에 떡을 몰래 가지고 나오기 위해서였다. 배고픈 시절이라 그때는 몰래 훔쳐다 자식들 먹이는 어머니들이 많았다. 그중 우리 어머니도 끼여 있었다. 주인한테 들키면 일도 못하고 쫓겨나 올 수도 있었다.

배고파 죽겠는데 어머니가 나오지 않았다. 잔치집 담벼락을 왔다 갔다 하면서 어머니가 나오기만 기다렸다. 마침 어머니가 나오고 있었다. 얼마나 반가운지 벌써 입안에서 군침이 돌고 있었다. 어머니는 모퉁이로 돌아서 행주치마에 떡을 내놓으려는 찰라였다.

"네, 그럴줄 알았어. 애들이 왔다갔다 하길레 지켜봤더니 틀림없잖아? 떡 이리 내놔." 하고는 순복이 엄마가 어머니의 행주치마에서 떡을 모두 빼앗아 갔다.

물거품이 되고 말았다. 어머니의 표정은 그야말로 볼 수가 없었다. 아무말도 못하고 형언할 수 없는 표정이었다.

"엄마! 엄마!…"
하고 둘이가 울어댔다. 금방 목구멍에 떡이 들어오는가 싶었는데 참담한 꼴이 되고 말았다. 그날이 두고두고 잊혀지지 않았다. 그 시절 어머니들의 절규같은 설움이었다.

지금 나는 세상에 부러울 게 없다고 생각하고 살고 있다. 아내가 벌어다 주는 월급으로 잘 먹고, 잘살고 있다. 할 일이 없으니 이제까지 쓰고 싶었던 글도 쓰고 있어 행복하다고 느끼고 살고 있다.

"밖에 나가지 마세요. 오늘 35℃나 기온이 올라간대요. 집에서 에어컨 틀고 계세요?…"

아내는 식당에 출근하면서 그렇게 말했다. 지금은 아내의 도움없이는 나는 살 수가 없다. 수술만 해도 5번이나 수술을 했다. 목 수술, 맹장 수술, 허리 수술, 차 사고로 손가락 2개가 부러져 손가락 수술까지 했다. 그리고 얼마전 백내장 수술까지 5번이나 수술을 하게 되었다.

지금 무릎 수술도 연골이 다 달아 의사가 수술을 해야 된다는데 나이도 있고 해서 버티고 살고 있다. 버스 한 정거장도 걸어가기가 힘이 들었다. 그래서 아내가 밖에 못 나가게 하고 있었다.

아내는 나의 수족이 되어 살고 있다. 집에서 내가 먹은 설거지도 못하게 하고 있다. 몸이 건강했을 때도 집안일은 못하게 하는 사람이었다. 육십 나이에 아내를 만나 행복하게 살고 있는 것이다.

나보다 나이가 15년이나 연하여서 아직도 직장을 다니며 벌고 있다.

나와 25년을 같이 살면서 나에게 단 한 번도 불만을 가진 적이 없었다. 내가 무슨일을 하든 반대하거나 책망한 적이 없었다. 그야말로 나에게는 천상배필이고 반려자였다. 본래 성격이 낙천적이고 정이 많은 사람이었다. 누가 안돼 보이면 꼭 도와주고 싶어 안달을 하고 있었다. 우리가 현도에서 식당하고 있을 때 옆집에 통닭집이 있었는데 그곳에서 일하던 여자가 갑자기 오십만 원이 필요하다고 빌려 달라고 사정하고 있었다. 마침 돈이 없어 빌려줄 수가 없었다.

"여보, 당신 노령연금 오십만 원 모은 게 있다고 했잖아? 찾아서 빌려주면 안돼?"

나에게 사정하여 찾아서 빌려주게 되었다. 그런데 그 여자가 그런식으로 이웃들에게 빌려가지고 도망가게 되었다.

　결국 그 돈은 떼이고 말았다. 그렇게 당한 게 한두 번이 아니였다. 그래도 남이 안되어 보이면 내일같이 걱정하는 사람이었다. 아내는 오늘만 있고, 내일은 걱정을 안하는 사람이었다. 그만큼 없어도 여유를 가지고 근심걱정을 하지 않았다. 모든 일에 긍정적인 사람이었다.

　내가 하는 일에는 노름을 해도 반대를 안했다. 여행 다니자면 여행 다니고, 낚시하자면 낚시 다니고, 경마까지도 나중에는 같이 하게 되었다. 카드빚이 삼천만 원이 넘었다. 거기다가 함바식당을 했었는데 건축업자가 이천만 원이나 떼먹고 도망가게 되었다. 카드빚에 쪼들려 식당을 할 수가 없었다. 식당을 팔려 해도 나가지 않아 보증금도 찾지 못하고 도망자가 되었다. 그래서 충청북도 현도에서 도피자로 살게 되었다. 도망 올때 아무것도 가지고 나오지 못했다. 차도 버리고, 살림살이도 다 버리고 셋째 동생에게 백만 원 빌려가지고 도망쳤던 것이다.

　이런 얘기는 쓰지 않으려 했는데 지금의 아내가 그만큼 내가 하는 일에 조금도 불만을 갖지 않았다는 말을 하고 싶었다. 주민등록도 말소되고, 충청도 시골에서 20년을 살았다. 그동안 돈을 벌어 신용도 회복되고 식당도 하게 되었다.

　이런 일은 아직 동생들도 모르고 살고 있다. 우리가 도망와 살면서 동생들에게 4년 동안이나 연락하지 않았다.

　구청에 다니는 둘째 매제가 여기저기 본적지 주소를 추적하여 아내의 부친도 찾을 수 있었으나 이미 돌아가셨고, 아내의 의붓동생이 신안 어딘가 섬에서 산다고 했으나 아내의 하나밖에 없는 혈육인데도 찾지를 않았다. 4년 후에 내가 동생들에게 연락하여 현도에 찾아와 모두 상봉하게 되었다. 나는 그때 진로소주 공장에 있다가 주유소 일을 하게 되었다.

아내는 즐거운 밥상이란 식당에서 주방장으로 일했다. 그때 둘이 직장에 다니며 악착같이 돈을 모아 일억 가까이 모을 수 있었다. 파산신청을 하여 주민등록도 회복되었고, 건강보험료도 모두 갚아 병원 혜택도 받을 수 있었다. 목 수술할 때는 보험 혜택을 받지 못해 팔백만 원이 들어갔다. 그 뒤 현도면에서 식당을 차려 하게 되었다. 식당을 11년이나 했다.

장사가 무척 잘 되었으나 큰돈을 벌지는 못했다. 아내는 워낙 손이 커 손님들에게 퍼주기를 좋아했다. 손님은 많아도 남는 것이 없었다. 겨우 한 사람 월급밖에 나오지 않았다.

"장사는 남기자고 하는데 그렇게 퍼 주면 뭐가 남아." 해도

"우리 밥 먹고 남에게 아쉬운 소리 안하고 살면 됐지 무슨 욕심을 부리냐고…" 말할 뿐이었다.

식당 개업할 때 서울에서 동생들이 모두 내려왔다. 동생들은 모두 집도 사고 기반이 잡혀 잘 살고 있었다.

그런데 큰 여동생만 쫄딱 망해 버렸다. 한때는 건물 빌딩이 두 동이나 되고 형제 중에 제일 잘 나가는 동생이었는데 오락실을 하다가 잘못되어 부평 건물도 팔고 집도 팔아 분당으로 이사 가서 식당을 하다가 또 망했다고 했다.

사람 팔짜 시간 문제라더니 동생이 그랬다. 지금은 평택으로 이사와 전기사업으로 근근이 살아간다고 했다. 돈 삼백만 원이 없어 가게에다 담배가게라도 허가 내어 하고 싶은데 못하고 있다고 하소연하고 있었다. 그래서 아내가 선뜻 나서서 오백만 원을 빌려준다고 했다. 식당 차리고 몇천만 원 남은 돈이 있었다. 그래서 줄 수가 있었다. 동생은 빌린다고 했지만 우리는 받을 생각하고 빌려주는 것이 아니었다. 부평 옥상에서 세 안 내고 몇 년을 내가 살

았는데 그까짓 오백을 받으려 하지도 않았다. 그때 당시는 천만 원도 줄 수가 있었다. 아무리 형제간이라도 돈 가지고는 보통 쉽게 못 빌리는 게 형제간의 돈거래였다. 그러나 우리 형제들은 그렇지 않았다. 내가 허리 수술할 때도 두 남동생이 사백만 원을 내놓았다. 우리 형제들은 항상 나는 자랑하고 싶었다. 지금도 못난 형 못난 오빠를 지극히 생각하고 있는 것을 보면 내가 살아온 세월이 너무나 부끄러웠다.

언제나 내 생일이 돌아오면 한 번도 빠지지 않고 서울에서 대전까지 오고 있었다. 큰 여동생도 지금은 전기사업이 잘되어 집도 사고, 부자로 살고 있다. 빌려갔던 오백만 원을 몇 배로 갚아주었다.

그리고 우리 부부 해외여행도 여동생들이 시켜줘서 코로나가 발병하기 전에 베트남과 캄보디아를 다녀올 수 있었다.

너무나 고마운 동생들이었다.

우리는 코로나 때문에 식당문을 닫았고, 지금은 아내가 벌어다 주는 돈으로 불편없이 살고 있다. 아들까지 얼마 전에 만나 지금은 마음이 행복하다고 생각하며 살고 있다.

출판사 사장이 집에 한 번 찾아와 원고지 오천 장을 썼다니까 깜짝 놀라며 그 양이면 책을 세 권이나 낼 수 있는 분량이라고 했다. 지금은 원고지로 글을 쓰는 사람이 없어 컴퓨터로 다시 작업을 해야 되는데 비용이 많이 든다고 했다.

대충 줄여서 정 책을 내고 싶으면 1권만 내자고 권했다. 그래서 다 써 놓은 글을 책으로 출판할 수 없었다. 나는 아직 컴퓨터를 하지 못한다. 생질인 조카 지은이와 소영이가 도와준다고 하여 책으로 출판하게 되었다. 출판사와 지은이, 소영이에게 감사하다고 말하고 싶다.

나의 인생수첩

인 쇄 | 2025년 3월 10일
발 행 | 2025년 3월 10일

저 자 | 윤 주 병
발행인 | 박 상 규
발행처 | **도서출판 보성**

주 소 | 대전광역시 동구 태전로126번길 6
전 화 | (042) 673-1511
E-mail | bspco@hanmail.net
등록번호 | 61호
ISBN 978-89-6236-253-4 03040

정가 20,000원